U0870555

师生之友

依托2022年
最新考试大纲

黄胜 快速通关

2022年资产评估师考试

资产评估相关知识辅导与练习（上）

杜美杰 黄胜 朱友干 苏苏 编著

航空工业出版社
北京

内 容 提 要

全书分三篇：会计知识、财务管理知识和经济法知识。每一篇包括主要内容、考试特点及应试策略，按照章提供的同步辅导与训练。每章的辅导与训练包括：本章考情分析、2022年本章教材变化、本章知识点解读与练习、同步强化训练题以及同步强化训练题参考答案及解析。第一篇会计知识，包括的章有：总论、资产、负债、所有者权益、收入、费用和利润以及财务报告；第二篇财务管理知识，包括财务管理基础、财务分析、预测与预算、投资管理以及筹资与分配管理；第三篇经济法知识，包括企业法律制度、物权法律制度、金融法律制度、企业国有资产法律制度和税收法律制度。

图书在版编目（CIP）数据

资产评估相关知识辅导与练习 / 杜美杰等编著 . —北京：航空工业出版社，2021.6（2022.4 重印）

（黄胜资产评估师考试辅导快速通关系列丛书）

ISBN 978 — 7 — 5165 — 2614 — 9

Ⅰ. ①资… Ⅱ. ①杜… Ⅲ. 资产评估－资格考试－自学参考资料 Ⅳ. ① F20

中国版本图书馆 CIP 数据核字（2021）第 112457 号

资产评估相关知识辅导与练习
Zichan Pinggu Xiangguan Zhishi Fudao yu Lianxi

航空工业出版社出版发行
（北京市朝阳区京顺路 5 号曙光大厦 C 座四层 100028）
发行部电话：010 — 85672688 010 — 85672689

廊坊市安次区团结印刷有限公司印刷 全国各地新华书店经售
2021 年 6 月第 1 版 2022 年 4 月第 2 次印刷
开本：787×1092 1/16 字数：1231 千字
印张：39.75 定价：156.00 元

目录

CONTENTS

第一篇　会计知识

第二篇　财务管理知识

第三篇 经济法知识

第一篇　会计知识

ZI CHAN PING GU SHI WU FU DAO YU LIAN XI

第一部分

会计知识的主要内容、考试特点及应试策略

ZICHANPINGGU

一、本课程的主要内容

《资产评估相关知识》第一部分是会计知识，内容包括：总论、资产、负债、所有者权益、收入、费用、利润以及财务报告。

二、本课程考试特点

（一）题目类型及分数

题目类型包括：单选题、多选题以及不定项选择题，共计 50 分。

（二）命题规律

《资产评估相关知识》第一部分会计知识围绕资产、负债、所有者权益、收入、费用和利润的确认、计量、记录、报告出题。考生应重点关注企业资产（包括金融资产、存货、长期股权投资、固定资产、投资性房地产、无形资产等）持有期间的会计处理；各类资产处置损益的会计核算；负债（包括债务重组、借款费用资本化、或有事项）等的会计处理；所有者权益、收入、费用和利润的会计处理；公允价值以及实际利率法在各类会计要素中的运用等。

（三）2022 年命题预测

预测 2022 年资产评估师考试依然会围绕六大会计要素的确认、计量、记录、报告出题

。

三、2022 年教材变化

2022 年官方教材第一章精简了有关销售商品售后回购及确认收入的表述；删除了权益工具概述的部分内容。第二章明确了处置其他权益工具投资时，将其他综合收益转入利润分配——未分配利润等科目；依据近年来财政部会计司新增或修订的企业会计准则持续优化长期股权投资的相关内容；增加了企业将固定资产达到预定可使用状态前或研发过程中产出的产品或副产品对外销售的相关规定；明确了自营工程完工后发生的工程物资盘盈、盘亏、报废、毁损等计入当期损益；完善了不符合固定资产资本化后续支出的相关会计处理；增加了租赁付款额的解释；完善了对短期租赁和低价值资产租赁特殊规定的相关内容。第三章删除了应付融资租赁款的相关内容；增加了借款费用资本化范围的相关内容。第六章增加了关于资金集中管理相关列报的内容。除上述主要变更外，其他章节基本无变化。

四、应试策略

（一）重难点与应试策略

	章名	重难点	考试分值
第一部分会计知识	第一章 总论	财务会计四大基本假设、五大会计计量属性、六大会计要素、八大会计信息质量特征以及会计记账基础等	1~3 分
	第二章 资产	金融资产、存货、长期股权投资、固定资产、投资性房地产、无形资产等的会计处理及应用	20~30 分
	第三章 负债	流动负债、非流动负债、债务重组、或有事项、借款费用资本化等的会计处理及应用	10~20 分
	第四章 所有者权益	实收资本（股本）、资本公积、其他综合收益、留存收益等的会计处理及应用	5~10 分
	第五章 收入、费用和利润	收入、费用和利润等的会计处理及应用	10~15 分
	第六章 财务报告	四大报表（资产负债表、利润表、现金流量表、所有者权益变动表）内容、结构及内在的逻辑关系等	5~10 分

应试策略：考背景下，两套试题对教材的覆盖面比较宽。这就要求考生必须全面研读大纲，把握教材重要考核点，不断归纳总结，围绕重要考点强化练习等。

（二）机考形式下的复习策略

复习策略：把握教材重点，梳理各知识点之间的逻辑关系，通过练习题巩固重要知识点。

（三）学习方法

针对资产评估行业所需的会计知识，建议考生可在复习相关知识时思考每一类会计要素确认、计量、记录后对会计信息以及资产价值的影响。

五、本教材的使用说明

本教材题目与答案全部分开，大家尽量先练习，后核对答案。另外要注意看答疑解析，不能只满足做对题目，而应掌握答疑解析指向的相应知识点。

注意各个考点使用星号给出了重要程度的分类：特别重要考点以及重难点★★★★、重要考点★★★、比较重要考点★★、一般考点★

第二部分

同步辅导及训练

第一章

总论

本章考情分析

本章尽管分值不高，通常在 1 ~ 3 分左右，均为客观题，但内容比较重要。本章重点内容包括财务会计的四大基本假设、五大会计计量属性、六大会计要素、八大会计信息质量特征以及会计记账基础等。

重要考点★★★

（1）五大会计计量属性；

（2）八大会计信息质量特征。

比较重要考点★★

（1）四大会计基本假设；

（2）会计记账基础；

（3）六大会计要素。

一般考点★

（1）会计定义；

（2）企业会计准则体系；

（3）财务报告目标。

【特别注意】《资产评估相关知识》第一部分——会计共六章，本章是第一部分其他章节的理论基础。第一章主要阐述财务会计概念框架体系的基本内容，包括财务会计目标、基本假设、财务会计要素、会计信息质量特征、会计计量属性及财务报告；第二章至第六章介绍各类会计要素（资产、负债、所有者权益、收入、费用和利润）的确认、计量、记录及报告。学员要注意本章内容对后续章节的统领作用，并能在以后章节学习中灵活运用本章的基本理论、基本方法。

2022 年本章教材变化

2022 年官方教材第一章精简了有关销售商品售后回购及确认收入的表述；删除了权益工具概述的部分内容。这些变更并无实质性差别，考生了解即可。从考试角度看，在会计知识的其它章节里，考生应关注 2017 年以来我国会计准则体系的新变化。

本章知识点解读与练习

【知识点 1】会计定义、企业会计准则体系、财务报告目标★

【要求】了解会计定义、企业会计准则体系、财务报告目标基本的内容。

一、知识点精讲

本知识点简单了解即可。

会计定义	会计是以货币作为主要计量单位，反映和监督单位经济活动的一种经济管理工作 【注意】会计的主要计量单位是货币量度，会计的主要职能是核算和监督
企业会计准则体系	企业会计准则是企业会计核算与报告的基本规范 我国企业会计准则体系由 1 个基本准则、42 个具体准则、应用指南和解释组成。基本准则主要包括财务会计基本假设、会计计量属性、会计要素、会计信息质量特征等内容；具体准则包括各类会计要素的确认、计量、记录、报告及具体规范
财务报告目标	向财务报告使用者提供与企业财务状况、经营成果和现金流量等有关的会计信息，反映企业管理层受托责任履行情况，有助于财务报告使用者作出经济决策

【知识点 2】财务会计的基本假设★★★

【要求】掌握四大基本假设的内涵。

一、知识点精讲

财务会计的基本假设包括会计主体、持续经营、会计分期和货币计量。

会计主体	会计主体，是指企业会计确认、计量和报告的空间范围。会计主体界定了会计核算的空间范围。会计主体不同于法律主体。一般来说，法律主体就是会计主体，但会计主体未必是法律主体 【注意】会计主体与法律主体（法人）并非对等的概念。一般来说，法律主体必然是会计主体，但会计主体未必是法律主体。如：分公司尽管不具备法人资格，但其是会计主体。一个法律主体可以有多个会计主体
持续经营	持续经营，是指在可以预见的将来，企业将会按当前的规模和状态继续经营下去，不会停业且也不会大规模削减业务。 如果判断企业不会持续经营下去的，则应改变会计核算的原则和方法，并在企业财务报告中做出相应披露，否则会误导会计信息需求者的决策。 【注意】持续经营假设是会计分期假设的前提
会计分期	会计分期，是指将一个企业持续经营的生产经营活动期间划分为一个个连续的、长短相同的期间。在会计分期假设下，会计核算应划分会计期间，分期结算账目和编制财务报告。会计期间分为年度和中期 【注意】（1）会计分期是会计核算（如折旧摊销、长期待摊费用摊销、权责发生制等）的基础 （2）由于会计分期，才产生了当期与其他期间的差别，才使不同类型的会计主体有了记账的基准，进而出现了折旧、摊销等会计处理方法
货币计量	货币计量，是指会计主体在进行财务会计确认、计量和报告时以货币作为计量尺度，反映会计主体的生产经营活动。货币计量假设建立在币值不变的基础上 【注意】在货币计量前提下，企业会计核算以人民币为记账本位币。业务收支以人民币以外的货币为主的企业，可以选定其中一种货币作为记账本位币，但是编报的财务报表应当折算为人民币

二、选编例题

【例 1 · 单选题】下列对会计核算基本假设的表述中正确的是（　　）。

A. 货币计量假设是建立在币值稳定的基础上

B. 会计主体假设确定了会计核算的时间范围

C. 持续经营假设确定了会计核算的空间范围

D. 法律主体必然是会计主体，会计主体也一定是法律主体

【例 2 · 单选题】下列会计核算的（　　）基本假设，使不同类型的会计主体有了记账的基准，进而出现了折旧、摊销等会计处理方法。

A. 会计主体　　B. 持续经营　　C. 会计分期　　D. 货币计量

知识点 2 选编例题答案

1.【答案】A

【解析】会计主体规范了会计核算的空间范围；持续经营和会计分期确定了会计核算的时间范围。会计主体与法律主体（法人）并非对等的概念。一般来说，法律主体必然是会计主体，但会计主体未必是法律主体。货币计量假设建立在币值稳定的基础上。持续经营假设是会计分期假设的前提。本题考核考生对四大假设内涵的理解。

2.【答案】C

【解析】会计分期是会计核算（如折旧摊销、权责发生制等）的基础。

【知识点 3】会计记账基础与借贷记账法★★

【要求】掌握权责发生制与收付实现制的主要区别。

一、知识点精讲

权责发生制	企业会计的确认、计量和报告应当以权责发生制为基础，即凡是当期已经实现的收入和已经发生或应当负担的费用，无论款项是否收付，都应作为当期的收入和费用，计入利润表；凡是不属于当期的收入和费用，即使款项已在当期收付，也不应当作为当期的收入和费用 【注意】权责发生制：以权利或义务的发生确认收支，而非款项的实际收付
收付实现制	收付实现制是与权责发生制相对应的一种会计记账基础，它是以收到或支出的现金作为确认收入和费用等的依据 【注意】收付实现制：以款项的实际收付确认收支，而非权利或义务的发生。在收付实现制下，不存在应收应付等往来款项
借贷记账法	借贷记账方法以“资产＝负债＋所有者权益”为理论依据，以“借”和“贷”为记账符号，以“有借必有贷、借贷必相等”为记账原则，对发生的每项经济业务在两个或两个以上有关账户中相互联系地进行记录的一种复式记账方法

二、选编例题

【例 1 · 单选题】在收付实现制下不存在的账户是（　　）。

A. 固定资产　　B. 无形资产　　C. 应付账款　　D. 债权投资

【例 2 · 单选题】权责发生制产生的依据是（　　）。

A. 重要性　　B. 会计分期　　C. 会计目标　　D. 货币计量

知识点 3 选编例题答案

1.【答案】C

【解析】收付实现制：以款项的实际收付确认收支，而非权利或义务的发生。在收付实现制下，不存在应收应付等往来款项。

2.【答案】B

【解析】根据权责发生制解释，即凡是当期已经实现的收入和已经发生或应当负担的费用，无论款项是否收付，都应当作为当期的收入和费用，计入利润表。其显著的特征是当期与其他期间的差

异。而由于会计分期，才产生了当期与其他期间的差别。所以，权责发生制的产生依据是会计分期。

【知识点4】财务会计信息的质量要求★★★

【要求】掌握我国八大财务会计信息质量要求的基本内涵。

一、知识点精讲

我国财务会计信息质量要求包括可靠性、相关性、可理解性、可比性、实质重于形式、重要性、谨慎性和及时性。

（一）可靠性

可靠性要求企业应当以实际发生的交易或者事项为依据进行会计确认、计量和报告，如实反映符合确认和计量要求的各项会计要素及其他相关信息，保证会计信息真实可靠、内容完整。

（二）相关性

相关性要求企业提供的会计信息应当与投资者等财务报告使用者的经济决策需要相关，有助于投资者等财务报告使用者对企业过去、现在或者未来的情况作出评价或者预测。

（三）可理解性

可理解性要求企业提供的会计信息应当清晰明了，便于投资者等财务报告使用者理解和使用。

（四）可比性

可比性要求企业提供的会计信息应当相互可比。具体包括如下要求。

1. 同一企业不同时期发生的相同或者相似的交易或者事项，应当采用一致的会计政策，不得随意变更。确需变更的，应当在附注中说明（强调会计信息的纵向可比）。

2. 不同企业发生的相同或者相似的交易或者事项，应当采用一致的会计政策，以使不同企业按照一致的确认、计量和报告基础提供有关会计信息，确保会计信息口径一致、相互可比（强调会计信息的横向可比）。

【注意】可比性强调会计信息的纵向可比与横向可比。

（五）实质重于形式

实质重于形式要求企业应当按照交易或者事项的经济实质进行会计确认、计量和报告，不应仅以交易或者事项的法律形式为依据，否则易造成会计信息失真，无法如实反映经济现实。这里的“实质”强调经济业务的经济实质，“形式”强调经济业务的法律形式。

（六）重要性

重要性要求企业提供的会计信息应当反映与企业财务状况、经营成果和现金流量有关的所有重要交易或者事项。

（七）谨慎性

谨慎性要求企业对交易或者事项进行会计确认、计量和报告时应当保持应有的谨慎，不应高估资产或者收益、低估负债或者费用。谨慎性的应用并不允许企业设置秘密准备，如果企业故意低估资产或者收益或者故意高估负债或者费用，则不符合会计信息的可靠性和相关性要求，损害会计信息质量，扭曲企业实际的财务状况和经营成果，从而对使用者的决策产生误导。

【注意】下列会计处理方法体现了谨慎性要求。

1. 计提资产减值准备；
2. 固定资产采用加速折旧方法计提折旧；
3. 企业内部研究开发项目的研究阶段支出，应当于发生时计入当期损益；
4. 在物价持续下降的情况下，发出存货采用先进先出法计价；
5. 确认很可能发生的或有负债。

（八）及时性

及时性要求企业对于已经发生的交易或者事项，应当及时进行确认、计量和报告，不得提前或者延后。满足及时性会计信息质量要求可能会影响会计信息的可靠性。

二、选编例题

【例 1 · 单选题】会计核算将发行方附有强制付息义务的优先股确认为发行方负债所体现的会计信息质量是（　　）。

A. 及时性　　B. 谨慎性　　C. 相关性　　D. 实质重于形式

【例 2 · 单选题】企业对可能发生减值的资产计提减值准备，这体现了会计信息质量特征中的（　　）。

A. 及时性　　B. 可比性　　C. 谨慎性　　D. 实质重于形式

知识点 4 选编例题答案

1.**【答案】**D

【解析】企业应当按照交易或者事项的经济实质进行会计确认、计量和报告，不应仅以交易或者事项的法律形式为依据。会计核算将发行方附有强制付息义务的优先股确认为发行方负债体现了实质重于形式的会计信息质量要求。

2.**【答案】**C

【解析】谨慎性要求企业对交易或者事项进行会计确认、计量和报告时应当保持应有的谨慎，不应高估资产或者收益、低估负债或者费用。对于可能发生减值的资产计提减值准备，体现了谨慎性的要求。

【知识点 5】会计要素确认与会计计量★★

【要求】熟悉六大会计要素及其之间的区别与联系。

一、知识点精讲

会计要素，是指按照交易或事项的经济特征所作的基本分类，分为六大类，即资产、负债、所有者权益、收入、费用和利润。

【注意】六大类会计要素中：资产、负债和所有者权益反映企业某一特定日期的财务状况；而收入、费用和利润反映企业一段时期的经营成果。

（一）资产

1. 资产的定义与确认条件

资产定义	资产，是指企业过去交易或者事项形成的、由企业拥有或者控制的、预期会给企业带来经济利益的资源 【注意】（1）资产的定义包含了资产的三方面特征：资产应为企业拥有或者控制的资源；企业过去的交易或者事项形成；预期会给企业带来经济利益。 （2）某些资源，尽管所有权不属于企业，但企业能控制该资源，则也可作为企业资产。这体现了实质重于形式的会计信息质量
资产确认条件	将一项资源确认为资产，需要符合资产的定义，并同时满足以下两个条件： （1）与该资源有关的经济利益很可能流入企业； （2）该资源的成本或者价值能够可靠地计量。 【注意】我国六大类会计要素的确认条件基本包括以下两点： （1）与该项目有关的未来经济利益将很可能流入或流出企业 （2）对该项目的成本或价值能够可靠地加以计量 考生备考时可以围绕这两点归纳总结

2. 资产的分类

按照流动性分类（了解）。

结果	含义	构成
流动资产		货币资金、应收账款及应收票据、预付款项、存货等。
非流动资产	流动资产以外的资产	长期股权投资、固定资产、在建工程、工程物资、无形资产、开发支出等

（二）负债

1. 负债的定义与确认条件

负债定义	负债是指企业过去的交易或者事项形成的、预期会导致经济利益流出企业的现时义务。 【注意1】负债的定义包含了负债的三方面特征：负债是企业过去的交易或者事项形成的，负债是企业承担的现时义务（可以是法定义务，也可以是推定义务），履行该义务时会导致经济利益流出企业。 【注意2】从本质上看，资产是企业拥有的权利，而负债是企业承担的现时义务。
负债的确认条件	将一项现时义务确认为负债，需要符合负债的定义，并同时满足以下两个条件： （1）与该义务有关的经济利益很可能流出企业； （2）未来流出的经济利益的金额能够可靠地计量

2. 负债的分类

（1）负债按照流动性分类，可以分为流动负债和非流动负债。

（2）负债按照经济性质分类，可分为金融负债和非金融负债。

金融负债	金融负债，是指企业符合下列条件之一的负债。 （1）向其他方交付现金或其他金融资产的合同义务。 （2）在潜在不利条件下，与其他方交换金融资产或金融负债的合同义务。 （3）将来需用或可用企业自身权益工具进行结算的非衍生工具合同，且企业根据该合同将交付可变数量的自身权益工具。 （4）将来需用或可用企业自身权益工具进行结算的衍生工具合同，但以固定数量的自身权益工具交换固定金额的现金或其他金融资产的衍生工具合同除外。企业对全部现有同类别非衍生自身权益工具的持有方同比例发行配股权、期权或认股权证，使之有权按比例以固定金额的任何货币换取固定数量的该企业自身权益工具的，该类配股权、期权或认股权证应当分类为权益工具
非金融负债	非金融负债是指企业在经营过程中除金融工具外的其他事项所承担的负债，主要包括应付职工薪酬、应交税费等

（三）所有者权益

1. 权益工具概述

权益工具是指能证明拥有某个企业在扣除所有负债后的资产中的剩余权益的合同。

在同时满足下列条件的情况下，企业应当将发行的金融工具分类为权益工具。

（1）该金融工具不包括交付现金或其他金融资产给其他方，或在潜在不利条件下与其他方交换金融资产或金融负债的合同义务。

（2）将来须用或可用企业自身权益工具结算的该金融工具。如为非衍生工具，该金融工具不包括交付可变数量的自身权益工具进行结算的合同义务；如为衍生工具，企业只能通过以固定数量的自身权益工具交换固定金额的现金或其他金融资产结算该金融工具。

判断一项合同义务是否属于权益工具的标准有如下标准。

（1）是否存在无条件交付现金或其他金融资产

如果企业能够无条件地避免交付现金或其他金融资产，如能够根据相应的议事机制自主决定是否支付股息，同时所发行的金融工具没有到期日且持有方没有回售权或虽有固定期限但发行方有权无限期递延，则此类交付现金或其他金融工具的结算条款构成权益工具。

（2）是否通过固定数量的自身权益工具结算

企业发行的普通股属于权益工具，作为实收资本或股本进行会计处理；企业发行的除普通股以外，作为其他权益工具进行会计处理。

2. 所有者权益的定义

所有者权益，是指企业资产扣除负债后，由所有者享有的剩余权益，即所有者对企业净资产的要求权。

【注意】所有者权益的特征包括：（1）无固定清偿义务，即除非发生减资、清算或分派现金股利，企业不需要偿还所有者；（2）所有者权益的保障程度滞后于企业债权人，破产清算时，企业的破产资产优先清偿债务后，才返还给所有者；（3）分享收益，即所有者凭借所有者权益能够参与企业利润的分配。

3. 所有者权益的确认条件

所有者权益的确认主要依赖其他报表要素，尤其是资产、负债的确认。所有者权益金额的确定也主要取决于资产和负债的计量。

4. 所有者权益的构成

所有者权益的构成主要包括所有者投入的资本、直接计入所有者权益的利得和损失、留存收益等。

所有者投入的资本，是指所有者投入企业的资本部分，它既包括构成企业注册资本或者股本部分的金额，也包括投入资本超过注册资本或者股本部分的金额，即资本溢价或者股本溢价，这部分投资资本作为资本公积（资本溢价）反映。

直接计入所有者权益的利得和损失，是指不应计入当期损益、会导致所有者权益发生增减变动的、与所有者投入资本或者向所有者分配利润无关的利得或者损失。

【注意1】利得是指由企业非日常活动所形成的、会导致所有者权益增加的、与所有者投入资本无关的经济利益的流入。

【注意2】损失是指由企业非日常活动所发生的、会导致所有者权益减少的、与向所有者分配利润无关的经济利益的流出。

留存收益是企业历年实现的净利润留存于企业的部分，主要包括计提的盈余公积和未分配利润。

【注意3】通常情况下，企业盈利会增加留存收益，从而会增加所有者权益。

（四）收入

1. 收入的定义

收入，是指企业在日常活动中形成的、会导致所有者权益增加的、与所有者投入资本无关的经济利益的总流入。

【注意】收入特征包括：收入是企业在日常活动中形成的（非日常活动所形成的经济利益的流入不能确认为收入，而应当计入利得）；收入是与所有者投入资本无关的经济利益的总流入，收入会导致所有者权益的增加（收入会导致企业资产增加，或负债减少，从而增加所有者权益）。

2. 收入的确认条件

企业应当在履行了合同中的履约义务，即在客户取得相关商品控制权时确认收入。

【注意】取得相关商品控制权是指能够主导该商品的使用并从中获得几乎全部的经济利益，也包括有能力阻止其他方主导该商品的使用并从中获得经济利益。

3. 收入的分类

收入按照经营活动的内容分类，可分为销售商品收入、提供劳务收入、让渡资产使用权收入。

收入按照经济活动发生的频繁程度分类，可分为主营业务收入、其他业务收入。

（五）费用

1. 费用的定义

费用，是指企业在日常活动中发生的、会导致所有者权益减少的、与向所有者分配利润无关的经济利益的总流出。

【注意】费用特征包括：费用是企业在日常活动中形成的、费用会导致所有者权益的减少（费用会导致企业资产减少或增加负债，从而减少所有者权益）、费用是与向所有者分配利润无关的经济利益的总流出。

2. 费用的确认条件

费用的确认除了应当符合费用定义外，还应满足以下条件：

一是与费用相关的经济利益应当很可能流出企业；

二是经济利益流出企业的结果会导致资产的减少或者负债的增加；

三是经济利益的流出额能够可靠计量。

3. 费用的分类

费用主要包括主营业务成本、其他业务成本、税金及附加、销售费用、管理费用、研发费用和财务费用。

（六）利润

1. 利润的定义

利润，是指企业在一定会计期间的经营成果，反映的是企业的经营业绩，是业绩考核的重要指标。

【注意】通常情况下，利润会增加所有者权益。

2. 利润的确认条件

利润反映的是收入减去费用、利得减去损失后的净额，因此，利润的确认主要依赖于收入和费用以及利得和损失的确认，其金额的确定也主要取决于收入、费用、利得、损失金额的计量。

3. 利润的构成

利润包括收入减去费用后的净额、直接计入当期利润的利得和损失等。其中，收入减去费用后的净额反映的是企业日常活动的业绩，直接计入当期利润的利得和损失反映的是企业非日常活动的业绩。直接计入当期利润的利得和损失，是指应当计入当期损益、最终会引起所有者权益发生增减变动的、与所有者投入资本或者向所有者分配利润无关的利得或者损失。

收入与利得、费用与损失区别与联系如下表所示。

项目	区别	联系
收入与利得	（1）收入与日常活动有关，利得与非日常活动有关。 （2）收入是经济利益总流入，利得是经济利益净流入	都会导致所有者权益增加且与所有者投入资本无关
费用与损失	（1）费用与日常活动有关，损失与非日常活动有关。 （2）费用是经济利益总流出，损失是经济利益净流出	都会导致所有者权益减少且与向所有者分配利润无关

【注意1】利润的来源构成如下图所示。

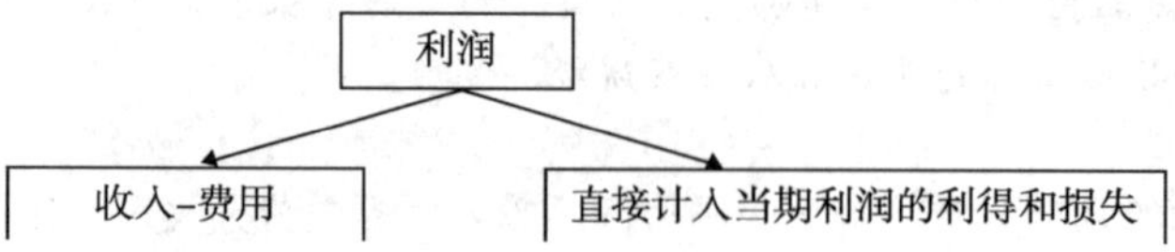

【注意2】利得和损失如下图所示：

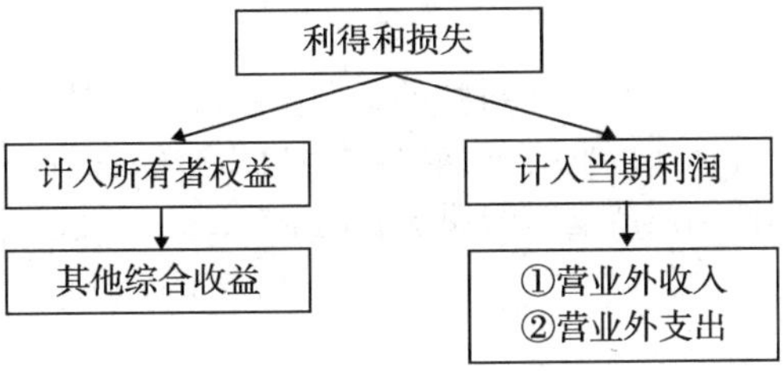

利润的计算公式为：

营业利润＝营业收入－营业成本－税金及附加－销售费用－管理费用－研发费用－财务费用＋其他收益（－其他损失）＋投资收益（－投资损失）＋净敞口套期收益（－净敞口套期损失）＋公允价值变动收益（－公允价值变动损失）－信用减值损失－资产减值损失＋资产处置收益（－资产处置损失）

利润总额＝营业利润＋营业外收入－营业外支出

净利润＝利润总额－所得税费用

上述会计要素之间的关系可表示为：

资产＝负债＋所有者权益

收入－费用＝利润

二、选编例题

【例 1 · 单选题】下列经济业务中，只能引起同一个会计要素内部增减变动的是（　　）。

A. 用货币资金偿还银行借款　　B. 赊购材料

C. 计提盈余公积　　D. 接受投资人注资

【例 2 · 单选题】下列各项中，属于直接计入所有者权益的利得的是（　　）。

A. 出租商标使用权取得的收益

B. 出售闲置生产设备产生的净收益

C. 交易性金融资产公允价值大于初始成本的差额

D. 以公允价值计量且其变动计入其他综合收益的金融资产公允价值大于初始成本的差额

知识点 5 选编例题答案

1.【答案】C

【解析】A选项资产减少，负债减少；B选项资产增加，负债增加；C选项企业所有者权益内部盈余公积增加，未分配利润较少，所有者权益总额不变；D选项资产增加，所有者权益增加。

2.【答案】D

【解析】出租商标使用权取得的收益出属于日常活动，与投资者投入资本无关；出售闲置生产设备产生的净收益计入资产处置损益；交易性金融资产公允价值大于初始成本的差额计入公允价值变动损益。以公允价值计量且其变动计入其他综合收益的金融资产公允价值大于初始成本的差额属于直接计入所有者权益的利得。

【知识点 6】会计计量属性★★★

【要求】掌握五大计量属性。

一、知识点精讲

会计计量属性主要包括历史成本、重置成本、可变现净值、现值和公允价值等。

【注意】五大计量属性之间并非是完全割裂的关系，比如交易发生时的历史成本通常也是交易发生时的公允价值。

（一）历史成本

资产按照其购置时支付的现金或现金等价物的金额，或按照购置资产时所付出对价的公允价值计量；负债按照其因承担现时义务而实际收到的款项或资产的金额，或者承担现时义务的合同金额，或者按照日常活动中为偿还负债预期需要支付的现金或现金等价物的金额计量。

（二）重置成本

资产按照现在购买相同或者相似资产所需支付的现金或者现金等价物的金额计量；负债按照现在偿付该项债务所需支付的现金或者现金等价物的金额计量。

（三）可变现净值

资产按照其正常对外销售所能收到现金或者现金等价物的金额扣减该资产至完工时估计将要发生的成本、估计的销售费用以及相关税费后的金额计量。

（四）现值

资产按照预计从其持续使用和最终处置中所产生的未来现金流入量的折现金额计量；负债按照预计期限内需要偿还的未来净现金流出量的折现金额计量。

（五）公允价值

公允价值，是指市场参与者在计量日发生的有序交易中，出售一项资产所能收到或者转移一项负债所需支付的价格。

企业以公允价值计量相关资产或负债，应当考虑该资产或负债的特征。相关资产或负债的特征，是指市场参与者在计量日对该资产或负债进行定价时考虑的特征，包括资产状况及所在位置、对资产出售或者使用的限制等。公允价值计量时应考虑的因素如下。

1. 计量单元。计量单元是指相关资产或负债以单独或者组合方式进行计量的最小单位。

2. 有序交易。企业以公允价值计量相关资产或负债，应当假定市场参与者在计量日出售资产或者转移负债的交易，是在当前市场条件下的有序交易。有序交易，是指在计量前一段时期内相关资产或负债具有惯常市场活动的交易。清算等被迫交易不属于有序交易。

【注意1】有序交易下，交易价格被交易各方认可，即公允。

3. 交易市场。企业以公允价值计量相关资产或负债，应当假定出售资产或者转移负债的有序交易在相关资产或负债的主要市场进行。不存在主要市场的，企业应当假定该交易在相关资产或负债的最有利市场进行。主要市场，是指相关资产或负债交易以最大和交易活跃程度最高的市场。最有利市场，是指在考虑交易费用和运输费用后，能够以最高金额出售相关资产或以最低金额转移相关负债的市场。企业应当以主要市场的价格计量相关资产或负债的公允价值。不存在主要市场的，企业应以最有利市场的价格计量相关资产或负债的公允价值。

4. 市场参与者。指在相关资产或负债的主要市场（或最有利市场）中，同时具备下列特征的买方和卖方。

①市场参与者应当相互独立，不存在关联方关系。

②市场参与者应熟悉情况，能够根据可取得的信息对相关资产或负债以及交易具备合理认知。

③市场参与者应有能力并自愿进行相关资产或负债的交易。

相关资产或负债在初始确认时的公允价值通常与其交易价格相等，但在下列情况中两者可能不相等。

①交易发生在关联方之间，但企业有证据表明该关联方交易是在市场条件下进行的除外。

②交易是被迫的。

③交易价格所代表的计量单元与按照公允价值准则确定的计量单元不同。

④交易市场不是相关资产或负债的主要市场（或最有利市场）。

【注意2】企业以公允价值计量相关资产或负债，使用的估值技术主要包括市场法、收益法和成本法。

企业在估值技术的应用中，应当优先使用相关可观察输入值，只有在相关可观察输入值无法取得或取得不切实可行的情况下，才可以使用不可观察输入值。

输入值，是指市场参与者在给相关资产或负债定价时所使用的假设，包括可观察输入值和不可观察输入值。可观察输入值，是指能够从市场数据中取得的输入值。该输入值反映了市场参与者在对相关资产或负债定价时所使用的假设。不可观察输入值指不能从市场数据中取得的输入值。

输入值包括三个层次。

第一层次输入值为公允价值提供了最可靠的证据。在所有情况下，企业只要能够获得相同资产或负债在活跃市场上的报价，就应当将该报价不加调整地应用于该资产或负债的公允价值计量。

第二层次输入值包括：①活跃市场中类似资产或负债的报价；②非活跃市场中相同或类似资产或负债的报价；③除报价以外的其他可观察输入值；④市场验证的输入值等。

第三层次输入值。企业只有在相关资产或负债不存在市场活动或者市场活动很少导致相关可观察输入值无法取得或取得不切实可行的情况下，才能使用第三层次输入值，即不可观察输入值。

【注意 3】活跃市场上的交易价格是最可靠的公允价值，处于第一层次输入值。

【注意 4】五大计量属性应用原则：企业在对会计要素进行计量时，一般应当采用历史成本。在某些情况下，为了提高会计信息质量，实现财务报告目标，企业会计准则允许采用重置成本、可变现净值、现值、公允价值计量的，应当保证所确定的会计要素金额能够取得并可靠计量。

二、选编例题

【例 1 · 多选题】下列业务中，体现谨慎性原则的有（　　）。

A. 企业计提长期股权投资减值准备

B. 企业对长期股权投资采用权益法核算

C. 企业对交易性金融资产采用公允价值进行后续计量

D. 企业对存货采用成本与可变现净值孰低进行期末计量

E. 企业为了减少技术更新带来的无形损耗，对生产设备采取加速折旧法

【例 2 · 多选题】下列会计要素计量属性的相关描述中，正确的有（　　）。

A. 公允价值通常反映的是脱手价格

B. 现值是指资产或负债现在的交易价格

C. 历史成本通常反映的是资产或负债过去的价值

D. 重置成本是依据当前市场价格，重新取得同样资产所需支付的成本

E. 可变现净值是指在日常活动中以预计售价减去进一步加工成本和销售所必需的预计税金、费用后的净值

知识点 6 选编例题答案

1. **【答案】**ADE

【解析】选项 BC 其采用公允价值进行后续计量，此计量属性与谨慎性原则无关，其它选项体现了谨慎性原则。

2. **【答案】**ACDE

【解析】本题考核对计量属性内涵的理解。B 选项表述错误，现值是指资产或负债按照预计未来现金流入量或流出量的折现金额计量。

【知识点 7】财务报告★

【要求】本知识点将在第六章详细阐述，本章不再赘述。

财务报告包括财务报表以及应在财务报告中披露的相关信息和资料。其中财务报表包括资产负债

表、利润表、现金流量表、所有者权益变动表。

【注意1】财务会计包括会计确认、计量、记录及报告。其中，财务报告是决策有用信息的载体。

【注意2】结合财务报表思考：为何上市公司财务造假的方向总是高估资产、低估负债；高估收入、低估成本费用？

同步强化训练题

一、单项选择题

1. 甲公司在编制2022年度财务报表时，发现2021年度一笔应摊入管理费用的长期待摊费用少摊销5万元，该公司将这5万元漏记的摊销费用直接补计入2022年度的摊销额。甲公司2021年和2022年实现的净利润分别为30 000万元和33 000万元，不考虑其他因素，甲公司上述会计处理体现的会计信息质量要求是（　　）。

A. 可比性　　B. 相关性　　C. 重要性　　D. 及时性

2. 以款项的实际收付为标准来处理经济业务，确定本期收入和费用，计算本期盈亏的会计处理基础是（　　）。

A. 相关性　　B. 收付实现制　　C. 权责发生制　　D. 及时性

3. 明确了会计核算空间范围的是（　　）假设。

A. 会计主体　　B. 持续经营　　C. 会计分期　　D. 货币计量

4. 下列关于费用与损失的表述中，正确的有（　　）。

A. 费用与日常活动有关，损失与非日常活动无关

B. 费用和损失都是经济利益的流出并最终导致所有者权益的减少

C. 费用和损失的主要区别在于是否计入企业的当期损益

D. 费用与损失都是经济利益的总流出

5. 下列（　　）选项属于直接计入当期利润的利得。

A. 企业没收包装物押金收入　　B. 企业出售产品取得的收入

C. 企业发行股票的溢价收入　　D. 企业持有的其他权益工具投资升值收益

6. 企业同类固定资产折旧应当采用一致的折旧方法，不得随意变更，确需变更的，应当在附注中说明。这体现了（　　）会计信息质量要求。

A. 重要性　　B. 可比性　　C. 可靠性　　D. 可理解性

7. 企业对交易或者事项进行会计确认、计量和报告时不应高估资产或者收益、低估负债或者费用是（　　）原则的要求。

A. 客观性　　B. 谨慎性　　C. 实质重于形式　　D. 相关性

8. 企业固定资产选用的折旧方法应前后一致所体现的会计信息质量要求是（　　）。

A. 重要性　　B. 可比性　　C. 可理解性　　D. 实质重于形式

9. 企业在一定期间所实现的利润或亏损，必然表现为资产或负债的变动。下列（　　）不会是企业利润增加所致。

A. 资产增加，负债不变　　B. 资产不变，负债减少

C. 资产减少，负债不变　　D. 资产和负债同减，但资产减少量小于负债减少量

某公司1月份取得赊销收入4 800元，预收账款2 000元，支付1月份工资1 800元，支付上月借款利息200元。假设除上述支出外无其他各类成本费用，则按权责发生制1月份税前利润总额为（　　）元。

A.5 000　　B.4 800　　C.3 000　　D.2 800

10. 在下列事项中，不涉及留存收益总额发生变化的是（　　）。

A. 将盈余公积转增资本　　B. 宣告分配现金股利
C. 以盈余公积弥补亏损　　D. 企业盈利且不发放股利

二、多项选择题

1. 下列各项中，体现谨慎性会计信息质量要求的有（　　）。
A. 部分行业固定资产采用加速折旧
B. 对无形资产计提减值准备
C. 采用公允价值计量属性核算金融资产
D. 或有应付金额符合或有事项确认负债条件的确认为预计负债
E. 将某些或有应收金额确认为资产
2. 以下经营成果中，属于企业收入的是（　　）。
A. 销售商品取得的收入　　B. 提供劳务取得的收入
C. 让渡资产使用权收入　　D. 出售固定资产取得的净收益
E. 出售专利技术取得的净收益
3. 我国金融资产分类为（　　）。
A. 以摊余成本计量的金融资产
B. 以公允价值计量且其变动计入其他综合收益的金融资产
C. 以公允价值计量且其变动计入当期损益的金融资产
D. 无法重分类的金融资产
E. 贷款和预付账款
4. 我国金融负债分类为（　　）。
A. 应付职工薪酬
B. 以公允价值计量且其变动计入当期损益的金融负债
C. 以摊余成本计量的金融负债
D. 金融资产转移不符合终止确认条件或继续涉入被转移金融资产所形成的金融负债
E. 企业能无条件避免以交付现金或其他金融资产来履行的合同
5. 下列交易事项中，能够引起资产和所有者权益同时发生增减变动的有（　　）。
A. 金融资产升值　　B. 接受货币资金投资
C. 低于成本价处置存货资产　　D. 提取盈余公积
E. 盈余公积转增资本
6. 企业以公允价值计量相关资产或负债，使用的估值技术主要包括（　　）。
A. 市场法　　B. 收益法
C. 成本法　　D. 实际利率法
E. 权益法
7. 下列各项中，符合可比性会计信息质量要求的有（　　）。
A. 企业固定资产采用加速折旧法
B. 企业将明股实债的投资确认为债权投资
C. 企业发出存货计价采用先进先出法
D. 同一企业不同时期采用的会计政策应当尽可能保持一致
E. 不同企业同一时期采用的会计政策应当尽可能保持一致
8. 下列属于采用历史成本计量属性的有（　　）。
A. 金融资产的后续核算
B. 盘盈存货的入账价值
C. 以实际支付的成本确认所购土地使用权的入账价值
D. 依据实际支付的现金确认所购低值易耗品的入账价值

E. 按照未来付款额现值确认所购专利技术的入账价值

9. 下列有关所有者权益的表述中，正确的是（　　）。

A. 所有者权益的来源包括所有者投入资本、直接计入所有者权益的利得和损失、留存收益等

B. 直接计入所有者权益的利得和损失是与所有者投入资本或向所有者分配利润有关的利得或损失

C. 企业盈利通常会导致所有者权益增加

D. 企业对外捐赠会导致所有者权益减少

E. 企业资产贬值通常会导致所有者权益减少

10. 下列关于收入、费用特征的表述正确的有（　　）。

A. 收入通常会导致所有者权益增加

B. 费用的发生会导致所有者权益减少

C. 收入、费用只影响经营成果不影响财务状况

D. 费用必然会导致企业资产减少，不会增加负债

E. 收入必然会导致企业资产增加，不会减少负债

三、不定项选择题

被评估公司是一家在我国主板上市的企业，请从会计角度解答下列问题。

1. 该公司下列各项中，符合历史成本计量属性的是（　　）。

A. 交易性金融资产的的期末计价方法

B. 长期股权投资依据实际投资额入账

C. 具有融资性质的分期付款购买无形资产所确定的入账价值

D. 盘盈存货依据现在购买相同或者相似资产所需支付的金额计量

2. 该公司可以采用的计量属性包括（　　）。

A. 历史成本　　B. 重置成本　　C. 公允价值　　D. 现值或可变现净值

3. 该公司下列会计处理方法中，体现谨慎性要求的有（　　）。

A. 长期股权投资采用权益法核算　　B. 计提资产减值准备

C. 固定资产采用加速折旧法　　D. 投资性房地产采用公允价值核算

四、不定项综合题

甲公司为一家经营电子产品生产、销售的上市公司，乙公司为一家半导体生产和销售企业，甲公司与乙公司此前不存在任何关联方关系，两家公司均为增值税一般纳税人。2021 年 1 月 1 日，甲公司以 5 000 万元银行存款对乙公司直接投资，取得乙公司有表决权股份的 100%（假设 5 000 万元投资额与甲公司所享有乙公司可辨认净资产公允价值份额一致，此时乙公司所有者权益账面价值 4 500 万元），并在乙公司董事会中派驻代表，乙公司办理了工商变更登记。不考虑其他因素，请回答下列问题。

1. 甲公司 2021 年 1 月 1 日以 5 000 万元银行存款对乙公司进行初始投资时对甲公司财务状况的影响为（　　）。

A. 资产增加、所有者权益增加

B. 资产、负债以及所有者权益总额不变

C. 资产、负债以及所有者权益总额不变，但资产内部结构发生改变

D. 资产、所有者权益增加，负债不变，资产内部结构不变

2. 乙公司 2021 年 1 月 1 日接收直接投资时对乙公司财务状况的影响为（　　）。

A. 资产增加、所有者权益增加　　B. 资产不变、所有者权益不变

C. 资产不变、资产内部结构发生改变　　D. 负债不变、所有者权益增加

3.2021 年 5 月 18 日，甲公司电子产品仓库发生火灾，则下列表述可能正确的有（　　）。

A. 直接计入所有者权益的损失增加　　B. 所有者权益减少，利润减少

C. 所有者权益不变，利润减少　　　　　　D. 资产减少，所有者权益减少

4. 假设乙公司 2021 年实现利润 1 300 万元，当年未对外分配股利，注册资本维持不变，则乙公司 2021 年末所有者权益是（　　）万元。

A.4 500　　　B.5 000　　　C.5 500　　　D.5 800

同步强化训练题参考答案及解析

一、单项选择题

1.【答案】C

【解析】甲公司将补提以前年度的摊销额直接计入当期报表，没有追溯调整以前年度财务报表，说明该金额不具有重要性，体现了重要性原则。

2.【答案】B

【解析】收付实现制的基本内涵即以款项的实际收付确认收支，而非权利或义务的发生。

3.【答案】A

【解析】会计主体假设明确了会计核算的空间范围。

4.【答案】B

【解析】损失与非日常活动有关，故选项 A错误；费用和损失都可能计入企业的当期损益，选项 C错误；选项 D错误的原因是费用是经济利益总流出，损失是经济利益净流出；企业发生的损失在会计上可能记入“营业外支出”、“其他综合收益”等科目，所以选项 B正确。

5.【答案】A

【解析】直接计入当期利润的利得和损失反映的是企业非日常活动的业绩；直接计入所有者权益的利得和损失，是指不应计入当期损益、会导致所有者权益发生增减变动的、与所有者投入资本或者向所有者分配利润无关的利得或者损失；计入所有者权益的利得或损失应通过“其他综合收益”科目核算。选项 A记入“营业外收入”，属于直接计入当期利润的利得；B选项属于企业日常经营活动，不属利得范畴；选项 C企业发行股票产生的溢价收入，记入“资本公积—股本溢价”科目；选项 D企业持有的其他权益工具投资升值收益属于计入所有者权益的利得，且计入“其他综合收益”科目。

6.【答案】B

【解析】可比性强调会计信息的纵向可比与横向可比。企业固定资产折旧应当采用一致的会计政策。这强调了会计信息的可比性。

7.【答案】B

【解析】谨慎性要求企业对交易或者事项进行会计确认、计量和报告时应当保持应有的谨慎，不应高估资产或者收益、低估负债或者费用。

8.【答案】B

【解析】企业固定资产折旧方法应前后一致属于可比性会计信息质量要求。

9.【答案】C

【解析】本题考核考生六大会计要素之间关系的理解。六大会计要素之间的关系可表示为：资产＝负债＋所有者权益；收入－费用＝利润。收入会导致所有者权益增加，费用会导致所有者权益减少，因此利润会导致所有者权益增加。本题 ABD选项说明企业所有者权益增加，C选项所有者权益减少，因此 C选项不会是企业利润增加所致。

10.【答案】C

【解析】将盈余公积转增资本引起留存收益总额减少；宣告分配现金股利引起留存收益总额减少（现金股利先宣告后发放，宣告时留存收益减少，应付股利增加；实际发放时应付股利减少，货币资金减少）；企业盈利通常会引起留存收益总额增加；以盈余公积弥补亏损不涉及留存收益总额变化，仅导致留存收益内部此增彼减。

二、多项选择题

1.【答案】ABD

【解析】谨慎性要求企业对交易或者事项进行会计确认、计量和报告时应当保持应有的谨慎，不应高估资产或者收益、低估负债或者费用。选项A、B和D体现谨慎性会计信息质量要求。C选项有关金融资产的核算方法并不符合谨慎性会计信息质量要求；E选项也不符合谨慎性会计信息质量要求。

2.【答案】ABC

【解析】选项D、E属于非日常活动，所取得的净收益不属于收入，而是利得；其它选项属于企业收入。

3.【答案】ABC

【解析】依据财政部修订发布三项金融工具会计准则，金融资产分类由“四分类”改为“三分类”，包括：以摊余成本计量的金融资产、以公允价值计量且其变动计入其他综合收益的金融资产以及以公允价值计量且其变动计入当期损益的金融资产。

4.【答案】BCD

【解析】我国金融负债分类为以公允价值计量且其变动计入当期损益的金融负债，包括交易性金融负债（含属于金融负债的衍生工具）和指定为以公允价值计量且其变动计入当期损益的金融负债。金融资产转移不符合终止确认条件或继续涉入被转移金融资产所形成的金融负债。除上述各项外，其他金融负债分类为以摊余成本计量的金融负债。若企业不能无条件地避免以交付现金或其他金融资产来履行一项合同义务，则该合同义务符合金融负债的定义；企业若能无条件地避免以交付现金或其他金融资产来履行一项合同义务，则该合同义务不构成金融负债。

5.【答案】ABC

【解析】选项A、B属于资产和所有者权益同时增加；选项C属于资产和所有者权益同时减少；选项D、E选项属于所有者权益内部增减变动，不影响资产。

6.【答案】ABC

【解析】企业以公允价值计量相关资产或负债，使用的估值技术主要包括市场法、收益法和成本法。本题考核的是对公允价值估值技术的掌握情况。

7.【答案】DE

【解析】可比性要求企业提供的会计信息应当相互可比。包括同一企业不同时期发生的相同或者相似的交易或者事项，应当采用一致的会计政策；不同企业发生的相同或者相似的交易或者事项，应当采用一致的会计政策。本题B选项属于实质重于形式原则；A、C选项属于企业对具体业务选用的会计政策；DE选项强调了会计信息的可比性要求。

8.【答案】CD

【解析】选项A、E属于公允价值计量属性；选项B属于重置成本计量属性；选项C、D属于历史成本计量属性。

9.【答案】ACDE

【解析】本题考核对所有者权益概念的理解。企业盈利通常会导致企业留存收益增加，从而增加所有者权益；反之，企业亏损通常会导致所有者权益减少；企业接受捐赠会导致所有者权益增加，企业对外捐赠会导致所有者权益减少；选项B错误是因为直接计入所有者权益的利得和损失是与所有者投入资本或向所有者分配利润无关的利得或损失。

10.【答案】AB

【解析】本题考核对收入、费用特征的理解。收入会导致企业资产的增加或负债的减少，从而增加所有者权益，费用会导致企业资产减少或者负债增加。因此，收入、费用都会导致企业财务状况的变化。所以，本题A、B选项表述正确。

三、不定项选择题

1.【答案】B

【解析】选项 A、C属于公允价值计量属性；选项 D属于重置成本计量属性；B选项属于历史成本计量属性。

2.【答案】ABCD

【解析】从 2007 年始，我国上市公司可以采用的会计计量属性主要包括历史成本、重置成本、可变现净值、现值和公允价值等。

3.【答案】BC

【解析】BC选项体现了谨慎性要求；A、D选项提高了会计信息的相关性，但不符合谨慎性要求。

四、不定项综合题

1.【答案】BC

【解析】2021 年 1 月 1 日，甲公司以 5 000 万元银行存款对乙公司进行初始投资时对甲公司财务状况的影响是：甲公司长期股权投资资产增加，银行存款资产减少，资产、负债以及所有者权益总额不变，但资产内部结构发生改变，表现为流动资产减少，非流动资产增加。

2.【答案】A

【解析】2021 年 1 月 5 日，乙公司接收直接投资时对乙公司财务状况的影响为：乙公司资产增加、所有者权益增加。

3.【答案】BD

【解析】电子产品仓库发生火灾属于直接计入利润的损失增加，所有者权益减少，故 A、C选项错误。

4.【答案】D

【解析】乙公司 2021 年末所有者权益为 4 500 + 1 300 = 5 800（万元）。需要指出的是，若本题乙公司 2021 年从实现的 1 300 万利润中拿出一部分利润对外分发股利，则本期末所有者权益为期初所有者权益＋本期利润－对外分发股利。

第二章

资产

本章考情分析

本章包括金融资产、存货、长期股权投资、固定资产、投资性房地产、使用权资产、无形资产内容，是非常重要的章节，题型包括主观题、客观题。存货（入账价值、发出存货计价方法、期末计价等）、金融资产（公允价值变动）、长期股权投资（成本法权益法以及转换）、固定资产（折旧、减值、清理等）、投资性房地产（公允价值变动）、无形资产（摊销、处置等）均出过主观题。分值通常在 20~30 分。

重要考点★★★

（1）金融资产的会计核算；

（2）长期股权投资的会计核算；

（3）固定资产的会计核算；

（4）投资性房地产的会计核算。

比较重要考点★★

（1）应收款项的会计核算；

（2）存货的会计核算；

（3）无形资产的会计核算。

【特别注意】考生应重点关注金融资产、存货、长期股权投资、固定资产、投资性房地产、无形资产等持有期间资产账面价值的判断及会计处理、各类资产处置损益的不同会计处理方法、公允价值与实际利率法在各类资产中的运用以及本章与债务重组、所有者权益、收入、费用和利润以及财务报告的关系等相关内容。

2022 年本章教材变化

2022 年官方教材第二章明确了处置其他权益工具投资时，将其他综合收益转入“利润分配—未分配利润”等科目；依据近年来财政部会计司新增或修订的企业会计准则持续优化长期股权投资的相关内容；增加了企业将固定资产达到预定可使用状态前或研发过程中产出的产品或副产品对外销售的相关规定；明确了自营工程完工后发生的工程物资盘盈、盘亏、报废、毁损等计入当期损益；完善不符合固定资产资本化后续支出的相关会计处理；增加了租赁付款额的解释；完善了对短期租赁和低价值资产租赁特殊规定的相关内容。考生应掌握这些优化内容。

本章知识点解读与练习

【知识点1】存货★★

【要求】掌握发出存货计价方法；存货按实际成本和计划成本计价的会计处理；产品制造成本的会计处理；存货跌价准备的计提方法；存货期末计量及其会计处理。熟悉存货清查的会计处理；存货盘存制度。了解存货的分类等。2021年存货考了5道选择题，建议2022年考生应能掌握非货币资产交换、长期股权投资、债务重组等知识点中涉及以存货作为对价手段的会计核算。

一、知识点精讲

（一）存货概念

存货是企业在日常活动中持有以备出售的产成品或商品、处在生产过程中的在产品、在生产过程或提供劳务过程中耗用的材料和物料等。存货属于企业的流动资产，包括原材料、在产品、半成品、产成品、商品，以及周转材料、委托代销商品等。

【注意1】存货最基本的特征在于企业持有存货的最终目的是出售。

【注意2】为建造固定资产等各项工程而储备的各种材料，虽然同属于材料，但因用于在建工程，属于工程物资，不符合存货的定义，因此不能作为企业的存货进行核算。

【注意3】存货的确认和计量对资产负债表和损益表有重要影响。已销存货成本（销售成本）进入损益表，冲减利润；未销存货成为期末结存存货，进入资产负债表，成为企业的流动资产。

（二）存货的确认条件

存货应在同时满足以下两个条件时，才能予以确认。

1. 与该存货有关的经济利益很可能流入企业；

2. 该存货的成本能够可靠地计量。

存货的确认应注意：

（1）对于销货方按销售合同、协议规定已确认销售收入，而尚未发运给购货方的商品，应作为购货方的存货而不应再作为销货方的存货；

（2）如果购货方已收到商品但尚未收到销货方的结算发票等凭证，购货方仍应作为其存货处理；

（3）在途商品：对于购货方已确认为购进（如已付款等）而尚未到达入库的在途商品，购货方应将其作为存货处理。

（4）代销商品：从商品所有权是否转移来分析，代销商品在售出以前，所有权属于委托方，因此，代销商品应作为委托方的存货处理。

（三）存货的取得和发出

1. 存货的初始计量

存货应当按照成本进行初始计量。存货成本包括采购成本、加工成本和其他成本。

（1）外购存货成本的计量——以采购成本计量

采购成本包括购买价款、相关税费、运输费、装卸费、保险费，以及其他可归属于存货采购成本的费用。

采购成本	购买价款	指企业购入材料或商品的发票账单上列明的价款，但不包括按规定可抵扣的增值税进项税额
	相关税费	是指企业购买、自制或委托加工存货发生的消费税、资源税和不能从增值税销项税额中抵扣的进项税额等
	其他相关费用	是指采购成本中除上述各项以外的可归属于存货采购成本的费用，如在存货采购过程中发生的仓储费、包装费、运输途中的合理损耗、入库前的挑选整理费用等

【注意1】商品流通企业在采购商品过程中发生的运输费、装卸费、保险费，以及其他可归属于存货采购成本的费用等，应当计入存货采购成本，也可以先进行归集，期末根据所购商品的存销情况进行分摊。

【注意2】对于已售商品的进货费用，计入主营业务成本；对于未售商品的进货费用，计入期末存货成本。企业采购商品的进货费用金额较小的，可以在发生时直接计入当期销售费用。

【注意3】非正常消耗的直接材料、直接人工和制造费用，存货采购入库后发生的仓储费用，能归属于使存货达到目前场所和状态的其他支出应当在发生时确认为当期损益，不纳入存货成本。

【注意4】在生产过程中为达到下一个生产阶段所必需的仓储费用则应计入存货成本。

（2）自制存货成本的计量

通过进一步加工而取得的存货，其成本由采购成本、加工成本，以及使存货达到目前场所和状态所发生的其他成本（可直接认定的产品设计费用等）构成。

（3）委托外单位加工存货的计量

委托外单位加工完成的存货，其成本包括实际耗用的原材料或者半成品、加工费、装卸费、保险费、委托加工的往返运输费等费用，以及按规定应计入成本的税费。

（4）投资者投入存货的计量

投资者投入的存货，其成本按投资合同或协议约定的价值确定。在投资合同或协议约定价值不公允的情况下，按照该项存货的公允价值作为其入账价值。

（5）通过提供劳务取得存货的计量

通过提供劳务取得的存货的计量，其成本按从事劳务提供人员的直接人工和其他直接费用以及可归属于该存货的间接费用确定。

（6）盘盈存货的计量

按其重置成本作为入账价值。

2. 存货发出的计价方法（重点掌握先进先出法、移动加权平均法、月末一次加权平均法）

个别计价法	对于性质和用途类似的存货，应当采用相同的成本计算方法确定发出存货的成本。对于不能替代使用、为特定项目专门购入或制造的存货以及提供的劳务，通常采用个别计价法确定发出存货的成本
先进先出法	先进先出法是指以先购入的存货先发出（销售或耗用）这样一种以存货实物流转假设为前提对发出存货进行计价的方法
月末一次加权平均法	月末一次加权平均法，是指以本月各批进货数量和月初数量为权数，去除本月进货成本和月初成本总和，计算出存货的加权平均单位成本，从而计算出本月发出存货及月末存货的成本（即本期可供使用存货总成本除以可供使用存货数量）。 计算公式： 存货单位成本＝［月初库存存货的实际成本＋Σ本月某批进货的实际单位成本×本月某批进货的数量］/（月初库存存货数量＋本月各批进货数量之和） 本月发出存货的成本＝本月发出存货的数量×存货单位成本 本月月末库存存货成本＝月末库存存货的数量×存货单位成本
移动加权平均法	移动加权平均法是指在每次收货以后，本次进货的成本加原有存货的成本，除以本次进货的数量加原有库存存货的数量，据以计算加权平均单位成本，作为在下次进货前计算各次发出存货成本依据的一种计算方法（即依据不同进货批次下可供使用存货总成本除以不同进货批次下可供使用存货数量，从而得出存货单位成本）。 计算公式： 存货单位成本＝（原有库存存货的实际成本＋本次进货的实际成本）/（原有库存存货数量＋本次进货数量） 本次发出存货的成本＝本次发出存货的数量×本次发货前存货的单位成本 本月月末库存存货成本＝月末库存存货的数量×本月月末存货单位成本

【注意1】先进先出法下，在物价持续上升时，期末存货成本接近于最近市价而发出成本偏低，会高估企业当期利润和结余库存存货价值，物价持续下降时则会低估企业结余库存存货价值和当期

利润。

【注意2】月末一次加权平均法只有在月末一次计算加权平均单价，核算工作比较简单，且在物价波动时，对存货成本的分摊较为折中。但这种方法由于计算加权平均单价并确定存货的发出成本和结存成本的工作集中在期末，所以平时无法从有关存货账簿中提供发出和结存存货的单价和金额，不利于对存货的日常管理。

【注意3】移动加权平均法的优点在于可以随时结转发出存货的成本，便于对存货的日常管理。同时，相对于月末一次加权平均法，由于平均的范围较小，使计算结果比较客观。但是，由于每次收入存货都要重新计算一次加权平均单价，计算工作量较大。

【注意4】无论选用哪一种发出存货成本计量方法，每一种计量方法下，可供使用存货总成本与可供使用存货数量相同，不同的是每一种存货成本计量方法必然导致不同的发出存货成本以及结余存货成本，从而影响利润表与资产负债表（月初库存存货成本＋本月进货成本＝本月发出存货成本＋月末库存存货成本）。

（四）存货采用实际成本计价的核算（简单了解即可）

存货可以按实际成本进行日常核算，也可以按计划成本进行日常核算，但资产负债表日均应调整为按实际成本核算。

1. 原材料的核算

取得原材料应通过“原材料”、“在途物资”等科目核算。

（1）购入原材料的核算

借：原材料（在途物资）

　　应交税费——应交增值税（进项税额）

　贷：银行存款（应付票据、应付账款等）

若购买时材料尚未运到，先通过“在途物资”科目核算，验收入库后再计如下科目。

借：原材料

　贷：在途物资

【注意】材料先到并验收入库，但发票账单未到，只要不跨月，则可先不处理，等发票账单到后再处理。若月底发票账单未到，则应暂估入账，即：

借：原材料（暂估价）

　贷：应付账款——暂估应付账款

下月初再用红字冲回，待发票账单抵达后入账。

采用预付货款方式采购原材料

借：预付账款

　贷：银行存款

材料验收入库后：

借：原材料

　　应交税费——应交增值税（进项税额）

　贷：预付账款

如果预付款项不足的，也仍应继续用预付账款核算。补足金额时

借：预付账款

　贷：银行存款

（2）发出原材料的核算

①生产及管理需要领用

借：生产成本、销售费用、管理费用等

　贷：原材料

②在建工程领用

借：在建工程

　贷：原材料

③直接对外出售

借：银行存款

　贷：其他业务收入

　　　应交税费——应交增值税（销项税额）

同时结转成本

借：其他业务成本

　贷：原材料

2. 委托加工物资的核算

企业委托外单位加工的物资，应通过“委托加工物资”科目核算。

（1）发出委托加工的物资材料时

借：委托加工物资

　贷：原材料

（2）支付运输费、加工费

借：委托加工物资

　贷：银行存款

（3）需要缴纳消费税

①委托加工物资收回后直接用于销售

借：委托加工物资（将受托方代收代交的消费税计入成本）

　贷：应付账款（银行存款）

②委托加工物资收回后用于连续生产应税消费品

借：应交税费——应交消费税（按规定准予抵扣）

　贷：应付账款（银行存款）

（4）加工完成后验收入库的物资和剩余的物资

借：库存商品（原材料）

　贷：委托加工物资

（五）存货采用计划成本计价的核算（掌握存货采用计划成本计价核算的会计处理、材料成本差异率的计算）

会计科目设置有“原材料”、“材料采购”、“材料成本差异”等。材料实际成本与计划成本的差异，通过“材料成本差异”科目核算。

【注意】存货采用计划成本核算时，“原材料”科目反映的是计划成本。

1. 取得原材料的核算

（1）在计划成本法下，取得的材料先要通过“材料采购”科目进行核算，企业支付材料价款和运杂费等构成存货实际成本的，记入“材料采购”科目。

借：材料采购（实际成本）

　　应交税费——应交增值税（进项税额）

　贷：银行存款（应付账款等）

（2）验收入库时。

借：原材料（计划成本）

贷：材料采购（实际成本）

将借贷方的差额借记或贷记材料成本差异

【注意】材料成本差异的借方余额表示材料实际成本大于计划成本的超支差异，贷方余额表示材料实际成本小于计划成本的节约差异。

2. 发出原材料的核算

当企业发出材料时应先按计划成本：

借：生产成本（制造费用、销售费用、管理费用等）

贷：原材料

【注意】因“原材料”科目反映的是计划成本，并非实际成本，因此所记录的生产成本（制造费用、销售费用、管理费用等）科目也就与实际成本脱节，从而必须采用一定的方法将上述成本调整为实际成本。通常在期末结转发出材料应负担的成本差异。将发出材料的计划成本调整为实际成本时，发出材料应负担的成本差异应当按期（月）分摊，不得在季末或年末一次计算。计算公式如下。

$$\text{本期材料成本差异率}=\frac{\text{期初结存材料的成本差异}+\text{本期验收入库材料的成本差异}}{\text{期初结存材料的计划成本}+\text{本期验收入库材料的计划成本}}\times 100\%$$

$$\text{期初材料成本差异率}=\frac{\text{期初结存材料的成本差异}}{\text{期初结存材料的计划成本}}\times 100\%$$

发出材料应负担的成本差异＝发出材料的计划成本 ×材料成本差异率

本月发出材料的实际成本＝发出材料的计划成本 ×（1 ＋材料成本差异率）

结转超支差异时

结转超支差异时	借：生产成本等 贷：材料成本差异
结转节约差异时	借：材料成本差异 贷：生产成本等

（六）产品制造成本的核算

1. 产品制造成本的计量

产品制造成本包括直接材料、直接人工和制造费用。

【注意 1】直接材料、直接人工属于直接费用。制造费用属于间接费用，需要采用一定的方法分配进入生产成本。制造费用包括机物料消耗、车间厂房折旧费和修理费、车间照明费、水费、车间管理人员和辅助人员的薪酬费用、办公费用以及差旅费等。

【注意 2】制造费用分配进入生产成本的方法有：生产工人工时比例法、生产工人工资比例法、机器工时比例法和按年度计划分配率分配法等，还可以按照耗用原材料的数量或成本、直接成本及产品产量分配制造费用。

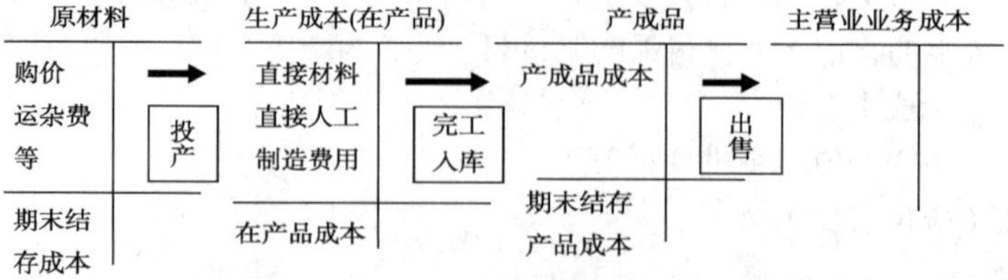

存货成本流转

2. 产品制造成本的会计处理

如果期末生产的产品全部未完工，归集的生产费用为在产品成本；如果期末生产的产品部分完工，归集的生产费用应在完工产品和在产品之间进行分配。

借：生产成本

　贷：原材料

　　应付职工薪酬

　　制造费用

【注意】期末“生产成本”科目的借方余额表示在产品成本，在资产负债表中的存货项目中列示。

期末生产的产品全部完工，归集的生产费用全部为完工产品的制造成本，转为库存商品成本。

借：库存商品

　贷：生产成本

（七）存货盘存和清查

1. 存货盘存方法：定期盘存制与永续盘存制。

区别	定期盘存制	永续盘存制
含义不同	定期盘存制又称实地盘存制、以存计销、以存计耗，通过对期末库存存货实物盘点，确定期末结余存货和当期销货成本的方法	永续盘存制也称账面盘存制，就是通过设置存货明细账，对日常发生的存货增加或减少进行连续登记，并随时在账面上结算各项存货的结存数并定期与实际盘存数对比，确定存货盘盈盘亏的一种制度
计算公式不同	本期减少数量＝账面期初数量＋本期增加数量－期末实际结存数量。 期初存货＋本期购货－期末存货＝销货成本	存货账面期末余额 ＝存货账面期初余额＋本期存货增加－本期存货减少。 期末存货结存数量＝期初存货结存数量＋本期增加存货数量－本期发出存货数量
优缺点不同	主要优点是核算工作简单。 其主要缺点：一是不能随时反映存货收入、减少和结存的动态，不便于对存货进行控制；二是容易把在计量、收发、保管中产生的差错、浪费及非法盗用，全部计入销售成本或耗用成本	优点：能够通过账面记录及时反映存货的增减变动及其结存情况，有利于对存货的控制，也为正确计算生产和销售成本提供了基础。 缺点：核算工作量大

【注意1】定期盘存制平时只记存货增加，不记存货减少，通过期末存货实物盘点，倒挤存货减少数；而永续盘存制平时既记存货增加，又记存货减少，期末对存货实物盘点，可以证实账实是否相符合；确定期末存货和当期销货成本的方法。

【注意2】定期盘存制与永续盘存制盘点的目的不同：前者盘点的目的是倒挤存货减少数；后者盘点的目的是证实账实是否相符合。

【注意3】永续盘存制有利于将实际盘存数与账存数相核对，可以发现存货盘盈、盘亏，并有利于及时查明溢余或短缺的原因；而定期盘存制无法发现存货盘盈、盘亏。

2. 存货盘盈、盘亏的会计处理

盘盈	盘亏
借：原材料或库存商品 　贷：待处理财产损溢	借：待处理财产损溢 　贷：原材料或库存商品 　　应交税费——应交增值税（进项税额转出）【管理不善等原因造成的盘亏必须将进项税额转出，自然灾害造成的无需将进项税转出】

续表

盘盈	盘亏
借：待处理财产损溢 　贷：管理费用	借：其他应收款【保险赔款或责任人赔款】 　　管理费用【净损失】 　　营业外支出——非常损失【净损失】 　贷：待处理财产损溢

（八）存货的期末计量（掌握成本与可变现净值孰低法、不同存货可变现净值的确定、存货跌价准备的会计核算）

1. 存货的期末计量原则——成本与可变现净值孰低法

成本与可变现净值孰低法：资产负债表日，当存货成本低于可变现净值时，存货按成本计量；当存货成本高于可变现净值时，存货按可变现净值计量，同时按照成本高于可变现净值的差额计提存货跌价准备，计入当期损益。

【注意】当存货成本高于可变现净值时，意味着企业持有的存货发生贬值，此时应通过计提存货跌价准备反映存货减值损失。相反，当存货成本低于可变现净值时，意味着企业持有的存货增值，准则不要求反映存货的增值。存货的期末计量采用成本与可变现净值孰低法体现了会计核算的谨慎性原则。

2. 存货减值迹象的判断（略）

【注意1】企业确定存货的可变现净值，应以取得的确凿证据为基础，并考虑持有存货的目的、资产负债表日后事项的影响等因素。

【注意2】存货存在下列情形之一的，通常表明存货的可变现净值为零：已霉烂变质的存货、已过期且无转让价值的存货、生产中已不再需要，并且已无使用价值和转让价值的存货。

3. 不同存货可变现净值的确定

（1）产成品、商品等直接用于出售的存货，其可变现净值：

可变现净值＝估计售价－估计销售费用和相关税费

（2）需要经过加工的材料存货，用其生产的产成品的可变现净值高于成本的，该材料仍然应当按照成本（材料的成本）计量；产成品价格的下降表明材料的可变现净值低于成本的，该材料应当按照成本与可变现净值孰低（材料的成本与材料的可变现净值孰低）计量。其可变现净值：

可变现净值＝该材料所生产的产成品的估计售价－至完工估计将要发生的成本－估计销售费用和相关税费

（3）可变现净值中估计售价的确定方法

有合同	合同数量内——合同价格
	超合同数量——市场价格
无合同	市场价格

【注意】估计售价的确定方法：签订合同的用合同价格估计售价，没有签订合同的用市场价格估计售价。

4. 计提存货跌价准备的方法

（1）企业通常应当按照单个存货项目计提存货跌价准备。

（2）对于数量繁多、单价较低的存货，可以按照存货类别计提存货跌价准备。

（3）与在同一地区生产和销售的产品系列相关、具有相同或类似最终用途或目的，且难以与其他项目分开计量的存货，可以合并计提存货跌价准备。

【注意1】资产负债表日同一项存货中一部分有合同价格约定、其他部分不存在合同价格的，应当分别确定其可变现净值，并与其相对应的成本进行比较，分别确定存货跌价准备的计提或转回的金额，由此计提的存货跌价准备不得相互抵销。

【注意2】任何资产计提计提减值准备后，相关资产的账面价值必然降低，从而会影响该类资产未来的处置损益（处置所得与资产账面价值的差额）。

5. 存货跌价准备的会计核算

（1）存货计提减值

借：资产减值损失

　贷：存货跌价准备

（2）存货跌价准备转回

在对该项存货已计提的存货跌价准备的金额内转回，但转回的金额以将存货跌价准备的余额冲减至零为限。

借：存货跌价准备

　贷：资产减值损失

（3）存货跌价准备的结转

企业计提了存货跌价准备，如果其中有部分存货已经销售，则企业在结转销售成本时，应同时结转已对其计提的存货跌价准备。

借：存货跌价准备

　贷：主营业务成本

　　其他业务成本

二、选编例题

【例1·单选题】（2021真题）甲企业为增值税一般纳税人，适用的增值税税率为13%。2021年8月1日，甲企业外购1 000千克原材料，取得的增值税专用发票上注明的价款为200 000元、入库前发生挑选整理费用1 000元。不考虑其他因素，甲企业购入该批原材料的成本为（　　）。

A.227 000元　B.199 000元　C.226 000元　D.201 000元

【例2·单选题】（2021真题）下列关于存货因自然溢余盘盈形成的待处理财产损溢会计处理的说法中，正确的是（　　）。（2021真题）

A. 确认营业外收入　B. 确认主营业务收入

C. 冲减主营业务成本　D. 冲减管理费用

【例3·单选题】（2021真题）甲企业M库存产品的月初数量为1 000件，月初账面余额为8 000万元，无在产品。当月，甲企业为生产M产品耗用原材料、发生直接人工和制造费用共计7 000万元，完成生产并入库M产品1 000件，销售M产品1 400件。当月末M库存产品600件，无在产品。甲企业采用月末一次加权平均法计算发出M产品的成本。不考虑其他因素，当月末甲企业M库存产品的账面余额为（　　）。

A.4 500万元　B.7 000万元　C.8 000万元　D.4 800万元

【例4·单选题】接上题，其他条件相同，若甲企业采用先进先出法计算发出M产品的成本。不考虑其他因素，当月末甲企业M产品的销售成本为（　　）。

A.9 800万元　B.10 800万元　C.11 200万元　D.15 000万元

【例5·单选题】（2021年真题）甲企业按照单项存货计提存货跌价准备。甲企业M和N库存产品2×20年12月31日账面余额分别为100万元、200万元，市场售价分别为90万元、180万元。甲企业已就全部N库存产品与乙企业签订不可撤销合同，合同不含增值税总价为210万元。M和N库存产品均未计提存货跌价准备，不考虑其他因素，2×20年12月31日，企业应当对M和N库存产品计提存货跌价准备的金额为（　　）。

A.20万元　B.25万元　C.10万元　D.30万元

知识点1选编例题答案

1【答案】D

【解析】外购存货的成本即存货的采购成本包括购买价款、相关税费、运输费、装卸费、保险费以及其他可归属于存货采购成本的费用。本题甲企业购入原材料的成本为购买成本200 000+1 000＝201 000（元）。

2.【答案】D

【解析】企业发生存货盘盈时，应借记“原材料”“库存商品”等科目，贷记“待处理财产损溢”科目；在按管理权限报经批准后，借记“待处理财产损溢”科目，贷记“管理费用”科目。

3.【答案】A

【解析】月末一次加权平均法下，发出存货的成本为:（8 000+7 000）÷（1 000+1 000）＝7.5（万元/件），则月末甲企业M库存产品的账面余额为：600×7.5＝4 500（万元）。

4.【答案】B

【解析】若甲企业采用先进先出法计算发出M产品的成本。不考虑其他因素，当月末甲企业M产品的销售成本为:1 000×(8 000÷1 000)+400×(7 000÷1 000)＝10 800（万元）。

5.【答案】C

【解析】甲企业N库存产品2×20年12月31日200万元，市场售价为180万元，但因全部N库存产品与乙企业签订不可撤销合同，合同不含增值税总价为210万元，则N库存产品无需计提存货跌价准备。因此，2×20年12月31日，企业应当对M和N库存产品计提存货跌价准备的金额为100−90＝10（万元）。

【知识点2】金融资产★★★★

【要求】2021年官方教材依据新金融工具准则编写了这部分内容，但分类与新准则表述略有不同（实质内容一致）。为了便于考生更好地掌握金融资产的相关知识点，本辅导书依据新准则有关金融资产的分类介绍相关知识点。金融资产是非常重要的考核点，建议考生重点掌握各类金融资产的相关知识。

依据新金融工具准则，金融资产分类如下：

金融资产分类	条件	使用的会计科目
以摊余成本计量的金融资产	（1）企业管理该金融资产的业务模式是以收取合同现金流量为目标 （2）该金融资产的合同条款规定，在特定日期产生的现金流量，仅为对本金和以未偿付本金金额为基础的利息的支付	设置“银行存款”、“贷款”、“应收账款”、“债权投资”等科目核算
以公允价值计量且其变动计入其他综合收益的金融资产	（1）企业管理该金融资产的业务模式既以收取合同现金流量为目标又以出售该金融资产为目标 （2）该金融资产的合同条款规定，在特定日期产生的现金流量，仅为对本金和以未偿付本金金额为基础的利息的支付	设置“其他债权投资”科目核算
	现金流量并非本金和利息，但业务模式为长期持有、获取稳定分红、不关心价格的波动对损益的影响（即非交易性权益工具投资），可直接指定为以公允价值计量且其变动计入其他综合收益的金融资产	设置“其他权益工具投资”科目核算
以公允价值计量且其变动计入当期损益的金融资产	按照上述分类之外的金融资产	设置“交易性金融资产”科目核算

一、知识点精讲

（一）以摊余成本计量的金融资产★★★★

以摊余成本计量的金融资产包括银行存款、贷款、应收账款、债权投资等，考生应掌握债权投资的会计处理

1. 以摊余成本计量的金融资产概述

分类条件：以收取合同现金流量为目标；在特定日期产生的现金流量，仅为对本金和以未偿付本金金额为基础的利息的支付。

2. 以摊余成本计量的金融资产的会计处理

（1）初始计量与后续计量

企业应当按照公允价值计量初始确认以摊余成本计量的金融资产，相关交易费用应当计人初始确认金额。

以实际利率法对以摊余成本计量的金融资产进行后续计量，计算摊余成本，并将利息负担分摊至各会计期间。

该金融资产的摊余成本应以其初始确认金额经下列调整确定：

首先，扣除已偿还的本金。

其次，加上或减去采用实际利率法将该初始确认金额与到期日金额之间的差额进行摊销形成的累计摊销额。

最后，扣除计提的累计信用减值准备。

（2）债权投资的会计计量

初始计量	按公允价值和交易费用之和计量
	实际支付款项中包含已到付息期尚未领取的利息，应单独确认为应收项目
后续计量	采用实际利率法，按摊余成本计量
处置	处置时，售价与账面价值的差额计入投资收益

【**注意** 1】相关交易费用计入债权投资初始入账成本。

【**注意** 2】企业取得金融资产所支付的价款中包含的已到付息期但尚未领取的债券利息，应单独确认为应收项目。

（3）债权投资的具体会计处理

取得债权投资的初始计量	借：债权投资——成本（面值） ——利息调整（差额，也可能在贷方） 应收利息（实际支付的款项中包含的利息） 贷：银行存款等 【**注意** 1】债权投资——利息调整体现的是取得该类投资的溢价或折价购买金额
债权投资的后续计量	借：应收利息（分期付息债券按票面利率计算的利息） 债权投资——应计利息（到期一次还本付息债券按票面利率计算的利息） 贷：投资收益（债权投资期初账面余额或期初摊余成本乘以实际利率或经信用调整的 实际利率计算确定的利息收入） 债权投资—利息调整（差额，利息调整摊销额，也可能在借方） 【**注意** 1】到期一次还本付息债券的票面利息在“债权投资——应计利息”中核算 【**注意** 2】债权投资在持有期间应当按照摊余成本和实际利率计算确认实际利息收入，计入投资收益。各期实际利息收入＝每期初债券摊余成本 ×实际利率【即贷记投资收益】，而应收利息＝债券面值 ×票面利率【即借记应收利息】，每期实际利息收入与应收利息的差额即各期利息调整的摊销额

续表

出售债权投资	借：银行存款等 债权投资损失准备 贷：债权投资 (成本、利息调整、应计利息等) 投资收益 (差额，也可能在借方) 【注意 1】期末摊余成本 ＝期初摊余成本 ＋本期计提的利息 －本期收回的利息和本金 －本期计提的减值准备。
债权投资的期末计价	企业应当以预期信用损失为基础（预期信用损失模型），对债权投资进行减值会计处理并确认损失准备 【注意】以公允价值计量且其变动计入其他综合收益的金融资产（权益工具）及以公允价值计量且其变动计入当期损益的金融资产不计提损失准备；而分类为以摊余成本计量的金融资产和以公允价值计量且其变动计入其他综合收益的金融资产（债务工具）可计提损失准备

3. 债权投资选编例题

【例 1 · 单选题】下列各项中关于债权投资会计处理表述中不正确的是（　　）。

A. 相关交易费用计入债权投资初始入账成本

B. 实际支付款项中包含已到付息期尚未领取的利息，应单独确认为应收项目

C. 采用实际利率法，按摊余成本计量

D. 处置债权投资时，售价与账面价值的差额计入其他综合收益

【例 2 · 单选题】2019 年 1 月 1 日，甲公司支付价款 880 万元（含交易费用）从活跃市场上购入某公司 5 年期公司债券，面值 1 000 万元，票面利率 5%，按年支付利息（即每年 50 万元〉，本金最后一次支付。实际利率为 8%。合同约定，该债券的发行方在遇到特定情况时可以将债券赎回，且不需要为提前赎回支付额外款项。甲公司在购买该债券时，预计发行方不会提前赎回。假定不考虑所得税、减值损失等因素。甲公司根据其管理该债券的业务模式和该债券的合同现金流量特征，将该债券分类为以摊余成本计量的金融资产。则 2020 年 12 月 31 日该债权投资的摊余成本为（　　）。

A.900 万元　　B.922 万元　　C.946 万元　　D.972 万元

【例 3 · 单选题】接上例，假设 2021 年 12 月 31 日，甲公司依据预期信用损失模型，估计该债权投资未来现金流量的现值为 930 万元，则 2021 年末甲公司计提的该债权投资减值准备为（　　）。

A.10 万元　　B.12 万元　　C.16 万元　　D.42 万元

【例 4 · 单选题】（2018 真题）下列金融资产中，不能作为债权投资核算的是（　　）。

A. 购入的期限为 6 个月的固定利率国债

B. 购入的发行方分类为权益工具的优先股投资

C. 购入的期限为 1 年的浮动利率公司债

D. 从二级市场上购入的剩余期限为 3 年的 5 年期公司债

4. 债权投资选编例题答案

①**【答案】**D

【解析】处置债权投资时，售价与债权投资账面价值的差额计入投资收益，其他表述正确。

②**【答案】**B

【解析】2020 年 12 月 31 日债权投资摊余成本＝ 900 ＋ 22 ＝ 922（万元）。

根据题意，甲公司的有关账务处理如下（以万元为单位）：

（1）2019 年 1 月 1 日，购入债券：

借：债权投资——成本　　1 000

　贷：银行存款　　880

　　债权投资——利息调整　　120

（2）2019 年 12 月 31 日

借：应收利息　　（1 000 × 5%）50

债权投资——利息调整 20
贷：投资收益 （880×8%＝70.4）70
借：银行存款 50
贷：应收利息 50
2019 年 12 月 31 日债权投资摊余成本＝880＋20＝900（万元）
（3）2020 年 12 月 31 日
借：应收利息 （1 000×5%）50
债权投资——利息调整 22
贷：投资收益 （900×8%）72
借：银行存款 50
贷：应收利息 50
2020 年 12 月 31 日债权投资摊余成本＝900＋22＝922（万元）
（4）2021 年 12 月 31 日，确认实际利息收入、收到票面利息等：
借：应收利息 （1 000×5%）50
债权投资——利息调整 24
贷：投资收益 （922×8%＝73.76）74
借：银行存款 50
贷：应收利息 50
2021 年 12 月 31 日债权投资摊余成本＝92＋24＝946（万元）
（5）2022 年 12 月 31 日，确认实际利息收入、收到票面利息等：
借：应收利息 （1 000×5%）50
债权投资——利息调整 26
贷；投资收益 （946×8%＝75.68）76
借：银行存款 50
贷：应收利息 50
2022 年 12 月 31 日债权投资摊余成本＝946＋26＝972（万元）
（6）2023 年 12 月 31 日，确认实际利息收入、收到票面利息等：
借：应收利息 （1 000×5%）50
债权投资——利息调整 （120−20−22−24−26）28
贷：投资收益 78（最后倒挤）
借：银行存款 50
贷：应收利息 50
借：银行存款 1 000
贷：债权投资——成本 1 000

③【**答案**】C

【**解析**】2021 年 12 月 31 日债权投资摊余成本＝922＋24＝946（万元），预计未来现金流量的现值为 930 万元，则 2021 年末甲公司计提的该债权投资减值准备为 16 万元（即 946−930）。

④【**答案**】B

【**解析**】权益工具不符合到期日固定、回收金额固定或可确定的条件，所以不能划分为债权投资。本题为 2018 年考生回忆的真题。

（二）以公允价值计量且其变动计入当期损益的金融资产★★★★

1. 确认与计量

确认条件	企业管理金融资产的业务模式，不是以收取合同现金流量为目标，也不是既以收取合同现金流量又出售金融资产来实现其目标
	能直接指定的特殊情形：如果能够消除或显著减少会计错配，企业可以在初始确认金融资产时，将其直接指定为以公允价值计量且其变动计入当期损益的金融资产
科目设置	交易性金融资产
初始计量	应当按照公允价值进行初始计量。 相关交易费用应当直接计入当期损益；支付的价款中包含的已宣告但尚未发放现金股利或债券利息，应当单独作为应收项目进行处理。 【注意】（1）所有投资类资产（包括交易性金融资产、债权投资、其他债权投资、长期股权投资以及其他权益工具投资等）在确定入账成本时都不包含被投资方已宣告但尚未发放的现金股利或债券利息。这些尚未收到的现金股利或债券利息应单独确认为应收股利或应收利息。 （2）对于以公允价值计量且其变动计入当期损益的金融资产，相关交易费用应当直接计入当期损益；对于其他类的金融资产，相关交易费用一般应计入初始入账成本
后续计量	按照公允价值计量，且其变动计入当期损益

2. 具体会计核算

取得	借：交易性金融资产——成本【公允价值】 投资收益【发生的交易费用】 应收股利【已宣告但尚未发放的现金股利】 应收利息【已到付息期但尚未领取的利息】 贷：银行存款【按实际支付的金额】	
持有期间	股票	被投资单位宣告发放的现金股利 借：应收股利 贷：投资收益
	债券	资产负债表日按分期付息、一次还本债券投资的票面利率计算的利息 借：应收利息 贷：投资收益
资产负债表日	（1）资产负债表日，交易性金融资产的公允价值高于其账面余额的差额。 借：交易性金融资产——公允价值变动 贷：公允价值变动损益 （2）公允价值低于其账面余额的差额做相反的会计分录。	
出售	借：银行存款【应按实际收到的金额】 贷：交易性金融资产——成本 ——公允价值变动（或在借方） 投资收益	

【注意】（1）所有资产的资产处置损益通常都是以处置价格与处置时账面价值的差额来衡量。

（2）新准则下，除其他权益工具投资外，所有投资类资产的资产处置损益通过投资收益科目体现。

3. 交易性金融资产选编例题

【例 1 · 单选题】2021 年 3 月 8 日甲企业以赚取差价为目的从 H级市场购入的一批某公司发行的股票 100 万股，作为交易性金融资产，取得时公允价值为每股 8.5 元（含已宣告但尚未发放的现金股利为 0.5 元），支付交易费用 4 万元，全部价款以银行存款支付。则取得交易性金融资产的入账价值为（　　）万元。

A.800　　B.804　　C.850　　D.854

【例 2 · 单选题】2021 年 1 月 5 日，甲公司以 7 元 /股的价格购入乙公司股票 100 万股，支付手续费 1.4 万元。甲公司将该股票投资分类为交易性金融资产。2021 年 6 月 30 日，乙公司股票价格为 9 元 /股。2021 年 10 月 20 日，乙公司分配现金股利，甲公司获得现金股利 8 万元；2021 年 12 月 18 日，甲公司以 11.6 元 /股的价格将其持有的乙公司股票全部出售。不考虑其他因素，甲公司因投资乙公司股票在 2021 年确认的投资收益是（　　）。

A.260 万元　　B.468 万元　　C.268 万元　　D.466.6 万元

【例 3 · 单选题】（2018 真题）2017 年 2 月，甲公司从二级市场上购入乙公司股票 10 万股，每股市价 13.5 元，（包含已宣告但尚未发放每股为 0.1 元的现金股利）；另支付购入乙公司股票 10 万股的交易费 1 万元，该交易性金融资产的入账金额为（　　）。

A.1 340 000 元　　B.1 314 000 元　　C.1 350 000 元　　D.1 353 000 元

【例 4 · 多选题】下列金融工具中，可以采用摊余成本进行后续计量的有（　　）。（2018 年考生回忆真题）

A. 应收账款　　B. 持有至到期投资

C. 长期借款　　D. 交易性金融资产

E. 可供出售金融资产

4. 交易性金融资产选编例题答案

①【答案】A

【解析】取得交易性金融资产的相关交易费用应直接计入当期损益；支付的价款中包含的已宣告但尚未发放现金股利，应当单独作为应收项目进行处理。本题取得交易性金融资产的入账价值为 100×8 = 800（万元）。取得时所支付价款中已宣告但尚未收到的现金股利 50（100×0.5）万元计入应收股利，另支付的 4 万元交易费用直接计入当期损益，冲减投资收益。

②【答案】D

【解析】所有资产的资产处置损益通常都是以处置价格与处置时账面价值的差额来衡量。交易性金融资产从取得到出售，影响到投资收益的情形包括取得时支付的交易费用、持有期间确认的现金股利、出售时确认的投资收益。本题持有该交易性金融资产期间的股利收益为 8 万元，而该交易性金融资产的资产处置损益为（11.6—7）×100（万元），因此甲公司因投资乙公司股票在 2021 年确认的投资收益为现金股利 8 +（11.6—7）×100—1.4 = 466.6（万元）。考生可通过编制会计分录判断甲公司因投资乙公司股票在 2021 年确认的投资收益。

③【答案】A

【解析】交易性金融资产的入账金额= 100 000×（13.5—0.1）= 1 340 000（元）

④【答案】ABC

【解析】本题考查的是金融工具的后续计量。以摊余成本进行后续计量的金融资产为选项 ABC，选项 DE以公允价值进行后续计量。

（三）以公允价值计量且其变动计入其他综合收益的金融资产★★★★

掌握以公允价值计量且其变动计入其他综合收益的金融资产（包括债务工具以及其他权益工具）的会计处理。为了便于考生掌握本知识点，本辅导书将官方教材的以公允价值计量且其变动计入其他综合收益的金融资产以及指定为以公允价值计量且其变动计入其他综合收益的非交易性权益工具投资一并讲解。这也与当前我国金融工具准则保持一致。

1. 以公允价值计量且其变动计入其他综合收益的金融资产的分类

分类	主要区别
债务工具	必须符合本金加利息的合同现金流量特征；在终止确认时，累计在其他综合收益的公允价值变动会重分类至当期损益； 终止确认时，累计在其他综合收益的公允价值变动会重分类至当期损益。持有期间需要确认减值损失

续表

分类	主要区别
其他权益工具	初始确认时，企业可基于单项非交易性权益工具投资，将其指定为以公允价值计量且其变动计入其他综合收益的金融资产； 除股利计入当期损益外，所有利得或损失均应计入其他综合收益；终止确认时也不能转至当期损益，而是转入留存收益； 持有期间无确认减值的需要

2. 以公允价值计量且其变动计入其他综合收益的金融资产的会计处理

（1）以公允价值计量且其变动计入其他综合收益的金融资产（债务工具）的会计处理

1）企业取得以公允价值计量且其变动计入其他综合收益的金融资产（债务工具）时：

借：其他债权投资——成本(面值)

——利息调整(差额，也可能在贷方)

应收利息(已到付息期但尚未领取的利息)

贷：银行存款等

注：若购买的债券为到期一次还本付息债券，则购买价款中包含的利息，记入“其他债权投资——应计利息”科目。

2）资产负债表日计算利息时：

借：应收利息(分期付息债券按票面利率计算的利息)

其他债权投资——应计利息(到期时一次还本付息债券按票面利率计算的利息)

贷：投资收益(其他债权投资的期初账面余额或摊余成本乘以实际利率计算确定的利息收入)

其他债权投资——利息调整(差额，也可能在借方)

3）资产负债表日公允价值的正常波动时：

①公允价值上升

借：其他债权投资——公允价值变动

贷：其他综合收益

②公允价值下降

借：其他综合收益

贷：其他债权投资——公允价值变动

【注意 1】以公允价值计量且变动计入其他综合收益的债权类资产减值时，应按减记金额，借记“信用减值损失”，按从其他综合收益中转出的累计损失金额，贷“其他综合收益—信用减值准备”。

4）出售该金融资产时：

借：银行存款等

贷：其他债权投资(账面价值)

投资收益(差额，也可能在借方)

同时：

借：其他综合收益

贷：投资收益

或相反分录。

（2）指定为以公允价值计量且其变动计入其他综合收益的金融资产（其他权益工具）的会计处理

1）企业取得该金融资产时：

借：其他权益工具投资——成本(公允价值与交易费用之和)

应收股利(已宣告但尚未发放的现金股利)

贷：银行存款等

2）资产负债表日公允价值正常波动时：

①公允价值上升

借：其他权益工具投资——公允价值变动

　贷：其他综合收益

②公允价值下降

借：其他综合收益

　贷：其他权益工具投资——公允价值变动

3）持有期间被投资单位宣告发放现金股利时：

借：应收股利

　贷：投资收益

4）出售该金融资产时：

借：银行存款等

　贷：其他权益工具投资（账面价值）

　　　利润分配——未分配利润

（差额计入留存收益，也可能在借方）

同时：

借：其他综合收益

　贷：利润分配——未分配利润

或相反分录。

【注意1】以公允价值计量且其变动计入其他综合收益的金融资产（权益工具）公允价值变动形成的其他综合收益，不允许转入当期损益，应当转入留存收益。2022年官方教材明确了处置其他权益工具投资时，将其他综合收益转入利润分配—未分配利润等科目。

【注意2】金融资产后续计量总结如下表：

<table>
<tr><th colspan="2">类别</th><th>后续计量</th><th>影响损益</th><th>影响其他综合收益</th></tr>
<tr><td colspan="2">以摊余成本计量的金融资产</td><td>摊余成本</td><td>（1）使用实际利率法确认利息收入；
（2）减值；
（3）外汇利得和损失；
（4）终止确认产生的利得或损失</td><td>无</td></tr>
<tr><td rowspan="2">以公允价值计量且其变动计入其他综合收益的金融资产</td><td>债务工具</td><td>公允价值</td><td>（1）使用实际利率法确认利息收入；
（2）减值；
（3）外汇利得和损失；
（4）终止确认产生的利得或损失</td><td>（1）并非在损益中确认的公允价值变动；
（2）终止确认时累计金额转回至损益</td></tr>
<tr><td>其他权益工具</td><td>公允价值</td><td>正常股利收入</td><td>（1）公允价值变动和外汇差额部分；
（2）终止确认时累计的金额不得重分类至损益，而应转入留存收益</td></tr>
<tr><td colspan="2">以公允价值计量且其变动计入当期损益的金融资产</td><td>公允价值</td><td>（1）公允价值变动；
（2）外汇利得或损失；
（3）终止确认产生的利得或损失</td><td>无</td></tr>
</table>

【注意3】在初始确认时，企业可以将非交易性权益工具指定为以公允价值计量且其变动计入其他综合收益的金融资产，该指定后不得撤销，即当该类非交易性权益工具终止确认时原计入其他综合收益的公允价值变动损益不得重分类进损益。

3. 以公允价值计量且其变动计入其他综合收益金融资产的选编例题

【例 1・单选题】下列计入其他综合收益的金额中，以后会计期间不能重分类进损益的是（　　）。（2021 年考生回忆版真题）

A. 指定为以公允价值计量且其变动计入其他综合收益的金融资产的公允价值变动

B. 分类为以公允价值计量且其变动计入其他综合收益的金融资产的公允价值变动

C. 现金流量套期产生的利得或损失中属于有效套期的部分

D. 外币则务报表折算差额

【例 2・单选题】2021 年 1 月 1 日，甲企业购入某债券。甲企业管理该债券的业务模式既以收取合同现金流量为目标又以出售该债券为目标。该债券的合同条款规定，在特定日期产生的现金流量，仅为支付的本金和以未偿付本金金额为基础的利息。不考虑其他因素，下列关于甲企业对该债券分类的说法中，正确的是（　　）。（2021 年考生回忆版真题）

A. 分类为持有待售金融资产

B. 分类为以公允价值计量且其变动计入其他综合收益的金融资产

C. 分类为以摊余成本计量的金融资产

D. 分类为以公允价值计量且其变动计入当期损益的金融资产

【例 3・单选题】2018 年 1 月 1 日，甲公司支付价款 1 000 万元（含交易费用）从证券交易所购入 A公司同日发行的 5 年期公司债券 12 500 份，债券票面价值总额为 1 250 万元，票面年利率为 4.72%，于年末支付本年度债券利息（即每年利息为 59 万元），本金在债券到期时一次偿还。合同约定，该债券的发行方在遇到特定情况时可以将债券赎回，且不需要为提前赎回支付额外款项。甲公司在购买该债券时，预计发行方不会提前赎回，甲公司根据其管理该债券的业务模式和该债券的合同现金流量特征，将该债券分类为以公允价值计量且其变动计入其他综合收益的金融资产。

其他资料如下：

（1）2018 年 12 月 31 日，A公司债券的公允价值为 1 200 万元（不含利息）。

（2）2019 年 12 月 31 日，A公司债券的公允价值为 1 300 万元（不含利息）。

（3）2020 年 12 月 31 日，A公司债券的公允价值为 1 250 万元（不含利息）。

（4）2021 年 12 月 31 日，A公司债券的公允价值为 1 200 万元（不含利息）。

（5）2022 年 1 月 20 日，通过证券交易所出售了 A公司债券 12 500 份，取得价款 1 260 万元。

假定不考虑所得税、减值损失等因素，经测算，该债券的实际利率为 10%。则甲公司 2019 年 12 月 31 日，确认 A公司债券公允价值变动额为（　　）万元。

A.＋ 41　　B.＋ 55　　C.＋ 59　　D.＋ 159

【例 4・单选题】接上例，甲公司 2020 年 12 月 31 日，确认 A公司债券公允价值变动额为（　　）万元。

A.41　　B.55　　C. －100　　D.＋ 114

【例 5・单选题】接上例，甲公司 2021 年 12 月 31 日，确认 A公司债券公允价值变动额为（　　）万元。

A.＋ 55　　B.＋ 59　　C. －100　　D. －104

【例 6・单选题】2019 年 5 月 6 日，甲公司支付价款 1 016 万元（含交易费用 1 万元和已宣告发放现金股利 15 万元），购入乙公司发行的股票 200 万股，占乙公司有表决权股份的 0.5%。甲公司将其指定为以公允价值计量且其变动计入其他综合收益的非交易性权益工具投资。

2019 年 5 月 10 日，甲公司收到乙公司发放的现金股利 15 万元。

2019 年 6 月 30 日，该股票市价为每股 5.2 元。

2019 年 12 月 31 日，甲公司仍持有该股票；当日，该股票市价为每股 5 元。

2020 年 5 月 9 日，乙公司宣告发放股利 4 000 万元。

2020 年 5 月 13 日，甲公司收到乙公司发放的现金股利。

2020年5月20日，甲公司由于某特殊原因，以每股4.9元的价格将股票全部转让。则出售该股票并结转其他综合收益对当期留存收益的影响为（　　）。

A.＋200 000　　B.－210 000　　C.－200 000　　D.－0

4. 以公允价值计量且其变动计入其他综合收益金融资产选编例题答案

①**【答案】**A

【解析】在初始确认时，企业可以将非交易性权益工具指定为以公允价值计量且其变动计入其他综合收益的金融资产，该指定后不得撤销，即当该类非交易性权益工具终止确认时原计入其他综合收益的公允价值变动损益不得重分类进损益。其它选项属于以后会计期间满足规定条件时将重分类进损益的其他综合收益项目。

②**【答案】**B

【解析】金融资产同时符合下列条件的，应当分类为以公允价值计量且其变动计入其他综合收益的金融资产：企业管理该金融资产的业务模式既以收取合同现金流量为目标又以出售该金融资产为目标；该金融资产的合同条款规定，在特定日期产生的现金流量，仅为对本金和以未偿付本金金额为基础的利息的支付。

③**【答案】**B

【解析】甲公司采用实际利率法计算的该金融资产各期摊余成本及公允价值变动额如下表所示：

单位：万元

日期	现金流入（A）	实际利息收入（B=期初D×10%）	已收回的本金（C=A－B）	摊余成本余额（D=期初D－C）	公允价值（E）	公允价值变动额（F=E－D－期初G）	公允价值变动累计金额（G=期初G＋F）
2018年1月1日				1 000	1 000	0	0
2018年12月31日	59	100	－41	1 041	1 200	159	159
2019年12月31日	59	104	－45	1 086	1 300	55	214
2020年12月31日	59	109	－50	1 136	1 250	－100	114
2021年12月31日	59	113	－54	1 190	1 200	－104	10
2022年1月20日	0	70*	－70	1 260	1 260	－10	0
小计	236	496	－260	1 260	——		
2022年1月20日	1 260	——	1 260	0			
合计	1 496	496	1 000	0			

甲公司的有关账务处理如下（金额单位：元）：

（1）2018年1月1日，购入A公司债券：

借：其他债权投资——成本　　12 500 000

　贷：银行存款　　10 000 000

　　其他债权投资——利息调整　　2 500 000

（2）2018 年 12 月 31 日，确认 A公司债券实际利息收入、公允价值变动，收到债券利息：

借：应收利息	590 000	
其他债权投资——利息调整	410 000	
贷：投资收益		1 000 000
借：银行存款	590 000	
贷：应收利息		590 000
借：其他债权投资——公允价值变动	1 590 000	
贷：其他综合收益——其他债权投资公允价值变动		1 590 000

（3）2019 年 12 月 31 日，确认 A公司债券实际利息收入、公允价值变动，收到债券利息：

借：应收利息	590 000	
其他债权投资——利息调整	450 000	
贷：投资收益		1 040 000
借：银行存款	590 000	
贷：应收利息		590 000
借：其他债权投资——公允价值变动	550 000	
贷：其他综合收益——其他债权投资公允价值变动		550 000

（4）2020 年 12 月 31 日，确认 A公司债券实际利息收入、公允价值变动，收到债券利息：

借：应收利息	590 000	
其他债权投资——利息调整	500 000	
贷：投资收益		1 090 000
借：银行存款	590 000	
贷：应收利息		590 000
借：其他综合收益——其他债权投资公允价值变动	1 000 000	
贷：其他债权投资——公允价值变动		1 1 000 000

（5）2021 年 12 月 31 日，确认 A公司债券实际利息收入、公允价值变动，收到债券利息：

借：应收利息	590 000	
其他债权投资——利息调整	540 000	
贷：投资收益		1 130 000
借：银行存款	590 000	
贷：应收利息		590 000
借：其他综合收益——其他债权投资公允价值变动	1 040 000	
贷：其他债权投资——公允价值变动		1 040 000

（6）2022 年 1 月 20 日，确认出售 A公司债券实现的损益：

借：银行存款	2 600 000	
其他债权投资——利息调整	600 000	
	（2 500 000—410 000—450 000—500 000—540 000）	
贷：其他债权投资——成本		12 500 000
——公允价值变动		100 000
投资收益		600 000
借：其他综合收益——其他债权投资公允价值变动	100 000	
贷：投资收益		100 000

或：

借：其他债权投资——利息调整	700 000	

贷：投资收益　700 000

借：银行存款　12 600 000

　投资收益　100 000

　贷：其他债权投资——成本　12 500 000

　　——公允价值变动　100 000

　　——利息调整　100 000

A公司债券的成本＝1 250（万元）

A公司债券的利息调整余额＝−250＋41＋45＋50＋54＋70＝−10（万元）

A公司债券公允价值变动余额＝159＋55−100−104＝10（万元）

同时，应从其他综合收益中转出的公允价值累计金额为10万元。

借：其他综合收益——其他债权投资公允价值变动　100 000

　贷：投资收益　100 000

由上述会计处理过程可见，甲公司2019年12月31日，确认A公司债券公允价值变动额为增加其他综合收益55万元。

④【答案】C

【解析】由上述会计处理过程可见，甲公司2020年12月31日，确认A公司债券公允价值变动额为减少其他综合收益100万元。

⑤【答案】D

【解析】由上述会计处理过程可见，甲公司2021年12月31日，确认A公司债券公允价值变动额为减少其他综合收益104万元。

⑥【答案】B

【解析】不考虑其他因素，甲公司的账务处理如下：

（1）2019年5月6日，购入股票：

借：应收股利　150 000

　其他权益工具投资——成本　10 010 000

　贷：银行存款　10 160 000

（2）2019年5月10日，收到现金股利：

借：银行存款　150 000

　贷：应收股利　150 000

（3）2019年6月30日，确认股票价格变动：

借：其他权益工具投资——公允价值变动　390 000

（2 000 000×5.2−10 010 000）

　贷：其他综合收益——其他权益工具投资公允价值变动　390 000

（4）2019年12月31日，确认股票价格变动：

借：其他综合收益——其他权益工具投资公允价值变动　400 000

　贷：其他权益工具投资——公允价值变动　400 000

（5）2020年5月9日，确认应收现金股利：

借：应收股利（40 000 000×0.5%）　200 000

　贷：投资收益　200 000

（6）2020年5月13日，收到现金股利：

借：银行存款　200 000

　贷：应收股利　200 000

（7）2020年5月20日，出售股票：

借：银行存款 9 800 000

其他权益工具投资——公允价值变动 10 000

利润分配——未分配利润 210 000

贷：其他权益工具投资——成本 10 010 000

其他综合收益——其他权益工具投资公允价值变动 10 000

由此可见，2020 年 5 月 20 日，甲公司以每股 4.9 元的价格将股票全部转让，则出售该股票所结转的其他综合收益对当期留存收益的影响为减少当期留存收益 210 000 元。

【知识点 3】长期股权投资★★★★

【要求】掌握长期股权投资的初始计量；长期股权投资后续计量的成本法和权益法的会计处理；长期股权投资成本法与权益法的转换；长期股权投资的期末计价；熟悉长期股权投资的处置；长期股权投资减值的会计处理。2021 年综合题考核了长期股权投资成本法和权益法的会计处理、长期股权投资后续核算方法转换的知识点。今年考生除关注这些考点外，可关注选择题部分可能的知识点以及综合题部分长期股权投资的相关知识点。

一、知识点精讲

（一）基本概念

根据投资方在投资后对被投资单位能够施加影响的程度，企业会计准则将股权投资区分为按照金融工具准则确认与计量和按照长期股权投资准则进行核算两种情况。

长期股权投资	投资企业对被投资单位具有重大影响的权益性投资，即对联营企业投资
	投资企业与其他合营方一同对被投资单位实施共同控制的权益投资，即合营企业投资
	投资企业能够对被投资单位实施控制的权益投资，即对子公司的投资

【注意】控制是指投资企业有权决定被投资企业的财务和经营政策，并据以从该企业的经营活动中获取利益；共同控制是指按照相关约定对某项安排所共有的控制，并且该安排的相关活动必须经过分享控制权的参与方一致同意后才能决策；重大影响是指对一个企业的财务和经营政策有参与决策的权利，但并不能够控制或者与其他方一起共同控制这些政策的制定。

1. 联营企业投资

联营企业投资是指投资方能够对被投资方施加重大影响的股权投资。

【注意】重大影响是指投资方对被投资单位的财务和生产经营决策有参与决策的权利，但不能控制或与其他方一起共同控制被投资单位有关政策的制定。

一般认为，投资方直接或通过子公司间接持有被投资单位 20%~50% 表决权股份时，对被投资单位具有重大影响。投资方对被投资单位是否具有重大影响的判断标准如下：

（1）在被投资单位的董事会或类似权力机构中派有代表，并享有实质性的参与决策权。

（2）参与被投资单位财务和经营决策等的制定过程。

（3）与被投资单位之间发生重要交易。

（4）向被投资单位派出管理人员。

（5）向被投资单位提供关键技术资料。

2. 合营企业投资

合营企业投资是指投资方持有对构成合营企业的合营安排的投资。对于投资方的投资是否属于合营企业投资的判断，首先判断是否构成合营安排；其次判断合营安排是否构成合营企业。

（1）合营安排是指一项由两个或两个以上的参与方共同控制的安排。合营安排的主要特征如下：

其一，各参与方均受该安排的约束。其二，两个或两个以上的参与方对该安排实施共同控制。任何一方都不能单独控制该安排，对该安排具有共同控制的一方能够阻止其他参与方或参与方组合单独控制该安排。

【注意】相关约定是指据以判断是否存在共同控制的一系列具有执行力的合约，如合同、协议、会议纪要、契约，以及构成约束的法律形式本身。约定的内容包括：合营安排的目的、业务活动及期限的约定；合营安排的治理机构（如董事会或类似机构）成员的任命方式的约定；合营安排相关事项的决策方式的约定（哪些事项参与决策、参与方的表决权情况、决策事项所需的表决权比例等）；参与方需要提供的资本或其他投入的约定；合营安排的资产、负债、收入、费用、损益在参与方之间分配方式的约定。

（2）共同控制及其判断原则

共同控制是指按照相关约定对某项安排所共有的控制，并且该安排的相关活动必须经过分享控制权的参与方一致同意后才能决策。判断是否具有共同控制时，首先判断是否所有参与方或参与方组合集体控制该安排，其次判断该安排相关活动的决策是否必须经过这些参与方一致同意。相关活动是指对某项安排的回报产生重大影响的活动，如商品或劳务的销售或购买、资产的购买和处置、研究及融资活动等。

（3）合营安排中不同参与方只要两个或两个以上的参与方对该安排实施共同控制，一项安排就可以被认定为合营安排，即一项合营安排的所有投资群体中，只要其中部分投资者能够对该合营安排实施共同控制即可，不要求所有投资者均具有共同控制的能力。对合营安排享有共同控制的参与方，称为“合营方”；对合营安排中不享有共同控制的参与方，称为“非合营方”。

（4）合营安排的分类

合营安排分为共同经营和合营企业。共同经营是指合营方享有该安排相关资产且承担该安排相关负债的合营安排。合营企业是指合营方仅对该安排的净资产享有权利的合营安排。合营方应当根据其在合营安排的正常经营中享有的权利和承担的义务，确定合营安排的分类。

【注意1】如果所有参与方或一组参与方必须一致行动才能决定某项安排的相关活动，则称所有参与方或一组参与方集体控制该安排。在判断是否存在共同控制时，应当首先判断所有参与方或参与方组合是否集体控制该安排，其次再判断该安排相关活动的决策是否必须经过这些集体控制该安排的参与方一致同意。

【注意2】如果存在两个或两个以上的参与方组合能够集体控制某项安排的不构成共同控制。仅享有保护性权利的参与方不享有共同控制。

3. 对子公司投资

（1）企业合并

企业合并是将两个或两个以上单独的企业合并成一个报告主体的交易或事项。企业合并的结果是一个企业取得一个或多个业务的控制权。

企业合并的方式：包括控股合并、吸收合并、新设合并。

（2）企业合并类型的划分

企业合并类型的划分：同一控制下的企业合并和非同一控制下的企业合并。

【注意1】合并形成的长期股权投资是指控股合并，而非吸收合并与新设合并。吸收合并后因被并方不复存在，主并方无需通过长期股权投资核算；新设合并后因主并方与被并方都已消亡，共同组建一新的主体，因此也不存在长期股权投资的核算问题。

【注意2】同一控制下的企业合并采用账面价值核算，而非同一控制下的企业合并采用公允价值核算。

（二）长期股权投资的确认和计量

1. 长期股权投资的确认

长期股权投资的确认是指投资方能够在自身账簿和报表中确认对被投资单位股权投资的时点。

【注意1】长期股权投资的确认和计量要区分合并的长期股权投资与非合并形成的长期股权投资的确认和计量。

合并形成的长期股权投资（即控股合并形成的长期股权投资）	同一控制下形成控股合并的长期股权投资会计处理——按账面价值核算长期股权投资的入账成本	按照所取得的被合并方净资产在最终控制方合并财务报表中的账面价值的份额确认，而非主并方放弃资源的成本
	非同一控制下形成控股合并的长期股权投资会计处理——按公允价值核算长期股权投资的入账成本	按照主并方放弃资源的公允价值
非合并形成的长期股权投资	——公允价值核算长期股权投资的入账成本	按照投资方放弃资源的公允价值

【注意2】在同一控制下确定长期股权投资入账成本时，必须要注意，被合并方净资产的账面价值是指被合并方所有者权益相对于最终控制方而言的账面价值。

2. 对联营企业、合营企业投资的初始计量

（1）以支付现金取得的长期股权投资——按照实际支付的购买价款作为初始投资成本

【注意2】初始投资成本包括与取得长期股权投资直接相关的费用、税金及其他必要支出；实际支付价款中包含的已宣告但尚未发放的现金股利或利润，应作为应收项目处理，不计入投资成本。

（2）以发行权益性证券方式取得的长期股权投资——按照发行权益性证券的公允价值作为初始投资成本。

【注意3】为发行权益性证券支付的手续费、佣金等应自权益性证券的溢价发行收入中扣除，溢价收入不足扣除的，应冲减盈余公积和未分配利润。

（3）以债务重组、非货币性资产交换等方式取得的长期股权投资，其初始投资成本按照《企业会计准则第12号——债务重组》和《企业会计准则第7号——非货币性资产交换》的规定确定

3. 对子公司投资的初始计量

（1）同一控制下形成控股合并的长期股权投资会计处理

基本思路：按照所取得的被合并方净资产账面价值的份额确认长期股权投资的入账成本。

借：长期股权投资（被合并方净资产的账面价值份额）
　　资本公积——资本溢价或股本溢价（差额，可能在贷方）
　　留存收益（盈余公积或未分配利润）
　贷：主并方放弃资源的成本

【说明】此处展示了基本思路，贷方所记科目完全取决于所放弃资源的类别。

①合并方以支付现金、转让非现金资产、承担债务等为合并对价方式，所取得的长期股权投资初始入账的确定

借：长期股权投资（被合并方净资产的账面价值份额）
　贷：负债（承担债务账面价值）
　　资产（投出资产账面价值）
　　资本公积——资本溢价或股本溢价（差额，可能在借方）

②合并方以发行权益性证券作为合并对价方式，所取得的长期股权投资初始入账的确定

借：长期股权投资（被合并方净资产的账面价值份额）
　贷：股本（所发行权益性证券的面值，即发行股票数量 × 每股面值）
　　资本公积——资本溢价或股本溢价（差额，可能在借方）

同时，对于权益性证券发行费用，直接冲减“资本公积——股本溢价”

借：资本公积——股本溢价
　贷：银行存款

③企业通过多次交换交易，分步取得股权最终形成同一控制控股合并的

此时，在个别报表中，应当以持股比例计算的合并日应享有被并方所有者权益账面价值的份额，作为该项投资的初始投资成本。初始投资成本与原长期股权投资账面价值加上合并日为取得新的股份所支付各类对价（包括现金、非现金资产、所承担的债务）账面价值之和的差额，调整资本公积（资本溢价或股本溢价），资本公积不足冲减的，冲减留存收益。

④合并方发生的中介费用、交易费用的处理

合并方发生的审计、法律服务、评估咨询等中介费用以及其他相关管理费用，于发生时计入当期损益。同一控制与非同一控制下，合并方发生的审计、法律服务、评估咨询等中介费用以及其他相关管理费用，都于发生时计入当期损益。

【注意1】与发行权益性工具作为合并对价直接相关的交易费用，应当冲减资本公积（资本溢价或股本溢价），资本公积（资本溢价或股本溢价）不足冲减的，依次冲减盈余公积和未分配利润。

【注意2】与发行债务性工具（即以承担债务方式）作为合并对价直接相关的交易费用，应当计入债务性工具的初始确认金额。

（2）非同一控制下形成控股合并的长期股权投资会计处理

基本思路：非同一控制下形成控股合并的长期股权投资入账价值按照主并方放弃资源的公允价值（即合并成本的公允价值），主并方放弃资源的公允价值（即合并成本的公允价值）与账面价值的差额确认为各类资产的处置损益。

【注意】非同一控制下的控股合并，主并方按照合并对价所放弃资源的公允价值（即合并成本）作为长期股权投资的初始投资成本。这里的合并成本是指主并方付出的资产、发生或承担的负债、发行的权益性证券公允价值之和（合并成本＝支付价款或付出资产的公允价值＋发生或承担的负债的公允价值＋发行的权益性证券的公允价值）。其中，主并方若以非货币资产作为合并对价时，这些非货币资产的账面价值与公允价值的差额应确认为主并方各类资产的处置损益。

各类资产的处置损益因资产类别不同，所体现的科目也各异。

①合并对价为固定资产、无形资产的，公允价值与账面价值的差额，计入“资产处置收益”科目；

“资产处置收益”科目，反映企业出售划分为持有待售的非流动资产（金融工具、长期股权投资和投资性房地产除外）或处置组时确认的处置利得或损失，以及处置未划分为持有待售的固定资产、在建工程、生产性生物资产及无形资产而产生的处置利得或损失。

②合并对价为长期股权投资或金融资产（其他权益工具投资除外）的，公允价值与其账面价值的差额，计入投资收益。

③合并对价为存货的，应当视同销售，通过主营业务收入、主营业务成本体现资产的处置损益。

④合并对价为投资性房地产的，以其公允价值确认其他业务收入，同时结转其他业务成本。

【注意1】企业通过多次交换交易，分步取得股权最终形成非同一控制控股合并的，在个别报表中，应当按照购买日之前原投资账面价值与购买日新增投资成本之和作为长期股权投资入账成本。其中：/1/原投资为长期股权投资的，则购买日长期股权投资初始投资成本＝原投资账面价值＋新增股份公允价值。此时，购买日之前因权益法形成的其他综合收益或“资本公积——其他资本公积”暂时不做处理，待到处置该项投资时将与其相关的其他综合收益或“资本公积——其他资本公积”再按长期股权投资的规定进行处理。

/2/原投资为以公允价值计量且其变动计入当期损益金融资产的，则购买日长期股权投资初始投资成本＝原投资公允价值＋新增股份公允价值。此时，原投资因公允价值变动形成的其他综合收益或公允价值变动损益应转入投资收益。

/3/原投资为以公允价值计量且其变动计入其他综合收益金融资产的非交易性权益工具投资，则购买日长期股权投资初始投资成本＝购买日原投资公允价值＋新增投资公允价值。此时，原投资公允

价值与账面价值的差额及因公允价值变动形成的其他综合收益应转入留存收益。

【注意 2】与同一控制相同的是，非同一控制下的企业合并中，购买方为企业合并发生的审计、法律服务、评估咨询等中介费用，应当于发生时计入当期损益。

（3）涉及或有对价的长期股权投资成本的计量

①同一控制企业合并涉及或有对价时长期股权投资成本的计量。同一控制下企业控股合并中产生的或有对价，按照《企业会计准则第 13 号——或有事项》的规定，判断是否应就或有对价确认为预计负债或资产，以及确认的金额；确认预计负债或资产的，该预计负债或资产金额与后续或有对价结算金额的差额，调整资本公积（资本溢价或股本溢价），资本公积（资本溢价或股本溢价）不足冲减的，调整留存收益。

②非同一控制企业合并涉及或有对价时长期股权投资成本的计量。企业合并各方可能在合并协议中约定，根据未来一项或多项或有事项的发生，购买方通过发行额外证券、支付额外现金或其他资产等方式追加合并对价，或者要求返还之前支付的对价，从而产生或有对价。购买方应将合并协议约定的或有对价作为合并转移对价的一部分，按照其在购买日的公允价值计入企业合并成本。或有对价符合权益工具和金融负债定义的，购买方应将支付或有对价的义务确认为一项权益或负债；符合资产定义并满足资产确认条件的，购买方应将符合合并协议约定条件的、可收回的部分已支付合并对价的权利确认为一项资产。如果购买日 12 个月内出现对购买日已存在情况的新的进一步证据需要调整或有对价的，应当予以确认并对原计入合并商誉的金额进行调整；其他情况下发生的或有对价变化或调整，应当区分不同情况进行会计处理：如或有对价为权益性质的，不进行会计处理；或有对价为资产或负债性质的，如果属于会计准则规定的金融工具，应当采用公允价值计量，公允价值变动视有关金融工具的分类计入当期损益或其他综合收益；如果不属于会计准则规定的金融工具，应按或有事项进行会计处理。

或有对价会计处理的内容：/1/购买日应合理估计或有对价并将其计入合并成本，购买日后 12 个月内取得新的或进一步证据表明购买日已存在状况，从而需要对合并成本进行调整的，可以据以调整合并成本。/2/无论是购买日后 12 个月内还是其他时点，如果由于出现新的情况导致对原估计或有对价进行调整的，判断或有对价性质，分别情况进行会计处理。或有对价属于金融工具，以公允价值计量，公允价值变动计入当期损益或其他综合收益；或有对价不属于金融工具的，按照或有事项准则进行会计处理。

【注意 1】取得长期投资时，投资成本中包含的被投资单位已经宣告但尚未发放的现金股利或利润，应作为应收项目单独核算，不构成长期股权投资的初始投资成本。

【注意 2】一项交易中同时涉及自最终控制方购买股权形成控制及自其他外部独立第三方购买股权的，前者相关股权投资成本的确定按照同一控制下企业合并的有关规定处理；而后者则视为在取得对被投资单位的控制权，形成同一控制下企业合并后少数股权的购买，该部分少数股权的购买不管与形成同一控制下企业合并的交易是否同时进行，在与同一控制下企业合并不构成一揽子交易的情况下，有关股权投资成本即应按照实际支付的购买价款确定。

（4）反向购买的处理

①反向购买的会计处理

非同一控制下的企业合并，以发行权益性证券交易的方式进行时，通常发行权益性证券的一方为购买方。但某些企业合并中，发行权益性证券的一方因其生产经营决策在合并被参与合并的另一方所控制，发行权益性证券一方为法律上的母公司，但其为会计上的被购买方，该类企业合并通常称为“反向购买”。其会计处理的主要内容如下。

首先，确定企业合并成本。

反向购买中，企业合并成本是指法律上的子公司（会计上的购买方）如果以发行权益性证券的方式为获取在合并后报告主体的股权比例，应向法律上的母公司（会计上的被购买方）的股东发行的权益性证券数量乘以其公允价值计算的结果。购买方的权益性证券在购买日存在公开报价的，通常应以公开报价作为其公允价值；购买方的权益性证券在购买日不存在可靠公开报价的，应参照购买方的公允价值和被购买方的公允价值二者之中有更为明显证据支持的作为基础，确定购买方假定应发行权益性证券的公允价值。

其次，合并财务报表的编制。反向购买后，法律上的母公司应当遵循以下原则编制合并财务报表：/1/合并财务报表中，法律上子公司的资产、负债应以其在合并前的账面价值进行确认和计量。/2/合并财务报表中的留存收益和其他权益余额应当反映法律上子公司在合并前的留存收益和其他权益余额。/3/合并财务报表中权益性工具的金额应当反映法律上子公司合并前发行的在外股份面值以及假定在确定该项企业合并过程中新发行的权益性工具的金额。但是，在合并财务报表中的权益结构应当反映法律上母公司的权益结构，即法律上母公司发行在外权益性证券的数量和种类。/4/法律上母公司的有关可辨认资产、负债在并入合并财务报表时，应以其在购买日确定的公允价值进行合并，企业合并成本大于合并中取得的法律上母公司（被购买方）可辨认净资产公允价值的份额体现为商誉；小于合并中取得的法律上母公司（被购买方）可辨认净资产公允价值的份额确认为合并当期损益。/5/合并报表的比较信息应当是法律上子公司的比较信息（即法律上子公司的前期合并财务报表）。/6/法律上子公司的有关股东在合并过程中未将其持有的股份转换为法律上母公司股份的，该部分股东享有的权益份额在合并财务报表中应作为少数股东权益列示。因法律上子公司的部分股东未将其持有的股份转换为法律上母公司的股权，其享有的权益份额仍仅限于对法律上子公司的部分，该部分少数股东权益反映少数股东按持股比例计算享有法律上子公司合并前净资产账面价值的份额。另外，对于法律上母公司的所有股东，虽然该项合并中其被认为购买方，但其享有合并形成报告主体的净资产及损益，不应作为少数股东权益列示。

最后，每股收益的计算。发生反向购买当期，用于计算每股收益的发行在外普通股加权平均为：/1/自当期期初至购买日，发行在外的普通股数量应假定为在该项合并中法律上母公司和法律上子公司股东发行的普通股数量。/2/自购买日至期末发行在外的普通股数量为法律上母公司实际发行在外的普通股股数。

②非上市公司购买上市公司股权实现间接上市的会计处理

非上市公司以所持有对子公司投资等资产为对价取得上市公司的控制权，构成反向购买的，上市公司编制合并财务报表时应区分以下情况处理。

交易发生时，上市公司未持有任何资产、负债或仅持有现金、交易性金融资产等不构成业务的资产或负债的，上市公司在编制合并财务报表时，购买企业应按照权益性交易的原则进行处理，不得确认商誉或计入当期损益。

交易发生时，上市公司保留的资产、负债构成业务的，对于形成非同一控制下企业合并的，企业合并成本与取得的上市公司可辨认净资产公允价值份额的差额应当确认为商誉或计入当期损益。

业务是指企业内部某些生产经营活动或资产负债的组合，该组合具有投入、加工处理过程和产出能力，能够独立计算其成本费用或产生的收入等，目的在于为投资提供股利、降低成本或带来其他经济利益。有关资产或资产、负债的组合具备了投入和加工处理过程两个要素即可认为构成一项业务。对于取得的资产、负债组合是否构成业务，应当由企业结合实际情况进行判断。

（5）被购买方的会计处理

非同一控制下的企业合并中，被购买方在企业合并后仍持续经营的，如购买取得被购买方100%股权，被购买方可以按合并中确定的有关资产、负债的公允价值调账。其他情况下，被购买方不应因企业合并改记资产、负债的账面价值。

（三）长期股权投资的后续计量——成本法和权益法

长期股权投资在持有期间，根据投资企业对被投资单位的影响程度分别采用成本法及权益法进行核算。长期股权投资核算范围和核算方法如下表所示。

投资情况	核算方法
对子公司投资（控制）	成本法
对合营企业投资（共同控制）	权益法
对联营企业投资（重大影响）	权益法

【注意1】成本法下，长期股权投资账面价值一般无需随被投资企业盈亏以及所有者权益的变动而调整；权益法下，长期股权投资的账面价值需依据被投资企业盈亏以及所有者权益的变动而调整（投资方与被投资方一荣俱荣，一损俱损）。被投资单位宣告发放现金股利时，成本法确认为投资收益，而权益法则冲减投资账面价值。

【注意2】权益法能体现长期股权投资的公允价值。

1. 长期股权投资的成本法

（1）成本法的适用范围：投资方能够对被投资单位实施控制的长期股权投资应当采用成本法核算。

（2）成本法核算

“长期股权投资”科目反映取得时投资时的成本。

被投资单位宣告发放现金股利时：

借：应收股利

　贷：投资收益

2. 长期股权投资权益法

（1）权益法的适用范围：对合营企业、联营企业的长期股权投资采用权益法核算。

【注意1】对子公司的长期股权投资应当按成本法核算；对合营企业、联营企业的长期股权投资应当按权益法核算。

【注意2】风险投资机构、共同基金以及类似主体持有的、在初始确认时按照《企业会计准则第22号——金融工具确认和计量》的规定划分为以公允价值计量且其变动计入当期损益的金融资产，无论以上主体是否对这部分投资具有重大影响，应按照《企业会计准则第22号——金融工具确认和计量》的规定进行确认和计量。

【注意3】投资方对联营企业的权益性投资，其中一部分通过风险投资机构、共同基金、信托公司或包括投连险基金在内的类似主体间接持有的，无论以上主体是否对这部分投资具有重大影响，投资方都可以按照《企业会计准则第22号——金融工具确认和计量》的有关规定，对间接持有的该部分投资选择以公允价值计量且其变动计入当期损益，并对其余部分采用权益法核算。

（2）权益法的核算原则

长期股权投资账面价值要随被投资单位所有者权益公允价值的变化而调整。

	被投资单位所有者权益变动原因	投资单位处理办法
权益法基本原则	净损益	确认或冲减投资收益
	其他综合收益	确认其他综合收益
	利润分配	减少长期股权投资
	其他权益变动	确认所有者权益

【注意1】权益法核算下，长期股权投资代表的是享有被投资单位的净资产公允价值的份额，投资收益代表的是享有被投资单位净损益的份额。

长期股权投资采用权益法核算的，应当分别“投资成本”、“损益调整”、“其他综合收益”、“其他权益变动”进行明细核算。

取得投资时：

借：长期股权投资——投资成本（投资时点）

　贷：银行存款等

被投资单位所有者权益变动时：

借：长期股权投资——损益调整（持有期间被投资单位净损益及利润分配变动）

　　长期股权投资——其他综合收益（投资后其他综合收益变动）

　　长期股权投资——其他权益变动（投资后其他）

　贷：投资收益（也可能在借方）

　　其他综合收益（也可能在借方）

　　资本公积等（也可能在借方）

【注意2】被投资单位宣告发放现金股利时，权益法则冲减投资账面价值，即，借记“应收股利”科目，贷记“长期股权投资——损益调整”科目。

（3）权益法下，初始投资成本的调整

长期股权投资的初始投资成本大于投资时应享有被投资单位可辨认净资产公允价值份额的，不调整长期股权投资的初始投资成本；长期股权投资的初始投资成本小于投资时应享有被投资单位可辨认净资产公允价值份额的，应按其差额，借记“长期股权投资——投资成本”科目，贷记“营业外收入”科目。

【注意】正商誉不调整投资成本，负商誉记入当期损益，确认为“营业外收入”。这里的商誉是指投资成本与享有被投资方可辨认净资产公允价值份额的差额。

（4）权益法下，对被投资企业净利润的调整

【注意1】当被投资单位采用的会计政策及会计期间与投资企业不一致时，被投资企业所确认的盈亏则不被投资方认可，此时应按投资企业的会计政策及会计期间对被投资单位的盈余进行调整。

【注意2】取得投资时被投资企业相关资产账面价值与公允价值不一致时，因未来期间被投资企业依据原账面资产的消耗计算成本费用，而从投资方看，则应按照这些资产的公允价值计算成本费用。因此，也应按照这些资产的公允价值所消耗金额调整被投资企业所确认的盈亏。考生可关注取得投资时被投资企业存货、固定资产、无形资产等账面价值与公允价值不一致时，这些资产所消耗部分（即出售、折旧、摊销等）需要调整被投企业利润的数额。

（5）投资方与联营企业、合营企业之间的未实现内部交易损益的会计处理

投资方计算确认应享有或应分担被投资单位的净损益时，与联营企业、合营企业之间发生的未实现内部交易损益按照应享有的比例计算归属于投资方的部分，应当予以抵销，在此基础上确认投资收益。在具体操作时，应分别顺流交易和逆流交易进行会计处理（顺流交易是指投资方向被投资企业出售资产；逆流交易是被投资企业亦即联营企业或合营企业向投资方出售资产）。

【注意1】顺流交易，权益法下，在该交易存在未实现内部交易损益的情况下（即有关资产未对外部独立第三方出售或未被消耗），投资方在采用权益法计算确认应享有联营企业或合营企业的投资损益时，应抵销该未实现内部交易损益的影响，同时调整对联营企业或合营企业长期股权投资的账面价值；投资方因投出或出售资产给其联营企业或合营企业，同时有关资产由联营企业或合营企业持有时，投资方因出售资产而确认的收益应仅限于确认归属于联营企业或合营企业其他投资者交易的部分。即在顺流交易中，投资方投出资产或出售资产给其联营企业或合营企业产生的损益中，按照比例计算确定归属于本企业的部分不予确认。

【注意2】逆流交易，权益法下，应抵销未实现内部交易损益的影响，再计算投资企业应享有份额。

（6）权益法下，被投资单位超额亏损的会计处理

长期股权投资准则规定，投资方确认应分担被投资单位发生的损失，原则上应以长期股权投资及其他实质上构成对被投资单位净投资的长期权益减记至零为限，投资方负有承担额外损失义务的除外。

借：投资收益

　贷：长期股权投资——损益调整

　　长期应收款

　　预计负债

经上述处理后依然无法确认的剩余亏损在备查薄中登记。

被投资单位以后实现净利润的，投资方在其收益分享额弥补未确认的亏损分担额后，恢复确认应分享收益，即应按顺序分别借记“预计负债”、“长期应收款”、“长期股权投资”等科目，贷记“投资收益”科目。

【注意】投资方在确认应分担被投资单位的净损失时，除应考虑长期股权投资及其他长期权益的账面价值以外，如果在投资合同或协议中约定将履行其他额外的损失补偿义务，还应按《企业会计准则第 13 号——或有事项》的规定确认预计将承担的损失金额。

（7）其他综合收益的处理

长期股权投资权益法核算下，被投资单位其他综合收益发生变动时，投资方应当按照归属于本企业的部分，相应调整长期股权投资的账面价值，同时增加或减少其他综合收益。

借：长期股权投资——其他综合收益

　贷：其他综合收益（或反分录）

（8）被投资单位所有者权益其他变动的会计处理

投资企业对于被投资单位除净损益、其他综合收益以及利润分配之外的所有者权益其他变动，在持股比例不变的情况下，应按照持股比例与被投资单位所有者权益其他变动中归属于本企业的部分，相应调整长期股权投资的账面价值，同时增加或减少资本公积。

借：长期股权投资——所有者权益其他变动

　贷：资本公积——其他资本公积（或相反分录）

【注意】尽管被投资单位所有者权益内部结构发生变化，但其所有者权益总额不变，则投资方无需做账务处理。如：被投资单位发生以盈余公积弥补亏损，提取盈余公积时，投资方无需做账务处理；被投资单位以资本公积、盈余公积转增资本等时，投资方仅需记录增加的股份，也无需做账务处理。

3. 长期股权投资的核算方法的转换

【注意】长期股权投资核算方法转换的原因在于投资方持股权的增加或减少导致核算方法的变更，包括：公允价值计量或权益法转成本法核算、公允价值计量转为权益法、成本法转权益法核算、权益法转为公允价值计量以及成本法转为公允价值计量。

<table>
<tr><td rowspan="5">长期股权投资的核算方法的转换</td><td rowspan="2">增持股权造成的核算方法的变更</td><td>公允价值计量或权益法转成本法核算</td><td rowspan="2">确定长期股权投资成本的基本思路：
按照原持有金融资产公允价值或权益法下的长期股权投资账面价值加上新增投资成本之和</td></tr>
<tr><td>公允价值计量转为权益法</td></tr>
<tr><td rowspan="3">减少持股权造成的核算方法的变更</td><td>成本法转权益法核算</td><td rowspan="3">确定长期股权投资成本的基本思路：依据相关核算方法重新确定剩余股权投资公允价值</td></tr>
<tr><td>权益法转为公允价值计量</td></tr>
<tr><td>成本法转为公允价值计量</td></tr>
</table>

（1）公允价值计量或权益法转成本法核算（即通过多次交换交易，分步取得股权最终形成非同一控制企业合并）

应当按照原持有金融资产公允价值或权益法下的长期股权投资账面价值加上新增投资成本之和，作为改按成本法核算的初始投资成本。

【注意 1】以公允价值计量且其变动计入当期损益的金融资产转换为长期股权投资成本法核

算时：

借：长期股权投资（原持有股权投资公允价值＋新增投资支付对价公允价值）

贷：交易性金融资产（原持有的股权投资的账面价值）

投资收益（原持有的股权投资的账面价值与公允价值的差额）

银行存款等

【注意2】 指定为以公允价值计量且其变动计入其他综合收益的非交易性权益工具投资转换为长期股权投资成本法核算时：

借：长期股权投资（原持有股权投资公允价值＋新增投资支付对价公允价值）

贷：其他权益工具投资（原持有的股权投资的账面价值）

留存收益类科目（计入利润分配——未分配利润等科目，且数额为原持有的股权投资的账面价值与公允价值的差额）

银行存款等

（2）成本法转权益法核算（即处置子公司而丧失控制权，处置后的剩余股权能够对被投资单位实施共同控制或施加重大影响的，应当改按权益法核算，并对该剩余股权采用追溯调整法，视同自取得时即采用权益法进行核算。）

因处置投资等原因导致对被投资单位由能够实施控制转为具有重大影响或者与其他投资方一起实施共同控制的，首先应按处置投资的比例结转应终止确认的长期股权投资成本。

比较剩余长期股权投资的成本与按照剩余持股比例计算原投资时应享有被投资单位可辨认净资产公允价值的份额，前者大于后者的，属于投资作价中体现的商誉部分，不调整长期股权投资的账面价值；前者小于后者的，在调整长期股权投资成本的同时，调整留存收益。

对于原取得投资时至处置投资时（转为权益法核算）之间被投资单位实现净损益中投资方应享有的份额：一方面应当调整长期股权投资的账面价值，同时对于原取得投资时至处置投资当期期初被投资单位实现的净损益（扣除已发放及已宣告发放的现金股利及利润）中应享有的份额，同时调整留存收益；对于处置投资当期期初至处置时被投资单位实现的净损益中应享有的份额，调整当期损益；其他原因导致被投资单位所有者权益变动中应享有的份额，在调整长期股权投资账面价值的同时，应当计入“资本公积——其他资本公积”。

（3）公允价值计量转为权益法

投资企业对原持有的被投资单位的股权不具有控制、共同控制或重大影响，分类为金融资产的，因追加投资等原因导致持股比例增加，使其能够对被投资单位实施共同控制或重大影响的，在转换日按照原股权的公允价值加上为取得新增投资而支付对价的公允价值，作为改为权益法核算的初始投资成本。

在此基础上，比较初始投资成本与获得被投资单位共同控制或重大影响时应享有被投资单位可辨认净资产公允价值份额之间的差额，前者大于后者的，不调整长期股权投资的账面价值；前者小于后者的，调整长期股权投资的账面价值，并计入当期营业外收入。

【注意1】 原投资为以公允价值计量且其变动计入当期损益的金融资产转为长期股权投资权益法时，追加投资日原投资公允价值与账面价值的差额计入投资收益。

【注意2】 原投资为以公允价值计量且其变动计入其他综合收益的金融资产的非交易性权益工具投资转为长期股权投资权益法时，追加投资日原投资公允价值与账面价值的差额计入留存收益，且原投资因公允价值变动形成的其他综合收益应转入留存收益。

（4）权益法转为公允价值计量

投资方因处置部分股权投资等原因丧失了对被投资单位的共同控制或重大影响的，处置后的剩余股权应当改按《企业会计准则第22号——金融工具确认和计量》核算。即剩余股权在按公允价值计量时，公允价值与其原账面价值之间的差额计入当期损益。同时，原采用权益法核算的相关其他综合收益应在终止采用权益法时，采用与被投资单位直接处置相关资产或负债相同的基础进行会计处理。

因被投资单位净损益、其他综合收益和利润分配以外的其他所有者权益变动而确认的资本公积，应当在终止采用权益法核算时全部转为当期损益。

（5）成本法转为公允价值计量

投资方因处置部分权益性投资等原因丧失了对被投资单位的控制的，处置后的剩余股权不能对被投资单位实施共同控制或施加重大影响的，应当改按《企业会计准则第 22 号——金融工具确认和计量》的有关规定进行会计处理，并于丧失控制权日将剩余股权按公允价值重新计量，公允价值与其账面价值的差额计入当期损益。

4. 长期股权投资的处置

企业处置长期股权投资时，应相应结转与所售股权相对应的长期股权投资的账面价值，出售所得价款与处置长期股权投资账面价值之间的差额，应确认为处置损益。处置时，原权益法核算的相关其他综合收益或资本公积（其他资本公积）金额转入当期损益（不能转损益的除外）。

借：银行存款等

　　长期股权投资减值准备

　贷：长期股权投资

　　　投资收益

同时，结转原权益法核算的相关其他综合收益或资本公积（其他资本公积）金额转入当期损益。

借：其他综合收益（或贷记）

　　资本公积——其他资本公积（或贷记）

　贷：投资收益（或借记）

5. 长期股权投资的期末计价

长期股权投资如果存在减值迹象的，应当按照相关准则的规定计提减值准备。其中，对子公司、联营企业及合营企业的投资，应当按照《企业会计准则第 8 号——资产减值》的规定确定其可收回金额及应予计提的减值准备。借记“资产减值损失”科目，贷记“长期股权投资减值准备”科目。长期股权投资作为非流动资产，其减值准备一经提取，不允许转回。

二、选编例题

【例 1 · 单选题】甲、乙公司属于同一控制企业，甲公司于 2021 年 1 月 1 日以承担乙公司 3 000 万债务以及发行 1 000 万股票（面值 1 元，市价 3 元）作为合并对价，取得乙公司 100%的股权，合并后乙公司仍维持独立法人资格继续经营。乙公司合并当日的所有者权益在最终控制方合并财务报表中的账面价值为 8 000 万元，公允价值为 11 000 万元。则甲公司对乙公司长期股权投资的入账成本为（　　）万元。

A.4 000　　B.6 000　　C.8 000　　D.11 000

【例 2 · 单选题】接上例，若甲、乙公司属于非同一控制企业，其他条件不变，则甲公司对乙公司长期股权投资的入账成本（　　）万元。

A.4 000　　B.6 000　　C.8 000　　D.11 000

【例 3 · 单选题】2021 年 1 月 1 日，甲公司从集团外部取得丁公司 80%股权（非同一控制企业合并），实际支付款项 4 200 万元，购买日丁公司可辨认净资产公允价值为 5 000 万元，账面价值为 3 500 万元，差额因一项无形资产导致。当日该无形资产公允价值为 2 000 万元，账面价值为 500 万元，剩余使用年限为 10 年，采用直线法摊销，无残值。除此之外丁公司其他可辨认资产、负债的公允价值与账面价值相等。则甲公司对丁公司的长期股权投资的初始投资成本是（　　）万元。

A.3 500　　B.4 000　　C.4 200　　D.5 000

【例 4 · 单选题】接上例，2021 年 1 月 1 日至 2022 年 12 月 31 日，丁公司账面净利润为 1 500 万元，无其他所有者权益变动。则 2022 年 12 月 31 日，丁公司按购买日公允价值持续计算的净资产价值为（　　）万元。

A.4 200　　B.6 000　　C.5 500　　D.6 200

【例 5·单选题】 2021 年 1 月 1 日天津可美纺织服装企业支付货币资金 800 万元给 B公司，受让 B公司持有的 C公司 100%的股权。假设未发生直接相关费用和税金。5 月 10 日，C公司宣告分配 2020 年实现的净利润，其中分配现金股利 50 万元。天津可美纺织服装企业于 5 月 20 日收到现金股利 50 万元；2021 年 C公司亏损 100 万元；2021 年底该投资出现减值迹象，对 C公司的投资预计可收回金额为 630 万元；则天津可美纺织服装企业个别报表中需计提（　　）万元减值准备。

A.20　　B.50　　C100　　D.170

【例 6·单选题】 天津可美纺织服装企业投资于 D公司的有关投资情况如下：2021 年 1 月 5 日天津可美纺织服装企业支付现金 800 万元给 B公司，受让 B公司持有的 D公司 20%的股权（具有重大影响），假设未发生直接相关费用和税金。受让股权时 D公司的可辨认净资产公允价值为 3 000 万元。D 公司当年实现的净利润为 600 万元（假设不考虑对净利润的调整）；本年度其他综合收益（假设均可结转损益）增加 150 万元，没有其他所有者权益的变动，则 2021 年 12 月 31 日长期股权投资的账面价值为（　　）万元。

A.950　　B.900　　C.850　　D.750

【例 7·单选题】 接上题，2022 年 3 月 1 日，D公司宣告分配现金股利 200 万元；2022 年 D公司发生亏损 2 000 万元，假设不考虑对净利润的调整。由于出现减值迹象，假设 2022 年末天津可美纺织服装企业对 D公司的投资可收回金额经测算为 500 万元，则天津可美纺织服装企业个别报表中需计提（　　）万元减值准备。

A.10　　B.20　　C.40　　D.50

【例 8·单选题】 接上题，2023 年 1 月 20 日，天津可美纺织服装企业经协商将持有的 D公司的全部股权转让给丁企业，收到股权转让款 520 万元。则处置长期股权投资时应确认的投资收益为贷方（　　）万元。

A.10　　B.30　　C.50　　D.60

【例 9·单选题】 天津可美纺织服装企业于 2021 年 1 月 1 日以 1 800 万元取得乙公司 20%的股权，能够对乙企业施加重大影响。取得投资时，乙公司可辨认净资产公允价值为 9 500 万元。2021 年乙公司发生亏损 1 000 万元，其他综合收益增加 150 万元。假设不考虑净利润的调整。2021 年 1 月 1 日，天津可美纺织服装企业又支付 4 000 万元取得乙公司另外 40%的股权，持股比例为 60%，此时长期股权投资账面价值为（　　）万元。

A.4 830　　B.5 000　　C.5 730　　D.5 800

【例 10·单选题】 2021 年 1 月 1 日，天津可美纺织服装企业以 6 000 万货币资金取得 B公司 100%的股权，B公司可辨认净资产公允价值总额为 5 000 万元。自天津可美纺织服装企业取得对 B公司长期股权投资后至 2022 年 12 月 31 日，B公司净资产增加 800 万元，其中按购买日公允价值计算实现的净利润 600 万元，B公司持有的其他权益工具投资公允价值升值 200 万元。假定 B公司一直未进行利润分配。天津可美纺织服装企业按净利润的 10%提取盈余公积。2023 年 1 月 6 日，天津可美纺织服装企业将其持有的对 B公司长期股权投资中的 70%出售给某企业，出售取得价款 5 600 万元。天津可美纺织服装企业出售 B公司 70%股权后，对 B公司剩余股权的持股比例为 30%，公允价值为 2 400 万。天津可美纺织服装企业在被投资单位董事会中派有代表，但不能对 B公司生产经营决策实施控制，对 B公司长期股权投资应由成本法改为按照权益法核算后，剩余长期股权投资的账面价值为（　　）万元。

A.2 040 万元　　B.2 400 万元　　C.26 00 万元　　D.2 850 万元

【例 11·单选题】（2021 真题）2022 年 1 月 1 日，甲企业以银行存款购买乙企业 60%股权，对乙企业实现非同一控制下企业合并。下列关于甲企业在个别财务报表中会计处理的说法中，正确的是（　　）。

A. 乙企业实现净利润时，甲企业按投资比例调增长期股权投资账面价值

B. 乙企业宣告分派现金股利时，甲企业按投资比例确认投资收益

C. 取得投资时支付对价中包含的已宣告但尚未发放的现金股利计入长期股权投资账面价值

D. 以购买日甲企业在乙企业可辨认净资产公允价值中所占份额作为长期股权投资入账价值

【例 12 · 多选题】甲企业持有乙企业 30%股权，采用权益法对持有乙企业的长期股权投资进行后续核算，甲企业取得乙企业股权后发生的下列各项中，甲企业无需账务处理的是（　　）。

A. 乙企业分配现金股利　　B. 乙企业提取盈余公积

C. 乙企业以盈余公积弥补亏损　　D. 乙企业以资本公积转增资本

E. 乙企业持有的交易性金融资产公允价值下降

【例 13 · 单选题】下列各项资产计提的减值准备中，在资产持有期间不能通过损益转回的是（　　）。

A. 长期股权投资减值准备　　B. 存货跌价准备

C. 债权投资减值准备　　D. 应收账款坏账准备

【例 14 · 单选题】企业持有采用成本法核算的长期股权投资期间，下列各项中会导致长期权投资账面价值发生变动的是（　　）。

A. 被投资企业增加其他综合收益　　B. 长期股权投资计提减值准备

C. 被投资企业宣告分派现金股利　　D. 被投资企业发生盈亏

【例 15 · 多选题】2021 年 1 月 1 日，甲企业占乙企业有表决权股份的比例为 25%，对乙企业具有重大影响，2021 年度，乙企业实现税后利润 1 000 万元，宣告向股东分配现金股利 600 万元，债权投资公允价值上升 300 万元。不考虑其他因素，甲企业下列相关会计处理中，正确的有（　　）。（依据 2018 年考生回忆真题以及新准则变化调整）

A. 增加长期股权投资 175 万元　　B. 确认应收股利 150 万元

C. 确认资本公积 75 万元　　D. 确认其他综合收益 75 万元

E. 确认投资收益 250 万元

【例 16 · 多选题】（2018 真题）非同一控制下的控股合并中，甲企业通过多次投资交易最终形成对乙企业的控制，下列因素中影响购买日甲企业长期股权投资初始投资成本的有（　　）。

A. 购买日新增投资成本

B. 购买日原所持被购买方的股权投资的账面价值

C. 购买日原所持被购买方的股权投资的公允价值

D. 购买日之前因使用权益法核算形成的其他综合收益

E. 购买日被购买方股权的公允价值

知识点 3 选编例题答案

1. **【答案】**C

【解析】同一控制控股合并，应当在合并日按照所取得的被合并方在最终控制方合并财务报表中净资产的账面价值份额作为长期股权投资的初始投资成本。因此本题合并方甲公司长期股权投资初始投资成本为 8 000 ×100%＝ 8 000（万元）。

2. **【答案】**B

【解析】非同一控制控股合并，应以合并对价的公允价值作为长期股权投资的初始投资成本。因此本题合并方甲公司长期股权投资初始投资成本为 3 000 ＋ 1 000×3 ＝ 6 000（万元）。

3. **【答案】**C

【解析】非同一控制下的控股合并，购买方应当按照合并成本（即放弃资源的公允价值）作为长期股权投资的初始投资成本。甲公司对丁公司的长期股权投资的初始投资成本是 4 200 万元（即放弃

资源的公允价值）。

4.【答案】D

【解析】非同一控制下，取得长期股权投资时被投资企业相关资产账面价值与公允价值不一致时，因未来期间被投资企业依据原账面资产的消耗计算成本费用，而从投资方看，则应按照这些资产的公允价值计算成本费用。因此，也应按照这些资产的公允价值所消耗金额调整被投资企业所确认的盈亏。

至 2022 年 12 月 31 日，丁公司按购买日公允价值持续计算的净利润＝1 500－（2 000－500）÷10×2＝1 200（万元）。因此，2022 年 12 月 31 日，丁公司按购买日公允价值持续计算的净资产价值＝5 000＋1 200＝6 200（万元）。

5.【答案】D

【解析】采用成本法下，被投资单位宣告分派的现金股利或利润，应当确认为当期投资收益。因此，2021 年 5 月 10 日，C公司宣告分配 2020 年实现的净利润，其中分配现金股利 50 万元。天津可美纺织服装企业账务处理如下：

借：应收股利　　50（50×100%）

　贷：投资收益　　50

借：银行存款　　50

　贷：应收股利　　50

2021 年，C公司亏损 100 万元，天津可美纺织服装企业采用成本法核算，不作账务处理。

2021 年底该投资出现减值迹象，2021 年末天津可美纺织服装企业对C公司的投资预计可收回金额为 630 万元，长期投资的账面价值为 800 万元，个别报表中需计提 170 万元减值准备。天津可美纺织服装企业的账务处理如下：

借：资产减值损失　　170

　贷：长期股权投资减值准备　　170

6.【答案】A

【解析】本题考核长期股权投资权益法的核算。

取得投资时，天津可美纺织服装企业账务处理如下。

借：长期股权投资——D公司（成本）　　800

　贷：银行存款　　800

（此时，初始投资成本 800 万元大于投资时应享有被投资单位可辨认净资产公允价值份额 600 万元，无需调整长期股权投资初始投资成本。）

2021 年 12 月 31 日，D公司当年实现的净利润为 600 万元，本年度其他综合收益增加 150 万元，没有其他所有者权益的变动。天津可美纺织服装企业账务处理如下。

借：长期股权投资——D公司（损益调整）　　120

　贷：投资收益　　（600×20%）120

借：长期股权投资——D公司（其他综合收益）　　30

　贷：其他综合收益　　（150×20%）30

2021 年 12 月 31 日长期股权投资的账面价值为 950 万元。

7.【答案】A

【解析】本题考核长期股权投资权益法的核算时减值准备的提取。

2022 年 3 月 1 日，D公司宣告分配现金股利 200 万元

借：应收股利　　（200×20%）40

　贷：长期股权投资——D公司（损益调整）　　40

2022 年 D公司发生亏损 2 000 万元，假设不考虑对净利润的调整，天津可美纺织服装企业确认投资损失

借：投资收益　　　　　　　　　　　　　　　　　　　　　　（2 000×20%）400

　贷：长期股权投资——D公司（损益调整）　　　　　　　　　　　　　　　400

由于出现减值迹象，2022年末天津可美纺织服装企业对D公司的投资可收回金额为500万元时，因计提减值准备前长期股权投资的账面余额=投资成本800＋120＋30−40−400＝510（万元），而可收回金额为500万元，需计提10万元减值准备

借：资产减值损失　　　　　　　　　　　　　　　　　　　　　　　　10

　贷：长期股权投资减值准备　　　　　　　　　　　　　　　　　　　　　10

8.【答案】C

【解析】企业处置长期股权投资时，应相应结转与所售股权相对应的长期股权投资的账面价值，出售所得价款与处置长期股权投资账面价值之间的差额，应确认为处置损益，原权益法核算的相关其他综合收益金额，应当在处置时转入当期损益（不能转损益的除外）。

2023年1月20日，天津可美纺织服装企业经协商，将持有的D公司的全部股权转让给丁企业，收到股权转让款520万元。处置时账务处理如下。

借：银行存　　　　　　　　　　　　　　　　　　　　　　　　　　520

　长期股权投资减值准备　　　　　　　　　　　　　　　　　　　　10

　其他综合收益　　　　　　　　　　　　　　　　　　　　　　　　30

　长期股权投资——D公司（损益调整）　　　　　　　　　　　　　　320

　贷：长期股权投资——D公司（成本）　　　　　　　　　　　　　　　800

　　　　　　　　　——D公司（其他综合收益）　　　　　　　　　　　30

　　投资收益　　　　　　　　　　　　　　　　　　　　　　　　　　50

因此，处置长期股权投资时应确认的投资收益为贷方50万元。

9.【答案】C

【解析】本题考核长期股权投资权益法转成本法时，应当按照原持有的股权投资账面价值加上新增投资成本之和，作为改按成本法核算的初始投资成本。

2021年1月1日取得投资：

借：长期股权投资——乙公司（成本）　　　　　　　　　　　　　　1 900

　贷：银行存款　　　　　　　　　　　　　　　　　　　　　　　　1 800

　　营业外收入　　　　　　　　　　　　　　　　　　　　　　　　100

因初始投资成本1 800万元小于取得的“份额”1 900（9 500×20%）万元，需要调整初始投资成本。

2021年乙公司亏损1 000万元，其他综合收益增加150万元，则：

借：投资收益（1 000 ×20%）　　　　　　　　　　　　　　　　　200

　贷：长期股权投资——乙公司（损益调整）　　　　　　　　　　　　170

　　其他综合收益（150×20%）　　　　　　　　　　　　　　　　　30

2021年1月1日，天津可美纺织服装企业又支付4 000万元取得乙公司另外40%的股权，则：

借：长期股权投资——乙公司（成本）　　　　　　　　　　　　　　4 000

　贷：银行存款　　　　　　　　　　　　　　　　　　　　　　　　4 000

即再投资后持股比例为60%，长期股权投资账面价值为5 730（1 900−200＋30＋4 000）万元。

10.【答案】A

【解析】本题考核长期股权投资成本法转权益法核算，并对该剩余股权视同自取得时即采用权益法核算进行调整。

2021年1月1日天津可美纺织服装企业取得投资时：

借：长期股权投资——B公司（成本）　　　　　　　　　　　　　　6 000

贷：银行存款　　　　　　　　　　　　　　　　　　　　　　　　　6 000

2023 年 1 月 6 日，天津可美纺织服装企业确认长期股权投资处置损益：

借：银行存款　5 600

　贷：长期股权投资　（6 000×70%）4 200

　　投资收益　1 400

剩余的长期股权投资成本与原投资时应享有被投资单位可辨认净资产公允价值份额之间的差额 300 万元 (6 000×30% −5 000×30%) 为正商誉，该部分正商誉的价值不需要对长期股权投资的成本进行调整。

对剩余股权改按权益法核算：

借：长期股权投资　240

　贷：盈余公积　（600×30%×10%）18

　　利润分配——未分配利润　（600×30%×90%）162

　　其他综合收益　（200×30%）60

经上述调整后，剩余长期股权投资的账面价值为 2 040 万元（即 6 000×30%＋ 240）。

11.【答案】B

【解析】甲企业取得乙企业 60%股权，对乙企业实现非同一控制下企业合并时，在个别报表中采用成本法核算，合并报表中再调整为权益法。因此，乙企业实现净利润时，甲企业个别报表无需按投资比例调增长期股权投资账面价值，A选项表述错误；取得投资时支付对价中包含的已宣告但尚未发放的现金股利不计入长期股权投资账面价值，而计入应收股利，故而 C选项表述错误；非同一控制下企业合并，长期股权投资以合并对价成本（即放弃资源的公允价值）入账，购买日主并方在被并方可辨认净资产公允价值中所占份额与长期股权投资入账价值的差额作为合并商誉处理，所以 D选项表述错误。

12.【答案】BCD

【解析】被投资单位所有者权益总额不变，则投资方无需做账务处理。如：被投资单位发生以盈余公积弥补亏损，提取盈余公积时，投资方无需做账务处理；被投资单位以资本公积、盈余公积转增资本等时，投资方仅需记录增加的股份，也无需做账务处理。本题 A、E选项会导致投资单位所有者权益总额减少，权益法下甲企业需要相应调整长期股权投资账面价值。

13.【答案】A

【解析】本题考核资产减值的概念，长期股权投资发生的减值不可以转回。考生应注意，长期资产减值准备不可以转回。

14.【答案】B

【解析】选项 B，成本法下期末计提长期股权投资减值准备会引起长期股权投资账面价值减少；选项 C，成本法下，持有期间被投资单位宣告分派现金股利的，投资企业应将其确认为投资收益，不影响长期股权投资账面价值的变化；选项 AD，成本法下，被投资单位发生盈亏和增加其他综合收益时，投资企业无需调整长期股权投资账面价值。

15.【答案】ABDE

【解析】本题考核的是长期股权投资权益法下的会计处理，投资方确认的投资收益 ＝ 1 000×25%＝ 250（万元），长期股权投资确认的损益调整＝（1 000−600）×25%＝ 100（万元），其他综合收益确认的长期股权投资调整金额为 300×25%＝ 75（万元），故增加长期股权投资 100 ＋ 75 ＝ 175（万元）。应收股利等于 600×25%＝ 150（万元），故选择 ABDE。

16.【答案】ABC

【解析】选项 B，原持有被投资单位的股权投资作为权益法核算的长期股权投资的，购买日按原股权投资的账面价值计量；选项 C，原持有被投资单位的股权投资作为金融资产核算的，按购买日的公允价值计量。

【知识点4】固定资产★★★

【要求】掌握固定资产的初始计量、后续计量的会计处理；固定资产折旧方法及其会计处理；固定资产的期末计价以及固定资产处置的会计处理等。考生应关注以固定资产进行债务重组、长期股权投资、非货币资产交换等的会计核算。

一、知识点精讲

（一）固定资产的定义和确认条件

1. 固定资产的定义

为生产商品、提供劳务、出租或经营管理而持有的；使用寿命超过一个会计年度。

【注意1】“出租”的固定资产，是指企业以经营租赁方式出租的机器设备类固定资产，不包括以经营租赁方式出租的建筑物，后者属于企业的投资性房地产，不属于固定资产。

2. 固定资产的确认条件

同时满足：与该固定资产有关的经济利益很可能流入企业、该固定资产的成本能够可靠地计量。

（二）固定资产的初始计量——即固定资产的取得成本

固定资产成本：固定资产的成本是指企业购建某项固定资产达到预定可使用状态前所发生的一切合理、必要的支出。这些支出包括直接发生的价款、运杂费、包装费和安装成本等，也包括间接发生的，如应承担的借款利息、外币借款折算差额以及应分摊的其他间接费用。

【注意1】对于特殊行业的特定固定资产，在确定其成本时，应当考虑预计弃置费用因素（例如，核电站核设施的弃置和恢复环境义务）。但一般工商企业的固定资产发生的报废清理费用，不属于弃置费用，应当在发生时作为固定资产处置费用处理。

【注意2】投资者投入固定资产的成本，应当按照投资合同或协议约定的价值确定，但合同或协议约定价值不公允的除外；债务重组取得的，依照公允价值确定。

【注意3】购建固定资产达到预定可使用状态具体可以从以下几个方面进行判断。

固定资产的实体建造（包括安装）工作已经全部完成或者实质上已经完成；所购建的固定资产与设计要求或合同要求相符或基本相符，即使有极个别与设计或合同要求不相符的地方，也不影响其正常使用；继续发生在所购建固定资产上的支出金额很少或几乎不再发生。

1. 外购固定资产

外购固定资产的成本，包括购买价款、相关费用，使固定资产达到预定可使用状态前所发生的可归属于该项资产的运输费、装卸费、安装费和专业人员服务费等。

（1）购入不需要安装的固定资产

相关支出直接计入固定资产成本。

借：固定资产
　　应交税费——应交增值税（进项税额）
　贷：银行存款等

（2）购入需要安装的固定资产

通过“在建工程”科目核算

借：在建工程
　　应交税费——应交增值税（进项税额）
　贷：银行存款、应付职工薪酬等

借：固定资产（达到预定可使用状态）
　贷：在建工程

【注意】以一笔款项购入多项没有单独标价的固定资产，应当按照各项固定资产的公允价值比例对总成本进行分配，分别确定各项固定资产的成本。

（3）超过正常信用条件购买固定资产的会计处理

购买固定资产的价款超过正常信用条件延期支付，实质上具有融资性质，固定资产的成本以购买价款的现值为基础确定。各期实际支付的价款与购买价款的现值之间的差额，符合资本化条件的应当计入固定资产成本，其余部分应当在信用期间内确认为财务费用，计入当期损益。

借：在建工程（或固定资产）（购买价款现值）

　　未确认融资费用未来应付利息

　贷：长期应付款未来应付本金和利息

每期还款时

借：长期应付款

　贷：银行存款

同时，按照实际利率法

借：财务费用（或在建工程）

　贷：未确认融资费用

【注意 1】实际利率法下，将每期所偿还款项分离成两部分，一部分是本金，一部分利息。

【注意 2】未确认融资费用摊销＝期初应付本金余额 ×实际利率＝（期初长期应付款余额－期初未确认融资费用余额）×实际利率。

2. 自行建造的固定资产

（1）自营方式建造固定资产

企业通过自营方式建造固定资产，其入账价值应当按照建造该项固定资产达到预定可使用状态前所发生的必要支出确定。

【注意 1】固定资产达到预定可使用状态后剩余的工程物资，按其实际成本或计划成本，转作企业的库存材料。

【注意 2】工程建设期间发生的盘亏、报废、毁损的工程物资，减去保险公司、过失人赔偿部分后的余额，计入所建工程项目的成本；盘盈的工程物资或处置净收益冲减所建工程项目的成本。

【注意 3】工程完工后发生的工程物资盘盈、盘亏、报废、毁损，计入当期损益。

【注意 4】企业将固定资产达到预定可使用状态前或者研发过程中产出的产品或副产品对外销售（以下统称试运行销售）的，应当按照《企业会计准则第 14 号—收入》、《企业会计准则第 1 号—存货》等规定，对试运行销售相关的收入和成本分别进行会计处理，计入当期损益，不应将试运行销售相关收入抵销相关成本后的净额冲减固定资产成本或者研发支出。试运行产出的有关产品或副产品在对外销售前，符合《企业会计准则第 1 号—存货》规定的应当确认为存货，符合其他相关企业会计准则中有关资产确认条件的应当确认为相关资产。“固定资产达到预定可使用状态前产出的产品或副产品”，包括测试固定资产可否正常运转时产出的样品等情形。测试固定资产可否正常运转而发生的支出属于固定资产达到预定可使用状态前的必要支出，应当按照《企业会计准则第 4 号—固定资产》的有关规定，计入该固定资产成本。“测试固定资产可否正常运转”，指评估该固定资产的技术和物理性能是否达到生产产品、提供服务、对外出租或用于管理等标准的活动，不包括评估固定资产的财务业绩。

（1）外购固定资产

高危行业企业按照国家规定提取的安全生产费

提取安全费用时	借：生产成本（或当期损益） 　贷：专项储备

续表

使用提取的安全费用时	（1）属于费用性支出，直接冲减专项储备 借：专项储备 　贷：银行存款
使用提取的安全费用时	（2）形成固定资产的 借：在建工程 　　应交税费——应交增值税（进项税额） 　贷：银行存款 　　　应付职工薪酬 借：固定资产 　贷：在建工程 借：专项储备（按照形成固定资产的成本冲减专项储备） 　贷：累计折旧

【注意】高危行业企业按照国家规定提取的安全生产费形成固定资产的，应当通过“在建工程”科目归集新发生的支出，待安全生产项目完工达到预定可使用状态时确认为固定资产；同时，按照形成固定资产的成本冲减专项储备，并确认相同金额的累计折旧，该固定资产在以后期间不再计提折旧。

（2）出包方式建造固定资产

企业以出包方式建造固定资产，其成本应按合理估计的发包工程进度和合同规定结算的进度款，借记“在建工程”科目，贷记“银行存款”、“预付账款”等科目。工程达到预定可使用状态交付使用时，借记“固定资产”科目，贷记“在建工程”科目。

3. 非货币性交易取得固定资产

（1）非货币性资产交换的概念

非货币性资产交换是指企业主要以固定资产、无形资产、投资性房地产和长期股权投资等非货币性资产进行的交换。该交换不涉及或只涉及少量的货币性资产（即补价）。

【注意】非货币性资产交换本质上可看成是交换双方买卖资产的行为，只不过交易结算方式不是货币资金，而是非货币性资产。换出资产方视同销售所换出资产，换入资产方视同购买所换入资产。

（2）非货币性资产交换的确认和计量

①具有商业实质且公允价值能够可靠计量的非货币性资产交换——公允价值核算

非货币性资产交换同时满足下列条件的，应当以公允价值和应支付的相关税费作为换入资产的成本，公允价值与换出资产账面价值的差额计入当期损益。

不涉及补价时，以公允价值和应支付的相关税费作为换入资产的成本。

涉及补价时，支付补价的，换入资产成本的计算公式是

换入资产成本＝换出资产公允价值＋支付的补价（－收到的补价）＋应支付的相关税费

【注意】同时换入多项资产。非货币性资产交换同时换入多项资产的，应当按照换入各项资产的公允价值占换入资产公允价值总额的比例，对换入资产的成本总额进行分配，确定各项换入资产的成本。

②不具有商业实质或者换入资产或换出资产公允价值不能可靠计量的非货币性资产交换，以换出资产的账面价值和应支付的相关税费作为换入资产的成本，不确认损益——账面价值核算

换入资产成本＝换出资产账面价值＋支付补价（－收到的补价）＋应支付的相关税费

【注意】同时换入多项资产。非货币性资产交换不具有商业实质，或者虽具有商业实质但换入资产的公允价值不能可靠计量的，应当按照换入各项资产的原账面价值占换入资产的原账面价值总额的比例，对换入资产的成本总额进行分配，确定各项换入资产的成本。

（三）固定资产的折旧

【注意】作为企业长期资产的固定资产，折旧是企业每年所计算的持有固定资产而应计入成本费用的数额。折旧越多，固定资产账面价值越低。

1. 固定资产折旧的范围

除以下情况外，企业应对所有固定资产计提折旧。

（1）已提足折旧仍继续使用的固定资产。

（2）单独计价作为固定资产入账的土地。

【注意 1】已提足折旧固定资产，不管继续使用与否，均不再提取折旧；提前报废的固定资产，也不再补提折旧。

【注意 2】已达到预定可使用状态的固定资产，尚未办理竣工决算的，应当按照估计价值暂估入账，并计提折旧；待办理了竣工决算手续后，再按照实际成本调整原来的暂估价值，但不调整原已计提的折旧额。

【注意 3】企业应当按月计提折旧，当月增加的固定资产，当月不提折旧，从下月起计提折旧；当月减少的固定资产，当月仍提折旧，从下月起停止计提折旧。

【注意 4】企业不应以包括使用固定资产在内的经济活动所产生的收入为基础计提折旧。

2. 固定资产折旧的方法

可选用折旧方法包括年限平均法、工作量法、双倍余额递减法和年数总和法等。前两种方法属于直线法折旧，每年折旧费用平均，后两种折旧方法属于加速折旧，每年折旧费用呈递减趋势。折旧方法一经选定，不得随意变更。

固定资产折旧方法	计算原理
年限平均法	年折旧率＝（1－预计净残值率）÷预计使用寿命（年）
工作量法	单位工作量折旧额＝［固定资产原价 ×（1－预计净残值率）］÷预计总工作量 某项固定资产月折旧额＝该项固定资产当月工作量 ×单位工作量折旧额
双倍余额递减法	年折旧率＝2÷预计使用年限 ×100% 月折旧率＝年折旧率 ÷12 月折旧额＝固定资产年初账面余额 ×月折旧率 最后两年改为年限平均法
年数总和法	年折旧额＝（原价－预计净残值）×年折旧率 年折旧率用一递减分数来表示，将逐期年数相加作为递减分数的分母，将逐期年数倒转顺序分别作为各年递减分数的分子。 年折旧率＝尚可使用寿命 ÷预计使用寿命的年数总和

3. 固定资产计提折旧的会计处理

【注意 1】长期资产折旧或分摊的基本原则是谁使用谁承担。如：生产部门使用的长期资产，则其折旧或分摊计入生产费用（包括制造费用）；销售部门使用的长期资产，则其折旧或分摊计入销售费用。

【注意 2】企业自行建造固定资产过程中所使用的固定资产，其所计提折旧费用计入“在建工程”；企业的未使用、不需用的固定资产，其计提折旧应计入“管理费用”。

借：生产成本或制造费用（生产车间计提折旧，车间若仅生产一种产品，则直接计入生产成本；若同时生产多种产品，则先计入制造费用，此后再采用一定方法，将制造费用分配计入生产成本）

　　管理费用（企业管理部门、未使用的固定资产计提折旧）

　　销售费用（销售部门计提折旧）

　　在建工程（在建工程中使用固定资产计提折旧）

　　专项储备（提取的安全生产费形成固定资产）

　贷：累计折旧

【注意 3】如果有确凿证据表明，固定资产使用寿命、预计净残值的预期数与原先的估计数有重大差异，或者经济利益预期实现方式有重大改变，则应当相应调整固定资产使用寿命、预计净残值、改变折旧方法，并按照会计估计变更的有关规定进行会计处理。

（四）固定资产的后续支出

固定资产后续支出，是指固定资产在使用过程中发生的更新改造支出、修理费用等。

后续支出的处理原则为：符合固定资产确认条件的，应当计入固定资产成本，同时将被替换部分的账面价值扣除；不符合固定资产确认条件的，应当计入当期损益。

1. 资本化的后续支出

基本原则：与固定资产有关的更新改造等后续支出，符合固定资产确认条件的应当计入固定资产成本，同时将被替换部分的账面价值扣除。

固定资产发生可资本化的后续支出时，企业一般应将该固定资产的原价、已计提的累计折旧和减值准备转销，将固定资产的净值转入在建工程，并停止计提折旧。待固定资产发生的后续支出完工并达到预定可使用状态时，再从在建工程转为固定资产，同时将被替换部分的账面价值扣除，并按重新确定的使用寿命、预计净残值和折旧方法计提折旧。

2. 费用化的后续支出

发生固定资产维护支出等大修理费用的后续支出，符合资本化条件的可以计入固定资产成本；不符合资本化条件的固定资产日常维修费用，应当按照收益对象计入当期损益或计入相关资产成本。与存货生产和加工相关的固定资产日常修理费用按照存货成本确定原则进行处理，行政管理部门、企业专设的销售机构等发生的固定资产日常修理费用按照功能分类计入管理费用或销售费用。

（五）固定资产的处置

1. 固定资产终止确认的条件

固定资产满足下列条件之一的，应当予以终止确认。

该固定资产处于处置状态；该固定资产预期通过使用或处置不能产生经济利益。

2. 固定资产处置的账务处理

企业出售、转让划归为持有待售类别的，按照持有待售非流动资产、处置组的相关规定进行会计处理。

未划归为持有待售类别而出售、转让的，通过“固定资产清理”科目归集所发生的损益，产生的利得或损失转入“资产处置损益”科目，计入当期损益；其会计核算一般经过固定资产处置“三步曲‘即：首先，将固定资产账面价值转入“固定资产清理”科目的借方；其次，固定资产处置过程中的一切收入计入“固定资产清理”科目贷方；处置过程中的一切支出计入“固定资产清理”科目借方；最后，固定资产清理后的净收益直接计入当期收益，借记“固定资产清理”科目，贷记“资产处置损益”科目；固定资产清理后的净损失，借记“资产处置损益”科目，贷记“固定资产清理”科目。

固定资产因报废毁损或自然灾害等原因而终止确认的，通过“固定资产清理”科目归集所发生的损益，其产生的清理净损益计入营业外支出。

【注意1】盘亏的固定资产，通过“待处理财产损溢”科目核算，按固定资产净额，借记“待处理财产损溢”科目，按已计提的累计折旧，借记“累计折旧”科目，按已计提的减值准备，借记“固定资产减值准备”科目；按固定资产账面价值，贷记“固定资产”科目。盘亏造成的损失，计入当期损益，按可收回的保险赔偿或过失人赔偿，借记“其他应收款”科目，贷记“待处理财产损溢”科目，差额记入“营业外支出——盘亏损失”科目。

【注意2】盘盈的固定资产，应作为前期差错记入“以前年度损益调整”科目。

（六）固定资产的期末计价

资产存在减值迹象的，应当进行减值测试，估计其可收回金额。资产可收回金额是指资产的公允价值减去处置费用后的净额与资产预计未来现金流量的现值两者之间较高者。计算确定资产可收回金额应当经过以下步骤。

第一步，计算确定资产的公允价值减去处置费用后的净额。

通常情况下，资产的公允价值减去处置费用后的净额，应当根据公平交易中销售协议价格减去可直接归属于该资产处置费用的金额确定。处置费用包括与资产处置有关的法律费用、相关税费、搬运费以及为使资产达到可销售状态所发生的直接费用等。

第二步，计算确定资产预计未来现金流量的现值

预计的资产未来现金流量应当包括下列各项。

1. 资产持续使用过程中预计产生的现金流入；为实现资产持续使用过程中产生的现金流入所必需预计的现金流出，包括为使资产达到预定可使用状态所发生的现金流出。资产使用寿命结束时，处置资产所收到或者支付的净现金流量。预计在建工程的未来现金流量，应当包括预期为使资产达到预定可使用或可销售状态而发生的全部现金流出。

2. 通常情况下，企业管理层对未来现金流量的估计最多为 5 年。如果企业管理层以超过 5 年的财务预算或者预测为基础估计未来现金流量，则企业管理层应当确保这些估计是可靠的，并且能够表明它按照过去的经验有能力对超出 5 年的期间作出准确预测。

3. 折现率是反映当前市场货币时间价值和资产特定风险的税前利率。

第三步，比较资产的公允价值减去处置费用后的净额与预计未来现金流量现值，取其较高者作为资产的可收回金额。

企业在计算出资产可收回金额后，应将其与资产的账面价值（资产取得成本扣除累计折旧及累计减值准备后的金额）进行比较，如果资产的可收回金额低于其账面价值的，应当将资产的账面价值减记至可收回金额，减记的金额确认为资产减值损失，计入当期损益，同时计提相应的资产减值准备。资产减值损失一经确认，在后会计期间不得转回，且需要重新计算应提折旧。

【注意】固定资产一旦计提减值准备，则固定资产账面价值必然发生减少，相应地，以后各期折旧费用必然降低。

（七）持有待售的非流动资产或处置组

1. 持有待售的非流动资产或处置组的分类

（1）分类原则

企业主要通过出售而非持续使用一项非流动资产或处置组收回其账面价值的，应当将其划分为持有待售类别。

非流动资产或处置组划分为持有待售类别，应当同时满足下列条件。

①在当前状况下即可立即出售；

②出售极可能发生，即企业已经就一项出售计划作出决议且获得确定的购买承诺，预计出售将在一年内完成。

【注意】对于企业专为转售而新取得的非流动资产或处置组，如果在取得日满足“预计出售将在一年内完成”的规定条件，且短期（通常为 3 个月）内很可能满足划分为持有待售类别的其他条件，企业应当在取得日将其划分为持有待售类别。

（2）延长一年期限的例外条款

因企业无法控制的下列原因之一，导致非关联方之间的交易未能在一年内完成，且有充分证据表明企业仍然承诺出售非流动资产或处置组的，企业应当继续将非流动资产或处置组划分为持有待售类别：

①意外设定条件

买方或其他方意外设定导致出售延期的条件，企业针对这些条件已经及时采取行动，且预计能够自设定导致出售延期的条件起一年内顺利化解延期因素。

②发生罕见情况

因发生罕见情况，导致持有待售的非流动资产或处置组未能在一年内完成出售，企业在最初一年内已经针对这些新情况采取必要措施且重新满足了持有待售类别的划分条件。

（3）不再继续符合划分条件的处理

持有待售的非流动资产或处置组不再满足持有待售类别划分条件的，企业不应当继续将其划分为

持有待售类别。

【注意】企业不应当将拟结束使用而非出售的非流动资产或处置组划分为持有待售类别

（4）持有待售的长期股权投资

企业因出售对子公司的投资等原因导致其丧失对子公司控制权的，无论出售后企业是否保留部分权益性投资，应当在拟出售对子公司投资满足持有待售类别划分条件时，在母公司个别财务报表中将对子公司投资整体划分为持有待售类别，在合并财务报表中将子公司所有资产和负债划分为持有待售类别。

【注意】对联营企业或合营企业的权益性投资全部或部分分类为持有待售资产的，应当停止权益法核算；对于未划分为持有待售类别的剩余权益性投资，应当在划分为持有待售的那部分权益性投资出售前继续采用权益法进行会计处理。

2. 持有待售的非流动资产或处置组的计量

（1）划分为持有待售类别前的计量

企业将非流动资产或处置组首次划分为持有待售类别前，应当按照相关会计准则规定计量非流动资产或处置组中各项资产和负债的账面价值。

（2）划分为持有待售类别时的计量

企业初始计量持有待售的非流动资产或处置组时，其账面价值高于公允价值减去出售费用后的净额的，应当将账面价值减记至公允价值减去出售费用后的净额，减记的金额确认为资产减值损失，计入当期损益，同时计提持有待售资产减值准备。

对于取得日划分为持有待售类别的非流动资产或处置组，企业应当在初始计量时比较假定其不划分为持有待售类别情况下的初始计量金额和公允价值减去出售费用后的净额，以两者孰低计量。

除企业合并中取得的非流动资产或处置组外，由以公允价值减去出售费用后的净额作为非流动资产或处置组初始计量金额而产生的差额，应当计入当期损益。

（3）划分为持有待售类别后的计量

①持有待售的非流动资产的后续计量

资产负债表日重新计量持有待售的非流动资产时，其账面价值高于公允价值减去出售费用后的净额的，应当将账面价值减记至公允价值减去出售费用后的净额，减记的金额确认为资产减值损失，计入当期损益，同时计提持有待售资产减值准备。

后续资产负债表日持有待售的非流动资产公允价值减去出售费用后的净额增加的，以前减记的金额应当予以恢复，并在划分为持有待售类别后确认的资产减值损失金额内转回，转回金额计入当期损益。划分为持有待售类别前确认的资产减值损失不得转回。

【注意】持有待售的非流动资产不应计提折旧或摊销。

②持有待售处置组的后续计量

对于持有待售的处置组确认的资产减值损失金额，如果该处置组包含商誉，应当先抵减商誉的账面价值，再根据处置组中相关各项非流动资产账面价值所占比重，按比例抵减其账面价值。

后续资产负债表日持有待售的处置组公允价值减去出售费用后的净额增加的，以前减记的金额应当予以恢复，并在划分为持有待售类别后适用本准则计量规定的非流动资产确认的资产减值损失金额内转回，转回金额计入当期损益。

【注意1】已抵减的商誉账面价值，以及相关非流动资产在划分为持有待售类别前确认的资产减值损失不得转回。

【注意2】如果后续资产负债表日持有待售的处置组公允价值减去出售费用后的净额增加的，以前减记的金额应当予以恢复，并在划分为持有待售类别后相关非流动资产确认的资产减值损失金额内转回，转回金额计入当期损益。已抵减的商誉账面价值，以及相关非流动资产在划分为持有待售类别前确认的资产减值损失不得转回。对于持有待售的处置组确认的资产减值损失后续转回金额，应当根据处置组中除商誉外适用本章计量规定的各项非流动资产账面价值所占比重，按比例增加其账面价值。

【注意3】持有待售的处置组中的非流动资产不应计提折旧或摊销，持有待售的处置组中负债的利息和其他费用应当继续予以确认。

（4）不再继续划分为持有待售类别的计量

非流动资产或处置组因不再满足持有待售类别的划分条件而不再继续划分为持有待售类别或非流动资产从持有待售的处置组中移除时，应当按照以下两者孰低计量。其一、划分为持有待售类别前的账面价值，按照假定不划分为持有待售类别情况下本应确认的折旧、摊销或减值等进行调整后的金额；其二、可收回金额。

（5）终止确认

企业终止确认持有待售的非流动资产或处置组时，应当将尚未确认的利得或损失计入当期损益。

二、选编例题

【例1·单选题】2021年5月8日，甲公司购入一台需要安装的生产用机器设备，取得的增值税专用发票上注明的设备价款为200万元，增值税进项税额为26万元，支付的运输费为5万元（不含增值税），运输费适用的增值税税率为9%；购买过程中发生其他专业人员服务费3万元，款项均已通过银行支付；安装设备时，领用本公司原材料一批，价值10万元；支付安装工人的工资为1万元；假定不考虑其他相关税费。则甲公司该固定资产的入账成本为（　　）万元。

A.214　　B.216　　C.219　　D.245

【例2·单选题】2021年8月18日，经与乙公司商议，甲公司以一批产品换入乙公司的一台无需安装的设备，交换日，甲公司换出产品的账面价值为560万元，公允价值为700万元（等于计税价格），甲公司将产品运抵乙公司并向乙公司开具了增值税专用发票，当日双方办妥了设备所有权转让手续。甲公司另以银行存款支付乙公司56.5万元，甲、乙公司均为增值税一般纳税人，适用的增值税税率均为13%，其在整个交易过程中没有发生除增值税以外的其他税费，不考虑其他因素，甲公司换入设备的入账价值是（　　）。

A.750万元　　B.791万元　　C.847.5万元　　D.870万元

【例3·单选题】（2021年真题）2021年8月31日，甲企业向乙企业一次购入用于生产不同产品的设备X、Y、Z，作为固定资产管理，取得的增值税专用发票上注明的设备总价款为600万元，增值税税额为78万元，设备X、Y、Z的公允价值分别为128万元、192万元、320万元。甲企业采用年限平均法计提固定资产折旧，预计设备X、Y、Z使用年限均为10年，预计净残值均为0。不考虑其他因素，2021年设备Y应计提的折旧金额为（　　）。

A.8.6万元　　B.6万元　　C.9万元　　D.6.4万元

【例4·单选题】甲公司以出包方式建造厂房，建造过程中发生的下列支出中，不计入所建造厂房成本的有（　　）。

A.支付给第三方监理公司的监理费

B.为取得土地使用权而缴纳的土地出让金

C.建造期间进行试生产发生的负荷联合试车费用

D.建造期间因可预见的不可抗力导致暂停施工发生的费用

【例5·单选题】下列关于固定资产折旧会计处理的表述中，不正确的有（　　）。

A.经营租赁租入固定资产不应计提折旧

B.固定资产计提减值准备后，以后各期折旧费用必然降低

C.处于季节性修理过程中的固定资产在修理期间应继续计提折旧

D.已达到预定可使用状态但尚未办理竣工决算的固定资产应当按暂估价价值计提折旧

【例6·单选题】2021年11月20日，甲公司购进一台需要安装的A设备，取得的增值税专用发票上注明的设备价款为950万元，可抵扣增值税进项税额为123.5万元，款项已通过银行支付。安装

A设备时，甲公司领用原材料 36 万元（不含增值税额），支付安装人员工资 14 万元。2021 年 12 月 30 日，A设备达到预定可使用状态。A设备预计使用年限为 5 年，预计净残值率为 5%，甲公司采用双倍余额递减法计提折旧。甲公司 2024 年 12 月 31 日，A设备的账面价值为（　　）万元。

A.600　　B.360　　C.216　　D.120

【例 7·单选题】接上题，假设 2024 年底该设备可回收净额为 180 万元，剩余两年每年则应计提的折旧为（　　）万元。

A.65　　B.90　　C.108　　D.120

【例 8·单选题】接例 6 题，假设甲公司对该设备采用直线法计提折旧，其他条件相同，则 2023 年底，直线法下该设备账面价值与双倍余额递减法该设备账面价值差异为（　　）万元。

A.210　　B.260　　C.304　　D.360

【例 9·单选题】企业的某项固定资产原价为 1 000 万元，采用年限平均法计提折旧，使用寿命为 10 年，预计净残值为零，在第 5 个折旧年度年末企业对该项固定资产的某一主要部件进行更换，发生支出合计 700 万元，符合准则规定的固定资产确认条件，被更换的部件的原价为 500 万元。固定资产更新改造后的原价为（　　）万元。

A.950　　B.1 000　　C.1 200　　D.1 700

【例 10·单选题】某企业于 2015 年 12 月 26 日用银行存款 420 万元购入不需要安装设备一台，估计使用年限 10 年，估计净残值 20 万元，采用直线法计提折旧。设备已交付使用。2019 年 12 月 31 日该固定资产的销售净价为 250 万，预计持续使用该设备产生的现金流量以及使用寿命结束时处置形成的现金流量现值合计为 220 万元。2021 年 12 月 31 日企业以 180 万元的价格出售该固定资产。假定不考虑相关税费，处置固定资产损益大约为（　　）万元。

A.3　　B.6　　C.10　　D.15

【例 11·单选题】（2018 年真题）甲企业的某条生产线原价为 3 000 万元，采用年限平均法计提折旧，使用寿命为 10 年，预计净残值为零，第 5 个折旧年度末，甲企业对该生产线的某一主要部件进行更换，发生支出合计 1 200 万元，符合固定资产确认条件，被更换部件的原价为 1 000 万元，该生产线更换部件后的入账价值为（　　）万元。

A.1 500　　B.2 700　　C.1 700　　D.2 200

【例 12·单选题】下列折旧费用中，应计入“管理费用”的是（　　）。（2018年考生回忆真题）

A. 财务部门专用办公设备折旧费用　　B. 销售网点专用办公设备折旧费用

C. 融资租入专用生产线的折旧费用　　D. 制造车间设备折旧费用

【例 13·单选题】（2021 年真题）甲企业收到乙企业作为资本投入的一项先进设备，该设备公允价值为 95 万元，经税务部门认定的增值税税额为 12.35 万元。双方约定甲企业接受乙企业投入资本金额为 100 万元。假定甲乙双方认可该设备的公允价值，且该设备产生的进项税准予抵扣。不考虑其他因素，甲企业因接受乙企业投资应当确认的资本公积的金额为（　　）。

A.12.35 万元　　B.5 万元　　C.7.35 万元　　D.0

【例 14·单选题】（2021 年真题）2021 年 12 月 31 日，甲企业一台原价为 800 万元、已计提折旧 400 万元、已累计计提减值准备 50 万元的机器设备出现减值迹象。经减值测试，该设备未来现金流量现值为 300 万元，公允价值减去处置费用后的净额为 320 万元。不考虑其他因素，2021 年 12 月 31 日，甲企业应当为该设备计提减值准备的金额为（　　）。

A.50 万元　　B.20 万元　　C.30 万元　　D.0

【例 15·单选题】（2021 真题）下列资产后续支出中，企业应当予以费用化处理的是（　　）。

A. 大型生产设备日常维护支出　　B. 房改扩建支出

C. 生产线改良支出　　D. 更换大型生产设备核心部件的支出

知识点4选编例题答案

1.【答案】C

【解析】本题考核固定资产初始成本计量。企业外购固定资产的成本，包括购买价款、相关税费（不含可抵扣的增值税进项税额）、使固定资产达到预定可使用状态前所发生的可归属于该项资产的运输费、装卸费、安装费和专业人员服务费等。

（1）支付设备价款、增值税、运输费以及专业人员服务费合计为234.45万元

借：在建工程　208

　应交税费——应交增值税（进项税额）　26.55（26＋5×9%）

　　贷：银行存款　234.45

（2）领用本公司原材料、支付安装工人工资等费用合计为11万元

借：在建工程　11

　　贷：原材料　10

　　应付职工薪酬　1

（3）设备安装完毕达到预定可使用状态：

借：固定资产　219

　贷：在建工程　219

固定资产成本＝208＋11＝219（万元）

2.【答案】A

【解析】支付补价时，换入资产成本＝换出资产公允价值＋换出资产增值税销项税额－换入资产可抵扣的增值税进项税额＋支付的应计入换入资产成本的相关税费＋支付的补价

甲公司换入设备的入账价值＋增值税进项税额＝换出产品公允价值＋增值税销项税额＋支付的补价＝700＋700×13%＋56.5＝847.5（万元）

甲公司换入设备的入账价值＝847.5/（1＋13%）＝750（万元）

3.【答案】B

【解析】设备Y的入账价值为：600×192÷（128＋192＋320）＝180（万元），2×20年设备Y应计提的折旧金额为：180÷10×（4÷12）＝6（万元）。

4.【答案】B

【解析】选项B，应作为无形资产核算。

5.【答案】A

【解析】选项A，经营租赁租入固定资产，确认使用权资产后，应计提折旧。

6.【答案】C

【解析】甲公司A设备的入账价值＝950＋36＋14＝1 000（万元），2022年计提的折旧＝1 000×2/5＝400（万元），2023年计提的折旧＝（1 000－400）×2/5＝240（万元），2024年计提的折旧＝（1 000－400－240）×2/5＝144（万元）。因此，2024年12月31日，A设备的账面价值为216（1 000－400－240－144）万元。

7.【答案】A

【解析】2024年12月31日，A设备的账面价值为216万元，可回收净额为180万元，则应计提的固定资产减值准备额为36万元。剩余年份每年应计提折旧为（180－1 000×5%）/2＝65（万元）。

8.【答案】B

【解析】甲公司A设备的入账价值＝950＋36＋14＝1 000（万元），直线法下每年计提的折旧＝（1 000－1 000×5%）/5＝190（万元），则直线法下2023年底A设备的账面价值为：1 000－190×2＝620（万元）；双倍余额递减法下，A设备的2022年计提的折旧＝1 000×2/5＝400（万元），

2023 年计提的折旧＝（1 000—400）×2/5 ＝ 240（万元），则双倍余额递减法下 2023 年底 A设备的账面价值为：1 000—400—240 ＝ 360（万元）。因此，2023 年底直线法下该设备账面价值与双倍余额递减法该设备账面价值差异为 620—360 ＝ 260（万元）。

9.【答案】A

【解析】固定资产进行更换后的原价＝该项固定资产进行更换前的账面价值＋发生的后续支出—该项固定资产被更换部件的账面价值＝（1 000—1 000÷10×5）＋ 700—（500—500÷10×5）＝ 950（万元）。

10.【答案】B

【解析】本题考核固定资产出售。

（1）2015 年 12 月 26 日购进固定资产时

借：固定资产　420

　贷：银行存款　420

（2）固定资产年折旧费用（420—20）/10 ＝ 40（万元）

2016 年 12 月 31 日计提折旧费用

借：生产成本　40

　贷：累计折旧　40

以后三年计提折旧费用的分录同上

（3）至 2019 年 12 月 31 日固定资产的账面价值 420—4×40 ＝ 260（万元）

而此时的固定资产销售净价为 250 万元，预计持续使用该设备产生的现金流量以及使用寿命结束时处置形成的现金流量现值合计为 220 万元，则此时销售净价——可收回金额 250 万元。因此固定资产应计提减值准备 10 万元。

2019 年 12 月 31 日计提减值准备

借：资产减值损失——计提固定资产减值准备　10

　贷：固定资产减值准备　10

（4）固定资产计提减值准备后年折旧费用（250—20）/6 ≈ 38（万元）

2020 年 12 月 31 日计提折旧费用

借：生产成本　38

　贷：累计折旧　38

2021 年计提折旧费用的分录同上

至 2021 年 12 月 31 日固定资产的账面价值 250—2×38 ＝ 174（万元）

（5）由上述会计处理可见，2021 年 12 月 31 日卖出固定资产时，固定资产账面价值 174 万元（即 420—236—10），出售价格 180 万元，则不考虑相关税费时，处置固定资产损益大约为 6 万元。

11.【答案】D

【解析】固定资产更换前的账面价值＝ 3 000—3 000/10×5 ＝ 1 500（万元）

加上：发生的后续支出 1200 万元

减去：被更换部件的账面价值＝ 1 000—1500×1 000/3 000 ＝ 500（万元）

更换部件后该项固定资产的价值＝ 1 500 ＋ 1 200—500 ＝ 2 200（万元）

本题为 2018 年考生回忆的真题，2018 年辅导材料第 70 页第 10 题与该题基本一致。

12.【答案】A

【解析】财务部门专用的办公设备的折旧费用计入管理费用。本题为 2018 年考生回忆的真题，2018 年辅导材料第 68 页折旧费用的会计处理的表述与该题考点基本一致。

13.【答案】C

【解析】甲企业接受设备的入账价值为 95 万元，增加的增值税税额为 12.35 万元，增加的实收资本为 100 万元，则甲企业因接受乙企业投资应当确认的资本公积的金额为 95+12.35—100 = 7.35（万元）。

14.【答案】C

【解析】甲企业该设备账面价值为：800—400—50 = 350（万元），该设备可变现净值为：320 万元（设备未来现金流量现值 300 万元与其公允价值减去处置费用后净额 320 万元取高者）计提减值准备的金额为计提减值准备的金额为甲企业应当为该设备计提减值准备的金额为 350—320 = 30（万元）。

15.【答案】A

【解析】大型生产设备日常维护支出是为了维护固定资产的正常运转和使用，并没有增加固定资产的使用效能，应当予以费用化处理。本题其它选项属于固定资产后续支出资本化范畴。

【知识点 5】投资性房地产★★★

【要求】掌握投资性房地产的确认条件；投资性房地产的初始计量、后续计量的会计处理；熟悉投资性房地产转换和处置的会计处理

一、知识点精讲

（一）投资性房地产的概念

投资性房地产，是指为赚取租金或资本增值，或两者兼有而持有的房地产。投资性房地产应当能够单独计量和出售。

（二）投资性房地产的范围

1. 属于投资性房地产的项目

属于投资性房地产的项目包括已出租的土地使用权、持有并准备增值后转让的土地使用权和已出租的建筑物。

【注意 1】就已出租的土地使用权而言，企业以经营租赁方式租入土地使用权再转租给其他单位，或计划用于出租但尚未出租的土地使用权，不属于投资性房地产。

【注意 2】就持有并准备增值后转让的土地使用权而言，按照国家有关规定认定的闲置土地，不属于投资性房地产。

【注意 3】就已出租的建筑物而言，企业拥有产权并以经营租赁方式出租的建筑物才属于投资性房地产；对企业持有以备经营出租的空置建筑物或在建建筑物，只有企业董事会或类似机构作出正式书面决议，明确表明将其用于经营出租且持有意图短期内不再发生变化的，即使尚未签订租赁协议，也可视为投资性房地产。

2. 不属于投资性房地产的项目

不属于投资性房地产的项目包括自用房地产以及作为存货的房地产。

【注意 1】企业出租给本企业职工居住的宿舍具有自用房地产的性质；企业自行经营的旅馆饭店是企业的经营场所，属于自用房地产。

【注意 2】房地产企业取得的、用于开发后出售的土地使用权，属于房地产开发企业的存货，即使房地产开发企业决定待增值后再转让其开发的土地，也不得将其确认为投资性房地产。

【注意 3】实务中存在某项房地产部分自用、部分用于赚取租金或资本增值的情形，某项房地产不同用途的部分能够单独计量和出售的，应分别确认和核算。

（三）投资性房地产的确认条件

将某个项目确认为投资性房地产，首先应当符合投资性房地产的概念，其次要同时满足投资性房地产的两个确认条件。

1. 与该投资性房地产相关的经济利益很可能流入企业；

2. 该投资性房地产的成本能够可靠地计量。

（四）投资性房地产的初始计量——按照成本进行初始计量

1. 外购的投资性房地产

外购的投资性房地产，应当按照取得时的实际成本进行初始计量，其成本包括购买价款、相关税费和可直接归属于该资产的其他支出。

对该资产采用成本模式进行后续计量时，借记“投资性房地产”科目，采用公允价值模式进行后续计量时，借记“投资性房地产——成本”科目，贷记“银行存款”等科目。

【注意 1】如果购入的房地产，部分用于投资，部分自用，企业应当将成本在不同部分之间进行合理分配，如按照不同部分公允价值所占的比例进行分配。

【注意 2】只有在购入房地产的同时开始对外出租（自租赁期开始日起，下同）或用于资本增值，才能称之为外购的投资性房地产。

2. 自行建造的投资性房地产

自行建造投资性房地产的成本，由建造该项资产达到预定可使用状态前发生的必要支出构成，包括土地开发费、建安成本、应予以资本化的借款费用、支付的其他费用和分摊的间接费用等，企业采用成本模式对投资性房地产进行后续计量时，借记“投资性房地产”科目，采用公允价值模式进行后续计量时，借记“投资性房地产——成本”科目，贷记“在建工程”等科目。

【注意】自行建造投资性房地产过程中发生的非正常性损失，直接计入当期损益，不计入建造成本；正常性损失计入建造成本。

（五）投资性房地产的后续计量——成本模式或公允价值模式

企业通常采用成本模式对投资性房地产进行后续计量，也可采用公允价值模式对投资性房地产进行后续计量。但是，同一企业只能采用一种模式对所有投资性房地产进行后续计量，不得同时采用两种计量模式。

1. 采用成本模式计量的投资性房地产

采用成本模式进行后续计量的投资性房地产，应当按照固定资产或无形资产的有关规定，按期（月）计提折旧或摊销，借记“其他业务成本”等科目，贷记“投资性房地产累计折旧（摊销）”科目。取得的租金收入，借记“银行存款”等科目，贷记“其他业务收入”等科目。

投资性房地产存在减值迹象的，应当按照资产减值的有关规定进行会计处理。经减值测试后确定发生减值的，计提减值准备，借记“资产减值损失”科目，贷记“投资性房地产减值准备”科目。

2. 采用公允价值模式计量的投资性房地产

只有存在确凿证据表明投资性房地产的公允价值能够持续可靠取得的，才允许对其采用公允价值计量模式。企业一旦选择公允价值模式，就应当对其所有投资性房地产采用公允价值模式进行后续计量。

采用公允价值模式计量投资性房地产，应当同时满足以下两个条件。

①投资性房地产所在地有活跃的房地产交易市场。

②企业能够从房地产交易市场上取得同类或类似房地产的市场价格及其他相关信息，从而对投资性房地产的公允价值作出科学合理地估计。

【注意 1】采用公允价值模式计量的，企业不对投资性房地产计提折旧或摊销，而是以资产负债表日投资性房地产的公允价值为基础调整其账面价值，公允价值与原账面价值之间的差额计入当期损益。

【注意 2】采用成本模式计量的投资性房地产，应当按照固定资产或无形资产的有关规定，按期（月）计提折旧或摊销。

3. 投资性房地产后续计量模式的变更

企业对投资性房地产的计量模式一经确定，不得随意变更。只有在房地产市场比较成熟、能够满足采用公允价值模式计量条件的情况下，才允许企业对投资性房地产的计量从成本模式变更为公允价值模式。

【注意 1】成本模式转为公允价值模式的，应当作为会计政策变更处理，将计量模式变更时公允价值与账面价值的差额，调整期初留存收益。

【注意2】已采用公允价值模式计量的投资性房地产，不得从公允价值模式转为成本模式。

（六）投资性房地产的后续支出

与投资性房地产有关的后续支出，满足投资性房地产确认条件的，应当计入投资性房地产成本。不满足投资性房地产确认条件的，应当在发生时计入当期损益。

【注意】企业对某项投资性房地产进行改扩建等再开发且将来仍作为投资性房地产的，再开发期间应继续将其作为投资性房地产，再开发期间不计提折旧或摊销。

（七）投资性房地产的转换

房地产的转换是因房地产用途发生改变而对房地产进行的重新分类，即“自用房地产或存货”与“投资性房地产”的转换，包括：“投资性房地产”转换为“自用房地产或存货”或“自用房地产或存货”转换为“投资性房地产”。

1. 转换条件

满足下列条件之一的，应将“投资性房地产”转换为“自用房地产或存货”或“自用房地产或存货”转换为“投资性房地产”：

投资性房地产”开始自用；作为存货的房地产改为出租；自用土地使用权停止自用，用于赚取租金或资本增值；自用建筑物停止自用，改为出租。

【注意1】投资性房地产开始自用，其转换日为房地产达到自用状态，企业开始将房地产用于生产商品、提供劳务或者经营管理的日期。

【注意2】作为存货的房地产改为出租，或者自用建筑物、自用土地使用权停止自用改为出租，其转换日为租赁期开始日。如果董事会或类似机构就房地产用途转变作出书面决议，明确表明其持有意图短期内不再发生变化，这种情况下，作出书面决议的日期为转换日。

2. 投资性房地产转换为自用房地产

投资性房地产转换为自用房地产时，应终止确认投资性房地产，并确认固定资产或无形资产。

成本模式下的转换	公允价值模式下的转换
借：固定资产（无形资产）【原值】 　　投资性房地产累计折旧（摊销） 　　投资性房地产减值准备 　贷：投资性房地产【原值】 　　　累计折旧（累计摊销） 　　　固定资产减值准备（无形资产减值准备）	借：固定资产（无形资产）【公允价值】 　　公允价值变动损益【借差】 　贷：投资性房地产——成本 　　　　　　　　　　——公允价值变动 　　　公允价值变动损益【贷差】

3. 作为存货的房地产转换为投资性房地产

作为存货的房地产转换为投资性房地产时，应终止确认存货，并确认投资性房地产。

成本模式下的转换	公允价值模式下的转换
借：投资性房地产【账面价值】 　　存货跌价准备【已计提存货跌价准备】 　贷：开发产品【账面余额】	借：投资性房地产——成本【公允价值】 　　存货跌价准备【已计提存货跌价准备】 　　公允价值变动损益【借差】 　贷：开发产品【账面余额】 　　　其他综合收益【贷差】 将来处置时，将其他综合收益转入当期损益

4. 自用房地产转换为投资性房地产

自用房地产转换为投资性房地产时，应终止确认自用房地产，并确认投资性房地产。

成本模式下的转换	公允价值模式下的转换
借：投资性房地产【原值】 累计折旧（累计摊销） 固定资产减值准备（无形资产减值准备） 贷：固定资产（无形资产）【原值】 投资性房地产累计折旧（摊销） 投资性房地产减值准备	借：投资性房地产——成本【公允价值】 累计折旧（累计摊销） 固定资产减值准备（无形资产减值准备） 公允价值变动损益【借差】 贷：固定资产（无形资产）【原值】 其他综合收益【贷差】 将来处置时，将其他综合收益转入当期损益

（八）投资性房地产的处置

当投资性房地产被处置，或者永久退出使用且预计不能从其处置中取得经济利益时，应当终止确认该项投资性房地产。企业出售、转让、报废投资性房地产或者发生投资性房地产毁损时，应当将处置收入扣除其账面价值和相关税费后的金额计入当期损益（将实际收到的处置收入计入其他业务收入，所处置投资性房地产的账面价值计入其他业务成本）。

成本模式计量的投资性房地产处置	公允价值模式计量的投资性房地产处置
借：银行存款等 贷：其他业务收入	借：银行存款等 贷：其他业务收入
借：其他业务成本 投资性房地产累计折旧（摊销） 投资性房地产减值准备 贷：投资性房地产	借：其他业务成本 贷：投资性房地产——成本 ——公允价值变动（或借方） 借：其他综合收益 贷：其他业务成本 借：公允价值变动损益 贷：其他业务成本 或相反 借：其他业务成本 贷：公允价值变动损益

二、选编例题

【例 1 · 单选题】下列关于投资性房地产会计处理的表述中，不正确的是（　　）。

A. 企业可将投资性房地产的后续计量由成本模式转为公允价值模式

B. 企业可将投资性房地产的后续计量由公允价值模式转为成本模式

C. 投资性房地产采用公允价值模式时，公允价值高于其账面余额的差额计入公允价值变动损益

D. 采用成本模式计量的投资性房地产应按照固定资产或无形资产的有关规定，按期计提折旧或摊销

【例 2 · 单选题】下列各项中，不属于投资性房地产的有（　　）。

A. 以经营租赁方式租出的建筑物　　B. 企业拥有并自行经营的旅馆饭店

C. 已出租的土地使用权　　D. 持有并准备增值后转让的土地使用权

【例 3 · 单选题】甲公司以 4 500 万元取得土地使用权并自建 8 栋相同设计的厂房，其中 5 栋作为投资性房地产用于经营租赁，8 栋厂房工程已经完工，全部成本合计 24 000 万元，完工当日土地使用权账面价值为 4 000 万元，假定不考虑其他因素，租赁期开始日该投资性房地产的初始成本是（　　）万元。

A.13 500　　B.15 000　　C.17 500　　D.17 812.5

【例 4 · 单选题】甲企业采用成本模式对其投资性房地产进行后续计量。2021 年 1 月 10 日，甲

企业认为出租给乙公司使用的写字楼具备了采用公允价值模式计量的条件，决定对该项投资性房地产从成本模式转换为公允价值模式计量。该写字楼的原造价为 20 000 万元，已计提折旧为 5 000 万元。2021 年 1 月 10 日，该写字楼的公允价值为 25 000 万元。假设甲企业按净利润的 10%计提盈余公积。则下列甲企业会计处理正确的（　　）。

A. 借：投资性房地产——成本　　25 000
　　投资性房地产累计折旧　　5 000
　贷：投资性房地产　　20 000
　　利润分配——未分配利润　　9 000
　　盈余公积　　1 000

B. 借：投资性房地产——成本　　25 000
　　投资性房地产累计折旧　　5 000
　贷：投资性房地产　　20 000
　　其他综合收益　　10 000

C. 借：投资性房地产——成本　　25 000
　　投资性房地产累计折旧　　5 000
　贷：投资性房地产　　20 000
　　公允价值变动损益　　10 000

D. 借：投资性房地产——成本　　25 000
　　投资性房地产累计折旧　　5 000
　贷：投资性房地产　　20 000
　　其他业务收入　　10 000

【例 5 · 多选题】2021 年 1 月 1 日，甲企业将其一栋自用办公楼出租给乙企业使用，租期为 3 年，每年末收取租金；甲企将其确认为投资性房地产，采用成本模式进行后续计量。2022 年 1 用 1 日，出租给乙企业使用的写字楼具备了采用公允价值计量的条件，甲企业决定自该日起对该办公楼从成本模式转换为公允价值模式计量。不考虑其他因素，下列关于甲企业对该办公楼会计处理的说法中，正确的是（　　）。（2021 年考生回忆版真题）

A.2021 年，对该办公楼按月计提折旧

B.2021 年 12 月 31 日，将收到的租金确认为营业外收入

C.2022 年 6 月 30 日，将该办公楼 1—6 月公允价值累计变动额计入其他综合收益

D.2021 年 6 月 30 日，经减值测试该办公楼发生减值，对其计提减值准备

E.2022 年 1 月 1 日，将该办公楼公允价值与账面价值的差额计入其他综合收益

【例 6 · 多选题】（2021 真题）企业持有的下列资产中，属于投资性房地产的有（　　）。

A. 自用房地产

B. 持有准备增值后转让的建筑物

C. 已出租的土地使用权

D. 持有准备增值后转让的土地使用权

E. 已出租的建筑物

知识点 5 选编例题答案

1. **【答案】**B

【解析】已采用公允价值模式计量的投资性房地产，不得从公允价值模式转为成本模式，故选项B表述错误，其它选项表述正确。

2. **【答案】**B

【解析】选项 B，企业自行经营的旅馆饭店是企业的经营场所，属于自用房地产，不属于投资性房地产。

3. **【答案】**C

续表

【解析】实务中存在某项房地产部分自用、部分用于赚取租金或资本增值的情形，某项房地产不同用途的部分能够单独计量和出售的，应分别确认和核算。初始成本 = 24 000 ÷ 8 × 5 + 4 000 ÷ 8 × 5 = 17 500（万元）。

4.【答案】A

【解析】成本模式转为公允价值模式的，应当作为会计政策变更处理，将计量模式变更时公允价值与账面价值的差额，调整期初留存收益。2021 年 1 月 10 日，甲企业写字楼具备公允价值为 25 000 万元，账面价值为 15 000（即 20 000−5 000）万元。因此：

借：投资性房地产——成本	25 000	
投资性房地产累计折旧		5 000
贷：投资性房地产	20 000	
利润分配——未分配利润		9 000
盈余公积		1 000

5.【答案】AD

【解析】采用成本模式进行后续计量的投资性房地产，取得的租金收入，确认为“其他业务收入”；同时，投资性房地产存在减值迹象的，应当按照资产减值的有关规定进行会计处理。采用公允价值模式计量投资性房地产，企业不对投资性房地产计提折旧或摊销，而是以资产负债表日投资性房地产的公允价值为基础调整其账面价值，公允价值与原账面价值之间的差额计入当期损益（公允价值变动损益）。此外对投资性房地产的计量从成本模式变更为公允价值模式的，应当作为会计政策变更处理，将计量模式变更时公允价值与账面价值的差额，调整期初留存收益。

6.【答案】CDE

【解析】属于投资性房地产的项目包括已出租的土地使用权、持有并准备增值后转让的土地使用权和已出租的建筑物。

【知识点 6】使用权资产★★★

【要求】掌握使用权资产的初始计量、后续计量的会计处理。

一、知识点精讲

（一）使用权资产和租赁概述

1. 使用权资产概念

使用权资产是指承租人可在租赁期内使用租赁资产的权利。

【注意 1】使用权资产就是承租人按照一定的对价租入了使用权、但未获所有权的资产。只适应于一般的租赁业务，而不适应于可进行简化处理的短期租赁和低价值租赁。

【注意 2】使用权资产是承租人按照一定的对价租入了使用权、但未获所有权的资产。

2. 租赁的概念

租赁是指在一定期间内，出租人将资产的使用权让与承租人以获取对价的合同。

【注意 1】一项合同要被分类为租赁，必须要满足三要素：存在一定期间、存在已识别资产、资产供应方向客户转移对已识别资产使用权的控制。

【注意 2】即使合同已对资产进行指定，但如果资产的供应方在整个使用期内拥有对资产的实质性替换权，则该资产不属于已识别资产。

【注意 3】租赁期是指承租人有权使用租赁资产且不可撤销的期间。租赁期与租赁合同中约定的租赁时间可能一致，也可能不一致。承租人有续租选择权，即有权选择续租该资产，且合理确定将行使该选择权的，租赁期还应当包含续租选择权涵盖的期间；承租人有终止租赁选择权，即有权选择终止租赁该资产，但合理确定将不会行使该选择权的，租赁期应当包含终止租赁选择权涵盖的期间。

【注意4】新租赁准则强调承租人不再区分融资租赁和经营租赁，除短期租赁和低价值租赁外都要确认使用权资产和租赁负债。因此，对于租入固定资产，承租人需确认使用权资产和租赁负债。

【注意5】出租人依然要区分融资租赁会计和经营租赁会计。

（二）使用权资产的初始计量

在租赁期开始日，承租人应按照成本对使用权资产进行初始计量。该成本包括以下四项：

1. 租赁负债的初始计量金额。

2. 在租赁期开始日或之前支付的租赁付款额；存在租赁激励的，应扣除已享受的租赁激励相关金额。

3. 承租人发生的初始直接费用。

4. 承租人为拆卸及移除租赁资产、复原租赁资产所在场地或将租赁资产恢复至租赁条款约定状态预计将发生的成本。前述成本属于为生产存货而发生的除外。

【注意1】租赁负债应当按照租赁期开始日尚未支付的租赁付款额的现值进行初始计量。在计算租赁付款额的现值时，承租人应当采用租赁内含利率作为折现率；无法确定租赁内含利率的，应当采用承租人增量借款利率作为折现率。取决于指数或比率的可变租赁付款额，应当根据租赁期开始日的指数或比率确定。

【注意2】租赁付款额即承租人向出租人支付的与租赁期内使用租赁资产的权利相关的款项包括：

（1）固定付款额及实质固定付款额，存在租赁激励的，扣除租赁激励相关金额；实质固定付款额即在形式上可能包含变量但实质上无法避免的付款额。

（2）取决于指数或比率的可变租赁付款额，该款项在初始计量时根据租赁期开始日的指数或比率确定；其中，可变租赁付款额是指承租人为取得在租赁期内使用租赁资产的权利，而向出租人支付的因租赁期开始日后的事实或情况发生变化（而非时间推移）而变动的款项。取决于指数或比率的可变租赁付款额包括与消费者价格指数挂钩的款项、与基准利率挂钩的款项和为反映市场租金费率变化而变动的款项等。

（3）购买选择权的行权价格，前提是承租人合理确定将行使该选择权。

（4）行使终止租赁选择权需支付的款项，前提是租赁期反映出承租人将行使终止租赁选择权。

（5）根据承租人提供的担保余值预计应支付的款项。

【注意3】若租赁合同约定，租赁付款额按照设备年运营收入的一定比例计算，则租赁付款额属于可变租赁付款额，但该可变租赁付款额取决于设备的未来绩效而不是指数或者比率，因而不纳入租赁负债的初始计量。在不存在其他租赁付款额的情况下，该租赁合同的租赁负债初始计量金额为0。

（三）使用权资产的后续计量

（三）使用权资产的后续计量

1、计量基础

租赁开始日后，承租人应当采用成本模式对使用权资产进行后续计量，即以成本减累计折旧及累计减值损失计量使用权资产。

【注意1】承租人按照租赁准则有关规定重新计量租赁负债的，应当相应调整使用权资产的账面价值。

2. 使用权资产的折旧

承租人应当自租赁期开始日起对使用权资产计提折旧。使用权资产通常应自租赁期开始的当月计提折旧。当月计提确有困难的，为便于实务操作，企业也可以选择自租赁期开始的下月计提折旧，但应对同类使用权资产采取相同的折旧政策。计提的折旧金额应根据使用权资产的用途，计入相关资产的成本或者当期损益。

【注意1】承租人在确定使用权资产的折旧方法时，应当根据与使用权资产有关的经济利益的预期实现方式做出决定。通常，承租人按直线法对使用权资产计提折旧，其他折旧方法更能反映使用权资产有关经济利益预期实现方式的，应采用其他折旧方法。

【注意2】承租人在确定使用权资产的折旧年限时，应遵循以下原则：承租人能够合理确定租赁期届满时取得租赁资产所有权的，应当在租赁资产剩余使用寿命内计提折旧；承租人无法合理确定租赁期届满时能够取得租赁资产所有权的，应当在租赁期与租赁资产剩余使用寿命两者孰短的期间内计提折旧。如果使用权资产的剩余使用寿命短于前两者，则应在使用权资产的剩余使用寿命内计提折旧。

3. 使用权资产的减值

在租赁期开始日后，承租人应当按照《企业会计准则第 8 号——资产减值》的规定，确定使用权资产是否发生减值，并对已识别的减值损失进行会计处理。使用权资产发生减值的，按应减记的金额，借记“资产减值损失”科目，贷记“使用权资产减值准备”科目。承租人应当按照扣除减值损失之后的使用权资产的账面价值，进行后续折旧。

【注意1】使用权资产一旦计提减值准备，即视为永久性减值，不得转回。

使用权资产的会计处理如下：

（1）确认使用权资产及租赁负债：

借：使用权资产——租入固定资产
　　租赁负债——未确认融资费用
　贷：租赁负债——租赁付款额
　　　银行存款

（2）支付租金并分摊未确认融资费用：

支付租金：

借：租赁负债——租赁付款额
　贷：银行存款

按实际利率法分摊未确认融资费用：

借：财务费用等
　贷：租赁负债——未确认融资费用

【注意1】承租人应当参照固定资产准则有关折旧规定，对使用权资产计提折旧，即借记“制造费用”等科目，贷记“累计折旧”科目。

（四）对短期租赁和低价值租赁的特殊规定

对于短期租赁和低价值资产租赁，承租人可以选择不确认使用权资产和租赁负债。

【注意1】承租人应将短期租赁和低价值资产租赁的租赁付款额在租赁期内各个期间按照直线法或其他系统合理的方法计入相关资产成本或当期损益。其他系统合理的方法能够更好地反映承租人的受益模式的，承租人应当采用该方法。

【注意2】短期租赁是指在租赁期开始日，租赁期不超过 12 个月的租赁。包含购买选择权的租赁不属于短期租赁。

【注意3】低价值资产租赁，是指单项租赁资产为全新资产时价值较低的租赁。

【注意4】低价值资产租赁的判定仅与资产全新状态下的绝对价值有关，不受承租人规模、性质等影响。

【注意5】承租人转租或预期转租赁资产的，则不能将原租赁按照低价值资产租赁进行简化会计处理。

【注意6】租赁变更导致租赁期缩短至 1 年以内的。承租人应当调减使用权资产的账面价值，部分终止租赁的相关利得或损失记入“资产处置损益”科目。企业不得改按短期租赁进行简化处理或追溯调整。租赁变更，是指原合同条款之外的租赁范围，租赁对价，租赁期限的变更，包括增加或终止一项或多项租赁资产的使用权，延长或缩短合同规定的租赁期等。

二、选编例题

【例1·多选题】（2021真题）下列关于承租人会计处理的说法中，正确的有（　　）。

A.在租赁期开始日，应当按照当日尚未支付的租赁付款额的现值对租赁负债进行初始计量

B.在租赁期开始日，应当将发生的初始直接费用计入管理费用

C.在租赁期间，应当对使用权资产计提折旧

D.确定租赁期时，应当考虑续租选择权和终止租赁选择权

E.使用权资产价值在后续期间恢复的，应当在原减值范围内转回计提的使用权资产减值准备

【例2·单选题】承租人租入一台设备，该设备尚可使用年限为20年，租赁期为18年，承租人租赁期满时将以5万元的购价优惠购买该设备，该设备在租赁期满时的公允价值为50万元。该设备计提折旧的期限为（　　）年。

A.20　　B.18　　C.19　　D.21

【例3·单选题】2020年1月1日，甲公司与乙租赁公司签订了一份租赁合同。合同主要条款如下：

（1）租赁标的物：某产品生产线。

（2）起租日：2020年1月1日。

（3）租赁期：2020年1月1日至2022年12月31日，共3年。

（4）租金支付方式：每年年末支付租金50 000元。

（5）该生产线的维护等费用由甲公司自行承担，每年2 000元。

（6）甲公司不能确定B公司的租赁内含利率，甲公司的增量借款利率为6%。

（7）该生产线估计使用年限为4年。甲公司采用直线法计提折旧。

（8）2022年12月31日，A公司将该生产线交回租赁公司。

（9）甲公司在租赁谈判和签订合同时发生可归属于租赁项目的手续费、印花税等10 000元。

（10）该生产线在2020年1月1日的公允价值为120 000元。

（11）该生产线在生产车间使用，且不需安装。甲公司使用权资产的初始入账金额为（　　）(提示：利率6%，期数3年的年金现值系数为2.673)。

A.120 000　　B.143 650　　C.150 000　　D.160 000

【例4·单选题】接上题，2020年末，甲公司该使用权资产的账面价值为（　　）。

A.80 000　　B.85 766.67　　C.95 766.67　　D.100 000

【例5·单选题】租赁合同约定，承租人甲公司租赁付款额按照所租赁设备年运营收入的30%计算。2022年该租赁设备年运营收入5 000万元，假设不存在其他租赁付款额的情形，则甲公司该租赁合同的租赁负债初始计量金额为（　　）万元。

A.0　　B.1 500　　C.3 500　　D.5 000

知识点6选编例题答案

1.【答案】ACD

【解析】承租人发生的初始直接费用计入使用权资产价值，使用权资产一旦计提减值准备，即视为永久性减值，不得转回。其它选项表述正确。

2.【答案】A

【解析】承租人在确定使用权资产的折旧年限时，应遵循以下原则：承租人能够合理确定租赁期届满时取得租赁资产所有权的，应当在租赁资产剩余使用寿命内计提折旧；承租人无法合理确定租赁期届满时能够取得租赁资产所有权的，应当在租赁期与租赁资产剩余使用寿命两者孰短的期间内计提折旧。如果使用权资产的剩余使用寿命短于前两者，则应在使用权资产的剩余使用寿命内计提折旧。本题属于承租人能够合理确定租赁期届满时取得租赁资产所有权，应当在租赁资产剩余使用寿命内计提折旧。

3.【答案】B

【解析】使用权资产和租赁负债的初始确认和计量

（1）在租赁期开始日或之前支付的租赁付款额＝0

（2）租赁激励＝0

（3）租赁期开始日尚未支付的租赁付款额＝50 000×3＝150 000（元）

（4）租赁负债的初始计量金额＝租赁期开始日尚未支付的租赁付款额的现值

＝50 000×（PA，6%，3）

＝50 000×2.673＝133 650（元）

（5）尚未支付的租赁付款额与其现值的差额＝150 000－133 650＝16 350（元）

（6）初始直接费用＝10 000（元）

（7）使用权资产的初始计量成本＝租赁负债的初始计量金额＋在租赁期开始日或之前支付的租赁付款额（减去租赁激励）＋初始直接费用＋拆卸及移除租赁资产等将发生的成本

＝133 650＋10 000＝143 650（元）

本题具体会计分录如下：

（1）确认使用权资产及租赁负债：

借：使用权资产——租入固定资产　143 650

　　租赁负债——未确认融资费用　16 350

　贷：租赁负债——租赁付款额　150 000

　　　银行存款　10 000

（2）支付租金并分摊未确认融资费用：

第一年末支付租金：

借：租赁负债——租赁付款额　50 000

　贷：银行存款　50 000

按实际利率法分摊未确认融资费用：

借：财务费用等　8 019（133 650×6%）

　贷：租赁负债——未确认融资费用　8 019（133 650×6%）

第二年末支付租金：

借：租赁负债——租赁付款额　50 000

　贷：银行存款　50 000

按实际利率法分摊未确认融资费用：

借：财务费用等　5 500.14[133 650－（50 000－8 019）]×6%

　贷：租赁负债——未确认融资费用　5 500.14[133 650－（50 000－8 019）]×6%

第三年末支付租金：

借：租赁负债——租赁付款额　50 000

　贷：银行存款　50 000

按实际利率法分摊未确认融资费用：

借：财务费用等　2 830.86（16 350－8 019－5 500.14）

　贷：租赁负债——未确认融资费用　2 830.86

每年折旧费用、维修费用的会计分录见下题解析。

4.【答案】C

【解析】租赁期内每年末计提使用权资产折旧费用＝143 650÷3＝47 883.33（元）

因此，2020年末，甲公司该使用权资产的账面价值为143 650－47 883.33＝95 766.67（元）。

租赁期内每年计提该使用权资产折旧费用时：

借：制造费用——折旧费　47 883.33

贷：累计折旧 47 883.33

租赁期内每年末支付的维修费用时：

借：制造费用 2 000

贷：银行存款 2 000

5.【答案】A

【解析】依据新租赁准则，若租赁合同约定，租赁付款额按照设备年运营收入的一定比例计算，则该租赁付款属于可变租赁付款额，但该可变租赁付款额取决于设备的未来绩效而不是指数或者比率，因而不纳入租赁负债的初始计量。在不存在其他租赁付款额的情况下，该租赁合同的租赁负债初始计量金额为零。

【知识点 7】无形资产★★

【要求】掌握无形资产的确认条件；无形资产的初始计量、后续计量的会计处理；无形资产研发支出的会计处理；无形资产摊销方法及其会计处理；熟悉无形资产处置的会计处理。

一、知识点精讲

（一）无形资产概念与分类

无形资产是企业拥有或者控制，没有实物形态的可辨认非货币性资产，主要包括专利权、非专利技术、商标权、著作权、土地使用权、特许权等。

【注意】商誉不属于无形资产。

（二）无形资产的确认条件

（1）符合无形资产定义；

（2）与该无形资产有关的经济利益很可能流入企业；

（3）该无形资产的成本能够可靠地计量。

（三）无形资产的初始计量

无形资产通常按照实际成本进行初始计量；无形资产的取得方式不同，其价值的构成也不相同。

1. 购入的无形资产

购入的无形资产，其成本包括购买价款、相关税费，以及直接归属于使该项资产达到预定用途所发生的其他支出。其中，直接归属于使该项资产达到预定用途所发生的其他支出包括使无形资产达到预定用途所发生的专业服务费用、测试无形资产是否能够正常发挥作用的费用等。

【注意 1】为引入新产品进行宣传发生的广告费、管理费用及其他间接费用，在无形资产已经达到预定用途以后发生的费用等都不包括在无形资产初始成本中。

购入的无形资产，应按实际支付的价款，借记“无形资产”科目，贷记“银行存款”等科目。

【注意 2】购买无形资产的价款超过正常信用条件延期支付，实质上具有融资性质的，无形资产的成本以购买价款的现值为基础确定。

【注意 3】对于一揽子购入的无形资产，其成本通常应按该无形资产和其他资产的公允价值相对比例确定。

2. 自行开发的无形资产

自行开发的无形资产应当区分研究阶段支出与开发阶段支出。研究阶段的支出应全部费用化，计入当期损益（管理费用）。开发阶段的支出，同时满足下列条件的，才能确认为无形资产。

（1）完成该无形资产以使其能够使用或出售在技术上具有可行性；

（2）具有完成该无形资产并使用或出售的意图；

（3）无形资产产生经济利益的方式，包括能够证明运用该无形资产生产的产品存在市场或无形资产自身存在市场，无形资产将在内部使用的，应当证明其有用性；

（4）有足够的技术、财务资源和其他资源支持，以完成该无形资产的开发，并有能力使用或出售该无形资产；

（5）归属于该无形资产开发阶段的支出能够可靠地计量。

不满足资本化条件的	满足资本化条件的
借：研发支出——费用化支出 　贷：原材料 　　　银行存款 　　　应付职工薪酬等科目 期末 借：管理费用 　贷：研发支出——费用化支出	借：研发支出——资本化支出 　贷：原材料 　　　银行存款 　　　应付职工薪酬等科目 期末 借：无形资产 　贷：研发支出——资本化支出

3. 投资者投入的无形资产

投资者投入无形资产的成本，应当按照投资合同或协议约定的价值确定，合同或协议约定价值不公允的，应按公允价值入账。

4. 土地使用权的处理

企业取得的土地使用权通常应确认为无形资产。土地使用权用于自行开发建造厂房等地上建筑物时，土地使用权的账面价值不与地上建筑物合并计算其成本，而仍作为无形资产进行核算，土地使用权与地上建筑物分别进行摊销和提取折旧。但下列情况除外。

（1）房地产开发企业取得的土地使用权用于建造对外出售的房屋建筑物，相关的土地使用权应当计入所建造的房屋建筑物成本。

（2）企业外购的房屋建筑物，实际支付的价款中包括土地及建筑物的价值，则应当对支付的价款按照合理的方法（例如，公允价值）在土地和地上建筑物之间进行分配；如果确实无法在地上建筑物与土地使用权之间进行合理分配的，应当全部作为固定资产，按照固定资产确认和计量的规定进行处理。

（3）企业改变土地使用权的用途，将其用于出租或增值目的时，应将其转为投资性房地产。

【注意】土地使用权除可作为无形资产核算外，还可作为固定资产、投资性房地产以及房地产开发企业的存货（房屋建筑物成本）核算。

（四）无形资产的后续计量

1. 无形资产使用寿命的确定

（1）来源于合同性权利或其他法定权利的无形资产，其使用寿命不应超过合同性权利或其他法定权利的期限。合同性权利或其他法定权利能够在到期时因续约等延续，且有证据表明企业续约不需要付出大额成本的，续约期应当计入使用寿命。

（2）合同或法律没有规定使用寿命的，企业应当综合各方面因素判断，以确定无形资产能为企业带来经济利益的期限。经过上述方法仍无法合理确定无形资产为企业带来经济利益的期限的，才能将其作为使用寿命不确定的无形资产。

【注意】判断无形资产是否有明确的使用寿命，其根本目的是为了确定该资产的每期使用成本。只有使用寿命有限的无形资产才需在估计的使用寿命内采用系统合理的方法进行摊销，对于使用寿命不确定的无形资产，每年进行减值测试。

2. 无形资产摊销方法

使用寿命有限的无形资产，其应摊销金额应当在使用寿命内系统合理摊销。企业选择的无形资产摊销方法，应当反映与该项无形资产有关的经济利益的预期实现方式。无法可靠确定预期实现方式的，应当采用直线法摊销。

使用寿命不确定的无形资产不应摊销。

【注意】与固定资产折旧不同的是：当月增加的无形资产，当月开始摊销；当月减少的无形资产，当月不再摊销。

无形资产的应摊销金额为其成本扣除预计残值后的金额。已计提减值准备的无形资产还应扣除已计提的无形资产减值准备累计金额。

无形资产的残值一般为零，但下列情况除外。

（1）有第三方承诺在无形资产使用寿命结束时购买该无形资产。

（2）可以根据活跃市场得到预计残值信息，并且该市场在无形资产使用寿命结束时很可能存在。

3. 无形资产摊销的会计处理

无形资产摊销时

借：管理费用（摊销自用无形资产）

　　其他业务成本等（摊销出租的无形资产）

　贷：累计摊销

【注意】企业自用的无形资产，其摊销的无形资产价值应当计入当期管理费用；出租的无形资产，相关的无形资产摊销价值应当计入其他业务成本。如果某项无形资产是专门用于生产某种产品的，摊销费用应构成产品成本的一部分。

（五）无形资产的期末计价

企业应当在资产负债表日判断无形资产是否存在可能发生减值的迹象。减值迹象的判断标准参照固定资产的期末计价。无形资产存在减值迹象的，应当进行减值测试，估计其可收回金额。计算确定资产可收回金额应当经过以下步骤。

第一步，计算确定资产的公允价值减去处置费用后的净额。

第二步，计算确定资产预计未来现金流量的现值。

第三步，比较资产的公允价值减去处置费用后的净额与预计未来现金流量现值，取其较高者作为资产的可收回金额。

企业在计算出资产可收回金额后，应将其与资产的账面价值（资产取得成本扣除累计折旧或累计摊销及累计减值准备后的金额）进行比较，如果资产的可收回金额低于其账面价值的，应当将资产的账面价值减记至可收回金额，减记的金额确认为资产减值损失，计入当期损益，同时计提相应的资产减值准备。

【注意】与固定资产减值相似，无形资产资产减值损失一经确认，在以后会计期间不得转回，且需要重新计算摊销额。

（六）无形资产的处置

无形资产的处置，主要是指无形资产出售，或者是无法为企业带来未来经济利益时，应予转销并终止确认。

1. 无形资产的出售

企业出售某项无形资产，表明企业放弃无形资产的所有权，应按照持有待售非流动资产、处置组的相关规定进行会计处理。出售价款与该持有待售非流动资产、处置组的差额计入当期损益（资产处置收益）。

2. 无形资产的出租

企业将所拥有的无形资产使用权让渡给他人，并收取租金，在满足收入确认标准的情况下，应确认相关的收入及成本。

确认所取得的转让使用权收入

借：银行存款

　贷：其他业务收入

　　　应交税费——应交增值税（销项税额）（如果涉及）

将发生的与该转让使用权有关的相关费用计入其他业务成本

借：其他业务成本

贷：累计摊销

银行存款

3. 无形资产的报废

将无形资产的报废损失计入营业外支出

借：营业外支出

累计摊销

无形资产减值准备等

贷：无形资产

二、选编例题

【例1·单选题】甲公司为增值税一般纳税人，2021年3月8日，甲公司以1 356万元（含增值税税额156万元）价格购入一项专利权，其他专业服务费用、测试费用等8万元。为推广该专利权，甲公司发生广告宣传费用5万元，上述款项均以银行存款支付。甲公司取得该专利权的入账价值为（　　）万元。

A.1 208　　B.1 213　　C.1 364　　D.1 369

【例2·单选题】2019年1月1日，甲公司以2 000万元购入某专利权，采用直线法进行摊销，使用寿命为10年，假定该专利权的残值为零。2020年12月31日，甲公司对其进行减值测试时确定其可收回金额为1 500万元。假定不考虑其他因素，则2022年12月31日，该无形资产的账面价值为（　　）万元。

A.1 100　　B.1 125　　C.1 200　　D.1 400

【例3·单选题】（2021真题）下列相关支出中，应当计入无形资产成本的是（　　）。

A. 专利技术调查评估费用

B. 自行开发的专利技术的注册费

C. 专利技术达到预定用途前发生的初始运作损失

D. 专利技术发生的内部培训支出

【例4·单选题】（2021真题）下列关于无形资产摊销的说法中，正确的是（　　）。

A. 用于生产产品的专利权摊销金额计入产品成本

B. 无形资产摊销年限变更属于会计政策变更

C. 当月购入的使用寿命有限的无形资产下月起摊销

D. 使用寿命不确定的无形资产按30年进行摊销

【例5·多选题】下列关于无形资产的表述中，正确的是（　　）。

A. 出租无形资产的租金收入应确认为其他业务收入

B. 出租无形资产期间的摊销支出应确认为其他业务支出

C. 对于使用寿命不确定的无形资产应在持有期间内按年摊销

D. 无形资产资产减值损失一经确认，在以后会计期间不得转回

E. 无形资产摊销将减少无形资产账面价值，从而会影响无形资产的处置损益

【例6·单选题】不考虑企业合并，下列关于无形资产认定的说法，正确的是（　　）。（2018年考生回忆真题）

A. 企业自创的商誉属于无形资产　　B. 企业内部形成的品牌属于无形资产

C. 企业外购的专利属于无形资产　　D. 企业维持多年的重要客户关系属于无形

知识点7选编例题答案

1.【答案】A

【解析】外购的无形资产成本包括：购买价款、相关税费以及直接归属于使该项资产达到预定用

途所发生的其他支出，但不包括：为引入新产品进行宣传发生的广告费、管理费用及其他间接费用以及无形资产经达到预定用途以后发生的费用。本题中，甲公司取得该专利权的入账价值为：1 356－156＋8＝1 208（万元）。

2.【答案】B

【解析】2020 年 12 月 31 日，该专利权可收回金额为 1 500 万元，则甲公司对其计提减值准备 100（即 2 000－2 000÷10×2－1 500）万元，因此，2022 年 12 月 31 日，该无形资产的账面价值为 1 500－1 500÷8×2＝1 125（万元）。

3.【答案】B

【解析】内部研发活动形成的无形资产成本，由可直接归属于该资产的创造、生产并使该资产能够以管理层预定的方式运作的所有必要支出组成。可直接归属成本包括：开发该无形资产时耗费的材料、劳务成本、注册费，在开发该无形资产过程中使用的其他专利权和特许权的摊销，以及按照借款费用的处理原则可资本化的利息支出。在开发无形资产过程中发生的除上述可直接归属于无形资产开发活动的其他销售费用、管理费用等间接费用、无形资产达到预定用途前发生的可辨认的无效和初始运作损失、为运行该无形资产发生的培训支出等不构成无形资产的开发成本。

4.【答案】A

【解析】无形资产摊销年限变更属于会计估计变更，选项 B表述错误；当月购入的使用寿命有限的无形资产当月开始摊销；当月减少的无形资产，当月不再摊销。选项 C表述错误；使用寿命不确定的无形资产无需摊销，选项 D表述错误。

5.【答案】ABDE

【解析】有使用寿命的无形资产才需摊销，使用寿命不确定的无形资产，无需摊销，但应每年进行减值测试。所以 C选项表述错误。

6.【答案】C

【解析】无形资产是指企业拥有或控制的没有实物形态的可辨认非货币性资产。选项 A，企业自创的商誉不具有可辨认性，不属于企业的资产；选项 B，企业内部形成的品牌也不属于企业的资产；选项 D，客户关系，由于企业无法控制其带来的未来经济利益，不符合无形资产的定义，不应将其确认为企业的无形资产。本题为 2018 年考生回忆的真题，属于送分题，2018 年辅导材料第 78 页无形资产概念的表述与该题考点完全一致。

同步强化训练题

一、单项选择题

1. 乙工业企业为增值税一般纳税企业，适用的增值税税率为 13%。本月购进原材料 200 公斤，货款为 600 元，增值税为 78 元；发生的保险费为 25 元，注明的运输费用 10 元，按运输费与其增值税税率 9%计算的进项税额 0.9 元，入库前的挑选整理费用为 13 元；验收入库时发现数量短缺 10%，经查属于运输途中合理损耗。乙工业企业该批原材料实际单位成本为每公斤（　　）元。

A.3.24　　B.3.6　　C.3.528　　D.3.333

2. 在存货购进成本上升的情况下，下列各种发出存货的计价方法中，会导致利润总额最大、资产负债表中存货最多的方法是（　　）。

A. 个别计价法　　B. 先进先出法　　C. 加权平均法　　D. 移动加权平均法

3. 甲商贸公司 2021 年 5 月份 A商品有关收、发、存情况如下：

（1）5 月 1 日结存 300 件，单位成本为 2 万元。

（2）5 月 8 日购入 200 件，单位成本为 2.2 万元。

（3）5 月 10 日销售 400 件，销售价格 5 万元 /件。

（4）5月20日购入300件，单位成本为2.3万元。

（5）5月28日销售200件，销售价格5万元/件。

（6）5月31日购入200件，单位成本为2.5万元。

当企业分别采用先进先出法和移动加权平均法计算发出存货成本，则A商品2021年5月份发出存货的成本和5月31日结存存货的成本两种方法下分别相差为（　　）。

A. −11万元，11万元　　B.11万元，−11万元

C. −68万元，68万元　　D.68万元，−68万元

4. 某企业对原材料采用计划成本核算，2021年4月1日“材料采购”借方余额为2 180元，“原材料”借方余额为9 800元；“材料成本差异”贷方余额为230元。假定上述均为甲材料的余额，甲材料的计划成本为每公斤50元。4月份发生下列材料收发业务。购甲材料160公斤，已验收入库，用转账支票支付材料款8 050元、增值税1 046.5元，共计9 096.5元；期初在途材料全部收到，验收入库，共44公斤；采购一批甲材料，发票账单已到，用转账支票支付材料款2 950元、增值税383.5元，共计3 333.5元；购入甲材料100公斤，验收入库，但结算凭证尚未到达；基本车间领用320公斤甲材料，其中用于产品生产220公斤，用于车间一般消耗100公斤。则企业本月材料成本差异率以及本月基本车间领用320公斤甲材料的实际成本分别（　　）。

A.1%，16 160　　B. −1%，16 160

C.1%，15 840　　D. −1%，15 840

5. 某企业的原材料按计划成本计价，2021年末“原材料——甲材料”账户借方余额800万元，“材料成本差异——甲材料”账户贷方余额50万元。2021年末对该种原材料（直接对外销售）进行减值测试，预计售价（不含增值税额）为680万元，预计销售费用等为15万元。假定该种原材料2021年初未计提跌价准备，且不考虑其他因素的影响，该种原材料应计提的存货跌价准备为（　　）万元。

A.85　　B.135　　C.170　　D.185

6.（2018真题）下列关于存货期末计量原则的说法，正确的是（　　）。

A. 成本与可收回金额孰低计量　　B. 成本与可变现净值孰低计量

C. 账面价值与可变现净值孰低计量　　D. 账面价值与可收回金额孰低计量

7. 甲公司2021年2月8日自证券市场购入乙公司发行的股票500万股，作为交易性金融资产，取得时公允价值为每股为5.3元（含已宣告但尚未发放的现金股利为0.3元），另支付交易费用5万元，全部价款以银行存款支付。2021年2月28日，乙公司股票每股市价5.7元；2021年3月8日，甲公司出售该金融资产，收到价款3 000万元。甲公司该项金融资产的相关会计处理表述正确的是（　　）。

A. 交易性金融资产的入账价值为2 505万元

B. 购入乙公司股票的交易费用应冲减其他综合收益5万元

C.2021年利润表中因该金融资产应确认的投资收益为495万元

D.2021年资产负债表中因该金融资产应确认的其他综合收益为500万元

8.2021年1月6日，甲公司以货币资金2015万元购买乙上市公司200万股（每股市价10元，另支付交易费用15万元），甲公司将其指定为其他权益工具投资核。2021年3月15日，乙公司宣告分派现金股利每股0.2元。2021年4月30日，该金融资产的公允价值为2800万元。2021年9月30日，甲公司出售该金融资产，取得价款2950万元。下列表述正确的是（　　）。

A. 2021年1月6日，该金融资产的入账价值为2 000万元

B. 2021年9月30日，处置该金融资产增加投资收益150万元

C. 2021年9月30日，处置该金融资产增加留存收益935万元

D. 2021年4月30日，该金融资产的公允价值变动形成其他综合收益800万元

9. 一项合同要被分类为租赁，必须要满足的要素不包括（　　）。

A. 存在一定期
B. 存在已识别资产
C. 资产供应方拥有对资产的实质性替换权
D. 资产供应方向客户转移对已识别资产使用权的控制

10. 下列不属于使用权资产进行初始计量入账成本（　　）。
A. 租赁负债的初始计量金额
B. 租赁期开始日或之前支付的租赁付款额加上已享受的租赁激励款
C. 承租人发生的初始直接费用
D. 承租人为拆卸及移除租赁资产、复原租赁资产所在场地或将租赁资产恢复至租赁条款约定状态预计将发生的成本

11. 下列有关使用权资产减值的表述不正确的是（　　）。
A. 使用权资产发生减值必将使企业利润减少
B. 使用权资产发生减值必将降低该资产账面价值
C. 使用权资产发生减值必将降低该资产未来租赁期间折旧费用
D. 使用权资产计提减值准备后，未来期间可视该类资产效能判断是否转回减值准备

12.2021 年 12 月 31 日，甲公司专门用于生产乙产品的库存 B材料成本为 600 万元，市场售价为 500 万元。因 B材料市场价格下降，用 B材料生产的乙产品的市场价格也相继发生下降，该批库存 B材料所生产的乙产品市场价格总额由 850 万元下降为 720 万元，将 B材料加工成乙产品尚需投入 150 万元，估计乙产品销售费用及税金为 20 万元，估计 B材料销售费用及税金为 15 万元。2021 年 12 月 31 日 B材料的可变现净值为（　　）万元。

A.480　　B.500　　C.550　　D.580

13. 接上题，假设 2021 年年初 B材料未计提存货跌价准备。不考虑其他因素，甲公司 2021 年 12 月 31 日对 B材料应计提的存货跌价准备是（　　）万元。

A.30　　B.50　　C.20　　D.100

14. 下列各项有关存货盘亏或毁损的处理，不正确的是（　　）。
A. 因收发计量差错和管理不善造成的存货净损失计入管理费用
B. 自然灾害等非正常原因造成的存货净损失计入营业外支出
C. 结转盘亏或毁损存货时，相关存货跌价准备也应转出，并冲减待处理财产损溢
D. 自然灾害造成的存货毁损，其进项税额应作转出

15. 甲企业于 2021 年 1 月 1 日以 680 万元的价格购进当日发行的面值为 600 万元的公司债券。其中债券的买价为 675 万元，相关交易费用为 5 万元。该公司债券票面利率为 8%，实际利率为 6%，期限为 5 年，分期付息，到期一次还本。甲企业将该投资划分为以摊余成本计量的债权投资。2021 年 12 月 31 日，甲企业该债权投资账面价值为（　　）万元。

A.680　　B.720.8　　C.672.8　　D.715.8

16. 接上题，若甲企业拟持有的该金融资产是到期一次还本付息，其他条件不变，则 2021 年 12 月 31 日，甲企业该债权投资的账面价值为（　　）万元。

A.680　　B.720.8　　C.672.8　　D.715.8

17.2021 年 1 月 15 日甲公司定向增发 3 000 万股普通股（每股面值 1 元，每股市价 3 元）以及货币资金 2 000 万元作为对价方式取得同一集团内乙公司 100%的股权。取得该股权时，乙公司净资产在最终控制方合并财务报表中的账面价值为 10 500 万元，公允价值为 15 000 万元。假定甲、乙公司采用的会计政策相同，甲公司取得该股权时应确认的资本公积为（　　）万元。

A.5 500　　B.6 000　　C.6 500　　D.10 000

18. 接上题，假定甲、乙公司为非同一控制企业，则甲公司取得该股权时应确认的资本公积为（　　）万元。

A.5 500　　B.6 000　　C.6 500　　D.10 000

19.2021 年 11 月 20 日 T公司以一项原价 1200 万元、累计折旧 600 万元的设备和一项原价为 700 万元、累计摊销为 200 万元的专利权作为对价取得同一集团内另一家全资企业 H公司 100%的股权。合并日 H公司所有者权益在最终控制方合并财务报表中的账面价值总额为 1500 万元，公允价值总额为 1800 万元，则 T公司的长期股权投资的入账成本为（　　）万元。

A.1 500　　B.1 600　　C.175　　D.1 800

20. 上题 T公司确认的资本公积为（　　）。

A. 贷记 300 万元　　B. 借记 300 万元　　C. 贷记 400 万元　　D. 借记 400 万元

21.2021 年 3 月 31 日，天津可美纺织服装企业以一批自产的某品牌服装作为合并对价取得天津 B 公司 80%的股权。该批服装的成本为 2 000 万元，市场销售价格总额为 5 000 万元，企业适用的增值税税率为 13%。另外，为核实天津 B公司的资产价值，天津可美纺织服装企业聘请专业资产评估机构对 B公司的资产进行评估，以银行存款支付评估费用 50 万元。假定合并前双方不存在任何关联方关系。则长期股权投资的初始投资成本是（　　）万元。

A.5 000　　B.5 650　　C.5 700　　D.6 000

22. 天津可美纺织服装企业于 2021 年 6 月 1 日以 1 500 万元取得乙公司 5%的股权，对乙公司不具有重大影响，天津可美纺织服装企业将其分类为以公允价值计量且其变动计入其他综合收益的金融资产（其他权益工具投资）。2021 年 12 月 31 日，该股票的公允价值为 1 800 万元；2022 年 3 月 1 日，天津可美纺织服装企业又支付 68 00 万元取得乙公司 15%股权，持股比例上升到 20%，对乙公司具有重大影响；当日原持有 5%股份的公允价值为 2 500 万元。则该企业改变核算方法后 ,对乙公司的长期股权投资的入账成本为（　　）万元。

A.7 300　　B.7 600　　C.9 000　　D.9 300

23. 甲公司 2021 年 1 月 1 日取得 B公司 40%的股权（甲公司、B公司为非同一控制），2023 年 1 月 1 日以银行存款 1 200 万元对 B公司追加投资，追加购买另外 15%的股权。2023 年 1 月 1 日有关科目的账面余额为：“长期股权投资——B公司（投资成本）”科目借方余额 3 000 万元，“长期股权投资——B公司（损益调整）”科目借方余额 1 000 万元，“长期股权投资——B公司（所有者权益其他变动）”科目贷方余额 300 万元，则甲公司拥有 B公司 55%股权的投资成本为（　　）万元。

A.3 700　　B.4 200　　C.4 600　　D.4 900

24. 甲公司 2020 年 1 月 1 日以银行存款 2 100 万元购入 B公司 60%的股权，对 B公司具有控制（甲公司与 A公司为非同一控制），采用成本法核算。2020 年 1 月 1 日 B公司可辨认净资产公允价值为 3000 万元（假定可辨认净资产公允价值等于账面价值）。2022 年 12 月 31 日甲公司出售 B公司 20%的股权，收取价款 630 万元，对 B公司具有重大影响。B公司 2020 年度实现利润 300 万元，未分派现金股利；2021 年度实现利润 400 万元，分派现金股利 200 万元，资本公积增加 150 万元；2022 年度实现利润 200 万元，分派现金股利 300 万元。则 2022 年 12 月 31 日甲公司对 B公司剩余长期股权投资的账面价值为（　　）万元。

A.1 400　　B.1 500　　C.1 560　　D.1 620

25. 甲公司持有乙公司 20%的股权，能够对乙公司施加重大影响，并采用权益法进行核算。2021 年 1 月 15 日，甲公司出售乙公司股权的 50%（即出售 10%的股权），取得价款 1 500 万元。甲公司持有乙公司剩余 10%的股权，无法对乙公司施加重大影响，将其转为以公允价值计量且其变动计入其他综合收益的金融资产（其他权益工具投资）。股权出售时，甲公司对乙公司长期股权投资的账面价值为 2 500 万元，其中投资成本为 1 500 万元，损益调整为 600 万元，因乙公司的其他债权投资累计公允价值变动而使甲公司享有的部分为 400 万元。不考虑其他因素，甲公司持有乙公司的其他权益工具投资账面价值为（　　）。

A.1 250　　B.1 500　　C.2 000　　D.2 500

26.2020 年 1 月 1 日，天津可美纺织服装企业支付 7 000 万元取得乙公司 100%的股权，投资时乙公司可辨认净资产公允价值为 6 000 万元。2020 年 1 月 1 日至 2021 年 12 月 31 日，乙公司净资产增加了 1 000 万元，其中按购买日资产负债公允价值持续计算实现的净利润 700 万元，未来可转入损益的其他综合收益 300 万元。2022 年 1 月 1 日，天津可美纺织服装企业转让乙公司 90%的股权，收取价款 8 100 万元，转让后天津可美纺织服装企业对乙公司的持股比例为 10%，不具有控制、共同控制和重大影响。2022 年 1 月 1 日，乙公司剩余 10%股权的作为以公允价值计量且其变动计入当期损益的金融资产（交易性金融资产），其账面价值为（　　）万元。

A.700　　B.810　　C.900　　D.1 000

27. 天津可美纺织服装企业于 2021 年 1 月 1 日取得对联营企业 30%的股权，取得投资时被投资单位有一项存货公允价值为 600 万元，账面价值为 400 万元，至年底该存货已对外出售 50%。被投资单位 2021 年度利润表中净利润为 1 100 万元。不考虑所得税和其他因素的影响，投资企业对该投资按权益法核算。投资企业 2021 年应确认的投资收益为（　　）万元。

A.300　　B.330　　C.350　　D.400

28. 甲公司为增值税一般纳税企业，以自营方式建造一项自用厂房。2021 年甲公司为购建该厂房购入一批工程物资，收到的增值税专用发票上注明的价款为 200 万元，增值税额为 26 万元，在建造期间，该批工程物资全部被领用；支付施工人员工资合计为 100 万元；建造期间发生水费 15 万元、电费 25 万元。该工程完工时，将其按照固定资产核算。假定不考虑其他因素，则该自用厂房的入账成本为（　　）万元。

A.300　　B.325　　C.340　　D.366

29. 甲公司为增值税一般纳税人，该公司 2021 年 5 月 10 日购入需安装设备一台，价款为 500 万元，可抵扣增值税进项税额为 65 万元。为购买该设备发生运输途中保险费 20 万元。设备安装过程中，领用材料 50 万元，相关增值税进项税额为 8.5 万元；支付安装工人工资 12 万元。该设备于 2021 年 12 月 30 日达到预定可使用状态。甲公司对该设备采用年数总和法计提折旧，预计使用 10 年，预计净残值为零。假定不考虑其他因素，2022 年底该设备预计可回收净额为 456.18 万元，则应计提的固定资产减值准备额为（　　）。

A.12 万元　　B.13 万元　　C.15 万元　　D.20 万元

30. 接上题，假设甲公司对该设备采用双倍余额递减法计提折旧，其他条件相同，则 2022 年底，年数总和法下该设备账面价值与双倍余额递减法该设备账面价值差异为（　　）万元。

A.10.58　　B.17　　C.19.5　　D.25.6

31. 甲公司为增值税一般纳税人，增值税税率为 13%。为提高 A生产线的生产能力，于 2021 年 3 月 31 日进行改良，10 月份完工，改良期间领用外购原材料价款为 150 万元（不含税），发生其他相关支出共计 50 万元。估计能使甲设备延长使用寿命 5 年。根据 2021 年 3 月月末的账面记录，该生产线的原账面原价为 200 万元，已提的折旧为 80 万元，已提减值准备 40 万元。若被替换部分的账面原值为 50 万元，则该企业 2021 年 10 月份改良后该生产线的价值为（　　）万元。

A.180　　B.200　　C.230　　D.260

32.2021 年 1 月 1 日，甲公司与乙公司签订一项购货合同，甲公司从乙公司购入一台无需安装的特大型设备。合同约定，甲公司采用分期付款方式支付价款。该设备价款共计 900 万元（不考虑增值税），在 2021 年至 2025 年的 5 年内每半年支付 90 万元，每年的付款日期分别为当年 6 月 30 日和 12 月 31 日。假定甲公司的适用的半年折现率为 10%，已知（P/A，10%，10）为 6.1446，则 2021 年 1 月 1 日甲公司的因确认设备所增加的”未确认融资费用”账户余额为（　　）万元。

A.278.153　　B.316.658　　C.346.986　　D.350.635

33. 接上题，2022 年 12 月 31 日甲公司的应确认的“未确认融资费用”为（　　）万元。

A.43.816 163　　B.48.014 694　　C.51.83154　　D.55.3014

34.2021 年 3 月，甲公司以其持有的丙公司股票交换乙公司生产的一台办公设备，并将换入办公设备作为固定资产核算。甲公司所持有丙公司股票在交换日的公允价值为 26 万元。甲公司另向乙公司支付银行存款2.25万元。乙公司用于交换的办公设备的账面余额为20万元，未计提跌价准备，在交换日的公允价值为25万元。乙公司换入丙公司股票后对丙公司不具有控制、共同控制或重大影响，拟随时处置丙公司股票以获取差价。甲公司和乙公司均为增值税一般纳税人，适用的增值税税率为13%。甲公司和乙公司不存在任何关联方关系。甲公司换入办公设备的入账价值是（　　）万元。

A.20.00　　B.25　　C.26.00　　D.28.25

35. 甲公司为增值税一般纳税人，2019年11月20日购入设备安装某生产线，设备购买价款为3 000万元，增值税额为390万元，支付保险、装卸费用55万元。生产线安装期间，领用实际成本为900万元的生产用原材料，发生安装工人工资等费用45万元。2019年12月10日该生产线已达到预定可使用状态，该生产线预定使用年限10年，净残值为零，平均年限法折旧。2021年12月31日该固定资产的销售净价为2 800万元，预计持续使用该设备产生的现金流量以及使用寿命结束时处置形成的现金流量现值合计为3 050万元。2023年12月31日企业以2 500万元的价格出售该固定资产。假定不考虑相关税费，处置固定资产损益为（　　）万元。

A.30　　B.35　　C.53.5　　D.212.5

36. 关于投资性房地产后续计量模式的转换，下列说法中不正确的是（　　）。

A企业对投资性房地产的计量模式一经确定，不得随意变更

B. 已采用公允价值模式计量的投资性房地产，不得从公允价值模式转为成本模式

C. 已采用成本模式计量的投资性房地产，不得从成本模式转为公允价值模式

D. 以成本模式转为公允价值模式的，应当作为会计政策变更处理，将计量模式变更时公允价值与账面价值的差额，调整期初留存收益。

37. 甲公司将一栋商业大楼出租给乙公司使用，并一直采用成本模式进行计量。2021年1月1日，由于甲公司所在地房地产交易市场的成熟，具备了采用公允价值模式计量的条件，甲公司决定对该投资性房地产从成本模式转换为公允价值模式计量。该大楼原价50 000万元，已计提折旧20 000万元，计提减值准备5 000万元，当日该大楼的公允价值为65 000万元。甲公司按净利润的10%计提盈余公积，甲公司对该投资性房地产从成本模式转换为公允价值模式所增加的盈余公积是（　　）万元。

A.3 000　　B.4 000　　C.36 000　　D.400 000

38.2020年7月1日，甲公司与乙公司签订租赁协议，约定将甲公司自行建造的一栋精装修的写字楼于开发完成的同时开始租赁给乙公司使用，租赁期为1年。当年7月1日，该写字楼开始起租，写字楼的造价为10 000万元。2020年12月31日，该写字楼的公允价值为12 000万元。甲公司采用公允价值模式对该项出租的房地产进行后续计量。2021年6月30日租赁期届满，企业收回该项投资性房地产，并以15 000万元出售，出售款项已收讫。假设不考虑相关税费，则甲公司确认的投资性房地产处置损益为（　　）万元。

A.2 000　　B.3 000　　C.4 000　　D.5 000

39. 自2021年6月1日起，甲企业将出租在外的厂房收回自用。该项房地产在转换前采用公允价值模式计量，2021年6月1日，该厂房的公允价值为3 500万元，原账面价值为3 600万元，其中，成本3 200万元，公允价值增值400万元。假设不考虑相关税费，则甲公司投资性房地产转换时公允价值与原账面价值的差额计入（　　）。

A. 借记“公允价值变动损益”100万元　　B. 贷记“公允价值变动损益”100万元

C. 借记“其他综合收益”100万元　　D. 贷记“其他综合收益”100万元

40.2021年甲公司将一栋办公楼出租给乙公司使用，已确认为投资性房地产，采用成本模式进行后续计量。该办公楼的成本为6 000万元，采用年限平均法计提折旧，使用寿命为20年，预计净残值为零。按照经营租赁协议，乙公司每月支付租金50万元。当年12月，该办公楼发生减值迹象，经减值测试，其可收回金额为3 300万元，此时办公楼的账面价值为3 500万元，在此之前未计提减值准备。则下列表述不正确的是（　　）。

A. 甲公司投资性房地产的每年折旧费用 300 万元计入“其他业务成本”

B. 甲公司投资性房地产的租金收入 600 万元计入“其他业务收入”

C. 甲公司投资性房地产应计提减值准备 200 万元

D. 甲公司投资性房地产应计提减值准备将会导致企业利润减少，对财务状况无影响

41. 接上题，假定不考虑相关税费，该投资性房地产对甲公司当年利润总额的影响金额为（　　）万元。

A.100　　B.200　　C.300　　D.350

42. 自 2021 年 9 月 1 日起，甲企业将出租在外的厂房收回自用。该项房地产在转换前采用成本模式计量，截至 2021 年 8 月 31 日，投资性房地产原价 5 000 万元，累计已提折旧 2 000 万元，投资性房地产减值准备 500 万元。甲企业将出租在外的厂房收回自用，则下列会计处理正确的是（　　）。

A. 借：固定资产	5 000	
投资性房地产减值准备	500	
投资性房地产累计折旧	2 000	
贷：投资性房地产		5 000
累计折旧		2 000
固定资产减值准备		500
B. 借：固定资产	2 500	
投资性房地产减值准备	500	
投资性房地产累计折旧	2 000	
贷：投资性房地产		5 000
C. 借：固定资产	4 500	
投资性房地产减值准备	500	
投资性房地产累计折旧	2 000	
贷：投资性房地产		5 000
累计折旧		2 000
D. 借：开发成本	2 500	
投资性房地产减值准备	500	
投资性房地产累计折旧	2 000	
贷：投资性房地产		5 000

43. 企业用于生产某种产品的、已确认为无形资产的非专利技术，其摊销金额通常应计入（　　）。

A. 管理费用　　B. 其他业务成本　　C. 生产成本　　D. 固定资产

44.2020 年，甲公司研发一项无形资产，共计发生研发支出 2 300 万元，其中 2 000 万元符合资本化条件，2020 年 12 月 31 日专利技术获得成功，达到预定用途。该项无形资产的预计使用年限为 10 年，采用直线法摊销，预计净残值为零。2021 年 12 月 31 日，甲公司对其进行减值测试时确定其可收回金额为 1 500 万元。不考虑其他因素，2023 年 12 月 31 日甲公司专利权的账面价值为（　　）万元。

A.1 000　　B.1 050　　C.1 166.67　　D.1 400

45. 接上题，甲公司 2027 年 1 月 1 日将该专利权以 700 万元转让，假设不考虑其他因素，甲公司转让该专利权对利润的影响为（　　）万元。

A.33.33　　B.66.67　　C.96.67　　D.133.33

46. 甲上市公司于 2021 年 9 月 30 日通过定向增发本企业普通股对乙公司进行合并，取得乙公司 100%股权。假定不考虑所得税影响。甲公司及乙企业在进行合并前简化资产负债表如下：

甲、乙公司合并前资产负债表

单位：万元

	甲公司	乙公司
流动资产	3 000	2 700
非流动资产	21 000	36 000
资产总额	24 000	38 700
流动负债	1 200	900
非流动负债	300	1 800
负债总额	1 500	2 700
所有者权益		
股本	1 500	900
资本公积		
盈余公积	6 000	102 60
未分配利润	15 000	24 840
所有者权益总额	22 500	36 000

其他资料：

（1）2021 年 9 月 30 日，甲公司通过定向增发本企业 1 800 万普通股，以 2 股换 1 股的比例自乙公司原股东处取得了乙公司全部 900 万股普通股及 100%股权。

（2）甲公司每股普通股在 2021 年 9 月 30 日的公允价值为 20 元，乙公司每股普通股当日的公允价值为 40 元。甲、乙公司每股普通股的面值均为 1 元。

（3）2021 年 9 月 30 日，甲公司除非流动资产公允价值较账面价值高 4 500 万元以外，其他资产、负债项目的公允价值与其账面价值相同。

（4）假定甲、乙公司在合并前不存在任何关联方关系。

该反向购买合并中，合并后乙公司原股东持有甲公司的股权比例为（　　）。

A.35%　　B.44.45%　　C.50%　　D. 54.55%

47. 该反向购买合并中，乙公司的合并成本为（　　）万元。

A.18 000　　B.27 000　　C.30 000　　D.36 000

48. 接上题，该反向购买合并中的合并商誉为（　　）万元。

A.1 500　　B.2 300　　C.3 000　　D.3 500

49. 接 46 题，假定乙公司 2020 年实现合并净利润 1 800 万元，2021 年甲公司与乙公司形成的主体实现合并净利润为 3 450 万元，自 2020 年 1 月 1 日至 2021 年 9 月 30 日，乙公司发行在外的普通股股数未发生变化。甲公司 2021 年基本每股收益为（　　）元。

A.1　　B.1.59　　C.1.8　　D.2.3

50.2021 年 12 月 28 日，可美集团与甲公司签订租赁合同，从甲公司租入一栋写字楼。依据租赁合同，该写字楼不可撤销的租赁期为 8 年，租赁期开始日为 2022 年 1 月 1 日，月租金为 500 万元，于每月末支付，首 6 月免付租金，在不可撤销的租赁期到期后，可美集团拥有 2 年按市场租金行使的续寻且选择权。从 2022 年 1 月 1 日起计算，该写字楼剩余使用寿命为 15 年。假定在不可撤销的租赁期结束时可美集团将行使续租选择权，不考虑其他因素，可美集团对该写字楼使用权资产计提折旧的年数是（　　）。

A.7.5 年　　B.9.5 年　　C.10 年　　D.15 年

二、多项选择题

1. 下列各项中，属于企业存货的有（　　）。
A. 发出商品
B. 受托代销商品
C. 以支付手续费方式委托代销的商品
D. 房地产开发企业建造的用于对外出售的商品房
E. 房地产开发企业建造的用于对外出租的商品房
2. 下列项目中，计算生产产品的材料的可变现净值时，会影响其可变现净值的因素有（　　）。
A. 产品的估计售价　　B. 材料的账面价值
C. 估计发生的销售费用　　D. 至完工估计将要发生的加工成本
E. 存货的历史成本
3. 企业采用计划成本核算原材料时，下列有关领用原材料说法正确的有（　　）。
A. 应将计提的减值准备同时结转
B. 在原材料被领用后需要结转相应的材料成本差异
C. 应计算本期材料成本差异率，并将原材料的计划成本调整为实际成本
D. 应将材料的材料成本差异与计划成本同时结转计入相应的成本费用
E. 期末“原材料”科目余额反映尚未领用材料的实际成本。
4. 材料成本差异”账户贷方登记的内容有（　　）。
A. 入库材料成本超支差　　B. 入库材料成本节约差
C. 发出材料成本超支差　　D. 发出材料成本节约差
E. 原材料科目的附加调整账户
5. 甲商贸公司采用某一发出存货计价方法，导致期末存货成本高估，这将会造成（　　）。
A. 本期所有者权益增加　　B. 低估存货减值准备
C. 当期发出存货的成本低估　　D. 本期利润高估
E. 本期利润低估
6. 下列有关存货盘点方法，表述正确的有（　　）。
A. 定期盘存制平时只记存货增加，不记存货减少
B. 永续盘存制平时既记存货增加，又记存货减少
C. 永续盘存制有利于将实际盘存数与账存数相核对，可以发现存货盘盈、盘亏
D. 定期盘存制不便于对存货进行控制
E. 定期盘存制盘点的目的是为了证实账实是否相符
7. 下列有关以公允价值计量且其变动计入其他综合收益的非交易性权益工具投资表述正确的有（　　）。
A. 企业管理该金融资产的业务模式是以收取固定的合同现金流量为目标
B. 在特定日期产生的现金流量，仅为对本金和以未偿付本金金额为基础的利息的支付
C. 公允价值变动产生的其他综合收益，后续不得转入当期损益
D. 处置该类金融资产时该非交易性权益工具投资公允价值与账面价值的差异计入投资收益
E. 处置该类金融资产时该非交易性权益工具投资公允价值与账面价值的差异计入留存收益
8. 企业对下列资产进行初始计量时，应将发生的相关交易费用计入初始确认金额的有（　　）。
A. 债权投资　　B. 合并形成的长期股权投资
C. 其他权益工具投资　　D. 交易性金融资产
E. 长期应收款

9. 下列有关表述正确的有（　　）。

A. 以公允价值计量且其变动计入其他综合收益的其他权益工具投资不计提损失准备

B. 以公允价值计量且其变动计入当期损益的金融资产计提损失准备

C. 以摊余成本计量的金融资产可计提损失准备

D. 对于分类为以公允价值计量且其变动计入其他综合收益的其他债权投资，企业应当在其他综合收益中确认其损失准备

E. 流动资产所计提的减值准备不允许转回

10. 在非企业合并情况下，下列各项中，计入长期股权投资初始入账价值的是（　　）。

A. 为取得股权付出非货币资产的公允价值

B. 取得投资时直接相关的费用、税金及其他必要支出

C. 为取得股权所付出非现金资产确认的销项税额

D. 为取得投资发行股票而发生的印刷费

E. 为取得股权投资而放弃债权的公允价值

11. 企业按成本法核算时，下列事项中不会引起长期股权投资账面价值变动的有（　　）。

A. 被投资单位盈亏

B. 被投资单位宣告分派现金股利

C. 期末计提长期股权投资减值准备

D. 被投资方以盈余公积转增资本

E. 被投资单位接受捐赠

12. 下列属于权益法核算范畴的是（　　）。

A. 对子公司投资

B. 对合营企业投资

C. 对联营企业投资

D. 对被投资单位的不具有共同控制或重大影响的权益性投资

E. 对被投资单位在活跃市场中没有报价、公允价值不能可靠计量的权益性投资

13. 采用权益法核算时，能引起长期股权投资账面价值发生增减变动的事项有（　　）。

A. 被投资单位其他综合收益发生增减变动

B. 被投资单位超额亏损后，未来年度的持续亏损

C. 被投资企业资本公积的增加

D. 被投资企业宣告分派现金股利

E. 被投资企业改选董事会成员

14. 下列各项中，可计提折旧的资产有（　　）。

A. 未使用的机器设备

B. 季节性停用的固定资产

C. 正在改扩建而停止使用的固定资产

D. 单独计价作为固定资产入账的土地

E. 为生产产品而长期租入的设备

15. 下列关于固定资产后续支出的表述中，正确的是（　　）。

A. 符合固定资产确认条件的，应当计入固定资产成本

B. 不符合固定资产确认条件的，应当计入当期损益

C. 行政管理发生的固定资产修理费用直接计入当期损益

D. 固定资产更新改造期间不计提折旧，但在定期大修理间隔期间，应照提折旧

E. 专设销售机构发生的固定资产修理费用计入长期待摊费用

16. 关于固定资产盘点，下列说法正确的有（　　）。

A. 盘亏的固定资产，通过“待处理财产损溢”科目核算

B. 盘盈固定资产应记入“以前年度损益调整”科目

C. 盘盈固定资产应通过“待处理财产损溢”核算

D. 固定资产的盘盈属于前期差错

E. 盘盈固定资产计入当期损益

17. 企业发生的处置固定资产损益，不可能计入的科目有（　　）。

A. 其他综合收益　　B. 管理费用

C. 资本公积　　D. 资产处置损益

E. 营业外支出

18. 下列各项有关投资性房地产转换会计处理的表述中，正确的有（　　）。

A. 自用房地产或存货转为成本模式计量的投资性房地产时，应将转换前的账面价值作为转换后的入账价值

B. 采用公允价值模式计量的投资性房地产转换为自用房地产时，应以转换当日的公允价值作为自用房地产的入账价值，公允价值与原账面价值的差额计入当期损益

C. 采用公允价值模式计量的投资性房地产转换为自用房地产时，应以其转换当日的账面价值作为自用房地产的账面价值，不确认转换损益

D. 自用房地产或存货转为采用公允价值模式计量的投资性房地产时，投资性房地产应按照转换当日的公允价值计量

E. 自用房地产或存货转为采用公允价值模式计量的投资性房地产时，转换当日的公允价值小于原账面价值的，其差额计入其他综合收益，处置该项投资性房地产时再转入处置当期损益

19. 下列有关无形资产摊销的表述中，正确的有（　　）。

A. 企业对使用寿命有限的无形资产进行摊销，摊销金额一般应当计入当期损益

B. 企业对专门用于生产产品的无形资产进行摊销时，摊销金额可计入成品成本

C. 企业对出租的无形资产进行摊销时，摊销金额应计入其他业务成本

D. 持有待售的无形资产应按公允价值减去处置费用后的净额进行摊销

E. 无形资产摊销必然会导致企业资产减少，利润减少

20. 天津可美纺织服装企业 2019 年 12 月 31 日购入一栋房屋以银行存款支付买价 30 000 000 元，增值税 3 300 000 元，合计 33 300 000 元，作为管理用房使用，采用年限平均法计提折旧，预计使用年限为 50 年，预计净残值为零。2021 年 6 月 30 日，该企业将房屋的用途改为出租，并以公允价值模式计量，当日的公允价值（不含公允价值）为 32 000 000 元。2021 年 6 月 30 日该企业将固定资产转换为投资性房地产时公允价值与账面价值差额的表述不正确的是（　　）。

A. 增加投资收益 2 900 000 元　　B. 增加公允价值变动损益 2 900 000 元

C. 增加其他综合收益 2 900 000 元　　D. 减少投资收益 2 900 000 元

E. 增加营业外收入 2 900 000 元

21. 下列资产中，不需要计提折旧的有（　　）。

A. 已划分为持有待售的固定资产

B. 以公允价值模式进行后续计量的投资性房地产

C. 因产品市场不景气尚未投入使用的外购机器设备

D. 已经完工投入使用但尚未办理竣工决算的自建厂房

E. 以成本模式进行后续计量的投资性房地产

三、不定项选择题

A公司是一家高新科技企业，近几年产品一直供不应求，公司产能已满负荷运转。为满足市场需求，公司董事会提议通过并购重组扩张产能。该公司拟收购一家企业，有 L和 M两家目标企业可供选择。L和 M为两家 3 年前同时开业、规模相同的制造企业。两家企业的实收资本均为 2 000 万元，各企业的固定资产都包含使用年限 30 年的厂房建筑物和使用年限为 20 年的机器设备。厂房建筑物的原始成本为 600 万元，机器设备的原始成本为 400 万元。L企业采用能年数总和法计提折旧，M企业采用直线法计提折旧，除了折旧方法，两家企业采用的会计政策相同。

经过审计，两家企业这 3 年的净利润情况如下。

年度	L企业	M企业
1	500 000	550 000
2	600 000	700 000
3	700 000	750 000

1. 若 L企业采用直线法计提折旧费用，则各年净利润分别为（　　）。

A. 第一年净利润 77.6 万元　　B. 第二年净利润 85.2 万元

C. 第三年净利润 92.8 万元　　D. 第二年净利润 44.8 万元

2. 接上题，以 L企业作参照，则 M企业三年利润分别为（　　）。

A. 第一年净利润 27.4 万元　　B. 第二年净利润 44.8 万元

C. 第三年净利润 52.5 万元　　D. 第二年净利润 77.6 万元

3. 假设 A公司原材料日常收发及结存采用计划成本核算。2021 年 11 月初结存材料的计划成本为 600 000 元，实际成本为 605 000 元；本月入库材料的计划成本为 1 400 000 元，实际成本为 1 355 000 元。

11 月发出材料（计划成本）情况如下：基本生产车间领用 800 000 元；在建工程领用 200 000 元；车间管理部门领用 5 000 元；企业行政管理部门领用 15 000 元，下列表述正确的是（　　）。

A.11 月材料成本差异率为 2%

B.11 月材料成本差异率为−2%

C.11 月发出材料的实际成本为 999 600 元

D.11 月基本生产车间领用材料的实际成本为 784 000 元

4. 假设 A公司 2018 年 12 月 20 日购入一台管理用设备，初始入账价值为 100 万元，原估计使用年限为 10 年，预计净残值为 4 万元，按双倍余额递减法计提折旧。由于固定资产所含经济利益预期实现方式的改变和技术因素的原因，已不能继续按原定的折旧方法、折旧年限计提折旧。A公司于 2021 年 1 月 1 日将设备的折旧方法改为年限平均法，将设备的折旧年限由原来的 10 年改为 8 年，预计净残值仍为 4 万元。公司适用的所得税税率为 25%，下列表述正确的是（　　）。

A. 设备 2020 年计提的折旧额为 16 万元　　B.2021 年 1 月 1 日设备的账面净值为 64 万元

C. 设备 2021 年计提的折旧额为 10 万元　　D. 上述变更使 2021 年净利润增加 2.1 万元

四、不定项综合题

不定项综合题 1：天津可美纺织服装企业投资于 D公司，有关投资的情况如下。

2019 年 1 月 1 日天津可美纺织服装企业支付现金 800 万元给 B公司，受让 B公司持有的 D公司 20%的股权（具有重大影响），采用权益法核算。假设未发生直接相关费用和税金。受让股权时 D公司的可辨认净资产公允价值为 3 000 万元；

2019 年 12 月 31 日，D公司当年实现的净利润为 600 万元（假设不考虑对净利润的调整）；本年度 D公司持有的其他债权投资公允价值变动所增加的其他综合收益 150 万元，没有其他所有者权益的变动；

2020 年 3 月 1 日，D公司宣告分配现金股利 200 万元；天津可美纺织服装企业于 5 月 15 日收到该股利；

2020 年 D公司发生亏损 2 000 万元，假设不考虑对净利润的调整；

由于出现减值迹象，假设 2020 年末天津可美纺织服装企业对 D公司的投资可收回金额经测算为 500 万元。

2021 年 1 月 20 日，天津可美纺织服装企业经协商，将持有的 D公司的全部股权转让给丁企业，收到股权转让款 520 万元。要求回答下列问题：

1.2019 年 1 月 1 日受让股权时，天津可美纺织服装企业确认的长期股权投资——D公司账面价值为（　　）。

A. 800 万　　B.600 万　　C.1 400 万　　D.500 万

2.2019 年 12 月 31 日，D公司当年实现的净利润为 600 万元（假设不考虑对净利润的调整）；其他综合收益增加 150 万元，没有其他所有者权益的变动。则此时可美纺织服装企业的长期股权投资——D公司账面价值为（　　）。

A. 800 万　　B.900 万　　C.950 万　　D.1 050 万

3.2020 年末可美纺织服装企业的长期股权投资——D公司账面价值为（　　）。

A.500 万　　B.510 万　　C.800 万　　D.950 万

4.2021 年 1 月 20 日，天津可美纺织服装企业经协商，将持有的 D公司的全部股权转让给丁企业，收到股权转让款 520 万元。则天津可美纺织服装企业确认的投资收益为（　　）。

A.20 万　　B.30 万　　C.40 万　　D.50 万

5. 假设 2019 年 1 月 1 日，天津可美纺织服装企业支付 7 000 万元取得乙公司 100%的股权，投资时乙公司可辨认净资产公允价值为 6 000 万元。2019 年 1 月 1 日至 2020 年 12 月 31 日，乙公司净资产增加了 1 000 万元，其中按购买日资产负债公允价值持续计算实现的净利润 700 万元，后续可计入损益的其他综合收益 300 万元。2021 年 1 月 1 日，天津可美纺织服装企业转让乙公司 90%的股权，收取价款 8 100 万元，转让后天津可美纺织服装企业对乙公司的持股比例为 10%，不具有控制、共同控制和重大影响 ,将其划归为其他权益工具投资。下列表述正确的是（　　）。

A. 天津可美纺织服装企业认股权处置收益为 1 800 万元

B. 天津可美纺织服装企业认股权处置收益为 2 000 万元

C. 2021 年 1 月 1 日转让前天津可美持有乙公司股权的公允价值为 9 000 万元

D. 将剩余股权转为其他权益工具投资时，其账面价值为 900 万元

6. 天津可美纺织服装企业于 2020 年 1 月 1 日以银行存款 737 260 元购买了 S公司于当日发行的总面值为 800 000 元、票面利率为 5%、5 年期的到期一次付息债券. 作为以摊余成本计量的债权投资。债券利息按单利计算于债券到期时一次支付。天津可美纺织服装企业还以银行存款支付了购买该债券发生的交易费用 10 000 元。假定天津可美纺织服装企业购买债券后采用实际利率法确定债权投资的摊余成本，经测算，实际利率为 6%，则 2022 年 12 月 31 日天津可美纺织服装企业取得的上述债权投资的摊余成本为（　　）。

A.792 095.6　　B.839 621.34　　C.889 998.62　　D.943 398.54

不定项综合题 2（2018 真题）

甲制造企业 2017 年至 2020 年发生与房地产相关的下列交易或事项。

（1）2017 年 1 月 1 日，财务部门对下列资产是否属于投资性房地产进行讨论：①以出让方式取得，并以经营租赁方式出租的某地块土地使用权 A；②拥有产权并自行经营的某酒店 B，但物业服务外包给乙企业；③出租给本企业职工居住的员工公寓 C，每月向员工收取租金；④闲置且尚未确定用途的写字楼 D。

（2）2018 年 1 月 1 日，甲企业将闲置写字楼 D出租给丙企业，并采用成本模式进行后续计量。租赁合同约定：租赁期开始日为 2018 年 1 月 1 日，租赁期为 3 年。该写字楼的成本为 8 000 万元，公允价值为 8 200 万元。出租时，甲企业对该写字楼已计提折旧 1 500 万元，已计提减值准备 500 万元，预计仍可使用年限为 30 年，采用年限平均法计提折旧，预计净残值为 300 万元。

（3）2019 年 1 月 1 日，考虑到所在地的房地产交易市场已经较为成熟，并且能够合理估计写字楼 D的公允价值，甲企业决定将该写字楼的后续计量模式从成本模式转换为公允价值模式。2019 年 1 月 1 日，该写字楼的公允价值为 6 800 万元，2019 年 12 月 31 日，该写字楼的公允价值为 7 500 万元。

（4）2020 年 12 月 31 日，因人员规模扩大，甲企业收回租赁期满的写字楼 D，同时将其作为本公司的办公楼，当日，该写字楼的公允价值为 7 200 万元。

假定甲企业按净利润的10%计提盈余公积，不考虑所得税等相关税费影响。

1.甲企业财务部门对讨论的资产中，应作为投资性房地产的是（　　）。

A.写字楼D　　B.酒店B　　C.员工公寓C　　D.土地使用权A

2.2018年1月1日，甲企业因出租写字楼D进行的下列会计处理，正确的是（　　）。

A.减少固定资产减值准备500万元　　B.增加投资项目房地产8 000万元

C.增加投资性房地产累计折旧1 500万元　　D.增加投资收益200万元

3.2019年1月1日，甲企业写字楼D计量模式转换前的账面价值为（　　）万元。

A.6 000　　B.6 800　　C.5 800　　D.5 810

4.2019年1月1日，甲企业对写字楼D的后续计量模式从以成本模式转为公允价值模式时，公允价值与账面价值的差额应确认或调整的项目为（　　）。

A.其他综合收益　　B.营业外收入

C.期初留存收益　　D.公允价值变动损益

5.2020年12月31日，甲企业收回写字楼D并转为自用对2020年度利润总额影响金额为（　　）万元。

A.0　　B.400　　C.700　　D.−300

不定项综合题3（2021真题）

2021年，甲、乙、丙、丁企业发生以下交易或事项：

（1）2021年1月1日，甲企业与乙企业签订股权转让合同，以820万元的价格受让乙企业所持丙企业2%的股权。同日，甲企业向乙企业支付820万元款项，办理完成股权变更登记手续，另支付手续费1万元。取得丙企业股权后，甲企业根据其合同现金流量特征和管理丙企业股权投资的业务模式，将其分类为以公允价值计量且其变动计入当期损益的金融资产。

（2）2021年3月1日，甲企业从二级市场购买丁企业发行在外的股票1 000万股（占丁企业发行在外股票的3%），支付价款1800万元，另支付交易费用2万元。考虑到拟长期持有丁企业股票，甲企业将其指定为以公允价值计量且其变动计入其他综合收益的金融资产。

（3）2021年6月1日，甲企业为追加投资，与丙企业签订协议，以9 000万元的价格取得丙企业18%的股权，当日办理完成股权变更登记手续。甲企业对丙企业原2%股权的公允价值为900万元，丙企业可辨认净资产的公允价为60 000万元。甲企业向丙企业董事会派一名成员参与财务和生产经营决策，能够对丙企业产生重大影响。

（4）2021年12月31日，丁企业股票价格为1.1元/股，分派现金股利5 000万元。

（5）2021年，丙企业按2021年6月1日可辨认净资产公允价值持续计算实现的净利润为2 600万元。

2021年12月31日，丙企业宣告分派现金股利1 000万元。

假定甲企业与丙企业之间未发生内部交易，不考虑其他因素。

1.根据（1）和（2），甲企业对丙企业和丁企业股权投资的初始确认金额分别为（　　）。

A.821万元、1 800万元　　B.820万元、1 800万元

C.820万元、1 802万元　　D.821万元、1 802万元

2.根据（1）和（3），下列关于甲企业2021年6月1日对丙企业股权投资会计处理的说法中，正确的为（　　）。

A.甲企业对丙企业股权投资原2%部分应当继续以金融资产核算，追加投资部分应当作为以权益法核算的长期股权投资

B.甲企业对丙企业的全部股权投资应当作为以权益法核算的长期股权投资

C.甲企业应当对丙企业长期股权投资的初始投资成本进行调整，以反映甲企业在丙企业可辨认净资产公允价值中享有的权益份额

D.甲企业对丙企业股权投资的初始投资成本为原2%部分的账面价值和追加投资时支付的对价之

和

3. 根据（1）和（3），2021 年 6 月 1 日，甲企业应当确认营业外收入的金额为（　　）。

A.2 100 万元　　B.0　　C.2 180 万元　　D.2 179 万元

4. 根据（1）、（3）和（5），2021 年 12 月 31 日，甲企业长期股权投资的账面价值为（　　）。

A.12 520 万元　　B.10 220 万元　　C.10 140 万元　　D.12 320 万元

5. 根据（2）和（4），下列关于甲企业 2021 年 12 月 31 日对所持有丁企业股票会计处理的说法中，错误的为（　　）。

A. 根据丁企业宣告发放的现金股利确认应收股利，并计入当期损益

B. 将所持有丁企业股票重新分类为以公允价值计量且其变动计入当期损益的金融资产

C. 将所持有丁企业股票的公允价值累计变动额从其他综合收益转入当期损益

D. 对所持有丁企业股票计提减值准备，确认减值损失

同步强化训练题参考答案及解析

一、单项选择题

1.【答案】B

【解析】购入原材料的实际总成本 600 + 25 + 10 + 13 = 648（元），实际入库数量= 200×（1－10%）= 180（公斤），该批原材料实际单位成本= 648/180 = 3.6（元/公斤）。

2.【答案】B

【解析】在物价持续上升时，采用先进先出法，期末存货成本接近于市价而发出成本偏低，会高估企业当期利润和库存存货价值。

3.【答案】A

【解析】本题考核发出存货计价方法。由题意可知：

（1）本月可供发出存货成本= 300×2 + 200×2.2 + 300×2.3 + 200×2.5 = 2 230（万元）

先进先出法本月发出存货成本=（300×2＋100×2.2）+（100×2.2＋100×2.3）=1 270（万元）

先进先出法本月月末结存存货成本= 2 230－1 270 = 960（万元）

（2）3 月 8 日购货的移动加权平均单位成本=（300×2 + 200×2.2）/（300 + 200）= 2.08（万元）

3 月 10 日发出存货的成本= 400×2.08 = 832（万元）

3 月 20 日购货的移动加权平均单位成本=（100×2.08＋300×2.3）/（100＋300）=2.245（万元）

3 月 28 日发出存货的成本= 200×2.245 = 449（万元）

本月发出存货成本= 832 + 449 = 1 281（万元）

本月月末结存存货成本= 2 230－1 281 = 949（万元）

（3）一次加权平均单位成本= 2 230÷（300 + 200 + 300 + 200）= 2.23（万元）

本月发出存货成本=（400 + 200）×2.23 = 1 338（万元）

本月月末结存存货成本= 2 230－1 338 = 892（万元）

A商品 2019 年 5 月份发出存货的成本和 5 月 31 日结存存货的成本两种方法下分别相差为（1 270－1 281）万元，（960－949）万元，即－11 万元，11 万元。

4.【答案】D

【解析】本题考核存货采用计划成本核算。由题意可知，本期存货业务会计处理如下：

借：材料采购	8 050
应交税费——增值税（进项税额）	1 046.5
贷：银行存款	9 096.5
借：原材料	8 000

材料成本差异　50
贷：材料采购　8 050
（1）借：原材料　2 200
贷：材料采购　2 180
材料成本差异　20
（2）借：材料采购　2 950
应交税费——增值税（进项税额）　383.5
贷：银行存款　3 333.5
（3）暂估入账，下月调整
借：原材料　5 000
贷：应付账款　5 000
（4）借：生产成本　11 000
制造费用　5 000
贷：原材料　16 000

因此，本月材料成本差异率＝（－230＋50－20）÷（9 800＋8 000＋2 200）×100%＝－1%

同时：借：生产成本　110（红字）
制造费用　50（红字）
贷：材料成本差异　160（红字）

所以本月基本车间领用320公斤甲材料的实际成本为：320×50×（1－1%）＝15 840。

5.【答案】A

【解析】应计提的存货跌价准备＝（800－50）－（680－15）＝85（万元）。

6.【答案】B

【解析】存货期末计量按存货成本和可变现净值孰低计量。本题为2018年考生回忆的真题。

7.【答案】C

【解析】交易性金融资产的入账价值＝500×(5.3－0.3)＝2 500（万元）；2021年利润表中应确认的投资收益＝－5＋（3 000－2 500）＝495（万元）

8.【答案】C

【解析】本题其他权益工具投资的入账价值为：2015万元（购买成本2 000万元＋交易费用15万元）；2021年4月30日该金融资产公允价值变动形成的其他综合收785万元。此时该金融资产的账面价值2 800万元。所以，2021年9月30日，处置该金融资产增加留存收益＝处置价款－处置时账面价值＋公允价值变动损益转入投资收益的金额＋其他综合收益的转入＝2 950－2 800＋785＝935（万元）。

9.【答案】C

【解析】即使合同已对资产进行指定，但如果资产的供应方在整个使用期内拥有对资产的实质性替换权，则该资产不属于已识别资产，也就不属于分类为租赁必备的要素。

10.【答案】B

【解析】在租赁期开始日，承租人应按照成本对使用权资产进行初始计量。该成本包括以下四项：

1.租赁负债的初始计量金额。

2.在租赁期开始日或之前支付的租赁付款额；存在租赁激励的，应扣除已享受的租赁激励相关金额。

3.承租人发生的初始直接费用。

4.承租人为拆卸及移除租赁资产、复原租赁资产所在场地或将租赁资产恢复至租赁条款约定状态预计将发生的成本。前述成本属于为生产存货而发生的除外。

本题B选项表述错误的原因在于存在租赁激励的，使用权资产初始计量的入账成本应扣除已享受的租赁激励款。

11.【答案】D

【解析】使用权资产一旦计提减值准备，即视为永久性减值，不得转回。本题其他选项表述正确。

12.【答案】C

【解析】乙产品的可变现净值＝720－20＝700（万元），乙产品的成本＝600＋150＝750（万元），乙产品发生减值，故B材料发生减值。此时，B材料的可变现净值＝720－150－20＝550（万元）。

13.【答案】B

【解析】因B材料的可变现净值＝720－150－20＝550（万元），成本600万元。因此，甲公司2021年12月31日对B材料应计提的存货跌价准备＝550－600＝50（万元）。

14.【答案】D

【解析】因管理不善导致的丢失、被盗、霉烂变质，存货进项税额不允许抵扣，应作转出处理；而自然灾害造成的存货毁损，其进项税额可以抵扣，不需要做转出处理。

15.【答案】C

【解析】2021年1月1日，会计处理

借：债权投资——成本	600	
——利息调整	80	
贷：银行存款		680

2021年12月31日，会计处理

借：应收利息	48	
贷：债权投资——利息调整		7.2

投资收益（600＋75＋5）×6%＝40.8

所以，2021年12月31日，债权投资的账面价值＝680—7.2＝672.8（万元）。

16.【答案】B

【解析】因为是一次还本付息，所以利息计入债权投资——应计利息。债权投资的摊余成本等于其账面价值，对于一次还本付息的债券来说，在没有减值的情况下，期末摊余成本＝期初摊余成本＋本期确定的投资收益的金额。

2021年1月1日，会计处理

借：债权投资——成本	600	
——利息调整	80	
贷：银行存款		680

2021年12月31日，会计处理

借：债权投资——应计利息	48	
贷：债权投资——利息调整		7.2

投资收益（600＋75＋5）×6%＝40.8

所以，2021年12月31日，债权投资的账面价值＝680＋48—7.2＝720.8（万元）。

17.【答案】A

【解析】同一控制下的企业合并中，合并方应在合并日按照被合并方所有者权益在最终控制方合并财务报表中的账面价值的份额作为长期股权投资的初始投资成本。本题中确认的长期股权投资的初始投资成本为10500万元，股本为3000万元，给付2000万元货币资金，则资本公积为5 500万元。会计处理为：

借：长期股权投资	10 500	
贷：股本		3 000
银行存款		2 000

资本公积　　5 500

18.【答案】B

【解析】非同一控制下的企业合并中，合并方长期股权投资的初始投资应以放弃资源的公允价值作为入账成本。本题中确认的长期股权投资的初始投资成本为 11 000 万元（3 000×3 + 2 000），股本为 3 000 万元，给付 2 000 万元货币资金，则资本公积为 6 000 万元。会计处理为：

借：长期股权投资　　11 000

　贷：股本　　3 000

　　银行存款　　2 000

　　资本公积　　6 000

19.【答案】A

【解析】同一控制下的企业合并中，合并方以支付现金、转让非现金资产或承担债务方式作为合并对价的，应当在合并日按照被合并方所有者权益在最终控制方合并财务报表中的账面价值的份额作为长期股权投资的初始投资成本。本题中确认的长期股权投资的初始投资成本为 1 500（1 500×100%）万元。

20.【答案】C

【解析】长期股权投资初始投资成本与支付的现金、转让的非现金资产以及所承担债务账面价值之间的差额，应当调整资本公积；资本公积不足冲减的，调整留存收益。本题中确认的长期股权投资的初始投资成本为 1 500 万元，转让的非现金资产账面价值 1 100 万元（即固定资产 600 万元加上无形资产 500 万元），因此上题 T公司确认的资本公积为 400 万元（即 1 500—1 100）。

21.【答案】B

【解析】本例中，主并方天津可美纺织服装企业一方面确认长期股权投资，另一方面，非货币资产对价应视同销售，确认资产处置损益，因此，长期股权投资的初始投资成本为 5650 万元。其账务处理为：

借：长期股权投资　　5 650

　贷：主营业务收入　　5 000

　　应交税费——增值税（销项税额）　　650

同时：

借：主营业务成本　　2 000

　贷：库存商品　　2 000

此外，合并费用处理

借：管理费用　　50

　贷：银行存款　　50

22.【答案】D

【解析】本题考核公允价值计量转为权益法。当投资方因追加投资等原因能够对被投资单位施加重大影响或实施共同控制但不构成控制的，应当按照《企业会计准则第 22 号——金融工具确认和计量》确定的原持有股权投资的公允价值加上新增投资成本之和，作为改按权益法核算的初始投资成本。原持有的股权投资分类为以公允价值计量且其变动计入其他综合收益的金融资产（其他权益工具投资）的，其公允价值与账面价值之间的差额，以及原计入其他综合收益的累计公允价值变动应当转入改按权益法核算的当期留存收益。天津可美纺织服装企业账务处理如下：

借：其他权益工具投资——成本　　1 500

　贷：银行存款　　1 500

2021 年 12 月 31 日，该股票的公允价值为 1800 万元，天津可美纺织服装企业账务处理如下：

借：其他权益工具投资——公允价值变动　　300

　贷：其他综合收益　　300

2022年3月1日，天津可美纺织服装企业又支付6 800万元取得乙公司15%股权，持股比例上升到20%，对乙公司具有重大影响；当日原持有5%股份的公允价值为2 500万元。假设不考虑其他因素，天津可美纺织服装企业账务处理如下：

原持有5%股份的公允价值为2 500万元时：

借：其他权益工具投资——公允价值变动　　700（2 500－1 800）

　贷：其他综合收益　　700

天津可美纺织服装企业又支付6 800万元取得乙公司15%股权，持股比例上升到20%时：

借：长期股权投资——乙公司（2 500＋6 800）　　9 300

　贷：其他权益工具投资——成本　　1 500

　　其他权益工具投资——公允价值变动　　1 000

　　银行存款　　6 800

同时，结转其他综合收益：

借：其他综合收益　　1 000

　贷：留存收益类科目　　1 000

23.【答案】D

【解析】本题考核权益法转成本法。企业应当按照原持有的股权投资账面价值加上新增投资成本（公允价值）之和，作为改按成本法核算的初始投资成本。追加投资日，长期股权投资的账面价值为3 700万元（3 000＋1 000－300），直接作为原投资的初始成本，并在明细账中进行调整。编制的会计分录（单位万元）

借：长期股权投资——B公司（投资成本）　　3 700

　　长期股权投资——B公司（所有者权益其他变动）　　300

　贷：长期股权投资——B公司（投资成本）　　3 000

　　长期股权投资——B公司（损益调整）　　1 000

2023年1月1日有关科目的账面余额为“长期股权投资——B公司（投资成本）”科目借方余额3 000万元，“长期股权投资——B公司（损益调整）”科目借方余额1 000万元，“长期股权投资——B公司（所有者权益其他变动）”科目贷方余额300万元。

追加投资编制的会计分录（单位万元）

借：长期股权投资——B公司（投资成本）　　1 200

　贷：银行存款　　1 200

甲公司拥有B公司55%股权的投资成本为4 900万元（3 700＋1 200）。

24.【答案】D

【解析】本题考核成本法转权益法。当改按权益法核算，并对该剩余股权视同自取得时即采用权益法核算进行调整。在投资企业的个别财务报表中，首先应按处置或收回投资的比例结转应终止确认的长期股权投资成本。在此基础上，应当比较剩余的长期股权投资成本与按照剩余持股比例计算原投资时应享有被投资单位可辨认净资产公允价值的份额，属于投资作价中体现的商誉部分，不调整长期股权投资的账面价值；属于投资成本小于原投资时应享有被投资单位可辨认净资产公允价值份额的，在调整长期股权投资成本的同时，应调整留存收益。

对于原取得投资后至转变为权益法核算之间被投资单位实现净损益中应享有的份额，一方面应当调整长期股权投资的账面价值，同时对于原取得投资时至处置投资当期期初被投资单位实现的净损益（扣除已发放及已宣告发放的现金股利及利润）中应享有的份额，同时调整留存收益；其他原因导致被投资单位所有者权益变动中应享有的份额，在调整长期股权投资账面价值的同时，应当计入“资本公积——其他资本公积”。此外，与原有子公司的股权投资相关的其他综合收益，应当在丧失控制权时转入当期损益或留存收益。

（1）对处置部分的股权投资进行会计处理。处置B公司20%的股权，价款为630万元，成本为700万元（2100÷60%×20%），差额作为投资损失。编制的会计分录（单位万元）

借：银行存款　630

　投资收益　70

　贷：长期股权投资——投资成本　700

（2）将剩余部分股权投资的初始投资成本调整为原投资时享有被投资企业可辨认净资产公允价值的份额。剩余股权投资的成本为1 400万元（2 100—700）；投资时按照剩余投资的持股比例计算原投资日B公司可辨认净资产公允价值的份额为1 200万元（3 000×40%）；股权投资的初始投资成本大于B公司可辨认净资产公允价值的份额200万元（1 400—1 200），不需要对初始投资成本进行调整。

（3）对原投资日至处置投资日之间被投资企业实现的以公允价值为基础计量的净损益、现金股利、所有者权益其他变动按照权益法进行调整。

借：长期股权投资——损益调整　（300＋400—200＋200—300）×40%＝160

　投资收益　（200—300）×40%＝40

　贷：盈余公积　（300＋400—200）×40%×10%＝20

　　利润分配——未分配利润　（300＋400—200）×40%×90%＝180

2021年资本公积增加150万元，甲公司享有60万元（150×40%）调整股权投资的账面价值。编制的会计分录（单位万元）

借：长期股权投资——所有者权益其他变动　60

　贷：资本公积（150×40%）　60

因此，2022年12月31日甲公司对B公司剩余长期股权投资的账面价值为1 620（即1 400＋160＋60）万元。

25.【答案】B

【解析】本题考核权益法转为公允价值计量。剩余股权在按公允价值计量时，公允价值与其原账面价值之间的差额计入当期损益。同时，同时，原权益法核算的相关其他综合收益应当在终止采用权益法核算时，采用与被投资单位直接处置相关资产或负债相同的基础进行会计处理，因被投资方除净损益、其他综合收益和利润分配以外的其他所有者权益变动而确认的所有者权益，应当在终止采用权益法核算时全部转入当期损益。

（1）确认有关投资的处置损益时：

借：银行存款　1 500

　贷：长期股权投资　1 250（2 500×50%或2 500×10%/20%）

　　投资收益　250

（2）将原确认的其他综合收益转为当期损益时：

借：其他综合收益　400

　贷：投资收益　400

（3）剩余股权转为以公允价值计量且其变动计入其他综合收益的金融资产（其他权益工具投资）时：

借：其他权益工具投资——成本　1 500

　贷：长期股权投资　1 250

　　投资收益　250

26.【答案】C

【解析】本题考核成本法转为公允价值计量，应将剩余股权改按金融工具确认和计量准则的要求进行会计处理，并于丧失控制权日将剩余股权按公允价值重新计量，公允价值与其账面价值的差额计入当期损益。

天津可美纺织服装企业认股权处置收益

借：银行存款　8 100

贷：长期股权投资——乙公司（7 000×90%） 6 300

投资收益 1 800

天津可美纺织服装企业将剩余股权转为交易性金融资产

借：交易性金融资产——成本 900

贷：长期股权投资（7 000×10%） 700

投资收益 200

将剩余股权转为交易性金融资产时，其账面价值为 900。

27.【答案】A

【解析】本题考核权益法核算下，被投单位净利润的调整。调整后被投单位净利润 1 100—（600—400）×50%= 1 000（万元）。投资企业 2020 年应确认的投资收益 1 000×30%= 300（万元）。

28.【答案】C

【解析】该自用厂房的入账成本= 200 ＋ 100 ＋ 15 ＋ 25 ＝ 340（万元）。全面营改增后，工程物资、固定资产的的进项税额可以抵扣，不计入工程成本。

29.【答案】D

【解析】2021 年 12 月 30 日甲公司购入固定资产的入账价值= 500 ＋ 20 ＋ 50 ＋ 12 = 582（万元），2022 年该设备应计提的折旧额 = 582×10/55 ＝ 105.82（万元）。2022 年该设备账面价值为 476.18（582—105.82）万元，因该设备预计可回收净额为 456.18 万元，则应计提的固定资产减值准备额为 20（476.18—456.18）万元。

30.【答案】A

【解析】2021 年 12 月 30 日甲公司购入固定资产的入账价值= 500 ＋ 20 ＋ 50 ＋ 12 = 582（万元），双倍余额递减法下，2022 年该设备应计提的折旧额＝ 582×2/10 ＝ 116.4（万元）。2022 年该设备账面价值为 465.6（582—116.4）万元，则 2022 年底，年数总和法下该设备账面价值与双倍余额递减法该设备账面价值差异为：476.18—465.6 ＝ 10.58（万元）。

31.【答案】D

【解析】该企业 2021 年 10 月份改良后固定资产价值＝ 150 ＋ 50 ＋（200—80—40）—（50—80×50/200—40×50/200）＝ 260（万元）。其中，被替换部分的账面账面价值就是：20（即 50—80×50/200—40×50/200）。

32.【答案】C

【解析】购买价款的现值为：900 000×（P/A，10%，10）＝ 900 000×6.1446 ＝ 553.014（万元）

2021 年 1 月 1 日甲公司的账务处理如下。

借：在建工程 553.014

未确认融资费用 346.986

贷：长期应付款 900

因此，未确认融资费用 346.986 万元

33.【答案】A

【解析】2022 年 12 月 31 日甲公司的应确认的“未确认融资费用”为 43.816163 万元。

甲公司“未确认融资费用”的分摊额如下表所示：

日期	分期付款额	确认的融资费用	应付本金减少额	应付本金余额
①	②	③=期初⑤ ×10%	④=②−③	期末⑤=期初⑤−④
2021.1.1				5 530 140.00
2021.6.30	90 0000	553014.00	346 986.00	5 183 154.00

日期	分期付款额	确认的融资费用	应付本金减少额	应付本金余额
2021.12.31	90 0000	518 315.40	381 684.60	4 801 469.40
2022.6.30	90 0000	480 146.94	419 853.06	4 381 616.34
2022.12.31	90 0000	438 161.63	461 838.37	3 919 777.97
2023.6.30	90 0000	391 977.80	508 022.20	3 411 755.77
2023.12.31	90 0000	341 175.58	558 824.42	2 852 931.35
2024.6.30	90 0000	285 293.14	614 706.86	2 238 224.47
2024.12.31	90 0000	223 822.45	676 177.55	1 562 046.92
2025.6.30	90 0000	156 204.69	743 795.31	818 251.61
2025.12.31	90 0000	81 748.39	818 251.61	0
合计	9 000 000	3 469 860	5 530 140	0

34.【答案】B

【解析】甲公司换入办公设备的入账价值＝换出资产的公允价值＋支付的补价－可抵扣增值税进项税额＝26＋2.25－25×13%＝25（万元）。换入固定资产方要确认增值税进项税额3.25万元（25×13%），给对方支付货币资金2.25万元，另1万元通过双方所交换非货币资产公允价值差额弥补。

35.【答案】D

【解析】生产线入账价值＝3 000＋55＋900＋45＝4 000（万元）。

2020年1月1日至2021年12月31日该固定资产应计提折旧为4 000÷10×2＝800（万元）

因2021年12月31日该固定资产的销售净价为2 800万，预计持续使用该设备产生的现金流量以及使用寿命结束时处置形成的现金流量现值合计为3 050万元，所以应提取固定资产减值准备（4 000－800）－3050＝150（万元）。

2022年1月1日至2023年12月31日该固定资产应计提折旧为3 050÷8×2＝762.5（万元）

2023年12月31日企业以2 500万元的价格出售时，该固定资产账面价值为：4 000－800－150－762.5＝2 437.5－150（万元）＝2 287.5（万元）

处置固定资产损益大约为2 500－2 287.5＝212.5（万元）。

36.【答案】C

【解析】企业对投资性房地产的计量模式一经确定，不得随意变更。以成本模式转为公允价值模式的，应当作为会计政策变更处理，将计量模式变更时公允价值与账面价值的差额，调整期初留存收益。已采用公允价值模式计量的投资性房地产，不得从公允价值模式转为成本模式。因此，选项C表述错误。

37.【答案】B

【解析】成本模式转为公允价值模式的，应当作为会计政策变更处理，将计量模式变更时公允价值与账面价值的差额，调整期初留存收益。2021年1月10日，甲企业写字楼具备公允价值为65 000万元，账面价值为25 000（即50 000－20 000－5 000）万元。

借：投资性房地产——成本	65 000	
投资性房地产累计折旧		20 000
投资性房地产减值准备		5 000
贷：投资性房地产		50 000
利润分配	36 000	
盈余公积		4 000

38.【答案】B

【解析】甲企业的账务处理如下。

（1）借：投资性房地产——成本　　10 000

　　贷：在建工程　　10 000

（2）2020 年 12 月 31 日，该写字楼的公允价值为 12 000 万元。

借：投资性房地产——公允价值变动　　2 000

　贷：公允价值变动损益　　2 000（12 000－10 000）

（3）2021 年 6 月 30 日，出售投资性房地产：

借：银行存款　　15 000

　贷：其他业务收入　　15 000

借：其他业务成本　　12 000

　贷：投资性房地产——成本　　10 000

　　　　　　　　——公允价值变动　　2 000

借：公允价值变动损益　　2 000

　贷：其他业务成本　　2 000

39.【答案】A

【解析】采用公允价值模式计量的投资性房地产转换为自用房地产时，应当以其转换当日的公允价值作为自用房地产的账面价值，公允价值与原账面价值的差额计入当期损益（公允价值变动损益）。甲企业的会计处理

借：固定资产　　3 500

　　公允价值变动损益　　100

　贷：投资性房地产——成本　　3 200

　　　　　　　　——公允价值变动　　400

因此，选项 A正确。

38.【答案】D

【解析】甲公司投资性房地产应计提减值准备将会导致企业利润减少，资产减少，从而影响财务状况。

甲公司的会计处理（以万元为单位）：

（1）计提折旧

每月计提折旧＝6000÷20÷12＝25

借：其他业务成本　　25

　贷：投资性房地产累计折旧　　25

（2）每月确认租金

借：银行存款　　50

　贷：其他业务收入　　50

（3）计提减值准备

借：资产减值损失　　200

　贷：投资性房地产减值准备　　200

40.【答案】A

【解析】当年计提折旧＝6 000÷20＝300 万元，计提减值准备 200 万元，该投资性房地产对甲公司当年利润总额的影响金额＝50×12－300－200＝100（万元）。

41.【答案】A

【解析】成本模式下，投资性房地产转为自用时，应按其在转换日的账面余额、累计折旧、减值准备等，分别转入“固定资产”、“累计折旧”、“固定资产减值准备”等科目。

42.【答案】A

【解析】商誉无法辨认，不属于无形资产核算范畴。

43.【答案】C

【解析】无形资产用于生产某种产品的，其摊销金额应当计入产品的成本。

44.【答案】C

【解析】本题研发形成的无形资产为 2 000 万元，2021 年 12 月 31 日，该无形资产可收回金额为 1 500 万元，则甲公司对其计提减值准备 300（即 2 000—2 000 ÷ 10 × 1—1 500）万元，因此，则 2023 年 12 月 31 日，该无形资产的账面价值为 1 500—1 500 ÷ 9 × 2 = 1 166.67（万元）。

45.【答案】A

【解析】2027 年 1 月 1 日，处置该无形资产时，其账面价值为 1 500—1 500 ÷ 9 × 5 = 666.67（万元），因此，处置对公司利润的影响为 700—666.67 = 33.33（万元）。

46.【答案】D

【解析】对于该项企业合并，虽然在合并中发行权益性证券的一方为甲公司，但因其生产经营决策的控制权在合并后由乙公司原股东控制，乙公司应为购买方，甲公司为被购买方。甲公司在该项合并中向乙公司原股东增发了 1 800 万股普通股，合并后乙公司原股东持有甲公司的股权比例为 54.55%（1 800/3 300）。

47.【答案】C

【解析】该项合并中乙公司的合并成本如下：如果假定乙公司发行本企业普通股在合并后主体享有同样的股权比例，则乙公司应当发行的普通股股数为 750 万股（900 ÷ 54.55% —900），其公允价值为 30 000 万元。因此，企业合并成本为 30 000 万元。

48.【答案】C

【解析】企业合并成本在可辨认资产、负债的分配

企业合并成本	30 000
甲公司可辨认资产、负债：	
流动资产	3 000
非流动资产	25 500
流动负债	（1 200）
非流动负债	（300）
商誉	3 000

甲公司 2021 年 9 月 30 日合并资产负债表

单位：万元

项目	金额
流动资产	5 700
非流动资产	61 500
商誉	3 000
资产总额	70 200
流动负债	2 100
非流动负债	2 100
负债总额	4 200
所有者权益	
股本（3300 万股普通股）	1 650

项目	金额
资本公积	29 250
盈余公积	10 260
未分配利润	24 840
所有者权益总额	66 000

49.【答案】B

【解析】每股收益

本例中乙公司2020年实现合并净利润1 800万元，2021年甲、乙公司形成的主体实现合并净利润为3 450万元，因自2020年1月1日至2021年9月30日，乙公司发行在外的普通股股数未发生变化。则甲公司2021年基本每股收益＝3 450/（1 800×9÷12＋3 300×3÷12）＝1.59（元/股）。

提供比较报表的情况下，比较报表中的每股收益应进行调整，甲公司2020年的基本每股收益＝1 800/1 800＝1（元/股）。

50.【答案】C

【解析】依据租赁准则，承租人有续手且选择权，且合理确定将行使该选择权的，租赁期还应当包括续租选择权涵盖的期间。因此，可美集团不可撤销的租赁期结束时继续行使续租选择权，则应按8+2年（即10年）确认租赁期，并按10年对使用权资产计提折旧。

二、多项选择题

1.【答案】ACD

【解析】房地产开发企业建造的用于对外出租的商品房属于投资性房地产，用于对外出售的商品房属于存货，受托代销商品不属于存货，委托代销的商品属于存货。本题考核考生对票据贴现的理解。因贴现利息和贴现所得款的计算公式如下。

2.【答案】ACD

【解析】用于生产产品的材料的可变现净值＝用该材料生产的产品的估计售价－至完工估计将要发生的加工成本－估计销售费用及相关税费。选项B存货的账面价值与历史成本尽管会影响存货跌价准备的提取，但不影响存货可变现净值的判断。

3.【答案】ABCD

【解析】原材料的计划成本核算时，原材料的收发以及结余均按计划成本计价，同时另设“材料成本差异”科目，作为计划成本和实际成本联系的纽带，用来登记实际成本和计划成本的差额。计划成本法核算的原材料在领用时应该将其实际成本结转计入相应的成本费用，而计划成本与材料成本差异的合计数反映原材料的实际成本，在领用的同时需要将其减值准备相应的进行结转，所以选项ABCD正确。原材料的计划成本核算时，因原材料科目反映的是计划成本，需要通过计算材料成本差异率调整发出原材料的实际成本.所以，“原材料”余额反映尚未领用材料的计划成本。E选项有关的表述不正确。

4.【答案】BC

【解析】本题考核考生对“材料成本差异”账户的理解。原材料的计划成本核算时，“材料成本差异”科目核算的入库材料成本节约差以及发出材料成本超支差。所以正确选项为BC。“材料成本差异”账户借方余额是原材料科目的附加调整账户。

5.【答案】ACD

【解析】当期末存货成本高估，在期初存货和本期购入存货成本固定的情况下，根据“期初存货＋本期购入存货－本期发出存货＝期末存货”，会低估发出存货成本。同时，期末存货成本高估，因可变现净值因素，未必会低估存货减值准备。本期转入营业成本的存货成本就会减少（低估），这就导致利润增加，所有者权益增加。

6.【答案】ABCD

【解析】本题考核考生对定期盘存制与永续盘存制的理解。定期盘存制平时只记存货增加，不记存货减少，通过期末存货实物盘点，倒挤存货减少数；而永续盘存制平时既记存货增加，又记存货减少，期末对存货实物盘点，证实账实是否相符合；定期盘存制与永续盘存制盘点的目的不同：前者盘点的目的是倒挤存货减少数；后者盘点的目的是证实账实是否相符合。定期盘存制的主要优点是核算工作简单。其主要缺点有：一是不能随时反映存货收入、和结存的动态，不便于对存货进行控制；二是容易把在计量、收发、保管中产生的差错、浪费及非法盗用，全部计入销售成本或耗用成本。永续盘存制的优点是：能够通过账面记录及时反映存货的增减变动及其结存情况，有利于对存货的控制，也为正确计算生产和销售成本提供了基础。缺点：核算工作量大。永续盘存制有利于将实际盘存数与账存数相核对，可以发现存货盘盈、盘亏，并有利于及时查明溢余或短缺的原因；而定期盘存制无法发现存货盘盈、盘亏，因此定期盘存制盘点无法证实账实是否相符。

7.【答案】CE

【解析】以公允价值计量且其变动计入其他综合收益的非交易性权益工具投资现金流量并非本金和利息；该类金融资产公允价值变动计入其他综合收益，后续不得转入当期损益；处置该类金融资产时该非交易性权益工具投资公允价值与账面价值的差异不计入投资收益，而应计入留存收益。

8.【答案】AC

【解析】选项D，取得交易性金融资产发生的交易费用应当记入“投资收益”科目借方。选项B，合并形成的长期股权投资,无论同一控制与非同一控制，发生的交易费用记入当期损益。

9.【答案】ACD

【解析】以公允价值计量且其变动计入其他综合收益的金融资产（权益工具）及以公允价值计量且其变动计入当期损益的金融资产不计提损失准备；而分类为以摊余成本计量的金融资产和以公允价值计量且其变动计入其他综合收益的金融资产（债务工具）可计提损失准备。长期资产所计提的减值准备不允许转回。对于分类为以公允价值计量且其变动计入其他综合收益的金融资产，企业应当在其他综合收益中确认其损失准备，并将减值损失或利得计入当期损益。因此，本题正确答案为ACD选项。

10.【答案】ABCE

【解析】为取得投资发行股票而发生的印刷费等费用应该计入资本公积——股本溢价中，不计入长期股权投资成本。因此，正确答案为ABCE选项。

11.【答案】ABDE

【解析】选项C，期末计提长期股权投资减值准备必然会引起长期股权投资账面价值减少；其他选项都不会造成长期股权投资账面价值的变化。

12.【答案】BC

【解析】投资方对联营企业和合营企业的长期股权投资，应当采用权益法核算；对子公司投资采用成本法核算；对被投资单位的“三不投资”（即不具有共同控制或重大影响、在活跃市场中没有报价、公允价值不能可靠计量的权益性投资），按照金融资产的核算方法进行会计处理。

13.【答案】ACD

【解析】长期股权投资的账面价值应当随被投资单位企业盈亏以及所有者权益的变动而调增或调减；被投资单位宣告分派现金股利或利润，投资方不确认投资收益，而应作为投资成本的收回，冲减长期股权投资账面价值。被投资单位其他综合收益发生增减变动将导致其所有者权益增减变动，因此应调整长期股权投资账面价值；被投资单位超额亏损时，投资企业确认应分担被投资单位发生的净亏损，应以长期股权投资的账面价值以及其他实质上构成对被投资单位净投资的长期权益减记至零为限，投资企业负有承担额外损失义务的除外。因此，被投资单位超额亏损后，长期股权投资账面价值已减至零，未来年度的持续亏损不会使长期股权投资账面价值持续减少（公司制企业，股东以出资额为限承担有限责任）。

	被投资单位所有者权益变动原因	投资单位处理办法
权益法基本原则	净损益	确认或冲减投资收益
	其他综合收益	确认其他综合收益
	利润分配	减少长期股权投资
	其他权益变动	确认所有者权益

因此，ACD选项为正确答案。

14.【答案】ABE

【解析】处于更新改造过程而停止使用的固定资产不计提折旧，单独计价作为固定资产入账的土地不计提折旧。故选项CD错误；选项A、B、E均应计提折旧。

15.【答案】ABCD

【解析】符合固定资产确认条件的，应当计入固定资产成本，同时将被替换部分的账面价值扣除；不符合固定资产确认条件的，应当计入当期损益；固定资产更新改造期间不计提折旧，但在定期大修理间隔期间，应照提折旧；行政管理发生的固定资产修理费用直接计入管理费用，专设销售机构发生的固定资产修理费用计入销售费用。故选项E错误。

16.【答案】ABD

【解析】盘亏的固定资产，通过“待处理财产损溢”科目核算，按固定资产净额，借记“待处理财产损溢”科目，按已计提的累计折旧，借记“累计折旧”科目，按已计提的减值准备，借记“固定资产减值准备”科目；按固定资产账面价值，贷记“固定资产”科目。盘亏造成的损失，计入当期损益，按可收回的保险赔偿或过失人赔偿，借记“其他应收款”科目，贷记“待处理财产损溢”科目，差额记入“营业外支出——盘亏损失”科目。盘盈的固定资产，应作为前期差错计入“以前年度损益调整”科目。盘盈固定资产不通过“待处理财产损溢”核算。

17.【答案】ABC

【解析】企业出售、转让划归为持有待售类别的固定资产，按照持有待售非流动资产、处置组的相关规定进行会计处理。未划归为持有待售类别而出售、转让的，通过“固定资产清理”科目归集所发生的损益，产生的利得或损失转入“资产处置损益”科目，计入当期损益；固定资产因报废毁损等原因而终止确认的，通过“固定资产清理”科目归集所发生的损益，其产生的利得或损失计入营业外收入或营业外支出。

18.【答案】ABD

【解析】选项C，采用公允价值模式计量的投资性房地产转换为自用房地产时，应当以其转换当日的公允价值作为自用房地产的账面价值，公允价值与原账面价值的差额计入当期损益；选项E表述错误。准则规定：自用房地产或存货转换为采用公允价值模式计量的投资性房地产时，转换当日的公允价值小于原账面价值的，其差额计入当期损益（公允价值变动损益）；转换当日的公允价值大于原账面价值的，其差额作为其他综合收益，计入所有者权益。处置该项投资性房地产时，原计入所有者权益的部分应当转入处置当期损益（其他业务成本）。

19.【答案】ABC

【解析】选项D，持有待售的无形资产不计提摊销，按照账面价值与公允价值减去处置费用后的净额孰低进行计量；企业对专门用于生产产品的无形资产进行摊销时，摊销金额可计入成品成本，在产品未对外销售时，不会导致企业资产减少，利润减少，因此，选项E表述也不正确。

20【答案】ABDE

【解析】（1）2019年12月31日购入房屋。

借：固定资产　　30 000 000

　　应交税费—应交增值税（进项税额）　　3 300 000

贷：银行存款　　33 300 000

（2）2020 年 1 月至 2021 年 6 月计提房屋折旧

年折旧额＝ 30 000 000÷50 ＝ 600 000（元）

半年折旧额＝ 600 000×0.5 ＝ 300 000（元）

2020 年 1 月至 12 月计提房屋折旧

借：管理费用　　600 000

贷：累计折旧　　600 000

2021 年 1 月至 6 月计提房屋折旧

借：管理费用　　300 000

贷：累计折旧　　300 000

（3）2021 年 6 月 30 日转换为投资性房地产

公允价值大于账面价值的差额＝ 32 000 000—（30 000 000—900 000）＝ 2 900 000

借：投资性房地产—成本　　32 000 000

累计折旧　　900 000

贷：固定资产　　30 000 000

其他综合收益　　2 900 000

可见，2021 年 6 月 30 日该企业将固定资产转换为投资性房地产时公允价值与账面价值差额增加其他综合收益 2 900 000 元。

21.【答案】AB

【解析】选项 C，未使用固定资产仍需计提折旧，其折旧金额应当计入管理费用；选项 D，已经完工投入但尚未竣工结算的在建工程在完工时应当转入固定资产，按照暂估价值入账并相应的计提折旧；选项 E，以成本模式进行后续计量的投资性房地产需计提折旧。

三、不定项选择题

1.【答案】ABC

【解析】以 M企业作参照：L企业在年数总和法下的折旧费用

厂房使用年数总和为 30×（30 ＋ 1）/2 ＝ 465

因此，第一年折旧费用为 600×30/465 ＝ 38.7（万元）

第二年折旧费用为 600×29/465 ＝ 37.4（万元）

第三年折旧费用为 600×28/465 ＝ 36.1（万元）

机器设备折旧费用

机器使用年数总和为 20×（20 ＋ 1）/2 ＝ 210

因此，第一年折旧费用为 400×20/210 ＝ 38.1（万元）

第二年折旧费用为 400×19/210 ＝ 36.2（万元）

第三年折旧费用为 400×18/210 ＝ 34.3（万元）

L企业在年数总和法下的折旧费用

三年中：

第一年折旧费用为 38.7 ＋ 38.1 ＝ 76.8（万元）

第二年折旧费用为 37.4 ＋ 36.2 ＝ 73.6（万元）

第三年折旧费用为 36.1 ＋ 34.3 ＝ 70.4（万元）

L企业在直线法下的折旧费用

三年中：

第一年折旧费用为 600/30 ＋ 400/20 ＝ 40（万元）

第二年折旧费用为 600/30 ＋ 400/20 ＝ 40（万元）

第三年折旧费用为 600/30 + 400/20 = 40（万元）

若L企业采用直线法计提折旧费用，则各年净利润将增加。

第一年净利润增加（76.8 万—40）×（1—25%）= 27.6（万元）

第二年净利润增加（73.6 万—40）×（1—25%）= 25.2（万元）

第三年净利润增加（70.4 万—40）×（1—25%）= 22.8（万元）

所以三年利润分别是

第一年净利润 27.6 + 50 = 77.6（万元）

第二年净利润 25.2 + 60 = 85.2（万元）

第三年净利润 22.8 + 70 = 92.8（万元）

上述分析过程清晰地表明，L企业的获利能力优于M企业。

2.【答案】ABC

【解析】以L企业作参照

则M企业三年利润分别

第一年净利润—27.6 + 55 = 27.4（万元）

第二年净利润—25.2 + 70 = 44.8（万元）

第三年净利润—22.8 + 75 = 52.2（万元）

上述分析过程清晰地表明，L企业的获利能力优于M企业。

3.【答案】BCD

【解析】（1）计算 11 月材料成本差异率=（5 000—45 000）/（600 000 + 1 400 000）=—2%

（2）编制发出材料的会计分录

借：生产成本（或基本生产成本）	800 000
在建工程	200 000
制造费用	5 000
管理费用	15 000
贷：原材料	1 020 000

（3）编制 11 月末结转本期发出材料成本差异的会计分录

借：生产成本（或基本生产成本）	16 000
在建工程	4 000
制造费用	100
管理费用	300
贷：材料成本差异	2 0400（红字）

由此可见：11 月发出材料的实际成本为 999 600 元（1 020 000—20 400）；11 月基本生产车间领用材料的实际成本为 784 000 元（800 000—16 000）

4.【答案】ABCD

【解析】（1）设备 2019 年计提的折旧额= 100×2/10 = 20（万元）

设备 2020 年计提的折旧额=（100—20）×2/10 = 16（万元）

（2）2021 年 1 月 1 日设备的账面净值= 100—20—16 = 64（万元）

设备 2021 年计提的折旧额=（64—4）÷（8—2）= 10（万元）

（3）按原会计估计，设备 2021 年计提的折旧额=（100—20—16）×2/10 = 12.8（万元）

上述会计估计变更使 2021 年净利润增加=（12.8—10）×（1—25%）= 2.1（万元）。

四、不定项综合题

不定项综合题 1：

1.【答案】A

【解析】2019年1月1日天津可美纺织服装企业支付现金800万元给B公司，受让B公司持有的D公司20%的股权（具有重大影响），采用权益法核算。假设未发生直接相关费用和税金。受让股权时D公司的可辨认净资产公允价值为4 000万元。则天津可美纺织服装企业账务处理如下：

借：长期股权投资——D公司（成本）　800
　贷：银行存款　800

2.【答案】C

【解析】2019年12月31日，D公司当年实现的净利润为600万元（假设不考虑对净利润的调整）；本年度其他综合收益增加150万元，没有其他所有者权益的变动。天津可美纺织服装企业账务处理是：

借：长期股权投资——D公司（损益调整）　120
　贷：投资收益　（600×20%）120
借：长期股权投资——D公司（其他综合收益）　30
　贷：其他综合收益　（150×20%）30

此时，长期股权投资——D公司账面价值为950（800＋120＋30）万元。

3.【答案】A

【解析】

（1）2020年3月1日，D公司宣告分配现金股利200万元；天津可美纺织服装企业于5月15日收到该股利。

借：应收股利　（200×20%）40
　贷：长期股权投资——D公司（损益调整）　40
借：银行存款　40
　贷：应收股利　40

（2）2020年D公司发生亏损2 000万元，假设不考虑对净利润的调整，天津可美纺织服装企业确认投资损失：

借：投资收益　（2 000×20%）400
　贷：长期股权投资——D公司（损益调整）　400

（3）由于出现减值迹象，假设2020年末天津可美纺织服装企业对D公司的投资可收回金额经测算为500万元。计提减值准备前长期股权投资的账面余额＝投资成本800万元＋损益调整（－320万元）（120－40－400）＋其他综合收益30＝510（万元），而可收回金额为500万元，需计提10万元减值准备：

借：资产减值损失　10
　贷：长期股权投资减值准备　10

此时，长期股权投资——D公司账面价值为500万元。

4.【答案】D

【解析】2021年1月20日，天津可美纺织服装企业经协商，将持有的D公司的全部股权转让给丁企业，收到股权转让款520万元。处置时账务处理如下：

借：银行存款　520
　　长期股权投资减值准备　10
　　其他综合收益　30
　　长期股权投资——D公司（损益调整）　320
　贷：长期股权投资——D公司（成本）　800
　　　　　　　　　——D公司（其他综合收益）　30
　　　投资收益　50

5.【答案】ACD

【解析】本题考核成本法转为公允价值计量，应将剩余股权改按金融工具确认和计量准则的要求进行会计处理，并于丧失控制权日将剩余股权按公允价值重新计量，公允价值与其账面价值的差额计入当期损益。

天津可美纺织服装企业取得投资股权时的账务处理如下：

借：长期股权投资——乙公司（成本）　7 000

　贷：银行存款　7 000

天津可美纺织服装企业认股权处置收益：

借：银行存款　8 100

　贷：长期股权投资——乙公司　（7 000×90%）6 300

　　投资收益　1 800

天津可美纺织服装企业将剩余股权转为其他权益工具投资：

借：其他权益工具投资——成本　900

　贷：长期股权投资　（7 000×10%）700

　　投资收益　200

将剩余股权转为其他权益工具投资时，其账面价值为 900 万元

6.【答案】C

【解析】

利息调整贷差摊销表（到期一次付息）

单位：元

应计利息	投资收益	利息调整贷差摊销	利息调整贷差余额	摊余成本
（1）=面值 ×5%	（2）=期初（5）×6%	（3）=（2）-（1）	（4）=期初（4）-（3）	（5）=期初（5）+（1）+（3）
			52 740	747 260
40 000	44 835.60	4 835.60	47 904.40	792 095.60
40 000	47 525.74	7 525.74	40 378.66	839 621.34
40 000	50 377.28	10 377.28	30 001.38	889 998.62
40 000	53 399.92	13 399.92	16 601.46	943 398.54
40 000	56601.46	16 601.46	0	1 000 000

备注：天津可美纺织服装企业所购买债券的实际利率计算如下。

$(4+4+4+4+4+80)\times(1+r)^{-5}=74.726$（万元）

$r\approx 6\%$

替换为：

2020.01.01，购买时：

借：债权投资——成本　800 000

　贷：银行存款　747 260

　　债权投资——利息调整　52 740

2020 年 12 月 31 日的账务处理如下：

借：债权投资——应计利息　40 000
　　　　　——利息调整　4 835.60
　贷：投资收益　44 835.6

摊余成本＝747 260＋44 835.60＝792 095.60

2021 年 12 月 31 日的账务处理如下：

借：债权投资——应计利息　40 000
　　　　　——利息调整　7 525.74
　贷：投资收益　47 525.7

摊余成本＝792 095.60＋47 525.74＝839 621.34

2022 年 12 月 31 日的账务处理如下：

借：债权投资——应计利息　40 000
　　　　　——利息调整　10 377.28
　贷：投资收益　50 377.28

摊余成本＝839 621.34＋50 377.28＝889 998.62（万元）

2023 年 12 月 31 日的账务处理如下：

借：债权投资——应计利息　40 000
　　　　　——利息调整　13 399.92
　贷:投资收益　53 399.92

摊余成本＝889 998.62＋53 399.92＝943 398.54

2024 年 12 月 31 日的账务处理如下：

借：债权投资——应计利　40 000
　　　　　——利息调整　16 601.46
　贷:投资收益　56 601.46

摊余成本＝943 398.54＋56 601.46＝1 000 000

处置时：

借：银行存款　1 000 000
　贷：债权投资——成本　800 000
　　　债权投资——应计利息　200 000

不定项综合题 2：

1.【**答案**】D

【**解析**】投资性房地产是指为赚取租金或资本增值，或者两者兼有而持有的房地产。土地使用权A是甲企业资产，对外经营出租了，因此要按投资性房地产核算。本题为 2018 年考生回忆的真题，2018 年辅导材料第 77 页第 1 题、第 2 题与该题考点基本一致。

2.【**答案**】ABC

【**解析**】会计分录（单位万元）

借：投资性房地产　8 000
　　累计折旧　1 500
　　固定资产减值准备　500
　　贷：投资性房地产累计折旧　1 500
　　　　投资性房地产减值准备　500
　　　　固定资产　8 000

本题为 2018 年考生回忆的真题，2018 年辅导材料第 76 页第一张表的陈述与该题考点完全一致。

3.【**答案**】D

【解析】转换前的账面价值＝6 000－（8 000－1 500－500－300）/30＝5 810（万元）。本题为2018年考生回忆的真题，2018年辅导材料第75页第一张表的陈述与该题考点完全一致。

4.【答案】C

【解析】投资性房地产由成本模式转为公允价值计量模式，属于会计政策变更，累积影响数应计入留存收益。本题为2018年考生回忆的真题，2018年辅导材料第74页最后一个【注意1】的表述与该题考点一致。

5.【答案】D

【解析】投资性房地产转为自用固定资产时的会计分录（单位万元）

借：固定资　　7 200

公允价值变动损益　　300

贷：投资性房地产——成本　　6 800

——公允价值变动　　700

本题为2018年考生回忆的真题，2018年辅导材料第75页第一张表的陈述与该题考点完全一致。

不定项综合题3：

1.【答案】C

【解析】以公允价值计量且其变动计入当期损益的金融资产发生的交易费用计入当期损益；指定为以公允价值计量且其变动计入其他综合收益的金融资产发生的交易费用计入投资成本。

2.【答案】BC

【解析】甲企业对丙企业的全部股权投资应当作为以权益法核算的长期股权投资。此时，甲企业应当对丙企业长期股权投资的初始投资成本进行调整，以反映甲企业在丙企业可辨认净资产公允价值中享有的权益份额。

3.【答案】A

【解析】2021年6月1日,，甲企业取得丙企业20%股权的投资成本为900＋9 000＝9 900（万元），丙企业可辨认净资产的公允价为60 000万元，则甲企业持有丙企业20%股权的公允价值为60 000×20%＝12 000（万元），投资成本9 900万元低于所取得丙企业20%股权的公允价值12 000万元，差额12 000—9 900＝2 100（万元）通过营业外收入计入当期损益。

4.【答案】D

【解析】2021年12月31日，甲企业长期股权投资的账面价值为：12 000（60 000×20%）＋2 600×20% —1 000×20%＝12 320万元。

5.【答案】BCD

【解析】权益工具投资通常不符合本金加利息的合同现金流量特征，因此应当分类为以公允

价值计量且其变动计入当期损益的金融资产。需要指出的是，在初始确认时，企业可以将非交易性权益工具投资指定为以公允价值计量且其变动计入其他综合收益的金融资产，并按照规定确认股利收入。该指定一经作出，不得撤销。初始确认时，企业可基于单项非交易性权益工具投资，将其指定为以公允价值计量且其变动计入其他综合收益的金融资产；除股利计入当期损益外，所有利得或损失均应计入其他综合收益；终止确认时也不能转至当期损益，而是转入留存收益；持有期间无确认减值的需要。

第三章

负债

本章考情分析

本章内容非常重要、知识点多，部分内容（如应付债券实际利率法的运用、债务重组、借款费用资本化等）难度大，常见考题形式既包括客观题，又包括主观题以及综合题。分值通常在10~20之间。

本章主要内容包括流动负债（短期借款、应付票据、应付账款、应付职工薪酬、应交税费）、非流动负债（长期借款、应付债券）的会计处理。其中，应付债券、债务重组、或有事项、借款费用等内容尤为重要。另外，尽管新准则体系增加了租赁负债，但教材尚未纳入相关内容。

重要考点★★★

（1）应付债券的会计核算；

（2）债务重组的会计核算；

（3）借款费用的会计核算。

比较重要考点★★

（1）或有事项的会计核算；

（2）长期借款的会计处理。

一般考点★

（1）短期负债的会计核算。

【特别注意】负债是企业的义务，而资产则是企业的权利。义务的履行会导致企业经济资源的流出。因此，考生应理解各类负债会计处理对企业财务状况与经营成果的不同影响。本质上，各类会计各要素之间存在千丝万缕的联系，本章内容概莫能外。考生应关注各类负债（包括债务重组、借款费用等）确认、计量、记录与存货、固定资产、无形资产、所有者权益等的关系以及所生成的会计信息。

2022 年本章教材变化

2022 年官方教材第三章删除了应付融资租赁款的相关内容；增加了借款费用资本化范围的相关内容。本辅导教材为了便于考生系统掌握新收入准则的相关知识，将本章涉及的合同负债、第二章涉及的合同资产一并放在第五章有关收入的考点中，在本章不再赘述。

本章知识点解读与练习

【知识点1】短期负债★

【要求】掌握短期借款、应付票据、应付账款、应付职工薪酬、应交税费的会计处理。

一、知识点精讲

（一）短期借款

期限在1年以下（含1年）的各种借款。

【注意】短期借款的利息可以在发生时直接计入财务费用。如果按季支付，则可按月预提，预提时借记“财务费用”，贷记“应付利息”。

（二）应付票据

应付票据是指企业购买材料、商品或接受劳务供应等开出、承兑的商业汇票。

应付票据，包括银行承兑汇票和商业承兑汇票。

【注意1】对于应付票据的收款人或者持票人而言，该票据是应收票据，因此考生将应付票据与应收票据的会计处理比照学习。

【注意2】商业承兑汇票到期，若企业无力支付票款，则将应付票据的账面价值转入“应付账款”科目，待协商后再行处理；若以后重新签发新的票据以清偿原应付票据，再从“应付账款”科目转入“应付票据”科目。

【注意3】银行承兑汇票到期，如果企业无力支付到期票款，承兑银行对出票人尚未支付的汇票金额转作逾期贷款处理，并按一定的利率计收利息。企业应借记“应付票据”，贷记“短期借款”。

（三）应付和预收款项

1. 应付账款

【注意1】企业因购买固定资产或无形资产而应支付销售方的款项，也可作为应付账款进行核算。

【注意2】获得的现金折扣，应当在偿付应付账款时冲减财务费用。

【注意3】无法支付的或无须支付的应付款项应计入营业外收入。

【注意4】编制资产负债表时，“应付账款”科目如为借方余额，则属于预付账款性质，应作为“预付账款”项目列示在资产负债表流动资产项目中。

2. 预收账款

【注意1】预收账款是通常是负债，而预付账款通常是资产（实务中，预收账款出现贷方余额必然是负债，而预付账款出现借方余额必然是资产）。

【注意2】在合同成立前已收到的对价不能称为合同负债，但仍可作为预收账款；合同一旦正式成立，要将预收账款转入合同负债。由此可见，预收账款并不强调与客户之间的合同履约义务，不能作为合同负债的核算范畴；但合同负债可以就有权收取但未收取的预收款进行会计核算。

（四）应付职工薪酬

1. 职工薪酬的内容

职工薪酬的内容包括：短期薪酬、离职后福利、辞退福利和其他长期职工福利。

2. 应付职工薪酬的会计处理

【注意1】职工薪酬会计处理所贯彻的基本原则是谁收益、谁承担，即依据职工所服务的不同部门，将职工的薪酬所得分别计入相关的资产成本或费用，并将应付的职工薪酬确认为负债。

每月终了，企业应将本月发生的职工薪酬进行分配，根据职工提供服务的受益对象，分别计入相关资产的成本或当期损益：

生产、管理部门的职工（包括炊事人员、工会人员）薪酬，计入生产成本、制造费用或管理费用（车间管理人员薪酬计入制造费用，其他管理部门职工薪酬计入管理费用）；销售部门的职工薪酬，计入销售费用；应由在建工程、无形资产负担的职工薪酬，计入建造固定资产或无形资产成本。

外商投资企业按规定从净利润中提取的职工奖励及福利基金，用于支付职工的非经常性奖金（如特别贡献奖、年终奖）和职工集体福利的，应在“应付职工薪酬”科目下核算。

【注意2】职工福利为非货币福利的，应当视同销售，按照按公允价值计量。

【注意3】企业为职工缴纳的医疗保险费、养老保险费、失业保险费、工伤保险费、生育保险费等社会保险费和住房公积金，应当在职工为其提供服务的会计期间，通过“应付职工薪酬”科目核算，并计入当期损益或相关资产成本。

【注意4】企业应当在职工提供服务从而增加了其未来享有的带薪缺勤权利时，确认与累积带薪缺勤相关的职工薪酬，并以累积未行使权利而增加的预期支付金额计量；企业应当在职工实际发生缺勤的会计期间确认与非累积带薪缺勤相关的职工薪酬。

【注意5】短期利润分享计划是指因职工提供服务而与职工达成的基于利润或其他经营成果提供薪酬的协议；长期利润分享计划属于其他长期职工福利。企业以现金结算的利润分享计划，通过“应付职工薪酬”科目核算。

【注意6】短期利润分享计划确认为应付职工薪酬的条件：企业因过去事项导致现在具有支付职工薪酬的法定义务或推定义务；因利润分享计划所产生的应付职工薪酬义务金额能够可靠估计（即在财务报告批准报出前企业已确定支付的薪酬金额）。

3. 股份支付

股份支付是指企业为获取职工和其他方提供服务而授予权益工具或者承担以权益工具为基础确定的负债的交易。股份支付分为以权益结算的股份支付和以现金结算的股份支付。

（1）以权益结算的股份支付

即企业为获取服务而以股份（如限制性股票）或其他权益工具（如股票期权）作为对价进行结算的交易。

【注意】对于换取职工服务的股份支付，企业应当以股份支付所授予的权益工具的公允价值计量。企业应在等待期内的每个资产负债表日，以对可行权权益工具数量的最佳估计为基础，按照权益工具在授予日的公允价值，将当期取得的服务计入相关资产成本或当期费用，同时计入资本公积中的其他资本公积。

（2）以现金结算的股份支付

即企业为获取服务而承担的以股份或其他权益工具为基础计算的交付现金或其他资产义务的交易。常用的工具有：模拟股票和现金股票增值权。

【注意】企业应当在等待期内的每个资产负债表日，以对可行权情况的最佳估计为基础，按照企业承担负债的公允价值，将当期取得的服务计入相关资产成本或当期费用，同时计入负债，并在结算前的每个资产负债表日和结算日对负债的公允价值重新计量，将其变动计入损益。

（五）应付股利

股东大会或类似机构审议批准现金股利或利润

借：利润分配

　贷：应付股利

实际支付时，借记“应付股利”科目，贷记“银行存款”等科目。

【注意】董事会或类似机构提议拟分派现金股利或利润，不做账务处理，在附注中披露，股东大会或类似机构审议批准后才进行会计确认。

（六）应交税费

1. 增值税

（1）一般纳税人的会计处理

①科目设置

“应交税费”科目下设置“应交增值税”、“未交增值税”、“预交增值税”、“待抵扣进项税额”、

“待认证进项税额”、“待转销项税额”等明细科目。

②一般购销业务的会计处理

购进货物

借：库存商品等

　　应交税费——应交增值税（进项税额）

　贷：银行存款等

销售货物

借：应收账款等

　贷：主营业务收入

　　　应交税费——应交增值税（销项税额）

③一般纳税企业购入免税农产品的会计处理

购入免税农产品可以按买价和规定的扣除率计算进项税额，并准予从销项税额中扣除。

④视同销售的会计处理

发生视同销售行为

借：在建工程（长期股权投资、营业外支出）等

　贷：应交税费——应交增值税（销项税额）

【注意1】企业将自产、委托加工或购买的货物分配给股东或投资者；将自产、委托加工的货物用于集体福利或个人消费等行为，视同销售货物，需计算交纳增值税。

【注意2】对于税法上某些视同销售的行为，如以自产产品对外投资，从会计角度看属于非货币性资产交换，会计核算依据非货币性资产交换准则进行会计处理。

⑤不予抵扣项目的会计处理

企业应区别不同情况分别进行账务处理。

购入货物时即能认定其进项税额不能抵扣的，直接计入取得货物的成本；

购入货物时不能直接认定其进项税额能否抵扣的，其增值税专用发票上注明的增值税额，计入“应交税费——应交增值税（进项税额）”科目。如果这部分购入货物以后用于按规定不得抵扣进项税额项目的，应将原已计入进项税额并已支付的增值税转出，并计入相关成本费用。如：发生非正常损失或改变用途等，导致原已进入进项税额但现在不得抵扣销项税额的，则应：

借：应付职工薪酬（待处理财产损溢）等

　贷：应交税费——应交增值税（进项税额转出）

（2）小规模纳税人的会计处理

①基本原则

购买商品时，小规模纳税人支付的增值税税额不计入进项税额，不得由销项税额抵扣，应计入相关成本费用。销售商品时，按照销售额和增值税征收率计算增值税额，不得抵扣进项税额。简易计税方法的销售额不包括其应纳税额，纳税人采用销售额和应纳税额合并定价方法的，按照公式“销售额＝含税销售额 ÷（1＋征收率）”还原不含税销售额。

②小规模纳税企业的会计处理

购进货物，支付的增值税计入货物成本

借：原材料等

　贷：银行存款等

销售货物时

销售额＝含税销售额 ÷（1＋征收率）

借：应收账款等

贷：主营业务收入（不含税收入）

应交税费——应交增值税

2. 消费税

（1）应交消费税产品销售的会计处理

企业将生产的产品直接对外销售的，其应缴纳的消费税通过“税金及附加”科目核算。

【注意】企业以应税消费品换取生产资料和消费资料、抵偿债务等，应视同销售；企业以应税消费品对外投资、在建工程、非生产机构等方面，将按规定应缴纳的消费税，计入有关项目的成本。

（2）委托加工应税消费品的会计处理

企业委托加工应税消费品，收回后直接用于销售的，委托方将代收代缴消费税计入委托加工的应税消费品成本（即“委托加工物资”科目的借方）；待委托加工应税消费品销售时的，不再缴纳消费税；

委托加工应税消费品收回后用于连续生产应税消费品的，其由受托方代扣代交的消费税按规定准予抵扣。委托方应将代收代缴消费税计入“应交税费——应交消费税”科目的借方，用以抵减最终完工产品销售时缴纳的消费税。

【注意 1】委托加工的应税消费品直接出售的，不再征收消费税（消费税计入“委托加工物资”科目的借方）。

【注意 2】委托加工的应税消费品，委托方用于连续生产应税消费品的，所纳税款准予按规定抵扣（消费税计入“应交税费——应交消费税”科目的借方）。

（3）进出口产品消费税的会计处理

进口产品交纳的消费税计入该进口消费品的成本，借记“固定资产”、“材料采购”等科目，贷记“银行存款”等科目。

【注意】免征消费税的出口应税消费品分别不同情况进行账务处理：属于生产企业直接出口应税消费品或通过外贸企业出口应税消费品，按规定直接予以免税的，可以不计算应交消费税；属于委托外贸企业代理出口应税消费品的生产企业，应在计算消费税时，按应交消费税税额，借记“应收账款”科目，贷记“应交税费—应交消费税”科目。应税消费品出口收到外贸企业退回的税金时，借记“银行存款”科目，贷记“应收账款”科目。发生退关、退货而补交已退的消费税，作相反的会计分录。

3. 其他应交税费

（1）资源税

①企业销售产品按规定计算出应缴纳的资源税，通过“税金及附加”科目核算。

②自产自用应税产品应缴纳的资源税，通过“生产成本”、“制造费用”等科目核算。

③收购未税矿产品代扣代缴的资源税，计入收购矿产品的成本。

④企业外购液体盐加工固体盐的，所购入的液体盐缴纳的资源税可以抵扣，外购价款扣除允许抵扣资源税后的金额，计入外购液体盐的成本；加工成固体盐后，在销售时，计算出的销售固体盐应缴的资源税，通过“税金及附加”科目核算。

（2）土地增值税

①主营或兼营房地产业务的企业，土地增值税通过“税金及附加”科目核算。

②转让国有土地使用权、地上建筑物及其附着物应缴纳的土地增值税，通过“固定资产清理”、“在建工程”等科目核算。

③企业在项目全部竣工结算前转让房地产取得的收入预交的土地增值税，通过“应交税费——应交土地增值税”科目核算；待该房地产销售收入实现时，再按正常的销售业务进行处理；该项目全部竣工、办理结算后进行清算，收到退回多交的土地增值税，借记“银行存款”等科目，贷记“应交税

费——应交土地增值税”科目，补交的土地增值税作相反的会计分录。

（3）城市维护建设税

借记“税金及附加”等科目，贷记“应交税费——应交城市维护建设税”。

（4）房产税、土地使用税、车船税和印花税

企业计算出的房产税、土地使用税、车船税，借记“税金及附加”等科目，贷记“应交税费——房产税（或土地使用税、车船税和印花税”）等科目。

（七）其他应付款

其他应付款是指企业除应付票据、应付账款、预收账款、应付职工薪酬、应交税费、长期应付款等以外的其他各项应付、暂收款项。

发生其他应付款时

借：银行存款（管理费用）等

　贷：其他应付款

支付时

借：其他应付款

　贷：银行存款

二、选编例题

【例1·单选题】下列表述不正确的是（　　）。

A. 企业应在偿付应付账款时将获得的现金折扣冲减财务费用

B. 企业短期借款按月预提利息费用时，应借记“财务费用”，贷记“应付利息”

C. 企业无力支付到期银行承兑汇票时，承兑银行对出票人尚未支付的汇票金额转作逾期贷款，并按一定的利率计收利息

D. 企业编制资产负债表时，“应付账款”科目如为借方余额，则属于预收账款性质，应作为“合同资产”项目列示在资产负债表中

【例2·单选题】企业将自产产品用于对外投资时，应（　　）。

A. 按账面价值增加对外投资资产

B. 应视同销售，以公允价值计入主营业务收入，并按生产成本结转主营业务成本

C. 应按账面成本计入主营业务收入，并结转主营业务成本

D. 应按账面成本贷记“资产处置损益”

【例3·单选题】企业自产自用应税产品应缴纳的资源税，通过（　　）科目核算。

A. 管理费用　　B. 营业外支出　　C. 生产成本或制造费用　　D. 其他业务成本

【例4·单选题】（2018真题）下列关于职工薪酬的说法，不正确的是（　　）。

A. 应由生产产品、提供劳务负担的职工薪酬，计入产品成本或劳务成本

B. 企业为职工缴纳的社会保险费和住房公积金，属于职工薪酬的范围

C. 应由在建工程负担的职工薪酬，计入固定资产成本

D. 企业以自产产品作为非货币性福利时，应按照该产品的成本进行计量

知识点1选编例题答案

1.【答案】D

【解析】编制资产负债表时，“应付账款”科目如为借方余额，则属于预付账款性质，应作为“预付账款”项目列示在资产负债表流动资产项目中，而非“预收账款”项目列示。其他选项表述正确。

2.【答案】B

【解析】企业将自产产品用于对外投资时，应当视同销售，按照产品公允价值计量，增加投资资产价值，并计入主营业务收入；同时，按生产成本结转主营业务成本。

3.【答案】C

【解析】企业自产自用应税产品应缴纳的资源税，通过“生产成本”或“制造费用”等科目核算。

4.【答案】D

【解析】企业以自产产品向职工提供非货币性福利的，应当按照该产品的公允价值与增值税的合计金额计量。本题为2018年考生回忆的真题，2018年辅导材料第105页倒数第十七行的表述与该题考点基本一致。

【知识点2】非流动负债★★★

【要求】掌握长期借款、应付债券的会计处理；熟悉可转换公司债券、长期应付款的会计处理。

一、知识点精讲

（一）长期借款

企业向银行或其他金融机构借入的期限在1年以上（不含1年）的各项借款。

1. 企业借入长期借款

借：银行存款

　　长期借款——利息调整

　贷：长期借款——本金（企业未来每期偿还银行或其他金融机构款项的现值）

【注意】长期借款按照公允价值进行初始计量，企业应当采用实际利率法，按摊余成本对长期借款进行后续计量。

2. 资产负债表日

借：在建工程、制造费用、财务费用、研发支出等（按照长期借款摊余成本和实际利率计算）

　贷：应付利息（按借款本金和合同利率计算确定）

　　　长期借款——利息调整

【注意】上述分录针对的是分期付息，一次还本的长期借款会计处理。对于到期一次还本付息的长期借款，其利息通过“长期借款——应计利息”核算，每期借款摊余成本也将逐期增加。

3. 归还长期借款本金

借：长期借款——本金

　贷：银行存款

（二）应付债券

【注意1】对于分期付息，一次还本债券，当债券票面利率高于市场利率时，债券应溢价发行；当债券票面利率低于市场利率时，债券应折价发行。

【注意2】债券的购买方（即债券的投资人）是债权方，通过“债权投资”或“其他债权投资”核算相关债权投资业务。

1. 应付债券的会计处理

①发行债券

借：银行存款

　贷：应付债券——面值（债券面值）

　　　　　　——利息调整（或借方）

②期末计提利息时

每期计入“在建工程”、“制造费用”、“财务费用”等科目的利息费用＝期初摊余成本×实际利率；每期确认的“应付利息”或“应付债券——应计利息”＝债券面值×票面利率。

借：“在建工程”、“制造费用”、“财务费用”等科目

　　应付债券——利息调整（或贷方）

　贷：应付利息（分期付息债券利息）

应付债券——应计利息（到期一次还本付息债券利息）

【注意1】采用实际利率法摊销应付债券溢价、折价，摊销的溢价实际上冲减了企业每期利息负担；而摊销的折价实际上增加企业每期利息负担。这一点与债权投资计算利息收入恰恰相反。摊销的溢价实际上冲减了企业债权投资每期的利息收入；而摊销的折价实际上增加企业债权投资每期的利息收入。

【注意2】在溢价发行的情况下，债券账面价值逐期减少，利息费用也就随之逐期减少；在折价发行的情况下，债券账面价值逐期增加，利息费用因而也逐期增加。

③到期归还本金和利息

借：应付债券——面值

——应计利息（到期一次还本付息债券利息）

应付利息（分期付息债券的最后一次利息）

贷：银行存款

【注意3】对于一次还本付息的债券，应于资产负债表日按摊余成本和实际利率计算确定的债券利息费用，借记“在建工程”“制造费用”“财务费用”等，按票面利率计算确定的应付未付利息，贷记“应付债券— 应计利息”，按其差额，借记或贷记“应付债券— 利息调整”。企业于债券到期支付债券本息时，借记：“应付债券—面值、应付债券—应计利息”，贷记“银行存款”。

2 可转换公司债券

（1）发行可转换公司债券时

借：银行存款

贷：应付债券——可转换公司债券（面值）

——可转换公司债券（利息调整）（也可能在借方）

其他权益工具（权益成份的公允价值）

【注意1】企业发行的认股权和债券分离交易的可转换公司债券，应在初始确认时将其包含的负债成分和权益成分进行分拆，将负债成分确认为应付债券，将权益成分确认为其他权益工具。在进行分拆时，应当按照该债券发行价格，减去不附认股权且其他条件相同的公司债券公允价值后的差额，确认一项权益工具。

【注意2】发行可转换公司债券发生的交易费用，应在负债成分和权益成分之间按照各自公允价值的比例进行分摊。

（2）转换股份时

借：应付债券——可转换公司债券（面值、利息调整）（账面余额）

其他权益工具（转换部分权益成分的公允价值）

贷：股本（股票面值 ×转换的股数）

资本公积——股本溢价（差额）

【注意】认股权持有人到期没有行权的，应当在到期时将原计入其他权益工具的部分转入资本公积（股本溢价）。

（三）长期应付款

【注意1】长期应付款包括以分期付款方式购入固定资产、无形资产发生的应付款项以及除长期借款和应付债券以外的其他各种长期应付款项。

【注意2】企业购入资产超过正常信用条件延期付款实质上具有融资性质时，应按购买价款的现值，借记“固定资产（或在建工程）”、“无形资产”等项目，按应支付的价款总额，贷记“长期应付款”科目，按其差额，借记“未确认融资费用”科目。

（四）专项应付款

企业接受政府作为企业所有者投入的资本，应在实际收到专项拨款时作为专项应付款处理。待拨款项目完成后，将形成固定资产等资产项目的部分转入资本公积；未形成资产应核销的部分，报经批准后冲减专项应付款；拨款项目完成后，如有拨款结余须上交的，冲减专项应付款。

二、选编例题

【例1·单选题】2021年1月1日甲企业采用分期还本付息方式向银行贷款176万元，贷款期限3年，每年末归还66.67万元，共计200万元。经测算，该贷款的实际利率为6.675%。2023年12月31日所偿还的66.67万元中，确认的借款利息费用为（　　）万元。

A.11.75　　B.8.08　　C.4.16　　D.3.67

【例2·单选题】接上题，若甲企业拟于2022年1月1日提前还贷，则应偿还的剩余贷款为（　　）万元。

A.176　　B.121.1　　C.62.5　　D.66.7

【例3·单选题】2021年1月1日，甲公司发行面值800万元、票面利率为6%、实际利率4.85%，期限为5年的债券，发行价格为840万元，每年12月31日计算并支付利息一次，到期还本并支付最后一期利息。甲公司2023年12月31日“应付债券”的账面价值为（　　）万元。

A.832.74　　B.825.13　　C.817.15　　D.800

【例4·单选题】甲公司2021年3月1日发行3年期可转换公司债券，实际发行价款5 000万元，其中负债成分的公允价值为4 000万元。假定发行债券时另支付发行费用500万元。甲公司发行债券时应确认的“应付债券”的金额为（　　）万元。

A.3 600　　B.4 400　　C.4 500　　D.5 000

【例5·多选题】2021年1月1日甲上市公司经批准于2021年1月1日按每份面值100元发行了5年期一次还本、按年付息的可转换公司债券100万张，款项共计10 000万元，已收存银行，债券票面年利率为6%。债券发行1年后可转换为普通股，转股时每份债券可转10股，股票面值为每股1元。假定2022年1月1日债券持有人将持有的可转换公司债券全部转化为普通股股票。二级市场上与之类似的没有转换权的债券市场利率为9%。则下列表述正确的有数额为（　　）万元。

A. 2021年应确认的实际利息费用为1 200万元

B. 发行时可转换债券权益成分的公允价值为1 167.18万元

C. 发行时可转换债券负债成分的公允价值为8 832.82万元

D. 2022年1月1日转股时冲减的应付债券——可转换公司债券（利息调整）数额是972.2262万元

E. 2022年1月1日债券持有人行使转换权时应确认的资本公积——股本溢价为9 194.9538万元

【例6·单选题】（2018真题）企业在溢价发行债券，每年年末付息，到期还本的情况下，在债券存续期内，采用实际利率法摊销债券溢价时，债券的账面价值和利息费用的变化趋势为（　　）。

A. 逐期增加　　B. 先增加再减少　　C. 逐期减少　　D. 先减少再增加

【例7·多选题】（2018真题）2019年1月1日，甲公司发行了3年期按年付息到期还本的可转换公司债券，债券持有人可在一年之后行使股份转换权，溢价发行，面值总额为10 000万元，实际收到款项为　15 000万元，债券的公允价值为14 000万元，2020年1月1日，可转换公司债券持有人全部行权，甲公司下列相关会计处理中，正确的有（　　）。

A. 发行时确认其他权益工具1 000万元　　B. 发行时确认应付债券14 000万元

C. 发行时确认资本公积1 000万元　　D. 转为普通股时确认股本1 000万元

E. 发行时确认应付债券15 000万元

【例8·多选题】（2021真题）2021年1月1日，甲企业发行一笔面值1 000万元、票面年利率为6%、期限为5年的债券，发行价格为950万元。债券于每年末支付利息，到期还本。下列关于甲企业对该债券会计处理的说法中，正确的有（　　）。

A.2021年12月31日，确认财等费用60万元

B.2021年至2025年，将债券发行折价50万元按照实际利率法果进行摊销

C.2021年1月1日，确认财务费用50万元

D.2021年12月31日，根据折价摊销额调增应付债券账面价值

E.2021 年 1 月 1 日，以 1 000 万元作为应付债券入账价值

知识点 2 选编例题答案

1.【答案】C

【解析】计算每期应负担的利息，偿还的本金如下表所示。

单位：万元

年限	每期还款额	每期还款中利息部分	每期还款中本金部分	剩余本金
0				176.0
1	66.67	11.75（176×6.675%）	54.92	121.1
2	66.67	8.08	58.59	62.5
3	66.67	4.16	62.50	0.0

由上表可见，2023 年 12 月 31 日所偿还的 66.67 万元中，确认的借款利息费用以及偿还的本金分别为 4.16 万元以及 62.5 万元，因此，C选项正确。

2.【答案】B

【解析】由上表可见，2022 年 1 月 1 日剩余本金为 121.1，因此，B选项正确。

3.【答案】C

【解析】 由下述账务处理可见，甲公司 2023 年 12 月 31 日应付债券账面价值 817.15（840—7.26—7.61—7.98）万元。

（1）2021 年 1 月 1 日，发行债券：

借：银行存款 840

贷：应付债券——债券面值 800

——利息调整 40

此时，应付债券账面价值 840 万元；

（2）因该项长期债券的实际利率为 4.85%，则 2021 年利息费用的账务处理：

借：财务费用 （840×4.85%）40.74

应付债券——利息调整 7.26

贷：银行存款 （800×6%）48

此时，应付债券账面价值 832.74（840—7.26）万元；

2022 年利息费用的账务处理：

借：财务费用 （840—7.26）×4.85%= 40.39

应付债券——利息调整 7.61

贷：银行存款 （800×6%）48

此时，应付债券账面价值 825.13（840—7.26—7.61）万元；

2023 年利息费用的账务处理

借：财务费用 （840—7.26—7.61）×4.85%= 40.02

应付债券——利息调整 7.98

贷：银行存款 （800×6%）48

此时，应付债券账面价值 832.74（840—7.26）万元；

此时，应付债券账面价值 817.15（840—7.26—7.61—7.98）万元。

以后各年账务处理略。

考生应注意：溢价发行债券时，应付债券账面价值逐渐降低，最终降至面值；反之，折价发行债券时，应付债券账面价值逐渐增加，最终增至面值。

4.【答案】B

【解析】发行费用应在负债成分和权益成分之间按公允价值比例分摊；负债成分应承担的发行费用＝500×4 000－5 000＝400（万元），应确认的“应付债券”的金额＝4 000＋400＝4 400（万元）。

5.【答案】BCDE

【解析】由下述账务处理可见，2021 年应确认的实际利息费用为 794.9538 万元。

（1）20201 年 1 月 1 日，发行可转换公司债券时：

可转换公司债券负债成分的公允价值：10 000×（*P/F*，9%，5）＋10 000×6%×（*P/A*，9%，5）＝8 832.82（万元）

可转换公司债券权益成分的公允价值：10 000－8 832.82＝1 167.18（万元）

借：银行存款	10 000	
应付债券——可转换公司债券（利息调整）	1 167.18	
贷：应付债券——可转换公司债券（面值）		10 000
其他权益工具		1 167.18

（2）2021 年 12 月 31 日，确认利息费用：

应计入财务费用的利息＝8 832.82×9%＝794.9538（万元）

当期应付未付的利息费用＝10 000×6%＝600（万元）

借：财务费用 794.9538

　贷：应付利息　600

　　　应付债券——可转换公司债券（利息调整）194.9538

（3）2022 年 1 月 1 日，债券持有人行使转换权：

转换的股份数＝100 ×10 ＝1 000（万股）

借：应付债券——可转换公司债券（面值）	10 000	
其他权益工具	1 167.18	
贷：股本		1 000
应付债券——可转换公司债券（利息调整）		972.2262
资本公积——股本溢价		9 194.9538

备注：972.2262 万元（1167.18－194.9538）

因此，A选项表述错误，其他选项表述正确。

6.【答案】C

【解析】溢价发行债券，每年的账面价值和利息费用呈下降态势。本题为 2018 年考生回忆的真题，2018 年辅导材料第 110 页第【注意 3】的表述与该题考点完全一致。

7.【答案】AB

【解析】本题考查可转换公司债券的负债成分与权益成分的初始入账金额。发行可转换公司债券，应按债券的公允价值确认债券的入账价值，实际收到金额与债券价值的差额为其他权益工具价值，发行时的账务处理

借：银行存款	15 000	
贷：应付债券——可转换公司债券（面值）		10 000
——可转换公司债券（利息调整）		4 000
其他权益工具		1 000

本题为 2018 年考生回忆的真题，2018 年辅导材料第 111 页第 4 题与该题基本一致。

8.【答案】BD

【解析】本题属于债券折价发行，因此，企业实际负担的利息费用不仅是票面利息，还包括折价

额摊销，所以A、C选项表述错误；折价发行债券时，应付债券入账价值为950万元，所以E选项表述错误；B、D选项表述正确。

【知识点3】债务重组★★★

【要求】因教材依据2019年债务重组准则的变化修改了考试指定教材，考生应掌握准则体系下债务重组的会计处理。

一、知识点精讲

（一）债务重组概述

1. 债务重组的定义

债务重组是指在不改变交易对手方的情况下，经债权人和债务人协定或法院裁定，就清偿债务的时间、金额或方式等重新达成协议的交易。

【注意1】新债务重组准则不再要求债权人对债务人让步。

【注意2】债务重组的前提条件：不改变交易对手方。

【注意3】通过债务重组形成企业合并的，适用企业合并准则。

2. 债务重组的方式

债务重组一般包括下列方式，或下列一种以上方式的组合：

（1）债务人以资产清偿债务；

（2）债务人将债务转为权益工具；

（3）除本条第一项和第二项以外，采用调整债务本金、改变债务利息、变更还款期限等方式修改债权和债务的其他条款，形成重组债权和重组债务。

（二）债务重组会计处理

1. 以资产清偿债务方式债务重组：

重组方式	债务人的会计处理	债权人的会计处理
以金融资产偿债	借：相关重组债务账面价值 　贷：金融资产类科目（账面价值） 　　　投资收益（或计入借方）	借：金融资产类科目（公允价值） 　贷：相关重组债权账面价值 　　　投资收益（或计入借方）
以非金融资产偿债	借：相关重组债务账面价值 　贷：非金融资产类科目（账面价值） 　　　其他收益——债务重组收益（或计入借方）	借：非金融资产类科目（放弃债权的公允价值+相关税费） 　贷：相关重组债权账面价值 　　　投资收益（或计入借方）

【注意1】在新债务重组准则下，以非金融资产清偿债务方式进行债务重组的，债权人应以放弃债权的公允价值加上直接相关费用作为接受非金融资产的初始成本；以金融资产清偿债务方式进行债务重组的，债权人应将金融资产确认金额与放弃债权账面价值的差额计入投资收益；债务人以非金融资产清偿债务情况下，所清偿债务的账面价值和转让资产账面价值的差异计入其他收益——债务重组收益；债务人以金融资产清偿债务情况下，所清偿债务的账面价值和偿债金融资产账面价值的差异计入投资收益。

2. 以债务转为权益工具债务重组：

重组方式	债务人的会计处理	债权人的会计处理
债务转为权益工具	借：相关重组债务账面价值 　贷：权益工具类科目（公允价值） 　　　投资收益（或计入借方）	借：金融资产类科目（公允价值） 　贷：相关重组债权账面价值 　　　投资收益（或计入借方）

【注意2】根据新债务重组准则，债权人将债权转为联营或合营企业投资，应以放弃债权的公允价值加上直接相关费用作为转入联营或合营企业的投资成本；债务人将债务转为权益工具时，债务人应按照权益工具的公允价值确认权益工具，权益工具公允价值无法可靠计量的，再以清偿债务公允价值计量；所清偿债务账面价值与权益工具确认金额之间的差额，应当计入当期损益（投资收益）。债务人因发行权益工具而支出的相关税费，应依次冲减资本公积、盈余公积以及未分配利润等。

3. 以其他方式债务重组（包括修改其他条件以及组合方式）：

重组方式	债务人的会计处理	债权人的会计处理
修改其他条件	若全部债务终止确认时： 借：原重组债务账面价值 贷：新确认的重组债务（公允价值） 投资收益（或计入借方） 若未导致债务终止确认时：应依据其分类进行后续计量	若全部债权终止确认时： 借：金融资产类科目（公允价值） 贷：相关重组债权账面价值 投资收益（或计入借方） 若债权未终止确认时：依新分类的债权进行核算
组合方式	借：相关重组债务账面价值 贷：权益工具类科目（公允价值） 非金融资产等科目 其他收益——债务重组收益（或计入借方） 投资收益（或计入借方）	借：金融资产类科目（公允价值） 非金融资产 贷：相关重组债权账面价值 投资收益（或计入借方）

【注意3】新债务重组准则规定，修改其他条款方式的债务重组，若修改其他条款方式导致全部债权终止确认，则债权人以公允价值初始计量新的金融资产，所确认的新金融资产与债权终止确认日账面价值的差额，计入投资收益；若修改其他条款方式未导致债权终止确认，则按照新分类的债权核算。若修改其他条款方式导致债务终止确认，则债务人应以公允价值计量重组债务；终止确认的债务账面价值与重组债务确认金额之间的差额计入投资收益；若修改其他条款方式未导致债务全部终止确认，则对未终止确认的债务，债务人应依据其分类进行后续计量。

【注意4】新债务重组准则规定，以多项资产清偿债务或组合方式进行债务重组时，债权人先应按金融工具准则确定所受让金融资产（包括现金）价值，然后将放弃债权公允价值扣除金融资产价值后的余额，在其他资产之间依据各自公允价值的比例分配。放弃债权的公允价值与账面价值之间的差额计入投资收益；以多项资产清偿债务或者组合方式进行债务重组的，债务人应将所清偿债务的账面价值与组合方式确认价值（即转让资产的账面价值以及权益工具和重组债务的确认金额之和）的差额计入其他收益——债务重组收益或投资收益（仅涉及金融工具时）。

二、选编例题

【例1·单选题】下列关于债务重组的表述，不正确的是（　　）。

A. 债务重组的前提条件是不改变交易对手

B. 债务重组可经债权人和债务人协定或法院裁定

C. 债务重组时，债务人必将产生债务重组收益和资产处置损益

D. 债务重组是债权人和债务人就清偿债务的时间、金额或方式等重新达成的协议

【例2·单选题】甲公司因乙公司发生严重财务困难，预计难以全额收回乙公司所欠货款（账面余额800万元），经协商，甲公司同意乙公司以银行存款500万元结清全部债务。重组日甲公司对该项应收账款的账面价值680万元（已计提坏账准备120万元）。假定不考虑其他因素，债务重组日甲公司收取的金融资产（现金）与放弃的债权之间的差额应确认（　　）。

A. 借记“营业外支出”300万元　　B. 借记“营业外支出”180万元

C. 借记“财务费用”300万元　　D. 借记“投资收益”180万元

【例3·单选题】2021年1月1日，乙公司从甲公司购买了一批库存商品，收到的增值税专用发

票上注明的商品价款和增值税进项税额合计为222.5万元，8月2日，乙公司由于资金周转暂时困难，无法偿还债务。经与甲公司协商，甲公司同意乙公司支付银行存款2万元，余额以转让乙公司一台固定资产和持有的主板上市公司股票15万股（每股面值1元，当前市价11元）抵偿债务。该项固定资产的账面原价为32.5万元，累计折旧12.5万元，未计提减值准备。假定甲公司该项应收款公允价值与账面价值一致，未计提坏账准备。甲公司接受乙公司一抵债方式转让的股票拟作为交易性金融资产。甲、乙公司均为增值税一般纳税人，适用13%的增值税税率。经税务机关核定，固定资产的计税价格为20万元。不考虑整个过程发生的其他相关税费，则债务重组日甲公司应确认的该固定资产入账价值为（　　）万元。

A.20　　B.22.6　　C.52.9　　D.55.5

【例4·单选题】接上题，债务重组日乙公司的债务重组损益应确认为（　　）。

A. 贷记“营业外收入”35.5万元　　B. 贷记“营业外收入”32.9万元

C. 贷记“其他收益”35.5万元　　D. 贷记“其他收益”32.9万元

知识点3选编例题答案

1.【答案】C

【解析】新债务重组准则规定，债务重组，是指在不改变交易对手方的情况下，经债权人和债务人协定或法院裁定，就清偿债务的时间、金额或方式等重新达成协议的交易。可见，C选项表述不正确。

2.【答案】D

【解析】以金融资产清偿债务方式进行债务重组的，债权人应将金融资产确认金额与放弃债权账面价值的差额计入投资收益。因此，本题中金融资产确认金额500万元与放弃债权账面价值680万元的的差额计入投资收益。

3.【答案】C

【解析】以多项资产清偿债务或组合方式进行债务重组时，先应按金融工具准则确定所受让金融资产（包括现金）价值，然后将放弃债权公允价值扣除金融资产价值后的余额，在其他资产之间依据各自公允价值的比例分配。放弃债权的公允价值与账面价值之间的差额计入投资收益。

因此，本题甲公司应确认的固定资产为222.5－2－11×15－20×13%＝52.9（万元）。

4.【答案】D

【解析】债务人应将所清偿债务的账面价值与组合方式确认价值（即转让资产的账面价值以及权益工具和重组债务的确认金额之和）的差额计入其他收益—债务重组收益或投资收益（仅涉及金融工具时）。因此，本题债务重组日乙公司应确认债务重组损益为222.5－2－11×15－20－20×13%＝32.9（万元）。

【知识点4】借款费用★★★

【要求】掌握借款费用的会计处理。

一、知识点精讲

（一）借款费用概述

借款费用包括借款利息、折价或溢价的摊销、辅助费用以及因外币借款而发生的汇兑差额等。

【注意1】借款的折价摊销实质增加了借款的利息负担，借款的溢价摊销实质是冲减了借款的利息负担。

【注意2】借款费用会计处理的方向是计入相关资产的成本（即资本化，先计入资产，以后分摊进入成本费用），或计入当期损益（即作为财务费用冲减当期利润）。

【注意3】借款费用确认的原则：因专门借款而发生的借款费用或占用的一般借款的借款费用才

可以开始资本化，计入相关资产的成本；其他的借款利息应当于发生当期计入当期损益。

（二）借款费用资本化的确认

1. 借款费用资本化的范围

（1）借款费用资本的资产范围为符合资本化条件的资产，即需要经过相当长时间的购建或者生产活动才能达到预定可使用或者销售状态的固定资产、投资性房地产和存货等资产。

（2）资本化的借款范围不仅限于专门借款，还包括企业为购建或者生产符合资本化条件的资产占用的一般借款。专门借款和占用的一般借款所发生的借款费用允许在符合资本化条件的情况下予以资本化，其他借款所发生的借款费用不允许资本化，而应在发生时直接计入当期损益。

【注意1】自行开发建造厂房等建筑物，土地使用权与建筑物应当分别进行会计处理，土地使用权的账面价值不与地上建筑物合并计算其成本，而仍作为无形资产进行会计处理。在该情形下，土地使用权在取得时通常已达到预定使用状态，土地使用权不满足借款费用准则规定的“符合资本化的条件”定义。因此，根据借款费用准则，企业应当以建造支出（包括土地使用权在房屋建造期间计入在建工程的摊销金额）为基础，而不是以土地使用权支出为基础，确定应予资本化的借款费用金额。

房地产开发企业，取得的土地使用权用于建造对外出售的房屋建筑物，相关的土地使用权应当计入所建造的房屋建筑物成本。在该情况下，建造的房屋建筑物满足借款费用准则规定的“符合资本化条件的资产”定义。因此，根据借款费用准则，企业应当以包括土地使用权支出的建造成本为基础，确定应予资本化的借款费用金额。

2. 借款费用开始资本化的条件

企业发生的借款费用只有同时满足以下三个条件，才能开始资本化。

（1）资产支出已经发生	包括支付现金、转移非现金资产和承担带息债务形式发生的支出，赊购形式发生的支出不属于资产支出
（2）借款费用已经发生	已经发生了因购建或者生产符合资本化条件的资产而专门借入款项的利息或占用的一般借款的利息、折价或者溢价的摊销、辅助费用以及因外币借款而发生的汇兑差额等借款费用
（3）为使资产达到预定可使用或者可销售状态所必要的购建或者生产活动已经开始	是指符合资本化条件的资产的实体建造或者生产工作已经开始

（三）借款费用资本化的计量

1. 利息（包括折价或溢价的摊销）资本化金额的确定

（1）符合资本化条件专门借款

应当以专门借款当期实际发生的利息费用，减去将尚未动用的借款资金存入银行取得的利息收入或进行暂时性投资取得的投资收益后的金额确定。

（2）符合资本化条件一般借款

根据累计资产支出超过专门借款部分的资产支出（以下简称“资产支出”）加权平均数乘以所占用一般借款的资本化率，计算确定一般借款应予资本化的利息金额。资本化率应当根据一般借款加权平均利率计算确定。

【注意1】专门借款利息资本化金额不与资产支出相挂钩，一般借款利息资本化金额则必须与资产支出相挂钩，先判断实际耗用在符合资本化条件的资产中的一般借款数额，在此基础上，乘以资本化率。

【注意2】资本化期间是指从借款费用开始资本化时点到停止资本化时点的期间，借款费用暂停资本化的期间不包括在内。

符合资本化条件一般借款资本化的有关计算公式如下。

1）一般借款利息费用资本化金额＝累计资产支出超过专门借款部分的资产支出加权平均数 × 所占用一般借款的资本化率

2）资产支出加权平均数＝ Σ（每笔资产支出金额 × 每笔资产支出在当期所占用的天数/当期天数）

3）所占用一般借款的资本化率＝所占用一般借款加权平均利率＝所占用一般借款当期实际发生的利息之和 ÷ 所占用一般借款本金加权平均数

4）所占用一般借款本金加权平均数＝ Σ（所占用每笔一般借款本金 × 每笔一般借款在当期所占用的天数/当期天数）

5）一般借款利息费用化金额＝全部利息费用－资本化金额

【注意3】每期允许企业资本化的所占用一般借款利息和折价或者溢价摊销金额应以当期实际发生的利息和折价或溢价摊销额为限。

2. 辅助费用资本化金额的确定

专门借款发生的辅助费用	在所购建或者生产的符合资本化条件的资产达到预定可使用或可销售状态之前发生的，应当在发生时根据其发生额予以资本化，计入符合资本化条件的资产的成本（不与发生在购建或生产符合资本化条件的资产上的支出相联系）； 在所购建或者生产的符合资本化条件的资产达到预定可使用或者可销售状态之后发生的辅助费用，应当在发生时根据其发生额确认为费用，计入当期损益
一般借款发生的辅助费用	在发生时根据其发生额确认为费用，计入当期损益

3. 外币专门借款汇兑差额资本化金额的确定

在资本化期间内，外币专门借款本金及利息的汇兑差额，应当予以资本化，计入符合资本化条件的资产的成本，并不要求其与资产支出相挂钩。

外币一般借款的借款费用计入当期损益，不予资本化。

（四）暂停资本化

符合资本化条件的资产在购建或者生产过程中，如果符合资本化的资产购建或生产活动发生非正常中断，并且中断时间连续超过3个月，应当暂停借款费用的资本化。在中断期间发生的借款费用应当确认为费用，计入当期损益，直至资产的购建或者生产活动重新开始。

【注意】如果中断是使所购建或者生产的符合资本化条件的资产达到预定可使用或者可销售状态必要的程序，所发生的借款费用应当继续资本化。

项目	概念	示例
正常中断	中断是资产达到预定可使用或者可销售状态必要的程序、可预见的不可抗力导致中断为正常中断	（1）正常测试、调试停工 （2）由于可预见的不可抗力因素（如雨季或冰冻季节等原因）导致无法施工
非正常中断	是指企业管理决策上的原因或者其他不可预见的原因等所导致的中断	（1）企业因与施工方发生了质量纠纷 （2）工程、生产用料没有及时供应 （3）资金周转发生了困难 （4）施工、生产发生了安全事故 （5）发生了劳动纠纷等

（五）停止资本化

1. 停止资本化的一般原则

如果企业所购建或者生产的符合资本化条件的资产达到预定可使用或者可销售状态，借款费用应当停止资本化。在符合资本化条件的资产达到预定可使用或者可销售状态之后发生的借款费用，应当在发生时根据其发生额确认为费用，计入当期损益。

具体可从以下几个方面根据实质重于形式的原则加以判断，只要满足以下任一条件，即可认为所购建或者生产的符合资本化条件的资产达到预定可使用或者可销售状态。

（1）符合资本化条件的资产实体建造（包括安装）或者生产工作已经全部完成或者实质上已经完成。

（2）所购建或者生产的符合资本化条件的资产与设计要求、合同规定或者生产要求相符或基本相符，即使有极个别与设计、合同或者生产要求不相符的地方，也不影响其正常使用或者销售。

（3）继续发生在所购建或者生产的符合资本化条件的资产上的支出金额很少或几乎不再发生。

2. 资产分别建造、分别完工情况下的停止资本化

（1）如果所购建或者生产符合资本化条件的资产需要试生产或者试运行，则在试生产结果表明资产能够正常生产出合格产品时，或者试运行结果表明能够正常运转或营业时，就应当认为该资产已经达到预定可使用或可销售状态，借款费用应当停止资本化。

（2）如果企业所购建或者生产的符合资本化条件的资产的各部分分别完工，且每部分在其他部分继续建造过程中可供使用或者可对外销售，并且为使该部分资产达到预定可使用或者可销售状态所必要的购建或者生产活动实质上已经完成，说明该部分已经达到了预定可使用或者可销售状态，企业应当停止与该部分资产相关的借款费用资本化。

（3）如果企业所购建或者生产的资产各部分分别完工，但必须等到整体完工后才可使用或者对外销售的，即使各部分资产已经完工，也不能认为该部分资产已经达到了预定可使用或者可销售状态，企业只能在所购建或者生产的资产整体完工时，才能认为达到了预定可使用或者可销售状态，才可停止借款费用的资本化。

二、选编例题

【例 1 · 单选题】有关借款费用的下列表述不正确的是（　　）。

A. 折价发行应付债券时，折价款会增加未来期间的实际利息负担

B. 溢价发行应付债券时，溢价款会增加未来期间的实际利息负担

C. 专门借款利息资本化金额不与资产支出相挂钩，一般借款利息资本化金额必须与资产支出相挂钩

D. 外币一般借款的借款费用计入当期损益，不予资本化

【例 2 · 单选题】符合资本化的资产购建发生非正常中断，并且中断时间连续超过 3 个月，应当暂停借款费用资本化。下列属于正常中断的是（　　）。

A. 资金周转发生了困难　　B. 施工、生产发生了安全事故

C. 工程、生产用料没有及时供应　　D. 可预见的不可抗力导致施工停顿

【例 3 · 单选题】2021 年甲公司与乙公司签订协议，采用分期付款方式向乙公司购买需要安装的生产设备一套，设备安装期为 2 年，安装费 200 万元（假设购入时一次性以银行存款支付）。甲公司从购买当年末开始分五次分期付款，每年 400 万元，合计 2 000 万元。若甲公司在购买成立日支付货款，只需要支付 1 600 万元即可。若乙公司发出商品时开出增值税专用发票，税款为 260 万元，甲公司于当天支付增值税。已知名义金额折算为当前售价的实际利率为 7.93%。甲公司所购设备安装完工后使用寿命预计 10 年，直线法折旧，无残值。则该设备安装完工后每年折旧费用为（　　）万元。

A.160　　B.180　　C.183.211　　D.203.21

【例4 · 单选题】甲公司建造生产线，该工程预计工期为2年，建造活动自2021年7月1日开始，当日预付承包商建设工程款为 3 000 万元。9 月 30 日，追加支付工程进度款为 2 000 万元。甲公司生产线建造工程占用借款包括：

（1）2021 年 7 月 1 日借入的三年期专门借款 4 000 万元，年利率为 6%；

（2）2021 年 1 月 1 日借入的两年期一般借款 3 000 万元，年利率为 7%。甲公司将闲置部分的专门借款投资于货币市场基金，月收益率为 0.6%。不考虑其他因素，2021 年甲公司建造该建设工程应予以资本化的利息费用是（　　）万元。

A.119.50　　B.122.50　　C.137.50　　D.139.50

【例 5 · 多选题】（2018 真题）企业发生的借款费用开始资本化时，应满足的条件有（　　）。

A. 借款费用已经发生

B. 资产支出已经发生

C. 借款利息已经支付

D. 资产达到预定可使用或可销售状态所必要的购建或生产活动已经完成

E. 资产达到预定可使用或可销售状态所必要的购建或生产活动已经开始

【例 6 · 单选题】（2021 真题）甲企业于 2021 年 1 月 1 日起动工兴建一处生产车间，工期预计为两年。为建造该车间，甲企业 2021 年占用一笔于 2024 年 12 月 31 日到期的 5 年期一般借款，本金为 5 000 万元，年利率为 6%，按年付息。2021 年，甲企业分别于 1 月 1 日、7 月 1 日支付工程价款 3 000 万元、2 000 万元。不考虑其他因素，甲企业 2021 年借款费用资本化金额为（　　）。

A.240 万元　　B.120 万元　　C.180 万元　　D.300 万元

知识点 4 选编例题答案

1.**【答案】**B

【解析】B选项错误的原因是，溢价发行应付债券时，溢价款会减少未来期间的实际利息负担，其他选项表述正确。

2.**【答案】**D

【解析】因可预见的不可抗力（如雨季或冰冻季节等原因）导致施工停顿也属于正常中断，其他选项属于非正常中断。

3.**【答案】**D

【解析】本题考核借款费用资本化。由下述业务处理可见，设备完工时的入账价值为 2 032.1 万元（1 600 + 200 + 126.88 + 105.22）。则直线法下每年折旧费用为 203.21 万元。

利息收入和已收本金计算表（单位万元）

	未付本金 A	利息支出 B= A × 7.93%	付现总额 D	已付本金 C= D − B
销售日	1 600	0	0	0
第一年末	1 600	126.88	400	273.12
第二年末	1 326.88	105.22	400	294.78
第三年末	1 032.10	81.85	400	318.15
第四年末	713.95	56.62	400	343.38
第五年末	370.57	29.43	400	370.57
合计	——	400	2 000	1 600

（1）购买时（单位万元）

借：在建工程　　1 600

　　未确认融资费用　　400

　　应交税费——应交增值税（进项税额）　　260

　贷：长期应付款　　2 000

银行存款 260

支付安装费时（单位万元）

借：在建工程 200

贷：银行存款 200

（2）第一年末（单位万元）

借：长期应付款 400

贷：银行存款 400

借：在建工程 126.88

贷：未确认融资费用 126.88

（3）第二年末（单位万元）

借：长期应付款 400

贷：银行存款 400

借：在建工程 105.22

贷：未确认融资费用 105.22

完工时（单位万元）

借：固定资产 2 032.1（1600 ＋ 200 ＋ 126.88 ＋ 105.22）

贷：在建工程 2 032.1

（4）第三年末（单位万元）

借：长期应付款 400

贷：银行存款 400

借：财务费用 81.85

贷：未确认融资费用 81.85

（5）第四年末（单位万元）

借：长期应付款 400

贷：银行存款 400

借：财务费用 56.22

贷：未确认融资费用 56.22

（6）第五年末（单位万元）

借：长期应付款 400

贷：银行存款 400

借：财务费用 29.43

贷：未确认融资费用 29.43

4.【答案】A

【解析】专门借款资本化金额＝ 4 000×6%×6/12—1 000×0.6%×3 ＝ 102（万元），一般借款资本化金额＝ 1 000×7%×3/12 ＝ 17.5（万元）。故：2021 年甲公司建造该生产线应予以资本化的利息费用＝ 102 ＋ 17.5 ＝ 119.5（万元）。

5.【答案】ABE

【解析】企业发生的借款费用开始资本化时，应同时满足的条件有借款费用已发生、资产支出已发生、建造活动已开始。本题为 2018 年考生回忆的真题，属于送分题，2018 年辅导材料第 117 页表内陈述与该题考点完全一致。

6.【答案】A

【解析】甲企业 2×20 年借款费用资本化金额为：（3 000+2 000×6÷12）×6%＝ 240（万元）。

【知识点5】或有事项★★

【要求】掌握或有事项的会计处理

一、知识点精讲

（一）或有事项概述

1. 或有事项

（1）或有事项的定义

过去的交易或事项形成的，其结果需由某些未来事项的发生或不发生才能决定的不确定事项。

（2）或有事项的特征

①或有事项是过去的交易或事项形成的

②或有事项的结果具有不确定性

③或有事项的结果需由未来事项决定

【注意】常见的或有事项有：未决诉讼或未决仲裁、债务担保、产品质量保证（含产品安全保证）、亏损合同、重组义务、承诺、环境污染整治等。

2. 或有负债

（1）或有负债定义

或有负债是过去的交易或事项形成的潜在义务，其存在需通过未来不确定事项的发生或不发生予以证实；或过去的交易或事项形成的现时义务，履行该义务不是很可能导致经济利益流出企业或该义务的金额不能可靠地计量。

（2）或有负债涉及两类义务：潜在义务与现时义务

①潜在义务是指结果取决于不确定未来事项的可能义务。潜在义务最终是否转变为现时义务，由某些未来不确定事项的发生或不发生才能决定。

②现时义务是指企业在现行条件下已承担的义务，该现时义务的履行不是很可能导致经济利益流出企业，或者该现时义务的金额不能可靠地计量。其中，“不是很可能导致经济利益流出企业”，是指该现时义务导致经济利益流出企业的可能性不超过50%（含50%）。

【注意】“金额不能可靠计量”是指该现时义务导致经济利益流出企业的“金额”难以合理预计，现时义务履行的结果具有较大的不确定性。

3. 或有资产

或有资产，是指过去的交易或事项形成的潜在资产，其存在需通过未来不确定事项的发生或不发生予以证实。或有资产不符合资产确认条件，因而不能在报表中确认。

【注意】资产是一种权利，负债是一种义务。权利的实现意味着经济资源的流入；义务的履行意味着经济资源的流出。或有资产不能在报表中确认体现了会计核算的谨慎性要求。

（二）或有事项的确认和计量

【注意】或有事项的确认和计量通常是指预计负债的确认和计量；符合与或有事项相关的义务同时满足特定的条件时，应当确认为预计负债。

1. 预计负债的确认

与或有事项相关的义务同时满足以下条件的，应当确认为预计负债。

（1）该义务是企业承担的现时义务

这一条件意味着，与或有事项有关的义务是企业当前条件下已承担的义务；企业没有其他现实的选择，只能履行该现时义务。

（2）履行该义务很可能导致经济利益流出企业

这一条件意味着，企业履行因或有事项而承担的现时义务导致经济利益流出企业的可能性超过

50%，但小于或等于 95%。

履行或有事项相关义务导致经济利益流出的可能性，通常按照下列情况加以判断。

事项	发生的概率区间
基本确定	95%<发生的可能性<100%
很可能	50%<发生的可能性≤95%
可能	5%<发生的可能性≤50%
极小可能	0<发生的可能性≤5%

（3）该义务的金额能够可靠地计量

这一条件是指与或有事项相关的现时义务的金额能够合理地估计。

【注意 1】如果或有事项确认负债的三个条件没有同时满足时，则属于或有负债。

【注意 2】待执行合同变成亏损合同的，该亏损合同产生的义务满足预计负债的确认条件的，应当确认为预计负债。

【注意 3】企业承担的重组义务满足预计负债的确认条件的，应当确认预计负债。

2. 预计负债的计量

预计负债计量主要涉及两个问题：一是最佳估计数的确定；二是预期可获得补偿的处理。

（1）最佳估计数的确定

企业因或有事项而确认预计负债的金额，应当是履行相关现时义务所需支出的最佳估计数。如果所需支出存在一个连续范围，且该范围内各种结果发生的可能性相同，则最佳估计数应当按照该范围内的中间值确定。

在其他情况下，最佳估计数应分别按下列情况确定。

①或有事项涉及单个项目的，最佳估计数按最可能发生金额确定。

②或有事项涉及多个项目，最佳估计数按照各种可能结果及相关概率计算确定。

【注意 1】对于重组所产生的预计负债，企业应当按照与重组有关的直接支出确定预计负债金额。但是，直接支出不包括留用职工岗前培训、市场推广、新系统和营销网络投入等支出。

（2）预期可能获得补偿的处理

如果企业清偿预计负债所需支出全部或部分预期由第三方补偿的，补偿金额只有在基本确定能收到时才能作为资产单独确认，确认的补偿金额不应当超过预计负债的账面价值。

或有事项确认负债时

借：营业外支出等

　贷：预计负债

当补偿金额基本确定，或有事项确认为资产时

借：其他应收款

　贷：营业外收入

【注意 1】或有事项确认为资产的前提条件是或有事项已经确认为负债。

【注意2】或有事项确认为资产通过“其他应收款”科目核算，但不能冲减预计负债的账面价值。

（3）预计负债计量需要考虑的因素

企业在确定最佳估计数时，应当综合考虑与或有事项有关的风险、不确定性和货币时间价值等因素。

如果有足够的客观证据表明相关未来事项将会发生，则应当在预计负债计量中予以考虑相关未来事项的影响，但不应考虑预期处置相关资产形成的利得。

企业应当在资产负债表日对预计负债的账面价值进行复核。有确凿证据表明该账面价值不能真实反映当前最佳估计数的，应当按照当前最佳估计数对该账面价值进行调整。

二、选编例题

【例1·单选题】下列关于或有事项的表述中，正确的是（　　）。

A. 企业应就未来经营亏损确认预计负债

B. 所有或有负债都应在资产负债表内予以确认

C. 所有或有资产应在资产负债表内予以确认

D. 对于重组所产生的预计负债，企业应当按照与重组有关的直接支出确定预计负债

【例2·单选题】2021年11月，甲公司因污水排放对环境造成污染被周围居民提起诉讼。2021年12月31日，该案件尚未一审判决。根据以往类似案例及公司法律顾问的判断，甲公司很可能败诉。如败诉，预计赔偿800万元的可能性为90%，预计赔偿500万元的可能性为10%。假定不考虑其他因素，该事项对甲公司2021年利润总额的影响金额为（　　）万元。

A. −50　　B. −720　　C. −770　　D. −800

【例3·单选题】20201年12月1日，乙公司因合同违约而涉及一起诉讼案。在咨询了公司的法律顾问后，公司认为，最终的法律判决很可能对公司不利。2021年12月31日，乙公司尚未接到法院的判决，因诉讼需承担的赔偿金额也无法准确地确定。根据法律顾问的职业判断，赔偿金额可能是250万元~300万元之间，则乙公司应在资产负债表中确认预计负债金额为（　　）万元。

A.250　　B.260　　C.275　　D.300

【例4·单选题】或有事项确认为资产通过（　　）科目核算。

A. 其他应收款　　B. 预收账款　　C. 或有资产　　D. 合同资产

【例5·单选题】2017年11月16日，甲企业因合同违约涉及一起诉讼案，2017年12月31日，甲企业尚未接到法院的判决，在咨询了企业的法律顾问后，甲企业认为，胜诉的可能性为30%，败诉的可能性为70%。如果败诉，需要赔偿800万元。甲企业2017年12月31日应确认的预计负债为（　　）万元。（2018年考生回忆的真题）

A. 0　　B. 240　　C. 560　　D. 800

【例6·单选题】（2021真题）2021年9月企因产质量问题被乙企业起诉。截至2021年12月31日，案件仍在审理中。甲企业估计很可能败诉，赔偿金额在400万元至800万元之间。甲企业认为，若败诉，很可能从保险公司获赔100万元。不考虑其他因素，甲企业就该诉讼应当确认的预计负债为（　　）。

6.A.400万元　　B.500万元　　C.800万元　　D.600万元

【例7·多选题】（2021真题）下列交易或事项中，体现谨慎性要求的有（　　）。

A. 将生产过程中非正常消耗的直接材料费用计入当期损益，未计入存货成本

B. 计提存货跌价准备

C. 确认预计负债

D. 对于不重要的前期差错直接调整当期报表相关项目

E. 未来有足够应纳税所得额用以抵扣可抵扣暂时性差异时确认相关递延所得税资产

知识点5选编例题答案

1.【答案】D

【解析】对于重组所产生的预计负债，企业应当按照与重组有关的直接支出确定预计负债。其他选项表述错误。

2.【答案】D

【解析】或有事项涉及单个项目的，按照最可能发生金额确定。此题最可能发生金额为800万元，所以该事项对甲公司2021年利润总额的影响金额为−800万元。此题不能按加权平均法计算该或有事项对甲公司2021年利润总额的影响。

3.【答案】C

【解析】企业因或有事项而确认预计负债的金额，应当是履行相关现时义务所需支出的最佳估计数。如果所需支出存在一个连续范围，且该范围内各种结果发生的可能性相同，则最佳估计数应当按照该范围内的中间值确定；因此，乙公司应在资产负债表中确认一项金额为275[（250＋300）÷2]万元的负债。据此编制的会计分录为：（单位万元）

借：营业外支出　　275

　贷：预计负债　　275

4.【答案】A

【解析】或有事项确认为资产通过“其他应收款”科目核算，但不能冲减预计负债的账面价值。

5.【答案】D

【解析】如果或有事项涉及单个项目，最佳估计数按照最可能发生的金额确定。本题为2018年考生回忆的真题，2018年辅导材料第128页第33题与该题基本一致。

6.【答案】D

【解析】或有事项的计量最佳估计数的确定：所需支出存在一个连续范围（或区间，下同），且该范围内各种结果发生的可能性相同，则最佳估计数应当按照该范围内的中间值，即上下限金额的平均数确定；企业预期从第三方获得的补偿，企业只能在基本确定能够收到补偿时才能对其进行确认。根据资产和负债不能随意抵销的原则，预期可获得的补偿在基本确定能够收到时应当确认为一项资产，而不能作为预计负债金额的扣减。本题甲企业就该诉讼应当确认的预计负债为：（800+400）÷2＝600（万元）。

7.【答案】BCE

【解析】D选项属于重要性原则。此题A选项颇具迷惑性。从经济后果看，将生产过程中非正常消耗的直接材料费用计入当期损益，未计入存货成本确实不会使资产高估，不会低估费用，但这属于会计配比的要求，不是谨慎性信息质量特征。

同步强化训练题

一、单项选择题

1.2020年1月18日，甲公司以一批原材料对乙公司进行投资（乙公司作为原材料核算），该批原材料的账面价值为110万元（假定等于其公允价值），计税价格为110万元；乙公司的股本总额为3230万元，甲公司占其注册资本的2%，不具有重大影响，将其分类为其他权益工具投资；假设该批原材料适用的增值税税率为13%，该项交换具有商业实质，两公司（均为增值税一般纳税人，下同）均按实际成本核算存货，则甲公司确认的金融资产账面价值为（　　）万元。

A.64.6　　B.110　　C.124.3　　D.136

2. 接上题，乙公司确认的资本公积为（　　）万元。

A.64.6　　B.59.7　　C.63　　D.55

3.2021年3月5日，乙公司委托甲公司加工一批原材料（非金银首饰）。原材料的成本为100万元，支付的加工费用为2.5万元；由受托方代收代缴的消费税为0.25万元；材料已经加工完毕，加工费用尚未支付；假设乙公司采用实际成本核算存货如果乙公司收回加工的材料用于继续生产应税消费品，则乙公司收回的委托加工物资账面价值为（　　）万元。

A.102.5　　B.102.55　　C.102.75　　D.105

4. 接上题，如果乙公司收回加工的材料直接用于销售，则乙公司收回委托加工物资时的账面价值为（　　）万元。

A.100　　B.102.5　　C.102.75　　D.110

5. 企业应当在职工提供服务从而增加了其未来享有的带薪缺勤权利时，确认与累积带薪缺勤相关的职工薪酬，并以（　　）计量。

A. 累积未行使权利而增加的预期支付金额　B. 职工实际缺勤期间的支出

C. 累积未行使权利而增加的实际支付金额　D. 长期职工福利支出

6. 对于分期付息，一次还本债券，企业溢价发行债券是因为债券票面利率（　　）同期银行存款利率所致。

A. 高于　B. 低于　C. 等于　D. 小于

7.2021 年 1 月 1 日，甲公司发行分期付息、到期一次还本的 5 年期公司债券，实际收到的款项为 18 800 万元，该债券面值总额为 18 000 万元，票面年利率为 5%。利息于每年年末支付；实际年利率为 4%，2023 年 12 月 31 日，甲公司该项应付债券的摊余成本为（　　）万元。

A.18 498.08　B.18 652　C.18 800　D.18 338.0032

8. 甲公司经批准于 2021 年 1 月 1 日以 10 000 万元的价格（不考虑相关税费）发行面值总额为 10 000 万元的可转换公司债券。该可转换公司债券期限为 5 年，每年 1 月 1 日付息、票面年利率为 3%，同期银行存款利率为 5%。已知（P/A，5%，5）= 4.3295，（P/F，5%，5）= 0.7835。2021 年 1 月 1 日发行可转换公司债券时应确认的权益成分的公允价值为（　　）万元。

A.866.15　B.1 258.85　C.9 000　D.10 000

9. 以权益结算的股份支付，企业应在等待期内的每个资产负债表日，以对可行权权益工具数量的最佳估计数为基础，按照权益工具在授予日的公允价值，将当期取得的服务计入相关资产成本或当期费用，同时计入（　　）。

A. 长期应付款　B. 资本公积　C. 其他综合收益　D. 公允价值变动损益

10. 认股权持有人到期没有行权的，应当在到期时将原计入其他权益工具的部分转入（　　）科目。

A. 实收资本　B. 营业外收入　C. 资本公积（股本溢价）　D. 盈余公积

11. 企业接受政府作为企业所有者投入的资本，在实际收到专项拨款时作为（　　）处理。待拨款项目完成后，将形成固定资产等资产项目的部分转入资本公积。

A. 实收资本　B. 专项应付款　C. 长期应付款　D. 应付账款

12. 专项应付款待拨款项目完成后，将形成固定资产等资产项目的部分转入（　　）。

A. 股本　B. 递延收益　C. 资本公积（股本溢价）　D. 营业外收入

13. 依据新债务重组准则，以金融资产清偿债务方式进行债务重组的，债权人应将金融资产确认金额与放弃债权账面价值的差额计入（　　）。

A. 管理费用　B. 投资收益　C. 营业外收入　D. 资本公积

14. 某股份有限公司于 2020 年 1 月 1 日发行 3 年期，于次年起每年 1 月 1 日付息、到期一次还本的公司债券，债券面值为 200 万元，票面年利率为 5%，实际年利率为 6%，发行价格为 196.65 万元，另支付发行费用 2 万元。按实际利率法确认利息费用。该债券 2021 年度确认的利息费用为（　　）万元。

A.11.78　B.12　C.10　D.11.68

15. 甲企业于 2021 年 1 月 15 日销售一批材料给乙企业，不含税价格为 500 万元，增值税税率为 13%，按合同规定，乙企业应于 2021 年 6 月 30 日前偿付货款。由于乙企业发生财务困难，无法按合同规定的期限偿还债务，经双方协议于 7 月 1 日进行债务重组。债务重组协议规定，甲企业同意乙企业以 300 万元清偿债务。乙企业于当日通过银行转账支付了该笔款项，甲企业随即收到了通过银行转账偿还的款项。甲企业已为该项应收债权计提了 50 万元的坏账准备，假设该项应收债权账面价值与公允价值一致。乙企业所清偿债务的账面价值和偿还货币资金的应（　　）。

A. 贷记“营业外收入”200 万元　B. 贷记“营业外收入”250 万元

C. 贷记“投资收益”265 万元　D. 贷记“其他收益——债务重组收益”265 万元

16. 接上题，接上题，甲企业受让货币资金与债权终止确认日账面价值的差额应（　　）。

A. 借记“营业外支出”215 万元　　B. 借记“营业外支出”265 万元

C. 借记“投资收益”215 万元　　D. 借记“其他收益——债务重组损失”265 万元

17. 甲公司与乙公司均为增值税一般纳税人。因甲公司无法偿还到期债务，经协商，乙公司同意甲公司以自产产品偿还其所欠全部债务。债务重组日，重组债务的账面价值为 3 000 万元；甲公司自产产品的账面成本为 1 000 万元，已为该批存货计提跌价准备 20 万元，该产品的市场价格为 2 000 万元，增值税税率 13%。假设债务重组日，重组债权的账面价值与公允价值均为为 3 000 万元；不考虑其他因素，乙公司应确认受让存货资产的入账价值为（　　）万元。

A.2 000　　B.2 740　　C.980　　D.3 000

18. 接上题，甲公司清偿债务产生的债务重组收益应确认为（　　）。

A. 贷记“营业外收入”1 000 万元　　B. 贷记“营业外收入”1 760 万元

C. 贷记“投资收益”万元 2 020 万元　　D. 贷记“其他收益——债务重组收益”1 760 万元

19. 下列导致固定资产建造中断时间连续超过 3 个月的事项，不应暂停借款费用资本化的是（　　）。

A. 劳务纠纷　　B. 安全事故　　C. 资金周转困难　　D. 可预测的气候影响

20.2021 年 2 月 1 日，甲公司为建造一栋厂房向银行取得一笔专门借款。2021 年 3 月 5 日，以该借款支付前期订购的工程物资款。因征地拆迁发生纠纷，该厂房延迟至 2021 年 7 月 1 日才开工兴建，开始支付其他工程款。2022 年 2 月 28 日，该厂房建造完成，达到预定可使用状态。2022 年 4 月 30 日，甲公司办理工程竣工决算。不考虑其他因素，甲公司该笔借款费用的资本化期间为（　　）。

A.2021 年 2 月 1 日至 2022 年 4 月 30 日　　B.2021 年 3 月 5 日至 2022 年 2 月 28 日

C.2021 年 7 月 1 日至 2022 年 2 月 28 日　　D.2021 年 7 月 1 日至 2022 年 4 月 30 日

21.2021 年 7 月 1 日，乙公司为兴建厂房从银行借入专门借款 8 000 万元，借款期限为 2 年，年利率为 5%，借款利息按季支付。乙公司于 2021 年 10 月 1 日正式开工兴建厂房，预计工期 1 年 3 个月，工程采用出包方式。乙公司于 2021 年 10 月 1 日、2022 年 3 月 31 日、2022 年 5 月 1 日分别支付工程进度款 3 000 万元、2 000 万元、2 000 万元。因可预见的气候原因，工程于 2022 年 2 月 1 日至 4 月 10 日暂停施工。厂房于 2022 年 12 月 31 日达到预定可使用状态，乙公司于当日支付剩余款项 500 万元。乙公司自借入款项起，将闲置资金投资于固定收益债券，月收益率为 0.4%。乙公司按期支付前述专门借款利息，并于 2023 年 7 月 1 日偿还该项借款。乙公司于 2022 年度应予资本化的专门借款费用是（　　）万元。

A.258　　B.296　　C.320　　D.400

22. 乙公司所建厂房完工入账成本为（　　）万元。

A.7 500　　B.7 776　　C.7 836　　D.8 000

23. 甲公司于 2021 年 1 月 1 日动工兴建一栋乙公司办公楼，工期预计为 1 年零 6 个月，工程采用出包方式。分别于 2021 年 1 月 1 日、2021 年 7 月 1 日、2022 年 1 月 1 日支付工程进度款 1 500 万元、2 500 万元、1 500 万元。办公楼于 2022 年 6 月 30 日完工，达到预定可使用状态。乙公司建造该办公楼没有专门借款，占用的都是一般借款，分别为向银行长期贷款 2 000 万元，期限为 2020 年 12 月 1 日至 2023 年 12 月 1 日，年利率为 6%，按年支付利息。按面值发行公司债券 1 亿元，于 2020 年 1 月 1 日发行，期限为 5 年，年利率为 8%，按年支付利息。假定这两笔一般借款除了用于办公楼建设外，没有用于其他符合资本化条件的资产的购建或者生产活动。甲公司于 2022 年度应予资本化的专门借款费用是（　　）万元。

A.210.93　　B.460　　C.920　　D.1 000

24. 甲公司所建厂房完工入账成本为（　　）万元。

A.5 500　　B.5 710.93　　C.5 921.86　　D.7 000

25. 甲公司于 2021 年 1 月 1 日，为建造某工程项目专门以面值发行美元公司债券 1 000 万元，年利率为8%，期限为3年，假定不考虑与发行债券有关的辅助费用、未支出专门借款的利息收入或投资收益。合同约定，每年1月1日支付上年利息，到期还本。工程于2021年1月1日开始实体建造，2022年6月30日完工，达到预定可使用状态。下列表述不正确的是（　　）

A.2021年1月1日至2022年6月30日期间专门借款本金及利息的汇兑差额，予以资本化

B.外币专门借款本金及利息的汇兑差额计入符合资本化条件的资产成本时，必须要求其与资产支出相挂钩

C.外币一般借款的借款费用计入当期损益，不予资本化

D.2022年6月30日后发生的借款本金及利息的汇兑差额，直接计入当期损益

26.2021年12月21日，甲公司因污染环境被周围居民提起诉讼。根据甲公司的法律顾问判断，最终的判决很可能对甲公司不利。2021年12月31日，甲公司尚未接到法院的判决。据法律顾问专业人士估计，赔偿金额可能在240万元至280万元之间（含甲公司将承担并计入管理费用的诉讼费10万元），且该范围内支付各种赔偿金额的可能性相同。甲公司应在2021年资产负债表中确认的预计负债金额为（　　）万元。

A.240　　B.250　　C.260　　D.280

27.2021年12月3日，甲公司因合同违约而涉及一桩诉讼案件。2021年12月31日，该案件尚未一审判决。根据以往类似案例及公司法律顾问的判断，甲公司很可能败诉。如败诉，预计赔偿900万元的可能性为80%，预计赔偿1200万元的可能性为20%。假定不考虑其他因素，甲公司应在2021年资产负债表中确认的预计负债金额为（　　）万元。

A.900　　B.960　　C.1 050　　D.1 200

28.2021年度，甲公司共销售某产品30万件，销售收入为180 000万元。根据公司的产品质量保证条款，该产品售后1年内，如发生正常质量问题，公司将负责免费维修。根据以前年度的维修记录，如果发生较小的质量问题，发生的维修费用为销售收入的1%；如果发生较大的质量问题，发生的维修费用为销售收入的2%。根据公司技术部门的预测，本年度销售的产品中，80%不会发生质量问题；15%可能发生较小质量问题；5%可能发生较大质量问题。据此，2021年12月31日，甲公司应在资产负债表中确认的负债金额为（　　）万元。

A.350　　B.450　　C.500　　D.650

29.2021年12月31日，乙公司因未决诉讼而确认了一笔金额为100万元的预计负债；同时，公司因该或有事项基本确定可从甲公司获得40万元的赔偿。下列会计处理正确的是（　　）

A. 借：营业外支出　　100
　　贷：预计负债　　100
同时
借：其他应收款　　40
　贷：营业外收入　　40

B. 借：营业外支出　　100
　　贷：预计负债　　100
同时
借：其他应付款　　40
　贷：资本公积　　40

C. 借：营业外支出　　100
　　贷：预计负债　　100
同时
借：其他应收款　　40
　贷：资本公积　　40

D. 借：管理费用　　100

贷：预计负债　　100

同时

借：其他应收款　　40

贷：营业外收入　　40

30.2021年1月1日，甲公司开始建造一生产车间，预计于2022年12月31日建造完工。专门借款一项：2021年1月1日，借入3年期借款200万元，年利率为9%。一般借款一项：2021年2月1日，借入2年期借款124万元，年利率为6%。2021年1月1日至3月31日，甲公司共发生以下资产支出：1月1日，支付购买工程用物资价款为120万元；2月10日，支付建造该生产车间的职工工资为21万元；3月1日，将企业生产的产品用于建造该生产车间，该产品的成本为120万元，计税价格为200万元，为生产这些产品所耗用的材料价款均已经支付。为简化核算，按月计算利息，并假设每月均为30天，借款的合同利率与实际利率差异较小。不考虑相关税费，则甲公司2021年3月份应予以资本化的金额为（　　）万元。

A.1.5　　B.1.805　　C.2.12　　D.2.75

二、多项选择题

1. 长期借款的利息可能记入的会计科目有（　　）。

A. 在建工程　　B. 财务费用

C. 研发支出　　D. 销售费用

E. 制造费用

2. 实际利率法下，下列会影响债务人当期实际利息费用的有（　　）。

A. 市场利率　　B. 债券溢价款摊销

C. 债券折价款摊销　　D. 银行借款的合同利率

E. 债务人未来的研发能力

3. 下列项目中，属于借款费用可予资本化的资产范围的有（　　）。

A. 经过相当长时间的购建达到预定可使用状态的投资性房地产

B. 需要经过相当长时间的生产活动才能达到可销售状态的存货

C. 因非正常因素导致构建期较长的固定资产

D. 经过2年的建造可达到预定可使用状态的生产设备

E. 一年内变现的存货

4. 以多项资产清偿债务或组合方式进行债务重组时，下列说法中正确的有（　　）。

A. 债权人取得的非现金资产应按其公允价值入账

B. 放弃债权的公允价值与账面价值之间的差额计入投资收益

C. 债务人应以公允价值计量重组债务，终止确认的债务账面价值与重组债务确认金额之间的差额计入营业外收入

D. 债务人转让的非现金资产公允价值与其账面价值之间的差额，计入资产处置损益

E. 债权人先应先确定所受让金融资产价值，然后将放弃债权公允价值扣除金融资产价值后的余额，作为非现金资产的入账价值

5. 关于或有事项，下列说法中错误的有（　　）。

A. 甲公司为乙公司提供担保，则甲公司应确认预计负债

B. 甲公司持有的待执行合同变成亏损合同的，应当确认为预计负债

C. 甲公司应当就未来经营亏损确认预计负债

D. 或有事项的现存状况是过去交易或事项引起的客观存在

E. 甲公司对于重组产生的预计负债，企业应按照与重组有关的直接支出确定预计负债金额

6. 下列各项中，属于视同销售行为的有（　　）。

A. 将货物直接销售给客户

B. 将自产或委托加工的货物用于非应税项目

C. 将自产、委托加工或购买的货物作为投资，提供给其他单位或个体经营者

D. 将自产、委托加工或购买的货物分配给股东或投资者

E. 将自产、委托加工的货物用于集体福利或个人消费

7. 下列关于资本化的表述中，正确的有（　　）。

A. 开发阶段支出应当资本化计入无形资产成本

B. 在建项目占用一般借款的，其借款利息可以资本化

C. 房地产开发企业不应将用于项目开发的借款费用资本化计入开发成本

D. 符合资本化条件的固定资产是指需要经过相当长时间的购建或者生产活动才能达到预定可使用状态的固定资产

E. 借款费用资本化会导致当期资产增加，并会影响未来期间的成本费用

8. 所购建固定资产达到预定可使用状态是指，资产已经达到购买方或建造方预定的可使用状态。其判断标准包括（　　）。

A. 固定资产的实体建造（包括安装）工作已经全部完成或者实质上已经完成

B. 所购建的固定资产与设计要求或合同要求相符或基本相符，即使有极个别与设计或合同要求不相符的地方，也不影响其正常使用

C. 继续发生在所购建固定资产上的支出金额很少或几乎不再发生

D. 如果所购建固定资产需要试生产或试运行，则在试生产结果表明资产能够正常生产出合格产品时，或试运行结果表明能够正常运转或营业时，就应当认为资产已经达到预定可使用状态

E. 为建造固定资产所发生的专门借款已经偿还

9. 下列各项关于预计负债的表述中，不正确的是（　　）。

A. 预计负债是企业承担的潜在义务

B. 与预计负债相关支出的时间或金额具有一定的不确定性

C. 预计负债计量应考虑未来期间相关资产预期处置利得的影响

D. 预计负债应按相关支出的最佳估计数减去基本确定能够收到的补偿后的净额计量

E. 因担保形成的预计负债将随着被担保人债务的全部清偿而消失

10. 下列关于或有事项的表述中，不正确的是（　　）。

A. 或有事项的结果预计将会发生，但发生的具体时间或金额具有不确定性

B. 预计负债应当与其相关的或有资产相抵后在资产负债表中以净额列报

C. 或有事项形成的资产应当在很可能收到时予以确认

D. 预计负债计量应考虑与其相关的或有资产预期处置产生的损益

E. 对于或有事项既要确认或有负债，也要确认或有资产

11. 关于或有事项最佳估计数，下列说法中正确的有（　　）。

A. 如果所需支出存在一个连续范围，且该范围内各种结果发生的可能性相同，则最佳估计数应当按照该范围内的中间值确定

B. 或有事项涉及单个项目的，最佳估计数按最可能发生金额确定

C. 对于重组所产生的预计负债，企业应当按照与重组有关的直接支出确定估计金额

D. 或有事项涉及多个项目，最佳估计数按照各种可能结果及相关概率计算确定

E. 预计负债应按相关支出的最佳估计数减去基本确定能够收到的补偿后的净额计量

12. 下列各项中，影响当期损益的有（　　）。

A. 无法支付的应付款项　　B. 因产品质量保证确认的预计负债

C. 研发项目在研究阶段发生的支出　　D. 其他权益工具投资公允价值的增加

E. 企业转让其他权益工具投资所结转的其他综合收益

三、不定项选择题

2021 年 2 月 1 日，乙公司销售一批商品给甲公司，收到无息商业承兑汇票，票面价值为 565 万元，6 个月期限，8 月 1 日到期。由于甲公司发生财务困难，不能按合同规定支付货款。乙公司于 2021 年 10 月 20 日起诉甲公司违约，根据甲公司法律顾问的职业判断，认为甲公司胜诉的可能性为 40%，败诉的可能性为 60%。如果败诉，需要赔偿的金额在 570 万元～530 万元之间，同时还应额外承担诉讼费 5 万元。乙公司根据其掌握的信息判断，认为胜诉的可能性为 70%，如果胜诉，预计可获赔偿 570 万元。该诉讼案至 2021 年 12 月 31 日尚未判决。要求：根据上述资料，回答下列问题。

1. 甲公司 2021 年有关未决诉讼的处理，正确的是（　　）。

A. 确认营业外支出 550 万元　　B. 确认管理费用 5 万元

C. 确认预计负债 555 万元　　D.2020 年会计报表不需要披露该未决诉讼

2. 乙公司 2021 年有关未决诉讼的处理，正确的是（　　）。

A. 确认营业外收入 550 万元

B. 确认其他应收款 550 万元

C. 依据谨慎性原则，对或有资产无需做任何会计披露

D. 不确认或有资产但需要披露

3. 乙公司为丙公司和丁公司提供了银行借款担保，下列各项中，乙公司不应确认预计负债的有（　　）。

A. 丙公司运营良好，乙企业极小可能承担连带还款责任

B. 丁公司发生暂时财务困难，乙企业可能承担连带还款责任

C. 丙公司发生财务困难，乙企业很可能承担连带还款责任

D. 丁公司发生严重财务困难，乙企业基本确定承担还款责任

4. 下列属于乙公司或有事项的有（　　）。

A. 乙公司的环境污染整治　　B. 乙公司对债务单位提起诉讼

C. 对售出商品提供的安全保证　　D. 乙公司未来可能发生的经营亏损

四、不定项综合题

某企业于 2015 年 12 月 29 日用银行存款 420 万元购入不需要安装设备一台，估计使用年限 10 年，估计净残值 20 万元，直线法折旧。设备已交付使用。2019 年 12 月 3 日该固定资产的销售净价为 250 万元，预计持续使用该设备产生的现金流量以及使用寿命结束时处置形成的现金流量现值合计为 220 万元。2021 年 12 月 31 日，由于该企业发生财务困难，不能按合同规定偿还所欠乙公司货款，经与乙公司协商，乙公司同意该企业以货币资金 50 万元以及上述设备偿还应付账款 350 万元。2021 年 12 月 31 日该机器设备公允价值为 180 万元。

假设不考虑相关税费，要求回答下列问题。

1.2018 年 12 月 31 日该固定资产的账面价值为（　　）万元。

A.260　　B.300　　C.340　　D.380

2.2020 年 12 月 31 日该固定资产的账面价值为（　　）万元。

A.200　　B.212　　C.230　　D.250

3.2021 年 12 月 31 日以该固定资产债务重组时，下列表述正确的是（　　）万元。

A. 重组日债务方固定资产账面价值 174 万元

B. 债务方确认资产处置损益 6 万元

C. 债权方确认固定资产入账价值 300 万元

D. 债权方确认固定资产入账价值 180 万元

4. 重组日债务方确认的债务重组收益应（　　）万元。

A. 贷记“其他收益——债务重组收益”126 万元
B. 贷记“其他收益——债务重组收益”120 万元
C. 贷记“营业外收入——债务重组收益”126 万元
D. 贷记“营业外收入——债务重组收益”120 万元

5. 该企业于 2018 年 1 月 1 日发行了 5 年期，面值为 1 250 万元公司债券，发行价格为 1 000 万元，票面利率为 4.72%，实际利率为 10%。每年年末支付利息 59 万元，到期一次还本。假定该企业发行公司债券募集的资金专门用于建造一条生产线，生产线从 2018 年 1 月 1 日开始建设，于 2020 年底完工，达到预定可使用状态。

年份	期初债券余额	实际利息	每年支付现金	期末摊余成本
2018 年	1 000	100	59	1 041
2019 年	1 041	104	59	1 086
2020 年	1 086	109	59	1 136
2021 年	1 136	113	59	1 190
2022 年	1 190	119	1 250 + 59	0

下列表述正确的是（　　）。
A. 发行方因债券融资而应予以资本化的利息总额为 313 万元
B. 发行方因债券融资而应予以资本化的利息总额为 295 万元
C. 发行方每年支付的利息计入财务费用
D. 该企业折价发行债券的原因是债券票面利率低于市场利率

6. 假设该债券发行时即赋予发行人两年后提前还本付息。若 2022 年 1 月 1 日债务人拟提前一年还清偿该债券。则需偿还债券的金额为（　　）万元。
A. 1 086　　B.1 190　　C.1 136　　D.1 250

同步强化训练题参考答案及解析

一、单项选择题

1.【答案】C
【解析】甲公司的账务处理如下。
借：其他权益工具投资　124.3
　贷：其他业务收入　110
　　　应交税费——应交增值税（销项税额）　14.3
借：其他业务成本　110
　贷：原材料　110
由此可见，甲公司确认的其他权益工具投资账面价值为 124.3 万元。

2【答案】B
【解析】乙公司的账务处理如下：
借：原材料　110
　　应交税费——应交增值税（进项税额）　14.3
　贷：股本　（3 230 × 2%）64.6
　　　资本公积　59.7
由此可见，乙公司确认的资本公积为 59.7 万元。

3.【答案】A

【解析】

如果乙公司收回加工的材料用于继续生产应税消费品

借：委托加工物资　100

　贷：原材料　100

借：委托加工物资　2.5

　　应交税费——应交消费税　0.25

　贷：应付账款　2.75

借：原材料　102.5

　贷：委托加工物资　102.5

由此可见，乙公司收回的委托加工物资账面价值为 102.5 万元

4.【答案】C

【解析】

如果乙公司收回加工的材料直接用于销售

借：委托加工物资　100

　贷：原材料　100

借：委托加工物资　2.75

　贷：应付账款　2.75

借：原材料　102.75

　贷：委托加工物资　102.75

由此可见，乙公司收回委托加工物资时账面价值为 102.75 万元

5.【答案】A

【解析】企业在职工提供服务从而增加了其未来享有的带薪缺勤权利时，确认与累积带薪缺勤相关的职工薪酬，并以累积未行使权利而增加的预期支付金额计量；企业在职工实际发生缺勤的会计期间确认与非累积带薪缺勤相关的职工薪酬。长期利润分享计划属于其他长期职工福利。

6.【答案】A

【解析】对于分期付息，一次还本债券，当债券票面利率高于同期银行存款利率时，债券应溢价发行；当债券票面利率低于同期银行存款利率时，债券应折价发行。

7.【答案】D

【解析】2021 年 12 年 31 日，甲公司该项应付债券的摊余成本＝18 800×（1 ＋ 4%）—18 000×5%＝18 652（万元）；2021 年应确认的利息费用＝18 652×4%＝746.08（万元）；2022 年末应付债券的摊余成本＝18 652 ＋ 1 652×4% —18 000×5%＝18 498.08（万元）；2023 年末应付债券的摊余成本＝18 498.08 ＋ 18 498.08×4% —18 000×5%＝18 338.0032（万元）。

8.【答案】A

【解析】可转换公司债券负债成分的公允价值＝10 000×0.7835 ＋ 10 000×3%×4.3295 ＝9 133.85（万元），权益成分公允价值＝10 000—91 33.85 ＝866.15（万元）。

9.【答案】B

【解析】以权益结算的股份支付，企业应在等待期内的每个资产负债表日，以对可行权权益工具数量的最佳估计数为基础，按照权益工具在授予日的公允价值，将当期取得的服务计入相关资产成本或当期费用，同时计入资本公积中的其他资本公积。

10.【答案】C

【解析】认股权持有人到期没有行权的，应当在到期时将原计入其他权益工具的部分转入资本公积（股本溢价）。

11.【答案】B

【解析】企业接受政府作为企业所有者投入的资本，应在实际收到专项拨款时作为专项应付款处理。待拨款项目完成后，将形成固定资产等资产项目的部分转入资本公积；未形成资产应核销的部分，报经批准后冲减专项应付款；拨款项目完成后，如有拨款结余须上交的，冲减专项应付款。

12.【答案】C

【解析】专项应付款待拨款项目完成后，将形成固定资产等资产项目的部分转入资本公积。

13.【答案】B

【解析】在新债务重组准则下，以金融资产清偿债务方式进行债务重组的，债权人应将金融资产确认金额与放弃债权账面价值的差额计入投资收益；以非金融资产清偿债务方式进行债务重组的，债权人应以放弃债权的公允价值加上直接相关费用作为接受非金融资产的初始成本。

14.【答案】A

【解析】该债券 2020 年度确认的利息费用＝（196.65－2）×6%＝ 11.68（万元），2021 年度确认的利息费用＝[（196.65－2）＋ 11.68－200×5%]×6%＝ 11.78（万元）。

15.【答案】C

【解析】债务人以非金融资产清偿债务情况下，所清偿债务的账面价值和转让资产账面价值的差异计入其他收益——债务重组收益；债务人以金融资产清偿债务情况下，所清偿债务的账面价值和偿债金融资产账面价值的差异计入投资收益。因此，本题中所清偿债务的账面价值和偿债金融资产账面价值的差异计入投资收益，且贷记“投资收益”的金额为：500×（1 ＋ 13%）－300 ＝ 265（万元）。

16.【答案】C

【解析】在新债务重组准则下，以非金融资产清偿债务方式进行债务重组的，债权人应以放弃债权的公允价值加上直接相关费用作为接受非金融资产的初始成本；以金融资产清偿债务方式进行债务重组的，债权人应将金融资产确认金额与放弃债权账面价值的差额计入投资收益。因此，本题中甲企业重组债权账面价值为 500×（1 ＋ 13%）－50 ＝ 515（万元），因此，甲企业应将接受的货币资金与放弃债权账面价值的差额计入投资收益，借记“投资收益”的金额为：515－300 ＝ 215（万元）。

17.【答案】B

【解析】新债务重组准则下，以非金融资产清偿债务方式进行债务重组的，债权人应以放弃债权的公允价值加上直接相关费用作为接受非金融资产的初始成本。本题中，应增值税进项税额不单独向债务人收取，因此，应确认的存货资产入账价值为：3 000－2 000×13%＝ 2740（万元）。

18.【答案】D

【解析】债务人以非金融资产清偿债务情况下，应通过其他收益体现债务重组收益；因此，本题甲公司清偿债务产生的债务重组收益应确认为其他收益——债务重组收益，且金额为 3 000－1 000－20－2 000×13%＝ 1 760（万元）。

19.【答案】D

【解析】建造中发生的可预计的气候原因不属于非正常中断，即使超过了 3 个月，也需要继续资本化，选项 D正确。

20.【答案】C

【解析】借款费用开始资本化的条件：2021 年 7 月 1 日满足资本化开始的条件，2022 年 2 月 28 日所建造厂房达到预定可使用状态，应停止借款利息资本化，故借款费用资本化期间为 2021 年 7 月 1 日至 2022 年 2 月 28 日。

21.【答案】B

【解析】乙公司于 2022 年度应予资本化的专门借款费用＝ 8 000×5 % －5 000×0.4 % ×3－3 000×0.4% ×1－1 000×0.4% ×8 ＝ 296 万元。注意：工程的中断属于正常中断，且连续时间不超过 3 个月，不需要暂停资本化。

22.【答案】C

【解析】2021 年资本化利息为 8 000×5% ×3／12－5 000×0.4% ×3 ＝ 40（万元）。

2022 年度应予资本化的专门借款费用＝ 8 000×5 %－5000×0.4 % ×3－3 000×0.4 % ×1－1 000×0.4% ×8 ＝ 296 万元。

因此，乙公司所建厂房完工入账成本为 3 000 ＋ 2 000 ＋ 2 000 ＋ 500 ＋（8 000×5% ×3 / 12－5 000×0.4% ×3）＋（8 000×5%－5 000×0.4% ×3－3000×0.4% ×1－1 000×0.4% ×8）＝ 7 836（万元）。

23.【答案】A

【解析】鉴于甲公司建造办公楼没有占用专门借款，而占用了一般借款，因此，公司应当首先计算所占用一般借款的加权平均利率作为资本化率，然后计算建造办公楼的累计资产支出加权平均数，将其与资本化率相乘，计算求得当期应予资本化的借款利息金额。具体如下。

（1）计算所占用一般借款资本化率

一般借款资本化率（年）＝（2 000×6%＋ 10 000×8%）÷（2 000 ＋ 10 000）＝ 7.67%

（2）计算累计资产支出加权平均数

2021 年累计资产支出加权平均数＝ 1 500×360/360 ＋ 2 500×180/360 ＝ 2750（万元）

2022 年累计资产支出加权平均数＝（4 000 ＋ 1 500）×180/360 ＝ 2750（万元）

（3）计算每期利息资本化金额

2021 年为建造办公楼的利息资本化金额＝ 2 750×7.67%＝ 210.93（万元）

2021 年实际发生的一般借款利息费用＝ 2 000×6%＋ 10 000×8%＝ 920（万元）

2022 年为建造办公楼的利息资本化金额＝ 2 750×7.67%＝ 210.93（万元）

2022 年 1 月 1 日至 6 月 30 日

实际发生的一般借款利息费用＝（2 000×6%＋ 10 000×8%）×180÷360 ＝ 460（万元）

（4）根据上述计算结果，账务处理如下。

2021 年 12 月 31 日

借：在建工程	2 109 300	
财务费用	7 090 700	
贷：应付利息		9 200 000

2022 年 6 月 30 日

借：在建工程	2 109 300	
财务费用	2 490 700	
贷：应付利息		4 600 000

24.【答案】C

【解析】公司所建厂房完工入账成本为 2 500 ＋ 1 500 ＋ 1 500 ＋210.93 ＋ 210.93 ＝ 5 921.86（万元）。

25.【答案】B

【解析】在资本化期间内，外币专门借款本金及利息的汇兑差额，应当予以资本化，计入符合资本化条件的资产的成本，并不要求其与资产支出相挂钩。外币一般借款的借款费用计入当期损益，不予资本化。

26.【答案】C

【解析】甲公司应确认的预计负债金额＝（240 ＋ 280）÷2 ＝ 260（万元），其中，诉讼费 10 万元应计入管理费用，计入营业外支出的金额＝ 260－10 ＝ 250（万元）。

27.【答案】A

【解析】或有事项因预计支付各种赔偿金额的可能性并不相同，此题不能按加权平均法计算。或有事项涉及单个项目的，按照最可能发生金额确定。此题最可能发生金额为 900 万元，甲公司应在 2021 年资产负债表中确认的预计负债金额为 900 万元。

28.【答案】B

【解析】或有事项涉及多个项目，最佳估计数按照各种可能结果及相关概率计算确定，因此，本题中，资产负债表中确认的预计负债金额

180 000×（0×80%＋1%×15%＋2%×5%）＝450（万元）。

据此编制的会计分录

借：销售费用　450

　贷：预计负债　450

29.【答案】A

【解析】或有事项确认为资产通过“其他应收款”科目核算，但不能冲减预计负债的账面价值。

借：营业外支出　100

　贷：预计负债　100

同时

借：其他应收款　40

　贷：营业外收入　40

30.【答案】

【解析】由公司的计算过程可见，公司2021年3月份应予以资本化的金额为1.805万元。过程如下。

（1）1月份应予以资本化的金额（单位万元）

日期	每期资产支出金额	资产支出累计金额	闲置专门借款存款利息收入	占用了一般借款的资产支出	2月1日，借入2年期借款124万元，年利率为6%
1.1	120	120	0	—	

实际利息费用＝200×9%×1/12＝1.5（万元）

应予以资本化的金额＝实际利息费用1.5—存款利息收入0＝1.5（万元）

（2）2月份应予以资本化的金额（单位万元）

日期	每期资产支出金额	资产支出累计金额	闲置专门借款存款利息收入	占用了一般借款的资产支出	2月1日，借入2年期借款124万元，年利率为6%
1.1	120	120	0	—	
2.10	21	141	0	—	

实际利息费用＝200×9%×1/12＝1.5（万元）

应予以资本化的金额＝实际利息费用1.5—存款利息收入0＝1.5（万元）

（3）3月份应予以资本化的金额（单位万元）

日期	每期资产支出金额	资产支出累计金额	闲置专门借款存款利息收入	占用了一般借款的资产支出	2月1日，借入2年期借款124万元，年利率为6%
1.1	120	120	0	—	
2.10	21	141	0	—	
3.1	120	261	0	—	61

专门借款实际利息费用＝200×9%×1/12＝1.5（万元）

专门借款应予以资本化的金额＝实际利息费用1.5—存款利息收入0＝1.5（万元）

累计支出超过专门借款部分的资产支出的加权平均数＝61×30/30＝61（万元）

所占用的一般借款的利率＝6%×1/12＝0.5%

一般借款应予以资本化的金额 $=61\times0.5\%=0.305$（万元）

3月份应予以资本化的金额 $=1.5+0.385=1.805$（万元）

二、多项选择题

1.【答案】ABCE

【解析】长期借款的利息不会计入销售费用。长期借款利息若费用化，则计入财务费用；若资本化，则可计入在建工程、制造费用、研发支出等科目。

2.【答案】ABCD

【解析】实际利率法下，市场利率、债券溢价款摊销、债券折价款摊销、银行借款的合同利率等都会影响债务人当期实际利息费用。

3.【答案】ABD

【解析】符合资本化条件的资产，是指需要经过相当长时间的购建或者生产活动才能达到预定可使用或者可销售状态的固定资产、投资性房地产和存货等资产。因人为故意或非正常因素导致构建期较长的固定资产不属于资本化分为的固定资产。

4.【答案】ABC

【解析】常见的或有事项有：未决诉讼或未决仲裁、债务担保、产品质量保证（含产品安全保证）、环境污染整治、承诺、亏损合同、重组义务等。未来可能发生的自然灾害、交通事故、经营亏损等事项，不属或有事项范畴。

5.【答案】ABC

【解析】甲公司为乙公司提供担保，若乙公司发生财务危机，甲公司很可能承担连带责任，则甲公司应确认预计负债。选项A表述不正确。待执行合同变成亏损合同的，该亏损合同产生的义务满足或有事项确认预计负债条件的，应当确认为预计负债，选项B不正确；企业不应当就未来经营亏损确认预计负债，选项C不正确。

6.【答案】BCDE

【解析】视同销售行为包括：企业将货物交付他人代销；销售代销货物；将自产或委托加工的货物用于非应税项目；将自产、委托加工或购买的货物作为投资提供给其他单位或个体经营者；将自产、委托加工或购买的货物分配给股东或投资者；将自产、委托加工的货物用于集体福利或个人消费；将自产、委托加工或购买的货物无偿赠送他人等。

7.【答案】BDE

【解析】开发阶段支出符合资本化条件的计入无形资产成本，选项A错误；房地产开发企业用于项目开发的借款费用符合资本化条件的应计入开发成本，选项C错误。其他选项表述正确。

8.【答案】ABCD

【解析】所购建固定资产达到预定可使用状态是指资产已经达到购买方或建造方预定的可使用状态。其判断标准包括如下。

（1）固定资产的实体建造（包括安装）工作已经全部完成或者实质上已经完成；

（2）所购建的固定资产与设计要求或合同要求相符或基本相符，即使有极个别与设计或合同要求不相符的地方，也不影响其正常使用；

（3）继续发生在所购建固定资产上的支出金额很少或几乎不再发生。如果所购建固定资产需要试生产或试运行，则在试生产结果表明资产能够正常生产出合格产品时，或试运行结果表明能够正常运转或营业时，就应当认为资产已经达到预定可使用状态。

E选项不是所购建固定资产达到预定可使用状态的判断标准。

9.【答案】ACD

【解析】预计负债是企业承担的现时义务，选项A表述错误；企业应当考虑可能影响履行现时义务所需金额的相关未来事项，但不应考虑与其处置相关资产形成的利得，选项C表述错误；预计负债应当按照履行相关现时义务所需支出的最佳估计数进行初始计量，选项D表述错误。

10.【答案】BCDE

【解析】选项B，在报表列报时，预计负债与或有资产不能相互抵销。选项C，或有事项确认为资产必须同时满足三个条件：（1）相关义务已确认为负债；（2）从第三方或其他方得到的补偿基本确定收到；（3）赔偿的金额能够可靠地计量；选项D，预计负债计量应当考虑可能影响履行现时义务所需金额的相关未来事项，但不应考虑预期处置相关资产形成的利得。由上述条件可见，选项E的表述也不正确。

11.【答案】ABCD

【解析】企业因或有事项而确认预计负债的金额，应当是履行相关现时义务所需支出的最佳估计数。如果所需支出存在一个连续范围，且该范围内各种结果发生的可能性相同，则最佳估计数应当按照该范围内的中间值确定；在其他情况下，最佳估计数应分别按下列情况确定。

1）或有事项涉及单个项目的，最佳估计数按最可能发生金额确定。

2）或有事项涉及多个项目，最佳估计数按照各种可能结果及相关概率计算确定。

对于重组所产生的预计负债，企业应当按照与重组有关的直接支出确定预计负债金额。预计负债应当按照履行相关现时义务所需支出的最佳估计数进行初始计量，故选项E错误。

12.【答案】ABC

【解析】无法支付的应付款项应计入营业外收入；因产品质量保证确认的预计负债计入销售费用；研发项目在研究阶段的支出计入管理费用；其他权益工具投资公允价值的增加计入其他综合收益，不影响损益，企业转让其他权益工具投资所结转的其他综合收益应计入留存收益，也不影响损益。因此，选项ABC正确。

三、不定项选择题

1.【答案】ABC

【解析】应披露该未决诉讼。乙公司应确认的预计负债＝（570＋530）/2＋5＝555（万元）。

有关会计处理如下（单位万元）

借：管理费用	5	
营业外支出	550	
贷：预计负债		555

因此，本题正确选项为ABC。

2.【答案】D

【解析】企业通常不应当披露或有资产，但或有资产很可能会给企业带来经济利益的，应当披露其形成的原因、预计产生的财务影响等。

3.【答案】AB

【解析】对或有事项确认预计负债应同时满足的三个条件是：（1）该义务是企业承担的现时义务；（2）履行该义务很可能导致经济利益流出企业；（3）该义务的金额能够可靠地计量。选项A和B不满足第（2）个条件，不应确认为预计负债。

4.【答案】ABC

【解析】常见的或有事项有：未决诉讼或未决仲裁、债务担保、产品质量保证（含产品安全保证）、环境污染整治、承诺、亏损合同、重组义务等。未来可能发生的自然灾害、交通事故、经营亏损等事项，不属或有事项范畴。

四、不定项综合题

1.【答案】B

【解析】债务方

（1）2015年12月6日购进固定资产时

借：固定资产　　420

　贷：银行存款　　420

（2）固定资产年折旧费用为（420—20）/10 = 40 万元

2016 年 12 月 31 日计提折旧费用

借：生产成本　　40

　贷：累计折旧　　40

以后三年计提折旧费用的分录同上

2018 年 12 月 31 日该固定资产的账面价值为 420—3×40 = 300（万元）。

2.【答案】B

【解析】至 2019 年 12 月 31 日固定资产的账面价值为 420—4×40 = 260（万元）。

而此时的固定资产销售净价为 250 万元，因此固定资产应计提减值准备

2019 年 12 月 31 日计提减值准备

借：资产减值损失——计提固定资产减值准备　　10

　贷：固定资产减值准备　　10

固定资产计提减值准备后年折旧费用为（250—20）/6 ≈ 38（万元）。

2020 年 12 月 31 日计提折旧费用

借：生产成本　　38

　贷：累计折旧　　38

2020 年 12 月 31 日该固定资产的账面价值为 250—38 = 212（万元）。

3.【答案】AC

【解析】

2021 年计提折旧费用的分录同上

至 2021 年 12 月 31 日固定资产的账面价值为 250—2×38 = 174（万元）。

2021 年 12 月 31 日以该固定资产债务重组时：

借：固定资产清理　　174

　　累计折旧　　236

　　固定资产减值准备　　10

　贷：固定资产　　420

债务方账务处理如下：

借：应付账款　　350

　贷：银行存款　　50

　　　固定资产清理　　174

　　　其他收益——债务重组收益　　126

债权方账务处理如下：

借：银行存款　　50

　　固定资产　　300

　贷：应收账款——甲公司　　350

由此可见，依据新债务重组准则，正确选项为 AC。

4.【答案】A

【解析】由上述账务处理可见，重组日债务方确认的债务重组收益应贷记“其他收益——债务重组收益”126 万元。

5.【答案】AD

【解析】发行方

（1）发行时（注：以下单位均为万元）

借：银行存款　1 000

　　应付债券——利息调整　250

　贷：应付债券——债券面值　1 250

（2）2018 年年终计息时

借：在建工程　100

　贷：应付利息　59

　　　应付债券——利息调整　41

（3）2019 年年终计息时

借：在建工程　104

　贷：应付利息　59

　　　应付债券——利息调整　45

（4）2020 年年终计息时

借：在建工程　109

　贷：应付利息　59

　　　应付债券——利息调整　50

（5）2021 年年终计息时

借：财务费用　113

　贷：应付利息　59

　　　应付债券——利息调整　54

（6）2022 年年终计息时

借：财务费用　119

　贷：应付利息　59

　　　应付债券——利息调整　60

归还本金时

借：应付债券——债券面值　1250

　贷：银行存款　1 250

由此可见，发行方因债券融资而应予以资本化的利息总额为 313 万元（即 100 + 104 + 109 = 313）。相对于每年年末支付利息、到期一次还本债券，企业折价发行债券的原因是债券票面利率低于市场利率。

6.【答案】B

【解析】由上述账务处理可见，若 2022 年 1 月 1 日债务人拟提前一年还清偿该债券。则需偿还债券的金额为 1 190 万元。

第四章

所有者权益

本章考情分析

本章总体难度不大，可与长期股权投资、金融资产、债务重组等结合出综合性题，分值通常在5~10分。

本章重点内容包括实收资本（股本）、其他权益工具、资本公积、其他综合收益、留存收益等的会计处理及应用。

重要考点★★★

（1）其他综合收益的会计核算。

比较重要考点★★

（1）资本公积的会计核算；

（2）留存收益的会计处理；

（3）其他权益工具的会计核算。

一般考点★

（1）实收资本（股本）的会计核算。

【特别注意】所有者权益是股东权益，也就是股东在企业的账面净资产。企业盈利或亏损将导致股东权益的增减变动。考生可结合收入、费用的特征来理解为何企业盈利或亏损将导致股东权益的增减变

2022年本章教材变化

2022本章内容没有实质性变化

本章知识点解读与练习

【知识点1】实收资本和其他权益工具★★

【要求】掌握实收资本（股本）的会计处理。

一、知识点精讲

（一）一般企业实收资本的会计处理

【注意1】企业无论接受投资方的那种形式的出资（包括现金出资、非现金资产出资、承担债务等），都应在增加资产（或减少债务）的同时，增加实收资本。投资者出资额超过其在注册资本中所

占比例的部分，贷记“资本公积——资本溢价”科目。

1.接受现金投资

借：银行存款

　贷：实收资本（按投资者在企业注册资本中所占份额）

　　资本公积——资本溢价（按投资者出资额超过其在注册资本中所占比例的部分）

2. 接受非现金资产投资

【注意2】股份有限公司发行股票支付的手续费或佣金等发行费用，减去发行股票冻结期间产生的利息收入后的余额，如果溢价发行的，从发行股票的溢价中抵扣；股票没有溢价发行或溢价金额不足以支付发行费用的部分，应从所有者权益中扣减（如冲减盈余公积和未分配利润等）。

借：各类非现金资产科目

　应交税费——应交增值税（进项税额）

　贷：实收资本

　　资本公积——资本溢价

3. 企业接受外币资本投资

【注意3】企业接受外币资本投资，无论是否存在合同约定汇率，均采用交易日即期汇率折算，确认实收资本时不产生外币资本折算差额。

借：银行存款

　贷：实收资本

（二）股份有限公司股本的会计处理

【注意1】股份有限公司股本的会计处理与一般企业实收资本的会计处理基本相同，只不过需以“股本”科目替换“实收资本”科目。

1. 发行股票筹集股本

借：银行存款【应按实际收到的金额】

　贷：股本【应按股票面值和核定的股份总额的乘积】

　　资本公积——股本溢价

2. 境外上市公司和境内发行外资股公司股本

借：银行存款【应按收到股款当日的即期汇率折算的人民币金额】

　贷：股本【应按人民币股票面值和核定的股份总额的乘积】

　　资本公积——股本溢价

【注意2】股份有限公司发行股票支付的手续费或佣金等发行费用，减去发行股票冻结期间产生的利息收入后的余额，如果溢价发行的，从发行股票的溢价中抵扣；股票没有溢价发行或溢价金额不足以支付发行费用的部分，应从所有者权益中扣减（如冲减盈余公积和未分配利润等）。

（三）企业资本（或股本）变动的会计处理

1. 企业增资的会计处理

【注意1】企业增资的途径主要有：接受投资者追加投资；资本公积转增实收资本或者股本；盈余公积转增实收资本或者股本；可转换公司债券转为股本；以权益结算的股份支付的行权；将重组债务转为资本；分配股票股利等。考生应清楚每一类增资途径的会计处理。

（1）接受投资者追加投资时

借：银行存款

　贷：实收资本

　　资本公积——资本溢价

（2）资本公积转增资本或者股本时

借：资本公积

贷：实收资本（股本）

（3）盈余公积转增资本或者股本时

借：盈余公积

贷：实收资本（股本）

（4）可转换公司债券转为股本时

借：应付债券——可转换公司债券（面值、利息调整）（账面余额）

其他权益工具（转换部分权益成分的公允价值）

贷：股本（股票面值 ×转换的股数）

资本公积——股本溢价（差额）

（5）以权益结算的股份支付行权时

借：银行存款（实际支付的金额）

资本公积——其他资本公积（实际行权情况确定的金额）

贷：实收资本（应计入实收资本或股本的金额）

资本公积——资本溢价

（6）将重组债务转为资本时

借：应付账款等

贷：股本（实收资本）

资本公积——股本溢价（资本溢价）

投资收益（或借方）

【注意2】债务人将债务转为权益工具时，债务人应按照权益工具的公允价值确认权益工具，权益工具公允价值无法可靠计量的，再以清偿债务公允价值计量；所清偿债务账面价值与权益工具确认金额之间的差额，应当计入投资收益。

【注意3】教材有关将重组债务转为资本时的相关表述已经不符合新债务重组准则的规定了。

（7）分配股票股利时

公司应在实施该方案并办理完增资手续后，根据实际发放的股票股利数，借记“利润分配”科目，贷记“股本”科目。

【注意4】分配股票股利时并不会导致企业所有者权益总额变化，但所有者权益内部结构发生变化，表现为留存收益减少，股本增加。

2. 企业减资的会计处理

【注意1】企业减资的情形主要包括：资本过剩以及发生重大损失。无论哪种情形，都会导致企业所有者权益中的股本（或实收资本）减少。

股份有限公司回购公司股份时：

借：库存股

贷：银行存款

股份有限公司注销公司股份时：

借：股本（股票面值 ×注销股数）

资本公积——股本溢价

盈余公积

利润分配——未分配利润

贷：库存股

【注意2】股份有限公司回购公司股份时，按股票面值和注销股数计算的股票面值总额，借记“股本”科目，按所注销库存股的账面余额，贷记“库存股”科目，按其差额，借记“资本公积——股本溢价”科目，股本溢价不足冲减的，应借记“盈余公积”、“利润分配——未分配利润”科目。

【注意3】购回股票支付的价款低于面值总额的，应按股票面值总额，借记“股本”科目，按所注销库存股的账面余额，贷记“库存股”科目，按其差额，贷记“资本公积——股本溢价”科目。

（四）其他权益工具的会计处理

【注意】企业在所有者权益类科目中设置“其他权益工具”科目，核算企业发行的除普通股以外归类为权益工具的各种金融工具。“其他权益工具”科目按发行金融工具的种类设置明细科目分类核算。

1. 发行方的账务处理

（1）发行方发行的金融工具为债务工具并以摊余成本计量的

借：银行存款等科目（应按实际收到的金额）

　贷：应付债券——优先股、永续债（面值）科目（按债务工具的面值）

贷或借：应付债券——优先股、永续债（利息调整）科目（按其差额）

【注意】在该工具存续期间，计提利息并对账面的利息调整进行调整。

（2）发行方发行的金融工具为权益工具的

借：银行存款等科目（按实际收到的金额）

　贷：其他权益工具——优先股、永续债科目

【注意】分类为权益工具，在存续期间分派股利的，作为利润分配处理。

借：利润分配——应付优先股股利、应付永续债利息等

　贷：应付股利——优先股股利、永续债利息等

（3）发行方发行的金融工具为复合金融工具的

借：银行存款等科目（按实际收到的金额）

借或贷：应付债券——优先股、永续债（利息调整）科目（按负债成分的公允价值与金融工具之间的差额）

　贷：应付债券——优先股、永续债（面值）科目（按金融工具的面值）

　　其他权益工具——优先股、永续债科目（按实际收到金额扣除负债成分的公允价值后的金额）

【注意1】发行复合金融工具的交易费用，在负债成分和权益成分之间按照各自占总发行价款的比例进行分摊。

【注意2】企业（发行方）发行金融工具，其发生的手续费、佣金等交易费用，如分类为债务工具且以摊余成本计量的，应当计入所发行工具的初始计量金额；如分类为权益工具的，应当从权益（其他权益工具）中扣除。

2. 投资方的账务处理

金融工具投资方考虑持有的金融工具或其组成部分是权益工具还是债务工具时，应当遵循金融工具确认和计量准则的相关要求进行处理，并与发行方对金融工具或负债属性的分类保持一致。

如果投资方因持有发行方的金融工具而对发行方拥有控制、共同控制或重大影响的，按照《企业会计准则第2号——长期股权投资》和《企业会计准则第20号——企业合并》进行确认和计量；投资方需编制合并财务报表的，按照《企业会计准则第33号——合并财务报表》的规定编制合并财务报表。

二、选编例题

【例1·单选题】下列各项中，只会减少企业留存收益而不会减少企业资产的是（　　）。

A. 企业发放现金股利　　B. 企业发放股票股利

C. 企业亏损　　D. 企业对外捐赠

【例2·单选题】公司回购股份形成库存股用于职工股权激励的，在职工行权购买本公司的股份时，所收款项和等待期内根据职工提供服务所确认的相关资本公积的累计金额之和，与交付给职工库存股成本的差额，应计（　　）。

A. 盈余公积　　B. 实收资本

C. 营业外收入　　　　　　　　　　D. "资本公积——股本溢价"

【例3·单选题】2021年，甲公司以债转股形式与乙公司达成债务重组协议。甲公司将所欠乙公司到期债务账面价值1 200万元转为股本100万股（每股面值1元，市价8元）。则甲公司因债务重组应确认的资本公积为（　　）万元。

A.700　　B.800　　C.1 000　　D.1 200

【例4·单选题】接上题，甲公司所清偿债务账面价值与权益工具确认金额之间的差额正确的处理方法是（　　）。

A. 贷记"其他收益——债务重组收益"400万元

B. 贷记"营业外支出"400万元

C. 贷记"营业外收入——债务重组收益"400万元

D. 贷记"投资收益"400万元

【例5·单选题】（2018真题）2018年11月，甲股份有限公司委托乙证券公司代理发行普通股3 000万股，每股面值1元，发行价格为6元，甲股份有限公司按发行收入的0.5%向乙证券公司交付发行费用，乙证券公司从发行收入中抵扣。2018年12月，假设股票全部发行成功，甲股份有限公司已收到抵扣费用后的款项，甲股份有限公司应确认的"资本公积——股本溢价"的金额为（　　）万元。

A.18 000　　B.14 910　　C.17 910　　D.15 000

知识点1选编例题答案

1.**【答案】**B

【解析】企业发放股票股利只会减少留存收益而不会减少资产，其它选项都会导致企业留存收益和资产的减少。

2.**【答案】**D

【解析】本题知识点：以权益结算的股份支付行权时，所收款项和等待期内根据职工提供服务所确认的相关资本公积的累计金额之和，与交付给职工库存股成本的差额，应计入"资本公积——股本溢价"科目。

3.**【答案】**A

【解析】甲公司因债务重组应确认的资本公积为：100×（8−1）＝700（万元）。

4.**【答案】**D

【解析】依据债务重组准则，甲公司所清偿债务账面价值1200万元与权益工具确认金额800万元之间的差额400万元，应当计入投资收益。。

5.**【答案】**B

【解析】应确认的"资本公积——股本溢价"＝3 000×6−3 000×6×0.5%−3 000＝14 910（万元）。本题为2018年考生回忆的真题，2018年辅导材料第140页发行股票的会计处理与该题考点基本一致。

【知识点2】资本公积和其他综合收益★★★

【要求】掌握资本公积以及其他综合收益的会计处理。

一、知识点精讲

（一）资本公积的会计处理

【注意】资本公积的来源包括资本（或股本）溢价以及其他资本公积。

1. 资本溢价

投资者投入的资本中按被投单位注册资本所占比例计算的出资额部分，应计入“实收资本”科目，大于部分应计入“资本公积”科目。

2. 股本溢价

（1）股本溢价的增加

借：银行存款【应按实际收到的金额】

　贷：股本【应按股票面值和核定的股份总额的乘积】

　　资本公积——股本溢价

若是境外上市公司或境内发行外资时，做如下会计处理：

借：银行存款【应按收到股款当日的即期汇率折算的人民币金额】

　贷：股本【应按人民币股票面值和核定的股份总额的乘积】

　　资本公积——股本溢价

【注意】发行股票相关的手续费、佣金等交易费用，应从溢价发行收入中扣除，企业按扣除手续费、佣金后的数额计入“资本公积”科目。

（2）股本溢价的减少。

公司的公积金可用于弥补亏损、扩大公司生产经营或者转为增加公司资本。

借：资本公积——资本溢价（或股本溢价）

　贷：实收资本或股本（资本公积转增资本）

　　利润分配——未分配利润（资本公积弥补亏损）

3. 其他资本公积

【注意】其他资本公积是指除资本溢价（股本溢价）以外所形成的资本公积，包括长期股权投资采用权益法核算下产生的资本公积以及以权益结算的股份支付形成的资本公积。

（1）长期股权投资采用权益法核算情况下产生的资本公积

企业按持股比例计算应享有的份额，借记或贷记“长期股权投资——所有者权益其他变动”科目，贷记或借记“资本公积——其他资本公积”科目。

【注意】处置采用权益法核算的长期股权投资时，应结转原计入资本公积的相关金额，借记或贷记“资本公积——其他资本公积”科目，贷记或借记“投资收益”科目（除不能转入损益的项目外）。

（2）以权益结算的股份支付

以权益结算的股份支付换取职工或其他方提供服务的，等待期内每个资产负债表日，应将取得的职工服务，按照确定的金额，计入“管理费用”等科目，同时增加资本公积。

在行权日，按实际行权的权益工具数量计算确定的金额，借记“资本公积——其他资本公积”科目，按计入实收资本或股本的金额，贷记“实收资本”或“股本”科目，并将其差额计入“资本公积——资本溢价”或“资本公积——股本溢价”科目。

4. 资本公积转增资本

借记“资本公积——其他资本公积”科目，贷记“实收资本”或“股本”科目

（二）其他综合收益的会计处理

【注意1】其他综合收益是企业根据会计准则的规定未在当期损益中确认的各种利得和损失，包括以后会计期间不能重分类进损益的其他综合收益和以后会计期间满足规定条件时重分类进损益的其他综合收益。

【注意2】企业将作为存货的房地产（或自用房地产）转为采用公允价值模式计量的投资性房地产，转换日其公允价值大于账面价值的差额计入“其他综合收益”；处置该类投资性房地产时，将“其他综合收益”通过“其他业务成本”科目转入当期损益。

1. 以后会计期间不能重分类进损益的其他综合收益

（1）重新计量设定受益计划净负债或净资产导致的变动

（2）按照权益法核算因被投资单位重新计量设定受益计划净负债或净资产导致的权益变动，投资企业按持股比例计算确认的该部分其他综合收益项目。

（3）其他权益工具投资公允价值变动。

（4）企业自身信用风险公允价值变动。

2. 以后会计期间满足规定条件时重分类进损益的其他综合收益

（1）权益法下可转损益的其他综合收益。

（2）其他债权投资公允价值变动。

（3）金融资产重分类计入其他综合收益的金额。

（4）其他债权投资信用减值准备。

（5）现金流量套期储备。

（6）外币财务报表折算差额等。

二、选编例题

【例1·单选题】甲公司持有乙公司20%的股份，并能够对乙公司施加影。2021年11月，乙公司将作为存货的房地产转换为公允价值模式计量的投资性房地产，转换日公允价值大于账面价值1 000万元。不考虑其他因素，则甲公司下列会计处理正确的是（　　）。

A. 借：长期股权投资　　200

　贷：资本公积　　（1 000×20%）200

B. 借：长期股权投资　　200

　贷：其他综合收益　　(1 000×20%）200

C. 借：长期股权投资　　200

　贷：公允价值变动损益　　（1 000×20%）200

D. 借：投资性房地产　　200

　贷：其他综合收益　　（1 000×20%）200

【例2·单选题】下列各项中，属于以后不能重分类进损益的其他综合收益的是（　　）。

A. 外币财务报表折算差额

B. 现金流量套期的有效套期部分

C. 其他债权投资的公允价值变动

D. 重新计算设定受益计划净负债或净资产的变动额

【例3·多选题】（2018真题改）下列交易或事项中，可能导致企业资本公积增加的有（　　）。

A. 债务人以非金融资产偿债

B. 接受控股股东现金捐赠

C. 接受投资者追加投资

D. 换入办公楼的公允价值大于换出土地使用权的账面价值

E. 以权益结算的股份支付行权

【例4·多选题】（2018真题）下列其他综合收益项目中，属于以后会计期间能重分类进损益的有（　　）。

A. 可供出售外币非货币性项目的汇兑差额

B. 自用房地差转换为以公允价值模式计量的投资性房地产时计入其他综合收益的部分

C. 将持有至到期投资重分类为可供出售金融资产时计入其他综合收益的部分

D. 重新计量设定收益计划净负债或净资产导致的变化

E. 可供出售金融资产公允价值变动

【例5·单选题】（2021真题）下列计入其他综合收益的金额中，以后会计期间不能重分类进损益的是（　　）。

A. 指定为以公允价值计量且其变动计入其他综合收益的金融资产的公允价值变动

B. 分类为以公允价值计量且其变动计入其他综合收益的金融资产的公允价值变动

C. 现金流量套期产生的利得或损失中属于有效套期的部分

D. 外币则务报表折算差额

知识点2选编例题答案

1.【答案】B

【解析】被投资单位乙公司作为存货的房地产转换为公允价值模式计量的投资性房地产时，转换日公允价值大于账面价值的差额计入其他综合收益；在权益法核算下，被投资单位其他综合收益变动，投资方按持股比例计算应享有的份额。因此，本题甲公司应做如下会计处理。

借：长期股权投资　　200

　贷：其他综合收益　　（1 000×20%）200

2.【答案】D

【解析】重新计量设定受益计划净负债或净资产的变动额计入其他综合收益，该其他综合收益将来不能转入损益。

3.【答案】BCE

【解析】本题考核的是所有者权益资本公积变动的影响因素。选项A，债务人以非金融资产清偿债务时，所清偿债务的账面价值和转让资产账面价值的差异计入其他收益——债务重组收益，不会影响资本公积；选项B，接受控股股东捐赠，增加资本公积——股本溢价（资本溢价）；选项C，接受投资者追加投资，增加资本公积——其他资本公积；选项D，非货币性资产交换具有商业实质的资产公允价差额计入当期损益；选项E，以权益结算的股份支付，行权时增加资本公积——股本溢价（资本溢价），同时减少资本公积——其他资本公积，行权价格一般大于股本，故会导致资本公积增加。本题为2018年考生回忆的真题，2018年辅导材料相关章节的表述与该题考点完全一致。

4.【答案】ABCE

【解析】选项D，产生的其他综合收益，以后不能再重分类进损益。本题为2018年考生回忆的真题，2018年辅导材料第144页的表述与该题考点一致。

5.【答案】A

【解析】在初始确认时，企业可以将非交易性权益工具指定为以公允价值计量且其变动计入其他综合收益的金融资产，该指定后不得撤销，即当该类非交易性权益工具终止确认时原计入其他综合收益的公允价值变动损益不得重分类进损益。其它选项属于以后会计期间满足规定条件时将重分类进损益的其他综合收益项目。

【知识点3】留存收益★

一、知识点精讲

【注意1】留存收益是企业从历年实现的利润中提取或形成的留存于企业的内部积累，主要包括盈余公积和未分配利润

【注意2】通常只要企业盈利，则所有者权益就增加，原因在于盈利会导致企业的留存收益增加。

（一）盈余公积

盈余公积是指企业按照有关规定从净利润中提取的积累资金。

盈余公积分为两种：一是法定盈余公积。公司制企业的法定盈余公积按照税后利润的10%提取，法定盈余公积累计额已达注册资本的50%时可以不再提取。二是任意盈余公积。任意盈余公积是企业按照股东会或股东大会决议提取的盈余公积。

企业提取的盈余公积可用于弥补亏损、转增资本或股本等。用盈余公积转增资本（股本）后，留存的盈余公积不得少于注册资本的25%。

【注意】企业提取盈余公积、用盈余公积弥补亏损或转增资本等并不会导致企业所有者权益总额的变动，但会导致企业所有者权益内部结构发生变动。

1. 提取盈余公积

借：利润分配——提取法定盈余公积
　　　　　　——提取任意盈余公积
　贷：盈余公积——法定盈余公积
　　　　　　　——任意盈余公积

2. 盈余公积弥补亏损

借：盈余公积——法定盈余公积
　贷：利润分配——盈余公积补亏

3. 转增资本

借：盈余公积
　贷：实收资本（或股本）

如果两者之间有差额，应贷记“资本公积——资本溢价（或股本溢价）”科目。

（二）未分配利润

1. 未分配利润的性质

未分配利润是指企业实现的净利润经过弥补亏损、提取盈余公积和向投资者分配利润后留存在企业的、历年结存的利润。未分配利润通常用于留待以后年度向投资者进行分配，也可用于发放股票股利、转增股本（或实收资本）等。

2. 利润分配

（1）结转本年利润

借：本年利润
　贷：利润分配——未分配利润

（2）提取法定盈余公积

借：利润分配——提取法定盈余公积
　贷：盈余公积

（3）分配现金股利

借：利润分配——应付现金股利或利润
　贷：应付股利

（4）结转利润分配科目中的明细科目

借：利润分配——未分配利润
　贷：利润分配——提取法定盈余公积
　　　　　　　——应付现金股利或利润

【注意】年度终了，企业应将全年实现的净利润，自“本年利润”科目转入“利润分配——未分配利润”科目；同时，将“利润分配”科目下的其他明细科目的余额转入“利润分配”科目的“未分配利润”明细科目。“利润分配——未分配利润”科目年末余额，反映企业历年积存的未分配利润（或未弥补亏损）。结转后，除“未分配利润”明细科目外，“利润分配”科目的其他明细科目应无余额。

二、选编例题

【例1·单选题】2019年1月1日，甲公司支付1 000万元取得乙公司100%的股权，投资当时乙公司可辨认净资产的公允价值为800万元。2019年1月1日至2020年12月31日，乙公司所有者权益增加了200万元，其中按购买日公允价值计算实现的净利润150万元，持有以公允价值计量且其变动计入其他综合收益的非权益性工具投资公允价值升值50万元。2021年1月6日，甲公司转让乙公司60%的股权，转让后甲公司对乙公司持股40%，能够对其施加重大影响。假定甲、乙公司提取盈余公积的比例均为10%，且乙公司未分配现金股利，不考虑其他因素，则甲公司对剩余股权改按权益法核算时，2019年1月1日至2020年12月31日乙公司所有者权益的变化，甲公司应在其个别财务报表中会计处理是（　　）。

A. 借：长期股权投资　800 000

　　贷：盈余公积　60 000（1 500 000 × 40% × 10%）

　　　　利润分配　540 000（500 000 × 40% × 90%）

　　　　其他综合收益　200 000（500 000 × 40%）

B. 借：长期股权投资　800 000

　　贷：投资收益　600 000

　　　　其他综合收益　200 000（500 000 × 40%）

C. 借：长期股权投资　800 000

　　贷：投资收益　800 000

D. 借：长期股权投资　800 000

　　贷：盈余公积　80 000（2 000 000 × 40% × 10%）

　　　　利润分配　720 000（2 000 000 × 40% × 90%）

【例 2 · 单选题】下列交易或事项会增加未分配利润的是（　　）。

A. 盈余公积补亏　　B. 企业计提固定资产减值准备

C. 企业接受投资　　D. 宣告分派股票股利

【例 3 · 多选题】下列各项中，不能引起留存收益总额发生变动的有（　　）。

A. 提取任意盈余公积　　B. 以盈余公积分配现金股利

C. 以盈余公积转增资本　　D. 以当年净利润弥补以前年度亏损

E. 企业处置其他权益投资，并结转投资持有期间的公允价值变动数额

知识点 3 选编例题答案

1.**【答案】**A

【解析】甲公司对剩余股权改按权益法核算时，2019 年 1 月 1 日至 2020 年 12 月 31 日乙公司所有者权益的变化，甲公司应在其个别财务报表中会计处理

借：长期股权投资　800 000

　　贷：盈余公积　60 000（1 500 000 × 40% × 10%）

　　　　利润分配　540 000（1 500 000 × 40% × 90%）

　　　　其他综合收益　200 000（500 000 × 40%）

2.**【答案】**A

【解析】选项 A，增加未分配利润；选项 B，企业计提固定资产减值准备将会导致企业资产减少，损失增加，从而减少利润，不会增加未分配利润；选项 C，企业资产增加，所有者权益增加；选项 D，不需要进行账务处理，只需要备查簿中登记，不增加未分配利润。

3.**【答案】**AD

【解析】留存收益包括两部分：盈余公积和未分配利润，只要影响盈余公积或未分配利润，就会导致留存收益总额发生变动。选项 A，提取盈余公积是留存收益项目内部一增一减，且金额相等，不会引起留存收益总额变动；选项 B，用盈余公积分配现金股利会引起盈余公积项目减少，应付股利增加；选项 C，盈余公积转增资本，会引起盈余公积项目减少，股本增加，从而影响留存收益；选项 D，不需要专门做账务处理，留存收益项目内部的一增一减，金额相等，留存收益总额不变。选项 E，企业处置其他权益投资时，应将投资持有期间的公允价值变动所计入的其他综合收益转入留存收益，从而影响留存收益总额。

同步强化训练题

一、单项选择题

1. 下列各项中，不会导致所有者权益总额增减变动的有（　　）。

A. 交易性金融资产升值　　B. 管理用固定资产折旧

C. 高于账面价值出售产品　　D. 以盈余公积转增资本

2. 企业发生的下列交易或事项中，不会引起当期资本公积发生变动的是（　　）。

A. 以权益结算的股份支付换取职工提供服务

B. 原始股增值，导致新增投资人溢价增资

C. 权益法下被投资单位亏损

D. 同一控制下企业合并中取得被合并方净资产份额小于所支付对价账面价值

3. 下列各项中，在相关资产处置时，其他综合收益不应转入当期损益的是（　　）。

A. 其他权益工具投资因公允价值变动计入其他综合收益的部分

B. 权益法下，投资企业因享有联营企业持有的其他债权投资公允价值的变动部分

C. 其他债权投资因公允价值变动计入其他综合收益的部分

D. 自用房地产转为以公允价值计量的投资性房地产在转换日计入其他综合收益的部分

4. 甲公司与乙公司、丙公司共同出资设立A公司，甲公司以一项估值与账面价值不一致的固定资产出资，占A公司股权的30%，能够与乙公司、丙公司共同控制A公司的生产经营决策，则下列表述正确的是（　　）。

A. 此项投资影响甲公司实收资本　　B. 此项投资影响甲公司资本公积

C. 此项投资不影响甲公司盈余公积　　D. 此项投资影响甲公司未分配利润

5. 下列交易事项中，能够引起资产和所有者权益同时增加的是（　　）。

A. 权益法下被投资单位宣告发放现金股利　　B. 企业接受现金捐赠

C. 企业财产清查中固定资产盘亏　　D. 企业以银行存款支付原材料采购价款

6.2020年1月1日，甲公司向50名高管人员每人授予2万份股票期权，这些人员从被授予股票期权之日起连续服务满2年，即可按每股6元的价格购买甲公司2万股普通股股票（每股面值1元）。该期权在授予日的公允价值为每份12元。2021年10月20日，甲公司从二级市场以每股15元的价格回购本公司普通股股票100万股，拟用于高管人员股权激励。在等待期内，甲公司没有高管人员离职。2021年12月31日，高管人员全部行权，当日甲公司普通股市场价格为每股16元。2021年12月31日，甲公司因高管人员行权应确认的股本溢价为（　　）万元。

A.20　　B.300　　C.50　　D.1 700

7. 自用房地产转换为采用公允价值模式计量的投资性房地产，转换日该房地产公允价值大于账面价值的差额，正确的会计处理是（　　）。

A. 计入其他综合收益　　B. 计入期初留存收益

C. 计入营业外收入　　D. 计入公允价值变动损益

8.2020年3月10日甲股份有限公司委托某证券公司代理发行普通股2 000万股，每股面值1元，每股按5元的价格出售。按双方协议约定，证券公司从发行收入中扣取2%的手续费。则甲公司计入资本公积的数额为（　　）万元。

A.6 000　　B.5 800　　C.6 800　　D.7 800

9. 甲股份有限公司为上市公司（以下简称甲公司），2021年1月1日，甲公司以银行存款1 000万元，自关联方H公司购入乙公司80%有表决权的股份。当日，乙公司可辨认资产、负债的公允价值与其账面价值相同，所有者权益总额为1 000万元。甲公司所有者权益中资本公积为100万元，盈余公积为20万元，未分配利润为80万元。在此之前，甲公司与乙公司同属于H公司的子公司。甲公

司因购入乙公司股份这笔业务应冲减的资本公积为（　　）万元。

A.1 000　　B.200　　C.800　　D.100

10.2021 年 1 月 1 日，甲公司以银行存款 1 000 万元及一土地使用权取得其母公司控制的乙公司 80%股权，并于当日起能够对乙公司实施控制。合并日，该土地使用权的账面价值为 3 200 万元，公允价值为 4 000 万元；乙公司净资产的账面价值为 6 000 万元，公允价值为 6 250 万元。假定甲公司与乙公司的会计年度和采用的会计政策相同，不考虑其他因素，乙公司应确认的资本公积为（　　）万元。

A.1 000　　B.200　　C.800　　D.600

11.2021 年 7 月 1 日，甲公司购入一项无形资产，支付价款 800 万元。甲公司预计该无形资产的使用寿命无法确定。按照税法规定，该无形资产应按照 20 年计提摊销，预计净残值为 0。2022 年 12 月 31 日，甲公司对其进行减值测试时确定其可收回金额为 750 万元。假定不考虑其他因素，则下列表述正确的是（　　）。

A. 2022 年该无形资产无需摊销，不影响甲公司所有者权益

B. 2022 年该无形资产需摊销，从而减少甲公司所有者权益

C. 2022 年该无形资产因计提减值准备 50 万元，从而减少甲公司所有者权益

D. 2022 年该无形资产无需计提减值准备，从而不影响甲公司所有者权益

12. 下列各项外币资产发生的汇兑差额，不应计入当期损益的是（　　）。

A. 应收账款　　B. 交易性金融资产　　C. 其他应收款　　D. 其他权益工具投资

13. 投资性房地产的后续计量从成本模式转为公允价值模式的，转换日投资性房地产的公允价值高于其账面价值的差额会对下列财务报表项目产生影响的是（　　）。

A. 资本公积　　B. 营业外收入　　C. 未分配利润　　D. 投资收益

14. 某企业盈余公积 2021 年初余额为 150 万元，本年税前利润总额为 1 600 万元，所得税费用为 400 万元，按净利润的 10%提取法定盈余公积，并将盈余公积 100 万元转增资本。该企业盈余公积 2021 年末余额为（　　）万元。

A.140　　B.155　　C.160　　D.170

15. 下列关于未分配利润的说法，不正确的是（　　）。

A. 未分配利润是留存企业的尚未指定用途、留待以后年度分配的净利润

B. 未分配利润是所有者权益的重要组成部分

C. 未分配利润是企业当年待分配的净利润

D. 未分配利润可视为股东对企业的追加投资

16. 下列事项中，影响企业其他综合收益金额的是（　　）。

A. 公允价值计量模式下，投资性房地产公允价值大于其账面价值的差额

B. 公允价值计量模式下，自用房地产转为投资性房地产时，公允价值大于账面价值

C. 公允价值计量模式下，自用房地产转为投资性房地产时，公允价值小于账面价值

D. 公允价值计量模式下，投资性房地产转为自用房地产时，公允价值大于账面余额

17. 某企业于 2020 年 1 月 1 日以公允价值 5 000 万元购入一项债券投资组合，将其分类为以摊余成本计量的金融资产。2021 年 1 月 1 日，将其重分类为以公允价值计量且其变动计入其他综合收益的金融资产。重分类日，该债券组合的公允价值为 4 900 万元，已确认的损失准备为 60 万元（反映了自初始确认后信用风险显著增加，因此以整个存续期预期信用损失计量）。假定不考虑利息收入的会计处理。则下列会计处理正确的是（　　）。

A. 借：其他债权投资　　4 900

　　其他综合收益——其他债权投资公允价值变动　　100

　贷：债权投资　　5 000

借：债权投资损失准备 60

贷：其他综合收益——损失准备 60

B. 借：其他债权投资 4 900

债权投资损失准备 60

投资收益 40

贷：债权投资 5 000

C. 借：其他债权投资 4 900

其他综合收益——其他债权投资公允价值变动 100

贷：债权投资 5 000

借：投资收益 60

贷：其他综合收益 60

D. 借：债权投资 4 900

其他综合收益——其他债权投资公允价值变动 100

贷：其他债权投资 5 000

借：投资收益 60

贷：其他综合收益 60

18. 下列各项中，表述正确的是（　　）。

A. 公司从税后利润中提取盈余公积将增加留存收益

B. 公司作为债务方进行债务重组必然会增加企业留存收益

C. 公司所持有的交易性金融资产公允价值提高不会导致留存收益总额变化

D. 公司当期发生亏损将导致留存收益总额减少

二、多项选择题

1. 下列项目中，通过“其他权益工具”科目核算的有（　　）。

A. 可转换公司债券权益成分的公允价值　　B. 发行的金融工具归类为权益工具

C. 发行的金融工具归类为金融负债　　D. 接受企业所有者溢价投资

E. 以权益结算的股份支付行权

2. 下列事项在进行账务处理时应通过“资本公积”科目核算的有（　　）。

A. 法定资产评估增值

B. 投资者投入的资金大于在注册资本中享有的份额

C. 企业接受捐赠

D. 其他权益工具投资期末公允价值变动

E. 等待期内的每个资产负债表日，因采用权益结算方式的股份支付将取得的员工服务计入成本费用时

3. 下列会计事项中，能引起其他综合收益金额变动的有（　　）。

A. 现金流量套期工具产生的利得或损失中属于有效套期的部分

B. 现金流量套期工具产生的利得或损失中属于无效套期的部分

C. 采用权益法核算的长期股权投资，被投资企业其他综合收益的增加

D. 用盈余公积分配现金股利

E. 企业将作为存货的房地产转为采用公允价值模式计量的投资性房地产，转换时其公允价值小于账面价值

4. 甲公司 2021 年 12 月 31 日所有者权益为：股本 2 000 万元（面值为 1 元），资本公积 800 万元（其中，股本溢价 300 万元），盈余公积 500 万元，未分配利润 0 万元。经董事会批准以每股 5 元回

购本公司股票 200 万股并注销。关于回购股票，下列会计处理正确的有（　　）。

A. 回购股票时，企业库存股的入账金额是 1 000 万元

B. 注销回购库存股时，企业股本减少的金额是 1 000 万元

C. 注销回购库存股时，“资本公积——股本溢价”科目的金额是 800 万元

D. 企业注销回购库存股不影响企业的所有者权益总额

E. 企业注销回购库存股会减少企业的所有者权益总额

5. 上市公司发生的下列交易或事项中，会引起上市公司所有权益总额发生增减变动的有（　　）。

A. 处置固定资产产生的净收益　　B. 权益法核算下，被投单位实现净利润

C. 以本年利润弥补以前年度亏损　　D. 持有的金融资产公允价值增加

E. 企业发放股票股利

6. 下列交易事项中，会引起资产和所有者权益同时发生增减变动的是（　　）。

A. 盈余公积弥补亏损　　B. 接受捐赠

C. 回购库存股　　D 发行可转换公司债券

E. 资本公积转增股本

7. 下列关于企业发行可转换公司债券会计处理的表述中，正确的有（　　）。

A. 将负债成份确认为应付债券　　B. 将权益成份确认为其他权益工具

C. 按债券面值计量负债成份初始确认金额　　D. 按公允价值计量负债成份初始确认金额

E. 发行复合金融工具的交易费用，确认为应付债券

8. 下列事项中，不会引起留存收益总额发生增减变动的是（　　）。

A. 企业接受投资　　B. 企业注销库存股

C. 企业提取盈余公积　　D. 以权益结算的股份支付，职工行权时

E. 企业发行的可转换公司债券被转为股票时

9.2020 年 1 月 2 日，甲公司以货币资金取得乙公司 30% 的股权，初始投资成本为 4 000 万元；当日，乙公司可辨认净资产公允价值为 14 000 万元，与其账面价值相同。甲公司取得投资后即派人参与乙公司的生产经营决策，但未能对乙公司形成控制。乙公司 2020 年实现净利润 1 000 万元，所持有的其他债权投资增值 100 万元。假定不考虑所得税等其他因素，2020 年甲公司下列各项与该项投资相关的会计处理中，正确的有（　　）。

A. 确认商誉 200 万元　　B. 确认营业外收入 200 万元

C. 确认投资收益 300 万元　　D. 确认资本公积 200 万元

E. 确认其他综合收益 30 万元

10. 甲公司下列事项中，可能会使企业所有者权益总额发生变动的是（　　）。

A. 对专利权计提无形资产减值准备　　B. 出租商标权取得的租金收入

C. 宣传新产品发生的相关广告费　　D. 盈余公积转增资本

E. 为企业使用寿命不确定的非专利技术达到预定用途支付的专业服务费用

三、不定项选择题

甲公司是一家转型生产人工智能产品的企业。2021 年初公司简易资产负债表如下：

简易资产负债表

单位：万元

资产	期末余额	负债和所有者权益	期末余额
流动资产：		流动负债：	
流动资产合计	650 000	流动负债合计	

非流动资产：		非流动负债：	
		长期借款	450 000
非流动资产合计	950 000	非流动负债合计	450 000
		负债合计	450 000
		所有者权益	1 150 000
资产总计	1 600 000	负债和所有者权益总计	1 600 000

甲公司 2021 年各收支账户的发生额如下： 万元

主营业务收入 1 000 000 万元　　主营业务成本 460 000 万元

销售费用 50 000 万元　　税金及附加 20 000 万元

管理费用 60 000 万元　　营业外收入 30 000 万元

财务费用 30 000 万元

营业外支出 10 000 万元

其他相关信息如下：

（1）假设不考虑纳税调整事项，公司按利润总额 25%计算应交所得税；

（2）按净利润的 10%提取法定盈余公积；

（3）宣告分配现金股利 80 000 万元；

（4）甲公司 2021 年初所有者权益中"未分配利润"为 150 000 万元。

要求回答下列问题：

1. 下列表述正确的是（　　）。

A. 本期提取盈余公积 30 000 万元　　B. 本期留存收益净增加 190 000 万元

C. 本期留存收益净增加 220 000 万元　　D. 2021 年年末未分配利润 340 000 万元

2. 甲公司 2021 年末所有者权益为（　　）万元。

A.1 150 000　　B.1 600 000　　C.1 370 000　　D.1 980 000

3. 甲公司下列事项中，影响企业其他综合收益金额的是（　　）。

A. 交易性金融资产公允价值大于其账面价值的差额

B. 存货资产期末升值

C. 重新计量设定受益计划净负债或净资产导致的变动

D. 以权益结算的股份支付形成的资本公积

4. 甲公司拟扩大产能于 2021 年 12 月 31 日按每份面值 1 000 元发行了期限为 2 年、票面年利率为 7%的可转换公司债券 50 000 份，利息每年年末支付。每份债券可在发行 1 年后转换为 100 股普通股。发行日市场上与之类似但没有转换股份权利的公司债券的市场利率为 9%，假定不考虑其他因素。有关该交易的下列表述正确的有（　　）。[提示（P/A，9%，2）= 1.7591；（P/F，9%，2）= 0.8417]

A. 增加长期负债 5 000 万元　　B. 增加长期负债 4 824.185 万元

C. 增加所有者权益 175.815 万元　　D. 增加长期负债 175.815 万元

四、不定项综合题

甲公司 2020 年至 2022 年年对乙公司股票投资的有关资料如下。

资料一：2020 年 1 月 1 日，甲公司定向发行每股面值为 1 元、公允价值为 4.5 元的普通股 1 000 万股作为对价取得乙公司 30%有表决权的股份。交易前，甲公司与乙公司不存在关联方关系且不持有乙公司股份；交易后，甲公司能够对乙公司施加重大影响。取得投资日，乙公司可辨认净资产的账面价值为 16 000 万元，除行政管理用 W固定资产外，其他各项资产、负债的公允价值分别与其账面价值相同。该固定资产原价为500万元，原预计使用年限为5年，预计净残值为零，采用年限平均法计提折旧，已计提折旧100万元；当日，该固定资产公允价值为480万元，预计尚可使用4年，与原预计剩余年限相一致，预计净残值为零，继续采用原方法计提折旧。

资料二：2020年8月20日，乙公司将其成本为900万元的M商品以不含增值税的价格1 200万元出售给甲公司。至2020年12月31日，甲公司向非关联方累计售出该商品50%，剩余50%作为存货，未发生减值。

资料三：2020年度，乙公司实现的净利润为6 000万元，因乙公司所持有的其他债权投资公允价值变动增加其他综合收益200万元，未发生其他影响乙公司所有者权益变动的交易或事项。

资料四：2021年1月1日，甲公司将对乙公司股权投资的80%出售给非关联方，取得价款5 600万元，相关手续于当日完成，剩余股份当日公允价值为1 400万元，出售部分股份后，甲公司对乙公司不再具有重大影响，将剩余股权投资转为以公允价值计量且其变动计入其他综合收益的金融资产（其他权益工具投资）。

资料五：2021年12月31日，甲公司持有乙公司股票的公允价值下跌至800万元。

资料六：2022年1月8日，甲公司以780万元的价格在二级市场上售出所持乙公司的全部股票。

资料七：甲公司和乙公司所采用的会计政策、会计期间相同，假定不考虑增值税、所得税等其他因素。

要求依据上述资料回答下列问题。

1.2020年1月1日，乙公司可辨认净资产公允价值为（　　）万元。

A.16 000　　B.16 080　　C.16 100　　D.16 120

2.2020年1月1日，甲公司取得乙公司股权投资时，下列表述正确的有（　　）。

A. 甲公司确认对乙公司的长期股权投资入账价值为4 500万元

B. 甲公司确认对乙公司的长期股权投资入账价值为4 824万元

C. 甲公司确认对乙公司长期股权投资入账价值时不会增加甲公司所有者权益

D. 甲公司确认对乙公司长期股权投资入账价值时将增加甲公司资产及所有者权益

3. 甲公司2020年度应确认的投资收益和应享有乙公司其他综合收益变动的金额分别为（　　）。

A.1 749万元，60万元　　B.1 794万元，60万元

C.1 704万元，200万元　　D.1 800万元，60万元

4.2020年12月31日甲公司对乙公司长期股权投资的账面价值为（　　）万元。

A.4 500　　B.6 249　　C.6 633　　D.7 000

5.2021年1月1日甲公司处置部分股权投资，并将剩余股权转为以公允价值计量且其变动计入其他综合收益的金融资产（其他权益工具投资），则下列表述正确的是（　　）。

A. 投资收益增加293.6万

B. 投资收益增加427万

C. 将导致甲公司资产增加、所有者权益增加

D. 将导致乙公司资产增加、所有者权益增加

6.2022年1月8日，甲公司以780万元的价格在二级市场上售出所持乙公司的股票时，下列表述正确的是（　　）。

A. 甲公司当期投资收益减少620万元

B. 甲公司当期留存收益减少620万元

C. 甲公司当期其他综合收益贷方增加600万元

D. 甲公司当期其他综合收益借方增加600万元

7.2020年甲公司对乙公司长期股权投资权益法核算时，下列表述正确的有（　　）。

A. 权益法核算能体现甲公司对乙公司长期股权投资的公允价值

B. 乙公司所有者权益的增减变动必然会导致甲公司对乙公司长期股权投资账面价值的变动

C. 乙公司接受非关联方非现金资产捐赠会导致甲公司对乙公司长期股权投资账面价值的变动

D. 乙公司持有的其他债权投资公允价值变动不会导致甲公司对乙公司长期股权投资账面价值的变动

同步强化训练题参考答案及解析

一、单项选择题

1.【答案】D

【解析】A 选项导致利润增加，并最终会增加所有者权益；B选项导致所有者权益减少；C选项导致所有者权益增加；D选项导致所有者权益内部结构变化，但不会导致所有者权益总额增减变动。

2.【答案】C

【解析】选项 C，企业长期股权投资减少，投资收益减少，不会涉及当期资本公积的变动；A选项以权益结算的股份支付换取职工或其他方提供服务的，应按照确定的金额，记入“管理费用”等科目，同时增加资本公积（其他资本公积）；D选项减少资本公积；B选项增加资本公积。

3.【答案】A

【解析】其他权益工具投资因公允价值变动计入其他综合收益的部分，处置时其他综合收益转入留存收益。其它各项处置时其他综合收益转入当期损益。

4.【答案】D

【解析】因甲公司个别报表中应确认投出固定资产的处置损益，从而会影响当期利润，最终会影响留存收益（包括盈余公积和未分配利润）；其它选项表述错误。

5.【答案】B

【解析】B选项会导致企业资产和所有者权益同时增加；C选项导致资产与所有者权益均减少；A、D选项不会导致所有者权益增减变动。

6.【答案】B

【解析】回购股份时，分录（单位万元）

借：库存股　　1 500

　贷：银行存款　　1 500

两年共确认费用 50×2×12＝1 200（万元），分录（单位万元）

借：管理费用　　1 200

　贷：资本公积——其他资本公积　　12 00

行权时分录（单位万元）

借：银行存款　　600

　　资本公积——其他资本公积　　1 200

　贷：库存股　　1 500

　　资本公积——股本溢价　　300

7.【答案】A

【解析】自用房地产转换为采用公允价值模式计量的投资性房地产时，转换日公允价值大于账面价值的差额计入“其他综合收益”科目，小于账面价值的差额计入“公允价值变动损益”科目。

8.【答案】D

【解析】甲公司计入资本公积的数额为股票溢价发行收入减去发行手续费。因此，公司计入资本公积的数额为 2 000×（5−1）−2 000×5×2%＝7 800（万元）。

9.【答案】D

【解析】本题考查同一控制下的企业合并，甲公司分录如下（单位万元）。

借：长期股权投资——成本　800
　　资本公积——其他资本公积　100
　　盈余公积　20
　　未分配利润　80
　贷：银行存款　1 000

10.【答案】D

【解析】同一控制下长期股权投资的入账价值＝6 000×80%＝4 800（万元）。甲公司应确认的资本公积＝4 800－（1 000＋3 200）＝600（万元）。相关分录如下（单位万元）：

借：长期股权投资　4 800
　贷：银行存款　1 000
　　无形资产　3 200
　　资本公积—其他资本公积　600

11.【答案】C

【解析】使用寿命无法确定的无形资产无需计提摊销，但应于每年年度终了时进行减值测试。2022年12月31日该无形资产的可收回金额为750万元，小于其成本800万元，应该计提减值准备＝800－750＝50（万元），从而减少所有者权益。A选项的错误在于，该无形资产尽管无需摊销,但因计提减值准备，所以会减少甲公司所有者权益；A选项的错误在于，该无形资产无需摊销。

12.【答案】D

【解析】本题考核即期汇率的折算。选项A，计入财务费用，选项B，计入公允价值变动损益，选项C，计入财务费用，选项D，计入其他综合收益。其他权益工具投资公允价值的后续变动计入其他综合收益，不需计提减值准备。除了获得的股利（明确代表投资成本部分收回的股利除外）计入当期损益外，其他相关的利得和损失（包括汇兑损益）均应当计入其他综合收益，且后续不得转入当期损益；当该金融资产终止确认时，之前计入其他综合收益的累计利得或损失应当从其他综合收益中转出，计入留存收益。

13.【答案】C

【解析】投资性房地产由成本模式转为公允价值模式，应该作为会计政策变更处理，公允价值与价值的差额应计入留存收益，所以选择C选项。

14.【答案】D

【解析】期末盈余公积余额为150＋（1 600—400）×10% —100＝170（万元）。

15.【答案】C

【解析】C选项表述不正确，未分配利润不是企业当年待分配的净利润，而是尚未指定用途、留待以后年度分配净利润。

16.【答案】B

【解析】公允价值计量模式下，自用房地产转为投资性房地产时，公允价值大于账面价值应计入其他综合收益，将来处置时，将其他综合收益转入当期损益。

17.【答案】A

【解析】企业将一项以摊余成本计量的金融资产重分类为以公允价值计量且其变动计入当期损益的金融资产应当按照该资产在重分类日的公允价值进行计量。原账面价值与公允价值之间的差额计入当期损益。本题A选项正确。

18.【答案】D

【解析】A选项导致留存收益总额不变；B选项可能会导致留存收益总额增加或减少；C选项会导致留存收益总额增加；D选项导致留存收益总额减少。因此本题D选项正确。

二、多项选择题

1.【答案】AB

【解析】选项C通过“应付债券”科目核算，选项D通过“股本（实收资本）”以及“资本公积”科目核算；选项E，在行权日，按实际行权的权益工具数量计算确定的金额，借记“资本公积——其他资本公积”科目，按计入实收资本或股本的金额，贷记“实收资本”或“股本”科目，并将其差额计入“资本公积——资本溢价”或“资本公积——股本溢价”科目。

2.【答案】ABCE

【解析】选项D通过“其他综合收益”科目核算,其他选项表述正确。

3.【答案】AC

【解析】选项A计入其他综合收益；选项B计入公允价值变动损益；选项C影响其他综合收益；选项D，借记“盈余公积”科目，贷记“应付股利”科目，不会引起其他综合收益的变动。选项E计入公允价值变动损益借方。

4.【答案】AD

【解析】企业回购股票，应按实际支付的金额1 000万元作为库存股的入账金额，选项A正确；注销库存股时，应按股票面值和注销股数计算的股票面值总额200万元计入股本，选项B错误；注销库存股时冲销的资本公积应以“资本公积——股本溢价”的金额300万元为限，不足冲减的，冲减留存收益，选项C错误；企业注销库存股是企业所有者权益内部的变动，不影响所有者权益总额，选项D正确。

5.【答案】ABD

【解析】C选项以本年利润弥补以前年度亏损不会导致企业所有者权益变化，且无需作专门的账务处理；发放股票股利时企业所有者权益总额没有变化，但所有者权益的内部结构发生变化，其会计处理如下：

借：利润分配—转作股本的股利

　贷：股本

ABD选项导致企业所有者权益总额增加。

6.【答案】BCD

【解析】选项A、E属于所有者权益内部构成的变化，不影响企业所有者权益总额的变动；选项B、D会同时增加企业资产和所有者权益；选项C会导致资产和所有者权益的同时减少。

7.【答案】ABD

【解析】企业发行的可转换公司债券，应当在初始确认时将其包含的负债成分和权益成份进行分拆，将负债成分确认为应付债券，将权益成分确认为其他权益工具。负债成分的初始确认金额为其公允价值，即将负债成分的未来现金流量进行折现后的金额确认为应付债券；发行复合金融工具的交易费用，在负债成分和权益成分之间按照各自占总发行价款的比例进行分摊。

8.【答案】ACDE

【解析】选项A、D、E会引起股本和资本公积的变化，不会引起留存收益的变化；选项B可能会引起留存收益的变化；选项B会导致所有者权益内部结构的变化，但不会引起留存收益总额的变化。

9.【答案】BCE

【解析】此题分录为

2019年1月2日（单位万元）

借：长期股权投资	4 200（14 000×30%）	
贷：银行存款		4 000
营业外收入		200

2019 年 12 月 31 日（单位万元）

借：长期股权投资—乙公司（损益调整） 300（1 000×30%）

贷：投资收益 300

同时

借：长期股权投资—乙公司（损益调整） 30（100×30%）

贷：其他综合收益 30

由此可知，甲公司应该确认营业外收入200万元，确认投资收益300万元，确认其他综合收益30万元。

10.【答案】ABC

【解析】A选项将因损失增加，利润减少，从而减少甲公司所有者权益；B选项将导致甲公司所有者权益增加；C选项宣传新产品的广告费记入“销售费用”,从而减少甲公司所有者权益；D选项所有者权益总额不变；E选项将增加直接增加甲公司无形资产价值，不影响所有者权益总额。

三、不定项选择题

1.【答案】ACD

【解析】

（1）营业利润＝ 1 000 000—460 000—50 000—20 000—60 000—30 000 ＝ 380 000（万元）

利润总额＝ 380 000 ＋ 30 000—100 00 ＝ 400 000（万元）

净利润＝ 400 000×（1—25%）＝ 300 000（万元）

所得税＝ 400 000×25%＝ 100 000（万元）

借：所得税费用 100 000

贷：应交税费——应交所得税 100 000

提取盈余公积＝ 300 000×10%＝ 30 000（万元）

借：利润分配——提取盈余公积 30 000

贷：盈余公积 30 000

借：利润分配——股利分配 80 000

贷：应付股利 80 000

2021 年年末未分配利润＝ 150 000 ＋ 300 000—30 000—800 00 ＝ 340 000（万元）

由此可见，本题正确选项为 ACD。

2.【答案】C

【解析】甲公司 2021 年末所有者权益为 :11 500 000 ＋ 300 000—80 000 ＝ 1 370 000（万元）。

3.【答案】C

【解析】重新计量设定受益计划净负债或净资产导致的变动属于以后会计期间不能重分类进损益的其他综合收益。其他选项不影响企业其他综合收益金额。

4.【答案】BC

【解析】负债成份的公允价值为 5 000×7%×（*P/A*，9%，2）＋ 5 000×（*P/F*，9%，2）＝ 4 824.185（万元），权益成份的公允价值＝ 5 000—4 824.185 ＝ 175.815（万元）。

借：银行存款 5 000

应付债券——可转换公司债券（利息调整） 175.815

贷：应付债券——可转换公司债券（面值） 5 000

其他权益工具 175.815

由上述会计处理可见，本题正确选项为 BC。

四、不定项综合题

1.【答案】B

【解析】2020 年 1 月 1 日，乙公司可辨认净资产公允价值为 16 000 ＋（480—400）＝ 16 080（万元）。

2.【答案】BD

【解析】甲公司对乙公司的股权投资，采用权益法核算（单位万元）

借：长期股权投资——投资成本 4 500

贷：股本 1 000

资本公积——股本溢价 3 500

借：长期股权投资——投资成本 324{[16 000 +（480—400）]×30% —4 500}

贷：营业外收入 324

此时，甲公司确认对乙公司的长期股权投资入账价值为 4 824 万元。

3.【答案】A

【解析】

甲公司 2020 年应确认的投资收益＝[6 000—（480—400）/4—（1 200—900）×50%]×30%＝1 749（万元）

甲公司 2020 年应享有乙公司其他综合收益变动的金额＝200×30%＝60（万元）

借：长期股权投资——损益调整 1 749

长期股权投资——其他综合收益 60

贷：投资收益 1 749

其他综合收益 60

4.【答案】C

【解析】2020 年 12 月 31 日甲公司对乙公司长期股权投资的账面价值为 4 500 ＋ 324 ＋ 1 749 ＋ 60 ＝ 6 633（万元）

5.【答案】BC

【解析】甲公司 2021 年初处置部分股权对营业利润的影响金额＝（5 600 ＋ 1 400）—（4 500 ＋ 324 ＋ 1749 ＋ 60）＋ 60 ＝ 427（万元）

（1）出售所持有乙公司部分股权时（单位万元）

借：银行存款 5 600

贷：长期股权投资——投资成本 3 859.2 [（4 500 ＋ 324）×80%]

长期股权投资——损益调整 1 399.2（1 749×80%）

长期股权投资——其他综合收益 48（60×80%）

投资收益 293.6

（2）将剩余乙公司转为以公允价值计量且其变动计入其他综合收益的金融资产（其他权益工具投资）时：

借：其他权益工具投资——成本 1 400

贷：长期股权投资——投资成本 964.8[（4 500 ＋ 324）×20%]

长期股权投资——损益调整 349.8（1 749×20%）

长期股权投资——其他综合收益 12（60×20%）

投资收益 73.4

同时

借：其他综合收益 60

贷：投资收益 60

由上述会计处理可见，2021 年 1 月 1 日甲公司处置部分股权投资，并将剩余股权转为以公允价值计量且其变动计入其他综合收益的金融资产（其他权益工具投资）将导致投资收益增加 427（293.6+73.4+60）万元，并将导致甲公司资产增加、所有者权益增加。

6.【答案】BC

【解析】

（1）2021 年 12 月 31 日，甲公司持有乙公司股票的公允价值下跌至 800 万元时

借：其他综合收益　　600

　贷：其他权益工具投资——成本　　600

（2）2022 年 1 月 8 日，甲公司以 780 万元的价格在二级市场上出售该金融资产时

借：银行存款　　780

留存收益类科目（利润分配——未分配利润）　　20

其他权益工具投资——公允价值变动　　600

　贷：其他权益工具投资——成本　　1 400

此外，将其他权益工具投资公允价值变动所产生的其他综合收益转入留存收益

借：留存收益类科目（利润分配——未分配利润）　　600

　贷：其他综合收益　　600

由上述会计处理可见，本题正确选项为 BC。

7.【答案】ABC

【解析】D选项，乙公司持有的其他债权投资公允价值变动会使得乙公司其他综合收益变动，从而导致甲公司对乙公司长期股权投资账面价值的变动。其他选项为正确表述。

第五章

收入、费用和利润

本章考情分析

本章属于较为重要章节，在以往考试中，分值通常在 5～10 分左右，建议考生把本章作为重点内容复习。

本章重点内容包括收入的确认及其会计处理、政府补助的会计处理、本年利润结转的会计处理、所得税费用的相关概念及其会计处理、以前年度损益调整的会计处理等。

重要考点★★★

（1）收入的确认及其会计处理；

（2）政府补助的会计处理。

比较重要考点★★

（1）以前年度损益调整的会计处理。

一般考点★

（1）费用的相关概念及其会计处理。

【特别注意】考生应能结合收入、费用的特征理解收入、费用和利润之间的关系以及对所有者权益的影响。

2022 年本章教材变化

2022 年官方教材本章内容无实质性变化。

本章知识点解读与练习

本章共包括 4 个知识点。

【知识点 1】收入★★★★

【要求】掌握收入的确认及其会计处理，考生应重点掌握相关知识点。

一、知识点精讲

（一）收入的定义

收入是指企业在日常活动中形成的、会导致所有者权益增加的、与所有者投入资本无关的经济利益的总流入。

【注意】收入产生的两大特征是资产的增加或负债的减少，即收入会导致企业所有者权益增加。

（二）收入的确认和计量

1. 收入确认的原则

企业应当在履行了合同中的履约义务，即在客户取得相关商品控制权时确认收入。

【注意1】取得相关商品控制权，是指能够主导该商品的使用并从中获得几乎全部的经济利益。新准则以"控制权转移"为收入确认的判断依据。

【注意2】2018年新收入准则规定：取得相关商品控制权，是指能够主导该商品的使用并从中获得几乎全部的经济利益。客户取得控制权包括的三个要素：一是能力；二是主导商品的使用；三是能获得几乎全部经济利益。

2. 收入确认和计量的步骤

收入确认分五步：一是识别客户合同，二是识别合同中包含的各单项履约义务，三是确定交易价格，四是把交易价格分摊至各单项履约义务，五是根据各单项履约义务的履行确认收入。

【注意1】第一、第二和第五步主要与收入确认有关，第三和第四步主要与收入计量有关。

【注意2】合同包括书面形式、口头形式以及其他可验证的形式（如隐含于商业惯例或企业以往的习惯做法中等）。无论何种形式合同，其必然涉及合同权利与合同义务。合同权利即资产，合同义务即负债。合同开始时，权利与义务对应的，合同资产＝合同负债；履行义务时，负债减少，净资产增加（即收入增加，符合收入的定义）。

【注意3】收入准则适用于所有与客户之间的合同，但下列各项除外：长期股权投资、金融工具确认和计量、金融资产转移、套期会计、合并财务报表、合营安排、租赁、保险合同。

（1）识别客户与企业订立的合同

企业与客户之间的合同同时满足下列条件的，企业应当在客户取得相关商品控制权时确认收入：

①合同各方已批准该合同并承诺将履行各自义务；

②该合同明确了合同各方与所转让的商品相关的权利和义务；

③该合同有明确的与所转让的商品相关的支付条款；

④该合同具有商业实质，即履行该合同将改变企业未来现金流量的风险、时间分布或金额；

⑤企业因向客户转让商品而有权取得的对价很可能收回。

【注意】没有商业实质的非货币性资产交换，无论何时，均不应确认收入。

（2）识别合同中的各单项履约义务

合同的履约义务即企业需要提交什么资源履行义务？

【注意1】履约义务既包括合同中明确的承诺，也包括由于企业已公开宣布的政策、特定声明或以往的习惯做法等导致合同订立时客户合理预期企业将履行的承诺。

企业应识别该合同包含的各单项履约义务，并确定各单项履约义务是在某一时段内履行，还是在某一时点履行，然后，在履行了各单项履约义务时分别确认收入。

【注意2】企业应当将下列向客户转让商品的承诺作为单项履约义务：

一是企业向客户转让可明确区分商品（或者商品或服务的组合）的承诺；二是企业向客户转让一系列实质相同且转让模式相同的、可明确区分商品的承诺。

【注意3】企业为履行合同而应开展的初始活动，通常不构成履约义务，除非该活动向客户转让了承诺的商品。

【注意4】企业向客户承诺的商品同时满足下列条件的，应当作为可明确区分商品：一是客户能够从该商品本身或从该商品与其他易于获得的资源一起使用中受益；企业向客户转让该商品的承诺与合同中真他承诺可单独区分。

【注意5】下列情形通常表明企业向客户转让该商品的承诺与合同中其他承诺不可单独区分：其一是企业需提供重大的服务以将该商品与合同中承诺的其他商品整合成合同约定的组合产出转让给客户。其二是该商品将对合同中承诺的其他商品予以重大修改或定制；其三是该商品与合同中承诺的其他商品具有高度关联性。

（3）确定交易价格

交易价格，是指企业因向客户转让商品而预期有 权收取的对价金额。企业代第三方收取的款项以 及企业预期将退还给客户的款项，应当作为负债 进行会计处理，不计入交易价格。

企业应当根据合同条款，并结合其以往的习惯做法确定交易价格。在确定交易价格时，企业应当考虑可变对价、合同中存在的重大融资成分、非现金对价、应付客户对价等因素的影响。

【注意1】企业应当按照分摊至各单项履约义务的交易价格计量收入，这体现了权利与义务的对等原则。

【注意2】合同中存在可变对价的，企业应当按照期望值或最可能发生金额确定可变对价的最佳估计数，但包含可变对价的交易价格，应当不超过在相关不确定性消除时累计已确认收入极可能不会发生重大转回的金额。企业在评估累计已确认收入是否极可能不会发生重大转回时，应当同时考虑收入转回的可能性及其比重。

【注意3】合同中存在重大融资成分的，企业应当按照假定客户在取得商品控制权时即以现金支付的应付金额确定交易价格。该交易价格与合同对价之间的差额确认为“未确认融资费用”，应当在合同期间内采用实际利率法摊销，计入财务费用。合同开始日，企业预计客户取得商品控制权与客户支付价款间隔不超过一年的，可以不考虑合同中存在的重大融资成分。

【注意4】客户支付非现金对价的，企业应当按照非现金对价的公允价值确定交易价格。非现金对价的公允价值不能合理估计的，企业应当参照其承诺向客户转让商品的单独售价间接确定交易价格。非现金对价的公允价值因对价形式以外的原因而发生变动的，应当作为可变对价，企业应当按照期望值或最可能发生金额确定可变对价的最佳估计数。

【注意5】应付客户对价的，按照以下原则处理：

①企业存在应付客户对价的，应当将该应付对价冲减交易价格（应在确认相关收入与支付或承诺支付客户对价两者孰晚的时点冲减当期收入），但应付客户对价是为了自客户取得其他可明确区分商品的除外。

②企业应付客户对价是为了向客户取得其他可明确区分商品的，应当采用与企业其他采购相一致的方式确认所购买的商品。

③企业应付客户对价超过向客户取得可明确区分商品公允价值的，超过金额应当冲减交易价格。

④向客户取得的可明确区分商品公允价值不能合理估计的，企业应当将应付客户对价全额冲减交易价格。

（4）将交易价格分摊至各单项履约义务

当合同中包含两项或多项履约义务时，企业应当在合同开始日，按照各单项履约义务所承诺商品的单独售价的相对比例，将交易价格分摊至各单项履约义务。单独售价即企业向客户单独销售商品的价格。单独售价无法直接观察的，企业应当综合考虑其能够合理取得的全部相关信息，采用市场调整法、成本加成法、余值法等方法合理估计单独售价。

【注意1】市场调整法，是指企业根据某商品或类似商品的市场售价，考虑本企业的成本和毛利等进行适当调整后，确定其单独售价的方法。

【注意2】成本加成法，是指企业根据某商品的预计成本加上其合理毛利后的价格，确定其单独售价的方法。

【注意3】余值法，是指企业根据合同交易价格减去合同中其他商品可观察的单独售价后的余值，确定某商品单独售价的方法。企业应当最大限度地采用可观察的输入值，并对类似的情况采用一致的估计方法。

【注意4】对于合同折扣，企业应当在各单项履约义务之间按比例分摊。有确凿证据表明合同折扣仅与合同中一项或多项（而非全部）履约义务相关的，企业应当将该合同折扣分摊至相关一项或多项履约义务。有确凿证据表明合同折扣仅与合同中的一项或多项（ 而非全部）履约义务相关，且企业采用余值法估计单独售价的，企业应当首先在该一项或多项（而非全部）履约义务之间分摊合同折扣，然后再采用余值法估计单独售价。

【注意5】当合同中包含两项或多项履约义务时，如果企业履行了其中的一项履约义务、向客户转让商品而获得了一项有权收取对价的权利，且该权利取决于时间流逝之外的其他因素，则企业应将其确认为合同资产而不应确认为应收款项。

（5）履行每一单项履约义务时确认履约收入

企业应在履行合同中的履约义务时确认收入。

（三）收入核算应设置的会计科目

收入核算除涉及“主营业务收入”、“其他业务收入”、“主营业务成本”、“其他业务成本”外，还涉及以下会计科目：

1. 合同取得成本

企业为取得合同发生的增量成本预期能够收回的，应当作为合同取得成本确认为一项资产；但是，该资产摊销期限不超过一年的，可以在发生时计入当期损益。

【注意1】增量成本是指企业不取得合同就不会发生的成本（如销售佣金等）。企业为取得合同发生的、除预期能够收回的增量成本之外的其他支出（如无论是否取得合同均会发生的差旅费等），应当在发生时计入当期损益，但是，明确由客户承担的除外。

【注意2】会计核算时，应设置“合同取得成本”科目。“合同取得成本”科目和“合同履约成本”科目的明细科目中初始确认时摊销期限在一年或一个正常营业周期以上的期末余额，减去“合同取得成本减值准备”科目和“合同履约成本减值准备”科目中相应的期末余额填列“其他非流动资产”项目。

【注意3】合同取得成本，摊销期限不超过一年的，在发生时计入当期损益，摊销期限在一年或一个正常营业周期以上的在其他非流动资产项目中列示。

2. 合同履约成本

合同履约成本	合同履约成本会计处理的核心问题：资本化还是费用化？
资本化	企业为履行合同发生的成本，不属于其他企业会计准则规范范围且同时满足下列条件的，应当作为合同履约成本确认为一项资产（即合同履约成本资本化的条件）： （1）该成本与一份当前或预期取得的合同直接相关，包括直接人工、直接材料、制造费用（或类似费用）、明确由客户承担的成本以及仅因该合同而发生的其他成本 （2）该成本增加了企业未来用于履行履约义务的资源 （3）该成本预期能够收回 【注意】资本化时设置“合同履约成本”科目核算。报表列示为“存货”项目，即“合同履约成本”科目的明细科目中初始确认时摊销期限不超过一年或一个正常营业周期的期末余额合计，减去“合同履约成本减值准备”科目中相应的期末余额后的金额填列“存货”项目
费用化	费用化合同合同履约成本——企业应当在下列支出发生时，将其计入当期损益： （1）管理费用 （2）非正常消耗的直接材料、直接人工和制造费用（或类似费用），这些支出为履行合同发生，但未反映在合同 价格中 （3）与履约义务中已履行部分相关的支出 （4）无法在尚未履行的与已履行的履约义务之间区分的相关支出

3. 合同负债

合同负债，是指企业已收或应收客户对价而应向客户转让商品的义务；企业在向客户转让商品之前，如果客户已经支付了合同对价或企业已经取得了无条件收取合同对价的权利，则企业应当在客户实际支付款项与到期应支付款项孰早时点，将该已收或应收的款项列示为合同负债。

【注意 1】预收账款并不强调和已成立与客户之间的合同，在合同成立前已收到的对价不能称为合同负债，但仍可作为预收账款。合同一旦正式成立，又要将预收账款转入合同负债。两者都是先收钱再提供商品。预收账款往往是商品和交货期等已经确定。而合同负债是商品和交货期等还不确定。

【注意 2】企业设置"合同取得成本减值准备"、"合同履约成本减值准备"、"合同资产减值准备"等科目核算相关资产减值，按应减记的金额，借记"资产减值损失"科目，贷记相应科目；转回已计提的相关资产减值准备时，做相反的会计分录。

（四）收入确认和计量的会计处理

1. 在某一时段履行履约义务确认收入

【注意 1】企业判断时点与时段内履行履约义务的条件：

满足下列条件之一的，属于在某一时段内履行履约义务；否则，属于在某一时点履行履约义务：

（1）客户在企业履约的同时即取得并消耗企业履约所带来的经济利益。

（2）客户能够控制企业履约过程中在建的商品。

（3）企业履约过程中所产出的商品具有不可替代用途，且该企业在整个合同期间内有权就累计至今已完成的履约部分收取款项。

【注意 2】对于在某一时段内履行的履约义务，企业应当在该段时间内按照履约进度确认收入。资产负债表日，企业应当在按照合同的交易价格总额乘以履约进度扣除以前会计期间累计已确认的收入后的金额，确认为当期收入。

【注意 3】

企业应考虑商品的性质，采用产出法或投入法确定恰当的履约进度。当履约进度不能合理确定时，企业已经发主的成本预计能够得到补偿的，应当按照已经发生的成本金额确认收入，直到履约进度能够合理确定为止。

2. 在某一时点履行履约义务确认收入

（1）判断客户是否取得商品控制权应考虑的迹象包括：

① 企业具有向客户收款的现时权利；

②客户已拥有商品的法定所有权；

③客户已实物占有商品；

④客户已承担和拥有商品所有权上的主要风险和报酬；

⑤客户已接受该商品；

⑥其他表明客户已取得商品控制权的迹象、

【注意 1】委托代销安排中，如果受托方并未在企业向其转让商品时获得商品的控制权，则不应在此时点确认收入。

【注意 2】售后代管商品的安排下，除考虑控制权转移的五个迹象之外，还需考虑：

①该安排具有商业实质，例如是应客户的要求而订立的；

②属于客户的商品必须能够单独识别，例如单独存放在指定地点；

③该商品可随时交付给客户；

④企业不能自行使用该商品或将该商品提供给其他客户。

（2）赊销收入模式中常用相关资产类科目

①应收账款

应收账款是指销售商品、提供劳务等经营活动，应向购货单位或接受劳务单位收取的款项。

1）应收账款入账价值

在确定应收账款的入账价值时，需要考虑商业折扣和现金折扣（包括总价法和净价法，我国准则要求采用总价法）等因素。

存在商业折扣的情况下，应收账款的入账价值为扣除商业折扣后的实际售价。

现金折扣的总价法是将未减去现金折扣的金额作为应收账款的入账价值：现金折扣只有客户在折扣期内支付款项时，才予以确认，对于购货方享受的折扣作为财务费用处理。

2）应收账款坏账

坏账是指企业无法收回或收回可能性极小的应收账款。由于发生坏账而产生的损失，称为坏账损失。

应收账款符合下列条件之一的，应确认为坏账：Ⅰ.债务人死亡，以其遗产清偿后仍然无法收回；Ⅱ.债务人破产，以其破产财产清偿后仍然无法收回；Ⅲ.债务人较长时间内未履行其偿债义务，并有足够的证据表明无法收回或收回的可能性很小。（简单了解该条件即可）

【注意1】应收账款坏账意味着企业应收账款债权资产无法实现，从而导致企业损失增加。

坏账损失的核算方法有直接转销法和备抵法两种。

其中：直接转销法是指在实际发生坏账时，确认坏账损失，借记“资产减值损失”科目，贷记“应收账款”科目；

备抵法下平时计提坏账准备，在实际发生坏账时，借记“坏账准备”科目，贷记“应收账款”科目。

	平时	发生坏账时	以前确认的坏账又收回时
直接转销法	平时不计提坏账准备	借：资产减值损失 贷：应收账款	借：应收账款 贷：资产减值损失 同时： 借：银行存款 贷：应收账款
备抵法	平时计提坏账准备 借：资产减值损失 贷：坏账准备	借：坏账准备 贷：应收账款	借：应收账款 贷：坏账准备 同时： 借：银行存款 贷：应收账款

备注1：备抵法下坏账准备的提取方法有应收账款余额百分比法、账龄分析法以及销货百分比法。考生重点掌握应收账款余额百分比法，其他两种方法简单了解即可。

备注2：自2019年1月1日起，执行新金融工具准则的企业采用预期信用损失模式计提应收账款坏账准备时，则借记“预期信用损失”科目，贷记“坏账准备”科目。

【注意2】应收账款余额百分比法下，期末“坏账准备”账户的贷方余额＝应收账款期末余额×坏账提取比率。因此，每期实际提取“坏账准备”的数额取决于每期初“坏账准备”的贷方余额、当期坏账准备的实际发生额、期末应收账款的余额。即：

每期实际提取“坏账准备”的数额＝应收账款期末余额×坏账提取比率—期初“坏账准备”的贷方余额＋当期坏账的实际发生额（或减去当期收回原先确认的坏账）

【注意3】坏账准备提取比率由企业根据应收账款的具体情况自行确定，一旦确定不能随意变更。企业不能全额计提坏账准备的情况：一年内的应收账款；计划进行债务重组的应收账款；与关联方发生的应收账款；其他已逾期，但无确凿证据证明不能收回的应收账款。

【注意4】应收账款的账面价值＝“应收账款”科目借方余额－“坏账准备”科目贷方余额。（任何资产的账面价值都是该资产账面原值减去资产的备抵调整账户）

②应收票据

应收票据是指企业因销售商品、提供劳务等采用商业汇票结算方式而收到的商业汇票。分为商业承兑汇票和银行承兑汇票。

1）企业收到的票据无论是否带息，一律按面值入账：

借：应收票据

贷：主营业务收入

应交税费——应交增值税（销项税额）

2）带息票据到期时

实现的债权资产包括本金（票据面值）和利息，收到的票据利息冲减财务费用。

利息的计算公式为：应收票据利息＝应收票据面值 ×（年利率 /360）× 持有期限

如果票据利息金额较大，对各月的财务成果影响较大时应按月提利息：

借：应收票据

贷：财务费用

3）应收票据贴现

应收票据贴现即票据持有人因资金需要，以未到期债权向银行融资的行为。

贴现利息和贴现所得款的计算公式如下：

贴现所得款＝票据到期值－贴现利息

贴现利息＝票据到期值 × 贴现率 × 贴现期

贴现期＝票据期限－企业已持有票据期限

【注意 1】这种融资行为的特殊性在于融资金额以应收票据到期值为限，融资时即以未到期债权资产偿还所借银行资金，银行扣除贴现期利息后将余款（即应收票据到期值—贴现利息）给企业。只不过带追索权的商业汇票贴现，因企业贴现时可能在票据到期时被追索，此时不能注销贴现的应收票据，而应作为借款处理。

【注意 2】商业汇票贴现分为带追索权和不带追索权。如果属于是带追索权的商业汇票贴现，实质是向银行借款，不能注销贴现的应收票据，而应作为借款处理。

【注意 3】不带追索权商业汇票贴现，可直接注销贴现的应收票据。

（3）一般销售商品业务收入的相关账务处理

一方面确认收入，即：

借：银行存款（应收账款、应收票据等）

贷：主营业务收入

应交税费——应交增值税（销项税额）

另一方面结转成本，即：

借：主营业务成本

贷：库存商品

【注意】销售商品符合收入确认条件的，应及时确认收入，并结转销售成本；销售商品不符合收入确认条件的，应将发出商品通过“发出商品”科目核算。

（4）现金折扣、商业折扣和销售折让的账务处理

【注意 1】现金折扣应按照总价法（即销售方不考虑客户享受折扣额），若客户提前付款而享受现金折扣时，销售方少收的款确认为财务费用”，冲减本期利润；

【注意 2】商业折扣是按照折扣后的价格与销量确认销售收入，因此，存在商业折扣时，应收账款的入账金额是剔除商业折扣的实际售价总额。

【注意 3】销售折让是因售出产品质量问题给与客户的价格减让。企业应在实际发生折让时，做相反分录，冲减当期销售收入。销售折让属于资产负债表日后事项的，则依据资产负债表日后事项会计准则的规定处理（通常作为调整事项）。

【注意 4】企业销售退回发生在销售当期，则做相反分录，冲减当期销售收入。销售退回属于资产负债表日后事项的，则依据资产负债表日后事项会计准则的规定处理（通常也作为调整事项）。

（五）合同资产

1. 合同资产的确认与转换条件

合同资产是指企业已向客户转让商品而有权收取对价的权利，且该权利取决于时间流逝之外的其他因素。

【注意 1】通常情况下，企业对其已向客户转让商品而有权收取的对价金额应当确认为合同资产或应收账款；对于其已收或应收客户对价而应向客户转让商品的义务，应当按照已收或应收的金额确认合同负债。

【注意 2】合同资产和应收款项都是企业拥有的有权收取对价的合同权利，二者的区别在于，应收款项代表的是无条件收取合同对价的权利，即企业仅仅随着时间的流逝即可收款，而合同资产并不是一项无条件收款权，该权利除了时间流逝之外，还取决于其他条件才能收取相应的合同对价。

【注意 3】与合同资产和应收款项相关的风险是不同的，应收款项仅承担信用风险，而合同资产除信用风险之外，还可能承担其他风险。应收款项是企业无条件收取合同对价的权利，只有在合同对价到期支付之前仅仅随着时间的流逝即可收款的权利，才是无条件的收款权。

2. 合同资产的会计处理

企业在客户实际支付合同对价或在该对价到期应付之前已经向客户转让了商品的，但尚未取得无条件收款权时，应当按因已转让商品而有权收取的对价金额，借记“合同资产”科目，贷记“主营业务收入”、“其他业务收入”等科目；企业取得无条件收款权时，借记“应收账款”等科目，贷记“合同资产”科目。

企业设置“合同资产减值准备”等科目核算相关资产减值，按应减记的金额，借记“资产减值损失”科目，贷记相应科目；转回已计提的相关资产减值准备时，做相反的会计分录。

（六）合同成本

1. 合同取得成本

企业为取得合同发生的增量成本预期能够收回的，应当作为合同取得成本确认为一项资产；但是，该资产摊销期限不超过一年的，可以在发生时计入当期损益。

企业为取得合同发生的、除预期能够收回的增量成本之外的其他支出（如无论是否取得合同均会发生的差旅费、投标费、为准备投标资料发生的相关费用等），应当在发生时计入当期损益，但是，明确由客户承担的除外。

2. 合同履约成本

企业为履行合同发生的成本，不属于其他企业会计准则规范范围且同时满足下列条件的，应当作为合同履约成本确认为一项资产（即合同履约成本资本化的条件）：

1）该成本与一份当前或预期取得的合同直接相关，包括直接人工、直接材料、制造费用（或类似费用）、明确由客户承担的成本以及仅因该合同而发生的其他成本；

2）该成本增加了企业未来用于履行履约义务的资源；

3）该成本预期能够收回。

企业应当在下列支出发生时，将其计入当期损益：

1）管理费用。

2）非正常消耗的直接材料、直接人工和制造费用（或 类似费用），这些支出为履行合同发生，但未反映在合同 价格中。

3）与履约义务中已履行部分相关的支出。

4）无法在尚未履行的与已履行的履约义务之间区分的相关支出

二、选编例题

【例 1 · 单选题】2021 年 7 月 1 日，甲公司与客户签订不可撤销的合同，两年内在客户需要时为其提供保洁服务。合同价款包括两部分：一是每月 20 000 元的固定对价；二是最高金额为 200 000 元的奖金。甲公司预计可以计入交易价格的可变对价金额为 150 000 元。甲公司按照时间进度确定履约进度。假定不考虑增值税等相关税费。甲公司 2021 年应确认的收入为（　　）元。

A.120 000　　B.170 000　　C.270 000　　D.157 500

【例 2 · 单选题】甲公司为一家绿色产品生产公司，其通过参与竞标的方式，成为乙公司的供应商，并于乙公司签订了销售合同。为此，甲公司聘请相关人员做市场调查，发生支出 8 000 元；参与竞标过程共发生支出 12 000 元；另外，发生销售人员佣金 7 500 元，预期未来这些支出未来能够收回。不考虑其他因素，甲公司应确认为取得合同发生的增量成本，并作为合同取得成本的金额为（　　）。

A.20 000 元　　B.7 500 元　　C.15 500 元　　D.27 500 元

【例 3 · 单选题】企业应当在（　　）时确认收入。

A. 商品所有权上主要风险和报酬转移　　B. 商品移交

C. 收到销售款　　D. 控制权转移

【例 4 · 单选题】（2021 真题）甲咨询企业与客户签订一项为期 3 年的咨询服务合同。为取得该合同，甲企业发生以下支出：（1）外部律师尽职调查费用 3 万元；（2）购买标书及投标差旅费 2 万元；（3）销售人员佣金 4 万元。不考虑其他因素，甲企业应当确认的合同取得成本为（　　）。

A.3 万元　　B.5 万元　　C.9 万元　　D.4 万元

【例 5 · 多选题】（2021 真题）下列关于企业收入确认会计处理的说法中，正确的有（　　）。

A. 应当在履行了单项履约义务时确认收入

B. 应当接照各单项履约义务所承诺商品账面价值的相对比例分摊交易价格

C. 应当将向客户转让可明确区分商品（或商品组合）的承诺作为单项履约义务

D. 应当将向客户转让一系列实质相同且转让模式相同可明确区分商品的承诺作为单项履约义务

E. 应当区分单项履药义务是在某一时段还是某一时点履行

知识点 1 选编例题答案

1.**【答案】**D

【解析】甲公司为客户提供两年的保洁服务构成单项履约义务，估计的交易价格为 630 000 元（20 000×24 ＋ 150 000），甲公司将该金额按照合同期 24 个月平均确认为收入，即每月确认的收入＝630 000÷24 ＝ 26 250（元），2021 年确认的收入金额＝ 26 250×6 ＝ 157 500（元）。

2.**【答案】**B

【解析】不论是否取得合同，市场调查支出和参与竞标的支出都会发生，所以不属于增量成本，应在发生时计入当期损益；而发生的销售人员佣金，属于为取得合同发生的增量成本，所以应作为合同取得成本确认，金额为 7 500 元。

3.**【答案】**D

【解析】企业应当在履行了合同中的履约义务，即在客户取得相关商品控制权时确认收入。

4.**【答案】**D

【解析】企业为取得合同发生的增量成本预期能够收回的，应当作为合同取得成本确认为一项资产。增量成本是指企业不取得合同就不会发生的成本，例如销售佣金等。无论是否取得合同均会发生的差旅费、投标费、为准备投标资料发生的相关费用等，应当在发生时计入当期损益，除非这些支出明确由客户承担。

5.**【答案】**ACDE

【解析】企业应当根据合同条款，并结合其以往的习惯做法确定交易价格。在确定交易价格时，企业应当考虑可变对价、合同中存在的重大融资成分、非现金对价、应付客户对价等因素的影响。当合同中包含两项或多项履约义务时，企业应当在合同开始日，按照各单项履约义务所承诺商品的单独售价的相对比例，将交易价格分摊至各单项履约义务。单独售价即企业向客户单独销售商品的价格。

单独售价无法直接观察的，企业应当综合考虑其能够合理取得的全部相关信息，采用市场调整法、成本加成法、余值法等方法合理估计单独售价。

【知识点2】政府补助★★★

【要求】掌握政府补助的确认及其会计处理。

一、知识点精讲

财政部于2017年5月印发修订《企业会计准则第16号——政府补助》，与2006年印发的政府补助准则相比，2017年修订该准则在政府补助范围、关于政府补助相关会计科目的使用、会计处理等方面有新的规定。

政府补助的范围	政府对企业的无偿拨款、税收返还、财政贴息以及无偿给予的非货币性资产
政府补助相关会计科目的使用、会计处理等	修订准则允许企业从经济业务的实质出发，判断政府补助如何计入损益。与企业日常经营活动相关的政府补助，应当计入其他收益或冲减相关成本费用，并在利润表中的“营业利润”项目之上单独列报；与企业日常经营活动无关的政府补助，应当计入营业外收支
	关于政府补助的会计处理：修订准则提出政府补助的会计处理有两种方法：一是总额法，将政府补助全额确认为收益；二是净额法，将政府补助作为相关成本费用的扣减
	关于财政贴息的会计处理：修订准则对财政贴息的会计处理做了更加详细的规定，并提供了两种方法供企业选择，既不违背国际趋同的原则，也允许企业选择简易方法，满足不同企业的现实需求。同时，对财政贴息的账务处理与《基本建设财务规则》（财政部第81号令）的相关规定保持一致

（一）政府补助的定义、特征及分类

1. 政府补助的定义

政府补助，是指企业从政府无偿取得货币性资产或非货币性资产。

【注意1】政府补助的主要形式包括政府对企业的无偿拨款、税收返还、财政贴息以及无偿给予的非货币性资产。

【注意2】增值税出口退税不属于政府补助。

2. 政府补助的特征

政府补助具有下列特征。

（1）政府补助是来源于政府的经济资源

【注意】对企业收到的来源于其他机构的补助，有确凿证据表明政府是补助的实际拨付者，其他机构只是起到代收代付的作用，则该项补助也属于来源于政府的经济资源。

（2）政府补助是无偿的

【注意】政府与企业之间的互惠交易不属于政府补助。

3. 政府补助的分类

政府补助分为与资产相关的政府补助和与收益相关的政府补助。

（1）与资产相关的政府补助，是指企业取得的、用于购建或以其他方式形成长期资产的政府补助。

（2）与收益相关的政府补助，是指除与资产相关的政府补助之外的政府补助。

（二）政府补助的确认和计量

政府补助的确认条件——同时满足下列条件：一是企业能够满足政府补助所附条件；二是 企业能够收到政府补助。

政府补助的会计处理有两种方法：一是总额法，将政府补助全额确认为收益；二是净额法，将政府补助作为相关成本费用的扣减。企业选择总额法对与日常活动相关的政府补助进行会计处理的，应增设“其他收益”科目进行核算。“其他收益”科目核算总额法下与日常活动相关的政府补助以及其

他与日常活动相关且应直接计入本科目的项目。

新修订准则允许企业从经济业务的实质出发，判断政府补助如何计入损益。与企业日常经营活动相关的政府补助，应当计入其他收益或冲减相关成本费用，并在利润表中的“营业利润”项目之上单独列报；与企业日常经营活动无关的政府补助，应当计入营业外收支。

1. 与资产相关的政府补助的会计处理

企业取得与资产相关的政府补助时，应选择采用总额法或净额法进行会计处理。

【注意1】如果企业先取得与资产相关的政府补助，再确认所购建的长期资产，总额法下应当在开始对相关资产计提折旧或进行摊销时按照合理、系统的方法将递延收益分期计入当期收益（其他收益）；净额法下应当在相关资产达到预定可使用状态或预定用途时将递延收益冲减资产账面价值。

【注意2】如果相关长期资产投入使用后企业再取得与资产相关的政府补助，总额法下应当在相关资产的剩余使用寿命内按照合理、系统的方法将递延收益分期计入当期收益；净额法下应当在取得补助时冲减相关资产的账面价值，并按照冲减后的账面价值和相关资产的剩余使用寿命计提折旧或进行摊销。

（1）总额法

①企业收到补助资金时

借：银行存款

　贷：递延收益

（递延收益是负债类科目）

②在相关资产使用寿命内按合理系统的方法分期计入损益

借：递延收益

　贷：其他收益

③相关资产在使用寿命结束时和结束前被处置，尚未分摊的递延收益余额，应当一次性转入资产处置当期的资产处置收益，不再予以递延。

借：递延收益

　贷：营业外收入（报废时计入“营业外收入）

　　　或资产处置损益（出售时计入“资产处置损益”）

（2）净额法

①企业收到补助资金时

借：银行存款

　贷：递延收益

②将补助冲减相关资产账面价值

借：固定资产、无形资产

　贷：银行存款

同时

借：递延收益

　贷：固定资产、无形资产

企业对某项经济业务，选择总额法或净额法后，应当对该业务一贯的运用该方法，不得随意变更。

2. 与收益相关的政府补助的会计处理

企业取得与收益相关的政府补助时，应选择采用总额法或净额法进行会计处理。

总体原则：与收益相关的政府补助会计处理选择总额法的，应当计入其他收益或营业外收入；选择净额法的，应将政府补助冲减相关成本费用或营业外支出。

具体来说，与收益相关的政府补助，应当分情况按照以下规定进行会计处理。

（1）用于补偿企业以后期间的相关成本费用或损失的，企业能够满足政府补助所附条件时，应将补助确认为递延收益，并在确认相关费用或损失的期间，计入当期损益或冲减相关成本。

（2）用于补偿企业已发生的相关成本费用或损失的，直接计入当期损益或冲减相关成本。

3. 政府补助退回的会计处理

应当分别下列情况进行会计处理：

（1）初始确认时冲减相关资产成本的，应当调整资产账面价值；

（2）存在尚未摊销的递延收益的，冲减相关递延收益账面余额，超出部分计入当期损益；

（3）属于其他情况的，直接计入当期损益。

4. 特定业务的会计处理

（1）综合性项目政府补助

综合性项目政府补助同时包含与资产相关的政府补助和与收益相关的政府补助，企业需要将其进行分解并分别进行会计处理；难以区分的，企业应当将其整体归类为与收益相关的政府补助进行处理。

（2）政策性优惠贷款贴息

企业取得政策性优惠贷款贴息的，应当区分财政将贴息资金拨付给贷款银行和财政将贴息资金直接拨付给受益企业两种情况，分别进行会计处理。

①财政将贴息资金拨付给贷款银行

财政将贴息资金拨付给贷款银行，由贷款银行以政策性优惠利率向受益企业提供贷款，企业可以选择下列方法之一进行会计处理。

/1/以实际收到的借款金额作为借款的入账价值，按照借款本金和该政策性优惠利率计算借款费用。

/2/以借款的公允价值作为借款的入账价值并按照实际利率法计算借款费用，实际收到的金额与借款入账价值之间的差额确认为递延收益。递延收益在借款存续期内采用实际利率法摊销，冲减相关借款费用。

企业选择了上述两种方法之一作为会计政策后，应当一致地运用，不得随意变更。

②财政将贴息资金直接拨付给受益企业

财政将贴息资金直接拨付给受益企业，由于企业先按照同类贷款市场利率向银行支付利息，所以实际收到的借款金额通常就是借款的公允价值，企业应将对应的贴息冲减相关借款费用。

5. 政府补助的披露

1）政府补助的财务报表列报

企业应在利润表中的“营业利润”项目之上单独列报“其他收益”项目，计入其他收益的政府补助在该项目中反映；冲减相关成本费用的政府补助，在相关成本费用项目中反映；与企业日常经营活动无关的政府补助，在利润表的营业外收支项目中列报。

2）政府补助的附注披露

企业应在附注中单独披露与政府补助有关的下列信息：政府补助的种类、金额和列报项目；计入当期损益的政府补助金额；本期退回的政府补助金额及原因。

二、选编例题

【例 1 · 单选题】关于企业取得财政贴息的会计处理，下列说法中不正确的是（　　）。

A. 财政将贴息资金拨付给贷款银行的，企业可按借款本金和政策性优惠利率计算借款费用

B. 财政将贴息资金拨付给贷款银行的，企业可将对应的贴息确认为当期收入

C. 财政将贴息资金直接拨付给企业的，企业可将对应的贴息冲减相关借款费用

D. 财政将贴息资金拨付给贷款银行的，企业可按以借款的公允价值作为借款的入账价值并按照实际利率法计算借款费用

【例 2 · 单选题】按照国家有关政策，企业购置环保设备可以申请补贴，以补偿其环保支出。丁企业于 2018 年 1 月向政府有关部门提交了 210 万元的补助申请，作为对其购置环保设备的补贴。2018 年 3 月 15 日，丁企业收到政府补助 210 万元，与日常活动相关。2018 年 4 月 20 日丁企业购入不需要安装环保设备，实际成本为 480 万元，使用寿命 10 年，采用直线法计提折旧，不考虑净残值。

2026 年 4 月底丁企业出售这台设备取得价款 130 万元存入银行。不考虑相关税费。则总额法下，2026 年 4 月底丁企业出售此设备前，该固定资产的账面价值为（　　）万元。

A.54　　B.84　　C.96　　D.120

【例 3 · 单选题】接上题，净额法下，2026 年 4 月底丁企业出售此设备前，该固定资产的账面价值为（　　）万元。

A.54　　B.84　　C.96　　D.120

【例 4 · 单选题】下列有关政府补助的会计处理方法表述不正确的是（　　）。

A. 与收益相关的政府补助，用于补偿企业以后期间的相关成本费用或损失的，确认为递延收益，并在确认相关成本费用或损失的期间，计入当期损益或冲减相关成本

B. 与收益相关的政府补助，用于补偿企业已发生的相关成本费用或损失的，直接计入当期损益或冲减相关成本

C. 与收益相关的政府补助会计处理选择总额法的，应当计入其他收益或营业外收入；选择净额法的，应将政府补助冲减相关成本费用或营业外支出

D. 对同时包含与资产相关的和与收益相关的政府补助，应当区分不同部分分别进行会计处理；难以区分的，应当整体归类为与资产相关的政府补助

【例 5 · 单选题】2017 年 12 月 31 日，甲企业库存 A商品的账面余额为 300 万元，已计提存货跌价准备 50 万元，2018 年 1 月 4 日，甲企业将 A商品的 80%对外出售，售价（不含增值税）为 230 万元，增值税销项税额为 39.1 万元，收到款项存入银行，不考虑其他因素，甲企业出售 A商品对 2017 年度利润总额影响的金额为（　　）万元。（2018 年考生回忆真题）

A.30　　B. −10　　C.69.1　　D.29.1

【例 6 · 多选题】（2018 真题）甲企业 2017 年度发生的下列交易或事项中，应作为与收益相关的政府补助进行会计处理的有（　　）。

A. 收到政府按照市场交易价格支付的征地补偿款 5 000 万元

B. 收到政府对企业购置环保设备的补贴款 100 万元

C. 收到税务机关对企业销售产品的增值税返还 200 万元

D. 收到政府向企业购买服务支付的价款 500 万元

E. 收到政府对企业前期亏损的补贴款 100 万元

【例 7 · 单选题】（2021 真题）2021 年 11 月 8 日，甲企业收到政府对其购置 M设备的补贴 160 万元。11 月 12 日，甲企业购入无需安装的 M设备，实际成本为 1 960 万元，预计使用寿命为 8 年，预计净残值为零，采用年限平均法计提折旧。甲企业对取得的政府补助采用净额法进行会计处理。不考虑其他因素，2021 年 12 月 31 日，甲企业 M设备的账面价值为（　　）。

A.1 960 万元　　B.1 781.25 万元　　C.1 800 万元　　D.1 941.25 万元

知识点 2 选编例题答案

1.【答案】B

【解析】选项 A、C、D表述正确，选项 B错误。财政将贴息资金拨付给贷款银行的，企业应以借款的公允价值作为借款的入账价值并按照实际利率法计算借款费用，实际收到的金额与借款入账价值之间的差额确认为递延收益。递延收益在借款存续期内采用实际利率法摊销，冲减相关借款费用。

2.【答案】C

【解析】本题属于与资产相关的政府补助。总额法下，将政府补助全额确认为递延收益，应当在相关资产使用寿命内按照合理、系统的方法分期计入损益。

丁企业会计处理如下（分录中的金额以万元为单位）

<table>
<tr><th>方法一：总额法会计处理</th><th>方法二：净额法会计处理</th></tr>
<tr><td colspan="2">（1）2018 年 3 月 15 日，实际收到财政拨款确认递延收益</td></tr>
<tr><td>借：银行存款　　210
　贷：递延收益　　210</td><td>借：银行存款　　210
　贷：递延收益　　210</td></tr>
<tr><td colspan="2">（2）2018 年 4 月 20 日购入设备</td></tr>
<tr><td>借：固定资产　　480
　贷：银行存款　　480</td><td>借：固定资产　　480
　贷：银行存款　　480
同时
借：递延收益　　210
　贷：固定资产　　210</td></tr>
<tr><td colspan="2">（3）自 2018 年 5 月起，每个资产负债表日（月末）计提折旧，同时分摊的递延收益</td></tr>
<tr><td>①计提折旧（假设该设备用于污染物排放测试，折旧费用计入制造费用）
借：制造费用　　4
　贷：累计折旧（480/10/12）　　4
②月末分摊递延收益
借：递延收益（210/10/12）　1.75
　贷：其他收益　　1.75</td><td>①计提折旧（假设该设备用于污染物排放测试，折旧费用计入制造费用）
借：制造费用　　2.25
　贷：累计折旧　　2.25
（480－210）/10/12 ＝ 2.25</td></tr>
<tr><td colspan="2">（4）2026 年 4 月出售设备同时转销递延收益余额</td></tr>
<tr><td>①出售设备
借：固定资产清理　　96
　　累计折旧（480/10×（8 ＋ 7×12 ＋ 4）/12）　384
　贷：固定资产　　480
借：银行存款　　130
　贷：固定资产清理　　130
同时，结转处置净损益：
借：固定资产清理　　34
　贷：资产处置损益　　34
②转销的递延收益余额
借：递延收益　　42
（210－210/10×（8 ＋ 7×12 ＋ 4）/12）
　贷：营业外收入　　42
备注：相关资产在使用寿命结束时或结束前被处置（出售、转让、报废等），尚未分摊的递延收益余额应当一次性转入资产处置当期的损益，不再予以递延。</td><td>出售设备：
借：固定资产清理　　54
　　累计折旧{2.25×（8 ＋ 7×12 ＋ 4）}　216
　贷：固定资产（480－210）　　270
借：银行存款　　130
　贷：固定资产清理　　130
同时，结转处置净损益
借：固定资产清理　　76
　贷：资产处置损益　　76</td></tr>
</table>

由上述分析可见，总额法下，2026年4月底丁企业出售此设备前，该固定资产的账面价值为96万元。

3.【答案】A

【解析】本题属于与资产相关的政府补助。净额法下，将政府补助作为相关成本费用的扣减。由上题答案分析可见，净额法下，2026年4月底丁企业出售此设备前，该固定资产的账面价值为54万元。

4【答案】D

【解析】对同时包含与资产相关的和与收益相关的政府补助，应当区分不同部分分别进行会计处理；难以区分的，应当整体归类为与收益相关的政府补助。因此，正确选项为 D。

5.【答案】A

【解析】出售该项商品的会计处理如下（单位万元）

借：银行存款　269.1

　贷：主营业务收入　230

　　应交税费——应交增值税（销项税额）　39.1

借：主营业务成本（300×80%）　240

　贷：库存商品　240

借：存货跌价准备（50×80%）　40

　贷：主营业务成本　40

所以对利润总额的影响金额＝230－240＋40＝30（万元）。本题为2018年考生回忆的真题，属于送分题，2018年辅导材料第158页销售商品收入账务处理的表述与该题考点完全一致。

6.【答案】CE

【解析】本题考核的是政府补助类型的判断。选项AB为与资产相关的政府补助；CE为与收益相关的政府补助；选项D，不属于政府补助。

7.【答案】B

【解析】净额法下，甲企业购入M设备的入账价值为1 960－160＝1800（万元）；2021年12月31日，甲企业M设备的账面价值为1 800－（1 800÷8）/12＝1 781.25（万元）。

【知识点3】费用★

【要求】熟悉所得税费用的会计处理、了解期间费用的会计处理。

费用是指企业在日常活动中发生的、会导致所有者权益减少的、与向所有者分配利润无关的经济利益的总流出。

【注意】费用产生的两大特征是资产的减少或负债的增加，即费用会导致企业所有者权益减少。

一、知识点精讲

（一）期间费用

期间费用包括管理费用、销售费用和财务费用。

管理费用	指企业为组织和管理企业生产经营所发生的管理费用
销售费用	销售费用是指企业在销售商品和材料、提供劳务的过程中发生的各种费用
财务费用	财务费用是指企业为筹集生产经营所需资金等而发生的筹资费用

【注意1】费用产生的两大特征是资产的减少或负债的增加，即费用必然会减少企业所有者权益。

【注意2】企业筹建期间内发生的开办费、生产车间（部门）和行政管理部门等发生的固定资产修理费、咨询费（含顾问费）、诉讼费、车间设备维修费、工会经费、技术转让费、矿产资源补偿费、研究费用、排污费等应计入管理费用。

【注意3】商品流通企业采购商品过程中发生的采购费用不计入销售费用，而应计入存货成本。

【注意4】为购建或生产固定资产、投资性房地产和存货等资产而发生的借款费用，在该项资产达到预定可使用或者可销售状态前按规定应予资本化的部分，不作为财务费用核算；以公允价值计量且其变动计入当期损益的金融负债发生的初始直接费用及计提的利息计入投资收益，不计入财务费用。

【注意5】行政管理部门等发生的固定资产修理费计入管理费用。

（二）所得税费用

1. 计税基础和暂时性差异

（1）计税基础

资产的计税基础	指企业收回资产账面价值过程中，计算应纳税所得额时按照税法规定可以自应税经济利益中抵扣的金额，即某一项资产在未来期间计税时按照税法规定可以税前扣除的金额。该金额即税法认可的资产消耗成本
负债的计税基础	即负债的账面价值减去未来期间计算应纳税所得额时按照税法规定可予抵扣的金额。 负债的计税基础＝账面价值－未来期间按照税法规定可予税前扣除的金额

【注意】负债的计税基础与其账面价值的差异＝账面价值－计税基础。即：负债的计税基础与其账面价值的差异＝账面价值－（账面价值－可税前扣除的金额）＝可税前扣除的金额。

（2）暂时性差异

暂时性差异是指资产、负债的账面价值与其计税基础不同产生的差额，包括应纳税暂时性差异以及可抵扣暂时性差异。

①应纳税暂时性差异产生于资产的账面价值大于其计税基础或负债的账面价值小于其计税基础。

②可抵扣暂时性差异产生于资产的账面价值小于其计税基础或负债的账面价值大于其计税基础。

【注意1】应纳税所得额＝会计利润－应纳税暂时性差异；或应纳税所得额＝会计利润＋可抵扣暂时性差异。

【注意2】资产的计税基础与账面价值可能产生差异的有交易性金融资产、应收账款、其他应收款、其他债权投资、其他权益工具投资、长期股权投资、固定资产、无形资产等等。

【注意3】负债的计税基础与账面价值可能产生差异的有预计负债等。

（三）确认和计量

1. 递延所得税资产的确认

（1）递延所得税资产的确认应以未来期间可能取得的应纳税所得额为限。

（2）按照税法规定可以结转以后年度的未弥补亏损和税款抵减，应视同可抵扣暂时性差异处理。

【注意】企业发生亏损将会产生递延所得税资产。

（3）企业合并中，按照会计规定确定的合并中取得的各项可辨认资产、负债的入账价值与其计税基础之间形成可抵扣暂时性差异的，应确认相应的递延所得税资产，并调整合并中应予确认的商誉等。

（4）与直接计入所有者权益的交易或事项相关的可抵扣暂时性差异，相应的递延所得税资产应计入所有者权益。如：因金融资产的公允价值下降而应确认的递延所得税资产等。

2. 递延所得税负债的确认

除企业会计准则中明确规定可不确认递延所得税负债的情况以外，企业对于所有的应纳税暂时性差异均应确认相关的递延所得税负债。除直接计入所有者权益的交易或事项以及企业合并外，在确认递延所得税负债的同时，应增加利润表中的所得税费用。

3. 递延所得税资产和递延所得税负债的计量

递延所得税资产和递延所得税负债应当按照预期收回该资产或清偿该负债期间适用的所得税税率计量。递延所得税负债的确认不要求折现。

二、选编例题

【例1·单选题】下列交易或事项中，应计入管理费用的是（　　）。

A. 支付的合同违约金　　B. 处置非流动资产的损失

C. 现金盘亏　　D. 在建工程建设期间发生的工程物资盘亏损失

【例2·单选题】乙公司于2020年末购入一台机器设备，成本为500万元，会计上按5年计提折旧，预计净残值为零，采用年限平均法计提折旧，2021年末乙公司对该设备计提减值准备100万元。税法规定按10年计提折旧，假定税法规定的折旧方法和净残值均与会计相同。则下列说法正确的是（　　）。

A．2021 年末该设备的账面价值为 350 万元
B．2021 年末该设备的账面价值为 400 万元
C．2021 年末该设备的计税基础为 400 万元
D．2021 年末该设备的计税基础为 450 万元

【例 3 · 单选题】承上题，2021 年末末该固定资产账面价值与计税基础的差异为（　　）。

A. 应纳税暂时性差异 50 万元　　B. 可抵扣暂时性差异 50 万元
C. 可抵扣暂时性差异 150 万元　　D应纳税暂时性差异 150 万元

【例 4 · 单选题】（2021 真题）甲企业 2021 年按照税法计算确定的应交所得税为 500 万元，适用 25%的企业所得税税率。2021 年 12 月 31 日，甲企业持有的以公允价值计量且其变动计入当期损益的金融资产的公允价值较年初增长 100 万元，甲企业的应收账款计提信用减值准备使得账面价值低于计税基础 60 万元。假设甲企业未来期间能够取得足够的应纳税所得额用以抵扣可抵扣暂时性差异，递延所得税资产及递延所得税负债不存在期初余额，不考虑其他因素，甲企业 2021 年度利润表中所得税费用为（　　）。

A.515 万元　　B.510 万元　　C.490 万元　　D.485 万元

【例 5 · 单选题】（2021 年真题）下列关于存货因自然溢余盘盈形成的待处理财产损溢会计处理的说法中，正确的是（　　）。

A. 确认营业外收入　　B. 确认主营业务收入 C. 冲减主营业务成本　D. 冲减管理费用

知识点 3 选编例题答案

1.【答案】C

【解析】现金盘亏计入管理费用；在建工程建设期间发生的工程物资盘亏损失计入所建工程项目的成本。A选项计入营业外支出，B选项处置非流动资产的损失计入资产处置损益或营业外支出。

2.【答案】D

【解析】2021 年末该固定资产账面价值为：500－500×1/5－100 ＝ 300（万元），计税基础为：500－500×1/10 ＝ 450（万元）；因此，D选项表述正确。

3.【答案】C

【解析】由上题解析可见，2021 年末该项固定资产账面价值 300 万元，计税基础 450 万，因此，2021 年末该固定资产账面价值与计税基础的差异为可抵扣暂时性差异 150 万元。

4.【答案】B

【解析】递延所得税资产及递延所得税负债不存在期初余额时，期末金融资产账面价值大于计税基础产生应纳税暂时性差异 100 万元，而应收账款计提信用减值准备使得账面价值低于计税基础产生可抵扣暂时性差异 60 万元。因此，甲企业 2021 年度利润表中所得税费用为 500+（100－40）×25% ＝ 510 万元。

5.【答案】D

【解析】企业发生存货盘盈时，应借记“原材料”“库存商品”等科目，贷记“待处理财产损溢”科目；在按管理权限报经批准后，借记“待处理财产损溢”科目，贷记“管理费用”科目。

【知识点 4】利润★★

【要求】掌握本年利润结转的会计处理、熟悉以前年度损益调整的会计处理。

【注意】企业盈利会导致所有者权益增加。

一、知识点精讲

（一）本年利润的结转

1. 期末将各类收入类科目转入本年利润的贷方

借：主营业务收入
　　其他业务收入
　　公允价值变动损益
　　投资收益
　　其他收益
　　资产处置收益
　　营业外收入
　贷：本年利润

2. 期末将各类计入当期损益的成本费用类科目转入本年利润的借方

借：本年利润
　贷：主营业务成本
　　　其他业务成本
　　　税金及附加
　　　销售费用
　　　管理费用
　　　财务费用
　　　资产减值损失
　　　营业外支出
　　　所得税费用

3. 年度终了，将“本年利润”科目贷方净余额转入“利润分配——未分配利润”科目贷方

借：本年利润
　贷：利润分配——未分配利润

或将“本年利润”科目借方净余额转入“利润分配——未分配利润”科目借方

借：利润分配——未分配利润
　贷：本年利润

结转后本年利润科目无余额。

【注意】净利润加其他综合收益扣除所得税影响后的净额为综合收益总额。

（二）以前年度损益调整

【注意1】以前年度损益调整是对企业本年度发生的影响以前年度损益的事项，以及本年度发现的重要前期差错更正涉及调整以前年度损益的事项所做的调整。

【注意2】企业在年度资产负债表日至财务报告批准报出日之间发现的需要调整报告年度损益的事项，也可以通过“以前年度损益调整”科目核算。

1. 企业调整增加的以前年度利润或者调整减少以前年度亏损时

借：有关科目
　贷：以前年度损益调整

同时，调增应交所得税

借：以前年度损益调整
　贷：应交税费——应交所得税

2. 企业调整减少的以前年度利润或者调整增加以前年度亏损时

借：以前年度损益调整
　贷：有关科目

同时，调减应交所得税

借：应交税费——应交所得税

　贷：以前年度损益调整

3. 将以前年度损益调整净余额转入利润分配——未分配利润

借：以前年度损益调整

　贷：利润分配——未分配利润

或

借：利润分配——未分配利润

　贷：以前年度损益调整

结转后以前年度损益调整科目无余额。

二、选编例题

【例 1 · 单选题】下列各项交易或事项发生当期，会影响营业利润的有（　　）。

A. 固定资产报废净损失

B. 开发无形资产时符合资本化条件的支出

C. 其他权益工具投资期末公允价值的升值

D. 以公允价值模式进行后续计量的投资性房地产持有期间公允价值发生变动

【例 2 · 单选题】下列各项表述中，不正确的是（　　）。

A. 企业盈利会导致所有者权益增加

B. 企业本年度发现的重要前期差错更正无须调整所得税

C. 企业本年度发现的重要前期差错更正应进行以前年度损益调整

D. 年度终了，企业应将“本年利润”科目贷方余额转入“利润分配——未分配利润”科目贷方

【例 3 · 单选题】企业调整减少的以前年度利润或者调整增加以前年度亏损时，对相关所得税的调整为（　　）。

A. 借：以前年度损益调整

　　贷：应交税费——应交所得税

B. 借：所得税费用

　　贷：应交税费——应交所得税

C. 借：应交税费——应交所得税

　　贷：以前年度损益调整

D. 借：应交税费——应交所得税

　　贷：所得税费用

【例 4 · 单选题】（2018 真题）2018 年 2 月 1 日，某小型微利企业内审人员发现的下列事项中，会影响企业 2018 年度年初未分配利润的是（　　）。

A. 2017 年 7 月，购入一辆价值 50 万元的小汽车，一直未入账核算

B. 2018 年 1 月，持有的作为可供出售金融资产核算的乙企业股票市价下跌 30%

C. 2018 年 1 月，所在地区突发水灾，冲毁价值 100 万元的库存商品

D. 2018 年 1 月，因计算错误，少计折旧费用 2 万元

知识点 4 选编例题答案

1.**【答案】**D

【解析】选项 D计入公允价值变动损益，影响营业利润；选项 A计入营业外支出；选项 B计入研发支出—资本化支出；选项 C计入所有者权益中的其他综合收益；ABC三项均不影响发生当期的营业利润。

2.**【答案】**B

【解析】企业本年度发现的重要前期差错更正需调整所得税。

3.【答案】C

【解析】企业调整减少的以前年度利润或者调整增加以前年度亏损时

借：以前年度损益调整

　贷：有关科目

同时，调减应交所得税

借：应交税费——应交所得税

　贷：以前年度损益调整

4.【答案】A

【解析】选项A，是前期会计差错，要进行追溯重述，最终影响数调整2018年年初留存收益。本题为2018年考生回忆的真题，2018年辅导材料第197页【注意1】的表述与该题考点基本一致。

同步强化训练题

一、单项选择题

1. 甲公司为一家生产并销售电梯的公司，2021年2月5日，甲公司与乙公司签订合同，约定销售给乙公司5部电梯，并负责电梯的安装与检验工作，如果电梯不能正常运行，则甲公司需要返修，然后再进行安装和检验，直至电梯能正常运行。不考虑其他因素，下列会计处理的表述中正确的是（　　）。

A. 销售电梯构成单项履约义务　　B. 安装与检验服务构成单项履约义务

C. 销售活动和安装与检验服务可明确区分　　D. 销售电梯和安装与检验服务构成单项履约义务

2. 下列不属于履约义务的是（　　）。

A. 合同中明确的承诺

B. 企业为履行合同而应开展的初始活动

C. 由于企业已公开宣布的政策、以往的习惯做法等导致合同订立时客户合理预期企业将履行的承诺

D. 企业向客户转让一系列实质相同且转让模式相同的、可明确区分商品的承诺

3.2021年12月31日，甲公司与B公司签订合同，向其销售一批产品。合同约定，该批产品将于两年之后交货。合同中包含两种可供选择的付款方式，即B公司可以在两年后交付产品时支付2 247.2万元，或者在合同签订时支付2 000万元。B公司选择在合同签订时支付货款。甲公司的增量借款利率为6%。该批产品的控制权在交货时转移。甲公司于2021年12月31日收到B公司支付的货款。甲公司和B公司均为增值税一般纳税人，甲公司收到B公司支付的款项时纳税义务已经发生。甲公司和B公司的增值税税率为13%。则甲公司2021年12月31日的会计处理为（　　）。（四舍五入取整数）。

A. 借：银行存款　　2 260

　　贷：主营业务收入　　2 000

　　　应交税费——应交增值税（销项税额）　　260

B. 借：银行存款　　2 260

　　贷：合同负债　　2 000

　　　应交税费——应交增值税（销项税额）　　260

C. 借：银行存款　　2 260

　　贷：预收账款　　2 000

　　　应交税费——应交增值税（销项税额）　　260

D. 借：银行存款　　2 260

贷：预收账款 2 260

4. 接上题，甲公司 2023 年 12 月 31 日确认的财务费用为（ ）

A. 借记“财务费用”120 万元 B. 贷记“财务费用”120 万元

C. 借记“财务费用”127.2 万元 D. 贷记“财务费用”127.2 万元

5. 关于企业取得针对综合性项目的政府补助，下列说法中正确的是（ ）。

A. 需将其分解为与资产相关的部分和与收益相关的部分，分别进行处理

B. 无需分解而将其全部作为与收益相关的政府补助处理

C. 无需分解而将其全部作为与资产相关的政府补助处理

D. 难以区分为与资产相关和与收益相关的，将政府补助全部计入当期收益

6. 下列负债项目中，账面价值与计税基础会产生差异的是（ ）。

A. 应付账款 B. 应付票据 C. 预计负债 D. 短期借款

7. 甲企业于 2019 年 12 月 25 日取得某项固定资产，原价为 500 万元，使用年限为 10 年，会计上采用年限平均法计提折旧，净残值为零。由于处于强腐蚀的环境，税法规定该类固定资产采用加速折旧法计提的折旧可予税前扣除，该企业在计税时采用双倍余额递减法计提折旧，净残值为零。2021 年 12 月 31 日，甲企业估计该项资产的可收回金额为 240 万元。2021 年 12 月 31 日，该项固定资产的账面价值与其计税基础之间的差额，将于未来期间产生（ ）。

A. 应纳税暂时性差异 20 万元 B. 可抵扣暂时性差异 20 万元

C. 应纳税暂时性差异 40 万元 D. 可抵扣暂时性差异 80 万元

8. 上例中，2022 年 12 月 31 日，该项固定资产的账面价值与其计税基础之间的差额，将于未来期间产生（ ）。

A. 应纳税暂时性差异 96 万元 B. 可抵扣暂时性差异 46 万元

C. 应纳税暂时性差异 150 万元 D. 可抵扣暂时性差异 150 万元

9.2021 年 11 月 10 日，甲公司取得一项交易性金融资产，成本为 100 万元，2021 年 12 月 31 日，该交易性金融资产的公允价值为 150 万元。此时，交易性金融资产账面价值与计税基础的之间产生的暂时性差异为（ ）。

A. 应纳税暂时性差异 50 万元 B. 可抵扣暂时性差异 50 万元

C. 应纳税暂时性差异 100 万元 D. 可抵扣暂时性差异 100 万元

10.B公司在 2021 年发现，2020 年公司漏记一项管理用固定资产的折旧费用 150 000 元，所得税申报表中未扣除该项费用。假设 2020 年适用所得税税率为 25%，无其他纳税调整事项。该公司按净利润的 10%、5%提取法定盈余公积和任意盈余公积。假定税法允许调整应交所得税。则编制有关项目的调整分录时，补提折旧的会计分录为（ ）。

A. 借：以前年度损益调整 150 000

贷：累计折旧 150 000

B. 借：管理费用 150 000

贷：累计折旧 150 000

C. 借：生产成本 150 000

贷：累计折旧 150 000

D. 借：制造费用 150 000

贷：累计折旧 150 000

11. 接上题，编制有关项目的调整分录时，调整应交所得税的会计分录为（ ）。

A. 借：应交税费——应交所得税 37 500

贷：所得税费用 37 500

B. 借：所得税费用 37 500

贷：应交税费——应交所得税用 37 500

C. 借：应交税费——应交所得税 37 500
　贷：以前年度损益调整 37 500
D. 借：以前年度损益调整 37 500
　贷：应交税费——应交所得税用 37 500

12. 接上题，编制有关项目的调整分录时，将“以前年度损益调整”科目余额转入利润分配的会计分录为（　　）。
A. 借：利润分配——未分配利润 112 500
　贷：本年利润 112 500
B. 借：利润分配——未分配利润 112 500
　贷：以前年度损益调整 112 500
C. 借：以前年度损益调整 112 500
　贷：利润分配——未分配利润 112 500
D. 借：本年利润 37 500
　贷：利润分配——未分配利润 37 500

13. 接上题，编制有关项目的调整分录时，调整利润分配有关数字的会计分录为（　　）。
A. 借：盈余公积 16 875
　贷：利润分配——未分配利润 16 875
B. 借：盈余公积 11 250
　贷：利润分配——未分配利润 11 250
C. 借：盈余公积 5 625
　贷：利润分配——未分配利润 5 625
D. 借：利润分配——未分配利润 16 875
　贷：盈余公积 16 875

14. 企业在一定期间所实现的利润或亏损，必然表现为资产或负债的变动。以下（　　）的变动不会引起企业利润的增加。
A. 资产增加，负债不变　　B. 资产不变，负债减少
C. 资产减少，负债不变　　D. 资产和负债同减，但资产减少量小于负债减少量

15. 下列中的（　　）不属于政府补助的主要形式。
A. 政府对企业的无偿拨款　　B. 政府对企业的税收返还
C. 政府对企业的财政贴息　　D. 增值税出口退税

16. 有关政府补助的净额法，下列表述正确的是（　　）。
A. 将政府补助全额确认为收益　　B. 将政府补助扣减相关成本费用
C. 将政府补助全额确认为企业资产　　D. 将政府补助全额确认为所有者权益

17. 甲企业于 2018 年 3 月 15 日与企业所在地地方政府签订合作协议，根据协议约定当地政府向甲企业提供 1 000 万元奖励基金，用于企业的人才激励和人才引进奖励。甲企业必须按年向当地政府报送详细的资金使用计划，并按规定用途使用资金。甲企业于 2018 年 4 月 10 日收到 1 000 万元补助资金。分别在 2018 年 12 月、2019 年 12 月、2020 年 12 月使用了 400 万元、300 万元、300 万元于发放给总裁级别高管年度奖金。下列会计处理不正确的是（　　）。
A.2018 年 4 月 10 日甲企业实际收到补助资金（单位万元）
借：银行存款 1 000
　贷：递延收益 1 000
B.2018 年 12 月、2019 年 12 月、2020 年 12 月甲企业将补贴资金发放高管奖金时，每年按照平均法（单位万元）

借：递延收益　1 000 / 3

　贷：管理费用　1 000 / 3

C.2018 年 12 月甲企业将补贴资金发放高管奖金时（单位万元）

借：递延收益　400

　贷：管理费用　400

D.2019 年 12 月、2020 年 12 月甲企业将补贴资金发放高管奖金时（单位万元）

借：递延收益　300

　贷：管理费用　300

借：递延收益　300

　贷：管理费用　300

18. 某企业于 2019 年 11 月接受一项产品安装任务，采用完工百分比法确认劳务收入，预计安装期 14 个月，合同总收入 200 万元，合同预计总成本为 158 万元。至 2019 年年底已预收款项 160 万元，余款在安装完成时收回，至 2020 年 12 月 31 日实际发生成本 152 万元，预计还将发生成本 8 万元。2019 年已确认收入 80 万元。则该企业 2020 年度确认收入为（　　）万元。

A.190　　B.110　　C.78　　D.158

19.2021 年 2 月 1 日，甲公司与乙公司签订合同，向乙公司销售一台电动车生产设备和一台组装设备，总价款为 300 000 元。合同约定，电动车生产设备于 10 日内交付，电动车组装设备于 15 日内交付，且在两台设备全部交付后，甲公司才有权收取全部合同对价。假定上述两台设备分别构成单项履约义务，设备交付给乙公司时，乙公司即取得其控制权。上述生产设备的单独售价为 240 000 元，组装设备的单独售价为 160 000 元。甲公司两台设备均按时交付。不考虑其他因素，甲公司的下列会计处理中，正确的是（　　）。

A. 交付生产设备时：

借：应收账款　2 180 000

　贷：主营业务收入　2 180 000

B. 交付生产设备时：

借：合同资产　240 000

　贷：主营业务收入　240 000

C. 交付组装设备时：

借：应收账款　300 000

　贷：合同资产　180 000

　　主营业务收入　120 000

D. 交付组装设备时：

借：合同资产　120 000

　贷：主营业务收入　120 000

20.2021 年 5 月 1 日，甲公司与与客户签订合同，为客户建造一栋办公楼，合同总金额为 750 万元，甲公司预计总成本 500 万元。至 2021 年年末，甲公司累计发生成本 300 万元。假定该建造业务构成单项履约义务，且属于在某一时段内履行的履约义务，甲公司是主要责任人；甲公司采用成本法确定履约进度。甲公司 2021 年年末应确认收入的金额为（　　）。

A.200 万元　　B.300 万元　　C.250 万元　　D.450 万元

21. 满足下列（　　）条件之一的属于在某一时点履行履约义务。

A. 企业取得款项，并已将该商品所有权上的主要风险和报酬转移给客户，客户已取得该商品所有权上的主要风险和报酬

B. 客户在企业履约的同时即取得并消耗企业履约所带来的经济利益

C. 客户能够控制企业履约过程中在建的商品

D. 企业履约过程中所产出的商品具有不可替代用途，且该企业在整个合同期间内有权就累计至今已完成的履约部分收取款项

22. 下列有关客户支付非现金对价的表述不正确的是（　　）。

A. 企业应当按照非现金对价的公允价值确定交易价格

B. 公允价值不能合理估计的非现金对价，企业应当参照其承诺向客户转让商品的单独售价间接确定交易价格

C. 非现金对价的公允价值因对价形式以外的原因而发生变动的，应当作为可变对价，企业应当按照期望值或最可能发生金额确定可变对价的最佳估计数

D. 公允价值不能合理估计的非现金对价，企业应当按照非现金对价的账面价值确定交易价格

23. 企业在商品近期售价波动幅度巨大，或者因未定价且未曾单独销售而使售价无法可靠确定时，可采用（　　）估计其单独售价。

A. 市场调整法　　B. 成本法　　C. 成本加成法　　D. 余值法

24. 企业为取得合同发生的、除预期能够收回的增量成本之外的其他支出，应当在发生时计入（　　）

A. 当期损益　　B. 产品成本　　C. 长期待摊费用　　D. 递延收益

25. 企业向客户转让商品前能够控制该商品的情形不包括（　　）。

A. 企业自第三方取得商品或其他资产使用权后，再转让给客户

B. 企业自第三方取得商品或其他资产控制权后，再转让给客户

C. 企业能够主导第三方代表本企业向客户提供服务

D. 企业自第三方取得商品控制权后，通过提供重大服务将该商品与其他商品整合成某组合产出转让给客户

26. 在具体判断向客户转让商品前是否拥有对该商品的控制权时，企业不应仅局限于合同的法律形式，而应当综合考虑所有相关事实和情况，这些事实和情况不包括（　　）。

A. 企业承担向客户转让商品的主要责任

B. 企业在转让商品之前或之后承担了该商品的存货风险

C. 企业有权自主决定所交易商品的价格

D. 企业只能按照预期有权收取的佣金或手续费的金额确认收入

27. 某企业 2021 年 12 月 31 日的应收账款余额为 600 万元，坏账准备贷方余额分别为 10 万元。该企业 2021 年度资产负债表中应收账款的账面价值为（　　）万元。

A.590　　B.595　　C.600　　D.610

28. 甲公司 2021 年 3 月 1 日向乙公司销售商品一批，货款为 500 万元，税款为 65 万元。同时收到乙公司签发并承兑的商业承兑汇票一张，期限为 3 个月，票面金额为 565 万元，年利率为 5%。4 月 1 日持票据到银行申请带追索权的贴现，贴现率为 6%，则甲公司实际收到贴现款为（　　）。

A.585 万元　　B.566.341875 万元　　C.592.3125 万元　　D.600 万元

29. 甲公司 2021 年 5 月 10 日采用赊销方式向乙公司销售商品一批，货款 500 万元，适用的税率为 13%。双方商定，甲公司给予乙公司 10%的商业折扣，现金折扣条件为：2/10，1/15，n/30（本题按照含增值税计算现金折扣）。乙公司 5 月 20 日支付全部款项，甲公司实际收到的金额为（　　）。

A. 498.33 万元　　B. 508.5 万元　　C.553.7 万元　　D.565 万元

30. 某企业首次采用备抵法核算应收账款的坏账损失，2019 年末应收账款的余额为 500 000 元，坏账准备的提取比例为 0.5%，2020 年发生坏账 6 000 元，年末应收账款的余额为 800 000 元；2021 年中，收回上年发生的坏账 3 000 元，年末应收账款的余额为 100 000 元。则 2021 年实际应计提坏账准备数额为（　　）。

A. 计提坏账准备 500 元　　B. 冲减坏账准备 500 元

C. 计提坏账准备 6 500 元　　D. 冲减坏账准备 6 500 元

31.2020 年 11 月，因正常贸易往来，甲企业确认对乙企业的应收账款 100 万元，2020 年 12 月 31 日，甲企业对应收账款计提坏账准备 20 万元，2021 年 1 月 4 日，乙企业宣告破产财产清偿甲企业应收账款 70 万元，剩余 30 万元无法偿还，则该应收账款对甲企业 2021 年度营业利润影响的金额为（　　）。

A. －10 万元　　B. －30 万元　　C. －100 万元　　D.0

32. 按总价法核算，销售方给予客户的现金折扣，会计上应当作为（　　）处理。

A. 冲减营业收入　　B. 财务费用　　C. 销售费用　　D. 营业外支出

33. 某企业销售产品，收到带息商业汇票一张，面值 100 000 元，期限为 6 个月，票面利率 5%。企业持有 4 个月后贴现，贴现率为 6%，则贴现款为（　　）。

A.101 475　　B.102 500　　C.105 000　　D.106 000

34. 销售产品一批，价目表标明售价（不含税）10 000 元，商业折扣条件为 10%，现金折扣条件为 3／10、1／20、N／30。客户于第 12 天付款，增值税税率为 13%，则应收账款入账金额为（　　）。

A.10 000 元　　B.11 300 元　　C.10 170 元　　D.9 000 元

二、多项选择题

1. 企业应当在下列（　　）履约支出发生时，将其计入当期损益。

A. 履行合同正常消耗的直接人工费用

B. 与履约义务中已履行部分相关的支出

C. 为管理企业生产经营发生的但非由客户承担的管理费用

D. 无法在尚未履行的与已履行的履约义务之间区分的相关支出

E. 非正常消耗的直接材料、直接人工和制造费用（或类似费用），这些支出为履行合同发生，但未反映在合同价格中

2. 甲公司当期发生的下列费用或损失中，应当计入管理费用的有（　　）。

A. 工会经费　　B. 商品维修费　　C. 汇兑损失费　　D. 聘请中介机构费、咨询费

E. 行政管理部门等发生的固定资产日常修理费

3. 满足下列（　　）条件之一的，属于在某一时段内履行履约义务。

A. 客户在企业履约的同时即取得并消耗企业履约所带来的经济利益

B. 客户能够控制企业履约过程中在建的商品

C. 企业履约过程中所产出的商品具有不可替代用途，且该企业在整个合同期间内有权就累计至今已完成的履约部分收取款项

D. 企业已将该商品所有权上的主要风险和报酬转移给客户，即客户已取得该商品所有权上的主要风险和报酬

E. 企业已将该商品的法定所有权转移给客户，并取得全部款项

4. 企业为履行合同发生的成本，不属于其他企业会计准则规范范围且同时满足下列（　　）条件的，应当作为合同履约成本确认为一项资产。

A. 该成本与一份当前或预期取得的合同直接相关，明确由客户承担的成本以及仅因该合同而发生的其他成本

B. 该成本增加了企业未来用于履行履约义务的资源

C. 该成本预期能够收回

D. 该成本减少了企业未来用于履行履约义务的资源

E. 该成本预期无法收回

5. 对于在某一时点履行的履约义务，企业应当在客户取得相关商品控制权时点确认收入。在判断

客户是否已取得商品控制权时，企业应当考虑下列迹象（　　）。

A. 企业就该商品享有现时收款权利，即客户就该商品负有现时付款义务

B. 企业已将该商品的法定所有权转移给客户，即客户已拥有该商品的法定所有权

C. 企业已将该商品实物转移给客户，即客户已实物占有该商品

D. 企业已将该商品所有权上的主要风险和报酬转移给客户，即客户已取得该商品所有权上的主要风险和报酬

E. 客户尚未接受该商品，但已付款

6. 收入准则要求企业应当根据合同条款，并结合其以往的习惯做法确定交易价格。在确定交易价格时，企业应当考虑下列（　　）因素。

A. 可变对价　　B. 合同中存在的重大融资成分

C. 非现金对价　　D. 应付客户对价因素

E. 未来可能的退货因素

7. 企业在类似环境下向类似客户单独销售商品的价格，应作为确定该商品单独售价的最佳证据。单独售价无法直接观察的，企业应当综合考虑其能够合理取得的全部相关信息，采用下列（　　）方法。

A. 市场调整法　　B. 成本法

C. 成本加成法　　D. 权益法

E. 余值法

8.2021 年甲公司按照税法计算确定的应交所得税为 1 000 万元。2021 年初递延所得税资产借方余额 100 万元、递延所得税负债贷方余额 80 万元；2021 年底递延所得税资产借方余额 250 万元、递延所得税负债贷方余额 105 万元。假设甲企业未来期间能够取得足够的应纳税所得额用以抵扣可抵扣暂时性差异。则下列表述正确的有（　　）。

A. 2021 年甲公司所得税费用为 875 万元

B. 2021 年甲公司所得税费用为 1 000 万元

C. 2021 年递延所得税资产的变化导致递延所得税费用增加 150 万元

D. 2021 年递延所得税负债的变化导致递延所得税费用增加 25 万元

E. 2021 年递延所得税资产的变化导致递延所得税费用减少 150 万元

9. 甲公司 2021 年发生以下交易或事项：（1）销售商品确认收入 30 000 万元，结转成本 15 000 万元；（2）持有的交易性金融资产公允价值升值 500 万元；（3）采用公允价值进行后续计量的投资性房地产取得出租收入 2 000 万元，2021 年公允价值下降 300 万元；（3）罚款支出 100 万元（4）出售旧设备取得资产处置净收益 500 万元；（4）因持有以公允价值计量且其变动计入其他综合收益的其他权益工具投资确认公允价值变动收益 800 万元；（5）确认无形资产减值损失 1 000 万元，不考虑其他因素，则下列表述正确的有（　　）。

A.2021 年甲公司营业利润为 15 700 万元

B.2021 年甲公司营业利润为 16 700 万元

C.2021 年甲公司投资性房地产公允价值下降 300 万元将减少所有者权益

D.2021 年甲公司罚款支出 500 万元将减少企业应纳税利润

E.2021 年甲公司持有的交易性金融资产公允价值升值 500 万元将增加企业应纳税利润

10. 收入确认的前提条件包括（　　）。

A. 合同各方已批准该合同并承诺将履行各自义务

B. 生产或提供服务已经开始，但合同权利尚未实现

C. 该合同有明确的与所转让商品相关的支付条款

D. 该合同具有商业实质，即履行该合同将改变企业未来现金流量的风险、时间分布或金额

E. 企业因向客户转让商品而有权取得的对价很可能收回

三、不定项选择题

甲企业2021年度税前利润总额为1 200万元，该公司适用的所得税税率为25%。递延所得税资产期初借方余额10万元，递延所得税负债期初贷方余额15万元。与所得税核算有关的情况如下。

2021年发生的有关交易和事项中，会计处理与税收处理存在差别：

（1）2021年1月开始计提折旧的一项管理用固定资产，成本为600万元，使用年限为10年，净残值为零，会计处理按双倍余额递减法计提折旧，税收处理按直线法计提折旧。假定税法规定的使用年限及净残值与会计规定相同。

（2）甲企业关联方的非公益性捐赠现金200万元。按照税法规定，该笔捐赠不允许税前扣除。

（3）当期取得作为交易性金融资产核算的股票投资成本为700万元，2021年12月31日的公允价值为1 100万元。税法规定，以公允价值计量的金融资产持有期间市价变动不计入应纳税所得额。

（4）违反税收法规定应支付罚款100万元。

（5）期末对应收账款计提了30万元的坏账准备。

1.2021年公司管理用固定资产计提折旧时，下列表述正确的是（　　）。

A. 资产减少、所有者权益减少　　B. 资产账面价值大于计税基础

C. 资产账面价值小于计税基础　　D. 资产账面价值不变

2. 期末交易性金融资产公允价值增加时，下列表述正确的是（　　）。

A. 资产增加、所有者权益增加　　B. 资产账面价值大于计税基础

C. 增加本期递延所得税负债　　D. 增加本期递延所得税资产

3.2021年度当期应纳税所得额为（　　）万元。

A.1 190　　B.1 200　　C.1 230　　D.13 20

4.2021年确认的所得税费用总额为（　　）万元。

A.297.5　　B.320　　C.350　　D.370

四、不定项综合题

2021年1月1日甲企业与乙公司签订协议，向乙公司销售大型生产设备一套，该设备的成本为1 560万元，并约定采用分期收款方式，从销售当年末开始分五次分期收款，每年400万元，合计2 000万元。若乙企业在销售成立日支付货款，只需要支付1 600万元即可。假设甲企业发出商品时开出增值税专用发票，税款为260万，并于当天收到增值税。已知名义金额折算为当前售价的实际利率为7.93%。

单位：万元

	未收本金 A	利息收益 B＝A×7.93%	收现总额 D	已收本金 C＝D－B
销售日	1 600	0	0	0
第一年末	1600	126.88	400	273.12
第二年末	1 326.88	105.22	400	294.78
第三年末	1032.10	81.85	400	318.15
第四年末	713.95	56.62	400	343.38
第五年末	370.57	29.43	400	370.57
合计	——	400	2 000	1 600

乙公司购入该生产设备后，安装期一年。使用年限10年，预期无残值。要求回答下列问题：

1. 销售成立时，下列表述正确的是（　　）。

A. 本期确认的销售收入为1 600万元

B. 本期确认的销售收入为 2 000 万元

C. 销售时确认的未实现融资收益为 400 万元

D. 销售时确认的未实现融资收益为 660 万元

2. 企业采用实际利率法分摊未实现融资收益时对甲企业会计信息的影响有（　　）。

A. 增加企业所有者权益　　B. 增加企业利润

C. 增加企业期间费用　　D. 减少企业期间费用

3. 乙公司购入该生产设备后，假设 2021 年 1 月 1 日即收到该设备，安装期一年，安装费 200 万元，并于 2021 年 12 月 31 日投入使用。使用年限 10 年，预期无残值。那么，乙公司该设备安装完工后的入账价值为（　　）万元。

A.1 800　　B.1 926.88　　C.2 000　　D.2 200

4. 2022 年 12 月底乙公司该设备预计可回收净额为 1 350 万元，则下列表述正确的有（　　）。

A. 2022 年底乙公司该设备应计提减值准备 384.192 万元

B. 2023 年乙公司该设备应计提折旧为 150 万元

C. 2023 年乙公司该设备应计提折旧为 192.688 万元

D. 乙公司该设备应计提减值准备后固定资产账面价值将降低

5. 北大纵横咨询公司 2021 年 4 月 1 日与客户签订一项咨询合同，合同约定咨询期 3 年，咨询费 120 万元（不含税收入），公司适用的增值税税率 6%，客户分四次平均支付，第一次在项目开始时支付，第二次在 2022 年底支付、第三次在 2023 年底支付，第四次在项目结束时支付。公司为此项目估计需支出总成本 60 万元（均为咨询人员工资），假设成本估计准确，不会发生变化，发生的成本资料如下表所示：

发生的成本情况

单位：万元

年度	2021 年	2022 年	2023 年	2024 年	合计
发生的成本	16	20	20	4	60

假定履约进度与时间比例相同。该公司 2023 年确认的收入为（　　）

A.30 万元　　B.31.8 万元　　C.35 万元　　D.40 万元

同步强化训练题参考答案及解析

一、单项选择题

1.【答案】D

【解析】销售电梯活动和安装与检验服务高度关联，因此在合同层面是不可明确区分的，二者构成单项履约义务。

2.【答案】B

【解析】企业为履行合同而应开展的初始活动，通常不构成履约义务，除非该活动向客户转让了承诺的商品。

3.【答案】B

【解析】甲公司的账务处理如下：

2021 年 12 月 31 日收到货款：

借：银行存款　　2 260

　贷：合同负债　　2 000

　　　应交税费——应交增值税（销项税额）　　260

2022 年 12 月 31 日确认融资成分的影响：

借：财务费用　　（2 000×6%）120

贷：合同负债 120

2023 年 12 月 31 日交付产品：

借：财务费用 （2120×6%）127.2

（即合同负债摊余成本乘以实际利率来计算财务费用）

贷：合同负债 127.2

借：合同负债 2 247.2

贷：主营业务收入 2 247.2

4.【答案】C

【解析】由上述甲公司的账务处理结果可见，2023 年 12 月 31 日确认的财务费用为增加财务费用 127.2 万元。

5.【答案】A

【解析】企业取得针对综合性项目的政府补助，需将其分解为与资产相关和与收益相关部分，分别进行处理，选项 A正确，选项 B和 C错误；难以区分为与资产相关和与收益相关的，将政府补助整体归类为与收益相关的政府补助进行会计处理，选项 D错误。

6.【答案】C

【解析】预计负债账面价值与计税基础会产生可抵扣暂时性差异，其他选项通常不会产生暂时性差异。

7.【答案】D

【解析】2021 年 12 月 31 日，该项固定资产的账面净值＝500—50×2＝400（万元），该账面净值大于其可收回金额 240 万元，两者之间的差额应计提 160 万元的固定资产减值准备。因此，2021 年 12 月 31 日，该项固定资产的账面价值为 240（万元）

其计税基础＝500—500×20%—400×20%＝320（万元）

2021 年 12 月 31 日，该项固定资产的账面价值 240 万元与其计税基础 320 万元之间的 80 万元差额，将于未来期间产生可抵扣暂时性差异。

8.【答案】B

【解析】上例中，因 2021 年 12 月 31 日该项固定资产计提了 160 万元的减值准备，导致固定资产账面价值为 240 万元，因此，2022 年全年的折旧费用为 30（240÷8）万元。2022 年 12 月 31 日，该项固定资产的账面价值为 210（240—30）万元。

2022 年 12 月 31 日，该项固定资产的账面价值 210 万元与其计税基础 256 万元之间的 46 万元差额，将于未来期间产生可抵扣暂时性差异。

9.【答案】A

【解析】按照会计准则规定，该项金融资产的账面价值为其期末公允价值 150 万元。税法规定，以公允价值计量的金融资产在持有期间公允价值的变动不计入应纳税所得额，其计税基础仍维持 2021 年 11 月 10 日的取得成本 100 万元不变。2021 年 12 月 31 日，交易性金融资产账面价值与计税基础的之间产生 50 万元的暂时性差异为应纳税暂时性差异。

10.【答案】A

【解析】分析前期差错的影响数：2020 年少计折旧费用 150 000 元；多计所得税费用 37 500（150 000×25%）元；多计净利润 112 500 元；多计应交税费（150 000×25%）37 500 元；多提法定盈余公积和任意盈余公积 11 250（112 500×10%）元和 5625（112 500×5%）元。

因此，编制有关项目的调整分录时，补提折旧的分录

借：以前年度损益调整 150 000

贷：累计折旧 150 000

11.【答案】C

【解析】如前例题解析所见，2020 年少计折旧费用 150 000 元；多计所得税费用 375 00 元（150 000×25%）；多计净利润 112 500 元；多计应交税费 37 500 元（150 000×25%）。

因此，编制有关项目的调整分录时调整应交所得税时

借：应交税费——应交所得税　　37 500

　贷：以前年度损益调整　　37 500

12.【答案】B

【解析】如前例题解析所见，如前例题解析所见，2020 年少计折旧费用 150 000 元；多计所得税费用 37 500 元（150 000×25%）；多计净利润 112 500 元；多计应交税费 37 500 元（150 000×25%）则将“以前年度损益调整”科目余额转入利润分配的会计分录为

借：利润分配——未分配利润　　112 500

　贷：以前年度损益调整　　112 500

13.【答案】A

【解析】如前例题解析所见，如前例题解析所见，2020 年少计折旧费用 150 000 元；多计所得税费用 37 500 元（150 000×25%）；多计净利润 112 500 元；多计应交税费 37 500 元（150 000×25%）多提法定盈余公积和任意盈余公积 11 250 元（112 500×10%）和 5625 元（112 500×5%）。则调整利润分配有关数字的会计分录为

借：盈余公积　　16 875

　贷：利润分配——未分配利润　　16 875

14.【答案】C

【解析】收入产生的两大特征是资产的增加或负债的减少，即收入会导致企业所有者权益增加；费用产生的两大特征是资产的减少或负债的增加，即费用会导致企业所有者权益减少。收入－费用＝利润，即企业利润通常会导致所有者权益增加。本题 C选项的变动导致企业所有者权益减少，而其他三项都导致所有者权益增加。因此，本题 C选项的变动不会引起企业利润的增加。

15.【答案】D

【解析】政府补助，是指企业从政府无偿取得货币性资产或非货币性资产。政府补助的主要形式包括政府对企业的无偿拨款、税收返还、财政贴息以及无偿给予的非货币性资产。增值税出口退税不属于政府补助。

16.【答案】B

【解析】新修订政府补助准则提出政府补助的会计处理有两种方法：一是总额法，将政府补助全额确认为收益；二是净额法，将政府补助作为相关成本费用的扣减。

17.【答案】B

【解析】本例中，甲企业在实际收到补助资金时，应先计入“递延收益”科目，实际按规定用途使用资金时再结转计入当期损益。会计处理如下（分录中的金额以万元为单位）。

（1）2018 年 4 月 10 日甲企业实际收到补助资金

借：银行存款　　1 000

　贷：递延收益　　1 000

（2）2018 年 12 月、2019 年 12 月、2020 年 12 月甲企业将补贴资金发放高管奖金时

借：递延收益　　400

　贷：管理费用　　400

借：递延收益　　300

　贷：管理费用　　300

借：递延收益　　300

　贷：管理费用　　300

18.【答案】B

【解析】该企业 2020 年度确认收入＝200×152/（152＋8）—80＝110（万元）。

19.【答案】C

【解析】生产设备的交易价格＝300 000×240 000/（240 000＋160 000）＝180 000（元），组装设备的交易价格＝300 000×160 000/（240 000＋160 000）＝120 000（元）。相关会计分录为：

交付生产设备时：

借：合同资产　180 000
　贷：主营业务收入　180 000
交付组装设备时：
借：应收账款　300 000
　贷：合同资产　180 000
　　主营业务收入　120 000

20.【答案】D

【解析】2021 年年末履约进度＝ 300/500×100%＝ 60%，因此应确认收入＝ 750×60%＝ 450（万元）。

21.【答案】A

【解析】新收入准则规定：满足下列条件之一的，属于在某一时段内履行履约义务；否则，属于在某一时点履行履约义务：

（1）客户在企业履约的同时即取得并消耗企业履约所带来的经济利益。

（2）客户能够控制企业履约过程中在建的商品。

（3）企业履约过程中所产出的商品具有不可替代用途，且该企业在整个合同期间内有权就累计至今已完成的履约部分收取款项。

22.【答案】D

【解析】准则规定：客户支付非现金对价的，企业应当按照非现金对价的公允价值确定交易价格。非现金对价的公允价值不能合理估计的，企业应当参照其承诺向客户转让商品的单独售价间接确定交易价格。非现金对价的公允价值因对价形式以外的原因而发生变动的，应当作为可变对价，企业应当按照期望值或最可能发生金额确定可变对价的最佳估计数。

23.【答案】D

【解析】新收入准则规定：

企业在商品近期售价波动幅度巨大，或者因未定价且未曾单独销售而使售价无法可靠确定时，可采用余值法估计其单独售价。

24.【答案】A

【解析】收入准则规定：企业为取得合同发生的、除预期能够收回的增量成本之外的其他支出（如无论是否取得合同均会发生的差旅费等），应当在发生时计入当期损益，但是，明确由客户承担的除外。

25.【答案】A

【解析】收入准则规定：企业向客户转让商品前能够控制该商品的情形包括：

（1）企业自第三方取得商品或其他资产控制权后，再转让给客户。

（2）企业能够主导第三方代表本企业向客户提供服务。

（3）企业自第三方取得商品控制权后，通过提供重大的服务将该商品与其他商品整合成某组合产出转让给客户。

26.【答案】D

【解析】收入准则规定：在具体判断向客户转让商品前是否拥有对该商品的控制权时，企业不应仅局限于合同的法律形式，而应当综合考虑所有相关事实和情况，这些事实和情况包括：

（1）企业承担向客户转让商品的主要责任。

（2）企业在转让商品之前或之后承担了该商品的存货风险。

（3）企业有权自主决定所交易商品的价格。

（4）其他相关事实和情况。

27.【答案】A

【解析】应收账款的账面价值＝“应收账款”科目余额－“坏账准备”科目贷方余额。该企业 2021 年度资产负债表中应收账款的账面价值为：600－10 ＝ 590（万元）。

28.【答案】B

【解析】票据到期值为：面值＋票据到期利息

票据到期利息：5 650 000×5%×90÷360 ＝ 70 625（元）

因此票据到期值为：5 650 000 ＋ 70 625 ＝ 5 720 625（元）

贴现天数＝ 60（天）

贴现息＝ 5 720 625×6%×60÷360 ＝ 57 206. 25（元）

贴现款＝ 5 720 625—57 206.25 ＝ 5 663 418.75（元）

本题会计处理如下：

（1）2021 年 3 月 1 日，向乙公司销售商品收到票据时：

借：应收票据　5 650 000

　贷：主营业务收入　5 000 000

　　应交税费——应交增值税（销项税额）　650 000

（2）2021 年 4 月 1 日，向银行申请带追索权的贴现：

借：银行存款　5 663 418.75

　贷：短期借款　5 663 418.75

假设票据到期，乙公司无力支付票据款时：

偿还借款时：

借：短期借款　5 663 418.75

　贷：银行存款　5 663 418.75

转为应收账款：

借：应收账款　5 720 625（即应收票据到期值）

　贷：应收票据　5 650 000（即应收票据面值）

　　财务费用　70 625

29.**【答案】**A

【解析】在确定应收账款的入账价值时，需要考虑商业折扣和现金折扣（包括总价法和净价法，我国准则要求采用总价法）等因素。应收账款的入账价值为扣除商业折扣后的实际售价。甲公司实际收到的金额为：500×90%×（1 ＋ 13%）×（1—2%）＝ 498.33 万元。

本题账务处理如下所示：

销售商品时：

借：应收账款　5 085 000

　贷：主营业务收入　（500 万 ×90%）4 500 000

　　应交税费——应交增值税（销项税额）585 000

收取款项时：

借：银行存款　4 983 300

　　财务费用　101 700（5 085 000×2%）

　贷：应收账款　5 085 000

30.**【答案】**D

【解析】应收账款余额百分比法下，每期实际提取“坏账准备”的数额＝应收账款期末余额 ×坏账提取比率—期初“坏账准备”的贷方余额＋当期坏账的实际发生额（或减去当期收回原先确认的坏账）。因此，2021 年该企业实际应计提坏账准备数额为：500—4 000—3 000 ＝—6 500。

根据上述经济业务编制的会计分录如下：

2019 年末计提坏账准备时：

借：资产减值损失　2 500

　贷：坏账准备　2 500

2019 年末坏账准备时贷方余额 2 500 元；

2020 年发生坏账 6 000 元时：

借：坏账准备　6 000

贷：应收账款 6 000

此时坏账准备超支使用，出现借方余额 3 500 元；

2020 年，年末应收账款的余额为 800 000 元，计提坏账准备时：

借：资产减值损失 7 500（4 000 + 3 500）

贷：坏账准备 7 500

2020 年末坏账准备时贷方余额 4 000 元；

2021 年中，收回上年发生的坏账 3 000 元时：

借：应收账款 3 000

贷：坏账准备 3 000

同时：借：银行存款 3 000

贷：应收账款 3 000

此时坏账准备贷方余额 7 000 元；

2021 年，年末应收账款的余额为 100 000 元，计提坏账准备时：

借：坏账准备 6 500

贷：资产减值损失 6 500

31.【答案】A

【解析】20 万的存货跌价准备在 2020 年末计入资产减值损失，2021 年损失为 30—20 = 10 万元。

32.【答案】B

【解析】现金折扣的总价法下，应收账款的入账价值以未减去现金折扣的金额入账，对于购货方享受的折扣视为理财费用而作为财务费用处理。

33.【答案】A

【解析】票据到期值为：面值＋票据到期利息

票据到期利息：100 000×5%×6÷12 = 2 500（元）

因此票据到期值为 100 000 + 2500 = 102 500（元）

贴现息= 102 500×6%×2÷12 = 1 025（元）

贴现款= 102 500—1 025 = 101 475（元）

34.【答案】C

【解析】现金折扣的总价法下，应收账款的入账价值依未减去现金折扣的金额入账。因此，应收账款的入账价值为 10 000×（1—10%）×（1 + 13%）= 10 170 元。

二、多项选择题

1.【答案】BCDE

【解析】新收入准则规定：企业应当在下列支出发生时，将其计入当期损益：（1）管理费用；（2）非正常消耗的直接材料、直接人工和制造费用（或类似费用），这些支出为履行合同发生，但未反映在合同价格中；（3）与履约义务中已履行部分相关的支出；（4）无法在尚未履行的与已履行的履约义务之间区分的相关支出。

2.【答案】ADE

【解析】B选项计入销售费用；C选项计入财务费用；其它选项计入管理费用。

3.【答案】ABC

【解析】满足下列条件之一的，属于在某一时段内履行履约义务；否则，属于在某一时点履行履约义务：

（1）客户在企业履约的同时即取得并消耗企业履约所带来的经济利益。

（2）客户能够控制企业履约过程中在建的商品。

（3）企业履约过程中所产出的商品具有不可替代用途，且该企业在整个合同期间内有权就累计至今已完成的履约部分收取款项。

4.【答案】ABC

【解析】企业为履行合同发生的成本，不属于其他企业会计准则规范范围且同时满足下列条件的，应当作为合同履约成本确认为一项资产：

（1）该成本与一份当前或预期取得的合同直接相关，包括直接人工、直接材料、制造费用（或类似费用）、明确由客户承担的成本以及仅因该合同而发生的其他成本；

（2）该成本增加了企业未来用于履行履约义务的资源；

（3）该成本预期能够收回。

5.【答案】ABCD

【解析】收入准则规定：对于在某一时点履行的履约义务，企业应当在客户取得相关商品控制权时点确认收入。在判断客户是否已取得商品控制权时，企业应当考虑下列迹象：

（1）企业就该商品享有现时收款权利，即客户就该商品负有现时付款义务。

（2）企业已将该商品的法定所有权转移给客户，即客户已拥有该商品的法定所有权。

（3）企业已将该商品实物转移给客户，即客户已实物占有该商品。

（4）企业已将该商品所有权上的主要风险和报酬转移给客户，即客户已取得该商品所有权上的主要风险和报酬。

（5）客户已接受该商品。

（6）其他表明客户已取得商品控制权的迹象。显然，E选项不属于判断客户是否取得商品控制权的迹象。

6.【答案】ABCD

【解析】收入准则规定：

收入准则要求企业应当根据合同条款，并结合其以往的习惯做法确定交易价格。在确定交易价格时，企业应当考虑可变对价、合同中存在的重大融资成分、非现金对价、应付客户对价等因素的影响。

7.【答案】ACE

【解析】新收入准则规定：

企业在类似环境下向类似客户单独销售商品的价格，应作为确定该商品单独售价的最佳证据。单独售价无法直接观察的，企业应当综合考虑其能够合理取得的全部相关信息，采用市场调整法、成本加成法、余值法等方法合理估计单独售价。在估计单独售价时，企业应当最大限度地采用可观察的输入值，并对类似的情况采用一致的估计方法。

8.【答案】ADE

【解析】所得税费用＝当期所得税+递延所得税费用，本题中当期所得税1 000万元，但2021年递延所得税资产的变化（期末250万元—期初100万元）导致递延所得税费用减少150万元；2021年递延所得税负债的变化（期末105万元—期初80万元）导致递延所得税费用增加25万元；因此，2021年甲公司所得税费用为：1 000 ＋ 25—150 ＝ 875（万元）。所以本题选项A、D、E表述正确。

9.【答案】BC

【解析】2021年甲公司营业利润为：30 000—150 00 ＋ 500 ＋ 2 000—300 ＋ 500—1 000 ＝ 16 700（万元），选项B正确；甲公司投资性房地产公允价值下降300万元将减少所有者权益，选项C正确；甲公司罚款支出、确认无形资产减值损失以及持有的交易性金融资产公允价值升值，尽管会影响甲公司利润，但不会影响企业应纳税利润。

10.【答案】ACDE

【解析】收入准则规定：收入确认的前提条件是当企业与客户之间的合同同时满足下列条件时，企业应当在客户取得相关商品控制权时确认收入：

（1）合同各方已批准该合同并承诺将履行各自义务；

（2）该合同明确了合同各方与所转让商品或提供劳务相关的权利和义务；

（3）该合同有明确的与所转让商品相关的支付条款；

（4）该合同具有商业实质，即履行该合同将改变企业未来现金流量的风险、时间分布或金额；

（5）企业因向客户转让商品而有权取得的对价很可能收回。显然，B选项不属于企业收入确认的前提条件。

三、不定项选择题

1.【答案】AC

【解析】公司管理用固定资产计提折旧时，必将导致资产减少、折旧费用（计入管理费用）增加、所有者权益减少，固定资产账面价值减少；因会计处理按双倍余额递减法计提折旧，税收处理按直线法计提折旧，因此，第一年固定资产的账面价值低于计税基础；所以，本题正确选项为AC。

2.【答案】ABC

【解析】期末交易性金融资产公允价值增加时，会导致资产增加、利润增加、所有者权益增加；此时交易性金融资产资产账面价值大于计税基础，并增加应纳税暂时性差异，从而增加本期递延所得税负债。所以，本题答案为ABC。

3.【答案】A

【解析】2021年度当期应纳税所得额＝1 200＋120－60＋200－400＋100＋30＝1 190（万元）因此，本题正确选项为A。

4.【答案】D

【解析】（1）因2021年度当期应纳税所得额＝1 200＋120－60＋200－400＋100＋30＝1 190（万元）

应交所得税＝1 190×25%＝297.5（万元）

（2）2021年度递延所得税

递延所得税资产期末借方余额＝（30＋60）×25%＝22.5（万元）

递延所得税负债期末贷方余额＝400×25%＝100（万元）

递延所得税费用＝（100－15）－（22.5－10）＝72.5（万元）

（3）利润表中应确认的所得税费用

所得税费用＝297.5＋72.5＝370（万元），相关账务处理如下。

借：所得税费用	3 700 000	
递延所得税资产	125 000	
贷：应交税费——应交所得税		2 975 000
递延所得税负债		850 000

因此，本题正确选项为D。

四、不定项综合题

1.【答案】AC

【解析】

甲企业销售成立时

借：长期应收款	2 000	
银行存款	260	
贷：主营业务收入		1 600
应交税费——应交增值税（销项税额）		260
未实现融资收益		400

由此可见，本题正确选项是AC。

2.【答案】ABD

【解析】

（1）第一年末

借：银行存款	400	
贷：长期应收款		400
借：未实现融资收益	126.88	
贷：财务费用		126.88

（2）第二年末

借：银行存款 400

　贷：长期应收款 400

借：未实现融资收益 105.22

　贷：财务费用 105.22

（3）第三年末

借：银行存款 400

　贷：长期应收款 400

借：未实现融资收益 81.85

　贷：财务费用 81.85

（4）第四年末

借：银行存款 400

　贷：长期应收款 400

借：未实现融资收益 56.22

　贷：财务费用 56.22

（5）第五年末

借：银行存款 400

　贷：长期应收款 400

借：未实现融资收益 29.43

　贷：财务费用 29.43

由上述可见，ABD选项体现了采用实际利率法分摊未实现融资收益时对企业会计信息的影响。

3.【答案】B

【解析】乙公司该设备安装完工后的入账价值＝1 600＋200＋126.88＝1 926.88（万元）。

4.【答案】ABD

【解析】2022 年底乙公司该设备应计提减值准备为 1 926.88—1 926.88/10—1 350＝384.192（万元），此时，乙公司该设备账面价值为 1 350 万元；2023 年乙公司该设备应计提折旧为 1 350/9＝150 万元。因此，本题正确选项为 ABD。

5.【答案】D

【解析】由下述计算可见，本题正确选项为 D

（1）2021 年实际发生成本时的会计分录为：

借：合同履约成本 16

　贷：应付职工薪酬 16

收到咨询费时：

借：银行存款 31.8

　贷：预收账款 31.8

2021 年 12 月 31 日按照履约进度确认收入：

履约进度为：9÷36×100%＝25%

确认收入为：120×25%＝30（万元）

确认增值税为：30×6%＝1.8（万元）

确认销售成本为：60×25%＝15（万元）

因此，2021 年 12 月 31 日履约进度确认收入时：

借：预收账款 31.8

　贷：主营业务收入 30

　　应交税费——增值税（销项税额）1.8

同时，结转成本：

借：主营业务成本 15

　贷：合同履约成本 15

（2）2022年实际发生成本时的会计分录为：

借：合同履约成本　　20

　贷：应付职工薪酬　　20

收到咨询费时：

借：银行存款　　31.8

　贷：预收账款　　31.8

2022年12月31日按照履约进度确认收入：

履约进度为：21÷36×100%＝58.33%

确认收入为：120×58.33%－30＝40（万元）

确认增值税为：40×6%＝2.4（万元）

确认销售成本为：60×58.33%－15＝20（万元）

因此，2022年12月31日履约进度确认收入时：

借：预收账款　　42.48

　贷：主营业务收入　　40

　　应交税费——增值税（销项税额）2.4

同时，结转成本：

借：主营业务成本　　20

　贷：合同履约成本　　20

（3）2023年实际发生成本时的会计分录为：

借：合同履约成本　　20

　贷：应付职工薪酬　　20

收到咨询费时：

借：银行存款　　31.8

　贷：预收账款　　31.8

2023年12月31日按照履约进度确认收入：

履约进度为：33÷36×100%＝91.67%

确认收入为：120×91.67%－30－40＝40（万元）

确认增值税为：40×6%＝2.4（万元）

确认销售成本为：60×91.67%－15－20＝20（万元）

因此，2023年12月31日履约进度确认收入时：

借：预收账款　　42.48

　贷：主营业务收入　　40

　　应交税费——增值税（销项税额）　　2.4

同时，结转成本：

借：主营业务成本　　20

　贷：合同履约成本　　20

（4）2024年实际发生成本时的会计分录为：

借：合同履约成本　　4

　贷：应付职工薪酬　　4

收到咨询费时：

借：银行存款　　31.8

　贷：预收账款　　31.8

2024年12月31日按照履约进度确认收入：

履约进度为：36÷36×100%＝100%

确认收入为：120×100%－30－40－40＝10（万元）

确认增值税为：10×6%＝0.6万

确认销售成本为：60×100% −15−20−20 = 5（万元）

因此，2024 年 12 月 31 日履约进度确认收入时：

借：预收账款　　10.6

　贷：主营业务收入　　40

　　应交税费——增值税（销项税额）　　0.6

同时，结转成本：

借：主营业务成本　　5

　贷：合同履约成本　　5

第六章

财务报告

本章考情分析

本章属于重要章节，特别是会计政策变更、前期会计差错更正的会计处理，资产负债表日后事项等，分值通常在 6 ~ 10 分左右。

本章重点内容包括：资产负债表的内容、格式和编制方法；利润表的内容、格式和编制方法；现金流量表的内容、格式和编制方法；关联方关系的认定；会计政策变更的条件及其会计处理；前期会计差错更正的会计处理等。

重要考点★★★

（1）会计政策、会计估计变更和差错更正的会计处理；

（2）资产负债表日后事项的具体内容；

（3）现金流量表的填列方法。

比较重要考点★★

（1）资产负债表的填列方法；

（2）利润表的填列方法；

（3）关联方披露。

一般考点★

（1）合并财务报表的合并原则，需要抵销的内容。

【特别注意】考生应能分析六大会计要素的会计确认、计量、记录及其对财务报告的影响，掌握财务报告的信息内涵。

2022 年本章教材变化

2022 年官方教材第六章增加了关于资金集中管理相关列报的内容。

本章知识点解读与练习

【知识点 1】资产负债表★★

【要求】掌握资产负债表的内容、格式和编制方法。

【注意】资产负债表是指反映企业在某一特定日期财务状况的报表。其资产结构（即流动资产与非流动资产的比重）体现企业经营风险—非流动资产比重越高，企业经营风险越大；其资本结构（即负债与所有者权益的比重）体现企业财务风险—负债比重越高，企业财务风险越大。

一、知识点精讲

（一）资产负债表的定义

资产负债表是指反映企业在某一特定日期财务状况的财务报表。

（二）资产负债表结构

资产负债表设计的依据是：资产＝负债＋所有者权益

【注意1】资产和负债按流动性列报，即资产和负债应当分别流动资产和非流动资产、流动负债和非流动负债列示，所有者权益按照重要性列示。

【注意2】对于在资产负债表日起一年内到期的负债，企业预计能够自主地将清偿义务展期至资产负债表日后一年以上的，应当归类为非流动负债；

不能自主地将清偿义务展期的，即使在资产负债表日后、财务报告批准报出日前签订了重新安排清偿计划协议，该项负债仍应归类为流动负债。

【注意3】企业在资产负债表日或之前违反了长期借款协议，导致贷款人可随时要求清偿的负债，应当归类为流动负债。贷款人在资产负债表日或之前同意提供在资产负债表日后一年以上的宽限期，企业能够在此期限内改正违约行为，且贷款人不能要求随时清偿，该项负债应当归类为非流动负债。

（二）资产负债表的编制

1. 直接根据总账科目的余额填列有

其他权益工具投资、固定资产清理、长期待摊费用、递延所得税资产、短期借款、交易性金融负债、应付票据、应付职工薪酬、应交税费、应付股利、其他应付款、租赁负债、递延所得税负债、实收资本、资本公积、库存股、盈余公积等。

2. 根据总账科目的余额计算填列有

货币资金、存货、未分配利润等。如“货币资金”项目，应当根据“库存现金”、“银行存款”、“其他货币资金”等科目的期末余额合计填列。

3. 根据有关明细科目的余额分析计算填列有

开发支出、预付账款、应付账款、预收账款、交易性金融资产、其他债权投资等。

【注意】预收款项项目，应根据预收账款和应收账款科目所属各明细科目期末贷方余额合计数填列。

4. 根据总账科目和明细科目的余额分析计算填列有

应付票据及应付账款、长期借款、应付债务、其他流动资产以及其他流动负债等项目。

【注意1】应付票据及应付账款项目根据应付票据总账科目余额及应付账款和预付账款科目所属的相关明细科目的期末贷方余额合计数填列。

【注意2】长期借款、应付债务项目，分别根据长期借款、应付债券总账科目余额扣除长期借款、应付债券科目所属的明细科目中将在资产负债表日起一年内到期，且企业不能自主地将清偿义务展期的部分后的金额计算填列。

【注意3】其他流动负债项目根据有关科目的期末余额减去将于一年内（含一年）到期偿还数后的金额填列。

5. 根据有关科目余额减去其备抵科目余额后的净额填列

持有待售资产、其他应收款、存货、长期股权投资、固定资产、无形资产、在建工程等。

【注意1】存货项目，应当根据原材料、库存商品、发出商品、周转材料等科目期末余额，减去存货跌价准备科目期末余额后的金额填列。

【注意2】固定资产项目，应根据固定资产科目期末余额，减去累计折旧、固定资产减值准备等科目期末余额后的金额填列。

【注意3】无形资产项目，应根据无形资产科目期末余额，减去累计摊销、无形资产减值准备等科目期末余额后的金额填列。

【注意4】长期应收款项目，应根据长期应收款科目的期末余额，减去相应的未实现融资收益科目和坏账准备科目所属相关明细科目期末余额后的金额填列。

【注意5】长期应付款项目应根据专项应付款和长期应付款科目的期末余额，减去相应的“未确认融资费用”科目期末余额后的金额填列。

【注意6】2018年始，资产负债表新增持有待售资产项目，反映资产负债表日划分为持有待售类别的非流动资产及划分为持有待售类别的处置组中的流动资产和非流动资产的期末账面价值。该项目应根据资产类科目新设置的“持有待售资产”科目的期末余额减去“持有待售资产减值准备”科目期末余额后的金额填列。同时，新增“持有待售负债”行项目，反映资产负债表日处置组中与划分为持有待售类别的资产直接相关的负债的期末账面价值。该项目应根据负债类科目新设置的“持有待售负债”科目的期末余额填列。

二、选编例题

【例1·单选题】资产负债表项目中，可以直接根据总账科目余额填列的有（　　）。

A. 租赁负债　B. 预收款项　C. 存货　D. 长期应收款

【例2·单选题】资产负债表项目中，需要依据总账科目的余额计算填列的有（　　）。

A. 短期借款　B. 实收资本　C. 货币资金　D. 递延所得税资产

【例3·单选题】甲公司于2020年1月1日采用分期付款方式购入不需安装的机器设备作为固定资产使用，该机器已收到。购货合同约定，机器设备的总价款为3 000万元，分3年支付，2020年12月31日支付1 000万元，2021年12月31日支付1 000万元，2022年12月31日支付1 000万元。假定A公司购买N型机器价款的现值为2577.1万元，实际年利率为8%，不考虑增值税等其他因素。2020年12月31日甲公司资产负债表中“长期应付款”项目应列示的金额为（　　）万元。

A.3 000　B.2 000　C.1 783.268　D.1 500

【例4·单选题】分类为长期债务工具的优先股、永续债，应在（　　）列报。

A. 其他权益工具　B. 应付债券　C. 长期应付款　D. 专项应付款

知识点1选编例题答案

1.**【答案】**A

【解析】租赁负债可以直接根据其总账科目余额填列；预收款项项目，应根据预收账款和应收账款科目所属各明细科目期末贷方余额合计数填列；存货项目应当根据原材料、库存商品、发出商品、周转材料等科目期末余额减去存货跌价准备科目期末余额后的金额填列；长期应收款项目应根据长期应收款科目的期末余额减去相应的未实现融资收益科目和坏账准备科目所属相关明细科目期末余额后的金额填列。

2.**【答案】**C

【解析】C选项“货币资金”项目应当根据“库存现金”、“银行存款”、“其他货币资金”等科目的期末余额合计填列；其他选项直接根据总账科目余额填列。

3.**【答案】**C

【解析】长期应付款”项目，应当根据“长期应付款”总账科目余额，减去“未确认融资费用”总账科目余额，再减去所属相关明细科目中将于一年内到期的部分填列。本题中，2020年12月31日“长期应付款”科目余额＝3 000－1 000 ＝2 000（万元），“未确认融资费用”科目余额＝（3 000－2 577.1）－2 577.1×8%＝216.732（万元）因此，2020年12月31日资产负债表中“长期应付款”项目应列示的金额＝2 000－216.732 ＝1 783.268（万元）。

4.【答案】B

【解析】1 优先股、永续债分类为权益工具：在“其他权益工具”项目列报。优先股、永续债分类为债务工具则在“应付债券”项目列报，如属流动负债，则应当在流动负债相关项目列报。

【知识点 2】利润表★★

【要求】掌握利润表的内容、格式和编制方法。

一、知识点精讲

（一）利润表及其定义

利润表是反映企业在一定会计期间经营成果的财务报表。

（二）利润表的内容和格式

利润表依据：收入－费用＝利润

项目	计算过程
营业收入	营业收入＝主营业务收入＋其他业务收入
营业利润	营业利润＝营业收入－营业成本－税金及附加－销售费用－管理费用－研发费用－财务费用＋其他收益（－其他损失）＋投资收益（－投资损失）＋净敞口套期收益（－净敞口套期损失）十公允价值变动收益（－公允价值变动损失）－信用减值损失－资产减值损失＋资产处置收益（－资产处置损失）
利润总额	利润总额＝营业利润＋营业外收入－营业外支出
净利润	净利润＝利润总额－所得税费用
综合收益总额	企业净利润＋其他综合收益

【注意 1】因利润表的依据是收入－费用＝利润，而根据收入、费用的会计特征，收入的产生必然带来资产的增加或负债的减少，即收入的产生终将增加企业的所有者权益；费用的产生必然带来资产的减少或负债的增加，即费用的产生终将减少企业的所有者权益，利润最终会形成所有者权益，从而会增加所有者权益。从而我们可以从企业期初净资产与期末净资产数额的变化而判断企业当期利润的多少。

【注意 2】其他综合收益包括两大类：不能重分类进损益的其他综合收益以及将重分类进损益的其他综合收益。

1.以后会计期间不能重分类进损益的其他综甘收益的内容

（1）重新计量设定受益计划变动额

（2）权益法下不能转损益的其他综合收益

（3）其他权益工具投资公允价值变动

（4）企业自身信用风险公允价值变动

2.以后会计期间满足规定条件时重分类进损益的其他综合收益

（1）权益法下可转损益的其他综合收益

（2）其他债权投资公允价值变动

（3）金融资产重分类计人其他综合收益的金额

（4）其他债权投资信用减值准备

（5）现金流量套期储备

（6）外币财务报表折算差额

（三）利润表的编制

1. 利润表中大部分项目根据各损益类科目的发生额分析填列

如“税金及附加”、“销售费用”、“管理费用”、“财务费用”、“资产减值损失”、“公允价值变动收益”、“投资收益”、“营业外收入”、“营业外支出”、“资产处置损益”、“其他收益”等项目应根据相应损益科目的发生额分析填列。

2. 利润表中有些项目根据有关项目发生额的分析数计算填列

如“营业收入”项目应根据“主营业务收入”、“其他业务收入”发生额的分析数计算填列；“营业成本”项目应根据“主营业务成本”、“其他业务成本”发生额的分析数计算填列。

3. 利润表中有些项目需要根据报表项目计算填列

如“营业利润”、“利润总额”、“净利润”等项目需要根据报表项目金额计算填列。

4. 利润表有些项目应根据相应的报表项目分析计算填列

如“基本每股收益”、“稀释每股收益”等项目。

（四）每股收益

每股收益包括基本每股收益和稀释每股收益。

1. 基本每股收益

基本每股收益＝归属于普通股股东的当期净利润 /发行在外普通股的加权平均数

发行在外普通股加权平均数＝期初发行在外普通股股数＋当期新发行普通股股数 ×已发行时间 /报告期时间－当期回购普通股股数 ×已回购时间 /报告期时间

2. 稀释每股收益

稀释每股收益以基本每股收益为基础，假设企业所有发行在外的稀释性潜在普通股均已转换为普通股，从而分别调整归属普通股股东的当期净利润以及发行在外普通股的加权平均数计算的每股收益。

潜在普通股主要包括可转换公司债券、认股权证、股份期权等。

稀释潜在普通股是指假设当期转换为普通股会减少每股收益或增加每股亏损的潜在普通股。

归属于普通股股东的当期净利润为扣除当期已确认为费用的稀释性潜在普通股的利息和稀释潜在普通股转换时将产生的收益或费用后的余额。

当期发行在外普通股的加权平均数为计算基本每股收益的加权平均数与假定稀释性潜在普通股转换为已发行普通股而增加的普通股股数的加权平均数之和。

【注意 1】利润表“资产处置收益”行项目，反映企业出售划分为持有待售的非流动

资产（金融工具、长期股权投资和投资性房地产除外）或处置组时确认的处置利得或损失，以及处置未划分为持有待售的固定资产、在建工程、生产性生物资产及无形资产而产生的处置利得或损失。非货币性资产交换中换出非流动资产（金融工具、长期股权投资和投资性房地产除外）产生的利得或损失也包括在本项目内。该项目应根据在损益类科目新设置的“资产处置损益”科目的发生额分析填列；如为处置损失，以“—”号填列。

【注意 2】利润表“其他收益”行项目，反映计入其他收益的政府补助以及其他与日常活动相关且计入其他收益的项目。该项目应

根据在损益类科目新设置的“其他收益”科目的发生额分析填列。

【注意 3】利润表“营业外收入”行项目，反映企业发生的营业利润以外的收益，主要包括与企业日常活动无关的政府补助、盘盈利得、捐赠利得等。该项目应根据“营业外

收入”科目的发生额分析填列。“营业外支出”行项目，反映企业发生的营业利润以外的支出，主要包括公益性捐赠支出、非常损失、盘亏损失、非流动资产毁损报废损失等。该项目应根据“营业外支出”科目的发生额分析填列。

二、选编例题

【例 1 · 单选题】利润表中，下列（　　）属于以后会计期间不能重分类进损益的其他综合收益。

A. 外币报表折算差额

B. 其他债权投资公允价值的变动

C. 现金流量套期损益的有效套期部分

D. 权益法下被投企业持有的其他权益工具投资公允价值的变动

【例 2 · 单选题】与企业日常活动有关的政府补助在利润表中应作为（　　）项列示。

A. 营业收入　　　　B. 营业外收入

C. 其他收益　　　　D. 其他综合收益

【例 3 · 单选题】有关利润表“资产处置收益”行项目表述不正确的是（　　）。

A. 反映企业出售划分为持有待售的非流动资产（金融工具、长期股权投资和投资性房地产除外）或处置组时确认的处置利得或损失

B. 处置未划分为持有待售的固定资产、在建工程而产生的处置利得或损失

C. 处置生产性生物资产及无形资产而产生的处置利得或损失

D. 债务重组中因处置流动资产产生的利得或损失

【例 4 · 单选题】某公司 2021 年年初发行在外的普通股为 30 000 万股，优先股 5 000 万股；5 月 1 日新发行 16 200 万股，该公司当年实现的净利润为 16 280 万元，分配给优先股股东的利润为 2 000 万元。该公司 2021 年基本每股收益为（　　）。

A.0.35　　B.0.353　　C.0.46　　D.0.54

知识点 2 选编例题答案

1.【答案】D

【解析】选项 D属于以后会计期间不能重分类进损益的其他综合收益；其他选项属于将重分类进损益的其他综合收益。

2.【答案】C

【解析】2018 年利润表新增“其他收益”行项目，反映计入其他收益的政府补助等。该项目应根据在损益类科目新设置的“其他收益”科目的发生额分析填列。

3.【答案】D

【解析】利润表“资产处置收益”行项目，反映企业出售划分为持有待售的非流动资产（金融工具、长期股权投资和投资性房地产除外）或处置组时确认的处置利得或损失，以及处置未划分为持有待售的固定资产、在建工程、生产性生物资产及无形资产而产生的处置利得或损失。债务重组中因处置流动资产产生的利得或损失不通过资产处置损益科目核算。该项目应根据在损益类科目新设置的“资产处置损益”科目的发生额分析填列；如为处置损失，以“—”号填列。

4.【答案】A

【解析】该公司 2021 年基本每股收益的计算如下。

发行在外普通股加权平均数＝ 30 000 ＋ 16 200 × 8/12 ＝ 40 800（万股）

基本每股收益＝（16 280—2 000）÷ 40 800 ＝ 0.35（元 / 股）

【知识点 3】现金流量表★★★

【要求】掌握现金流量表的内容、格式和编制方法。

一、知识点精讲

（一）现金流量的基本概念

现金流量表是反映企业在一定会计期间现金和现金等价物流入和流出的报表。

【注意 1】现金，是指企业库存现金以及可以随时用于支付的存款。包括库存现金、银行存款、

其他货币资金。现金等价物，是指企业持有的期限短、流动性强、易于转换为已知金额现金、价值变动风险很小的投资。期限短，一般是指从购买日起3个月内到期。现金等价物通常包括3个月内到期的债券投资等。

【注意2】资产负债表、利润表、所有者权益变动表按照权责发生制编制，而现金流量表按照收付实现制原则编制。

（二）经济业务的重分类

1. 现金项目之间增减变化的经济业务

2. 非现金项目之间增减变化的经济业务

【注意】上述两类经济业务不影响现金净流量。

3. 现金与非现金项目之间增减变化的经济业务

（1）经营活动产生的现金流量

（2）投资活动产生的现金流量

（3）筹资活动产生的现金流量

（三）现金流量表的内容及结构

1. “经营活动产生的现金流量”各项目的内容

【注意】我国准则要求企业经营活动产生的现金流量应当采用直接法填列（即通过现金收入和现金支出的主要类别列示经营活动的现金流量）。

（1）“销售商品、提供劳务收到的现金”项目

【注意】“销售商品、提供劳务收到的现金”项目反映企业销售商品、提供劳务实际收到的现金，含销售收入和应向购买者收取的增值税税额。

销售商品、提供劳务收到的现金＝“营业收入”项目＋销项税额－（应收票据项目期末余额－期初余额）－[（应收账款项目期末余额＋坏账准备余额）－（应收账款项目期初余额＋坏账准备余额）]－（预收账款项目期初余额－期末余额）－贴现息－坏账损失－非现金偿还的债权。

（2）“收到的税费返还”项目

包括收到返还的增值税、消费税、关税、所得税、教育费附加等。

（3）“收到的其他与经营活动有关的现金”项目

该项目反映企业除了上述各项目以外所收到的其他与经营活动有关的现金流入，如罚款收入、流动资产损失中由个人赔偿的现金收入、经营租赁租金、实际收到的政府补助等。若某项其他与经营活动有关的现金流入金额较大，应单列项目反映。本项目可以根据“库存现金”、“银行存款”、“营业外收入”等科目的记录分析确定。

【注意】企业实际收到的政府补助在“收到其他与经营活动有关的现金”项目填列。

（4）“购买商品、接受劳务支付的现金”项目

主要包括：本期购买商品接受劳务本期支付的现金，本期支付前期购买商品、接受劳务的未付款项和本期预付款项。本期发生购货退回而收到的现金应从购买商品或接受劳务支付的款项中扣除。

购买商品、接受劳务支付的现金＝“营业成本”项目＋进项税额＋（存货项目期末余额－期初余额）－（存货跌价准备期末余额－期初余额）－（应付票据项目期末余额－期初余额）－（应付账款项目期末余额－期初余额）－（预付账款项目期初余额－期末余额）－生产工人及车间管理人员工资－非现金支付的制造费用－非现金偿还的债务

（5）“支付给职工以及为职工支付的现金”项目

反映企业实际支付给职工，以及为职工支付的现金以及企业代扣代缴的职工个人所得税。

不包括支付给离退休人员的工资和在建工程人员的工资。

【注意】支付给离退休人员的工资在“支付其他与经营活动有关的现金”项目反映；支付给在建工程人员的工资在“购建固定资产、无形资产和其他长期资产支付的现金”项目反映。

（6）“支付的各项税费”项目

包括企业本期发生并支付的税费，以及本期支付以前各期发生的税费和本期预交的税费，包括所得税、增值税、消费税、土地增值税、房产税、车船使用税、印花税、教育费附加、矿产资源补偿费等。不包括计入固定资产价值的、实际支付的耕地占用税，也不包括本期退回的增值税、所得税。

【注意】本期退回的增值税、所得税等，在“收到的税费返还”项目中反映。

（7）“支付的其他与经营活动有关的现金”项目

本项目反映企业除上述各项目外，支付的其他与经营活动有关的现金，如罚款支出、支付的差旅费、业务招待费、保险费等。

2.“投资活动产生的现金流量”各项目的内容

（1）“收回投资收到的现金”项目

该项目反映企业出售、转让或到期收回除现金等价物以外的对其他企业的权益工具、债务工具和合营中的权益等投资而收到的现金。

【注意】收到债务工具实现的投资收益、处置子公司及其他营业单位收到的现金净额不包括在本项目内，而在“取得投资收益所收到的现金”项目以及“处置子公司及其他营业单位收到的现金净额”项目中反映。

（2）“取得投资收益收到的现金”项目

该项目反映企业除现金等价物以外的对其他企业的权益工具、债务工具和合营中的权益投资分回的现金股利、利息等，不包括股票股利（由于不产生现金流量，股票股利不在本项目反映）。

（3）“处置固定资产、无形资产和其他长期资产收回的现金净额”项目

该项目反映企业处置固定资产、无形资产和其他长期资产所收到的现金，减去为处置这些资产而支付的有关费用后的净额，包括因自然灾害所造成的固定资产等长期资产损失而收到的保险赔偿收入。

【注意】如所收回的现金净额为负数，则在“支付其他与投资活动有关的现金”项目反映。

（4）“处置子公司及其他营业单位收到的现金净额”项目

本项目反映企业处置子公司及其他营业单位所取得的现金减去子公司或其他营业单位持有的现金和现金等价物以及相关处置费用后的净额。

【注意】如本项目为负数，则在“支付其他与投资活动有关的现金”项目反映。

（5）“收到其他与投资活动有关的现金”项目

该项目反映企业除了上述各项目以外，所收到的其他与投资活动有关的现金流入。

如收到购买股票和债券时，支付实际价款中包含的已宣告但尚未领取的现金股利或已到付息期但尚未领取的债券利息。若其他与投资活动有关的现金流入金额较大，应单列项目反映。

（6）“购建固定资产、无形资产和其他长期资产支付的现金”项目

该项目反映企业本期购买、建造固定资产、取得无形资产和其他长期资产所实际支付的现金，以及用现金支付的应由在建工程和无形资产负担的职工薪酬。

【注意】本项目不包括为购建固定资产而发生的借款利息资本化的部分。企业支付的借款利息在筹资活动产生的现金流量中反映。

（7）“投资支付的现金”项目

该项目反映企业取得除现金等价物以外的对其他企业的权益工具、债务工具和合营中的权益投资所支付的现金，以及支付的佣金、手续费等交易费用，但取得子公司及其他营业单位支付的现金净额除外。本项目可以根据“长期股权投资”、“债权投资”、“库存现金”、“银行存款”等科目的记录分析确定。

（8）“取得子公司及其他营业单位支付的现金净额”项目

该项目反映企业购买子公司及其他营业单位购买出价中以现金支付的部分，减去子公司及其他营业单位持有的现金和现金等价物后的净额。

【注意】本项目如为负数，应在“收到其他与投资活动有关的现金”项目反映。

（9）“支付其他与投资活动有关的现金”项目

该项目反映企业除上述各项以外所支付的其他与投资活动有关的现金流出，如企业购买股票时实际支付的价款中包含的已宣告而尚未领取的现金股利，购买债券时支付的价款中包含的已到期尚未领取的债券利息等。

3.“筹资活动产生的现金流量”各项目的内容和填列方法

（1）“吸收投资收到的现金”项目

该项目反映企业以发行股票、债券等方式筹集资金实际收到的款项，减去直接支付的佣金、手续费、宣传费、咨询费、印刷费等发行费用后的净额。

【注意】以发行股票等方式筹集资金而由企业直接支付的审计、咨询等费用，在“支付的其他与筹资活动有关的现金”项目反映。

（2）“取得借款收到的现金”项目

本项目反映企业举借各种短期、长期借款而收到的现金，以及发行债券实际收到的款项净额（发行收入减去直接支付的佣金等发行费用后的净额）。

（3）“收到其他与筹资活动有关的现金”项目

该项目反映企业除上述各项目外所收到的其他与筹资活动有关的现金流入，如接受现金捐赠等。

（4）“偿还债务支付的现金”项目

本项目反映企业以现金偿还债务的本金，包括：归还金融企业的借款本金、偿付企业到期的债券本金等。企业偿还的借款利息、债券利息，在“分配股利、利润或偿付利息支付的现金”项目反映。

（5）“分配股利、利润或偿付利息支付的现金”项目

本项目反映企业实际支付的现金股利、支付给其他投资单位的利润或用现金支付的借款利息、债券利息。

（6）“支付其他与筹资活动有关的现金”项目

该项目反映企业除上述各项目外所支付的其他与筹资活动有关的现金流出，如捐赠现金支出、融资租入固定资产支付的租赁费等。

4. 汇率变动对现金及现金等价物影响的内容和填列方法

企业外币现金流量及境外子公司的现金流量折算成记账本位币时，所采用的是现金流量发生日的汇率或即期汇率近似的汇率，而现金流量表“现金及现金等价物净增加额”项目中外币现金净增加额是按资产负债表日的即期汇率折算。这两者的差额即为汇率变动对现金的影响。

（四）现金流量表编制

在具体编制现金流量表时，企业可根据业务量的大小及复杂程度，选择采用工作底稿法、T型账户法，或直接根据有关科目的记录分析填列现金流量表。

【注意1】因现金流量表编制基础是收付实现制，而非权责发生制，所以，现金流量表的编制过程实质就是权责发生制转换为收付实现制的过程。

【注意2】我国准则要求采用直接法编制现金流量表中项目，同时，采用间接法反映经营活动产生的现金流量，以对现金流量表中采用直接法反映的经营活动现金流量进行核对和补充。

（五）现金流量表补充资料

除现金流量表反映的信息外，现金流量表补充资料包括：“将净利润调节为经营活动的现金流量”、不涉及现金收支的重大投资和筹资活动以及现金及现金等价物净变动情况。

“将净利润调节为经营活动的现金流量”项目。

对利润表中按照权责发生制确认计量的项目进行调整。

（1）当期存货及经营性应收和应付项目的变动；

（2）固定资产折旧、无形资产摊销、计提资产减值准备等其他非现金项目；

（3）属于投资活动或筹资活动现金流量的其他非现金项目。

【注意1】间接法是指以本期净利润为起点，通过调整不涉及现金的收入、费用、营业外收支以

及经营性应收应付等项目的增减变动，据此计算并列示经营活动的现金流量的一种方法。采用间接法列报经营活动产生的现金流量净额时，主要需要调整四大类项目：

（1）实际没有支付现金的费用；

（2）实际没有收到现金的收益；

（3）不属于经营活动的损益；

（4）经营性应收应付项目的增减变动。

将净利润调节为经营活动现金流量。

净利润

加（减）

⋮

经营活动产生的现金流量净额

【注意2】将净利润调节为经营活动现金流量时，处置固定资产、无形资产和其他长期资产的损失（减：收益）可根据“资产处置损益”等科目所属有关明细科目的记录分析填列，净收益以“—”号填列。

二、选编例题

【例1·单选题】（2021真题）甲企业发生的下列现金流入和流出，应当在现金流量表“投资活动产生的现金流量”中列示的是（　　）。

A. 处置固定资产收到现金5万元

B. 通过定向发行股票收到乙企业投资款项1000万元

C. 偿还银行贷款本金50万元

D. 支付股东现金股利20万元

【例2·单选题】间接法下，将净利润调节为经营活动现金流量时，下列各项中，属于在净利润的基础上调整减少的项目有（　　）。

A. 企业固定资产报废损失　　B. 企业计提的应收账款坏账准备

C. 经营性应付项目的增加　　D. 交易性金融资产公允价值升值

【例3·单选题】甲公司2021年主营业务收入25 000万元，应收账款期初余额为7 000万元，期末余额9 000万元，该公司本期销售商品取得现金为（　　）万元。

A.23 000　　B.25 000　　C.27 000　　D.32 000

【例4·单选题】下列各项中，不属于筹资活动产生的现金流量的有（　　）。

A. 支付的现金股利　　B. 取得短期借款收到的现金

C. 增发股票收到的现金　　D. 购入固定资产支付的现金

【例5·单选题】甲公司为制造企业，2021年发生的现金流量：（1）将销售产生的应收账款申请保理，取得现金1 200万元，银行对于标的债权具有追索权；（2）购入的作为交易性金融资产核算的股票支付现金200万元；（3）收到保险公司对存货损毁的赔偿款120万元；（4）收到所得税返还款260万元；（5）向其他方提供劳务收取现金400万元。不考虑其他因素，甲公司2021年经营活动产生的现金流量净额是（　　）万元。

A.780万元　　B.2 180万元　　C.980万元　　D.1 980万元

【例6·多选题】（2018真题）甲企业2017年度发生的下列现金流入中，应列入现金流量表中“收回投资收到的现金”项目的有（　　）。

A. 转让在合营企业中的权益投资收到的现金

B. 收到购买国债的利息

C. 因战略调整处置子公司收到的现金净额

D. 因购买丙企业股票收到的现金股利

E. 处置对乙企业的长期债权收到的现金

知识点3选编例题答案

1.【答案】A

【解析】A选项属于投资活动产生的现金流出量；B选项属于融投资活动产生的现金流入量；C、D选项属于融投资活动产生的现金流出量。

2.【答案】D

【解析】选项A、B、C属于间接法下，将净利润调节为经营活动现金流量时，在净利润的基础上调增的项目；D选项属于在净利润的基础上调减的项目。

3.【答案】A

【解析】销售商品、提供劳务收到的现金＝"营业收入"项目＋销项税额－（应收票据项目期末余额－期初余额）－[（应收账款项目期末余额＋坏账准备余额）－（应收账款项目期初余额＋坏账准备余额）]－（预收账款项目期初余额－期末余额）－贴现息－坏账损失－非现金偿还的债权。本题中，该企业本期销售商品取得现金为：25 000＋7 000－9 000＝23 000（万元）。

4.【答案】D

【解析】选项A，支付现金股利在筹资活动产生的现金流量中的"分配股利、利润或偿付利息支付的现金"项目中反映；选项B，取得短期借款收到的现金在筹资活动产生的现金流量中的"取得借款收到的现金"项目中反映；选项C，增发股票收到的现金在筹资活动产生的现金流量中的"吸收投资收到的现金"项目中反映；选项D，购入固定资产支付的现金属于投资活动产生的现金流量，在"购建固定资产、无形资产和其他长期资产支付的现金"项目中反映。

5.【答案】A

【解析】事项（1）属于筹资活动；事项（2）属于投资活动；其他事项属于经营活动，故甲公司2021年经营活动产生的现金流量净额＝120＋260＋400＝780（万元）。

6.【答案】AE

【解析】选项B，D应列入"取得投资收益收到的现金"项目；选项C应列入"处置子公司及其他营业单位收到的现金净额"项目；

【知识点4】所有者权益变动表★★

【要求】熟悉所有者权益变动表的内容、格式和编制方法。

一、知识点精讲

【注意】所有者权益变动表反映了企业股东权益变动的情况。企业只要盈利，则所有者权益通常会增加。

（一）所有者权益变动表的填列方法

根据准则的规定，企业需要提供比较所有者权益变动表，各项目分为"本年金额"和"上年金额"两栏分别填列，反映构成所有者权益各组成部分当期增减变动情况。

【注意1】"本年增减变动金额"项目应体现所有者权益各组成部分（包括实收资本、其他权益工具、资本公积、其他综合收益、盈余公积、未分配利润、库存股等）本年增减变动。

【注意2】"股份支付计入所有者权益的金额"项目，反映企业处于等待期中的权益结算的股份支付当年计入资本公积的金额，应根据"资本公积"科目所属的"其他资本公积"二级科目的发生额分析填列，并对应列在"资本公积"栏。

（二）所有者权益变动表的编制示例（略）

二、选编例题

【例1·单选题】下列不属于所有者权益变动表需应当单独列示的项目是（　　）。

A. 综合收益总额

B. 所有者投入资本和向所有者分配利润

C. 会计政策变更和差错更正的累积影响金额

D. 企业本期净利润或净亏损情况

【例2·单选题】下列事项会导致企业所有者权益减少的是（　　）。

A. 持有的其他权益工具投资公允价值上升

B. 销售商品取得收入

C. 企业发现上期漏记一项数额较大的管理用固定资产折旧费用

D. 将内部研发项目开发阶段的支出由计入当期损益改为资本化为无形资产

知识点4选编例题答案

1**【答案】**D

【解析】所有者权益变动表项目主要有：（1）综合收益总额；（2）会计政策变更和差错更正的累积影响金额；（3）所有者投入资本和向所有者分配利润等；（4）提取的盈余公积；（5）所有者权益各组成部分的期初和期末余额及其调节情况。因此，选项D不属于所有者权益变动表需应当单独列示的项目。

2.**【答案】**C

【解析】选项C企业发现上期漏记一项数额较大的管理用固定资产折旧费用属于因重大会计差错调减期初留存收益，从而导致企业所有者权益减少；选项D，将内部研发项目开发阶段的支出由计入当期损益改为资本化无形资产，将会调减费用，从而增加所有者权益；选项A其他权益工具投资公允价值上升会增加其他综合收益，从而导致所有者权益增加；选项B销售商品取得收入会导致所有者权益增加。

【知识点5】合并财务报表★

【要求】掌握合并财务报表的合并原则，抵销的内容。

一、知识点精讲

（一）合并财务报表概述

合并财务报表，是指反映母公司和其全部子公司形成的企业集团整体财务状况、经营成果和现金流量的财务报表。

【注意】合并财务报表的合并范围以控制为基础予以确定。控制是指投资方拥有对被投资方的权力，通过参与被投资方的相关活动而享有可变回报，并且有能力运用对被投资方的权力影响其回报金额。实现控制须具备的基本要素：第一，因涉入被投资方而享有可变回报；第二，拥有对被投资方的权力，并且有能力运用对被投资方的权力而影响其回报的金额。

（二）合并财务报表编制的前期准备事项

1. 统一母子公司的会计政策
2. 统一母子公司的资产负债表日及会计期间
3. 对子公司以外币表示的财务报表进行折算
4. 收集编制合并财务报表的相关资料

（三）合并报表的编制程序

1. 设置合并工作底稿

2. 将有关个别报表数据过入合并工作底稿，并在合并工作底稿中对母公司和子公司个别财务报表各项目的数据进行加总，计算得出个别资产负债表、个别利润表及个别所有者权益变动表各项目合计数额。

3. 编制调整分录和抵销分录

4. 计算合并财务报表各项目的合并数额

5. 填列合并财务报表

（四）编制合并财务报表需要抵销的项目

1. 编制合并资产负债表需要抵销的项目

（1）母公司对子公司股权投资项目与子公司所有者权益（股东权益）项目抵销；

（2）母公司与子公司、子公司与子公司之间未结算的内部债权债务项目抵销；

（3）内部购进存货价值中包含的未实现内部销售损益抵销；

（4）内部购进固定资产价值中包含的未实现内部销售损益抵销；

（5）内部购进无形资产价值中包含的未实现内部销售损益抵销。

2. 编制合并利润表和合并所有者权益变动表需要抵销的项目

（1）内部销售收入和销售成本项目的抵销；

（2）内部投资收益的抵销，包括内部利息收益、股权投资收益；

（3）资产减值损失项目的抵销，包括内部交易相关的内部应收账款、存货、固定资产、无形资产等项目的资产减值损失；

（4）母公司对子公司投资收益与子公司当年利润分配抵销。

3. 编制合并现金流量表需要调整抵销的项目

编制合并现金流量表时需要进行抵销处理的项目，主要包括如下内容。

（1）母公司与子公司、子公司相互之间当期以现金投资或收购股权增加的投资所产生的现金流量。

（2）母公司与子公司、子公司相互之间当期取得投资收益收到的现金与分配股利、利润或偿付利息支付的现金；

（3）母公司与子公司、子公司相互之间以现金结算债权与债务所产生的现金流量。

（4）母公司与子公司、子公司相互之间当期销售商品所产生的现金流量。

（5）母公司与子公司、子公司相互之间处置固定资产、无形资产和其他长期资产收回的现金净额与购建固定资产、无形资产和其他长期资产支付的现金等。

（6）母公司与子公司相互之间当期发生的其他内部交易所产生的现金流量等。

二、选编例题

【例 1 · 单选题】甲公司是乙公司的母公司，在 2021 年末的资产负债表中，甲公司的存货为 5 000 万元，乙公司则是 2 500 万元。当年 10 月 5 日甲公司销售给乙公司 10 000 件商品，每件商品的成本为 500 元，售价为 900 元，乙公司当年售出了 6 000 件，则合并后的存货项目为（　　）万元。

A.7 100　　B.7 260　　C.7 340　　D.7 500

【例 2 · 单选题】若上题乙公司当年售出 10 000 件，则合并后的存货项目为（　　）万元。

A.7 100　　B.7 260　　C.7 340　　D.7 500

【例 3 · 多选题】下列应该纳入投资方合并报表范围的有（　　）。

A. 投资方具有控制权的子公司

B. 投资方拥有 38%股权，但通过其他合同约定具有控制权

C. 与其他方共同控制的合营企业

D. 受投资方重大影响的被投资单位

E. 与其他方共同控制的联营企业

【例 4 · 单选题】（2018 真题）乙企业和丙企业均为甲企业的子公司，纳入甲企业合并范围，2016 年 12 月 20 日，乙企业将某产品销售给丙企业作为管理用固定资产使用，售价（不含增值税）为 40 万元，销售成本为 25 万元。丙企业购入后当月投入使用并按 5 年期限，采用年限平均法进行摊销，

预计净残值为0。不考虑其他因素，甲企业在编制2017年度合并财务报表，应调减“固定资产”项目的金额为（　　）万元。

A.25　　B.12　　C.15　　D.40

【例5·多选题】（2021真题）甲企业为乙企业的母公司，甲企业在编制合并财务报表时需要进行抵销处理的有（　　）。

A. 甲企业从乙企业收到的现金股利与乙企业向甲企业支付的现金股利

B. 乙企业从甲企业购入的存货中已经对外销售部分实现的损益与甲企业在乙企业所有者权益中的份额

C. 甲企业和乙企业之间的应收账款与应付账款

D. 甲企业对乙企业的长期股权投资与甲企业在乙企业的所有者权益

E. 甲企业和乙企业之间的利息收入与利息支出

知识点5选编例题答案

1.【答案】C

【解析】当年10月5日甲公司销售给乙公司10 000件商品，每件商品的成本为500元，售价为900元，乙公司当年售出了6 000件，则内部交易形成的期末结余存货中包含的未实现内部销售损益为（900－500）×10 000×（1－60%）＝160（万元）。则合并报表中的存货项目金额为5 000＋2 500－160＝7 340（万元）。

2.【答案】D

【解析】若上题乙公司当年售出了10 000件，则合并后的存货项目为5 000＋2 500＝7 500（万元）。

3.【答案】AB

【解析】合并财务报表的合并范围以控制为基础予以确定。控制是指投资方拥有对被投资方的权力，通过参与被投资方的相关活动而享有可变回报，并且有能力运用对被投资方的权力影响其回报金额。实现控制须具备的基本要素：第一，因涉入被投资方而享有可变回报；第二，拥有对被投资方的权力，并且有能力运用对被投资方的权力而影响其回报的金额。选项A投资方拥有对被投资方的控制权，选项B通过其他合同约定具有控制权，因此正确选项为AB。

4.【答案】B

【解析】编制合并报表时，因内部交易应调减固定资产的金额为（40－25）－（40－25）/5＝12（万元）。本题为2018年考生回忆的真题，2018年辅导材料第191页第1题与该题相似。

5.【答案】ACDE

【解析】）本题中，乙企业从甲企业购入的存货中已经对外销售部分实现的损益与甲企业在乙企业所有者权益中的份额无需抵销。其它选项属于需要抵销事项。

【知识点6】关联方披露★★

【要求】掌握关联方关系的认定。

一、知识点精讲

（一）关联方概述

一方控制、共同控制另一方或对另一方施加重大影响，以及两方或两方以上同受一方控制、共同控制的，构成关联方。

【注意】关联方涉及两方或多方，并以各方之间的影响为前提，关联方的存在可能会影响交易的公允性。

（二）关联方关系的认定

【注意】关联方关系存在的前提条件：控制、共同控制或重大影响。

从一个企业的角度出发，与其存在关联方关系的各方包括。

1. 该企业的母公司，不仅包括直接或间接地控制该企业的其他企业，也包括能够对该企业实施直接或间接控制的单位等。

（1）某一个企业直接控制一个或多个企业。

（2）某一个企业通过一个或若干个中间企业间接控制一个或多个企业。

（3）某一个企业直接地和通过一个或若干中间企业间接地控制一个或多个企业。

2. 与该企业的子公司，包括直接或间接地被该企业控制的其他企业，也包括直接或间接地被该企业控制的企业、单位、基金等特殊目的实体。

3. 与该企业受同一母公司控制的其他企业。

4. 与对该企业实施共同控制的投资方，包括直接共同控制与间接共同控制。

【注意】需要强调的是，对企业实施直接或间接共同控制的投资方与该企业之间是关联方关系，但这些投资方之间并不能仅仅因为共同控制了同一家企业而视为存在关联方关系。例如：A、B、C三个企业共同控制D企业，则A与D、B与D、C与D之间存在关联方关系；而A与B、B与C、A与C之间不存在关联方关系。

5. 对该企业施加重大影响的投资方。

【注意】对该企业施加重大影响的投资方与该企业之间是关联方关系，但这些投资方之间并不能仅仅因为对同一家企业具有重大影响而视为存在关联方关系。

6. 该企业的合营企业。

如：A、B、C、D企业各占F企业表决权资本的25%，按照合同规定，投资各方按照出资比例控制F企业，由于出资比例相同，F企业由A、B、C、D企业共同控制，则A与F、B与F、C与F、D与F之间存在关联方关系。

7. 该企业的联营企业。

【注意】企业与所属企业集团的其他成员单位的合营或联营企业之间存在关联方关系；企业的合营企业与企业的其他合营或联营企业之间存在关联方关系。

8. 该企业的主要投资者个人及与其关系密切的家庭成员。主要投资者个人，是指能够控制、共同控制一个企业或者对一个企业施加重大影响的个人投资者。

9. 该企业或其母公司的关键管理人员及与其关系密切的家庭成员。关键管理人员，包括董事长、董事、董事会秘书、总经理、总会计师、财务总监等。与其关系密切的家庭成员包括父母、配偶、兄弟、姐妹和子女等。

10. 该企业主要投资者个人、关键管理人员或与其关系密切的家庭成员控制、共同控制或施加重大影响的其他企业。

对于这类关联方，应当根据主要投资者个人、关键管理人员或与其关系密切的家庭成员对两家企业的实际影响力具体分析判断。

（1）某一企业与受该企业主要投资者个人控制、共同控制的其他企业之间的关系。例如，A企业的主要投资者H拥有B企业60%的表决权资本，则A和B存在关联方关系。

（2）某一企业与受该企业主要投资者个人关系密切的家庭成员控制、共同控制的其他企业之间的关系。例如，A企业的主要投资者Y的妻子拥有B企业60%的表决权资本，则A和B存在关联方关系。

（3）某一企业与受该企业关键管理人员控制、共同控制的其他企业之间的关系。例如，A企业的关键管理人员H控制了B企业，则A和B存在关联方关系。

（4）某一企业与受该企业关键管理人员关系密切的家庭成员控制、共同控制的其他企业之间的关系。例如，A企业的财务总监Y的妻子是B企业的董事长，则A和B存在关联方关系。

11. 该企业关键管理人员提供服务的提供方与服务接受方。

以下不构成关联方关系。

（1）与该企业发生日常往来的资金提供者、公用事业部门、政府部门和机构，以及与该企业发生大量交易而存在经济依存关系的单个客户、供应商、特许商、经销商和代理商之间，不构成关联方关系。

（2）与该企业共同控制合营企业的合营者之间，通常不构成关联方关系。

（3）仅仅同受国家控制而不存在其他关联方关系的企业，不构成关联方关系。

（4）受同一方重大影响的企业之间不构成关联方。

（三）关联方交易的类型

关联方交易的类型包括：购买或销售商品、购买或销售除商品以外的其他资产、担保、提供资金、租赁、代理、研究与开发项目的转移、许可协议、代表企业或由企业代表另一方进行债务结算、关键管理人员薪酬。

【注意1】关联方之间研究与开发项目的转移、许可协议、代表企业或由企业代表另一方进行债务结算、支付的关键管理人员薪酬都属于关联方交易。

【注意2】关联方交易还包括就某特定事项在未来发生或不发生时所做出的采取相应行动的任何承诺，例如（已确认及未确认的）待执行合同。

（四）关联方的披露

1.无论是否发生关联方交易，均应当在附注中披露与该企业之间存在控制关系的母公司和子公司有关的下列信息：

（1）母公司和子公司的名称。

母公司不是该企业最终控制方的，还应当披露最终控制方名称。母公司和最终控制方均不对外提供财务报表的，还应当披露母公司之上与其最相近的对外提供财务报表的母公司名称。

（2）母公司和子公司的业务性质、注册地、注册资本（或实收资本、股本）及其变化。

（3）母公司对该企业或者该企业对子公司的持股比例和表决权比例。

2.企业与关联方发生关联方交易的，应当在附注中披露该关联方关系的性质、交易类型及交易要素。

（1）关联方关系的性质

即关联方与该企业的关系，关联方是该企业的子公司、合营企业、联营企业等。

（2）交易类型

（3）交易要素

交易要素至少应当包括：交易的金额；未结算项目的金额、条款和条件，以及有关提供或取得担保的信息；未结算应收项目坏账准备金额；定价政策。

【注意1】关联方交易应当分别对关联方以及交易类型予以披露。类型相似的关联方交易，在不影响财务报表阅读者正确理解关联方交易对财务报表影响的情况下，可以合并披露。

【注意2】对外提供合并财务报表的，对于已经包括在合并范围内各企业之间的交易不予披露。

二、选编例题

【例1·单选题】下列关于关联方关系的表述不正确的是（　　）。

A.甲公司与其控股股东之间存在关联方关系

B.甲公司与其合营企业之间存在关联方关系

C.对甲公司施加重大影响的投资方与该企业之间是关联方关系

D.甲、乙公司都对丙企业施加重大影响，则甲、乙公司之间存在关联方关系

【例2·单选题】下列不属于关联方披露的信息内容有（　　）。

A.母、子公司的名称、业务性质、注册地、注册资本（或实收资本、股本）及其变化

B.关联方关系的性质、交易类型及交易要素

C.关联方交易类型及交易要素

D. 已经包括在合并范围内各企业之间的交易

【例3·多选题】（2018真题）考虑其他因素，下列关于甲企业关联方的认定中，正确的有（　）。

A. 丁企业的子公司是甲企业的联营企业，因此丁企业是甲企业的关联方

B. 庚企业和甲企业同为当地国资委管理的国有企业，因此庚企业是甲企业的关联方

C. 辛企业是甲企业的长期客户，双方已保持稳定的购销关系20年，因此辛企业是甲企业的关联方

D. 戊企业和甲企业同为乙企业的子公司，因此戊企业是甲企业的关联方

E. 乙企业与甲企业共同控制丙企业，因此乙企业是甲企业的关联方

【例4·多选题】（2021真题）下列企业中，与甲企业构成关联方关系的有（　）。

A. 甲企业的常年法律顾问戊企业

B. 与甲企业共同控制N企业的己企业

C. 甲企业控股股东X的妻子Y任董事长的丁企业

D. 与甲企业同受集团公司控制的乙企业

E. 甲企业董事长之子M控股的丙企业

知识点6选编例题答案

1.【答案】D

【解析】对该企业施加重大影响的投资方与该企业之间是关联方关系，但这些投资方之间并不能仅仅因为对同一家企业具有重大影响而视为存在关联方关系。因此，本题D选项表述错误。

2.【答案】D

【解析】无论是否发生关联方交易，均应当在附注中披露与该企业之间存在控制关系的母公司和子公司有关的下列信息。

（1）母公司和子公司的名称。

母公司不是该企业最终控制方的，还应当披露最终控制方名称。母公司和最终控制方均不对外提供财务报表的，还应当披露母公司之上与其最相近的对外提供财务报表的母公司名称。

（2）母公司和子公司的业务性质、注册地、注册资本（或实收资本、股本）及其变化。（3）母公司对该企业或者该企业对子公司的持股比例和表决权比例。

企业与关联方发生关联方交易的，应当在附注中披露该关联方关系的性质、交易类型及交易要素。对外提供合并财务报表的，对于已经包括在合并范围内各企业之间的交易不予披露。

3.【答案】AD

【解析】不构成关联方关系的情况：

（1）与该企业发生日常往来的资金提供者、公用事业部门、政府部门和机构，以及与该企业发生大量交易而存在经济依存关系的单个客户、供应商、特许商、经销商和代理商之间，不构成关联方关系。

（2）与该企业共同控制合营企业的合营者之间，通常不构成关联方关系。

（3）仅仅同受国家控制而不存在其他关联方关系的企业，不构成关联方关系。

（4）受同一方重大影响的企业之间不构成关联方。

4.【答案】CDE

【解析】与该企业发生日常往来的资金提供者、公用事业部门、政府部门和机构，以及与该企业发生大量交易而存在经济依存关系的单个客户、供应商、特许商、经销商和代理商之间，不构成关联方关系，因此，A选项错误；对企业实施直接或间接共同控制的投资方与该企业之间是关联方关系，但这些投资方之间并不能仅仅因为共同控制了同一家企业而视为存在关联方关系，因此，B选项错误。

【知识点7】会计政策、会计估计变更和差错更正★★★

【要求】掌握会计政策变更的条件及其会计处理；前期会计差错更正的会计处理；熟悉会计政策及其变更的定义；会计政策的内容；会计估计及其变更的会计处理；当期会计差错的会计处理。

一、知识点精讲

（一）会计政策及其变更

1. 会计政策概述

会计政策，是指企业在会计确认、计量和报告中所采用的原则、基础和会计处理方法。

【注意】固定资产折旧方法的改变属于会计估计变更而非会计政策变更。

2. 会计政策变更及变更条件

会计政策变更，是指企业对相同的交易或事项由原来采用的会计政策改用另一会计政策的行为。

（1）满足下列条件之一的，企业可以变更会计政策

第一，法律、行政法规或者国家统一的会计制度等要求变更；

第二，会计政策变更能够提供更可靠、更相关的会计信息。

（2）以下两种情形看似属于但并不属于会计政策变更

①本期发生的交易或者事项与以前相比具有本质差别而采用新的会计政策。

【注意】将自用的办公楼改为出租，不属于会计政策变更，而是采用新的会计政策；但投资性房地产后续计量由成本模式转为公允价值模式属于会计政策变更。

②对初次发生的或不重要的交易或者事项采用新的会计政策。

如：低值易耗品由分次摊销法变更为一次摊销法

3. 会计政策变更的会计处理

企业发生会计政策变更时，会计处理方法有追溯调整法和未来适用法。

（1）追溯调整法

追溯调整法，是指对某项交易或事项变更会计政策，视同该项交易或事项初次发生时即采用变更后的会计政策，并以此对财务报表相关项目进行调整的方法。

【注意1】在追溯调整法下，企业应当将会计政策变更累积影响数调整列报前期最早期初留存收益，其他相关项目的期初余额和列报前期披露的其他比较数据也应当一并调整，但确定该项会计政策变更累积影响数不切实可行的除外。

【注意2】如果提供比较财务报表，对于比较财务报表期间的会计政策变更，应调整各期间净损益各项目和财务报表其他相关项目，视同该政策在比较财务报表期间一直采用。

对于比较财务报表可比期间以前的会计政策变更的累积影响数，应调整比较财务报表最早期间的期初留存收益，财务报表其他相关项目的数字也应一并调整。

追溯调整法通常由以下步骤构成。

第一步，计算会计政策变更的累积影响数。

会计政策变更累积影响数是指按照变更后的会计政策对以前各期追溯计算的列报前期最早期初留存收益应有金额与现有金额之间的差额。

会计政策变更累积影响数的计算：①根据新的会计政策重新计算受影响的前期交易或事项；②计算两种会计政策下的差异；③计算差异的所得税影响金额；④确定前期中每一期的税后差异；⑤计算会计政策变更的累积影响数。

第二步，通过“利润分配——未分配利润”科目进行相关的账务处理。

【注意3】会计政策变更涉及损益调整的事项通过“利润分配——未分配利润”科目核算，而本期发现前期重要差错和资产负债表日后调整事项涉及损益调整的事项通过“以前年度损益调整”科目核算。

第三步，调整财务报表相关项目。

第四步，附注说明。

（2）未来适用法

未来适用法，是指将变更后的会计政策应用于变更日及以后发生的交易或者事项，或者在会计估计变更当期和未来期间确认会计估计变更影响数的方法。

在未来适用法下，不需要计算会计政策变更产生的累积影响数，也无需重新编制以前年度的财务报表。

4. 会计政策变更会计处理方法的适用范围

对于会计政策变更，企业应当根据具体情况，分别采用不同的会计处理方法。

（1）法律、行政法规或者国家统一的会计准则等要求变更的情况下，企业应当分别以下情况进行处理。

①法律、行政法规或者国家统一的会计准则要求改变会计政策的同时，也规定了会计政策变更会计处理办法，企业应当按照国家相关会计规定执行。

②法律、行政法规或者国家统一的会计准则要求改变会计政策的同时，没有规定会计政策变更会计处理方法的，企业应当采用追溯调整法进行会计处理。

（2）为提供更可靠、更相关会计信息而变更会计政策的，应当采用追溯调整法进行会计处理。

（3）确定会计政策变更对列报前期影响数不切实可行的，应当从可追溯调整的最早期间期初开始应用变更后的会计政策。

（4）在当期期初确定会计政策变更对以前各期累积影响数不切实可行的，应当采用未来适用法处理。

（二）会计估计及其变更

1. 会计估计概述

（1）会计估计概念

会计估计，是指企业对其结果不确定的交易或事项以最近可利用的信息为基础所作的判断。

（2）会计估计的特点

会计估计具有以下特点。

第一，会计估计的存在是由于经济活动中内在的不确定性因素的影响。

第二，进行会计估计时，往往以最近可利用的信息或资料为基础。

第三，进行会计估计并不会削弱会计确认和计量的可靠性。

【注意】需要进行会计估计的项目通常有：坏账；存货遭受毁损、全部或部分陈旧过时；固定资产的预计使用寿命与净残值；固定资产折旧方法；无形资产的受益期限；或有事项中的估计等。

2. 会计估计变更概述

（1）会计估计变更的概念

会计估计变更，是指由于资产和负债的当前状况及预期经济利益和义务发生了变化，从而对资产或负债的账面价值或者资产的定期消耗金额进行调整。

（2）需要进行会计估计变更的情形

①企业据以进行估计的基础发生了变化；

②由于取得新信息、积累更多经验以及后来的发展变化，可能需要对会计估计进行修订

【注意】会计估计变更的依据应当真实、可靠。会计估计变更并不意味着以前期间会计估计是错误的，只是由于情况发生变化，或者掌握了新的信息，积累了更多的经验，使得变更会计估计能够更好地反映企业的财务状况和经营成果。

3. 会计估计变更的会计处理

企业对会计估计变更应当采用未来适用法处理，即在会计估计变更当期及以后期间采用新的会计

估计，不改变以前期间的会计估计，也不调整以前期间的报告结果。

（1）会计估计变更仅影响变更当期的，其影响数应当在变更当期予以确认。

（2）会计估计变更既影响变更当期又影响未来期间的，其影响数应当在变更当期和未来期间予以确认。

（3）难以对某项变更区分为会计政策变更或会计估计变更的，应当将其作为会计估计变更处理。

4. 会计估计变更的披露

企业应当在附注中披露与会计估计变更有关的下列信息。

（1）会计估计变更的内容和原因。

（2）会计估计变更对当期和未来期间的影响数。

（3）会计估计变更的影响数不能确定的，披露这一事实和原因。

（三）前期差错更正

1. 前期差错概述

（1）前期差错概念

前期差错，是指由于没有运用或错误运用下列两种信息，而对前期财务报表造成省略或错报。

①编报前期财务报表时预期能够取得并加以考虑的可靠信息；

②前期财务报告批准报出时能够取得的可靠信息。

（2）前期差错包括的主要内容

前期差错通常包括：计算以及账户分类错误；采用法律、行政法规或者国家统一的会计制度等不允许的会计政策；对事实的疏忽或曲解，以及舞弊；固定资产的盘盈等。

2. 前期差错更正的会计处理

如果财务报表项目的遗漏或者错误表述可能影响财务报表使用者根据财务报表所作出的经济决策，则该项目的遗漏或错误是重要的。

重要的前期差错，是指足以影响财务报表使用者对企业财务状况、经营成果和现金流量作出正确判断的前期差错。

不重要的前期差错，是指不足以影响财务报表使用者对企业财务状况、经营成果和现金流量作出正确判断的会计差错。

（1）重要的前期差错的会计处理

企业应当采用追溯重述法更正重要的前期差错，但确定前期差错累积影响数不切实可行的除外。

追溯重述法，是指在发现前期差错时，视同该项前期差错从未发生过，从而对财务报表相关项目进行更正的方法。追溯重述法的会计处理与追溯调整法相同。

【注意1】对于重要的前期差错，企业应当在其发现当期的财务报表中，调整前期比较数据。发生的重要前期差错，如影响损益，应将其对损益的影响数调整发现当期的期初留存收益，财务报表其他相关项目的期初数也应一并调整；如不影响损益，应调整财务报表相关项目的期初数。

【注意2】在编制比较财务报表时，对于比较财务报表期间的重要的前期差错，应调整各该期间的净损益和其他相关项目，视同该差错在产生的当期已经更正；对于比较财务报表期间以前的重要的前期差错，应调整比较财务报表最早期间的期初留存收益，财务报表其他相关项目的数字也应一并调整。

确定前期差错影响数不切实可行的，可以从可追溯重述的最早期间开始调整留存收益的期初余额，财务报表其他相关项目的期初余额也应当一并调整，也可以采用未来适用法。

企业应当在重要的前期差错发现当期的财务报表中，调整前期比较数据。

对于年度资产负债表日至财务报告批准报出日之间发现的报告年度的会计差错及报告年度前不重要的前期差错，应按照《企业会计准则第29号——资产负债日后事项》的规定进行处理。

（2）不重要的前期差错的会计处理

采用未来适用法更正。

【注意1】对于不重要的前期差错，企业不需调整会计报表相关项目的期初数，但应调整发现当期与前期相同的相关项目。属于影响损益的，应直接计入本期与上期相同的净损益项目；属于不影响损益的，应调整本期与前期相同的相关项目。

【注意2】报告年度不重要的前期差错也按照日后事项处理。

（3）前期差错更正的披露

企业应当在附注中披露与前期差错更正有关的下列信息。

①前期差错的性质，包括重大会计差错的事项、原因和更正方法。

②各个列报前期财务报表中受影响的项目名称和更正金额。

③无法进行追溯重述的，说明该事实和原因以及对前期差错开始进行更正的时点、具体更正情况。

【注意】在以后期间的财务报表中，无须重复披露在以前期间的附注中已披露的前期差错更正的信息。

二、选编例题

【例1·单选题】下列各项中，属于会计政策变更的是（　　）。

A. 将一项固定资产的预计净残值由50万元调整为70万元

B. 将产品保修费用的计提比例由销售收入的5%变更为4%

C. 将发出存货的计价方法由先进先出法变更为个别计价法

D. 将一台生产设备的折旧方法由年数总和法变更为双倍余额递减法

【例2·单选题】下列各项中，属于会计估计变更的是（　　）。

A. 无形资产的预计使用寿命由10年变更为8年

B. 所得税会计处理由应付税款法改为资产负债表债务法

C. 投资性房地产的后续计量由成本模式改为公允价值模式

D. 将应收账款坏账准备提取方法由余额百分比法变更为预期信用损失法

【例3·单选题】2021年12月31日，丁股份有限公司发现漏记了2020年本年度一项管理用固定资产的折旧费用150万元。假设丁公司2020年适用的所得税税率为25%，采用会计方法计提的折旧额与按照税法规定计提的折旧额相同。除该事项外，无其他纳税调整事项。该公司按净利润的10%提取法定盈余公积。则编制的会计分录为（　　）（单位万元）

A. 借：以前年度损益调整　150

　　贷：累计折旧　150

借：应交税费　37.5

　　贷：以前年度损益调整　37.5

借：利润分配——未分配利润　112.5

　　贷：以前年度损益调整　112.5

借：盈余公积　11.25

　　贷：利润分配——未分配利润　11.25

B. 借：管理费用　150

　　贷：累计折旧　150

C. 借：本年利润　150

　　贷：累计折旧　150

D. 借：以前年度损益调整　150

　　贷：累计折旧　150

借：应交税费　37.5

　　贷：以前年度损益调整　37.5

【例4·单选题】（2018真题）甲企业董事会讨论的下列事项中，属于会计政策变更的是（　　）。A. 因出售绝大部分持有至到期投资，将剩余部分重分类为可供出售金融资产

B. 因技术创新，将自行开发的无形资产的推销年限从 10 年调整为 8 年
C. 为加速资金回收，调整收款政策，将收款期限从 30 天调整为 20 天
D. 因库存管理信息化水平提高，将发出存货的计价方法由先进先出法变更为个别计价法
【例 5 · 多选题】下列各项关于甲公司董事会确定的事项中，属于会计政策的有（ ）。
A. 坏账损失的核算方法
B. 长期待摊费用摊销期的确定
C. 长期股权投资采用权益法核算
D. 无形资产可收回金额的确定
E. 投资性房地产采用公允价值模式进行后续计量

知识点 7 选编例题答案

1.【答案】C
【解析】选项 C，存货计价方法的变更属于会计政策变更，选项 ABD均属于会计估计变更。
2.【答案】A
【解析】选项 A，属于会计估计变更，BCD属于会计政策变更。
3.【答案】A
【解析】2021 年 12 月发现 2020 年年漏记折旧的差错具有重要性，则需要通过“以前年度损益调整”科目进行调整，进而调整年初的留存收益。
同时，由于少提折旧，多计利润，多交所得税，应调整所得税。以前年度损益调整完成后，应结清其损益，将“以前年度损益调整”科目的余额转入利润分配。编制的会计分录（单位万元）

借：以前年度损益调整	150	
贷：累计折旧		150
借：应交税费	37.5	
贷：以前年度损益调整		37.5
借：利润分配——未分配利润	112.5	
贷：以前年度损益调整		112.5
借：盈余公积	11.25	
贷：利润分配——未分配利润		11.25

另外，若 2021 年 12 月发现当年少计折旧费用 150 万元，多计净利润 112.5 万元（150×75%），多提法定盈余公积 11.25 万元（112.5×10%）。当年的差错不论是否重要，一律调整当年有关项目。
4.【答案】D
【解析】发出存货计价方法的改变属于会计政策变更。本题为 2018 年考生回忆的真题，2018 年辅导材料第 198 页第 1 题与该题基本一致。
5.【答案】ACE
【解析】选项 C、D属于会计估计，其他选项属于会计政策。

【知识点 8】资产负债表日后事项★★★

一、知识点精讲

（一）资产负债表日后事项概述

1. 资产负债表日后事项概念

资产负债表日后事项，是指资产负债表日至财务报告批准报出日之间发生的有利或不利事项，包括资产负债表日后调整事项和资产负债表日后非调整事项。

2. 资产负债表日后事项涉及的几个概念

（1）资产负债表日

资产负债表日包括会计年度末和会计中期（中期是指短于一个完整的会计年度的报告期间）期末。年度资产负债表日，是指每年的12月31日；中期资产负债表日，是指各会计中期期末，包括各月的月末、季度末，以及作为半年度末的6月30日等。

（2）财务报告批准报出日

财务报告批准报出日，是指董事会或类似机构批准财务报告报出的日期。

（3）有利或不利事项

【注意】如果资产负债表日后发生的某些事项对企业并无任何影响，那就不属于资产负债表日后事项。

（4）资产负债表日后事项涵盖的期间

是指资产负债表日次日起至财务报告批准报出日止的一段时间。

（二）资产负债表日后调整事项

1. 资产负债表日后调整事项的概念

资产负债表日后调整事项，是指对资产负债表日已经存在的情况提供了新的或进一步证据的事项。

【注意】通常来讲，调整事项具有以下特点：在资产负债表日已经存在，资产负债表日后得以证实的事项；对按资产负债表日存在状况编制的财务报表产生重大影响的事项。

以下是资产负债表日后调整事项。

（1）资产负债表日后诉讼案件结案，法院判决证实了企业在资产负债表日已经存在现时义务，需要调整原先确认的与该诉讼案件相关的预计负债，或确认一项新负债；

（2）资产负债表日后取得确凿证据，表明某项资产在资产负债表日发生了减值或者需要调整该项资产原先确认的减值金额；

（3）资产负债表日后进一步确定了资产负债表日前购入资产的成本或售出资产的收入；

（4）资产负债表日后发现了财务报表舞弊或差错。

2. 资产负债表日后调整事项的会计处理

【注意】资产负债表日后发生的调整事项，应当如同资产负债表所属期间发生的事项一样，作出相关账务处理，并对资产负债表日已经编制的财务报表进行调整。这里的财务报表包括资产负债表、利润表及所有者权益变动表等内容，但不包括现金流量表正表。

因资产负债表日后调整事项发生在次年，报告年度的有关账目已经结转，且损益类科目在结账后已无余额。因此，资产负债表日后发生的调整事项，应当分别以下情况进行处理。

（1）涉及损益的事项，通过"以前年度损益调整"科目核算，调整完成后，应将"以前年度损益调整"科目的贷方或借方余额，转入"利润分配——未分配利润"科目。

（2）涉及利润分配调整的事项，直接在"利润分配——未分配利润"科目核算。

（3）不涉及损益以及利润分配的事项，调整相关科目。同时还应调整会计报表相关项目的数字（可能需要调整相关项目的年初数），如果涉及会计报表附注的，应当调整会计报表附注相关项目的数字。

（4）通过上述账务处理后，还应同时调整财务报表相关项目的数字

①资产负债表日编制的财务报表相关项目的期末数或本年发生数；

②当期编制的财务报表相关项目的期初数或上年数；

③经过上述调整后，如果涉及报表附注内容的，还应当调整报表附注相关项目的数字。

（三）资产负债表日后非调整事项

1. 资产负债表日后非调整事项的概念

资产负债表日后非调整事项，是指表明资产负债表日后发生的情况的事项。

对于重要的非调整事项，如不加以说明，将会影响财务报告使用者作出正确估计和决策，因此，

应在附注中披露每项重要的资产负债表日后非调整事项的性质、内容，及其对财务状况和经营成果的影响。无法作出估计的，应当说明原因。

资产负债表日后非调整事项具有以下特点：资产负债表日并未发生或存在，完全是期后发生的事项；对理解和分析财务报告有重大影响的事项。

【注意1】对资产负债表日后事项，若在资产负债表日或之前已经存在，则属于调整事项；反之，则属于非调整事项。

【注意2】资产负债表日至财务报告批准报出日之间存货售价发生波动的，如有确凿证据表明其对资产负债表日存货已经存在的情况提供了新的证据，应当作为调整事项进行处理；否则，作为非调整事项处理。

1. 资产负债表日后非调整事项的内容

以下是资产负债表日后非调整事项。

（1）资产负债表日后发生重大诉讼、仲裁、承诺；

（2）资产负债表日后资产价格、税收政策、外汇汇率发生重大变化；

（3）资产负债表日后因自然灾害导致资产发生重大损失；

（4）资产负债表日后发行股票和债券以及其他巨额举债；

（5）资产负债表日后资本公积转增资本；

（6）资产负债表日后发生巨额亏损；

（7）资产负债表日后发生企业合并或处置子公司。

（8）资产负债表日后企业利润分配方案中拟分配的以及经审议批准宣告发放的现金股利和利润。

2. 资产负债表日后非调整事项的会计处理

资产负债表日后发生的非调整事项，应当在报表附注中披露每项重要的资产负债表日后非调整事项的性质、内容，及其对财务状况和经营成果的影响。无法做出估计的，应当说明原因。

【注意】资产负债表日后，企业利润分配方案中拟分配的以及经审议批准宣告发放的股利或利润，不确认为资产负债表日负债，但应当在附注中单独披露。

二、选编例题

【例1·单选题】（2021真题）甲企业2020年财务报告于2021年4月8日经重事会批准对外公布。甲企业2021年发生的下列重要事项中，应当调整其2020年度财务报告的是（　　）。

A.2021年2月10日，甲企业2020年11月销售的一批商品发生退货并验收入库

B.2021年4月5日，甲企业董事会批准2020年的股利分配方案

C.2021年1月31日，甲企业2020年12月购入的某批存货市场价格较购买时已下跌70%。

D.2021年3月15日，甲企业接到法院通知，由于其2020年10月销售的某商品存在严重质量问题导致消费者M发生损失，M对其提起诉讼

【例2·单选题】甲公司2020年财务报告于2021年3月25日对外报出，其于2021年发生的下列交易事项中，应作为2020年财务报告非调整事项处理的有（　　）。

A.1月16日取得确凿证据，表明某项资产在资产负债表日发生了减值并需调整该项资产原先确认的减值金额

B.3月15日，甲公司的子公司发布2020年经审计的利润，根据购买该子公司协议约定，甲公司在原预计或有对价基础上向出售方多支付1 600万元

C.2月10日发布重大资产重组公告，发行股份收购一家下游企业100%股权

D.1月10日，甲公司2020年被提起诉讼的案件结案，法院判决甲公司赔偿金额与原预计金额相差800万元

【例3·单选题】甲公司为增值税一般纳税人，适用的税率为13%，适用的所得税税率为25%，按10%计提盈余公积。2020年11月销售商品100件，每件商品的成本为1 200元，增值税发票上注

明的价款为 200 000 元，税款为 26 000 元。款项尚未收到，该公司为该应收账款计提坏账准备 2260 元。2021 年 1 月 20 日发生退货 10 件，商品已验收入库，并开出红字的增值税发票。甲公司财务报告批准报出日为 2021 年 4 月 10 日。则该资产负债表日后事项调整的应纳税所得额为（　　）。

A.7 774　　B.8 000　　C.10 000　　D.12 000

知识点 8 选编例题答案

1.【答案】A

【解析】A选项属于资产负债表日后调整事项，该事项需要调整上年度财务报告。

2.【答案】C

【解析】选项 C属于资产负债表日后非调整事项，选项 ABD属于资产负债表日后调整事项。

3.【答案】A

【解析】该资产负债表日后调整事项的会计处理

借：以前年度损益调整　　20 000

　　应交税费——应交增值税　　2 600

　贷：应收账款　　22 600

借：库存商品　　12 000

　贷：以前年度损益调整　　12 000

借：坏账准备　　226

　贷：以前年度损益调整　　226

调整的应纳税所得额＝ 20 000—12 000—226 ＝ 7 774（元）

应交所得税＝ 8 000×25%＝ 2 000（元）

所得税费用＝ 7 774×25%＝ 1 943.5（元）

递延所得税资产＝ 226×25%＝ 56.5（元）

借：应交税费——应交所得税　　2 000

　贷：以前年度损益调整　　1 943.5

　　　递延所得税资产　　56.5

借：利润分配——未分配利润　　58 26（即 7774—1 943.5）

　　贷：以前年度损益调整　　5 830.5

借：盈余公积　　583.05

　贷：利润分配——未分配利润　　583.05

因此，则该资产负债表日后事项调整的应纳税所得额为 7 774（即 20 000—120 00—226）元。

同步强化训练题

一、单项选择题

1.2021 年 3 月 10 日，甲公司以每股 8 元的价格从二级市场购入乙公司股票 20 万股，支付价款 160 万元，另支付相关交易费用 2.5 万元。甲公司将购入的乙公司股票作为其他权益工具投资核算。2021 年 12 月 31 日，乙公司股票市场价格为每股 9 元。甲公司适用的所得税税率为 25%。该金融资产公允价值变动对甲公司 2021 年利润表的影响是（　　）。

A. 不能重分类进损益的其他综合收益税后净额增加 17.5 万元

B. 不能重分类进损益的其他综合收益税后净额增加 13.125 万元

C. 将重分类进损益的其他综合收益税后净额增加 17.5 万元

D. 将重分类进损益的其他综合收益税后净额增加 13.125 万元

2. 甲公司2021年12月31日持有的下列资产、负债中，不应作为2021年资产负债表中流动性项目列报的有（　　）。

A. 分类为权益工具的优先股

B. 被划分为持有待售的非流动资产

C. 将于2022年10月出售的账面价值为1 500万元的其他债权投资

D. 甲公司2021年12月初违反了长期借款协议，导致贷款人可随时要求清偿的长期债务

3. 甲公司董事会决定的下列事项中，属于会计政策变更的是（　　）。

A. 将合同进度由预计的60%调整为80%

B. 将无形资产摊销年限由10年调整为8年

C. 将非货币资产性交换由历史成本核算模式调整为公允价值模式

D. 将符合持有待售条件的固定资产由非流动资产重分类为流动资产列报

4. 甲公司于2017年1月1日起计提折旧的管理用设备一台，价值84 000元，预计使用寿命为8年，预计净残值为4 000元，按直线法计提折旧。至2021年初，由于新技术的发展等原因，需要对原预计使用寿命和净残值作出修正，修正后该设备预计尚可使用年限为2年，预计净残值为2 000元。所得税税率为25%。则2021年末该设备的账面价值为（　　）。

A.21 000　　B.23 000　　C.27 300　　D.34 000

5. 下列各项现金流量中，属于投资活动产生的现金流量的是（　　）。

A. 支付债券利息　　B. 购买生产设备

C. 支付企业所得税　　D. 支付销售人员工资

6. 某公司2021年期初发行在外的普通股为30 000万股；4月30日新发行普通股16 200万股；12月1日回购普通股7 200万股以备将来奖励职工之用。该公司当年度实现净利润为16 250万元。假定该公司按月数计算每股收益的时间权重。该公司2021年基本每股收益为（　　）。

A.0.35　　B.0.4　　C.0.45　　D.0.5

7. 下列中的（　　）不属于计算稀释每股收益时需要考虑的因素。

A. 可转换公司债券　　B. 认股权证　　C. 以前各期亏损　　D. 股份期权

8.2021年末，甲公司与财务报表列报相关的事项如下：（1）购买的国债将于2022年5月到期；（2）乙公司定制的产品尚在加工中，预计将于2023年10月完工并交付乙公司；（3）甲公司发行的公司债券将于2022年11月到期兑付；（4）向银行借入的款项将于2022年6月到期。但甲公司可以自主地将清偿义务展期至2024年6月，甲公司预计将展期两年清偿该债务。不考虑其他因素，下列各项关于甲公司上述事项于2021年末资产负债表列报的表述中，不正确的有（　　）。

A. 为乙公司加工的定制产品作为流动资产列报

B. 甲公司可自主展期的银行借款作为流动负债列表

C. 甲公司持有的于2022年5月到期的国债作为流动资产列报

D. 甲公司发行的将于2022年11月到期兑付的债券作为流动负债列报

9. 某企业2021年度有关资料如下：（1）应收账款项目：年初数100万元，年末数120万元；（2）应收票据项目：年初数40万元，年末数20万元；（3）预收款项项目：年初数80万元，年末数90万元；（4）营业收入6 000万元；（5）应交税费——应交增值税（销项税额）960万元；（6）其他有关资料如下：本期计提坏账准备5万元，收到客户用11.6万元商品（货款10万元，增值税1.6万元）抵偿前欠账款12万元。该企业本期“销售商品、提供劳务收到的现金”项目金额为（　　）万元。

A.6 000　　B.6 780　　C.6 953　　D.7 020

10.“将净利润调节为经营活动现金流量”中应调整增加现金流量的是（　　）。

A. 无形资产处置净收益　　B. 冲回流动资产减值准备

C. 经营性应收项目的增加　　D. 权益法下因被投资企业亏损

11. 因收到自然灾害而导致的厂房毁损保险赔偿金在现金流量表中的（　　）项目列示。

A. 经营活动产生的现金流出量　　B. 筹资活动产生的现金流量
C. 投资活动产生的现金流量　　D. 收到的其他与经营活动有关的现金

12. 现金流量表中，企业为购建固定资产而发生的借款利息资本化的支出应计入（　　）。
A.“支付其他与投资活动有关的现金”项目
B. 筹资活动产生的现金流出量
C. 经营活动产生的现金流出量
D. 购建固定资产、无形资产和其他长期资产支付的现金”项目

13. 甲公司是一家生产打印机的企业，乙公司是甲公司的全资子公司。2021 年末的资产负债表中，甲公司固定资产账面价值 50 000 万元，乙公司固定资产账面价值 20 000 万元。当年 6 月 25 日甲公司将一批空调产品销售给乙公司，乙作为管理用固定资产。甲公司该批打印机生产成本 2 000 万元，以市场价格 6 000 万元销售给乙公司。乙公司预计该批打印机使用期 10 年，直线法折旧，预期净残值为零。假设不考虑相关税费，则合并后的固定资产项目账面价值为（　　）万元。
A.50 000　　B.66 000　　C.66 200　　D.70 000

14. 下列关于关联方关系的表述中，不正确的有（　　）。
A. 某一企业与该企业发生日常往来的资金提供者、公用事业部门、政府部门和机构，不构成企业的关联方
B. 某一企业与该企业发生大量交易而存在经济依存关系的单个客户、供应商、特许商、经销商或代理商，不构成企业的关联方
C. 某一企业与该企业共同控制合营企业的合营者，不构成企业的关联方
D. 某一企业与仅同受国家控制而不存在其他关联方关系的企业之间构成关联方

15.A公司对 B公司进行投资，持股比例 30%，对 B公司的财务和经济决策形成重大影响。同时 A 公司还持有 C公司全部股份的 30%，对 C公司的财务和经济决策形成重大影响。则下列表述不正确的是（　　）。
A.A与 B之间存在关联方关系　　B.A与 C之间存在关联方关系
C.B与 C之间存在关联方关系　　D.B与 C之间不存在关联方关系

16. 下列关于会计政策变更会计处理表述不正确的是（　　）。
A. 会计政策变更有追溯调整法和未来适用法两种处理方法
B. 在追溯调整法下，企业应当将会计政策变更累积影响数调整列报本期留存收益，其他相关项目的期末余额和其他比较数据也应一并调整
C. 如果提供比较财务报表，对于比较财务报表期间的会计政策变更，应调整各期间净损益各项目和财务报表其他相关项目，视同该政策在比较财务报表期间一直采用
D. 会计政策变更涉及损益调整的事项通“利润分配——未分配利润”科目核算

17. 下列关于会计政策变更累积影响数的计算表述不正确的是（　　）。
A. 计算“以前年度损益调整”科目累计余额
B. 根据新的会计政策重新计算受影响的前期交易或事项
C. 计算两种会计政策下的差异
D. 计算差异的所得税影响金额，确定前期中每一期的税后差异

18. 下列各项中，不属于会计政策变更的有（　　）。
A. 长期待摊费用的摊销期由 5 年调整为 3 年
B. 所得税会计处理由应付税款法改为资产负债表债务法
C. 投资性房地产的后续计量由成本模式改为公允价值模式
D. 开发费用的处理由直接计入当期损益改为有条件资本化

19. 甲公司为某集团母公司，其与控股子公司（乙公司）会计处理存在差异的下列事项中，在编制合并财务报表时，应当作为会计政策予以统一的是（　　）。

A. 甲公司产品保修费用的计提比例为售价的 3%，乙公司为售价的 2%

B. 甲公司对机器设备的折旧年限按不少于 15 年确定，乙公司为不少于 10 年

C. 甲公司对发出存货计价方法采用先进先出法，乙公司采用个别计价法

D. 甲公司对 1 年以内应收款项计提坏账准备的比例为期末余额的 3%，乙公司为期末余额的 5%

20. 会计估计变更不应在财务报表附注中披露的内容有（　　）。

A. 会计估计变更的内容

B. 会计估计变更的原因

C. 会计估计变更对当期和未来期间的影响数

D. 会计估计变更累积影响数

21. 下列各项中，属于无需追溯重述的有（　　）。

A. 上年购买交易性金融资产发生的交易费用 0.1 万元，计入了交易性金融资产成本

B. 上年末发生的生产设备修理支出 100 万元，一次性计入了当期损益

C. 上年出售其他债权投资时，没有将与之相关的其他综合收益 200 万元结转入投资收益

D. 企业漏记上年广告费用 300 万元

22. 甲股份有限公司属于重资产类企业，2021 年 12 月 31 日，该公司发现 2020 年管理部门所用设备的折旧费用少计提了 1 000 元。对于此差错下列表述不正确的是（　　）。

A. 属于不重要的前期差错

B. 需追溯重述

C. 调增累计折旧的账面余额，并增加 2020 年管理费用

D. 对于此差错的调整将导致企业资产减少，所有者权益减少

23. 下列各项目中，属于资产负债表日后非调整事项的是（　　）。

A. 资产负债表日后诉讼案件结案，法院判决证实了企业在资产负债表日已经存在现时义务，需要调整原先确认的与该诉讼案件相关的预计负债，或确认一项新负债

B. 资产负债表日后取得确凿证据，表明某项资产在资产负债表日发生了减值或者需要调整该项资产原先确认的减值金额

C. 资产负债表日后进一步确定了资产负债表日前购入资产的成本或售出资产的收入

D. 资产负债表日后发生巨额亏损

24. 资产负债表日后发生的调整事项，无需对资产负债表日已经编制下列（　　）财务报表进行调整。

A. 资产负债表　　B. 利润表

C. 现金流量表　　D. 所有者权益变动表

25. 下列各方中，不构成甲公司关联方的是（　　）。

A. 甲公司外聘的财务顾问公司　　B. 甲公司董事长之妻控制的公司

C. 甲公司与其同受母公司控制的丙企业　　D. 甲公司财务总监陈某之子担任董事长的乙企业

二、多项选择题

1. 下列各项属于制造企业现金流量表中“投资活动产生的现金流量”的有（　　）。

A. 支付印花税费用　　B. 收到股权投资的现金股利

C. 出售债权投资收回的现金　　D. 支付分期付息，到期一次还本债券的利息

E. 收到因自然灾害而报废固定资产的保险赔偿款

2. 关联方关系存在的前提条件包括（　　）。

A. 交易价格不公允　　B. 控制

C. 共同控制　　D. 重大影响

E. 属于同行业企业

3. 下列各项中，属于会计估计变更的有（　　）。

A. 无形资产的摊销方法由年限平均法改为产量法

B. 某项生产设备的预计净残值由 50 万变更为 30 万元
C. 将金融资产的会计计量属性由历史成本改为公允价值
D. 固定资产的折旧方法由年限平均法改为双倍余额递减法
E. 预计负债初始计量金额的最佳估计数由 800 万变更为 600 万元
4. 资产负债表中根据总账科目与其备抵科目抵销后的净额填列的有（　　）。
A. 存货　　B. 固定资产
C. 其他应收款　　D. 其他应收款
E. 长期股权投资
5. 甲公司 2021 年 12 月 31 日持有的下列资产、负债中，应当在 2021 年末资产负债表中作为流动性项目列报的有（　　）。
A. 持有并准备随时出售的交易性金融资产
8. 甲公司即将于 2022 年 10 月 28 日到期 5 年期银行借款
C. 即将于 2022 年 6 月到期的负债，企业预计能够自主地将清偿义务展期至 2022 年 9 月初
D. 甲公司 2021 年 12 月初违反了长期借款协议、贷款人可随时要求清偿的负债
E. 即将于 2022 年 6 月到期的负债，企业预计能够自主地将清偿义务展期至 2023 年 2 月底
6. 在编制现金流量表时，下列现金流量中属于经营活动现金流量的有（　　）。
A. 当期缴纳的资源税
B. 收到的活期存款利息
C. 发行债券过程中支付的交易费用
D. 支付的基于股份支付方案给予高管人员的现金增值额
E. 支付股利
7. 甲公司 2021 年发生与现金流量相关的交易或事项包括：（1）以现金支付管理人员的现金股票增值权 500 万元，（2）办公楼换取股权交易中，以现金支付补价 240 万元；（3）销售 A产品收到现金 5 900 万元；（4）支付业务招待费 300 万元；（5）支付管理人员报销差旅费 2 万元；（6）发行权益性证券收到现金 5 000 万元。下列各项关于甲公司 2021 年现金流量相关的表述中，正确的有（　　）。
A. 经营活动现金流出 802 万元　　B. 经营活动现金流入 5 900 万元
C. 投资活动现金流出 540 万元　　D. 筹资活动现金流入 10 900 万元
E. 筹资活动现金流入 2 000 万元
8. 下列各项业务中，不能引起现金流量表中“投资活动产生的现金流量”发生变化的是（　　）。
A. 购买股票时支付的手续费　　B. 收到股利
C. 收到出租闲置设备的租金收入　　D. 支付股利
E. 支付购买材料款
9. 下列事项导致会导致企业所有者权益增减变动的是（　　）。
A. 资产毁损　　B. 金融负债公允价值变动
C. 计发管理人员工资　　D. 支付投资款
E. 无形资产摊销
10. 编制合并资产负债表需要抵销的项目包括（　　）。
A. 母公司对子公司股权投资项目与子公司股本项目抵销
B. 母公司与子公司、子公司与子公司之间未结算的内部债权债务项目抵销
C. 内部购进存货价值中包含的未实现内部销售损益抵销
D. 内部购进固定资产价值中包含的未实现内部销售损益抵销
E. 内部购进无形资产价值中包含的未实现内部销售损益抵销
11. 编制合并利润表和合并所有者权益变动表需要抵销的项目包括（　　）。
A. 内部销售收入和销售成本项目的抵销

B. 内部债务项目的抵销

C. 内部交易相关的内部应收账款、存货减值损失项目的抵销

D. 内部交易相关的固定资产、无形资产等项目的资产减值损失

E. 母公司对子公司投资收益与子公司当年利润分配抵销

12. 编制合并现金流量表时需要进行抵销处理的项目，主要有（　　）。

A. 母公司与子公司、子公司相互之间当期以现金投资或收购股权增加的投资所产生的现金流量

B. 母公司与子公司、子公司相互之间当期取得投资收益收到的现金与分配股利、利润或偿付利息支付的现金

C. 母公司与子公司之间非货币资产交换项目产生的企业所得税现金流量

D. 母公司与子公司、子公司相互之间当期销售商品所产生的现金流量

E. 母公司与子公司、子公司相互之间处置固定资产、无形资产和其他长期资产收回的现金净额与购建固定资产、无形资产和其他长期资产支付的现金等;

13. 与企业存在关联关系的关键管理人员主要有（　　）。

A. 董事长　　B. 董事

C. 董事会秘书　　D. 车间主任

E. 总会计师、财务总监

14.A、B、C三个企业共同控制 D企业，则下列表述正确的是（　　）

A.A与 B之间存在关联方关系　　B.A与 D之间存在关联方关系

C.B与 D之间存在关联方关系　　D.C与 D之间存在关联方关系

E. B与 C、A与 C之间存在关联方关系

15. 下列交易或事项中，属于会计政策变更的是（　　）。

A. 编制合并财务报表所采用的合并政策的变化

B. 企业存货计价方法的变化

C. 改变长期待摊费用的摊销期

D. 所得税的会计处理由应付税款法改为资产负债表债务法

E. 长期股权投资具体会计处理方法的变更

16. 下列情形中，应采用未来适用法处理的有（　　）。

A. 企业难以对某项变更区分会计政策变更或会计估计变更

B. 固定资产折旧方法发生变更

C. 无形资产的受益期限的变更

D. 坏账提取比例的变化

E. 存货计价方法的变更

17. 下列各项中，属于前期差错的有（　　）。

A. 计算错误　　B. 应用会计政策错误

C. 疏忽或曲解事实以及舞弊产生的影响　　D. 固定资产盘盈

E. 存货盘亏

18. 下列说法中，正确的有（　　）。

A. 会计政策变更进行追溯调整时，损益类科目通过“以前年度损益调整”核算

B. 如果确定会计政策变更对列报前期影响数不切实可行的，应当采用未来适用法，不用进行追溯调整

C. 会计估计变更不改变企业以前期间的会计估计

D. 对于重大的前期差错采用追溯重述法进行追溯调整，对于不重大的前期差错不用追溯，可以直接调整发现当期与前期相同的相关项目

E. 本期发现前期重要差错和资产负债表日后调整事项涉及损益调整的事项通过“以前年度损益

调整”科目核算

19. 企业应当在附注中披露与前期差错更正有关的下列信息（　　）。

A. 前期差错的性质，包括重大会计差错的事项、原因和更正方法

B. 各个列报前期财务报表中受影响的项目名称和更正金额

C. 无法进行追溯重述的，说明该事实和原因以及对前期差错开始进行更正的时点、具体更正情况

D. 在以后期间的财务报表中，须披露在以前期间的附注中已披露的前期差错更正的信息

E. 前期差错对当期和未来期间的影响数

20. 下列各项目中，属于资产负债表日后事项中非调整事项的是（　　）。

A. 已证实某项资产发生了损失

B. 已确认销售的货物被退回

C. 资产负债表日后资产价格、税收政策、外汇汇率发生重大变化

D. 已确定将要支付赔偿额大于该事项在资产负债表日确认预计负债的金额

E. 资产负债表日后发生企业合并或处置子公司

21.2021 年 6 月，母公司将其闲置的生产设备以 3 000 万元的价格销售全资子公司乙公司作为管理用固定资产。母公司该设备的账面原值 8 000 万元，累计折旧 6 000 万元。子公司购入该设备后立即投入使用，并对其采用年限平均法计提折旧，该设备预计剩余使用年限为 10 年，预计净残值为零。假定不考虑其他税费等因素影响，则下列表述正确的有（　　）。

A. 该内部交易会使母公司 2021 年增加资产处置损益 1 000 万元

B. 该内部交易会使子公司 2021 年虚增固定资产账面原值 1 000 万元

C. 该内部交易会使子公司 2021 年虚增固定资产账面价值 950 万元

D. 该内部交易会使全资子司财务报表固定资产当年折旧虚增 50 万元

E. 该内部交易会使子公司 2021 年虚增固定资产账面价值 1 000 万元

三、不定项选择题

AS公司为上市公司，系增值税一般纳税企业，适用的增值税税率为 13%。所得税税率 25%，2020 年的财务会计报告于 2021 年 4 月 30 日经批准对外报出。2020 年所得税汇算清缴于 2021 年 4 月 30 日完成。该公司按净利润的 10%计提盈余公积，提取盈余公积之后，不再作其他分配。如无特别说明，调整事项按税法规定均可调整应交所得税；会计上计提的坏账准备均不允许税前扣除。自 2021 年 1 月 1 日至 4 月 30 日会计报表公布日前发生如下事项。

（1）AS公司 2021 年 2 月 10 日收到 B公司退货的产品以及退回的增值税发票联、抵扣联。该业务系 AS公司 2020 年 11 月 1 日销售给 B公司产品一批，价款 500 万元，产品成本为 400 万元，B公司验收货物时发现不符合合同要求需要退货，AS公司收到 B公司的通知后希望再与 B公司协商，因此 AS 公司编制 12 月 31 日资产负债表时仍确认了收入，对此项应收账款于年末按 5%计提了坏账准备（下列简称一事项）。

（2）在 2021 年 4 月 1 日，AS公司发现 2020 年一项重大会计差错。

2020 年 AS公司以库存商品抵偿债务，应付账款的账面价值为 120 万元，抵偿商品的成本为 80 万元，公允价值为 100 万元。AS公司所编会计分录（单位万元）

借：应付账款	120	
贷：库存商品		80
应交税费——应交增值税（销项税额）		13
资本公积		27

（下列简称二事项）

根据以上资料，回答下列题目：

1. 下列说法中，正确的有（　　）。

A. 一事项属于非调整事项，二事项属于调整事项

B. 一事项属于调整事项，二事项属于调整事项

C. 一事项属于非调整事项，二事项属于非调整事项

D. 上述两事项仅需表外披露，而非表内调整

2. 下列有关一事项会计处理正确的是（　　）。

A. 借：以前年度损益调整—调整营业收入　500
　　应交税费—应交增值税（销项税额）　65
　贷：应收账款　565

B. 借：库存商品　400
　贷：以前年度损益调整—调整营业成本　400

C. 借：坏账准备　28.25（565×5%）
　贷：以前年度损益调整—调整资产减值损失　28.25

D. 借：应交税费—应交所得税　（500—400）×25%＝25
　贷：所得税费用　25

3. 下列有关二事项会计处理正确的是（　　）。

A. 借：资本公积　27
　　　贷：以前年度损益调整　27

B. 借：以前年度损益调整——调整所得税费用　6.75（27×25%）
　贷：应交税费——应交所得税　6.75

C. 借：资本公积　20
　　营业成本　80
　贷：主营业务收入　100
借：所得税费用　6.75（27×25%）
　贷：应交税费——应交所得税　6.75

D. 借：递延所得税资产　6.75（27×25%）
　贷：应交税费——应交所得税　6.75

4. 下列各项中，属于甲公司 2020 年资产负债表日后调整事项的有（　　）。

A. 2021 年 2 月 3 日发生重大火灾损失

B. 2021 年 1 月 25 发现报告年度财务报表存在重要差错

C. 2021 年 3 月 6 日董事会通过 2020 年度利润分配方案

D. 2020 年 12 月 29 日按暂估价值入账的固定资产于 2021 年 2 月 3 日办理完成竣工决算手续

四、不定项综合题

不定项综合题 1：大华商贸公司是由黄胜夫妇于 2021 年 1 月投资设立的公司制企业。黄胜开设大华商贸公司时，最初投入 51 000 万元的现金和价值为 100 000 万元的房屋。本年收到现金 180 000 万元，包括：黄胜增加的 40 000 万元投资、公司从银行借入的 50 000 万元、销售的货款以及 10 000 万元的家庭投资的收益。在 12 月 31 日，大华商贸公司有 105 000 万元的赊销货款尚未收回。该商贸公司 2021 年共购存货　160 000 万元（全部赊购，其中 9 000 万元已付款）；2021 年 12 月 31 日的存货为 75 000 万元。

2021 年的以现金支付的费用为 80 000 万元，这些费用包括了黄胜的家庭开支 15 000 万元、公司借款利息费用 5 000 万元（假设全部计入当期损益），其余为各种经营管理费用。

2021 年公司房屋的折旧费用为 5 000 万元（假设全部计入当期损益）。

黄胜决定，大华公司 2021 年所赚利润全部留归企业未来发展。若第一年的利润大于或等于 40 000

万元，他们就对大华商贸公司再次追加投资。因公司处于初创期，会计核算不规范，黄胜夫妇拟聘请会计事务所审计公司2021年的财务报告（说明：假设本题忽略相关法规对企业财务的要求，不考虑增值税、所得税等因素）

要求回答下列问题：

1.2021年度大华商贸公司有关营业收入、成本费用的表述正确的有（　　）。

A. 营业收入105 000万元　　B. 营业收入185 000万元

C. 营业成本85 000万元　　D. 营业成本160 000万元

2.2021年大华商贸公司的利润是（　　）万元。

A.30 000　　B.35 000　　C.40 000　　D.45 000

3.2021年度末大华商贸公司货币资金是（　　）万元。

A.138 000　　B.147 000　　C.162 000　　D.227 000

4.2021年度末大华商贸公司应付账款是（　　）万元。

A.130 000　　B.150 000　　C.151 000　　D.160 000

5.2021年度末大华商贸公所有者权益是（　　）万元。

A.160 000　　B.171 000　　C.191 000　　D.221 000

6.2021年末大华商贸公司资产负债表有关项目的表述正确的有（　　）。

A. 资产总额422 000万元　　B. 资产总额427 000万元

C. 留存收益总额25 000万元　　D. 留存收益总额30 000万元

（提示1：分清企业与黄胜夫妇个人财产的界线；提示2：考生理解本题的会计知识即可。）

不定项综合题2：2021年1月1日，甲公司向乙公司股东定向增发3 000万股普通股（每股面值为1元，市价3元）并支付6 000万元货币资金取得乙公司100%的股权。合并日参与合并企业有关资产、负债情况如下表所示：

资产负债表

2021年1月1日　　　　**单位：万元**

	甲公司		乙公司	
	账面价值		账面价值	公允价值
资产：				
货币资金	1 000		300	300
应收账款	6 500		500	800
存货	9 500		3 600	6 000
长期股权投资	8 000		1 500	2 500
固定资产	20 000		8 550	9 900
无形资产	5 000		1 550	2 500
商誉	0		0	0
资产总计	50 000		16 000	22 000
负债和所有者权益：				
短期借款	2 750		2 500	2 500
应付账款	5 000		1 800	1 800
其他负债	2 250		1 700	1 700

	甲公司		乙公司	
	账面价值		账面价值	公允价值
负债合计	10 000		6 000	6 000
股本	25 000		6 000	
资本公积	3 500		1 000	
盈余公积	1 500		500	
未分配利润	10 000		2 500	
所有者权益合计	40 000		10 000	16 000
负债和所有者权益总计	50 000		16 000	22 000

假定甲、乙公司为同一集团控制的两家全资子公司，合并各方采用的会计政策相同，在合并前未发生任何交易。

要求：回答以下问题：

1. 甲公司对乙公司长期股权投资初始入账价值是（　　）万元。

A.10 000　　B.13 000　　C.15 000　　D.16 000

3. 甲公司确认对乙公司长期股权投资时增加的资本公积为（　　）万元。

A.500　　B.1 000　　C.5 000　　D.6 000

3. 下列属于甲公司编制合并利润表和合并所有者权益变动表需要抵销的项目是（　　）。

A. 内部销售收入和销售成本项目的抵销

B. 内部投资收益的抵销

C. 甲公司长期股权投资与乙公司所有者权益的抵销

D. 母公司对子公司投资收益与子公司当年利润分配抵销

4. 假设 2021 年乙公司按购买日公允价值计算实现的净利润 5 000 万元，乙公司持有的交易性金融资产公允价值升值 800 万元，2021 年 12 月 31 日分配现金股利 2 000 万元。则 2021 年甲公司个别报表中对乙公司长期股权投资的账面价值是（　　）。

A.10 000　　B.13 800　　C.17 800　　D.19 200

同步强化训练题参考答案及解析

一、单项选择题

1.【答案】B

【解析】甲公司持有乙公司股票 2021 年 12 月 31 日的账面价值＝ 20×9 ＝ 180（万元），初始成本＝ 160 ＋ 2.5 ＝ 162.5（万元），2021 年利润表中因该项投资应确认不能重分类进损益的其他综合收益“的金额＝（180－162.5）×（1－25%）＝ 13.125（万元）。

2.【答案】A

【解析】选项 A在“其他权益工具”项目列报，作为非流动项目列报；选项 BCD作为流动项目列报。需要指出的是，企业在资产负债表日或之前违反了长期借款协议，导致贷款人可随时要求清偿的负债，应当归类为流动负债。

3.【答案】C

【解析】选项 AB属于会计估计变更；选项 D既不属于会计估计变更也不属于会计政策变更。

4.【答案】B

【解析】使用寿命的调整属于会计估计，即变更日以后发生的经济业务改按新估计使用寿命提取折旧。按原估计的使用寿命，甲公司每年折旧额为 10 000 元，已提折旧 4 年，累计折旧 40 000 元，固定资产净值为 44 000 元。改变预计使用寿命后，2021 年起剩余折旧年限 2 年，固定资产账面价值 44 000 元，残值 20 00 元，每年计提的折旧费用为 21 000 元 [（44 000—2 000）÷（6—4）]。2021 年不必对以前年度已提折旧进行调整，只需按重新预计的尚可使用寿命和净残值计算确定年折旧费用，编制会计分录如下。

借：管理费用　　21 000

　贷：累计折旧　　21 000

因此，则 2021 年末该设备的账面价值为 44 000—21000 = 23 000（元）。

5.【答案】B

【解析】选项 B属于投资活动产生的现金流量；选项 A属于筹资活动产生的现金流量；选项 C、D属于经营活动产生的现金流量。

6.【答案】B

【解析】2021 年度基本每股收益计算如下。

发行在外普通股加权平均数= 30 000×12/12 + 16 200×8/12—7 200×1/12 = 40 200（万股）

或者

发行在外普通股加权平均数= 30 000×4/12 + 46 200×7/12 + 39 000×1/12 = 40 200（万股）

基本每股收益= 16 250/40 200 = 0.4（元 /股）

7.【答案】C

【解析】

计算稀释每股收益时，应当根据下列事项对归属于普通股股东的当期净利润进行调整。

（1）当期已确认为费用的稀释性潜在普通股的利息；

（2）稀释性潜在普通股转换时将产生的收益或费用。

同时，计算稀释每股收益时，当期发行在外普通股的加权平均数应当为计算基本每股收益时普通股的加权平均数与假定稀释性潜在普通股转换为已发行普通股而增加的普通股股数的加权平均数之和。计算稀释性潜在普通股转换为已发行普通股而增加的普通股股数的加权平均数时，以前期间发行的稀释性潜在普通股，应当假设在当期期初转换为普通股；当期发行的稀释性潜在普通股，应当假设在发行日转换普通股。潜在普通股主要包括可转换公司债券、认股权证、股份期权等。

8.【答案】B

【解析】甲公司有意图且有能力自主展期一年以上，属于非流动负债，选项 B表述不正确，ACD选项表述正确。

9.【答案】C

根据上述资料，销售商品产生的收入 6 000 万元和销售商品产生的增值税销项税额为 960 万元作为计算“销售商品、提供劳务收到的现金”的起点；加上应收账款本期减少额（期初余额—期末余额）（100—120）；加上应收票据本期减少额（期初余额—期末余额）（40—20）；加上预收款项本期增加额（期末余额—期初余额）（90—80）；

本期计提坏账准备 5 万元和收到客户以商品抵偿前欠账款 12 万元，这两项业务均是应收账款（含坏账准备）对应的账户不是销售商品、提供劳务产生的“现金类”账户，因此应作为减项处理。

销售商品、提供劳务收到的现金=（6 000 + 960）+（100—120）+（40—20）+（90—80）—5—12 = 6 953（万元）。

10.【答案】D

【解析】选项 A，无形资产处置净收益增加净利润但是没有影响经营活动现金流量，所以要调减处理；选项 B，冲回流动资产减值准备增加净利润但是没有影响经营活动现金流量，所以要调减处理；选项 C，经营性应收项目的增加应调减净利润；选项 D，投资损失减少了净利润，但是没有影响经营活动现金流量，所以是要调增处理，因此选项 D正确。

11.【答案】C

【解析】因收到自然灾害而导致的厂房毁损保险赔偿金属于投资活动的现金流量。

12.【答案】B

【解析】企业购建固定资产而发生的借款利息资本化在筹资活动产生的现金流量中反映。

13.【答案】C

【解析】当年6月25日甲公司将一批空调产品销售给乙公司，乙作为管理用固定资产，则内部交易形成的期末结余固定资产中包含的未实现内部销售损益为6 000－2 000＝4 000（万元）。则合并后的固定资产项目账面价值为50 000＋20 000－4 000（虚增的固定资产入账价值）＋200（虚增的2021年固定资产累计折旧）＝66 200（万元）。

14.【答案】D

【解析】选项D，某一企业与仅同受国家控制而不存在其他关联方关系的企业之间不构成关联方;其他选项表述正确。

15.【答案】C

【解析】对该企业施加重大影响的投资方。这里的重大影响包括直接的重大影响和间接的重大影响。对企业实施重大影响的投资方与该企业之间是关联方关系，但这些投资方之间并不能仅仅因为对同一家企业具有重大影响而视为存在关联方关系。本题中：A与B之间、A与C之间存在关联方关系，但B与C之间不存在关联方关系。

16.【答案】B

【解析】在追溯调整法下，企业应当将会计政策变更累积影响数调整列报前期最早期初留存收益，其他相关项目的期初余额和列报前期披露的其他比较数据也应当一并调整。

17.【答案】A

【解析】会计政策变更累积影响数是指按照变更后的会计政策对以前各期追溯计算的列报前期最早期初留存收益应有金额与现有金额之间的差额。会计政策变更累积影响数的计算：①根据新的会计政策重新计算受影响的前期交易或事项；②计算两种会计政策下的差异；③计算差异的所得税影响金额；④确定前期中每一期的税后差异；⑤计算会计政策变更的累积影响数。

会计政策变更涉及损益调整的事项通“利润分配——未分配利润”科目核算，而本期发现前期重要差错和资产负债表日后调整事项涉及损益调整的事项通过“以前年度损益调整”科目核算。

18.【答案】A

【解析】选项A属于会计估计变更。选项BCD属于会计政策变更。

19.【答案】C

【解析】选项A、B和D，属于会计估计；选项C，属于会计政策。

20.【答案】D

【解析】会计估计变更在财务报表附注中应披露。

（1）会计估计变更的内容和原因；

（2）会计估计变更对当期和未来期间的影响数；

（3）会计估计变更的影响数不能确定的，披露这一事实和原因。

因会计估计变更采用未来适用法处理，所以无须计算会计估计变更累积影响数。

21.【答案】A

【解析】选项A，由于金额较小，不作为前期差错处理，直接调整发现当期相关项目；BCD属于重大前期差错，需追溯重述。

22.【答案】B

【解析】对于不重要的前期差错应采用未来适用法，无需追溯重述。甲公司应将少计提的1 000元折旧费用，计入2020年的管理费用，同时，调整累计折旧的账面余额。编制的会计分录：

借：管理费用　　1 000

贷：累计折旧　　1 000

23.【答案】D

【解析】ABC选项都属于资产负债表日后调整事项；选项D属于非调整事项。

24.【答案】C

【解析】资产负债表日后发生的调整事项，应当如同资产负债表所属期间发生的事项一样，作出相关账务处理，并对资产负债表日已经编制的财务报表进行调整。这里的财务报表包括资产负债表、利润表及所有者权益变动表等内容，但不包括现金流量表正表。

25.【答案】A

【解析】与该企业发生日常往来的资金提供者、公用事业部门、政府部门和机构，以及与该企业发生大量交易而存在经济依存关系的单个客户、供应商、特许商、经销商和代理商之间，不构成关联方关系。甲公司与外聘的财务顾问公司不构成关联方关系。

二、多项选择题

1.【答案】BCE

【解析】选项A属于经营活动产生的现金流量；选项D属于筹资活动产生的现金流量。

2.【答案】BCD

【解析】关联方关系存在的前提条件是：控制、共同控制或重大影响。AE选项非是关联方关系存在的前提条件。

3.【答案】ABDE

【解析】选项C属于会计政策变更；其他选项属于会计估计变更。

4.【答案】ABCE

【解析】资产负债表中根据总账科目与其备抵科目抵销后的净额填列有：应收账款、其他应收款、存货、债权投资、长期股权投资、固定资产、无形资产、在建工程等。

资产负债表中根据总账科目和明细科目的余额分析计算填列有：长期应收款、一年内到期的非流动资产、长期借款、应付债券、长期应付款、一年内到期的非流动负债等。

5.【答案】ABCD

【解析】E选项作为非流动负债列报。对于在资产负债表日起一年内到期的负债，企业预计能够自主地将清偿义务展期至资产负债表日后一年以上的，应当归类为非流动负债。其它选项偿还期或变现期少于一年，应在2021年末资产负债表中作为流动性项目列报。

6.【答案】ABD

【解析】选项C、E.属于筹资活动的现金流量。

7.【答案】AB

【解析】经营活动现金流出＝500＋300＋2＝802（万元），选项A正确；经营活动现金流入为5 900万元，选项B正确；投资活动现金流出为240万元，选项C错误；筹资活动现金流入为5 000万元，选项D、E错误。

8.【答案】CDE

【解析】选项C应反映在“收到的其他与经营活动有关的现金”项目中；选项D，应反映在“筹资活动产生的现金流量”中。E选项属于购买商品、支付劳务产生的现金流出。

9.【答案】ABCE

【解析】支付投资款不会导致企业所有者权益总额变动，只会导致企业资产的一增一减，而其他选项会导致企业所有者权益增减变动。

10.【答案】BDCE

【解析】编制合并资产负债表需要抵销的项目包括下列各项。

（1）母公司对子公司股权投资项目与子公司所有者权益（股东权益）项目抵销；

（2）母公司与子公司、子公司与子公司之间未结算的内部债权债务项目抵销；

（3）内部购进存货价值中包含的未实现内部销售损益抵销；

（4）内部购进固定资产价值中包含的未实现内部销售损益抵销；

（5）内部购进无形资产价值中包含的未实现内部销售损益抵销。

11.【答案】ACDE

【解析】.编制合并利润表和合并所有者权益变动表需要抵销的项目包括下列各项。

（1）内部销售收入和销售成本项目的抵销；

（2）内部投资收益的抵销，包括内部利息收益、股权投资收益；

（3）资产减值损失项目的抵销，包括内部交易相关的内部应收账款、存货、固定资产、无形资产等项目的资产减值损失；

（4）母公司对子公司投资收益与子公司当年利润分配抵销。

12.【答案】ABDE

【解析】编制合并现金流量表需要调整抵销的项目包括如下内容。

（1）母公司与子公司、子公司相互之间当期以现金投资或收购股权增加的投资所产生的现金流量；

（2）母公司与子公司、子公司相互之间当期取得投资收益收到的现金与分配股利、利润或偿付利息支付的现金；

（3）母公司与子公司、子公司相互之间以现金结算债权与债务所产生的现金流量；

（4）母公司与子公司、子公司相互之间当期销售商品所产生的现金流量；

（5）母公司与子公司、子公司相互之间处置固定资产、无形资产和其他长期资产收回的现金净额与购建固定资产、无形资产和其他长期资产支付的现金等；

（6）母公司与子公司相互之间当期发生的其他内部交易所产生的现金流量等。

13.【答案】ABCE

【解析】与企业存在关联关系的关键管理人员包括董事长、董事、董事会秘书、总经理、总会计师、财务总监等。

14.【答案】BCD

【解析】对企业实施直接或间接共同控制的投资方与该企业之间是关联方关系，但这些投资方之间并不能仅仅因为共同控制了同一家企业而视为存在关联方关系。本题中：A、B、C三个企业共同控制D企业，则A与D、B与D、C与D之间存在关联方关系；而A与B、B与C、A与C之间不存在关联方关系。

15.【答案】ABDE

【解析】改变长期待摊费用的摊销期属于会计估计变更。

16.【答案】ABCD

【解析】需要进行会计估计的项目通常有：坏账；存货遭受毁损、全部或部分陈旧过时；固定资产的预计使用寿命与净残值；固定资产折旧方法；无形资产的受益期限；或有事项中的估计等。

固定资产折旧方法、预计使用年限和净残值的变更都属于会计估计变更，应采用未来适用法处理；企业难以对某项变更区分会计政策变更或会计估计变更的，应当将其作为会计估计变更，采用未来适用法处理。存货计价方法的变更属于会计政策变更，通常采用追溯调整法。

17.【答案】ABCD

【解析】前期差错通常包括计算错误、应用会计政策错误、疏忽或曲解事实以及舞弊产生的影响、固定资产盘盈等。

18.【答案】BCDE

【解析】选项A，对会计政策变更进行追溯调整时涉及损益调整的事项通过“利润分配——未分配利润”科目核算，不通过“以前年度损益调整”来核算；其他选项表述正确。

19.【答案】ABC

【解析】选项D，在以后期间的财务报表中，无需重复披露在以前期间的附注中已披露的前期差错更正的信息。选项E，前期差错对未来期间的影响数不属于在附注中披露与前期差错更正有关的信息。

20.【答案】CE

【解析】ABD选项都属于资产负债表日后调整事项；选项CE属于非调整事项。

21.【答案】ABCD

【解析】E选项错误在于该内部交易会使子公司2021年虚增固定资产账面价值＝（3 000－2 000）－（3 000－2 000）/10×6/12＝950万元；其他选项表述正确。

三、不定项选择题

1.【答案】B

【解析】资产负债表日后调整事项包括如下。

（1）资产负债表日后诉讼案件结案，法院判决证实了企业在资产负债表日已经存在现时义务，需要调整原先确认的与该诉讼案件相关的预计负债，或确认一项新负债；

（2）资产负债表日后取得确凿证据，表明某项资产在资产负债表日发生了减值或者需要调整该项资产原先确认的减值金额；

（3）资产负债表日后进一步确定了资产负债表日前购入资产的成本或售出资产的收入；

（4）资产负债表日后发现了财务报表舞弊或差错。

本题一事项属于资产负债表日后取得确凿证据，表明某项资产在资产负债表日发生了减值或者需要调整该项资产原先确认的减值金额。同时，资产负债表日后进一步确定了资产负债表日前购入资产的成本或售出资产的收入；

本题二事项属于资产负债表日后发现了财务报表舞弊或差错，因此，两事项均属于调整事项。

2.【答案】ABC

【解析】有关一事项会计处理（单位万元）

借：以前年度损益调整——调整营业收入	500	
应交税费——应交增值税（销项税额）	65	
贷：应收账款		565
借：库存商品	400	
贷：以前年度损益调整——调整营业成本		400
借：坏账准备	28.25（565×5%）	
贷：以前年度损益调整——调整资产减值损失		28.25
借：应交税费——应交所得税	25[（500－400）×25%]	
贷：以前年度损益调整——调整所得税费用		25
借：以前年度损益调整——调整所得税费用	7.0625（565×5%×25%）	
贷：递延所得税资产		7.0625

由上述处理可见，本题正确选项为ABC。

3.【答案】AB

【解析】有关二事项会计处理（单位万元）

借：资本公积	27	
贷：以前年度损益调整		27
借：以前年度损益调整——调整所得税费用	6.75（27×25%）	
贷：应交税费——应交所得税		6.75

同时

借：以前年度损益调整	20.25	
贷：利润分配——未分配利润		20.25
借：利润分配——未分配利润	2.025	

贷：盈余公积　　2.025

4.【答案】BD

【解析】选项 A、C属于甲公司 2020 年资产负债表日后非调整事项。

四、不定项综合题

不定项综合题 1

1.【答案】BC

【解析】由下述计算可见，本题正确选项为 BC。

（1）大华商贸公司 2021 年度营业收入：

现销：180 000－40 000－ 50 000－10 000 ＝ 80 000（万元）

赊销：105 000（万元）

则公司 2021 年度营业收入：80 000（万元）＋ 105 000 ＝ 185 000（万元）

（2）大华商贸公司 2021 年度的成本费用：

营业成本：0 ＋ 160 000—75 000 ＝ 85 000

管理费用；60 000（万元）

折旧费用：5 000（万元）

利息费用：5 000（万元）

成本费用合计：85 000 ＋ 60 000 ＋ 5 000 ＋ 5 000 ＝ 155 000（万元）

2.【答案】A

【解析】由下述计算可见，大华商贸公司 2021 年度的利润总额为：

185 000—155 000 ＝ 30 000（万元）

大华商贸公司 2021 年的利润表如下：

利润表（2021 年）

单位：万元

营业收入	185 000
成本费用	（155 000）
其中:营业成本	85 000
管理费用(含折旧费用)	65 000
财务费用(利息费用)	5 000
利润	30 000

（提示：考生需掌握基本核算原理）

3.【答案】B

【解析】由下述计算可见，本题正确选项为 B。

大华商贸公司 2021 年度末货币资金：51 000 ＋（180 000—10 000）—9 000—（80 000—15 000）＝ 147 000（万元）

4.【答案】C

【解析】由下述计算可见，本题正确选项为 C

大华商贸公司 2021 年度末应付账款：160 000—9 000 ＝ 151 000（万元）

5.【答案】D

【解析】由下述计算可见，本题正确选项为 D

大华商贸公司 2021 年度所有者权益：51 000 ＋ 100 000 ＋ 40 000 ＋ 30 000 ＝ 221 000（万元）

6.【答案】AD

【解析】由大华商贸公司2021年的资产负债表可见，本题正确选项为AD。

大华商贸公司2021年的资产负债表如下：

资产负债表

2021年12月31日

单位：万元

货币资金	147 000	应付账款	151 000
应收账款	105 000	银行借款	50 000
存货	75 000	负债合计	201 000
固定资产	100 000	实收资本	191 000
减：累计折旧	（5 000）		
固定资产账面价值	95 000	留存收益	30 000
		所有者权益合计	221 000
资产总计	422 000	负债及所有者权益总计	422 000

不定项综合题2

1.【答案】A

【解析】同一控制控股合并，应在合并日按照所取得的被合并方在最终控制方合并财务报表中净资产的账面价值份额作为长期股权投资的初始投资成本。因此本题合并方甲公司对乙公司长期股权投资初始入账价值是10 000万元。

2.【答案】B

【解析】同一控制控股合并下，并方甲公司对乙公司长期股权投资初始入账价值是10 000万元，增加的股本3 000万元，减少6 000万元货币资金，因此增加的资本公积为：10 000－3 000－6 000＝1 000（万元）。（考生可尝试做会计分录）

3.【答案】ABD

编制合并利润表和合并所有者权益变动表需要抵销的项目包括：

（1）内部销售收入和销售成本项目的抵销；

（2）内部投资收益的抵销，包括内部利息收益、股权投资收益；

（3）资产减值损失项目的抵销，包括内部交易相关的内部应收账款、存货、固定资产、无形资产等项目的资产减值损失；

（4）母公司对子公司投资收益与子公司当年利润分配抵销。

本题C选项属于编制合并资产负债表的抵销项目；其它选项属于编制合并利润表和合并所有者权益变动表需要抵销的项目。

4.【答案】A

【解析】因甲公司对乙公司的长期股权投资在个别报表中采用成本法核算，因此，2021年甲公司个别报表中对乙公司长期股权投资的账面价值依然是10 000万元。需要指出的是，甲公司编制合并报表时需将对乙公司的长期股权投资由成本法调整为权益法。

师生之友

依托2022年
最新考试大纲

黄胜 快速通关

2022年资产评估师考试

资产评估相关知识辅导与练习
（中）

杜美杰 黄 胜 朱友干 苏 苏 编著

航空工业出版社
北 京

目录

CONTENTS

第二篇　财务管理知识

第二篇　财务管理知识

ZI CHAN PING GU SHI WU FU DAO YU LIAN XI

第一部分

财务管理知识的主要内容、考试特点及应试策略

ZICHANPINGGU

一、本课程的主要内容

《资产评估相关知识》第二部分财务管理知识，包括财务管理基础、财务分析、预测与预算、投资管理、筹资与分配管理等内容。各种重要考点参见下表。

章名	主要考点
第一章 财务管理基础	财务管理目标（重点）；资产的收益与风险的计算（重点）、证券资产组合的风险与收益；资本资产定价模型（重点）
第二章 财务分析	财务分析的基本方法；偿债能力、获利能力、营运能力分析（重点）；杜邦分析法（重点）
第三章 预测与预算	成本性态、本量利分析（重点）、经营预测、全面预算体系及编制方法
第四章 投资管理	投资分类；项目投资投资决策参数的估计（重难点）；项目投资决策方法（重点）、互斥投资决策（重难点）、证券投资的风险、债券投资管理、股票投资管理
第五章 筹资与分配管理	筹资的原则与分类、筹资数量的预测（销售百分比法是重点）、筹资方式、资本成本、资本结构（三大杠杆与资本结构决策方法是重点）、股利分配政策

二、本课程考试特点

（一）题目类型及分数

题量分布为单选 20 题、多选 10 题、不定项选择题 5 个（事实上是一个大题包括 5 个选项），分值分布为：单选 20 分、多选 20 分、不定项选择题 10 分。

多选题共五个选项，至少有 1 个错误选项，至少有 2 个选项正确，无错选，每个选项给 0.5 分；不定项选择题共四个选项，有 1—4 个可能正确，也就是说可能是单选，也可能是多选，而且多选可能全部正确。

由于不定项选择题都是计算分析题和综合题演变而来，只要计算正确就可以得分，所以本辅导书没有设定不定项选择题，直接采用计算分析题和综合题两种题型。

（二）命题规律

财务管理计算题比较多，所以单选题和多选题中计算性选择题会占比较高。不定项选择题本质上就是计算综合题，主要涉及到基本财务分析、综合财务分析、本量利分析、项目投资管理、证券估值、筹资数量预测、资本成本计算。

三、2022 年教材变化（总体上变化很小，主要是删减）

第一章 财务管理基础

删除了“第二节风险与收益”“二、资产的风险及其衡量”的“(三)风险对策”和“(四)风险偏好”的全部内容。

删除“四、资本资产定价模型(CAPM模型)(一)资本资产定价模型的基本原理”第一段 后续的公式“必要收益率=无风险收益率+风险收益率”，我认为还是保留更好。

第二章 财务分析

（1）删除“速动比率经验值的表述，表 2—6 中的“从全部成本到财务费用”的全部数据，同步删除对应的数据分析以及“（四）对全部成本的分析”的内容。

（2）修改：本章报表数据以及财务指标都从 2020 年修改为 2021 年。

第三章预测与预算（无变化）

第四章投资管理（无变化）

第五章筹资与分配管理

删除“第二节筹资方式”“一、长期债务筹资”“（四）中期票据筹资”以及“二、普通股筹资”“（一）普通股的首次发行”“2. 普通股发行定价”的内容。

四、重难点

重难点主要是项目投资管理，其中的现金流量参数估计、互斥方案的决策相对比较难。

这部分内容比较难，主要是由于涉及到的知识点比较多，全面准确掌握的确有一定难度，但是掌握 60%~70%并不太难。考试时即使不能拿满分，但是只要会基本原理，通常也可以拿到 60%左右的分值，所有不要直接舍弃这部分内容，因为这个重难点占比较高的分值比重。2022 年财务管理部分题目难度相对以前年度难度有所上升，题目综合性和灵活性有一定加大。

其他可以出计算题的知识点包括：基本财务分析、综合财务分析、本量利分析、证券估值、筹资数量预测、资本成本计算等。这些考点只要认真学习，都不太难。

五、复习方法和应试策略

（一）复习方法：全面复习，注重理解记忆，不要死记硬背

因机考的两套试题对教材的覆盖面比较宽，所以需要大家全面研读大纲，把握教材重要知识点，不断归纳总结，在理解的基础上强化记忆。

财务管理考试总体上计算题较多，大家要注意理解经常考核的计算型考点原理，尽量不要死记硬背；同时，做一定的练习，熟悉解题思路，提高解题速度和技巧，尽量做到不丢分。

（二）应试策略：训练使用机考模拟系统，熟练解答计算题

从 2012 年开始资产评估师的考试形式由传统的笔试改为机考，不熟悉该系统的同学，答题速度慢，会严重影响考试成绩。

购买适当的计算器，平时注意熟练使用、以提高解题计算速度，赢得时间，取得更高的分数。计算器必须具备以下几项功能：一是能够计算 0.2^0.3（注：0.2 的 0.3 次方）等；二是能够一步算出任何算式，而不需要分多次计算出结果；三是按键不要太小。这种计算器价格在 100 元 ~200 元之间（学生考试专用计算器就可以）。另外注意，考试要求携带“不具有文字储存及显示、录放功能的计算器”。

第二部分

同步辅导及训练

第一章

财务管理基础

本章考情分析

本章比较重要，虽然考分不是太多，但却是理解其他各章的重要前提。考试主要是单选题、多选题，分值估计在 3~6 分。

重要考点★★★

（1）财务管理的目标；

（2）资本资产定价模型（CAPM模型）。

比较重要考点★★

（1）资产收益率的类型；

（2）证券资产组合的风险与收益。

一般考点★

（1）资产收益的计算；

（2）资产风险的衡量。

本章主要阐述财务管理的基本概念和基础理论，目的是构建对财务管理的总体认识，统一相关术语和观念，为随后各章的学习奠定基础。本章概念较抽象，大家要注意多理解，不要死记硬背公式。

2022 年本章教材变化

删除“第二节风险与收益”“二、资产的风险及其衡量”的“（三）风险对策”和“（三）风险对策 (四)风险偏好”的全部内容。

删除“第二节风险与收益”“四、资本资产定价模型（CAPM模型）（一）资本资产定价模型的基本原理”第一段 后续的公式“必要收益率＝无风险收益率＋风险收益率”，我认为还是保留更好。

其他无实质性变化。

本章知识点解读与练习

本章共涉及 4 个知识点。

【知识点1】财务管理的目标★★★

一、知识点精讲

（一）财务管理的基本概念

1. 财务活动

企业从事生产经营活动必然伴随资金运动，即从事财务活动。财务活动包括资金的筹集、资金的运用和资金的分配等一系列活动。

2. 财务管理的内容

财务管理的内容按资金运动过程可分为筹资管理、投资管理、营运资金管理和分配管理；按照管理环节可分为财务预测与规划、财务决策、财务控制和财务评价等。

（二）财务管理目标

1. 财务管理目标含义

财务管理目标又称理财目标，是指企业进行财务活动所要达到的根本目的，它决定着企业财务管理的基本方向。

财务管理目标是一切财务活动的出发点和归宿，是评价企业理财活动是否合理的基本标准。

财务管理目标也是企业经营目标在财务上的集中和概括，是企业一切理财活动的出发点和归宿。

2. 三种财务管理目标

	利润最大化	股东财富最大化	企业价值最大化
观点	利润代表了企业新创造的财富，利润越多说明企业的财富增加得越多，越接近企业的目标	通过财务上的合理经营，为股东创造最多的财富	企业价值是企业在遵循价值规律的基础上，通过以价值为核心的管理，使企业利益相关者均能获得满意回报的能力
优点	（1）定义明确； （2）计算简易； （3）便于考核	（1）体现时间属性； （2）反映风险因素； （3）规避经营者短期行为	（1）体现企业的整体价值； （2）企业价值最大化兼顾了企业利益相关者各方的经济利益
缺陷	（1）没有考虑时间因素； （2）没有考虑风险问题； （3）诱导经营者的短期行为（利润是年度指标）； （4）没有考虑资本投入与收益产出的关系（利润是绝对指标）	（1）过于强调股东利益； （2）可能忽视公司的社会责任； （3）只适用于上市公司	（1）价值计量的主观性（计量依赖于对企业未来获利能力的预期） （2）企业价值受企业存续期限的影响 （3）企业价值的变现形式具有虚拟性

二、选编例题

【例1·单选题】下列财务管理目标中，容易诱导经营者短期行为的是（　　）。

A. 利润最大化　　B. 股东财富最大化

C. 企业价值最大化　　D. 利益相关者利益最大化

【例2·单选题】财务管理目标不包括（　　）。

A. 利润最大化　　B. 风险最小化

C. 股东财富最大化　　D. 企业价值最大化

【例3·多选题】下列各项中，属于股东财富最大化财务管理目标的优点的有（　　）。

A. 体现时间属性　　B. 反映风险因素

C. 规避经营者短期行为　　D. 强调公司的社会责任

E. 全面考虑企业利益相关者的利益

【例4·单选题】在下列各种观点中，能兼顾利益相关者各方的经济利益、希望企业利益相关者均能获得回报的财务管理目标是（　　）。

A. 利润最大化　　B. 企业价值最大化
C. 每股收益最大化　　D. 股东财富最大化

知识点1选编例题答案

1.【答案】A

【解析】知识点：财务管理目标。利润最大化目标会诱使经营者在财务决策时追求短期利益、局部利益，过度消耗当期财务资源而牺牲未来发展潜力。股东财富等于公司未来各期现金流的现值之和。如果经营者执意追求短期利润，则有可能使公司长期利益受损；经营者执意追求账面利润而不顾公司现金流，则有可能与公司价值增值目标背道而驰。可见，股东财富最大化目标在很大程度上能约束、抑制经营者的短期行为，引导他们为股东的长期利益着想。而企业价值的计量依赖于对企业未来获利能力的预期，受企业存续期限的影响。

2.【答案】B

【解析】知识点：财务管理目标。财务管理目标的理论有三种比较具有代表性的观点，分别是利润最大化、股东财富最大化和企业价值最大化。

3.【答案】ABC

【解析】知识点：财务管理目标。将股东财富最大化作为财务管理目标的优点有体现时间属性、反映风险因素、规避经营者短期行为；缺点有忽视对利益相关者的利益保护、忽视公司的社会责任、只适用于上市公司、非上市公司难以计量。

4.【答案】B

【解析】知识点：财务管理目标。企业价值最大化目标的优点包括：体现企业的整体价值；兼顾利益相关者各方的经济利益；希望企业利益相关者均能获得回报。

【知识点2】资产的收益与风险的计算

一、知识点精讲

(一) 资产收益的含义与计算

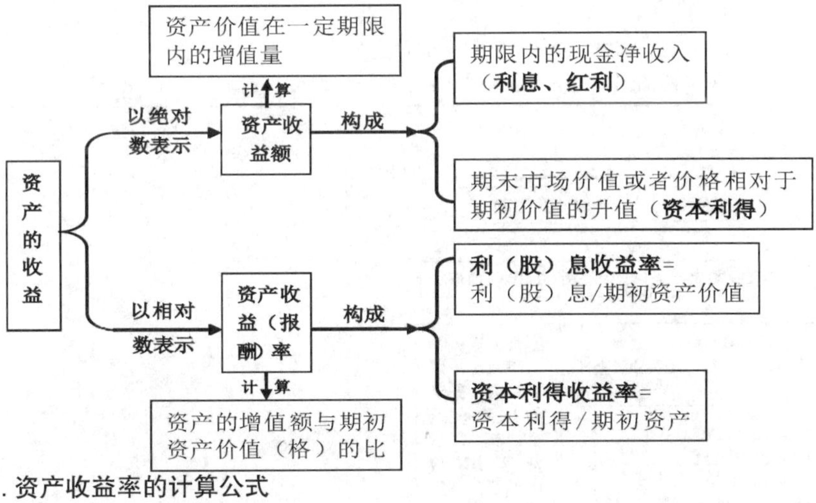

1. 资产收益率的计算公式

$$单期资产的收益=\frac{资产价值（价格）的增值}{期初资产价值（或价格）}=\frac{利息（股息）收益+资本利得}{期初资产价值（或价格）}$$

单期收益率（指资产持有期间的收益率）=利息（股息）收益率+资本利得收益率

$$年资产收益率=\frac{资产价值（价格）的增值}{期初资产价值（或价格）\times 资产持有年限}$$

2. 特别注意

（1）以金额（绝对数）表示的收益不利于不同规模资产之间收益的比较，用百分数（相对数）表示的收益，不利于反映收益的规模。通常情况下用收益率的方式来表示资产的收益。

（2）无特殊说明时，资产的收益指的就是资产的年收益率。由于收益率是相对于特定期限的，其大小受到计算期限的影响，但是计算期限长短不一，为了便于比较和分析，一般要将不同期限的收益率转化成年收益率。

（二）资产收益率的类型

1. 不同工作角度和出发点下的资产收益率的类型

种类	含义
实际（名义）收益率与真实收益率	（1）实际收益率表示已经实现或者确定可以实现的资产收益率，等于已实现或确定可以实现的利息（股息）率与资本利得收益率之和； （2）实际收益率是一种名义收益率，扣除通货膨胀率的影响后才能得到真实收益率
预期收益率	（1）又叫期望收益率； （2）在不确定条件下，预测某种资产未来可能实现的收益率
必要收益率	（1）又称为最低必要报酬率或者最低要求的收益率； （2）投资者对某资产合理要求的最低收益率； （3）必要收益率与风险大小有关，风险越大，则必要收益率越高； （4）预期收益率≥投资人要求的必要报酬率，投资可行； （5）必要收益率=无风险收益率+风险收益率
无风险收益率	（1）指无风险资产的收益率，也称无风险利率； （2）无风险收益率=资金的时间价值（纯粹利率）+通货膨胀补偿率
风险收益率	（1）承担风险而要求的超过无风险利率的额外收益； （2）影响因素 ①风险大小：风险越大，要求的风险收益率越高； ②投资者对风险的偏好：越厌恶风险，要求的风险收益率越高

2. 各类型资产收益率之间的关系

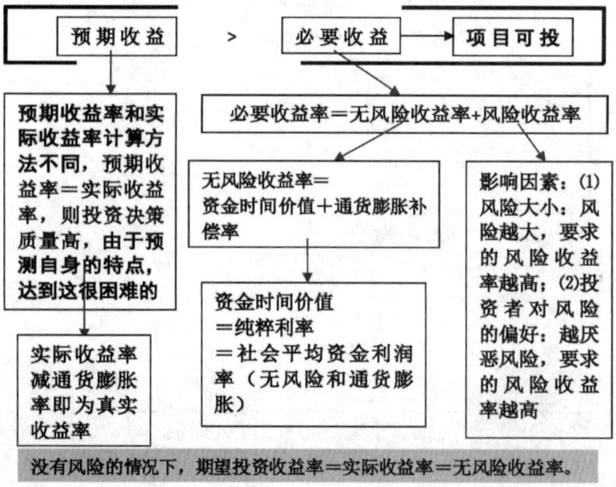

3. 预期收益率的计算

用概率求期望值	$\overline{E}(R)=\Sigma P_iR_i$ $\overline{E}(R)$为预期收益率；P_i表示情况 i可能出现的概率；R_i表示情况 i出现时的收益率
基于历史数据统计发生概率	$\overline{E}(R)=\Sigma P_iR_i$ $\overline{E}(R)$为预期收益率；P_i表示情况 i历史上出现的概率；R_i表示经济状况 i出现时的历史收益率观测值的平均值
假设历史数据出现概率相等	首先收集能够代表预测期收益率分布的历史收益率的样本，假定所有历史收益率的观测值出现的概率相等，那么预期收益率就是所有数据的简单算术平均值

（三）资产的风险

1. 风险的概念

风险是指收益的不确定性。

从财务管理的角度看，风险就是企业蒙受经济损失的可能性。

2. 概率分布基础

随机事件（X）	在现实生活中，某一事件在完全相同的条件下可能发生也可能不发生，既可能出现这种结果又可能出现那种结果，我们称这类事件为随机事件
概率（P）	用百分数或小数来表示随机事件发生的可能性及出现某种结果可能性大小的数值。 概率必须符合下列两个要求： （1）$0\leq P_i\leq 1$；（2）$\Sigma_{i=1}^{n} X_iP_i$
期望值（E）	期望值是一个概率分布中的所有可能结果，以各自相应的概率为权数计算的加权平均值。 $\overline{E}=\Sigma_{i=1}^{n} X_iP_i$

3. 风险衡量（离散程度）

（1）离散程度的含义

资产的风险是指资产收益率的不确定性，其大小可用资产收益率的离散程度来衡量。

离散程度是指资产收益率的各种可能结果与预期收益率的偏差，用以衡量风险大小的统计指标。一般说来，离散程度越大，风险越大；离散程度越小，风险越小。

（2）衡量风险的指标

方差（σ^2）	$\sigma^2=\sum_{i=1}^{n}\left(X_i-\overline{E}\right)^2P_i$ 式中，代表方差；P_i代表第 i种结果发生的概率	在期望值相同的情况，方差越大，风险越大
标准离差（σ）	$\sigma=\sqrt{\sum_{i=1}^{n}\left(X_i-\overline{E}\right)^2P_i}$	在期望值相同的情况，标准离差越大，风险越大
标准离差率（V）	$V=\frac{\sigma}{E}\times 100\%$	标准离差率是以相对数反映决策方案的风险程度

方差和标准离差作为绝对数，只适用于期望值相同的决策方案风险程度的比较。对于期望值不同的决策方案，评价和比较其各自的风险程度只能借助于标准离差率这一相对数值。

（3）风险衡量指标选择

在估计某项资产风险大小时，通常会综合采用各种定量方法，并结合管理人员的经验等判断得出。

	决策原则
单个方案	决策者可根据其标准离差（率）的大小，并将其同设定的可接受的此项指标最高限值进行对比，看前者是否低于后者，然后作出取舍
多个方案优选	（1）选择低风险高收益的方案，即选择标准离差最低、期望收益最高的方案； （2）然而高收益往往伴有高风险，低收益方案风险程度往往较低，究竟选择何种方案，就要权衡期望收益与风险，而且还要视决策者对风险的态度而定； （3）对风险比较反感的人可能会选择期望收益较低同时风险也较低的方案，喜欢冒风险的人则可能选择风险虽高但同时收益也高的方案

二、选编例题

【例1·单选题】在不确定的条件下，将事后收益率（历史数据）按照不同的经济状况分类，计算发生在各类经济状况下的收益率观测值的百分比，将所得百分比作为各类经济情况可能出现的概率，然后计算各类经济情况下所有收益率观测值的平均值作为该类情况下的收益率，最后计算各类情况下收益率的加权平均值作为收益率。这样计算的收益率是（　　）。

A. 真实收益率　　B. 预期收益率　　C. 风险收益率　　D. 必要收益率

【例2·单选题】下列关于风险的表述中，不正确的是（　　）。

A. 如果相对于A证券而言，B证券的变异系数较大，则B的绝对风险比A证券大

B. 如果相对于A证券而言，B证券的标准差较大，则B证券的离散程度比A证券大

C. 标准差不可能小于0

D. 如果标准差等于0，则说明既没有绝对风险也没有相对风险

【例3·单选题】已知甲方案投资收益率的期望值为20%，乙方案投资收益率的期望值为15%，两个方案都存在投资风险。比较甲、乙两方案风险大小应采用的指标是（　　）。

A. 方差　　B. 净现值　　C. 标准离差　　D. 标准离差率

【例4·多选题】下列各项中，能够衡量风险的指标有（　　）。

A. 方差　　B. 标准离差

C. 期望值　　D. 标准离差率

E. 概率

【例5·计算题】某股票2019年11月1日的价格为20元，2021年4月30日出售的价格为25元。期间收到税后股息1元，在不考虑交易费用的情况下，要求计算投资该股票的单期收益率和年收益率。

知识点2选编例题答案

1.**【答案】**B

【解析】知识点：资产收益率的类型。实际收益率表示已经实现或者确定可以实现的资产收益率，等于已实现或确定可以实现的利息（股息）率与资本利得收益率之和。实际收益率是一种名义收益率，扣除通货膨胀率的影响后才能得到真实收益率。预期收益率也称期望收益率，是指在不确定的条件下，预测的某资产未来可能实现的收益率。必要收益率也称最低必要报酬率或最低要求报酬率，表示投资者对某资产合理要求的最低收益率，包括无风险收益率和风险收益率。

2.**【答案】**A

【解析】标准差是一个绝对数指标，用来衡量绝对风险，变异系数（标准差/均值）是一个相对数指标，用来衡量相对风险，所以选项A的表述不正确，正确的结论应该是“B证券的相对风险比A证券大”。表示随机变量离散程度的指标，最常用的是方差和标准差，它们的数值越大，说明离散程度越大，所以选项B的表述正确。根据标准差的计算公式可知，标准差的最小值为0，所以选项C的

表述正确。如果标准差等于0，则变异系数也等于0，所以说明既没有绝对风险也没有相对风险，所以选项D的表述正确。

3.【答案】D

【解析】标准离差仅适用于期望值相同的情况，标准离差越大，风险越大；标准离差率适用于期望值相同或不同的情况，在期望值不同的情况下，只能用标准离率比较，标准离差率越大，风险越大。

4.【答案】ABD

【解析】知识点：风险衡量。离散程度是用以衡量风险大小的统计指标。反映随机变量离散程度的指标，包括平均差、方差、标准离差、标准离差率和全距等。所以选项A、B、D是答案。

5.【答案】资产的收益为：

1＋（25—20）＝5（元）

其中，股息收益为1元，资本利得为4元。

单期收益率＝[1＋（25—20）]/20＝5%＋25%＝30%

其中，股利收益率为5%，资本利得收益率为25%。

由于该股票持有期为1.5年，因此，

年收益率＝[1＋（25—20）]/（20×1.5）＝20%

【知识点3】证券资产组合的风险与收益★★

一、知识点精讲

（一）证券资产组合的预期收益率

两个或两个以上资产所构成的集合，被称为资产组合。如果资产组合中的资产均为有价证券，则该资产组合也称证券资产组合或证券组合。

证券资产组合的预期收益率就是组成证券资产组合的各种资产收益率的加权平均数，其权数为各种资产在组合中的价值比例。

证券资产组合的预期收益率 $\overline{E}(R_P)=\sum W_i\overline{E}(R_i)$

式中，$\overline{E}(R_P)$表示证券资产组合的预期收益率；

$\overline{E}(R_i)$表示组合内第i项资产的预期收益率；

W_i表示第i项资产在整个组合中所占的价值比例。

（二）证券资产组合的风险

1.证券资产组合的风险分散功能

（1）两项证券资产组合的收益率的方差

$$\sigma_p^2=w_1^2\sigma_1^2+w_2^2\sigma_2^2+2w_1w_2\rho_{1,2}\sigma_1\sigma_2$$

式中，σ_p表示证券资产组合的标准差，它衡量的是组合的风险；

σ_1和σ_2分别表示组合中两项资产的标准差；

w_1和w_2分别表示组合中两项资产分别所占的价值比例

$\rho_{1,2}$表示相关系数。

（2）相关系数

①含义

反映两项资产收益率的相关程度，两项资产收益率之间的相对运动状态，被称为相关系数。理论上，相关系数介于区间（—1，1）内。

②特点

相关系数	收益率关系	组合标准差	风险分散情况
$r=\rho_{1,2}=1$	两项资产的收益率具有完全正相关的关系，即他们的收益率变化方向和变化幅度完全相同	1.$\sigma_P^2=(w_1\sigma_1+w_2\sigma_2)^2$； 2.达到最大； 3.组合的风险等于组合中各资产风险的加权平均值	两项资产的收益率完全正相关时，两项资产的风险完全不能够抵消，这样的组合不能够降到风险
$r=\rho_{1,2}=-1$	表示两项资产的收益率具有完全负相关的关系，即他们的收益率变化方向和变化幅度完全相反	1.$\sigma_P^2=(w_1\sigma_1-w_2\sigma_2)^2$； 2.达到最小； 3.$w_1\sigma_1=w_2\sigma_2$时，$\sigma_P^2=0$	两项资产的收益率完全负相关时，两项资产之间的风险可以充分的相互抵消，甚至完全消除。这样的证券资产组合能够最大限度的抵消风险
理论上 $0<\|r\|<1$	两项资产的收益率具有完全正相关和完全负相关的情况几乎是不可能的。绝大多数资产两两之间都具有不完全的相关关系，即相关系数小于1大于−1（大多数情况下大于零）	$0<\sigma_P<w_1\sigma_1+w_2\sigma_2$	1.组合能够抵消风险，但是不能消除风险。 2.组合风险小于组合中各资产风险的加权平均值。 3.组合标准差与相关系数同向变化

【说明】（1）在实务中，两项资产的收益率具有完全正相关和完全负相关的情况几乎是不可能的。

（2）绝大多数资产两两之间都具有不完全的相关关系，即相关系数小于1大于−1（大多数情况下大于零）。因此，会有$0<\sigma_P<(w_1\sigma_1+w_2\sigma_2)$，即证券资产组合的标准差小于组合中各资产标准差的加权平均值，也即证券资产组合的风险小于组合中各项资产风险的加权平均值。

（3）大多数情况下，证券资产组合能够分散风险，但不能完全消除风险。

（4）一般来讲，随着证券资产组合中资产个数的增加，证券资产组合的风险会逐渐降低，当资产的个数增加到一定程度时，证券资产组合的风险程度将趋于平稳，这时组合风险的降低将非常缓慢直到不再降低。

2. 系统性风险与非系统性风险

（1）系统风险与非系统风险的特点

类型	特点	构成
非系统风险【可分散风险或公司（特有）风险】	①它是特定企业或特定行业所特有的 ②可以通过证券资产组合而分散掉	①经营风险是指因生产经营方面的原因给企业目标带来不利影响的可能性 ②财务风险又称筹资风险，是指由于举债而给企业目标带来的可能影响
系统风险（不可分散风险或市场风险）	①由那些影响所有资产的风险 ②不能通过资产组合消除	①宏观经济形势的变动 ②国家经济政策的变化 ③税制改革 ④会计准则的改革 ⑤世界能源状况 ⑥政治因素

（2）非系统性风险与风险分散

①在风险分散的过程中，不应当过分夸大资产多样性和资产个数的作用。实际上，证券资产组合中资产数目较低时，增加资产的个数，分散风险的效应会比较明显，但资产数目增加到一定程度时，风险分散的效应就会逐渐减弱。

②经验数据表明，组合中不同行业的资产个数达到20个时，绝大多数非系统性风险已被消除掉。此时，如果继续增加资产数目，对分散风险已经没有多大的实际意义，只会增加管理成本。

③不要指望通过资产多样化达到完全消除风险的目的，因为系统性风险是不能够通过风险的分散来消除的。

④尽管绝大部分企业和资产都不可避免地受到系统性风险的影响，但并不意味着系统性风险对所有资产或所有企业有相同的影响。

3. 系统性风险的衡量：β系数

（1）市场组合

市场组合是指由市场上所有资产组成的组合。由于包含了所有的资产，市场组合中的非系统性风险已经被消除，所以市场组合的风险就是市场风险或系统性风险，该组合风险用市场组合方差σ_m^2表示；该组合收益率为市场平均收益率，用R_m表示，通常用股票价格指数的收益率来代替。

（2）单项资产的系统性风险系数

单项资产的β系数：反映单项资产收益率与市场平均收益率之间变动关系的一个量化指标，表示单项资产收益率变动受市场平均收益率变动的影响程度，是相对于市场组合的平均风险而言单项资产所含的系统性风险的大小。

$$\beta_i=\frac{COV(R_i,R_m)}{\sigma_m^2}=\frac{\rho_{i,m}\sigma_i\sigma_m}{\sigma_m^2}=\rho_{i,m}\frac{\sigma_i}{\sigma_m}$$

$\beta>0$	$\beta=1$	该资产收益率与市场平均收益率同方向、同比例变化，即该资产所含的系统性风险与市场组合的风险一致。市场组合的$\beta=1$
	$\beta>1$	该资产收益率的变动幅度大于市场组合收益率的变动幅度，即该资产所含的系统性风险大于市场组合的风险
	$\beta<1$	该资产收益率的变动幅度小于市场组合收益率的变动幅度，即该资产所含的系统性风险小于市场组合的风险
$\beta<0$		该资产收益率的变化方向与市场平均收益率的变化方向相反

（3）β系数的计算

在实际中，利用定义计算β系数是非常困难的。β系数的计算常常利用收益率的历史数据，采用线性回归的方法取得。

在实务中，并不需要企业财务人员或投资者自己去计算证券的β系数，一些证券咨询机构会定期公布大量交易过的证券的β系数。我国也有一些证券咨询机构定期计算和编制各上市公司的β系数，可以通过中国证券市场数据库等查询。

（4）证券资产组合的系统性风险系数

证券资产组合的β系数：组合内所有单项资产β系数的加权平均数，权数为各种资产在资产证券组合中所占的价值比例。

$\beta_P=\sum w_i\beta_i$

二、选编例题

【例1·多选题】下列各项引起某公司股票价值波动的风险中，属于非系统性风险的有（　　）。

A. 新冠疫情导致宏观经济下行　　B. 宽松货币政策导致通货膨胀率上升

C. 企业研发失败导致市场竞争力下降　　D. 企业财务状况恶化导致借款利率上升

E. 企业销售决策失误导致市场占有率下降

【例2·多选题】下列关于资产组合的叙述，正确的是（　　）。

A. 资产组合收益率等于各单项资产收益率的加权平均数

B. 资产组合β系数等于各单项资产β系数的加权平均数

C. 资产组合标准离差率等于各单项资产标准离差率的加权平均数

D. 资产组合收益率方差等于各单项资产收益率方差的加权平均数

E. 当两项资产相关系数等于1时，由这两项资产构成的资产组合收益率的标准差等于各单项资产收益率的标准差的加权平均数

【例3·多选题】市场上有两种有风险证券X和Y，下列情况下，两种证券组成的投资组合风险低于二者加权平均风险的有（　　）。

A.X和Y期望报酬率的相关系数是－1　　B.X和Y期望报酬率的相关系数是－0.5

C.X和Y期望报酬率的相关系数是0　　D.X和Y期望报酬率的相关系数是0.5

E.X和Y期望报酬率的相关系数是1

【例4·单选题】当某上市公司的β系数大于0时，下列关于该公司风险与收益表述中，正确的是（　　）。

A. 系统风险高于市场组合风险

B. 资产收益率与市场平均收益率呈同向变化

C. 资产收益率变动幅度小于市场平均收益率变动幅度

D. 资产收益率变动幅度大于市场平均收益率变动幅度

【例5·单选题】已知某种证券收益率的标准差为0.2，当前市场组合收益率的标准差为0.4，两者之间的相关系数为0.5，则两者之间的协方差是（　　）。

A.0.04　　B.0.16　　C.0.25　　D.1.00

【例6·多选题】在下列各项中，能够影响特定投资组合β系数的有（　　）。

A. 该组合中所有单项资产的非系统性风险　　B. 该组合中所有单项资产在组合中所占比重

C. 该组合中所有单项资产各自的β系数　　D. 市场组合的无风险收益率

E. 该组合的无风险收益率

知识点3选编例题答案

1.【答案】CDE

【解析】知识点：证券资产组合风险。非系统性风险又被称为公司风险或可分散风险，是可以通过证券资产组合而分散掉的风险。它是指由于某种特定原因对某特定资产收益率造成影响的可能性。它是特定企业或特定行业所持有的，与政治、经济和其他影响所有资产的市场因素无关。系统性风险又称市场风险或不可分散风险，是影响所有资产的、不能通过风险分散而消除的风险。这部分风险是由那些影响整个市场的风险因素所引起的。这些因素包括宏观经济形势的变动、国家经济政策的变化、税制改革、企业会计准则改革、世界能源状况、政治因素等。

2.【答案】ABE

【解析】知识点：证券资产组合的预期收益率。资产组合的收益率$\overline{E}(R_p)=\sum W_i\overline{E}(R_i)$；资产组合的$\beta$系数$\beta_p=\sum w_i\beta_i$；两项资产组合的收益率方差$\sigma_p^2=w_1^2\sigma_1^2+w_2^2\sigma_2^2+2w_1w_2\rho_{1,2}\sigma_1\sigma_2$。

3.【答案】ABCD

【解析】知识点：证券资产组合的风险。当相关系数为1时，两种证券的投资组合的风险等于二者的加权平均数。

4.【答案】B

【解析】知识点：证券资产组合的风险。β系数是反映资产收益率与市场平均收益率之间变动关系的一个量化指标，β系数大于0，则说明资产收益率与市场平均收益率呈同向变化，所以选项B正确；市场组合的β系数＝1，由于不知道该上市公司β系数的具体数值，所以无法判断该上市公司系统风险与市场组合系统风险谁大谁小，也无法判断该上司公司资产收益率与市场平均收益率之间变动幅度谁大谁小。

5.【答案】A

【解析】知识点：证券资产组合的风险。协方差＝相关系数 ×一项资产的标准差 ×另一项资产的标准差＝ 0.5×0.2×0.4 ＝ 0.04。

6.【答案】BC

【解析】知识点：证券资产组合的风险。投资组合的 β 系数受到单项资产的 β 系数和各种资产在投资组合中所占的比重两个因素的影响。

【知识点 4】资本资产定价模型（CAPM模型）★★★

一、知识点精讲

（一）资本资产定价模型的基本原理

1. 风险与收益的一般关系

对于某项资产来说，所要求的必要收益率可用下面的公式来度量：

必要收益率（R）＝无风险收益率（R_f）+风险收益率

2. 资本资产定价模型基本原理

资本资产定价模型解释了风险收益率的决定因素和度量方法。

必要收益率（R）＝无风险收益率（R_f）＋ β × [市场组合的平均收益率（R_m）－（R_f）]

式中，R表示某资产的必要收益率。

β 表示该资产的系统性风险系数。

R_f表示无风险收益率，通常以短期国债的利率来近似替代。

R_m表示市场组合收益率，通常用股票价格指数收益率的平均值或所有股票的平均收益率来代替。

（R_m － R_f）被称为市场风险溢酬。它由于承担了市场平均风险所要求获得的补偿，它反映的是市场作为整体对风险的平均“容忍”程度，也就是市场整体对风险的厌恶程度。

对风险越是厌恶和回避，要求的补偿就越高，市场风险溢酬的数值就越大。如果市场的抗风险能力强，则对风险的厌恶和回避就不是很强烈，要求的补偿就越低，所以市场风险溢酬的数值就越小。

某项资产的风险收益率（R_p）是该资产系统性风险系数与市场风险溢酬的乘积。

R_p= β（R_m － R_f）

（二）证券市场线（SML）

如果把资本资产定价模型公式中的 β 看作自变量（横坐标），必要收益率 R作为因变量（纵坐标），无风险利率（R_f）和市场风险溢酬（R_m － R_f）作为已知系数，那么这个关系式在数学上就是一个直线方程，叫作证券市场线，简称 SML。

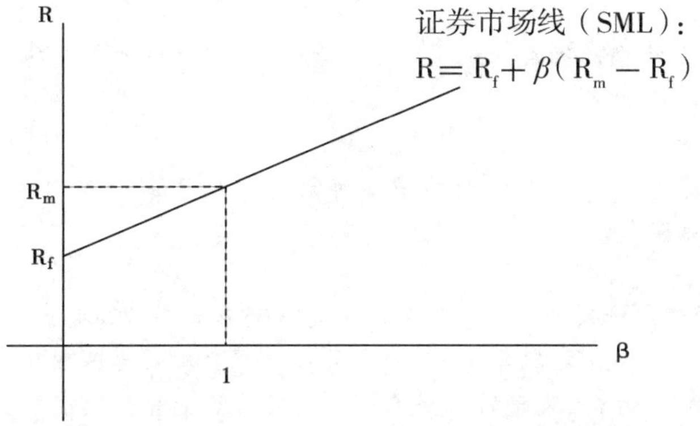

1. 证券市场线对任何公司、任何资产都是适合的。

2. 证券市场线一个重要的暗示就是“只有系统性风险才有资格要求补偿”。该公式中并没有引入非系统性风险即公司风险，也就是说，投资者要求补偿只是因为他们“忍受”了市场风险的缘故，而不包括公司风险，因为公司风险可以通过证券资产组合消除。

（三）证券资产组合的必要收益率

证券资产组合的必要收益率（R）也可以通过证券市场线来描述：

$R=R_f+\beta_P(R_m-R_f)$

这里的β_P则是证券资产组合的β系数，不是单项资产或个别公司的β系数。

（四）资本资产定价模型的有效性和局限性

有效性	提供了对风险和收益之间关系的一种实质性的表述
局限性	1.某些资产或企业的β值难以估计，特别是一些缺乏历史数据的新兴行业 2.经济环境的不确定性和不断变化，使得依据历史数据估算出来的β值对未来的指导作用打折扣 3.CAPM建立在一系列假设之上，其中一些假设与实际情况有较大偏差，使得CAPM的有效性受到质疑

【注意】由于以上局限，资本资产定价模型只能大体描绘出证券市场运动的基本情况，而不能完全准确地揭示证券市场的一切。因此，在运用这一模型时，应该更注重它所揭示的规律。

二、选编例题

【例1·多选题】下列关于资本资产定价模型的评价中，正确的有（　　）。

A.资本资产定价模型假设市场参与者都是风险中性者

B.资本资产定价模型对缺乏历史数据的新兴行业依然很适用

C.资本资产定价模型一些假设与实际情况的较大偏差使其有效性受到质疑

D.资本资产定价模型在经济环境不确定情况下需修订依据历史数据估算的β值

E.资本资产定价模型最大的贡献在于提供了对风险和收益之间关系的实质性表述

【例2·单选题】已知某公司股票的β系数为0.5，短期国债收益率为6%，市场组合收益率为10%，则该公司股票的必要收益率为（　　）。

A.6%　　B.8%　　C.10%　　D.16%

【例3·单选题】根据资本资产定价模型可知，影响特定股票必要报酬率的因素包括（　　）。

A.无风险报酬率　　B.市场组合的必要报酬率

C.特定股票的标准差　　D.整个市场组合的标准差

E.举借新债偿还旧债

知识点4选编例题答案

1.**【答案】**CDE

【解析】资本资产定价模型的有效性和局限性。资本资产定价模型假设市场参与者都是理性的且是风险厌恶者，因此A选项错误。

2.**【答案】**B

【解析】知识点：资本资产定价模型的基本原理。根据资本资产定价模型：必要报酬率＝6%+0.5×（10%－6%）＝8%。

3.**【答案】**ABCD

【解析】根据资本资产定价模型“某个股票的必要报酬率＝无风险报酬率＋该股票的β系数×（市场组合的必要报酬率－无风险报酬率）”可知，影响特定股票必要报酬率的因素包括无风险报酬率、市场组合的必要报酬率和特定股票的β系数。特定股票的β值的大小取决于：该股票与整个股票市场的相关性；它自身的标准差；整个市场的标准差。举借新债偿还旧债不一定会增加企业的风险。所以选项A、B、C、D正确。

同步强化训练题

一、单项选择题

1.（2021真题）下列财务管理目标中，能够兼顾企业利益相关各方经济利益的是（　　）。

A. 利润最大化目标　　B. 每股收益最大化目标

C. 股东财富最大化目标　　D. 企业价值最大化目标

2.（2021真题）在两项证券构成的投资组合中，增加一项证券构成新投资组合，则与原投资组合相比，新投资组合的风险会（　　）。

A. 提高　　B. 降低　　C. 不变　　D. 无法确定

3. 如果A、B两只股票的收益率变化方向和变化幅度完全相同，则由其组成的投资组合（　　）。

A. 不能降低任何风险　　B. 可以分散部分风险

C. 可以最大限度地抵消风险　　D. 风险等于两只股票风险之和

4. 在投资收益不确定的情况下，按估计的各种可能收益率及其发生概率计算的加权平均数是（　　）。

A. 实际收益率　　B. 期望收益率　　C. 必要收益率　　D. 名义收益率

5. 根据资本资产定价模型，下列关于β系数的说法中，错误的是（　　）。

A. β系数可能小于0　　B. β系数为0表示无系统性风险

C. 市场组合的β系数恒等于1　　D. β系数大于1表示非系统性风险

6. 投资者对某项资产合理要求的最低收益率，称为（　　）。

A. 实际收益率　　B. 必要收益率　　C. 预期收益率　　D. 无风险收益率

7. 已知甲、乙两个方案投资收益率的期望值分别为10%和12%，两个方案都存在投资风险，在比较甲、乙两方案风险大小时应使用的指标是（　　）。

A. 标准离差率　　B. 标准差　　C. 协方差　　D. 方差

8. 根据财务管理的理论，公司风险通常是（　　）。

A. 不可分散风险　　B. 非系统性风险　　C. 市场风险　　D. 系统性风险

9. 下列关于投资组合的风险与报酬的表述中，不正确的是（　　）。

A. 单纯改变相关系数，只影响投资组合的风险，而不影响投资组合的期望报酬率

B. 当代投资组合理论认为不同股票的投资组合可以降低风险，股票的种类越多，风险越小，包括全部股票的投资组合风险为零

C. 某证券的风险报酬率是该项证券的贝塔值和市场风险报酬率的乘积，而市场风险报酬率是市场投资组合要求的报酬率与无风险报酬率之差

D. 在证券市场组合中，所有证券的贝塔系数的加权平均数等于1

10. 下列关于证券投资组合理论的表述中，正确的是（　　）。

A. 证券投资组合能消除大部分系统风险

B. 证券投资组合中证券的种类越多，承担的风险越大

C. 最小方差组合是所有组合中风险最小的组合，所以报酬最大

D. 一般情况下，随着更多的证券加入到投资组合中，整体风险降低的速度会越来越慢

二、多项选择题

1.（2021真题改）企业于2021年年初购入100万元甲股票，购入时预计2021年年末股票价值可以达到110万元。2021年6月30日收到股票红利10万元。2021年12月31日股票价值为110万元时，企业将股票出售。假定不考虑所得税的影响，下列关于股票投资各种收益率的说法中，正确的有（　　）。

A. 预期收益率 10%　　B. 必要收益率 10%

C. 实际收益率 10%　　D. 股利收益率 10%

E. 资本利得收益率 10%

2.（2021 真题）某项投资组合包含甲和乙两种股票，甲、乙股票的期望收益率分别为 8%和 12%，标准离差分别为 10%和 20%，在投资组合中的权重分别为 40%和 60%。则下列关于于甲、乙股票和投资组合风险与收益说法中正确的有（　　）。

A. 乙股票非系统性风险高于甲股票非系统性风险

B. 乙股票系统性风险高于甲股票系统性风险

C. 乙股票标准离差率高于甲股票标准离差率

D. 投资组合的标准差为 16%

E. 投资组合的预期收益率为 10.4%

3. 某项投资组合包含甲和乙两种股票，甲、乙股票的期望收益率分别为 8%和 12%，标准离差率分别为 1.5 和 1，β 系数分别为 1 和 1.2，在投资组合中的权重分别为 50%和 50%。则下列关于甲、乙股票和投资组合风险与收益说法中，正确的有（　　）。

A. 投资组合的标准差为 12%　　B. 投资组合的标准离差率为 1.25

C. 投资组合的 β 系数为 1.1　　D. 投资组合的必要收益率为 11%

E. 投资组合的期望收益率为 10%

4. 下列关于企业财务管理目标的表述中，正确的有（　　）。

A. 利润最大化目标要求企业提高资源配置效率

B. 股东财富最大化目标比较适用于上市公司

C. 股东财富最大化目标能抑制经营者的短期行为

D. 企业价值最大化目标无需考虑企业股票的市场价值

E. 企业价值最大化目标全面考虑企业利益相关者利益

5. 证券投资的风险分为可分散风险性和不可分散风险两大类，下列各项中，属于可分散风险的有（　　）。

A. 研发失败风险　　B. 生产事故风险

C. 通货膨胀风险　　D. 利率变动风险

E. 违约破产风险

6. 下列关于资本资产定价模型中 β 系数的说法中，正确的有（　　）。

A. β 系数不可能为负数

B. 某股票 β 值的大小反映了该股票报酬率变动与整个股票市场报酬率变动之间的相关性及其程度

C. 投资组合的 β 系数一定会比组合中任一单项证券的 β 系数低

D. β 系数反映的是证券的系统风险

E. β 系数反映的是证券的非系统风险

三、不定项选择题

【资料】甲公司持有 A、B、C三种股票，在由上述股票组成的资产组合中，各股票所占的比重分别为 50%、30%和 20%，其 β 系数分别为 2.0、1.0、0.5。市场平均收益率为 15%，无风险收益率为 10%。根据以上信息，回答以下问题：

1. 以下有关甲公司证券组合的说法正确的有（　　）。

A. 甲公司证券组合的 β 系数 1.4　　B. 甲公司证券组合的风险收益率 7%

C. 甲公司证券组合的必要投资收益率 17%　　D. 投资 A股票的必要投资收益率 20%

2. 甲公司仍投资 A、B、C三种股票，B股票投资比例不变，如果希望该证券组合风险收益率为

8%，以下有关新的投资组合说法正确的有（　　）。

A. 新组合的 β 系数为 1.6　　B. 新组合中 A股票的投资比率为 63.33%

C. 新组合中 C股票的投资比率为 63.33%　　D. 新组合的必要投资收益率 18%

四、计算分析题

1. 资产组合 M的期望收益率为 18%，标准离差为 27.9%；资产组合 N的期望收益率为 13%，标准离差率为 1.2。投资者张某和赵某决定将其个人资金投资于资产组合 M和 N中，张某期望的最低收益率为 16%，赵某投资于资产组合 M和 N的资金比例分别为 30%和 70%。

【要求】（1）计算资产组合 M的标准离差率。

（2）判断资产组合 M和 N哪个风险更大。

（3）为实现其期望的收益率，张某应在资产组合 M上投资的最低比例是多少？

（4）判断投资者张某和赵某谁更厌恶风险，并说明理由。

2. 已知：A、B两种证券构成证券投资组合。A证券的预期收益率 10%，方差是 0.0144，投资比重为 80%；B证券的预期收益率为 18%，方差是 0.04，投资比重为 20%；A证券收益率与 B证券收益率的协方差是 0.0048。

【要求】（1）计算下列指标：①该证券投资组合的预期收益率；② A证券的标准差；③ B证券的标准差；④ A证券与 B证券的相关系数。

（2）当 A证券与 B证券的相关系数为 0.5 时，投资组合的标准差为 12.11%，结合（1）的计算结果回答以下问题：①相关系数的大小对投资组合收益率有没有影响？②相关系数的大小对投资组合风险有什么样的影响？

3. 某公司拟进行股票投资，计划购买 A、B、C三种股票，并分别设计了甲、乙两种投资组合。

已知三种股票的 β系数分别为 1.5、1.0 和 0.5，它们在甲种投资组合下的投资比重为 50%、30% 和 20%；乙种投资组合的风险收益率为 3.4%。同期市场上所有股票的平均收益率为 12%，无风险收益率为 8%。

【要求】（1）根据 A、B、C股票的 β系数，分别评价这三种股票相对于市场组合而言的投资风险大小。

（2）按照资本资产定价模型计算 A股票的必要收益率。

（3）计算甲种投资组合的 β系数和风险收益率。

（4）计算乙种投资组合的 β系数和必要收益率。

（5）比较甲、乙两种投资组合的 β系数，评价它们的投资风险大小。

同步强化训练题参考答案及解析

一、单项选择题

1.【答案】D

【解析】知识点：财务管理的目标。企业价值最大化作为企业财务目标具有以下优点：（1）体现企业的整体价值。（2）企业价值最大化兼顾了企业利益相关者各方的经济利益，希望企业利益相关者均能获得回报。

2.【答案】D

【解析】知识点：证券资产组合的风险。是否会降低风险，取决于新增证券与原投资组合之间的相关系数，因此，无法确定。

3.【答案】A

【解析】知识点：证券资产组合的风险。如果 A、B两只股票的收益率变化方向和变动幅度完全相同，则两只股票的相关系数为 1，相关系数为 1 时投资组合不能降低任何风险，组合的风险等于两只股票风险的加权平均数。

4.【答案】B

【解析】知识点：资产收益率的类型。预期收益率也称期望收益率，是指在不确定的条件下，预测的某资产未来可能实现的收益率。预期收益率就是各种情况下收益率的加权平均值，权数是各种可能情况发生的概率。

5.【答案】D

【解析】知识点：证券资产组合的风险。β系数是对资产的系统性风险的度量即“只有系统性风险才有资格要求补偿”。资本资产定价模型中并没有引入非系统性风险，也就是说，投资者要求补偿只是因为他们“忍受”了市场风险的缘故，而不包括公司风险，因为公司风险可以通过证券资产组合消除。

6.【答案】B

【解析】知识点：资产的收益与收益率。必要收益率也称最低必要报酬率或最低要求收益率，表示投资者对某资产合理要求的最低收益率。

7.【答案】A

【解析】知识点：风险衡量。在两个方案投资收益率期望值不同的情况下，应该用标准离差率来比较两个方案的风险。

8.【答案】B

【解析】知识点：证券资产组合的风险。非系统性风险又称公司风险或可分散风险，这种风险可以通过投资组合进行分散。

9.【答案】B

【解析】当代证券组合理论认为不同股票的投资组合可以降低公司的特有风险，股票的种类越多，承担公司的特有风险就越小，但投资组合不能分散市场风险。对于包括全部股票的投资组合，只要进行合适的投资组合，则全部股票的投资组合就只承担市场风险而不承担公司的特有风险。所以选项B的表述不正确。

10.【答案】D

【解析】证券投资组合能消除大部分非系统风险，所以选项A的表述不正确。证券投资组合中证券的种类越多，承担的风险越小，所以选项B的表述不正确。最小方差组合是所有组合中风险最小的组合，但报酬不一定是最大的，所以选项C的表述不正确。一般情况下，随着更多的证券加入到投资组合中，风险分散化效应越来越强，剩余的非系统风险越来越少，因此整体风险降低的速度会越来越慢，等到非系统风险全部被分散时，整体风险就只剩系统风险了，这时整体风险不再降低，所以选项D的表述正确。

二、多项选择题

1.【答案】ADE

【解析】知识点：资产收益的计算。预期收益率＝（110－100）/100＝10%；股利收益率＝10/100＝10%；资本利得收益率＝（110－100）/100＝10%；实际收益率＝（10+110－100）/100＝20%。题干中缺少资本资产定价模型所需信息，无法计算必要收益率。

2.【答案】CE

【解析】因为未提供β系数等相关数据，故无法判断系统性风险和非系统性风险高低；因为未提供ρ相关系数，故无法计算投资组合的标准差。标准离差率＝标准差/期望值，甲的标准离差率＝10%÷8%＝1.25，乙的标准离差率＝20%÷12%＝1.67，乙的高于甲的。投资组合的预期收益率＝8%×40%+12%×60%＝10.4%。所以，CE选项正确。

3.【答案】CE

【解析】知识点：证券资产组合的风险与收益。标准离差率＝标准差/期望值，甲的标准差＝8%×1.2＝12%，乙的标准差＝12%×1＝12%，但因为未提供甲、乙股票的相关系数ρ，故无法计算投资组合的标准差和标准离差率。投资组合的 β 系数＝ 1×50%+1.2×50%＝ 1.1，但因为未提供资本资产定价模型所需的其他信息，故无法计算投资组合的必要收益率。投资组合的期望收益率＝ 8%×50%+12%×50%＝ 10%。

4.【答案】ABCE

【解析】知识点：财务管理目标。企业价值的变现形式具有虚拟性，企业价值在实体价值和虚拟价值并存的情况下，需要考虑虚拟资产（股票）的市场价值。所以选项 C的说法不正确。

5.【答案】ABE

【解析】知识点：证券资产组合的风险。可分散风险是特定企业或特定行业所持有的，与政治、经济和其他影响所有资产的市场因素无关。

6.【答案】BD

【解析】某证券的 β 系数＝该证券与市场组合的相关系数 ×该证券的标准差 / 市场组合的标准差，由于相关系数可能为负数，所以 β 系数也可能为负数，选项 A的说法不正确。由于投资组合的 β 系数等于单项资产 β 系数的加权平均数，所以其取值介于组合中单项证券 β 系数的最大值和最小值之间，选项 C的说法不正确。β系数是对资产的系统性风险的度量，所以 E不正确。

三、不定项选择题

1.【答案】ABCD

【解析】甲公司证券组合的 β 系数＝ 50%×2.0 ＋ 30%×1.0 ＋ 20%×0.5 ＝ 1.4；甲公司证券组合的风险收益率＝ 1.4×（15% －10%）＝ 7%；甲公司证券组合的必要投资收益率＝ 10%＋ 7%＝ 17%；投资 A股票的必要投资收益率＝ 10%＋ 2.0×（15% －10%）＝ 20%。所以 ABCD都正确。

2.【答案】ABD

【解析】令组合的 β 系数为 β_P，因为 8%＝ β_P（15% －10%），所以 β_P＝ 1.6，所以 A正确。设 A股票的投资比率为 x，则有：1.6 ＝ 2.0x＋ 1.0×30%＋ 0.5×（70% － x），解得：x＝ 63.33%，所以 A的投资比例为 63.33%，C的投资比例为 6.67%，所以 B正确，C不正确。新组合的的必要投资收益率＝ 10%＋ 1.6×（15% －10%）＝ 18%，所以 D正确。

四、计算分析题

1.【答案】知识点：证券资产组合的风险与收益。

（1）资产组合 M的标准离差率＝ 27.9%/18%＝ 1.55

（2）资产组合M的标准离差率1.55大于资产组合N的标准离差率1.2，则说明资产组合M的风险更大。

（3）假设投资资产组合的比例为 X，则有 X×18%+（1－ X）×13%＝ 16%，解得 X＝ 60%，即张某应在资产组合 M上投资的最低比例是 60%。

（4）应该是赵某更厌恶风险。因为赵某投资于低风险资产组合 N的比例更高。

2.【答案】知识点：证券资产组合的风险与收益。

（1）证券投资组合的预期收益率＝ 10%×80%+18%×20%＝ 11.6%

$$A证券的标准差=\sqrt{0.0144}=12\%$$

$$B证券的标准差=\sqrt{0.04}=20\%$$

A证券与 B证券的相关系数＝ 0.0048/（0.12×0.2）＝ 0.2

证券投资组合的标准差

$$=\sqrt{0.12\times0.12\times80\%\times80\%+2\times80\%\times20\%\times0.0048+0.2\times0.2\times20\%\times20\%}$$

＝ 11.11%

$$或=\sqrt{0.12\times0.12\times80\%\times80\%+2\times80\%\times20\%\times0.2\times0.2\times0.12+0.2\times0.2\times20\%\times20\%}$$

$= 11.11\%$

（2）相关系数的大小对投资组合收益率没有影响；对投资组合的风险有影响，相关系数越大，投资组合的风险越大。

3.【答案】知识点：证券资产组合的风险与收益、资本资产定价模型。

（1）A股票的β系数为1.5，B股票的β系数为1.0，C股票的β系数为0.5，所以A股票的投资风险大于市场组合的投资风险，B股票的投资风险等于市场组合的投资风险，C股票的投资风险小于市场组合的投资风险。

（2）A股票的必要收益率$= 8\% + 1.5 \times (12\% - 8\%) = 14\%$

（3）甲种投资组合的β系数$= 1.5 \times 50\% + 1.0 \times 30\% + 0.5 \times 20\% = 1.15$

甲种投资组合的风险收益率$= 1.15 \times (12\% - 8\%) = 4.6\%$

（4）乙种投资组合的β系数$= 3.4\% / (12\% - 8\%) = 0.85$

乙种投资组合的必要收益率$= 8\% + 3.4\% = 11.4\%$

（5）甲种投资组合的β系数大于乙种投资组合的β系数，说明甲的投资风险大于乙的投资风险。

第二章

财务分析

本章考情分析

本章内容比较重要，是理解其他各章的基础。考试主要是单选题、多选题，分值估计在 4~8 分。

重要考点★★★

（1）因素分析法；

（2）杜邦分析法。

比较重要考点★★

（1）偿债能力分析；

（2）获利能力分析；

（3）营运能力分析。

一般考点★

（1）预测与预算的概念、分类及联系；

（2）比率分析法；

（3）趋势分析法。

本章主要阐述财务分析的各种方法和比率，目的是构建财务分析的基本框架，为随后各章奠定基础。本章比率较多，需要大家理解各项财务指标的本质含义和相互关系，不要死记硬背。

2022 年本章教材变化

（1）删除“速动比率经验值的表述，表 2—6 中的“从全部成本到财务费用”的全部数据，同步删除对应的数据分析以及“（四）对全部成本的分析”的内容。

（2）修改：本章报表数据以及财务指标都从 2020 年修改为 2021 年。

其他无实质性变化。

本章知识点解读与练习

本章共涉及 5 个知识点。

【知识点1】财务分析的基本方法

一、知识点精讲

（一）比较分析法★

通过相关经济指标的对比分析确定指标间差异或趋势，研究公司各项经营业绩或财务状况发展变动情况。

对比方式	绝对数比较	编制比较财务报表，将各期相同指标数据并排列示，直接观察每一项目的增减变化情况
	绝对数增减变动	增加绝对数“增减金额”一栏，计算比较对象各项目之间的增减变动差额
	百分比增减变动	计算变动百分比，以消除项目绝对规模因素的影响
对比标准	同预算指标比	解释实际与预算间的差异，了解预算或定额完成的情况
	与上期指标比	确定前后不同时期有关指标的变动情况，有利于改进管理工作
	同国内外先进企业指标比	找出与先进企业之间的差距，推动本企业改善经营管理

（二）比率分析法★

将影响财务状况的两个相关因素联系起来，通过计算比率，反映它们之间的关系，借以揭示并评价企业的财务状况和经营成果。该方法的优点是计算简便，计算结果容易判断，而且可以使某些指标在不同规模的企业间进行比较。

构成比率（结构比率）	反映某项经济指标的各个组成部分与总体之间关系，如流动资产与资产总额的比率、流动负债与负债总额的比率
效率比率	反映某项经济活动投入与产出之间的关系，如资产报酬率、销售净利率等
相关比率	反映经济活动中某两个或两个以上相关项目比值，如流动比率、速动比率等

（三）因素分析法★★★

依据分析指标与其影响因素间的关系，按照一定程序和方法，确定各因素对分析指标差异影响程度。

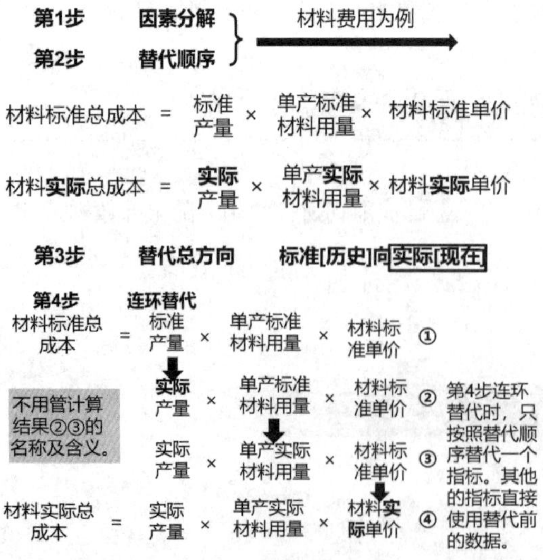

第5步 替代后减替代前 ② - ① 产量差
③ - ② 用量差
第6步 重复4、5步 ④ - ③ 价格差

因素分析法的基本思路是，当有若干因素对分析指标产生影响时，在假设其他因素不变的情况下，顺序确定每个因素单独变化对分析指标产生的影响。即因素替代具有顺序性（按照影响因素的预定顺序依次替代）和连环性（每次替代都是在上次替代的基础上进行又一因素的替代）等特点。

（四）趋势分析法★

将连续数期财务报告中的相同指标进行对比，确定其增减变动的方向、数额和幅度，以说明企业财务状况和经营成果的变动趋势。趋势分析法根据比较内容的不同，包括以下三种运用方式：

重要财务指标的比较	直接观察其增减变动情况及变动幅度，考察其发展趋势，预测其发展前景
会计报表的比较	比较其相同指标的增减变动金额和幅度，据以判断企业财务状况和经营成果发展变化
会计报表项目构成的比较	计算出其各组成项目占该总体指标的百分比，进而来比较各个项目百分比若干期的增减变动，以此来判断有关财务活动的变化趋势

二、选编例题

【例1·单选题】下列关于财务分析方法的说法中，正确的有（ ）。

A. 比较分析法只能进行不同企业同一期间单项指标的比较

B. 趋势分析法只能进行同一企业连续期间会计报表的比较

C. 比率分析法可以使某些指标在不同规模的企业之间进行比较

D. 差额计算法与连环替代法有本质的区别，故不属于因素替代法

【例2·单选题】以下关于比率分析法的说法，不正确的是（ ）。

A. 构成比率又称结构比率，利用构成比率可以考察总体中某个部分的形成和安排是否合理，以便协调各项财务活动

B. 利用效率比率指标，可以考察企业有联系的相关业务安排得是否合理，以保障经营活动顺畅进行

C. 营业利润率属于效率比率

D. 相关比率是以某个项目和与其有关但又不同的项目加以对比所得的比率，反映有关经济活动的相互关系

【例3·多选题】下列各项中，属于财务分析中因素分析法的有（ ）。

A. 比较分析法　　B. 比率分析法

C. 连环替代法　　D. 差额计算法

E. 趋势分析法

知识点1选编例题答案

1.**【答案】**C

【解析】知识点：财务分析的基本方法。比较分析法是通过相关经济指标的对比分析确定指标间差异或趋势，研究公司各经营业绩或财务状况发展变化情况的一种财务分析方法。财务分析法所进行的对比，可单项指标的对比，也可以是对反映某方面情况报表的全面、综合的对比分析。趋势分析法是将连续数期财务报告中的相同指标进行对比，确定其增减变动的方向、数额和幅度，以说明企业财务状况和经营成果的变动趋势的一种方法，包括重要财务指标的比较、会计报表的比较和会计报表项目构成的比较。比率分析法是将影响财务状况的两个相关因素联系起来，通过计算比率，反映它们之间的关系，借以揭示并评价企业的财务状况和经营成果。比较分析法的优点是计算

续表

简便，计算结果容易判断，而且可以使某些指标在不同规模的企业间进行比较。因素分析法是依据分析指标与其影响因素的关系，按照一定程序和方法，确定各因素对分析指标差异影响程度的一种分析方法。因素分析法根据其分析特点可以分为连环替代法和差额计算法两种。

2.【答案】B

【解析】构成比率又称结构比率，是某项财务指标的各组成部分数值占总体数值的百分比，反映部分与总体的关系。利用构成比率可以考察总体中某个部分的形成和安排是否合理，以便协调各项财务活动。所以，选项A正确。利用效率比率指标，可以进行得失比较，考察经营成果，评价经济效益。相关比率是以某个项目和与其有关但又不同的项目加以对比所得的比率，反映有关经济活动的相互关系。利用相关比率指标，可以考察企业有联系的相关业务安排得是否合理，以保障经营活动顺畅进行。由此可知，选项B不正确，选项D正确。效率比率，是某项财务活动中所费与所得的比率，反映投入与产出的关系。由此可知，选项C正确。

3.【答案】CD

【解析】知识点：因素分析法。因素分析法是依据分析指标及其影响因素间的关系，按照一定程度和方法，确定各因素对分析指标差异影响程度的一种技术方法。因素分析法根据其分析特点可分为连环替代法和差额计算法两种。

【知识点2】偿债能力分析

一、知识点精讲

（一）短期偿债能力分析★★

1. 短期偿债能力的概念

（1）短期偿债能力含义

指企业流动资产对流动负债及时足额偿还的保证程度。

（2）短期偿债能力的强弱分析

一方面看流动资产的数量和质量，另一方面看流动负债的多少和质量。

（3）流动资产

指现金以及将在一年内或一个经营周期内转变为现金的资产。

由于流动资产的变现能力强，因而用于短期支付的能力就强，流动资产所占比重越大，则企业资产的流动性和短期偿债能力就越强。

企业常见的流动资产根据变现能力由强到弱的顺序排列为货币资金、交易性金融资产、应收账款和应收票据、存货、预付账款等。

（4）流动负债

是到期日在一年或一个经营周期内的负债。

常见的流动负债包括短期借款、应付账款、应付票据、预收账款、应付职工薪酬、应交税费等。其中，预收账款不需要动用现金偿还，只需要按时交付货物，其他流动负债往往需要在短期内动用现金偿还。

2. 短期偿债能力的衡量

（1）营运资金

①含义

又称营运资本，是指企业的流动资产总额减去流动负债总额后的剩余部分，即企业为维持日常经营活动所需要的净投资额，它可以衡量企业在偿还完全部流动负债后的流动资产的剩余情况。

续表

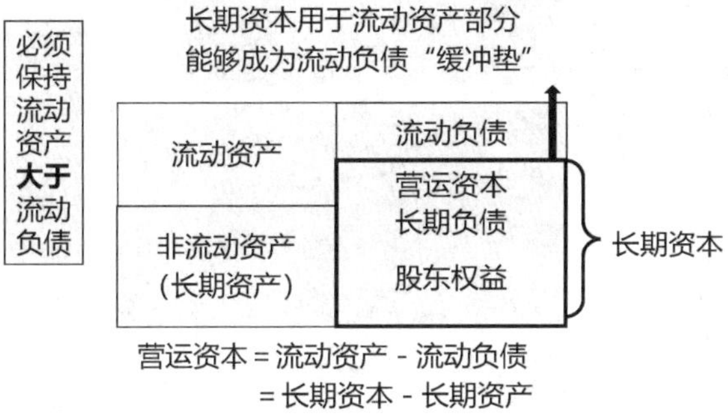

②分析

Ⅰ. 营运资金的多少可以反映企业偿债能力的强弱。营运资金越多意味着可用于偿还流动负债的资金越充裕，企业的短期偿债能力越强，债权人的债权可以收回的安全性越高。

Ⅱ. 营运资金是衡量企业短期偿债能力的绝对指标，在分析时，应当结合企业的具体情况加以考量，同样的营运资金在拥有不同资产和负债的公司中反映的结果不同。

（2）流动比率与速动比率

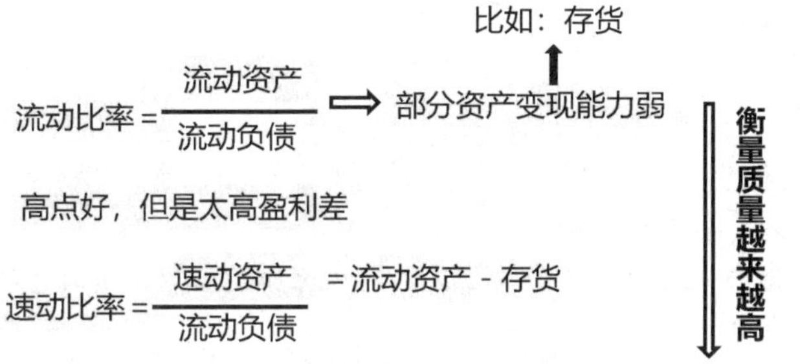

①流动比率的分析

Ⅰ. 表明企业每一元流动负债有多少流动资产作为保障，反映了企业流动资产在短期债务到期时可变现用于偿还流动负债的能力。

流动比率是一个相对指标，不会受到企业规模的影响，适用于比较不同企业以及企业不同时期的短期偿债能力。

Ⅱ. 一般情况下，该指标值越高，表明企业资产的流动性和短期偿债能力就越强。对债权人而言，流动比率越高，短期债务的偿还越有保障。

Ⅲ. 对于企业而言，流动比率并不是越高越好，流动比率大表明企业的流动资产占用较多，意味着企业经营资金的周转效率和获利能力较低。

Ⅳ. 需要结合公司具体经营业务、商业周期、经营管理效率以及在同行业中所处的地位，进行趋势分析和标杆比较，以关注指标值的波动及异常，以便发现其中可能出现的偿债风险问题。

②速动比率的分析

Ⅰ. 衡量企业流动资产可以立即变现用于偿还流动负债的能力，表明企业每一元流动负债有多少速动资产作保障

Ⅱ. 速动比率越高，企业偿还流动负债的能力越强。

Ⅲ. 如同流动比率一样，速动比率也并非越高越好，不同行业、不同企业、不同经营期的速动比率往往会差别很大。

Ⅳ. 但速动比率过高，会因占用现金及应收账款过多而增加企业的机会成本。

（二）长期偿债能力分析★★

1. 利用资产负债表分析的指标

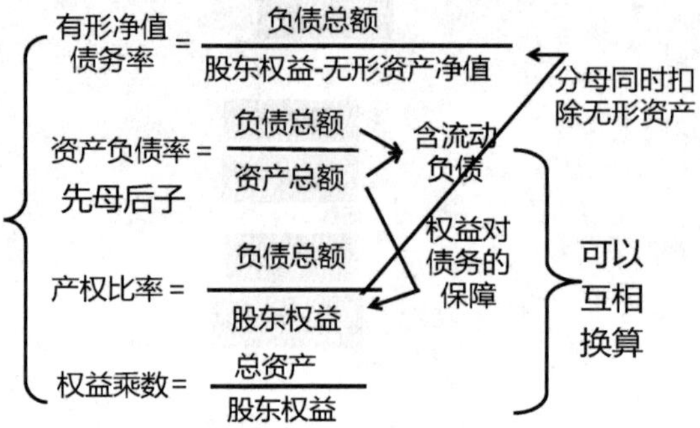

$$\text{权益乘数}=\frac{\text{资产总额}}{\text{股东权益}}=\frac{\text{股东权益}+\text{负债总额}}{\text{股东权益}}$$

$$=1+\text{产权比率}$$

$$=\frac{\text{资产总额}}{\text{股东权益}}=\frac{\text{资产总额}}{\text{资产总额}-\text{负债总额}}$$

不要背，知道可以互相换算，自己推导

$$=\frac{1}{1-\text{资产负债率}}$$

【说明】指标间的关系

①产权比率、权益乘数与资产负债率的变动方向一致。

②只是资产负债率侧重于分析债务偿付安全性的物质保障程度，产权比率侧重于揭示财务结构的稳健程度以及自有资金对偿债风险的承受能力。

③产权比率与权益乘数两个指标之间高度关联，财务含义也大体相同，它们从不同侧面来解释资产、股东权益对负债总额的保障程度。

（1）资产负债率的分析

①资产负债率反映的就是企业的资本结构问题。

②一般认为，资产负债率应该保持在合理的范围。

③资产负债率在不同的行业、不同的企业之间客观上也存在着较大的差别。

因此，在评价企业的资产负债率时，需要在风险与收益之间权衡利弊，充分考虑企业内部各种因素和外部市场环境，作出合理、正确的判断。

（2）产权比率的分析

①产权比率不仅反映了由债权人提供的资本与股东提供的资本的相对关系，而且反映了企业自有资金偿还全部债务的能力，因此它又是衡量企业负债经营是否有利的重要指标。

②一般来说，产权比率越低，表明企业长期偿债能力越强，债权人权益保障程度越高，承担的风险越小。

③一般认为产权比率在100%以下时，应该是有偿债能力的，但在分析时还应该结合企业的具体情况。

（3）权益乘数的分析

正常情况下，权益乘数应该大于1。权益乘数越大，表明企业投入资本占全部资本的比重较小，企业的负债程度越高。

（4）有形净值债务率的分析

①该指标越大，表明风险越大；反之，则风险越小，企业长期偿债能力越强。

②有形净值债务率实际上是产权比率的延伸，它是更为谨慎、保守地反映企业清算时债权人的债

务总额受到股东权益的保障程度的指标。

2. 利用利润表的分析指标（利息保障倍数）

利息保障倍数（不能低于1）= 息税前利润 EBIT / 利息费用

利息费用：仅仅指利润表中的财务费用

息税前利润 = 净利润 + 所得税 + **利息费用**

分母中的利息费用指本期的全部应付利息，不仅包括计入利润表财务费用的利息费用，还应该包括计入资产负债表固定资产等成本的资本化利息。

（1）利息保障倍数反映了企业资产收益与所付债券利息的倍数关系，它表明每一元债务利息有多少倍的息税前利润作保障，它可以反映债务政策的风险大小。

（2）对企业和所有者来说，并不应简单地认为利息保障倍数越高越好。

如果一个很高的利息保障倍数不是由于高利润带来的，而是由于低利息导致的，则说明企业的财务杠杆程度很低，未能充分利用举债经营的优势。

二、选编例题

【例 1 · 单选题】下列各项中，不属于速动资产的是（　　）。

A. 现金　B. 产成品　C. 应收账款　D. 交易性金融资产

【例 2 · 单选题】在”利息保障倍数=（净利润 +利息费用 +所得税费用）/利息费用“计算式中，分子的“利息费用”是指（　　）。

A. 计入本期利润表的费用化利息

B. 计入本期现金流量表的利息支出

C. 计入本期资产负债表的资本化利息

D. 计入本期利润表的费用化利息和资产负债表的资本化利息

【例 3 · 多选题】如果流动比率过高，意味着企业存在以下几种可能（　　）。

A. 存在闲置现金　B. 存在存货积压

C. 应收账款周转缓慢　D. 偿债能力很差

E. 流动负债过高

【例 4 · 单选题】产权比率越高，通常反映的信息是（　　）。

A. 财务结构越稳健　B. 长期偿债能力越强

C. 财务杠杆效应越强　D. 股东权益的保障程度越高

【例 5 · 单选题】某企业年初的资产负债率为 70%，年末若使债权人资本受股东权益保障的程度提高 10%。企业年末的资产负债率为（　　）。

A.77%　B.63%　C.67.74%　D.71.96%

【例 6 · 单选题】下列关于营运资本的说法中，正确的是（　　）。

A. 营运资本越多的企业，流动比率越大

B. 营运资本越多，长期资本用于流动资产的金额越大

C. 营运资本增加，说明企业短期偿债能力提高

D. 营运资本越多的企业，短期偿债能力越强

知识点 2 选编例题答案

1.【答案】B

【解析】知识点：短期偿债能力分析。产成品属于存货，存货属于非速动资产。

2.【答案】A

【解析】知识点：长期偿债能力分析。利息保障倍数计算式中，分子“利息费用”是指财务费用中的利息费用；分母“利息费用”是指本期发生的全部应付利息，不仅包括财务费用中的利息费用，还包括计入固定资产成本的资本化利息。

3.【答案】ABC

【解析】知识点：短期偿债能力分析。流动比率为流动资产除以流动负债。现金、存货、应收账款三项可以导致流动资产增加，所以意味着流动比率可能会高；流动比率高，意味着短期偿债能力强，D项不正确；流动负债高，流动比率会低，所以E不正确。

4.【答案】C

【解析】知识点：长期偿债能力分析。产权比率＝负债总额/股东权益总额×100%，这一比率越高，表明企业长期偿债能力越弱，债权人权益保障程度越低，所以选项BD不正确；产权比率高，是高风险、高报酬的财务结构，财务杠杆效应强，所以选项C正确，选项A不正确。

5.【答案】C

【解析】年末若使债权人资本受股东权益保障的程度提高10%，就是年末的产权比率降低10%，年初的产权比率＝70/30，年末的产权比率＝70×（1−10%）/30＝210%，年末的资产负债率＝210/（210＋100）＝67.74%。所以选项C为本题答案。

6.【答案】B

【解析】营运资本＝流动资产－流动负债＝长期资本－长期资产，所以，选项B的说法正确。流动比率＝流动资产/流动负债，营运资本越多，只能说明流动资产和流动负债的差额越大，不能说明二者的比值越大，所以选项A的说法不正确。营运资本是绝对数，很少直接用来衡量短期偿债能力，所以选项C、D的说法不正确。

【知识点3】获利能力分析

一、知识点精讲

（一）获利能力分析的含义

获利能力的大小是一个相对概念，即利润相对于一定的资源投入、一定的收入而言的。利润率越高，盈利能力越强；利润率越低，盈利能力越弱。

获利能力分析可以从三个维度进行：

1. 以收入为基础的获利能力分析，即营业收入与利润的关系；
2. 以资产为基础的获利能力分析，即资产与利润的关系；
3. 股东投资报酬分析，即股东权益与利润的关系。

（二）以收入为基础的获利能力分析

盈利能力 ⟹ **销售毛利或净利润**

$$\text{销售毛利率} = \frac{\text{销售毛利}}{\text{营业收入}} \quad \text{（销售毛利＝营业收入－营业成本）}$$

$$\text{销售净利率} = \frac{\text{净利润}}{\text{营业收入}}$$

1. 销售毛利率

（1）该指标可反映每1元营业收入扣除营业成本后，有多少钱可以用于补偿各项期间费用和形成盈利。

（2）销售毛利率是销售净利率的基础，销售毛利率低便不可能有太大的盈利，所以该指标值越大，获利能力越强。

（3）常见的导致毛利率下降的原因主要有：

①因竞争而降低售价；

②购货成本或生产成本上升；

③生产或经销的产品或商品的结构发生变化，比如毛利率水平较高的产品（商品）的生产（销售）量占总量的比重下降，其可能的原因是市场变化；

④发生严重的存货损失。

2. 销售净利率

（1）销售净利率它说明每一元销售收入所赚取的税后净利润是多少，反映的是营业收入转化为净利润的能力。

（2）销售净利率仅由利润表就可以计算得出，它不涉及资产负债表。

（3）可深入分析到底是由哪些因素引起销售净利率的变动

这些项目包括营业成本、营业税金、销售费用、管理费用、财务费用、资产减值损失、投资收益、营业外收入和支出以及所得税费用等。

（三）以资产为基础的获利能力分析

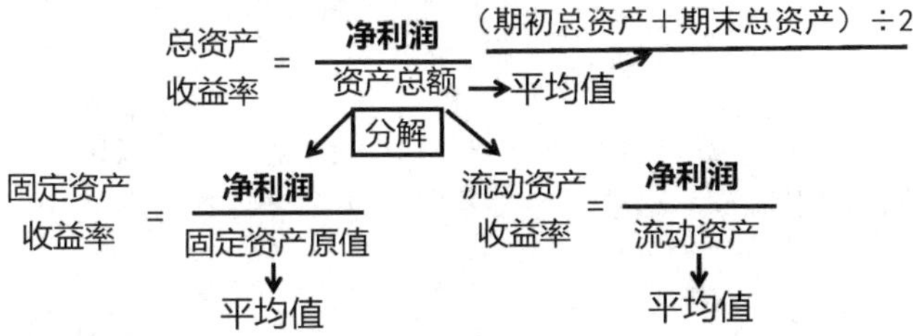

固定资产收益率的分母中的固定资产不包括在建工程的数据，并且是指固定资产原值。因为固定资产原值代表企业的生产能力规模，不考虑折旧，还可以排除固定资产新旧程度对固定资产利用效果的影响。而固定资产净值代表占用在固定资产方面的实际资金量，若要考核这部分资金的利用效果，分母也可以采用固定资产净值。

1. 总资产收益率（ROA）

（1）总资产收益率反映了企业一元资产所能够创造的净利润。

（2）总资产收益率越高，表明总资产利用效率越高，说明企业在增加收入、节约资金等方面取得了良好的效果，企业的获利能力也越强；该指标值越低，说明企业总资产利用效率低，企业的获利能力也越差。

（3）总资产收益率的分解分析

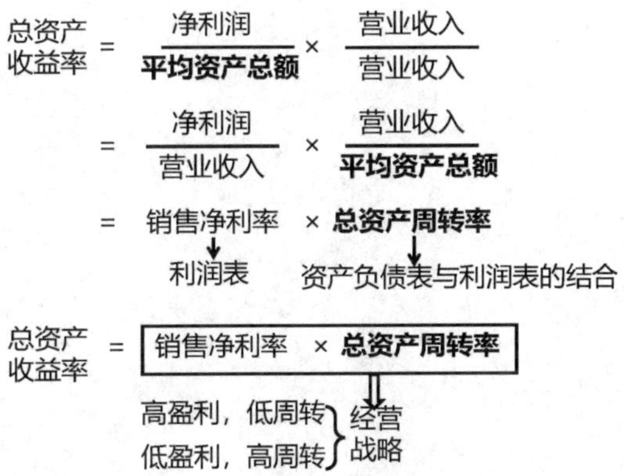

从上面总资产收益率的分解公式可以看出，总资产收益率是一个比较综合的财务比率，它涉及了资产负债表和利润表，企业资产、收入、费用项目的任何变化都会引起资产回报率的变化。

2. 固定资产收益率

（1）可以比较全面反映企业固定资产的利用效果。固定资产利润率不但受生产量的影响，而且受销售量、销售成本、销售价格等因素的影响。企业要提高利润，一方面要尽量减少固定资产占用；另一方面要增加产量，提高质量，降低成本，做好销售工作。

（2）并不是所有企业都需要进行固定资产收益率的分析。对于技术密集型和资金密集型企业来说，考核固定资产收益率的意义比较大，但对于劳动密集型企业或设备陈旧甚至是超期服役的企业来说，考核这个指标就没有什么意义。

（3）固定资产收益率没有绝对的判断标准。单项固定资产收益率指标也不足以说明固定资产的运用效率状况，一般通过与企业历史水平相比较加以考察，进行趋势分析。

3. 流动资产收益率

流动资产收益率反映每一元流动资产在一定时期内实现的利润额。

流动资产收益率可与流动资产周转率和销售利润率结合使用，分析后两个因素对流动资产收益率的影响。

（四）股东投资报酬率分析

1. 净资产收益率（ROE）

（1）含义

又称净资产利润率、权益报酬率，是企业净利润与净资产（账面值）的比率，可以衡量企业的总体盈利能力，反映股东投入的资金所获得的报酬率。净资产收益率从股东角度评价、分析企业收益情况。

（2）计算公式

净资产收益率＝净利润/净资产 ×100%

（3）净资产收益率分析（在杜邦分析中讲解）

可以被分解为销售净利率、总资产周转率和权益乘数三项指标。

2. 每股收益

（1）含义

反映普通股的获利水平，是衡量上市公司盈利能力最常见的财务分析指标。

每股收益根据是否考虑潜在普通股又可以分为基本每股收益和稀释每股收益。

（2）基本每股收益（不考虑潜在股）

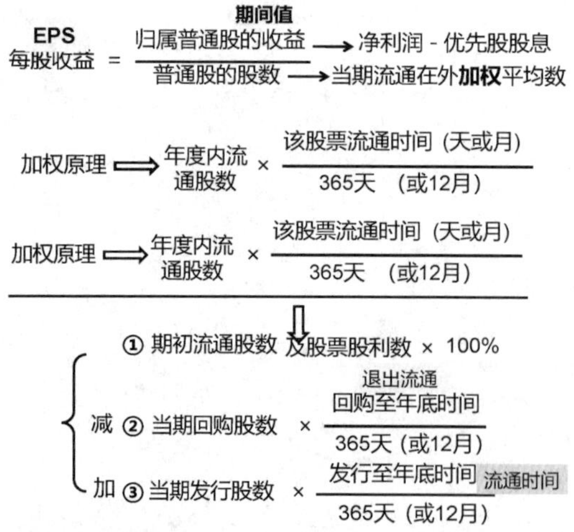

（3）稀释每股收益

①潜在普通股

Ⅰ.可转换公司债券。它是指公司发行的一定时期内依据约定条件可以转换为公司普通股的公司债券。对于可转换公司债券而言，假定其转换为普通股。一方面它会减少当期的利息费用，增加当期的营业利润；另一方面，它会增加当期的平均普通股股数。因而，要根据实际情况来判断可转换公司债券是否具有稀释性，以及稀释的程度。

Ⅱ.认股权证。它是指公司发行的约定持有人有权在履约期间内或特定到期日按约定价格向公司购买新股的有价证券。

Ⅲ.股份期权。它是指公司授予持有人在未来一定时期内以预先确定的价格和条件购买公司一定数量股份的权利。

②分子的调整

Ⅰ.当期已确认为费用的稀释性潜在普通股的利息；

Ⅱ.稀释性潜在普通股转换时会产生的收益或费用；

Ⅲ.上述调整对所得税的影响。

③分母的调整

当期发行在外普通股的加权平均数应当为已经发行在外的加权平均数

与假定稀释性潜在普通股转换为普通股而增加的普通股股数的加权平均数之和。

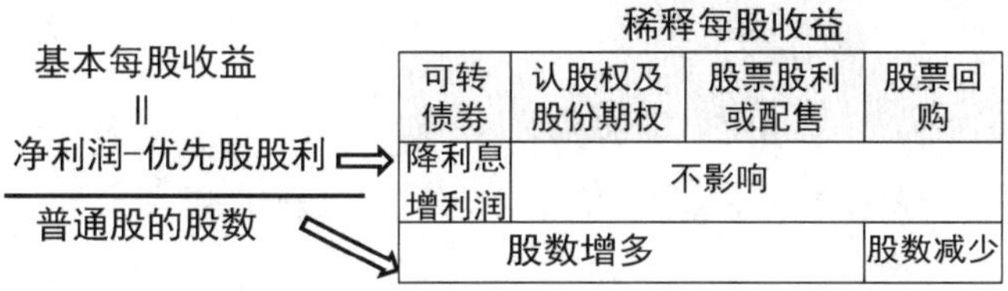

3. 市盈率

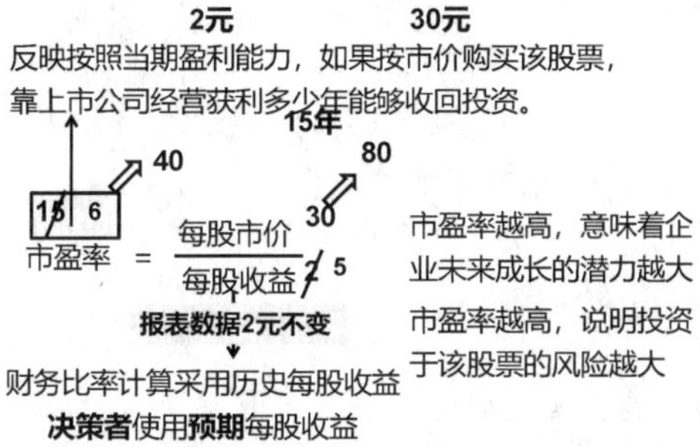

（1）市盈率可以用来判断企业股票与其他股票相比潜在的价值。

（2）该指标连续数值能够表明企业盈利能力的稳定性，能够在一定程度上反映企业的经营能力和盈利能力以及潜在的成长能力。

（3）该指标还能够反映股票市场是否具有吸引力。

（4）把多个企业的股票市盈率进行比较，并结合其所属行业经营前景的了解，可作为投资目标选择的依据。

（5）在运用市盈率分析时应该注意以下问题：

①该指标不宜用于不同行业公司之间的比较；

②每股收益很小时，可能会得到一个没有多少实际意义的高市盈率。

二、选编例题

【例1·单选题】下列各项财务指标中，能够揭示公司每股市价与每股收益之间关系的是（　　）。

A. 市盈率　　B. 每股净资产　　C. 总资产收益率　　D. 净资产收益率

【例2·多选题】下列各项因素中，能提高企业销售净利率的有（　　）。

A. 增加现金持有量　　B. 降低总资产数额

C. 扩大营业收入　　D. 降低营业成本

E. 减少管理费用

【例3·多选题】在其他条件不变的情况下，下列各项经济业务中，总资产收益率不变的是（　　）。

A. 分配现金股利　　B. 赊购广告服务

C. 用银行存款归还应付账款　　D. 用银行存款购入一台设备

E. 将可转换优先股转换为普通股

【例4·单选题】下列各项中，不会稀释公司每股收益的是（　　）。

A. 发行认股权证　　B. 发行短期融资券

C. 发行可转换公司债券　　D. 授予管理层股份期权

【例5·单选题】如果没有优先股，且流通在外普通股股数在年度内没有发生变化，下列各项展开式中不等于每股收益的有（　　）。

A. 总资产净利率 ×每股净资产

B. 权益净利率 ×每股净资产

C. 总资产净利率 ×权益乘数 ×每股净资产

D. 营业净利率 ×总资产周转次数 ×权益乘数 ×每股净资产

知识点3选编例题答案

1.【答案】A

【解析】知识点：股东投资报酬率分析。市盈率=普通股每股市价/普通股每股收益。

2.【答案】CDE

【解析】知识点：以收入为基础的获利能力分析。销售净利率反映了企业净利润与销售收入的关系，它的高低取决于销售收入与成本总额的高低。扩大销售收入、降低成本费用，可使销售净利率提高。

3.【答案】DE

【解析】知识点：以资产为基础的获利能力分析。A选项总资产减少、净利润不变，导致总资产收益率上升；B选项总资产不变、净利润减少，总资产收益率下降；C选项总资产减少、净利润不变，导致总资产收益率上升；D选项资产之间此增彼减，总资产、净利润均不变，总资产收益率不变；E选项所有者权益之间此增彼减，总资产、净利润均不变，总资产收益率不变。

4.【答案】B

【解析】知识点：股东投资报酬率。企业存在稀释性潜在普通股的，应当计算稀释每股收益。潜在普通股包括：可转换公司债券、认股权证和股份期权等。因此本题的正确答案是B。

5.【答案】A

【解析】因为没有优先股，流通在外普通股股数在年度内没有发生变化：每股收益=净利润/流通在外普通股股数=（净利润 ×股东权益）/（股东权益 ×流通在外普通股股数）=（净利润/股东权益）×（股东权益/流通在外普通股股数）=权益净利率 ×每股净资产=总资产净利率 ×权益乘数 ×每股净资产=营业净利率 ×总资产周转次数 ×权益乘数 ×每股净资产，所以选项A为本题答案。

【知识点4】营运能力分析

一、知识点精讲

（一）营运能力分析的概述

1. 概念

企业营运能力分析的实质就是分析企业资源的营运效率，发现企业在营运管理方面的问题，主要是针对企业资产的使用效率进行分析。

2. 财务比率指标数据选择

财务比率指标数据选择指的是当财务比率的分子和分母，一个是资产负债表的存量数据，另一个是利润表或现金流量表的期间数据，为了解决数据的时间可比性，对资产负债表数据的选择问题。

数据选择种类	优点	缺点
期末数	简单	一个时点数据缺乏代表性
年末和年初的平均数【教材采用】	数据平均后代表性增强	增加了工作量
各月的平均数	代表性明显增强	工作量更大并且外部分析人不一定能得到各月的数据

3. 营运能力表述方式

周转率（周转次数）、周转天数（周转期）、资产与收入比，三者的关系如下：

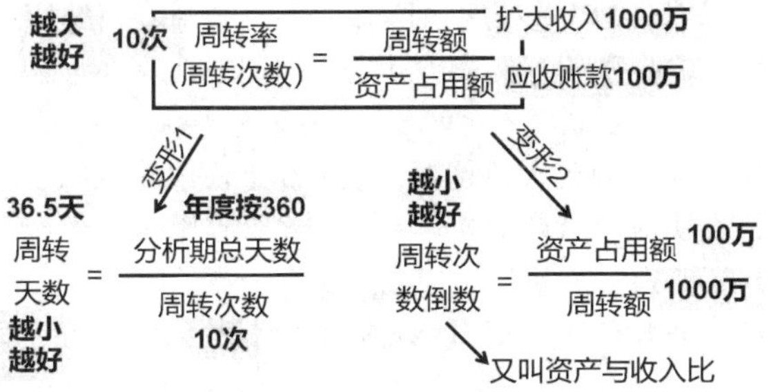

（二）常见的 5 个营运能力比率的计算

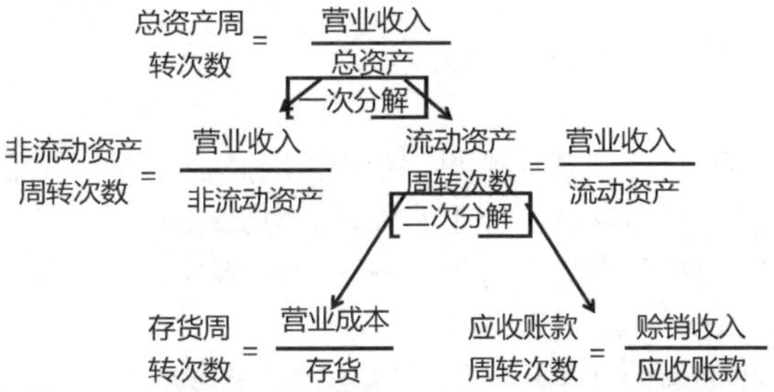

1. 固定资产周转率的固定资产平均余额时采用固定资产净值，即固定资产原值扣除累计折旧后的数额。因此比较固定资产周转率的变动时应考虑折旧方法和折旧年限的影响。在不增加投资的情况下，固定资产净值会随着时间的推移而减少，导致企业的固定资产周转率越来越高。

2. 应收账款周转率的周转额的“营业收入”，应当是营业收入总额扣除现销收入、销售退回、现金折让与折扣后的净额。

3. 存货周转率采用营业成本总额作为周转额，主要是因为存货是以历史成本计价的。

计算存货平均余额时应注意：财务报表上列示的存货是扣除存货跌价准备后的净额，营业成本是按实际销售存货的账面价值结转的，口径一致则不需要调整。

（三）反映资产运用效率的指标分析

1. 总资产周转率

（1）总资产周转率反映的是企业全部资产的周转速度用于衡量企业全部资产的管理质量和利用效率。

（2）总资产周转率的分析要点

①总资产周转率高即总资产周转天数少，说明企业资产周转速度快，利用全部资产进行经营的效率好，盈利能力强，资产的有效使用程度高，同样的资产取得的收入多。

②但如果该指标值过高，也有可能意味着公司投资不足或资产更新改造能力不足。

③考虑营运中的特殊状况

例如在企业销售收入与以往各期持平时，企业的总资产周转率却大幅提高，这种情况可能是企业本期处置报废了大量固定资产所致，并不能说明企业对总资产的利用效率提高了。

2. 固定资产周转率

（1）一般而言，固定资产周转率越高，表明企业固定资产利用越充分，在一定时期内，提供的收入越多，说明固定资产投资得当，结构分布合理，企业的经营活动越有效率。

（2）还应结合企业战略进行具体分析。固定资产周转率过低，有可能是企业战略调整、资产调整的结果，并非固定资产运用效率低所致。

3. 流动资产周转率

（1）流动资产周转率越高，流动资产周转天数越短，说明企业流动资产周转得越快，企业以相同的流动资产占用实现了更多的销售收入，表明企业流动资产运用效率越好。

（2）流动资产周转得过快，还需要结合企业的具体情况看是否是流动资产管理不当等原因造成的。对流动资产总体周转情况的分析应结合存货和应收账款等具体流动资产的周转情况进行。

4. 应收账款周转率

（1）在一定时期内，企业的应收账款周转率越高，周转天数越短，表明企业应收账款回收速度越快，运用效率越高，在其他条件不变的条件下，表明流动资产的质量越强，短期偿债能力也越强。较高的应收账款周转率可以有效地降低收账费用和坏账损失，相对增加企业流动资产的收益。

（2）应收账款周转率并非越高越好，过高的应收账款周转率可能是企业紧缩的信用政策、苛刻的付款条件所致。

（3）应当注意销售收入无明显增加而应收账款周转率出现大幅度增加的情况，可能是计提了大量的坏账准备所导致。

（4）评价企业应收账款周转率的适当与否，要结合企业的经营特点。

5. 存货周转率

（1）存货周转率越高，存货周转天数越短，说明存货周转得越快，变现能力越强，资金占用水平越低，存货的运用效率越高，流动资产的流动性和质量均越好，企业的盈利能力也越强。

（2）存货周转率并非越高越好，盲目追求太高的存货周转率可能导致企业存货不足或缺货，引发停工停料，从而丧失一些生产和销售机会。

（3）用存货周转率指标进行分析时，还应对存货的内部结构、影响存货周转速度的重要项目进行分析，分别计算原材料周转率、在产品周转率等指标。

原材料周转率＝耗用原材料成本 ÷原材料平均余额

在产品周转率＝制造成本 ÷在产品平均余额

（4）存货周转率反映存货周转速度、存货占用水平，也在一定程度上反映了企业销售实现的快慢。

（5）在比较企业不同时期或不同企业的周转率时，应注意所采用的存货计价方法是否一致。

二、选编例题

【例 1 · 单选题】下列关于固定资产周转率的说法中，不正确的是（　　）。

A. 计算固定资产余额时采用固定资产净值会导致企业的固定资产周转率越来越高

B. 固定资产周转率越高，表明企业固定资产利用越充分

C. 固定资产周转率的高低在某种程度上反映了行业的多种属性，如服务行业的固定资产周转率要高于制造业

D. 固定资产周转率过低，一定是固定资产运用效率低所致

【例 2 · 单选题】甲公司是一家电器销售企业，管理层拟用存货周转率评价全年存货管理业绩，适合使用的公式是（　　）。

A. 存货周转率＝营业收入 / 年初存货
B. 存货周转率＝营业成本 / 年末存货
C. 存货周转率＝营业收入 /［（年初存货＋年末存货）/2］
D. 存货周转率＝营业成本 /［（年初存货＋年末存货）/2］
【例 3 · 多选题】在一定时期内，应收账款周转次数多、周转天数少表明（　　）。
A. 收账速度快
B. 信用管理政策宽松
C. 应收账款流动性强
D. 应收账款管理效率高
E. 应收账款质量较高

知识点 4 选编例题答案

1.**【答案】**D
【解析】知识点：固定资产运用效率。固定资产周转率过低，有可能是企业战略调整、资产调整的结果，并非固定资产运用效率低所致。因此 D选项错误。
2**【答案】**D
【解析】知识点：存货运用效率。为了评价存货管理的业绩，应当使用“营业成本”、“存货平均余额”计算存货周转率。其中，存货平均余额＝（年初存货＋年末存货）/2。
3.**【答案】**ACDE
【解析】知识点：应收账款运用效率。通常，应收账款周转率越高、周转天数越短表明应收账款管理效率越高。在一定时期内应收账款周转次数多、周转天数少。这表明：（1）企业收账迅速，信用销售管理严格；（2）应收账款质量较高、流动性强，从而增强企业短期偿债能力；（3）可以减少收账费用和坏账损失，相对增加企业流动资产的投资收益；（4）通过比较应收账款周转天数及企业信用期限，可评价客户的信用程度，调整企业信用政策。因此本题答案为选项 A、C、D、E。

【知识点 5】杜邦分析法★★★

一、知识点精讲

（一）杜邦分析法的原理及应用

1. 杜邦分析法的定义

杜邦分析法，又称杜邦分析体系，简称杜邦体系。该体系是以净资产收益率为起点，以总资产收益率和权益乘数为核心，重点揭示企业获利能力、资产投资收益能力及权益乘数对净资产收益率的影响，以及各相关指标间的相互影响。

2. 杜邦分析体系图

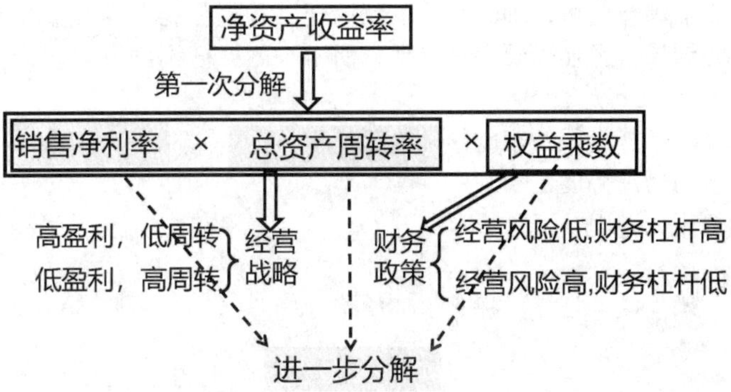

$$\text{净资产收益率}=\frac{\text{净利润}}{\textbf{平均净资产}}\times\frac{\text{营业收入}}{\text{营业收入}}\times\frac{\textbf{平均总资产}}{\text{平均总资产}}$$

↓

核心指标

$$=\frac{\text{净利润}}{\text{营业收入}}\times\frac{\text{营业收入}}{\text{平均总资产}}\times\frac{\textbf{平均总资产}}{\textbf{平均净资产}}$$

$$=\text{销售净利率}\times\text{总资产周转率}\times\textbf{权益乘数}$$

销售净利率 ↓ 利润表；总资产周转率 ↓ 2表结合；权益乘数 ↓ 资产负债表

3. 杜邦分析法的应用

（1）净资产收益率

净资产收益率是杜邦分析体系的源头和核心，水平的高低主要取决于反映盈利能力的销售净利率、反映营运能力的总资产周转率以及反映资本结构和偿债能力的权益乘数。通过这样的关系，可以找到净资产收益率这一指标高低变化的形成原因，从而提供了比单一指标丰富得多的信息。

（2）总资产收益率

总资产收益率是反映企业获利能力的重要指标，是影响净资产收益率的最重要的因素。总资产收益率的高低取决于销售净利率和总资产周转率，就是取决于企业营业活动的获利能力和企业所有资产的运用效率。因此，对总资产收益率的分析，可以进一步深入到营业活动和资产管理两个方面。

（3）销售净利率

销售净利率反映企业利润与销售收入的关系，它的高低取决于企业的定价策略和成本控制的水平。提高销售净利率：一是要扩大销售收入；二是要降低成本费用。扩大销售收入既有利于提高销售净利率，又可提高总资产周转率；降低成本费用是提高销售净利率的一个重要因素，通过分析成本费用的结构是否合理，找出降低成本费用的途径和加强成本费用控制的办法。

（4）总资产周转率

总资产周转率受到销售收入和平均资产总额两个因素的影响。要提高总资产周转率，一方面要开拓市场，增加销售收入；另一方面要控制资产占用资金的数额并合理安排资产的结构，提高资产使用效率。如果发现某项资产比重过大，影响资金周转，就应深入分析原因。对总资产周转率的分析还应与对流动资产周转率、固定资产周转率、存货周转率、应收账款周转率等的分析相结合。只有这样才能进一步查找企业资产周转快慢的关键所在。

（5）权益乘数

权益乘数是反映企业资本结构、财务杠杆程度以及偿债能力的重要指标。权益乘数大，企业负债程度高，企业会有较多的杠杆收益，但同时偿债能力相对较弱，风险高。在资产总额不变的条件下，适当开展负债经营可以减少所有者权益所占的份额，从而达到提高净资产收益率的目的；在权益总额及权益结构相对稳定的情况下，加速资金周转也可以提高企业的偿债能力和盈利能力。权益乘数是企业融资决策或者说最优资本结构决策的结果，企业需要在负债融资所带来的杠杆收益和财务风险之间进行权衡，选择适当的权益乘数。

从杜邦分析体系图中，可以发现提高净资产收益率的四种途径。

（1）使销售收入增长幅度高于成本的增加幅度；

（2）减少公司的销售成本或经营费用；

（3）提高总资产周转率；

（4）在不危及财务安全的前提下，增加债务规模，提高负债比率。

（二）杜邦分析体系的缺陷

（1）杜邦分析法只是一种分解财务比率的方法，而不是另外建立新的财务指标，这种分析只能“诊断病因”，不能“治疗病情”。

（2）杜邦分析体系以净资产收益率为核心，以净资产收益率作为财务管理目标的潜在变量。但是净资产收益率与股东财富毕竟存在不少差异。例如，净资产收益率没有明确考虑公司的财务风险和经营风险。一个公司净资产收益率高，很可能是高杠杆的结果。

（3）杜邦分析的资料主要来自利润表和资产负债表，而忽略了现金流量表的信息。

（4）杜邦分析体系侧重于财务报表方面的信息，而财务结果往往是短期倾向。过于强调短期财务结果，可能会助长企业的短期行为，忽略长期股东价值创造。

（5）财务指标反映的是企业过去的经营成果，杜邦分析体系没有明确考虑公司战略、顾客满意度、内部管理流程优化、员工学习与成长和技术创新等因素对企业经营业绩的影响，而在这方面杜邦分析法是无能为力的。

二、选编例题

【例1·多选题】从杜邦分析体系可知，下列各项中，属于提高权益净利率的途径的是（　　）。

A. 加强负债管理，降低负债比率　　B. 加强负债管理，降低债务利率

C. 加强成本管理，降低成本费用　　D. 加强销售管理，提高销售利润率

E. 加强资产管理，提高资产周转率

【例2·单选题】关于杜邦财务分析体系，下列说法不正确的有（　　）。

A. 总资产收益率是一个综合性最强的财务比率

B. 在净资产收益率大于零的前提下，提高资产负债率可以提高净资产收益率

C. 没有考虑财务风险因素

D. 净资产收益率是一个综合性最强的财务比率

【例3·计算题】丁公司2015年12月31日的资产负债表显示：资产总额年初数和年末数分别为4 800万元和5 000万元，负债总额年初数和年末数分别为2 400万元和2 500万元。丁公司2015年度营业收入为7 350万元，净利润为294万元。

【要求】（1）根据年初、年末平均值，计算权益乘数；

（2）计算总资产周转率；

（3）计算销售净利率；

（4）根据要求（1）、（2）、（3）的计算结果，运用杜邦分析体系，计算总资产收益率和净资产收益率。

知识点5选编例题答案

1.【答案】BCDE

【解析】知识点：杜邦分析法的应用。权益净利率＝销售利润率 ×总资产周转率 ×权益乘数。加强负债管理、降低债务利率，加强成本管理、降低成本费用，加强销售管理、提高销售利润率，可提高销售利润率；加强资产管理、提高资产周转率，可提高总资产利润率。选项BCDE均可提高权益净利率。而加强负债管理、降低负债比率，可降低权益乘数，进而降低权益净利率。杜

2.【答案】A

【解析】在杜邦财务分析体系中，净资产收益率＝总资产净利率 ×权益乘数＝营业净利率 ×总资产周转率 ×权益乘数＝营业净利率 ×总资产周转率 ×1/（1—资产负债率），由此可知，在杜邦财务分析体系中，净资产收益率是一个综合性最强的财务比率，所以选项A的说法不正确，D说法正确。在净资产收益率大于零的前提下，提高资产负债率可以提高净资产收益率，即选项B的说法正确。杜邦分析体系分解后包括权益乘数，所以考虑了财务风险因素，因此C说法错误。

3.【答案】知识点：杜邦分析法的应用。

（1）年初股东权益＝4 800—2 400 ＝ 2 400（万元）

年末股东权益＝5 000—2 500 ＝ 2 500（万元）

平均总资产＝（4 800+5 000）/2 ＝ 4 900（万元）

平均股东权益＝（2 400+2 500）/2 ＝ 2 450（万元）

权益乘数＝4 900/2 450＝2

（2）总资产周转率＝7 350/4 900＝1.5（次）

（3）销售净利率＝294/7 350×100%＝4%

（4）总资产收益率＝4%×1.5＝6%

净资产收益率＝6%×2＝12%

同步强化训练题

一、单项选择题

1.（2021 真题）企业每月末计算当月业务招待费实际金额和预算金额的差异，并依据差异金额评价相关岗位绩效。企业对业务招待费使用的财务分析方法是（　　）。

A. 比率分析法　　B. 比较分析法

C. 趋势分析法　　D. 连环替代法

2.（2021 真题）其他条件不变的情况下，下列经济业务中，会导致固定资产收益率下降的是（　　）。

A. 计提固定资产减值准备　　B. 在建工程竣工转为固定资产

C. 将生产车间用途由自用改为出租　　D. 将原融资租赁设备的账面价值转入使用权资产

3.（2021 真题）公司 2020 年的财务指标与 2019 年相比，发生以下变化：销售净利率提高了 8%，总资产周转率降低了 5%，权益乘数提高了 15%。根据杜邦分析法推断公司 2020 的 净资产收益率（　　）。

A. 降低 18%　　B. 保持不变

C. 提高了，但无法确定提高幅度　　D. 提高 18%

4.（2021 真题）2020 年企业营业收入为 100 万元，销售毛利率为 40%，年初存货余额为 0 元，年末计提 10 万元存货跌价准备后的存货余额为 20 万元，企业 2020 年的存货周转率是（　　）。

A.6.67　　B.3

C.4　　D.6

5.（2021 真题）企业按照收入准则要求，将资产负债表中“预收账款”项目结转到“合同负债”项目。与结转前相比，结转后下列关于企业偿债能力指标发生变化的说法中正确的是（　　）。

A. 速动比率下降　　B. 存货下降

C. 流动比率无变化　　D. 资产负债率上升

6.（2021 真题）企业长期资本由长期借款和普通股构成。企业 2020 年的经营杠杆系数为 2.4，利息保障倍数为 3。预计 2021 年营业收入增长率为 10%，下列关于企业 2021 年财务指标的说法中正确的是（　　）。

A. 营业成本会增长 24%　　B. 销售毛利率会增长 10%

C. 净利润会增长 36%　　D. 贡献毛益率会增长 10%

7. 公司 2021 年的财务指标与 2020 年相比，发生以下变化：销售净利率提高了 5%，总资产周转率降低了 8%，权益乘数提高了 15%。根据杜邦分析法推断公司 2020 年净资产收益率（　　）。

A. 降低 11%　　B. 提高 11%

C. 降低 12%　　D. 提高 12%

8. 下列关于有形净值债务率的说法中，正确的是（　　）。

A. 有形净值债务率的分子为有息负债

B. 有形净值债务率的分子为总资产扣除无形资产后的净值

C. 有形净值债务率反映企业在清算时债权人投入资本受到股东权益的保护程度

D. 有形净值债务率实际上是资产负债率的延伸，在衡量长期偿债能力时比后者更谨慎、保守

9. 下列各项财务指标中，能够综合反映企业成长性和投资风险的是（　　）。

A. 市盈率　　B. 每股收益

C. 销售净利率　　D. 每股净资产

10. 下列各项中，不属于速动资产的是（　　）。

A. 应收账款　　B. 存货

C. 应收票据　　D. 货币资金

11. 已知某工业投资项目预计投产第一年的流动资产需用数 100 万元，流动负债可用数为 40 万元；投产第二年的流动资产需用数为 190 万元，流动负债可用数为 100 万元。则投产第二年新增的营运资金额应为（　　）万元。

A.150　　B.90

C.60　　D.30

12. 下列指标中，其数值大小与偿债能力大小同方向变动的是（　　）。

A. 产权比率　　B. 资产负债率

C. 已获利息倍数　　D. 带息负债比率

13. 在下列关于资产负债率、权益乘数和产权比率之间关系的表达式中，正确的是（　　）。

A. 资产负债率 +权益乘数＝产权比率　　B. 资产负债率－权益乘数＝产权比率

C. 资产负债率 ×权益乘数＝产权比率　　D. 资产负债率 ÷权益乘数＝产权比率

14. 下列比率指标中，流动比率属于（　　）。

A. 构成比率　　B. 动态比率

C. 相关比率　　D. 效率比率

15. 甲公司的生产经营存在季节性，每年的 6 月到 10 月是生产经营旺季，11 月到次年 5 月是生产经营淡季。如果使用应收账款年初余额和年末余额的平均数计算应收账款周转次数，计算结果会（　　）。

A. 高估应收账款周转速度　　B. 低估应收账款周转速度

C. 正确反映应收账款周转速度　　D. 无法判断对应收账款周转速度的影响

16. 某公司 2015 年的利润总额为 3 亿元，财务费用 2 000 万元，为购置一条新生产线专门发行了 1 亿元的公司债券。该债券平价发行，债券发行费用 200 万元，当年应付债券利息 300 万元，发行公司债券募集的资金已于年初全部用于工程项目（2015 年年底尚未完工）。该公司 2015 年的利息保障倍数为（　　）。

A.13　　B.14.25　　C.13.91　　D.13.18

17. 下列事项中，有助于提高企业短期偿债能力的是（　　）。

A. 利用短期借款增加对流动资产的投资

B. 为扩大营业面积，与租赁公司签订一项新的长期房屋租赁合同

C. 补充长期资本，使长期资本的增加量超过长期资产的增加量

D. 提高流动负债中的无息负债比率

二、多项选择题

1.（2021 真题改）受疫情影响，企业产品滞销，经营活动现金流入大幅减少，导致大量到期债务无法按时偿还，企业为提高偿债能力可以采取的措施有（　　）。

A. 出售非经营性资产　　B. 与债权人协商债转股

C. 出租闲置的经营性长期资产　　D. 向地方政府申请财政纾困资金

E. 对固定资产进行升级改造扩大产能

2.（2021 真题）企业在基本每股收益大于零的条件下计算稀释每股收益，则下列各项企业发行的金融工具中，肯定会对基本每股收益产生稀释作用的有（　　）。

A. 普通股　　B. 股票期权

C. 认股权证　　D. 可转换优先股

E. 可转换公司债券

3. 下列关于基本每股收益的说法中，正确的有（　　）。

A. 基本每股收益的分子是净利润

B. 基本每股收益的分母是期末实际发行在外的普通股股数

C. 基本每股收益的计算应考虑到潜在普通股的影响

D. 基本每股收益是反映普通股获利水平的财务分析指标

E. 基本每股收益是一个相对指标，可以用于不同企业之间的业绩比较，也可以用于一个企业不同会计期间的业绩比较

4. 下列关于流动资产周转率的说法中，正确的有（　　）。

A. 流动资产周转率的分母是流动资产的期末余额

B. 流动资产周转率过高时，需要考虑是否存在流动资产管理不当等现象

C. 流动资产周转率既反映流动资产利用效果，又反映流动资产运用效率

D. 流动资产周转率可与销售利润率结合，分析二者对流动资产收益率的影响

E. 流动资产周转率分析应结合存货和应收账款等具体流动资产的周转情况进行

5. 下列财务指标中，可以反映长期偿债能力的有（　　）。

A. 总资产周转率　　B. 权益乘数

C. 产权比率　　D. 资产负债率

E. 利息保障倍数

6. 一般而言，存货周转次数增加，其所反映的信息有（　　）。

A. 盈利能力下降　　B. 存货周转期延长

C. 存货流动性增强　　D. 资产管理效率提高

E. 存货质量较好

7. 下列各项中，与净资产收益率密切相关的有（　　）。

A. 销售净利率　　B. 总资产周转率

C. 总资产增长率　　D. 权益乘数

E. 资产负债率

三、不定项选择题

1. 某上市公司 2020 年 7 月 1 日按面值发行年利率 3%的可转换公司债券，面值 10 000 万元，期限 5 年，利息每年末支付一次，发行结束 1 年后可以转换股票，转换价格为每股 5 元，即每 100 元债券可转换为 1 元面值的普通股 20 股。2020 年该公司归属于普通股股东的净利润为 30 000 万元，2020 年发行在外的普通股加权平均数为 40 000 万股，债券利息不符合资本化条件，直接计入当期损益，所得税税率为 25%。假设不考虑可转换公司债券在负债成份和权益成份之间的分拆，且债券票面利率等于实际利率。

（1）以下有关基本每股收益和稀释每股收益说法正确的有（　　）。

A.2020 年的基本每股收益为 0.625 元　　B.2020 年的基本每股收益为 0.75 元

C.2020 年的稀释每股收益为 0.6125 元　　D.2020 年的稀释每股收益为 0.73 元

2.E公司为一家上市公司，为了适应外部环境变化，拟对当前的财务政策进行评估和调整，董事会召开了专门会议，要求财务部对财务状况和经营成果进行分析。相关报表如下：

表 1 财务状况有关资料　　　　**单位：万元**

项目	2010.12.31	2011.12.31
股本（每股面值 1 元）	6 000	11 800
资本公积	6 000	8200
留存收益	38 000	40 000
股东权益合计	50 000	60 000
负债合计	90 000	90 000
负债和股东权益总计	140 000	150 000

表 1 经营成果有关资料 单 位： 万 元

项目	2009 年	2010 年	2011 年
营业收入	120 000	94 000	112 000
息税前利润	*	7 200	9 000
利息费用	*	3 600	3 600
税前利润	*	3 600	5 400
所得税	*	900	1 350
净利润	6 000	2 700	4 050
现金股利	1 200	1 200	1 200

说明："*"表示省略的数据。

根据以上信息，回答以下有关E公司的问题：

（1）财务比率计算，资产负债表的金额取平均值，以下有关E公司的有关指标说法正确的有（ ）。

A.2011 年的资产负债率为 62.07%　　B.2011 年的权益乘数为 2.64

C.2011 年的总资产周转率为 2.5　　D.2011 年的年利息保障倍数为 0.77

（2）以下有关E公司的股利政策的说法正确的有（ ）。

A.E公司执行的剩余股利政策　　B.E公司执行的固定股利政策

C.E公司执行的固定股利支付率政策　　D.E公司执行的低正常股利加额外股利政策

（3）该公司所在行业相关指标平均值：资产负债率为 40%，利息保障倍数（已获利息倍数）为 3 倍。2011 年 2 月 21 日，公司根据 2010 年度股东大会决议，除分配现金股利外，还实施了股票股利分配方案，以 2010 年年末总股数为基础，每 10 股送 3 股。工商注册登记变更后公司总股数为 7 800 万股，公司 2011 年 7 月 1 日发行新股 4 000 万股。为增加公司流动性，董事陈某建议发行公司债券筹资 10 000 万元；董事王某建议，改变之前的现金股利政策，公司以后不再发放现金股利。以下有关 E 公司的说法正确的有（ ）。

A.2011 年的基本每股收益为 0.41 元 /股　　B.2011 年的财务杠杆系数为 2

C. 董事陈某提出的建议合理　　D. 董事陈某提出的建议不合理

四、计算分析题

甲公司是一个材料供应商，拟与乙公司建立长期合作关系，为了确定对乙公司采用何种信用政策，需要分析乙公司的偿债能力和营运能力。为此，甲公司收集了乙公司 2013 年度的财务报表，相关的财务报表数据以及财务报表附注中披露的信息如下。

（1）资产负债表项目（单位：万元）

项目	年末金额	年初金额
流动资产合计	4 600	4 330
其中：货币资金	100	100
交易性金融资产	500	460
应收账款	2 850	2 660
存货	1 150	1 110
流动负债合计	2 350	2 250

（2）利润表项目（单位：万元）

项目	本年金额	上年金额（略）
营业收入	14 500	
财务费用	500	
资产减值损失	10	
所得税费用	32.50	
净利润	97.50	

（3）乙公司的生产经营存在季节性，每年 3 月份至 10 月份是经营旺季，11 月份至次年 2 月份是经营淡季。

（4）乙公司按照应收账款余额的 5%计提坏账准备，2013 年年初坏账准备余额 140 万元，2013 年年末坏账准备余额 150 万元。最近几年乙公司的应收账款回收情况不好，截至 2013 年年末账龄三年以上的应收账款已达到应收账款余额的 10%。为了控制应收账款的增长，乙公司在 2013 年收紧了信用政策，减少了赊销客户的比例。

（5）乙公司 2013 年资本化利息支出 100 万元，计入在建工程。

【要求】（1）计算乙公司 2013 年的速动比率；评价乙公司的短期偿债能力时，需要考虑哪些因素？具体分析这些因素对乙公司短期偿债能力的影响。

（2）计算乙公司 2013 年的利息保障倍数；分析并评价乙公司的长期偿债能力。

（3）计算乙公司 2013 年的应收账款周转次数；评价乙公司的应收账款变现速度时，需要考虑哪些因素？具体分析这些因素对乙公司应收账款变现速度的影响。

五、综合题

甲企业是一家医疗器械企业，现对公司财务状况和经营成果进行分析，以发现和主要竞争对手乙公司的差异。

（1）甲公司 2015 年主要财务数据如下所示：

单位：万元

资产负债表	2015 年末
货币资金	3 150
应收账款	5 250
预付账款	900
存货	3 600
固定资产	11 100

资产负债表	2015 年末
资产合计	24 000
流动负债	10 500
非流动负债	1500
股东权益	12 000
负债和股东权益合计	24 000
利润表	2015 年度
营业收入	30 000
减：营业成本	19 500
营业税金及附加	900
销售费用	4 200
管理费用	480
财务费用	120
利润总额	4 800
减：所得税费用	1 200
净利润	3 600

假设资产负债表项目中年末余额代表全年水平。

（2）乙公司相关财务比率：

销售净利率	总资产周转率	权益乘数
24%	0.6	1.5

【要求】①使用因素分析法，按照销售净利率、总资产周转率、权益乘数的顺序，对 2015 年甲公司相对于乙公司净资产收益率的差异进行定量分析；

②说明销售净利率、总资产周转率、权益乘数三个指标各自经济含义及各评价企业哪方面能力，并指出甲、乙公司在经营战略和财务政策上的差别。

同步强化训练题参考答案及解析

一、单项选择题

1.**【答案】**B

【解析】知识点：比较分析法。比较分析法是通过相关经济指标的对比分析确定指标间差异或趋势，研究公司各项经营业绩或财务状况发展变动情况的一种财务分析方法。实际指标同预算指标比较，可解释实际与预算间的差异，了解该项指标的预算或定额完成的情况。

2.**【答案】**B

【解析】知识点：获利能力分析。固定资产收益率是指企业一定期限内实现的收益额与该时期企业平均固定资产总额的比率，它反映了企业固定资产的利用效率。A选项会导致固定资产净值减少，如果固定资产收益率按固定资产原值计算，则固定资产收益率不变，如果按固定资产净值计算，则固定资产收益率上升；B选项会导致固定资产增加，固定资产收益率下降；C选项未改变固定资产，不会导致固定资产收益率变化；D选项将固定资产转为使用权资产，会导致固定资产减少，固定资产收益率上升。

3.【答案】D

【解析】净资产收益率（ROE）＝销售净利率 ×总资产周转率 ×权益乘数＝（1+8%）×（1—5%）×（1+15%）＝ 1.18，故 D选项正确。

4.【答案】D

【解析】存货周转率＝ 100×（1—40%）/[(0+20)/2]＝ 60/10 ＝ 6。

5.【答案】C

【解析】一项预收款不构成履约义务时，以预收账款入账；合同一旦正式成立，需将预收账款转入合同负债。因此，不影响流动负债金额，流动比率无变化，C选项正确。

6.【答案】C

【解析】利息保障倍数＝ EBIT/I＝ 3，故财务杠杆系数＝ EBIT/（EBIT － I）＝ 1.5。总杠杆系数＝经营杠杆系数 ×财务杠杆系数＝ 2.4×1.5 ＝ 3.6，营业收入增长率为 10%，则净利润增长率为 10%×3.6 ＝ 36%。因此，C选项正确。

7.【答案】B

【解析】知识点：杜邦分析法。净资产收益率（ROE）＝销售净利率 ×总资产周转率 ×权益乘数＝（1+5%）×（1—8%）×（1+15%）＝ 1.11。

8.【答案】C

【解析】知识点：长期偿债能力分析。有形净值债务率＝负债总额 /（股东权益—无形资产净值），有形净值债务率实际上是产权比率的延伸，它是更为谨慎、保守地反映企业清算时债权人的债务总额受到股东权益的保障程度的指标。

9【答案】A

【解析】知识点：股东投资报酬率分析。一方面，市盈率越高，意味着企业未来成长的潜力越大，即投资者对该股票的评价越高，反之，投资者对该股票评价越低。另一方面，市盈率越高，说明投资于该股票的风险越大，反之，说明投资于该股票的风险越小。

10【答案】B

【解析】知识点：短期偿债能力分析。速动资产＝流动资产—存货，所以存货不属于速动资产。

11.【答案】D

【解析】知识点：短期偿债能力分析。

第一年营运资金＝第一年流动资产—第一年流动负债＝ 100—40 ＝ 60（万元）

第二年营运资金＝第二年流动资产—第二年流动负债＝ 190—100 ＝ 90（万元）

第二年营运资金增加额＝ 90—60 ＝ 30（万元）

12.【答案】C

【解析】知识点：长期偿债能力分析。已获利息倍数＝息税前利润 /利息费用，该指标越大，说明企业偿债能力越强。

13.【答案】C

【解析】知识点：长期偿债能力分析。资产负债率＝负债总额 /资产总额，股东权益乘数＝资产总额 /股东权益总额，产权比率＝负债总额 /股东权益总额。所以，资产负债率 ×权益乘数＝负债总额 /资产总额 ×资产总额 /权益总额＝负债总额 /股东权益总额＝产权比率。

14.【答案】C

【解析】知识点：比率分析法。相关比率是反映经济活动中某两个或两个以上相关项目比值的财务比率，比如流动比率和资产负债率等。

15.【答案】A

【解析】知识点：营运能力分析。应收账款周转率＝营业收入 ÷应收账款平均余额，由于 11 月到次年 5 月是生产经营淡季，所以，如果使用应收账款年初余额和年末余额的平均数计算应收账款周转次数，则会导致应收账款周转次数计算公式中的“应收账款”数值偏低，应收账款周转次数的计算结果偏高，即高估应收账款周转速度。

16.【答案】C

【解析】债券利息300万元，在资产达到预定可使用状态前发生的，可视为资本化利息，因此，利息保障倍数=（3+0.2）/（0.2+0.03）=13.91。所以选项C为本题答案。

17.【答案】C

【解析】营运资本=长期资本－长期资产，选项C可以导致营运资本增加，所以，有助于提高企业短期偿债能力。选项A会导致流动负债和流动资产等额增加，营运资本不变，所以不是答案；选项B不影响流动资产和流动负债，因此，不影响短期偿债能力，所以不是答案；提高流动负债中的无息负债比率并不会改变流动负债总额，也不影响流动资产，所以，不影响短期偿债能力，即选项D不是答案。

二、多项选择题

1.【答案】ABCD

【解析】知识点：偿债能力分析。产品滞销、现金短缺，不应选择此时对固定资产进行升级改造、扩大产能。

2.【答案】ABC

【解析】知识点：获利能力分析。普通股、股票期权、认股权证仅影响每股收益的分母，产生稀释作用；可转换优先股、可转换公司债券如果转换，既影响分子，又影响分母，无法判断。

3.【答案】DE

【解析】知识点：股东投资报酬率分析。基本每股收益是指在计算每股收益时，其分母只考虑发行在外的普通股股数，而不考虑潜在股。计算基本每股收益时，其分子为归属于普通股股东的净利润，即企业当期实现的由普通股股东所拥有的净利润或由普通股股东所承担的净亏损。计算基本每股收益时，其分母为当期实际发行在外的普通股股数的加权平均数，即期初发行在外的普通股股数根据当期新发行或回购的普通股股数与相应时间权数的乘积进行调整后的股数。

4.【答案】BCDE

【解析】知识点：营运能力分析。流动资产周转率=营业收入/流动资产平均余额。其中，流动资产平均余额=（年初流动资产余额+年末流动资产余额）/2。

5.【答案】BCDE

【解析】知识点：长期偿债能力分析。反映长期偿债能力的指标有资产负债率、产权比率、权益乘数、利息保障倍数、有形净值债务率，总资产周转率是反映营运能力的指标。

6.【答案】CDE

【解析】知识点：营运能力分析。存货周转率是衡量和评价企业取得存货、投入生产到销售收回等各个环节管理效率的综合性指标。一般来讲，存货周转速度越快，存货占用水平越低，存货运用效率越高，流动性越强，存货质量越好，存货转化为现金或应收账款的速度就越快，这样会增强企业的短期偿债能力及盈利能力。

7.【答案】ABD

【解析】知识点：获利能力分析。净资产收益率=销售净利率×总资产周转率×权益乘数。

三、不定项选择题

1.【答案】BD

【解析】（1）基本每股收益=30 000÷40 000=0.75（元）。

（2）假设全部转股：①增加的净利润=10 000×3%×6÷12×（1—25%）=112.5（万元）；②增加的年加权平均普通股股数=10 000÷100×20×6÷12=1 000（万股）；③增量股的每股收益=

112.5÷1 000 = 0.1125（元）；④稀释每股收益 =（30 000 + 112.5）÷（40 000 + 1 000）≈ 0.73（元）

2.（1）【答案】ABCD

【解析】计算E公司2011年资产负债率 = 90 000/[（140 000+150 000）/2] = 62.07%；权益乘数 = [（140 000+150 000）/2]/[（50 000+60 000）/2] = 2.64；利息保障倍数 = 9 000/3 600 = 2.5；总资产周转率 = 112 000/[（140 000+150 000）/2] = 0.77

（2）【答案】B

【解析】2009、2010和2011年现金股利相等，说明公司这三年执行的是固定股利政策。

（3）【答案】ABD

【解析】2011年的基本每股收益 = 4 050/（6 000+6 000×30%+4 000×6/12）= 0.41（元/股）；2011年的财务杠杆系数 = 7 200/（7 200—3 600）= 2。董事陈某提出的建议不合理，因为公司目前的资产负债率62.07%已经远超过行业平均资产负债率，且公司的利息保障倍数2.5小于行业平均利息保障倍数3，可见该公司偿债能力较差。如果再增发债券筹资，会进一步降低企业的偿债能力，加大企业的财务风险。

四、计算分析题

【答案】知识点：偿债能力分析、营运能力分析。

（1）速动比率 = 速动资产 ÷流动负债

=（4 600—1150）÷2 350

= 1.47

评价乙公司的短期偿债能力时，需要考虑应收账款的变现能力。乙公司按照应收账款余额的5%计提坏账准备，2013年年末账龄三年以上的应收账款已达到应收账款余额的10%，实际坏账很可能比计提的坏账准备多，从而降低乙公司的短期偿债能力。乙公司的生产经营存在季节性，报表上的应收账款金额不能反映平均水平。乙公司年末处于经营淡季，应收账款、流动负债均低于平均水平，计算结果可能不能正确反映乙公司的短期偿债能力。

（2）利息保障倍数 = 息税前利润 ÷利息费用

=（97.50+32.50+500）÷（500+100）= 1.05

乙公司的利息保障倍数略大于1，说明自身产生的经营收益勉强可以支持现有的债务规模。由于息税前利润受经营风险的影响，存在不稳定性，而利息支出却是固定的，乙公司的长期偿债能力仍然较弱。

（3）应收账款周转次数 = 营业收入 ÷应收账款平均余额

= 14 500÷［（2 850+2 660）÷2］= 5.26

乙公司的生产经营存在季节性，报表上的应收账款金额不能反映平均水平，即使使用年末和年初的平均数计算，仍然无法消除季节性生产企业年末数据的特殊性。乙公司年末处于经营淡季，应收账款余额低于平均水平，计算结果会高估应收账款变现速度。

计算应收账款周转次数时应使用赊销额，由于无法取得赊销数据而使用销售收入计算时，会高估应收账款周转次数。乙公司2013年减少了赊销客户比例，现销比例增大，会进一步高估应收账款变现速度。

四、综合题

【答案】知识点：因素分析法，杜邦分析法。

①甲公司：

销售净利率 = 3 600/30 000×100% = 12%

总资产周转率 = 30 000/24 000 = 1.25（次）

权益乘数 = 24 000/12 000 = 2

甲公司净资产收益率 = 12%×1.25×2 = 30%

乙公司净资产收益率＝ 24%×0.6×1.5 ＝ 21.6%

净资产收益率差异＝ 30% －21.6%＝ 8.4%

销售净利率差异造成的净资产收益率差异＝（12% －24%）×0.6×1.5 ＝－10.8%

总资产周转率差异造成的净资产收益率差异＝ 12%×（1.25－0.6）×1.5 ＝ 11.7%

权益乘数差异造成的净资产收益率差异＝ 12%×1.25×（2－1.5）＝ 7.5%

②销售净利率反映每一元销售收入取得的净利润，反映的是营业收入转化为净利润的能力，该比率越大，企业的盈利能力越强。

总资产周转率表明一年中总资产周转的次数，或者说明每 1 元总资产支持的销售收入，是反映企业营运能力的指标。

权益乘数表明每一元股东权益拥有的资产额，是反映长期偿债能力的指标。

销售净利率和总资产周转次数可以反映企业的经营战略，权益乘数可以反映企业的财务政策。在经营战略上，甲公司采用的是“低盈利、高周转”方针，乙公司采用的是“高盈利、低周转”方针。财务政策上，甲公司配置了更高的财务杠杆。

第三章

预测与预算

本章考情分析

本章考试主要是单选题、多选题，分值估计在4~8分。本章重点是本量利分析原理及应用，有可能结合成本性态，以及销售、成本及利润预测，考核不定项选择题；其次全面预算的体系构成以及预算的编制方法，了解预测的方法分类。

重要考点★★★

（1）本量利分析的应用。

比较重要考点★★

（1）成本性态；

（2）销售、成本、利润预测；

（3）全面预算体系构成及编制的方法。

2022年本章教材变化

本章内容无实质性变动。

本章知识点解读与练习

【知识点1】预算与预测的概念、分类及联系★

一、知识点精讲

（一）预算与预测的概念

1. 预测（Forecasting）：就是预先推测或测定，也就是在掌握现有信息的基础上，依照一定的方法和规律对未来的事情进行测算，以预先了解事情发展的过程与结果。

2. 预算（Budget）：是指国家、企业、事业单位、非营利性组织或个人等不同形式的组织未来的一定时期内经营、资本、财务等各方面的收入、支出以及现金流等的用途和数量的计划，反映预算主体未来一定时间内的活动范围和方向。预算是一种计划，从而编制预算的工作是一种计划工作；预算是一种预测，它是对未来一段时期内的收支情况的预计；预算主要是一种控制手段，是企业控制活动的基础。

3. 预算管理是指为确保预算主体预算资金规范运行而进行的一系列编制、组织、调节、控制、监督、反馈等活动的总称。

（二）预算与预测的分类

1. 预测的分类

分类依据	类别
预测方法的客观性	主观预测：依靠经验判断
	客观预测：借助数学模型，例如，时间关系模型、因果关系模型、结构关系模型
预测技术的差异	定量预测、定性预测、定时预测、定比预测、评价预测
预测分析的途径	直观型、时间序列、计量经济模型、因果分析
预测在经济活动中的运用范围	宏观的经济、中观的行业经济数据预测、微观的企业经营预测

2. 预算的分类

【说明】资产评估活动中主要的使用的预测就是企业经营预测。

分类依据	类别
预算所涵盖的内容范围	经营预算、资本预算、财务预算
预算的使用范围预算	财政预算、事业单位预算、非营利组织预算、企业预算 资产评估中很少涉及财政预算
预算的时间范围	短期预算：又称为年度预算，一般是一年以内的预算
	长期预算：预算周期超过一年，是制定公司战略性计划过程中的一个关键内容
预算的覆盖的业务范围	全面预算：涵盖企业的所有经济活动、所有组织层级、所有的人财物
	责任预算：是对业务预算和财务预算的分解。在指标分解过程中，既可以按照组织的层级进行纵向分解，又可以按照组织的部门管理权限进行横向分解，责任预算应保证事权、财权和预算责任的一致性

（三）预算与预测的联系

预测是根据历史资料和现在的信息，运用一定的科学预测方法，对市场趋势和企业未来经济活动可能产生的经济效益和发展趋势进行的预计与推测，是计划的基础。

预算要用到预测的成果，预算是在预测的基础上，对企业未来发展提出的对策性方案和计划的数量表述，它是以货币的形式对企业未来的收入、现金流量和财务状况进行的预期量化。

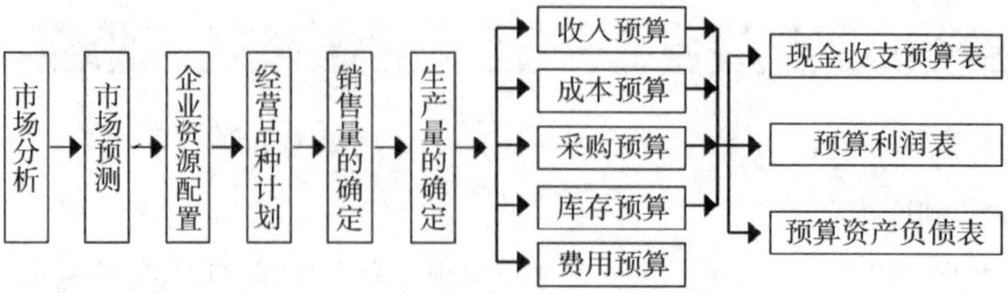

二、选编例题

【例 1 · 单选题】下列关于预测和预算关系的说法中，正确的是（　　）。

A. 预算是预测的基础　　B. 预测是预算的结果

C. 预算是对预期的货币化表达　　D. 预测是对未来趋势的客观估计

【例 2·多选题】下列各项中，对预算表述正确的有（　　）。

A. 预算是企业进行利润分配的依据

B. 预算是企业经营活动成果的具体反映

C. 预算是对未来一段时期内的收支情况的预计

D. 预算是将企业活动导向预定目标的有力工具

E. 预算是企业一定时期内经营、投资、财务活动的具体计划

知识点 1 选编例题答案

1.【答案】C

【解析】知识点：预算与预测的联系。预算要用到预测的成果，预算是在预测的基础上，对企业未来发展提出的对策性方案和计划的数量表述，它是以货币的形式对企业未来的收入、现金流量和财务状况进行的预期量化。预测是一种科学方法，但依然以一定的主观估计为基础。

2.【答案】CDE

【解析】知识点：预算与预测的概念。预算是一种计划，从而编制预算的工作是一种计划工作；预算是一种预测，它是对未来一段时期内的收支情况的预计；预算主要是一种控制手段，是企业控制活动的基础。

【知识点 2】成本性态

一、知识点精讲

成本性态（又称成本习性），是指成本的变动与业务量（产量或销售量）之间的依存关系。

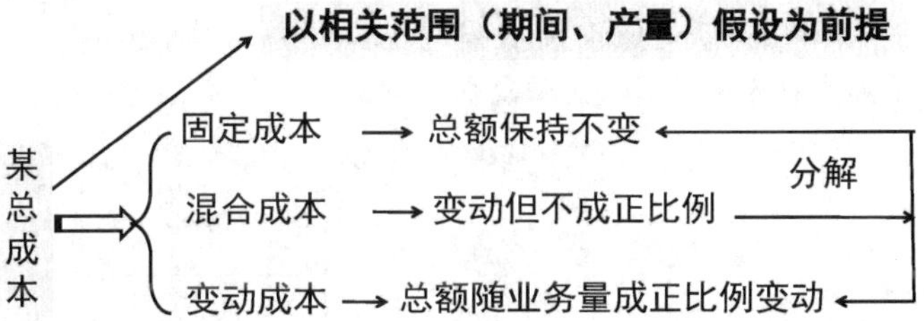

【注意】成本性态中的成本一般不含财务费用和所得税

成本性态分析下总成本公式

成本性态分析下总成本公式

成本总额	=	固定成本	+	**单位变动成本**	×	**业务量**
y	=	a	+	**b**	×	**x**
TC	=	F	+	**Vc**	×	**Q**
TC	=	F	+	**V**		

业务量变化，则总成本随变动成本变化而相应变化

【说明】变动成本计算、本量利分析、正确制定经营决策和评价各部门工作业绩等方面具有不可或缺的重要作用。

1. 固定成本★

（1）基本特征

①成本总额在一定时期及一定业务量范围内，不直接受业务量变动的影响而保持固定不变；

②单位固定成本（单位业务量负担的固定成本）与业务量的增减一般呈反向变动。

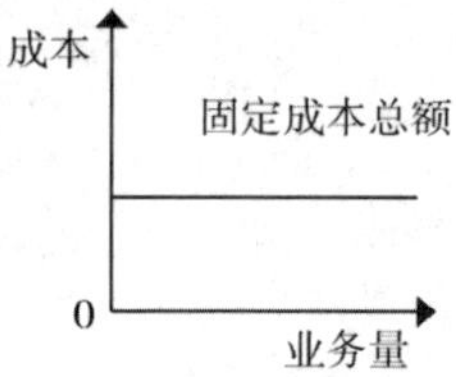

a.固定成本总额

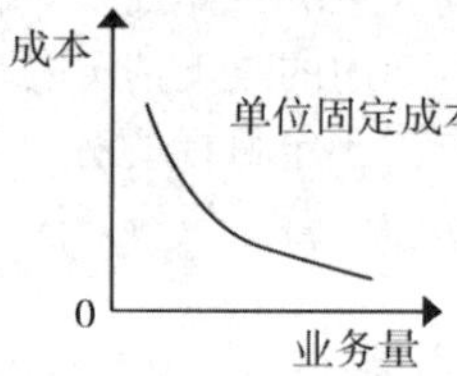

b.单位固定成本

（2）分类

按支出额是否可以在一定期间内改变，分为约束性固定成本和酌量性固定成本。

类别	特征	示例	降低措施
约束性固定成本（又称经营能力成本）	管理当局的短期（经营）决策行动不能改变其具体数额；是企业的生产能力一经形成就必然要发生的最低支出，是维护企业正常生产经营必不可少的成本	保险费、房屋租金、管理人员的基本工资等	合理利用现有生产能力，提高生产效率
酌量性固定成本	管理当局的短期经营决策行动能改变其数额；但并非可有可无，它关系到企业的竞争能力	广告费、职工培训费、新产品研究开发费用等	严格的预算控制

2. 变动成本★

（1）基本特征

①在特定的业务量范围内，成本总额随业务量的变动而成正比例变动。

②单位变动成本（单位业务量负担的变动成本）不变。

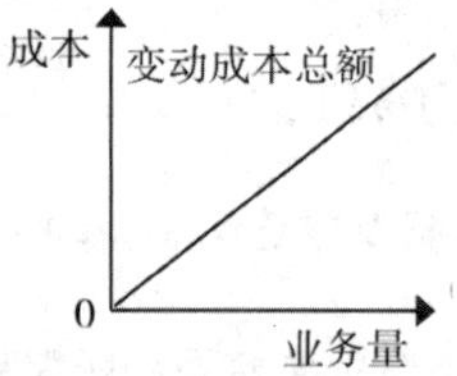

a.变动成本总额

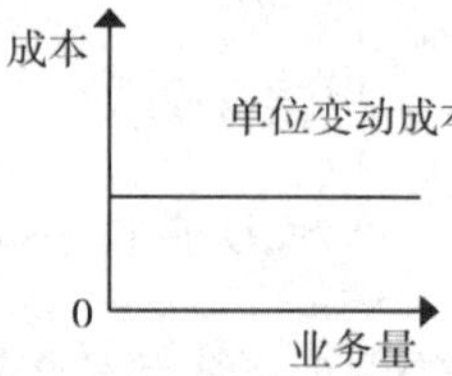

b.单位变动成本

（2）分类

类别	特征	示例
技术变动成本	与产量有明确的技术或实物关系；只要生产就必然会发生，若不生产便为零	直接材料
酌量性变动成本	通过管理当局的决策行动可以改变单位变动成本的发生额	按销售收入的一定百分比支付的销售佣金、技术转让费等

3. 混合成本★★★

（1）基本特征

随业务量的变化而变化，但不成正比例关系。

（2）分类

类别	特征	示例	图示
半变动成本	有一个初始固定基数，类似于固定成本；在此基数之上的其余部分，则随着业务量的增加成正比例增加，类似于变动成本	固定电话座机费、水费、煤气费等	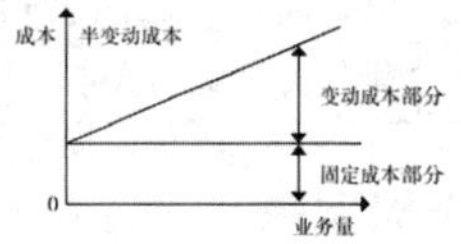
半固定成本（又称阶梯式变动成本）	在一定业务量范围内发生额固定，当业务量增长到一定限度，其发生额跳跃到一个新的水平，然后在业务量增长的一定限度内，发生额又保持不变，直到另一个新的跳跃	企业管理员、运货员、检验员的工资等	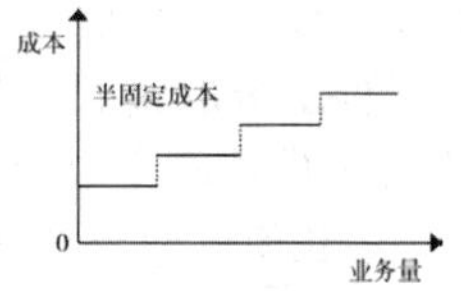
延期变动成本	在一定的业务量范围内有一个固定不变的基数，当业务量增长超出此范围，则与业务量的增长成正比例变动	含加班费的职工工资	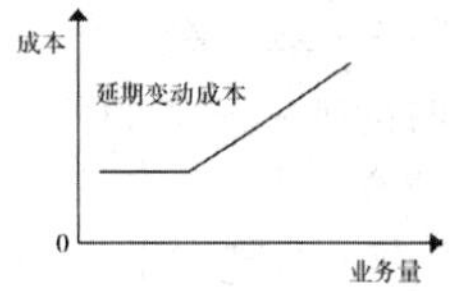
曲线变动成本	有一个不变的初始量，相当于固定成本，在此初始量基础上，随业务量增加，成本逐步变化，但与业务量的关系是非线性的，具体包括递增曲线成本和递减曲线成本	递增曲线成本，如累进计件工资、违约金；递减曲线成本，如有价格折扣或优惠条件的水、电消费成本，“费用封顶”的通信服务费等	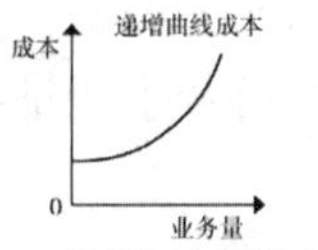 a.递增曲线成本习性模型 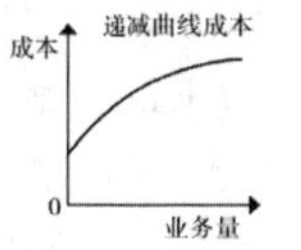 b.递减曲线成本习性模型

（3）混合成本的分解

方法	原理	公式	特点
高低点法	以过去某一会计期间的总成本和业务量资料为依据，从中选取业务量最高点和业务量最低点，将总成本进行分解，得出成本性态的模型	总成本＝ y＝ a+bx $单位变动成本=\frac{最高点业务量成本-最低点业务量成本}{最高点业务量-最低点业务量}$ 固定成本总额 a＝最高点业务量成本－单位变动成本 ×最高点业务量＝最低点业务量成本－单位变动成本 ×最低点业务量 【注意】高低点的确定是基于分母的高低点业务量，然后对应确定分子的数据。	计算较简单，只采用了历史成本资料中的高点和低点两组数据，代表性较差
回归分析法	根据过去一定期间的业务量和混合成本的历史资料，应用最小二乘法原理，算出最能代表业务量与混合成本关系的回归直线，借以确定混合成本中固定成本和变动成本	总成本＝ y＝ a+bx $a=\frac{\sum y-b\sum x}{n}$ $b=\frac{n\sum xy-\sum x\sum y}{n\sum x^2-(\sum x)^2}$	较为精确
账户分析法	又称会计分析法，根据有关成本账户及其明细账的内容，结合其与产量的依存关系，判断其比较接近哪一类成本，就视其为哪一类成本		简便易行，但比较粗糙且带有主观判断
技术测定法	又称工业工程法，根据生产过程中各种材料和人工成本消耗量的技术测定来划分固定成本和变动成本		只适用于投入成本与产出数量之间有规律性联系的成本分解

续表

方法	原理	公式	特点
合同确认法	根据企业订立的经济合同或协议中关于支付费用的规定，来确认并估算哪些项目属于变动成本，哪些项目属于固定成本		要配合账户分析法使用

二、选编例题

【例 1·单选题】下列成本项目中，属于变动成本构成内容的是（　　）。

A. 房屋设备租赁费　　B. 按使用年限法计提的固定资产折旧费

C. 计件工资形式下工人工资　　D. 销售费用中不受销售量影响的销售人员工资

【例 2·单选题】甲消费者每月购买的某移动通信公司 58 元套餐，含主叫长市话 450 分钟，超出后主叫国内长市话每分钟 0.15 元。该通讯费是（　　）。

A. 变动成本　　B. 延期变动成本　　C. 阶梯式成本　　D. 半变动成本

【例 3·单选题】甲公司机床维修费为半变动成本，机床运行 100 小时的维修费为 250 元，运行 150 小时的维修费为 300 元。机床运行时间为 80 小时时，维修费为（　　）元。

A.200　　B.220　　C.230　　D.250

【例 4·单选题】下列各项成本费用中，属于酌量性固定成本的是（　　）。

A. 广告费　　B. 运输车辆保险费

C. 生产部门管理人员工资　　D. 行政部门耗用的水电费

【例 5·单选题】企业为维持一定经营能力所必须负担的最低成本是（　　）。

A. 固定成本　　B. 酌量性固定成本

C. 约束性固定成本　　D. 沉没成本

【例 6·单选题】下列各项中，属于半固定成本内容的是（　　）。

A. 计件工资费用　　B. 按年支付的广告费用

C. 按直线法计提的折旧费用　　D. 按月薪制开支的质检人员工资费用

知识点 2 选编例题答案

1.**【答案】**C

【解析】知识点：变动成本。选项 ABD的成本都不随业务量变化成正比例变化，所以不是变动成本。

2.**【答案】**B

【解析】知识点：混合成本。延期变动成本，是指在一定业务量范围内有一个固定不变的基数，当业务量增长超出这个范围，它就与业务量的增长成正比例变动。本题中的通讯费，在主叫长市话的时间不超过 450 分钟时，为 58 元，超过 450 分钟之后，每一分钟增加 0.15 元，所以是延期变动成本。

3.**【答案】**C

【解析】知识点：混合成本。根据 $250 = a+100\times b$，$300 = a+150\times b$，可知，$a= 150$，$b= 1$，所以，机床运行时间为 80 小时时，维修费 $= 150+80\times 1 = 230$（元）。

4.**【答案】**A

【解析】知识点：固定成本。酌量性固定成本是指管理当局的短期经营决策行动能改变其数额的固定成本，例如广告费、职工培训费、新产品研究开发费用等。所以答案是选项 A。

5.**【答案】**C

【解析】约束性固定成本属于企业的“经营能力”成本，是企业为了维持一定的业务量所必须负担的最低成本，所以选项 C为本题答案。

6.**【答案】**D

【解析】选项 A是变动成本，选项 B、C是固定成本，选项 D是半固定成本，又称为阶梯式变动成本。

【知识点 3】本量利分析

一、知识点精讲

（一）本量利分析基本原理

1. 本量利分析的含义

本量利分析，是指以成本性态分析和变动成本法为基础，运用数学模型和图式，对成本·利润·业务量与单价等因素之间的依存关系进行分析，发现变动的规律性，以便为企业进行预测、决策、计划和控制等活动提供支持的一种分析方法。

其中“本”是指成本，包括固定成本和变动成本；“量，是指业务量，一般是指销售量；“利”一般是指营业利润。

2. 本量利分析的基本模型

（1）符号说明（统一采用下面的符号）

EBIT——利润（即息税前利润）

P——单价

Vc——单位变动成本

V——变动成本总额

S——总收入

F——固定成本总额

Q——产销量

M——总边际贡献

m——单位边际贡献

【注意】和教材的符号稍微不同，大家重在理解，不要依赖符号。

（2）量本利分析的基本关系式

息税前利润（EBIT）

＝净利润＋所得税＋利息

$= P \times Q - Vc \times Q - F$

$= P \times Q - V - F$

【说明】大家直接把此公式理解为包含期间成本的本量利方程式：

单位变动成本（Vc）＝单位变动产品成本＋单位变动销售和管理费用

固定成本（F）＝固定产品成本＋固定销售和管理费用

对短期经营分析，忽略财务费用、资产减值损失、投资收益、营业外收支等

3. 贡献毛益（边际贡献）及相关指标的计算

（1）有关概念及计算公式

边际贡献（M）$= P \times Q - Vc \times Q = (P - Vc) \times Q = m \times Q$

边际贡献率＝M/QP＝m/P

变动成本率＝V/QP＝Vc/P

（以上两式：）边际贡献率＋变动成本率＝1

（2）边际贡献下的方程式

边际贡献方程式：

息税前利润(EBIT)

＝净利润＋所得税＋利息

$= P \times Q - \mathbf{Vc} \times Q - F$

$= M - F$

$= m \times Q - F$

注意：以上的P、F、**Vc**都是常数

边际贡献率方程式

息税前利润(EBIT)

$=$净利润$+$所得税$+$利息

$=P\times Q-Vc\times Q-F$

$=P\times Q\times$边际贡献率$-F$

$=S\times$（1$-$变动成本率）$-F$

4. 本量利关系图及其分析

（1）传统式本量利关系图

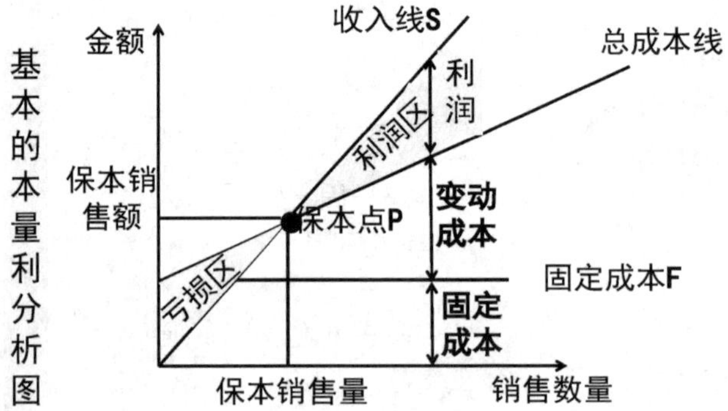

（2）贡献毛益式本量利关系图

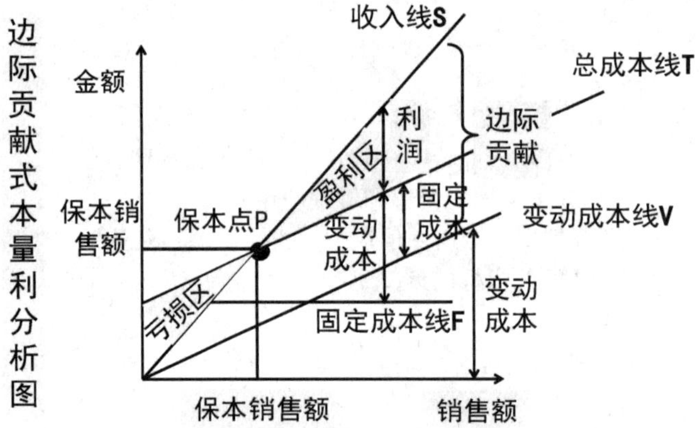

（3）利量式本量利关系图

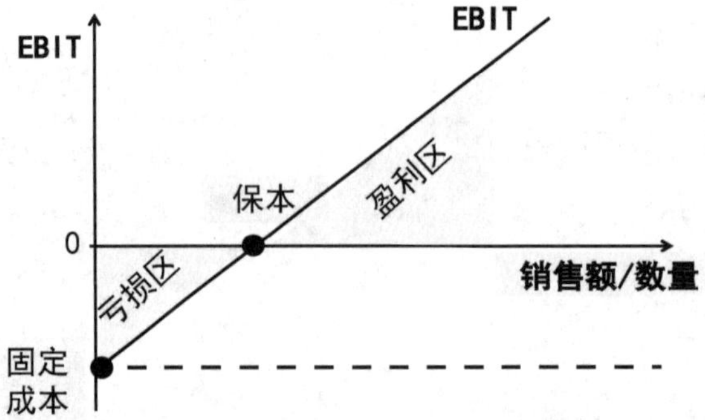

（二）本量利分析的应用★★★

1. 保本点分析

（1）保本量（Q_{BE}）的确定

保本点销售数量 Q_{BE}

息税前利润(EBIT) ＝P×Q－Vc×Q－F

保本点，又叫盈亏临界点，此时销售量记作Q_{BE}

⇩

即EBIT＝0时的销售量

⇩

EBIT＝P×Q－Vc×Q－F＝0

需要Q_{BE}个产品提供的边际贡献正好等于固定成本

⇩

$$Q_{BE}=\frac{F}{P-Vc}=\frac{F}{m}$$

（2）保本额（S_{BE}）分析

$$S_{BE}=Q_{BE}\times P=\frac{F}{P-Vc}\times P=\frac{F}{(P-Vc)/P}$$

＝F/边际贡献率

F＝S_{BE}×边际贡献率＝M

F＝Q_{BE}×m＝M

EBIT＝M－F

⟹ **EBIT＝0**

（3）安全边际和安全边际率

安全边际与盈亏平衡

盈亏临界点销售**额**/量 ＋安全边际**额**/量＝实际或预计销售**额**/量

⇩ ⇩

盈亏临界点作业率 ＋ 安全边际率 ＝ 1

安全边际数量与EBIT

EBIT＝（P－Vc）×Q－F

＝（P－Vc）×[（Q-Q_{BE}）＋Q_{BE}]－F

＝（P－Vc）×（Q-Q_{BE}）＋（P－Vc）×Q_{BE}－F

＝（P－Vc）×（Q-Q_{BE}）

＝m×安全边际

EBIT来自安全边际销量的边际贡献

安全边际金额与EBIT

EBIT ＝（P－Vc）×（Q-Q_{BE}）

＝（Q-Q_{BE}）×P×（P－Vc）/P

＝安全边际销售额×边际贡献率

↓ 安全收入　　↓ 1元收入提供的边际贡献

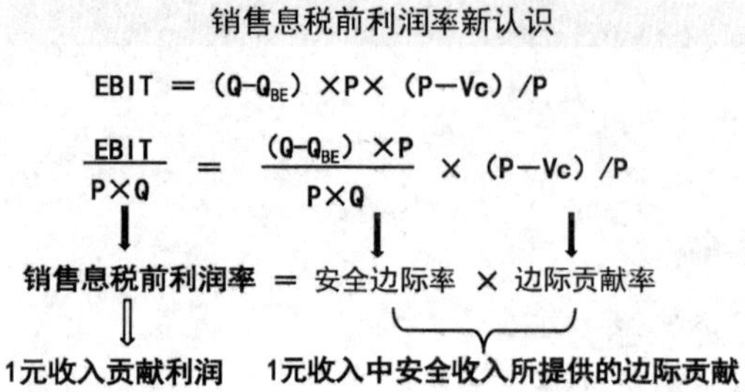

2. 保利分析

前述盈亏平衡分析（保本）分析是以企业利润为零，即不盈不亏为前提的，然而，企业不会满足于盈亏平衡，更需要有盈利目标，否则就无法生存和发展。

这里保利分析需确定的保利点，是在单价和成本水平一定的情况下，为确保预先制定的目标利润可以实现，而必须达到的销售量或销售额。

保利销售额＝保利销售数量 ×单价

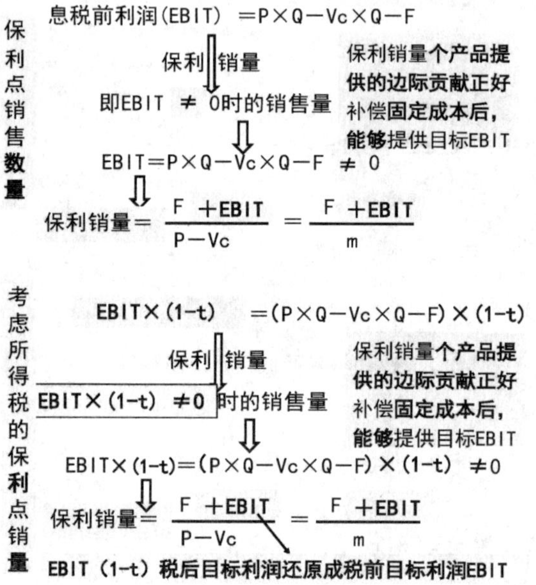

【说明】考虑所得税下的保利销售量，计算公式本质上和不考虑所得税的公式是一样的。只是知道的是税后目标利润的情况下，需要折算为税前目标利润，从而得到 EBIT。

3. 敏感性分析

敏感性分析是指在短期经营决策和长期决策时，对影响决策目标实现的各因素变化进行的量化分析，旨在确定各因素变化对实现目标的影响及其敏感程度，以便识别不确定风险，找出敏感因素，为规划、控制和决策提供参考。

	含义	公式	备注
临界值分析（最大最小法）	达到保本点的销售量和单价的最小允许值以及单位变动成本和固定成本的最大允许值	假设其他因素不变，令“利润＝0”，求解：销售量、单价、单位变动成本或固定成本	临界值与敏感系数，实际上是一个问题的两个方面。某一因素达到临界值前的允许或者说容忍的程度越高，则利润对这项因素就越不敏感；销售量的敏感系数亦称经营杠杆，原因是固定成本在实现利润过程中起了特殊作用
敏感度分析	敏感系数若为正数，表明它与利润为同向增减关系；敏感系数若为负数，表明它与利润为反向增减关系。敏感系数的绝对值越大，因素越敏感。	$敏感系数=\frac{目标值变动百分比}{因素值变动百分比}$ 假设其他因素不变，仅令一个因素变动，求解：利润变动百分比和该因素变动百分比的比值	

二、选编例题

【例1·单选题】 甲公司只生产一种产品，目前处于盈利状态，单位变动成本10元，息税前利润对变动成本敏感系数为−4。假定其他条件不变，甲公司盈亏临界点时的单位变动成本为（　　）元。

A.7.5　　B.9.6　　C.10.4　　D.12.5

【例2·单选题】 某产品预计单位售价12元，单位变动成本8元，固定成本总额120万元，适用的企业所得税税率为25%。要实现750万元的净利润，企业完成的销售量至少应为（　　）万件。

A.105　　B.157.5　　C.217.5　　D.280

【例3·单选题】 根据本量利分析原理，下列计算利润的公式中，正确的是（　　）。

A. 利润=保本销售量×边际贡献率

B. 利润=销售收入×变动成本率−固定成本

C. 利润=（销售收入−保本销售额）×边际贡献率

D. 利润=销售收入×（1−边际贡献率）−固定成本

【例4·单选题】 某产品实际销售量为8 000件，单价为30元，单位变动成本为12元，固定成本总额为36 000元。则该产品的安全边际率为（　　）。

A.25%　　B.40%　　C.60%　　D.75%

【例5·单选题】 下列措施中，有可能导致盈亏临界点提高的是（　　）。

A. 销售量提高　　B. 单价提高

C. 单位变动成本降低　　D. 固定成本提高

【例6·单选题】 下列各项中，不可以作为判定企业处于保本状态的条件是（　　）。

A. 安全边际等于零　　B. 边际贡献率等于零

C. 边际贡献等于固定成本　　D. 盈亏临界点作业率等于100%

知识点3选编例题答案

1.**【答案】** D

【解析】 知识点：敏感性分析。甲公司盈亏临界点时，息税前利润变动率=−100%，变动成本变动率=（−100%）/（−4）=25%，单位变动成本=10×（1+25%）=12.5（元）。

2.**【答案】** D

【解析】 知识点：保利分析。根据公式，[销售量×（单价−单位变动成本）−固定成本]×（1−所得税税率）=净利润，我们将题目中数据代入公式，则有[销售量×（12−8）−120]×（1−25%）=750，解得销售量=280（万件）；或直接代入公式，目标利润额销售量=$\frac{\frac{税后目标利润}{1-所得税税率}+固定成本}{单位产品边际贡献}$=

$$\frac{\frac{750}{1-25\%}+120}{12-8}=\frac{1120}{4}=280(万件)。$$

3.**【答案】** C

【解析】 知识点：本量利分析基本原理。利润=边际贡献−固定成本=销售收入×边际贡献率−保本销售额×边际贡献率=（销售收入−保本销售额）×边际贡献率。

4.**【答案】** D

【解析】 知识点：保本分析。保本点销售量=固定成本/（单价−单位变动成本）=3 6000/（30−12）=2 000（件），安全边际量=实际销售量−保本销售量=8 000−2 000=6 000（件），安全边际率=安全边际量/实际销售量×100%=6 000/8 000×100%=75%。

5.**【答案】** D

【解析】 盈亏临界点销售量（保本量）=固定成本/（单价−单位变动成本），可见，盈亏临界点与单价反向变动，与单位变动成本、固定成本同向变动，销售量的变动不影响盈亏临界点。所以选项D为本题答案。

6.【答案】B

【解析】根据安全边际等于零和盈亏临界点作业率等于100%都可以得到正常销售量等于盈亏临界点销售量，企业处于保本状态，所以选项A、D可以判定企业处于保本状态；边际贡献等于固定成本，则利润为零，企业处于保本状态，所以选项C不是答案。边际贡献率等于零，则利润为负数，企业处于亏损状态，所以选项B是答案。

【知识点4】经营预测

一、知识点精讲

（一）经营预测概述

经营预测是指根据历史资料和现在的信息，运用一定的科学预测方法，对未来经济活动可能产生的经济效益和发展趋势作出科学的预计和推测的过程。

经营预测的方法，包括定量预测法和定性预测法.

（二）销售预测★★

1. 销售预测的含义

销售预测是根据产品的历史销售资料和市场需求变化的情况，运用一定的预测方法对其在未来某一时期的销售量（额）进行科学的推断和预计。销售预测是企业经营预测的首要环节，是成本预测、利润预测的基础。

2. 定性分析法

分类	说明
调查分析法（顾客）	（1）含义 调查分析法是指通过对有代表性顾客的消费意向的调查，了解市场需求的变化趋势，进行销售预测的一种方法。 （2）注意事项 首先，选择的调查对象要具有普遍性和代表性，调查对象应能反映市场中不同层次购买需要； 其次，调查的方法必须简便易行，使调查对象乐于接受调查； 最后，对调查所取得的数据与资料要进行科学的分析，特别要注意去伪存真，去粗取精。 （3）适用对象 凡是顾客数量有限，调查费用不高，顾客意向明确又不会轻易改变的
德尔菲法（专家）	依据系统的程序，采用匿名发表意见的方式，即专家之间不得相互讨论，不发生横向联系，只能与调查人员发生关系，通过多轮次调查专家对问卷所提问题的看法，经过反复征询、归纳、修改，最后汇总成专家基本一致的看法，作为预测的结果
集合意见法（销售人员）	企业销售人员根据对市场的调查、了解，对未来市场的状态及可能发生的销售量（额）进行预测，然后由管理人员对意见进行综合分析得出预测结果

3. 定量分析法

（1）趋势分析法

根据企业历史、按发生时间的先后顺序排列的一系列销售数据，应用一定的数学方法进行加工处理，按时间数列找出销售随时间而发展变化的趋势，由此推断其未来发展趋势的分析方法。这种方法是假设事物的发展将遵循“延续性原则”，是可以预测的。

	含义	公式
算术平均法	把若干历史时期的销售量或销售额作为观察值，求出其简单平均数，并将平均数作为下期销售的预测值 使用对象：没有增减趋势的历史数据	预计销售量（额）=各期销售量（额）之和 ÷期数
加权平均法	将若干历史时期的销售量或销售额作为观察值，将各观察值与各自的权数相乘之积加总，然后除以权数之和，求出其加权平均数，并将加权平均数作为销售量的预测值	$Y=\sum_{i=1}^{n}W_iX_i$ 应满足两个条件：$\sum_{i=1}^{n}W_i=1$ $W_1 \leqq W_2 \leqq W_3 \leqq \cdots W_n$ 按照各个观察值与预测值不同的相关程度，分别规定适当的权数，权数的选择一般遵循“近大远小”的原则
指数平滑法	在加权平均法基础上发展起来的一种时间序列预测法，计算的是指数平滑平均数	$S_t=aX_{t-1}+(1-a)\ S_{t-1}$ a为满足，0<a<1 条件的常数，亦称指数平滑系数。如果指数平滑系数 a的取值越大，则近期实际销售量对预测结果的影响越大

【说明】与加权平均法相比指数平滑法有以下两个优点：

一是a值可以根据实际情况设定，比较灵活方便；

二是在不同程度上考虑了以往所有各期的观察值，比较全面。

（2）因果关系预测法

通过对影响销售变动的各个因素的分析，确定影响销售变化的主要因素，然后根据主要因素与销售数量之间的因果关系建立数学模型，据此推测未来销售变动趋势的预测方法。

因果预测分析法最常用的方法是回归分析法。

	含义	公式
回归直线法（又称一元回归分析法）	假定预测对象销售量的变量因素只有一个，根据直线方程式 y= a+bx，按照数学上的最小二乘法来确定一条误差最小	$y=a+bx$ 其中：$a=\frac{\sum y-b\sum x}{n}$ $b=\frac{n\sum xy-\sum x\sum y}{n\sum x^2-(\sum x)^2}$
对数直线法（又称指数曲线法）	在因变量 y和自变量 x满足方程的指数函数关系时所采用的一种预测方法。 本方法适用于销售量大致按比率（上升或下降）变动的情况	$y=ab^{X_t}$ 其中：$\lg a=\frac{\sum \lg y_t-\lg b\sum x_t}{n}$ $\lg b=\frac{n\sum x_t\lg y_t-\sum x\sum \lg y_t}{n\sum x_t^2-(\sum x_t)^2}$
多元回归法	对多个自变量进行回归分析 本方法适用于影响经济变动的因素存在多种的情况	$Y=a+b_1x_1+b_2x_2+b_3x_3+\cdots+b_nx_n$

（三）成本预测★★

1. 成本预测的含义

成本管理工作不仅要反映实际耗费和分析成本下降、上升原因，而且更应着眼于规划未来，进行成本预测，确定目标成本，从而控制成本的形成过程，实施全面成本管理。

2. 成本预测的基本方法

（1）目标成本预测

单位产品目标成本＝预测产品单位售价－单位产品销售税金－单位产品目标利润

＝预测产品单位售价 ×（1－税率）－目标利润总额 ÷预测产量

（2）历史资料成本预测

①高低点法（成本性态中讲解过原理）

特点：通过观察相关范围内，产量的最高点（H）和最低点（L）以及对应的成本总额，计算出混合成本中的固定成本和单位变动成本的数值，确定企业产品总成本的模型，根据模型可以预测某时期的成本总额。

计算公式：

$$b=\frac{y_H-y_L}{x_H-x_L}$$

$a=y_H-bx_H$ 或者 $a=y_L-by_L$

适用对象：各期成本变动趋势较稳定的情况，否则带来的误差将较大。

②回归分析法（成本性态中讲解过）

（四）利润预测

1. 本量利分析法（本量利分析原理的运用）

2. 相关比例分析法

（1）计算步骤

①确定目标利润率，主要是根据历史资料、市场变化、同业竞争等因素确定；

②根据目标利润的计算公式确定目标利润的基础数据

目标利润＝预计的销售收入 ×销售利润率

＝预计资金平均占用额 ×资金利润率

＝预计总产值 ×产值利润率

③对基础目标利润进行修正，确定最终的目标利润。

（2）相关比例分析法的使用前提

①能够较准确预测计划期内的销售收入、产值、销售成本、资金投入总额等数据；

②企业生产、经营等各方面较稳定，各种比率基本保持不变。

③当企业利润增长保持均匀的幅度时，可用平均预测法预计出利润增长率，再计算目标利润。

二、选编例题

【例 1·单选题】在应用高低点法进行成本预测时，选择高点坐标的依据是（　　）。

A. 最高的成本　　B. 最高的业务量

C. 最高的业务量和最高的成本　　D. 最高的业务量或最高的成本

【例 2·单选题】甲公司 2018 年固定成本 100 万元，息税前利润 200 万元，假设其他条件不变，如果 2019 年销售量增长 20%，息税前利润预计是（　　）万元。

A.200　　B.240　　C.260　　D.360

【例 3·多选题】下列销售预测方法中，属于定性分析法的有（　　）。

A. 德尔菲法　　B. 集合意见法

C. 因果关系预测法　　D. 趋势分析法

E. 调查分析法

【例 4·多选题】下列销售预测方法中，属于定量分析法的是（　　）。

A. 指数平滑法　　B. 调查分析法

C. 加权平均法　　D. 对数直线法

E. 多元回归法

知识点4选编例题答案

1.【答案】B

【解析】知识点：成本预测。选项C一定不正确，因为最高业务量和最高成本不一定总同时出现；选项D也不正确，不能任意选一个；应该在选项A和B当中选一个，高点应根据业务量而不是成本确定，因为业务量是成本动因，所以选B。

2.【答案】C

【解析】知识点：利润预测。2019年息税前利润＝（200+100）×（1+20%）－100＝260（万元）。

3.【答案】ABE

【解析】知识点：销售预测。销售预测的定性分析法包括德尔菲法、集合意见法和调查分析法。

4.【答案】ACDE

【解析】知识点：销售预测。销售预测的定量分析法包括趋势分析法（如算术平均法、加权平均法、指数平滑法等）、因果关系预测法（回归直线法、对数直线法、多元回归法等）。

【知识点5】全面预算

一、知识点精讲

（一）全面预算管理的含义、内容

1. 全面预算的含义、内容

全面预算是企业为了实现战略规划和经营目标，按照一定程序编制、审查、批准的以量化形式表现的企业预算期内经营活动、投资活动、财务活动的统筹规划。

全面预算具有系统性、综合性、规范性和参与性。

2. 全面预算管理的含义

（1）全面预算管理

全面预算管理是以全面预算为标准，对预算执行过程和结果进行控制、核算、分析、考评、奖惩等一系列管理活动的过程。

（2）全面预算管理是企业战略实施的保障

战略为预算提供依据和基础，而预算则使战略得以贯彻和实现	离开预算，战略只能是一种设想，而离开战略，预算就会失去向，难以确保全局和长期指导性预算有助于战略目标和战略计划更贴合实际
预算有助于战略目标和战略计划更贴合实际	（1）基本战略目标和战略计划具有全局性、长期性、概括性，因而也容易导致不准确。 （2）通过预算的编制和执行，可以发现市场变化、企业现有能力特别是财力、企业现实需要和现有条件与战略目标和计划的实施步骤和实现时期的矛盾
预算管理本身即是一种战略管理	（1）预算是面向未来的，是对企业未来各种行动的财务安排。 （2）预算是面向未来市场价值变动的，是对企业未来各种行动的价值安排 （3）预算是面向全局和重点的，需要保障重点。 （4）资本支出预算及相关预算，直接与企业的发展战略相关
预算使战略思想在企业各层次、各部门以至各岗位得以树立	预算体系的运转表现为责、权、利落实到各层次、各部门和各岗位的过程

（二）全面预算的内容

类别	含义	内容
业务预算（又称经营预算）	预算期内企业日常生产活动的预算	包括销售预算、生产预算、供应预算、期间费用预算和其他经营预算
资本预算（又称投资预算或专门业务预算）	预算期内有关资本性投资活动的预算	包括固定资产投资预算、权益性资本投资预算、债券投资预算、项目筹资预算等
财务预算	预算期内企业财务活动、经营成果、财务状况方面的预算	包括利润预算、现金预算、财务状况预算

（三）全面预算的编制★

1. 业务预算

	内容	公式
销售预算	基于对企业未来产品销售情况所作的预测，推测下一预算期的产品销售量和销售单价	预计销售收入＝预计销售量 ×预计销售单价
生产预算	根据预计的销售量和预计的最初、期末产成品存货量，按产品分别计算出每个产品的预计生产量	预计生产量＝预计销售量+预计期末产成品存货量－预计期初产成品存货量
直接材料预算	预计生产量确定后，按照单位产品的直接材料消耗量，同时考虑预计期初、期末的材料存货量编制	预计直接材料采购量＝预计生产量 ×单位产品耗用量+预计期末材料存货－预计期初材料存货 直接材料预算额＝直接材料预计采购量 ×直接材料单价
直接人工预算	在生产预算的基础上进行编制	直接人工预算额＝预计生产量 ×单位产品直接人工小时 ×小时工资率
制造费用预算	按成本性态分为固定制造费用和变动制造费用分别编制	变动制造费用＝预计生产量 ×单位产品费用分配率 固定制造费用与生产量之间不存在线性关系，通常是根据上年的实际水平，根据预期变动加以适当修正来进行预计
单位产品成本和期末存货预算	对预算期内企业各种产品制造成本项目、内容、构成及耗费进行总体安排	预计期末产成品存货额＝单位产品成本 ×预计期末产成品存货数量
管理和销售费用预算	按成本性态分为固定和变动费用分别编制	同制造费用

2. 资本支出预算

资本支出预算是为购置固定资产、无形资产以及企业技术改造等活动编制的预算，具体反映企业投资的时间、规模、收益以及资金的筹措方式等，包括固定资产投资预算和未完工项目进展的投资预算。

3. 财务预算

现金预算	现金预算通常包括现金收入、现金支出、现金多余或现金不足，以及现金的筹集与应用四个部分。 期初现金余额＋现金收入－现金支出＋资金的筹集＝期末现金余额
预计利润表	预计利润表是在上述各经营预算的基础上，按照权责发生制的原则编制的，其编制方法与编制一般财务报表中的利润表相同
预计资产负债表	预计资产负债表是在预算期初资产负债表的基础上，根据经营预算、资本支出预算和现金预算的有关结果，对有关项目进行调整后编制的

（四）全面预算编制的方法★★

1. 固定预算与弹性预算

（1）固定预算

含义	又称静态预算，是以预算期内某一固定业务量（如生产量、销售量）水平为基础，来确定相应预算指标的预算编制方法
适用对象	业务量比较稳定的企业、非营利性组织以及不随业务量变化的固定成本与费用支出或者数额比较稳定的预算项目
优点	预算编制的工作量相对较少，运用范围广，使用较简单，易于控制
缺点	灵活性和可比性差，在市场变化较快的情形下，预算结果与实际会产生较大偏差

（2）弹性预算

含义	又称动态预算法、变动预算法，是以预算期内可能发生的多种业务水平为基础，分别确定多种预算指标的预算编制方法
适用对象	（1）理论上说，所有预算都可采用弹性预算的方法。 （2）实际工作中，从经济角度出发，弹性预算多适用于与预算执行单位业务量有关的成本、费用、利润、资金规模预算的编制
优点	预算具有伸缩弹性，适应于企业不同的业务量水平，可作为控制的依据，并对企业经营活动具有指导性，对于业绩考核也更加合理
缺点	（1）预算编制的工作量相对较大，对成本习性分析要求高，对企业的基础管理能力也提出了较高要求 （2）在市场变化较快的情形下，预算结果会与实际情况产生较大偏差。

2. 滚动预算与零基预算

（1）滚动预算

含义	又称连续预算或永续预算，是指将预算期始终保持一个固定期间、连续进行预算编制的方法
原理	使预算期始终保持一个固定期间（12 个月或一季度、一个月），通常以 12 个月为预算的固定期间。当基期年度预算编制完成后，每过去一个月或一个季度，便补充下一个月或下一个季度的预算，逐期向后滚动，使整个预算处于一种永续滚动状态，从而在任何一个时期都能使预算保持 12 个月的时间跨度
优点	长计划、短安排的具体做法，有助于提高预算的准确性和及时性。 在预算中保持一个稳定的视野，从而动态把握企业的发展
缺点	编制工作比较繁重，工作量较大，编制成本高

（2）零基预算

含义	全称为“以零为基础编制的计划和预算”，主要用于对各项费用的预算。其主要特点与增量预算不同，各项费用的预算数完全不受以往费用水平的影响，而是以零为起点，建立在成本—效益分析的基础上，根据预算期企业实际经营情况的需要，按各项开支的重要程度来编制预算
操作步骤	（1）确定决策单位；（2）制定一揽子计划； （3）进行成本效益分析，排列优先顺序； （4）分配资源，落实预算。核心是对预算收支以零为基点，对预算期内各项支出的必要性、合理性或各项收入的可行性以及预算数额的大小逐项审议、决策，从而确定收支水平的预算
优点	强调作业的必要性，强调资源消耗及所需的资源配置，从而使预算更具科学性
缺点	编制工作量大，需要大量的人力和物力的支持，时间成本也较高

二、选编例题

【例1·多选题】下列各项中，属于业务预算的有（　　）。

A. 资本支出预算　　B. 管理费用预算

C. 生产预算　　D. 销售预算

E. 利润预算

【例2·单选题】下列各项费用预算中，最适宜采用零基预算编制方法的是（　　）。

A. 人工费　　B. 培训费　　C. 材料费　　D. 折旧费

【例3·单选题】下列各项中，可能会使预算期间与会计期间相分离的预算方法是（　　）。

A. 增量预算法　　B. 弹性预算法　　C. 滚动预算法　　D. 零售预算法

【例4·多选题】编制生产预算中的"预计生产量"项目时，需要考虑的因素有（　　）。

A. 预计销售量　　B. 预计材料采购量

C. 预计期初产成品存货　　D. 预计期末产成品存货

E. 预计单位产品成本

【例5·单选题】某公司预计计划年度期初应付账款余额为200万元，1至3月份采购金额分别为500万元、600万元和800万元，每月的采购款当月支付70%，次月支付30%。则预计一季度现金支出额是（　　）。

A.2 100万元　　B.1 900万元　　C.1 860万元　　D.1 660万元

【例6·多选题】相对固定预算法而言，弹性预算法的优点有（　　）。

A. 预算成本低　　B. 预算工作量小

C. 扩大了预算的适用范围　　D. 便于预算执行的评价和考核

E. 对成本习性分析要求低

知识点5选编例题答案

1.【答案】BCD

【解析】知识点：全面预算的内容。业务预算，又称经营预算，是预算期内企业日常生产活动的预算，主要包括销售预算、生产预算、供应预算、期间费用预算和其他经营预算。资本预算，也称投资预算或专门业务预算，是预算期内企业有关资本性投资项目的预算，主要包括固定资产投资预算、权益性资本投资预算、债券投资预算和项目筹资预算等。财务预算是预算期内企业财务活动、经营成果和财务状况方面的预算，主要包括利润预算、现金预算和财务状况预算。

2.【答案】B

【解析】知识点：全面预算编制的方法。零基预算，全称为"以零为基础编制的计划和预算"，主要用于对各项费用的预算。其主要特点是各项费用预算数完全不受以往费用水平的影响，而是以零为起点，建立在成本—效益分析的基础上，根据预算期企业实际经营情况的需要，按各项开支的重要程度来编制预算。企业的人工费、材料费和折旧费都需要考虑以前年度的金额，只有培训费适合采用零基预算方法。

3.【答案】C

【解析】知识点：全面预算编制的方法。滚动预算，又称连续预算或永续预算，是指将预算期始终保持一个固定期间、连续进行预算编制的方法。滚动预算的基本原理是使预算期始终保持一个固定期间（12个月、一个季度或一个月等），通常以12个月为预算的固定期间。当基期年度预算编制完成后，每过去一个月或一个季度，便补充下一个月或下一个季度的预算，逐期向后滚动，使整个预算处于一种永续滚动状态，从而在任何一个时期都能使预算保持12个月的时间跨度。

4.【答案】ACD

【解析】知识点：全面预算的编制。根据"预计期初产成品存货+预计生产量=预计期末产成品存货+预计销售量”可知：预计生产量=预计期末产成品存货+预计销售量—预计期初产成品存货，所以选项ACD是本题答案。

5.【答案】C

【解析】知识点：全面预算的编制。根据“每月的采购款当月支付70%，次月支付30%”可知，计划年度期初应付账款余额200万元=上年12月份的采购额的30%，在计划年度1月份支付；另外，1月份还要支付1月份采购额的70%即500×70%=350（万元）。2月份要支付1月份采购额的30%即500×30%=150（万元）及2月份采购额的70%即600×70%=420（万元）。3月份要支付2月份采购额的30%即600×30%=180（万元）及3月份采购额的70%即800×70%=560（万元）。因此，预计一季度现金支出额=200+350+150+420+180+560=1 860（万元），也可以直接这样计算：第一季度现金支出额=200+500+600+800×70%=1 860（万元）。所以本题正确答案为C。

6.【答案】CD

【解析】预算具有伸缩弹性，适应于企业不同的业务量水平，可作为控制的依据，并对企业经营活动具有指导性，对于业绩考核也更加合理。所以选项C、D为本题答案。弹性预算编制工作量大，成本高，所以A、B不正确。弹性预算是以预算期内可能发生的多种业务水平为基础，分别确定多种预算指标的预算编制方法，需要基于成本习性分析，所以E不正确。

同步强化训练题

一、单项选择题

1.（2021真题）企业为了便于考核，往往将预算期设定为与会计年度相同。下列全面预算编制方法中，能够跨越会计年度的预算是（　　）。

A. 弹性预算　　B. 滚动预算　　C. 零基预算　　D. 固定预算

2. 关于弹性预算方法，下列说法不正确的是（　　）。

A. 灵活性和可比性差

B. 克服了固定预算方法的缺点

C. 具有伸缩弹性，适应于企业不同的业务量水平

D. 对成本习性分析要求高，对企业的基础管理能力也提出了较高要求

3. 不属于滚动预算优点的是（　　）。

A. 及时性强　　B. 动态把握企业的发展

C. 预算范围宽　　D. 稳定性好

4. 若某一企业的经营处于盈亏临界状态，错误的说法是（　　）。

A. 此时销售额正处于销售收入线与总成本线的交点

B. 此时的经营杠杆系数趋近于无穷小

C. 此时的销售息税前利润率等于零

D. 此时的边际贡献等于固定成本

5.（2021真题）企业对历史销售数据进行分析后，发现各期销售量与前一期企业公众号关注数、当期广告费两个变量有关。则企业为销售量建立数学模型时，应使用的定量销售预测方法是（　　）。

A. 加权平均法　　B. 指数平滑法　　C. 对数直线法　　D. 多元回归法

6.（2021真题）企业因业务通讯需要购买了某电信公司集团套餐，套餐内容为:企业每月支付6 666元，当月可享受：①企业内号码之间通话不限时长；②企业外号码通话按照主叫每分钟0.03元的优惠价计费。如果以企业外号码通话主叫时长为业务量，企业所购买的套餐按照成本性态可归类为（　　）。

A. 半固定成本　　B. 半变动成本　　C. 延期变动成本　　D. 曲线变动成本

7. 假设某企业只生产销售一种产品，单价 50 元，边际贡献率 40%，每年固定成本 300 万元，预计未来年产销量是 20 万件，则价格对利润影响的敏感系数为（　　）。

A.10　　B.8　　C.4　　D.40

8. 按照所涵盖的内容范围，预算可分为（　　）。

A. 短期预算和长期预算

B. 全面预算和责任预算

C. 经营预算、资本预算和财务预算

D. 财政预算、事业单位预算、非营利组织预算和企业预算

9. 某企业生产的甲产品 7—12 月份的产量及成本资料如下表所示。

	7	8	9	10	11	12
产量（件）	45	42	40	43	50	46
总成本（元）	9 600	9 100	8 800	9 300	10 500	9 700

如果采用高低点法进行成本预测，当产量为 60 件时，总成本为（　　）元。

A.11 100　　B.12 200　　C.12 600　　D.12 800

10. 某公司预算年度计划新增留存收益 150 万元，目标股利分配额 600 万元，适用的所得税税率 25%，则目标利润总额是（　　）万元。

A.337.5　　B.562.5　　C.750　　D.1 000

11. 某产品预计每件售价 12 元，单位变动成本 8 元，固定成本总额 120 万元，适用的企业所得税税率为 25%。要实现 750 万元的净利润，企业完成的销售量至少应为（　　）万件。

A.105　　B.157.5　　C.217.5　　D.280

12. 企业生产产品所耗用的直接材料成本属于（　　）。

A. 酌量性变动成本　　B. 酌量性固定成本

C. 技术性变动成本　　D. 约束性固定成本

13. 根据成本性态，在一定时期一定业务量范围内，职工培训费一般属于（　　）。

A. 半固定成本　　B. 半变动成本

C. 约束性固定成本　　D. 酌量性固定成本

14. 下列混合成本的分解方法中，比较粗糙且带有主观判断特征的是（　　）。

A. 高低点法　　B. 回归分析法　　C. 技术测定法　　D. 账户分析法

15. 某企业生产单一产品，年销售收入为 100 万元，变动成本总额为 60 万元，固定成本总额为 16 万元，则该产品的边际贡献率为（　　）。

A.76%　　B.60%　　C.24%　　D.40%

16. 下列各项指标中，能直接体现企业经营风险程度的是（　　）。

A. 安全边际率　　B. 边际贡献率　　C. 净资产收益率　　D. 变动成本率

17. 下列销售预测方法中，属于因果关系预测法的是（　　）。

A. 指数平滑法　　B. 移动平均法　　C. 专家小组法　　D. 回归直线法

18. 下列预算编制方法中，可对无效费用开支项目进行有效控制的是（　　）。

A. 固定预算　　B. 弹性预算　　C. 滚动预算　　D. 零基预算

19. 甲企业生产一种产品，每件产品消耗材料 10 千克。预计本期产量 155 件，下期产量 198 件；本期期初材料 310 千克。期末材料按下期产量用料的 20%确定。本期预计材料采购量为（　　）千克。

A.1 464　　B.1 636　　C.1 860　　D.1 946

20. 下列各项中，不属于业务预算的是（　　）。

A. 现金预算　B. 销售预算　C. 销售费用预算　D. 直接材料预算

21.C公司的固定成本（包括利息费用）为 600 万元，资产总额为 10000 万元，资产负债率为 50%，负债平均利息率为 8%，净利润为 800 万元，该公司适用的所得税税率为 20%，则税前经营利润对销量的敏感系数是（　　）。

A.1.43　B.1.2　C.1.14　D.1.08

22. 下列关于混合成本性态分析的说法中，错误的是（　　）。

A. 半变动成本可分解为固定成本和变动成本

B. 延期变动成本在一定业务量范围内为固定成本，超过该业务量可分解为固定成本和变动成本

C. 阶梯式成本在一定业务量范围内为固定成本，当业务量超过一定限度，成本跳跃到新的水平时，以新的成本作为固定成本

D. 曲线变动成本通常有不变的初始量

二、多项选择题

1. 下列各项全面预算的内容中，是预计利润表编制基础的有（　　）。

A. 销售预算　B. 存货预算

C. 预计资产负债表　D. 制造费用预算

E. 资本支出预算

2. 以下关于预计财务报表的论述中正确的有（　　）。

A. 主要包括预计利润表、预计资产负债表

B. 先编制预计资产负债表，后编制预计利润表

C. 预计利润表反映的是企业在预算期内的经营活动成果

D. 预计资产负债表反映的是企业预算期末的财务状况

E. 主要包括预计利润表、预计资产负债表和预计现金流量表

3. 下列属于混合成本中可能成为阶梯式成本的项目有（　　）。

A. 检验人员工资　B. 电话费

C. 固定月工资加加班费　D. 整车运输费用

E. 企业的管理员工资

4.（2021 真题）甲企业生产销售单一产品，产品单价为 50 元，单位变动成本为 30 元，固定成本为 200 万元。2020 年销售量为 10 万件，2021 年销售量为 20 万件。下列关于本量利分析的说法中，正确的有（　　）。

A.2020 年盈亏平衡点作业额为 500 万元　B.2020 年经营杠杆系数为 0

C.2020 年单价敏感系数为无穷大　D.2021 年安全边际作业率为 50%

E.2021 年经营杠杆系数为 2

5. 下列各项预算中，以生产预算为基础编制的有（　　）。

A. 直接材料预算　B. 直接人工预算

C. 销售费用预算　D. 变动制造费用预算

E. 固定制造费用预算

6. 下列各项中，属于变动成本的有（　　）。

A. 新产品的研究开发费用

B. 按产量法计提的固定资产折旧

C. 按销售收入一定百分比支付的技术转让费

D. 随产品销售的包装物成本

E. 财务人员的工资

7. 根据单一产品的本量利分析模式，下列关于息税前利润的计算公式中，正确的有（　　）。

A. 息税前利润＝保本销售量 ×单位安全边际

B. 息税前利润=安全边际量 ×单位边际贡献

C. 息税前利润=实际销售额 ×安全边际率

D. 息税前利润=安全边际额 ×边际贡献率

E. 息税前利润=保本销售额 ×安全边际率

8. 编制资产负债表预算时，下列预算中，能够直接为“存货”项目年末余额提供数据来源的有（　　）。

A. 销售预算　　B. 生产预算

C. 直接材料预算　　D. 产品成本预算

E. 资本支出预算

9. 某企业只生产一种产品，当年的税前利润为 20 000 元。运用本量利关系对影响税前利润的各因素进行敏感分析后得出，单价的敏感系数为 4，单位变动成本的敏感系数为−2.5，销售量的敏感系数为 1.5，固定成本的敏感系数为−0.5。下列说法中，正确的有（　　）。

A. 上述影响税前利润的因素中，单价是最敏感的，固定成本是最不敏感的

B. 当单价提高 10%时，税前利润将增长 8 000 元

C. 当单位变动成本的上升幅度超过 40%时，企业将转为亏损

D. 企业的安全边际率为 66.67%

E. 盈亏临界点作业率为 66.67%

10. 各项中属于财务预算的有（　　）。

A. 现金预算　　B. 财务费用预算

C. 预计资产负债表　　D. 预计利润表

E. 资本预算

11. 某企业只生产一种产品，单价 20 元，单位变动成本 12 元，固定成本为 2 400 元，满负荷运转下的正常销售量为 400 件。以下说法中，正确的有（　　）。

A. 在“销售量”以金额表示的边际贡献式本量利图中，该企业的变动成本线斜率为 12

B. 在保本状态下，该企业生产经营能力的利用程度为 75%

C. 安全边际中的边际贡献等于 800 元

D. 安全边际等于 300 件

E. 边际贡献等于 800 元

三、不定项选择题

【资料一】D物业公司在服务住宅区内开设了一家家政服务中心，为住宅区内住户提供钟点家政服务。家政服务中心将物业公司现有办公用房作为办公场所，每月固定分摊物业公司折旧费、水电费、电话费等共计 4 000 元。此外，家政服务中心每月发生其他固定费用 900 元。

家政服务中心现有 2 名管理人员，负责接听顾客电话、安排调度家政工人以及其他管理工作，每人每月固定工资 2 000 元；招聘家政工人 50 名，家政工人工资采取底薪加计时工资制，每人除每月固定工资 350 元外，每提供 1 小时家政服务还可获得 6 元钱。

家政服务中心按提供家政服务小时数向顾客收取费用，目前每小时收费 10 元，每天平均有 250 小时的家政服务需求，每月按 30 天计算。

根据目前家政工人的数量，家政服务中心每天可提供 360 小时的家政服务。为了充分利用现有服务能力。家政服务中心拟采取降价 10%的促销措施。预计降价后每天的家政服务需求小时数将大幅提高。

根据以上信息，回答以下的问题：

1. 计算采取降价措施前家政服务中心的有关指标（　　）。

A. 每月的边际贡献 30 000 元　　B. 盈亏临界点为 6 600 元

C. 安全边际率 12%　　D. 每月的息税前利润 3 600 元

2. 计算采取降价措施后家政服务中心的有关指标（　　）。

A. 降价后每月家政服务需求至少应达到 10 000 元，降价措施才是可行

B. 每月固定成本 26 400 元

C. 每月安全边际 10 800 元

D. 降价后每月家政服务需求至少应达到 10 000 小时，降价措施才是可行

四、计算分析题

1. 甲公司是一家生物制药企业，研发出一种专利产品，该产品投资项目已进行可行性分析，厂房建造和设备购置安装工作也已完成，新产品将于 2021 年开始生产并销售。目前，公司正对该项目进行盈亏平衡分析。相关资料如下：

（1）专利研发支出资本化金额 350 万元，专利有效期 10 年，预计无残值；建造厂房使用的土地的土地使用权，取得成本 300 万元，使用年限 30 年，预计无残值。两种资产均采用直线法计提摊销。

厂房建造成本 500 万元，折旧年限 30 年，预计净残值率 10%，设备购置成本 100 万元，折旧年限 10 年，预计净残值率 5%。两种资产均采用直线法计提折旧。

（2）新产品销售价格每瓶 100 元，销售每年可达 10 万瓶，每瓶材料成本 20 元，变动制造费用 15 元，包装成本 9 元。

公司管理人员实行固定工资制，生产工人和销售人员实行基本工资加提成制。预计新增管理人员 2 人，每人每年固定工资 5 万元，新增生产工人 15 人，人均月基本工资 1 500 元，生产计件工资每瓶 1 元；新增销售人员 5 人，人均月基本工资 1 500 元，销售提成每瓶 5 元。

每年新增其他费用，财产保险费 6.5 万元，广告费 60 万元，职工培训费 10 万元，其他固定费用 8 万元。

（3）假设年生产量等于年销售量。

要求：

（1）计算新产品的年固定成本总额和单位变动成本。

（2）计算新产品的盈亏平衡点年销售量、安全边际率和年息税前利润。

2. 丙公司是一家汽车生产企业，只生产 C型轿车，相关资料如下。

资料一：C型轿车年设计生产能力为 60 000 辆。2016 年 C型轿车销售量为 50 000 辆，销售单价为 15 万元。公司全年固定成本总额为 675 00 万元。单位变动成本为 11 万元，适用的消费税税率为 5%，假设不考虑其他税费。2017 年该公司将继续维持原有产能规模，且成本性态不变。

资料二：预计 2017 年 C型轿车的销售量为 50 000 辆，公司目标是息税前利润比 2016 年增长 9%。

资料三：2017 年某跨国公司来国内拓展汽车租赁业务，向丙公司提出以每辆 12.5 万元价格购买 500 辆 C型轿车。假设接受该订单不冲击原有市场。

【要求】（1）根据资料一和资料二，计算下列指标：① 2017 年目标税前利润；② 2017 年 C型轿车的目标销售单价；③ 2017 年目标销售单价与 2016 年销售单价相比的增长率。

（2）根据要求（1）的计算结果和资料二，计算 C型轿车单价对利润的敏感系数。

（3）根据资料一和资料三，判断公司是否应该接受这个特殊订单，并说明理由。

3. 丁公司采用逐季滚动预算和零基预算相结合的方法编制制造费用预算，相关资料如下。

资料一：2019 年分季度的制造费用预算如下表所示

2019 年制造费用预算金额

单位：元

项目	第一季度	第二季度	第三季度	第四季度	合计
直接人工预算总工时（小时）	11 400	12 060	12 360	12 600	48 420
变动制造费用	91 200	*	*	*	387 360

项目	第一季度	第二季度	第三季度	第四季度	合计
其中：间接人工费用	50 160	53 064	54 384	554 40	213 048
固定制造费用	56 000	56 000	56 000	56 000	224 000
其中：设备租金	485 00	48 500	48 500	48 500	194 000
生产准备与车间管理费	*	*	*	*	*

注：表中“*”表示省略的数据。

资料二：2019 年第二季度至 2020 年第一季度滚动预算期间。将发生如下变动：

（1）直接人工预算总工时为 50 000 小时；

（2）间接人工费用预算工时分配率将提高 10%；

（3）2019 年第一季度末重新签订设备租赁合同，新租赁合同中设备年租金将降低 20%。

资料三：2019 年第二季度至 2020 年第一季度，公司管理层决定将固定制造费用总额控制在 185 200 元以内，固定制造费用由设备租金、生产准备费和车间管理费组成，其中设备租金属于约束性固定成本，生产准备费和车间管理费属于酌量性固定成本，根据历史资料分析，生产准备费的成本效益远高于车间管理费。为满足生产经营需要，车间管理费总预算额的控制区间为 12 000 元 ~ 15 000 元。

【要求】（1）根据资料一和资料二，计算 2019 年第二季度至 2020 年第一季度滚动期间的下列指标：①间接人工费用预算工时分配率；②间接人工费用总预算额；③设备租金总预算额。

（2）根据资料二和资料三，在综合平衡基础上，根据成本效益分析原则，完成 2019 年第二季度至 2020 年第一季度滚动期间的下列事项：①确定车间管理费总预算额；②计算生产准备费总预算额。

同步强化训练题参考答案及解析

一、单项选择题

1.**【答案】**B

【解析】滚动预算又称连续预算或永续预算，是指将预算期始终保持一个固定期间、连续进行预算编制的方法。滚动预算法的基本原理是使预算期始终保持一个固定期间 (12 个月或 1 个季度、1 个月)，通常以 12 个月为预算的固定期间。当基期年度预算编制完成后，每过去 1 个月或 1 个季度，便补充下个月或下个季度的预算，逐期向后滚动，使整个预算处于一种永续滚动状态，从而在任何一个时期都能使预算保持 12 个月的时间跨度。

2.**【答案】**A

【解析】弹性预算预算具有伸缩弹性，适应于企业不同的业务量水平，可作为控制的依据，并对企业经营活动具有指导性，对于业绩考核也更加合理。预算编制的工作量相对较大，对成本习性分析要求高，对企业的基础管理能力也提出了较高要求。所以 BCD 正确，A 不正确。

3.**【答案】**C

【解析】滚动预算法具有以下优点：长计划、短安排的具体做法，有助于提高预算的准确性和及时性。在预算中保持一个稳定的视野，从而动态把握企业的发展。但是编制工作比较繁重，工作量较大，编制成本高。所以 ABD 属于优点，C 是弹性预算的优点。

4.**【答案】**B

【解析】经营处于盈亏临界状态，从而 EBIT 为零，从而销售息税前利润率等于零，ACD 正确。经营杠杆系数 DOL=（EBIT+F）/EBIT，显然此时 DOL 趋于无穷大。

5**【答案】**D

【解析】知识点：销售预测。在实际生产经营活动中，影响经济变动的因素是多种多样的，在这种情况下，要预测未来的经济情况，必须考虑采用多个自变量，建立多元回归方程进行预测。

6.**【答案】**B

【解析】知识点：混合成本。半变动成本是指在有一定初始量基础上，随着产量的变化而呈正比例变动的成本。它通常有一个初始的固定基数，在此基数内与业务量的变化无关，这部分成本类似于固定成本；在此基数之上的其余部分，则随着业务量的增加呈正比例增加。

7.【答案】A

【解析】基期的 EBIT＝ 20×50×基期边际贡献率—300 ＝ 20×50×40% —300 ＝ 100 万元，EBIT增加＝ 20×50×10%＝ 100 万元；假设价格增长 10%，则价格敏感系数＝（100/100）/10%＝10。

8【答案】C

【解析】知识点：预算与预测的分类。预算按照所涵盖的内容范围，分为经营预算、资本预算和财务预算；按照使用范围，可分为财政预算、事业单位预算、非营利组织预算和企业预算；按照时间范围，可分为短期预算和长期预算；按照覆盖的业务范围，可分为全面预算和责任预算。

9.【答案】B

【解析】知识点：成本预测。

从表中找出最高点和最低点。

	产量（件）	总成本（元）
最高点	50	10500
最低点	40	8800

设：y＝ a+bx

求解：b=（10 500—8 800）/（50—40）＝ 170

a＝ 2 000

则，y＝ 2 000+170x

当 x＝ 60 件时，y＝ 12 200（元）。

10.【答案】D

【解析】知识点：利润预测。目标利润总额＝（150+600）÷（1—25%）＝ 1 000（万元）。

11.【答案】D

【解析】知识点：保利分析。[销售量 ×（单价—单位变动成本）—固定成本] ×（1—所得税税率）=净利润，则 [销售量 ×（12—8）—120] ×（1—25%）＝ 750，销售量＝ 280（万件）。

12.【答案】C

【解析】知识点：变动成本。技术性变动成本是指与产量有明确的技术或实物关系的变动成本。如生产一台汽车需要耗用一台引擎、一个底盘和若干轮胎等，这种成本只要生产就必然会发生，若不生产，其技术变动成本便为零。直接材料成本属于技术性变动成本。

13.【答案】D

【解析】知识点：固定成本。酌量性固定成本是指管理当局的短期经营决策行动能改变其数额的固定成本。例如：广告费、职工培训费、新产品研究开发费用等。

14.【答案】D

【解析】知识点：混合成本。账户分析法，又称会计分析法，它是根据有关成本账户及其明细账的内容，结合其与产量的依存关系，判断其比较接近哪一类成本就视其为哪一类成本，这种方法简便易行，但比较粗糙且带有主观判断。

15.【答案】D

【解析】知识点：本量利分析基本原理。边际贡献率＝单位边际贡献 /单价＝边际贡献总额 /销售收入＝（销售收入—变动成本总额）/销售收入＝ 40%。

16.【答案】A

【解析】知识点：保本点分析。通常采用安全边际率这一指标来评价企业经营是否安全。

17.【答案】D

【解析】知识点：销售预测。因果关系预测法包括回归直线法、对数直线法和多元回归法。

18.【答案】D

【解析】知识点：全面预算编制的方法。零基预算的核心是对预算收支以零为基点，对预算期内各项支出的必要性、合理性或各项收入的可行性以及预算数额的大小逐项审议、决策，从而确定收支水平的预算。零基预算强调作业的必要性，强调资源消耗及所需的资源配置，从而使预算更具科学性。

19.【答案】B

【解析】知识点：全面预算的编制。预计期末材料存货＝198×10×20%＝396（千克），本期生产需要量＝155×10＝1 550（千克），预计材料采购量＝本期生产需要量＋预计期末材料存货－预计期初材料存货＝1 550+396－310＝1 636（千克）。

20.【答案】A

【解析】知识点：全面预算的内容。业务预算，又称经营预算，是指预算期内企业日常生产活动的预算，主要包括销售预算、生产预算、供应预算、期间费用预算和其他经营费用预算等。现金预算属于财务预算。所以此题选A。

21.【答案】C

【解析】税前经营利润＝800/（1－20%）＋10 000×50%×8%＝1 400（万元），税前经营利润对销量的敏感系数＝税前经营利润变动率/销量变动率＝经营杠杆系数＝边际贡献/税前经营利润＝[1 400＋600]/1 400＝1.14。

22.【答案】B

【解析】延期变动成本在某一业务量以下表现为固定成本，超过这一业务量则成为变动成本，所以选项B的说法不正确。

二、多项选择题

1.【答案】ABD

【解析】编制预计利润表需要销售收入、销货成本、期间费用等预算数据。销售收入、存货预算（含销货成本）、制造费用预算（是存货预算的基础），是预计利润表编制的基础；但预计资产负债表和资本支出预算不是编制预计利润表的基础。所以，ABD选项正确。

2.【答案】ACD

【解析】财务预算中的预计财务报表包括预计利润表和预计资产负债表；预计利润表是指以货币形式综合反映预算期内企业经营活动成果计划水平的一种财务预算；预计资产负债表是指用于总括反映企业预算期末财务状况的一种财务预算；企业应先编制预计利润表，后编制预计资产负债表。

3.【答案】ADE

【解析】电话费多属于半变动成本，固定月工资加加班费是延期变动成本。半固定成本（阶梯式）有企业的管理员、运货员、检验员的工资等。

4.【答案】ACDE

【解析】知识点：本量利分析。2020年保本点销售量＝200÷（50－30）等于10（万件），盈亏平衡点（保本点）作业额＝50×10等于500（万元）；经营利润为0，故2020年经营利润对各变量的敏感系数（包括经营杠杆系数，因为经营杠杆系数相当于对销量的敏感系数）均为无穷大；2021年安全边际作业率＝10/20＝50%，2021年的经营杠杆系数＝贡献毛益/经营利润等于（50－30）×20/[（50－30）×20－200]＝2。

5.【答案】ABD

【解析】知识点：全面预算的编制。直接人工预算、直接材料预算、变动制造费用预算都是以生产预算为基础编制的，所以选项A、B正确；销售费用预算是以销售预算为基础，所以选项C不正确；固定制造费用预算，需要逐项进行预计，通常与本期产量无关，所以选项D不正确。

6.【答案】BCD

【解析】知识点：变动成本。变动成本是在特定业务量范围内，其总额会随业务量变动而成正比例变动的成本。选项A属于酌量性固定成本。

7.【答案】BD

【解析】知识点：本量利分析基本原理。安全边际量＝正常销售量－保本点销售量

保本点销售量＝固定成本/（单价－单位变动成本）

代入求安全边际量的式中：安全边际量＝正常销售量－固定成本/（单价－单位变动成本）

两边同时乘以（单价－单位变动成本）：

安全边际量×（单价－单位变动成本）＝正常销售量×（单价－单位变动成本）－固定成本＝息税前利润，所以，安全边际量×（单价－单位变动成本）＝息税前利润

安全边际量×单位边际贡献＝息税前利润

（安全边际量×单价）×（单位边际贡献/单价）＝安全边际额×边际贡献率＝息税前利润

8.【答案】CD

【解析】知识点：全面预算的编制。存货包括直接材料和产成品等等，所以本题中能够直接为“存货”项目年末余额提供数据来源的是直接材料预算和产品成本预算。在生产预算中，只涉及实物量指标，不涉及价值量指标，生产预算会影响存货的数量，但是不能够对存货项目年末余额产生直接影响。所以选项CD是答案。

9.【答案】ABCD

【解析】敏感系数的绝对值越大，敏感性越强，所以，选项A的说法正确；根据单价的敏感系数为4可知，当单价提高10%时，税前利润提高40%，即提高20 000×40%＝8 000（元），选项B的说法正确；根据单位变动成本的敏感系数为－2.5可知，当单位变动成本的上升幅度超过40%时，税前利润的下降幅度将超过100%，所以，选项C的说法正确；根据固定成本的敏感系数为－0.5可知，固定成本提高200%时，税前利润降低100%（即降低20 000元），而固定成本的提高额＝税前利润的降低额，所以，固定成本＝20 000/200%＝10 000（元），即当年的销售量×（单价－单位变动成本）＝20 000＋10 000＝30 000（元），盈亏临界点时的销售量×（单价－单位变动成本）＝0＋10 000＝10 000（元），即盈亏临界点时的销售量/当年的销售量＝10 000/30 000＝1/3，安全边际量/当年的销售量＝1－1/3＝2/3，安全边际率＝2/3＝66.67%，所以，选项D的说法正确。

10.【答案】ACD

【解析】财务预算主要包括利润预算、现金预算和财务状况预算。财务费用预算事实上是合并在现金预算之中，没有一个单独的财务费用预算。

11.【答案】BC

【解析】变动成本＝销售额×变动成本率，在边际贡献式本量利图中，如果自变量是销售额，则变动成本线的斜率＝变动成本率＝12/20×100%＝60%，因此，A的说法不正确。（另外，“销售量以金额表示”这个说法本身就存在问题）。在保本状态下（即盈亏临界点下），利润＝0，销量＝固定成本/（单价－单位变动成本）＝2 400/（20－12）＝300（件），企业生产经营能力的利用程度＝300/400×100%＝75%，因此，B的说法正确。安全边际中的边际贡献＝安全边际×边际贡献率＝（400×20－300×20）×（1－60%）＝800（元），所以，C的说法正确，从而E不正确。安全边际是超出保本点的生产量，因此安全边际为100件（400－300），选项D的说法不正确。

三、不定项选择题

1.【答案】ACD

【解析】边际贡献＝250×30×10－250×30×6＝30 000（元）；固定成本＝4 000＋900＋2 000×2＋350×50＝26 400（元）；税前利润＝30 000－26 400＝3 600（元）。盈亏临界销售量＝2 6400/（10－6）＝6 600（小时）。安全边际率＝（250×30－6 600）/（250×30）＝12%

2.【答案】BD

【解析】假设最低销售量为X小时有等式：X［10×（1−10%）−6］＝30 000成立，解得：最低销售量为10 000小时。最低销量下的安全边际＝［10 000−26 400/（9−6）］×9＝10 800（元）。但是本题预计销售量未知，所以无法计算安全边际。

四、计算分析题

1.【答案】

（1）专利每年摊销金额＝350/10＝35 (万元）

土地使用权每年摊销金额＝300/30＝10 (万元）

厂房每年折旧金额＝500×（1−10%) /30＝15(万元）

设备每年折旧金额＝100× (1−5%) /10＝9.5 (万元）

新增人员固定工资＝5×2+ 0.15×12× (15+5)＝46 (万元）

新产品的年固定成本总额＝35+10+15+9.5+46+6.5+60+10+8＝200 (万元）

单位变动成本＝20+15+9+1+5＝50 (元）

（2）盈亏平衡点全年销售量＝200/（100−50）＝4 (万瓶）

安全边际率＝（10−4）/10＝60%

年息税前利润＝（100−50）×（10−4）＝300 (万元）

2.【答案】知识点：本量利分析的应用。

（1）① 2016年税前利润＝50 000×15×（1−5%）−50 000×11−67 500＝95 000（万元）

2017年目标税前利润＝95 000×（1+9%）＝103 550（万元）

②令2017年C型轿车的目标销售单价为X，则：

50 000×X×（1−5%）−50 000×11−67 500＝103 550

得出：X=（103 550+67 500+50 000×11）/［50 000×（1−5%）］＝15.18（万元）

③ 2017年目标销售单价与2016年单价相比的增长率＝（15.18−15）/15×100%＝1.2%

（2）C型轿车单价对利润的敏感系数＝9%/1.2%＝7.5

（3）企业还有剩余生产能力，接受特殊订单不影响固定成本。按变动成本计算的单价＝11/（1−5%）＝11.58（万元），该特殊订单的单价12.5万元高于按变动成本计算的单价11.58万元，所以应该接受这个特殊订单；或者，12.5%×（1−5%）＝11.875（万元）＞单位变动成本11（万元），所以应该接受这个特殊订单。

3.【答案】知识点：全面预算的编制。

（1）①间接人工费用预算工时分配率＝（213 048/48 420）×（1+10%）＝4.84（元/小时）

②间接人工费用总预算额＝50 000×4.84＝242 000（元）

③设备租金总预算额＝194 000×（1−20%）＝155 200（元）

（2）设备租金是约束性固定成本，是必然发生的。生产准备费和车间管理费属于酌量性固定成本，发生额的大小取决于管理当局的决策行动，由于生产准备费的成本效益远高于车间管理费，根据成本效益分析原则，尽量减少车间管理费。

①车间管理费用总预算额＝12 000（元）

②生产准备费总预算额＝185 200−155 200−12 000＝18 000（元）

第四章

投资管理

本章考情分析

本章可以考核各种题型，分值估计在 10~15 分。项目投资管理是本书唯一难点内容，容易在此出不定项选择题，要求大家掌握项目投资管理现金流量的估算，正确选择折现率并计算相关投资决策指标进行决策，尤其是固定资产更新决策更不好理解，需要大家下更多功夫学习；其次是证券投资管理，包括债券和股票投资管理，其中证券投资的风险相对理解难度大点，其他都不难掌握。

重要考点★★★

（1）项目投资决策参数的估计；

（2）折现现金流量法；

（3）固定资产更新决策；

（4）债券投资管理；

（5）股票投资管理。

比较重要考点★★

（1）非折现现金流量法；

（2）项目投资决策方法的比较；

（3）独立投资方案决策；

（4）互斥投资方案决策。

一般考点★

（1）投资的分类；

（2）证券投资的风险。

2022 年本章教材变化

本章内容无变化。

本章知识点解读与练习

本章共涉及 7 个知识点。

【知识点1】投资管理概述★★★

一、知识点精讲

（一）投资的分类

标准	分类	定义
按投资活动与企业自身的生产经营活动的关系	直接投资	将资金直接投放于形成自身生产经营能力的实体性资产，直接通过自身的经营活动获取收益的投资行为
	间接投资	将资金投放于股票、债券、基金等有价证券的投资行为，投资者不直接介入被投资者的生产经营过程，仅获取股利、利息和买卖差价等收益
按投资对象的存在形态和性质	项目投资（直接投资）	将资金用于购买经营性资产（固定资产、无形资产、流动资产）等，形成生产能力，开展生产经营活动以获取收益的投资行为
	证券投资（间接投资）	购买权益性资产（股票、债券、基金）以获取收益的投资行为
按投资项目之间的关联关系	独立投资	相容性投资，各个投资项目之间互不关联、互不影响、可以同时并存，决策根据项目本身是否满足决策标准来决定，但独立项目的选择受资金限量的影响
	互斥投资	非兼容性投资，项目之间相互关联、相互取代、不能并存，如固定资产决策，或者购置新设备，或者使用旧设备，只能取其一。决策不仅要满足决策标准的要求，还要与其他项目进行比较，从中选择最优方案

（二）项目投资决策的原理与方法

1.项目投资决策原理

资本成本，即折现率 → 取决于投资要求的报酬率，是投资人的机会成本即投资人将资金投资于其他同等风险资产可以赚取的收益。

⇓

（1）投资项目的报酬率＞资本成本 → 为股东创造价值

（2）投资项目的报酬率＜资本成本，摧毁股东财富

2.项目投资决策的方法

（1）折现现金流量法

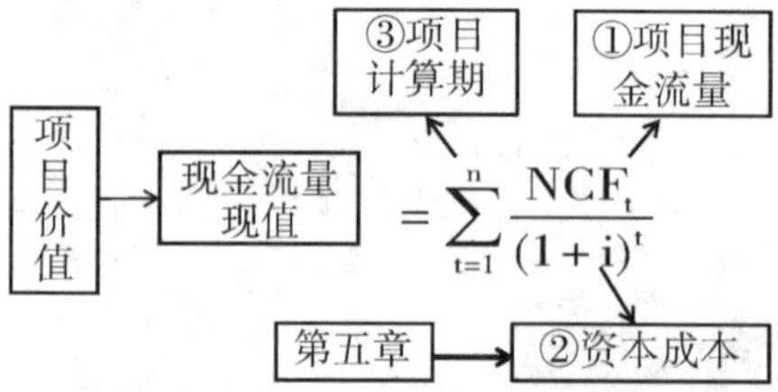

又称动态评价法，是指考虑了货币时间价值的分析评价方法。

包括净现值法、现值指数和内含报酬率法。

（2）非折现现金流量法

包括静态投资回收期法和会计报酬率法。

3.项目投资决策各个参数的确定

（1）项目计算期

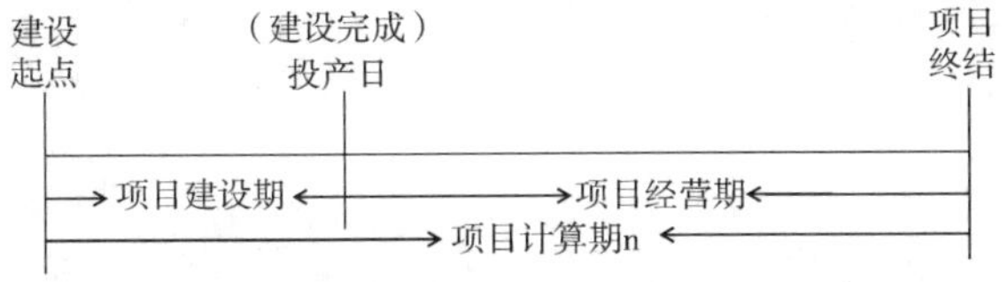

项目计算期（n）=项目建设期+项目经营期

项目期限，又称项目寿命期或项目计算期；

项目建设期，又称投资期；项目经营期，又称项目营业期

（2）折现率（即资本成本）的确定（第五章知识点4种介绍）

（3）现金净流量的估计（重难点，本章知识点2中介绍）

二、选编例题

【例1·单选题】将企业投资区分为项目投资和证券投资所依据的分类标志是（　　）。

A. 投资项目之间的关联

B. 投入的领域

C. 投资与企业自身的生产经营活动的关系

D. 投资对象的存在形态和性质

【例2·单选题】将资金投放于基金的投资行为，属于（　　）。

A. 直接投资　　B. 间接投资　　C. 项目投资　　D. 对内投资

【例3·多选题】固定资产更新决策属于（　　）项目。

A. 直接投资　　B. 间接投资

C. 证券投资　　D. 独立投资

E. 互斥投资

知识点1选编例题答案

1. **【答案】**D

【解析】按照投资与企业自身的生产经营活动的关系分为直接投资和间接投资；按照投资对象的存在形态和性质的关系分为项目投资和证券投资；按照投资项目之间的关联的关系分为独立投资和互斥投资。

2. **【答案】**B

【解析】知识点：投资的分类。间接投资是指将资金投放于股票、债券、基金等有价证券的投资行为。间接投资者不直接介人被投资者的生产经营过程，仅根据投资契约的规定或股票、债券等有价证券市场价格的变化获取股利、利息和买卖差价等收益。

3. **【答案】**AE

【解析】知识点：投资的分类。直接投资是指将资金直接投放于形成自身生产经营能力的实体性资产、直接通过自身的经营活动获取收益的投资行为，如建厂房、购置设备、从事研究开发、搭建营销网络等。互斥投资是指非兼容性投资，项目之间相互关联、相互取代、不能并存。如固定资产决策，或者购置新设备，或者使用旧设备，只能取其一。决策不仅要满足决策标准的要求，还要与其他项目进行比较，从中选择最优方案。

【知识点2】现金净流量的估算（重难点）★★★★

一、知识点精讲

（一）项目现金流量的概念与构成

1. 现金流量的含义

年现金净流量 = 年现金流入量 − 年现金流出量
NCFt　　　　It　　　　Ot

现金流量 { 货币资金
　　　　　非货币性资产的变现价值

NCFt　　　　It　　　　Ot
年现金净流量 = 年现金流入量 − 年现金流出量

流入、流出量的判断 ⟹ 项目投资人的立场

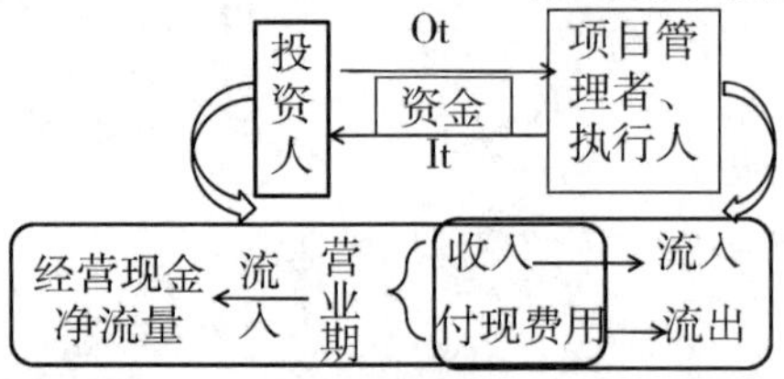

2. 项目的现金流入量与现金流出量构成

项目	构成
现金流出量	建设性投资（含营运资金垫支）、其他支出、经营成本（付现成本）、所得税
现金流入量	固定资产残值收入、土地变价收入、收回的营运资金、营业收入

经营现金净流量＝营业收入－营业成本－所得税

3. 现金流量时点假设（补充）

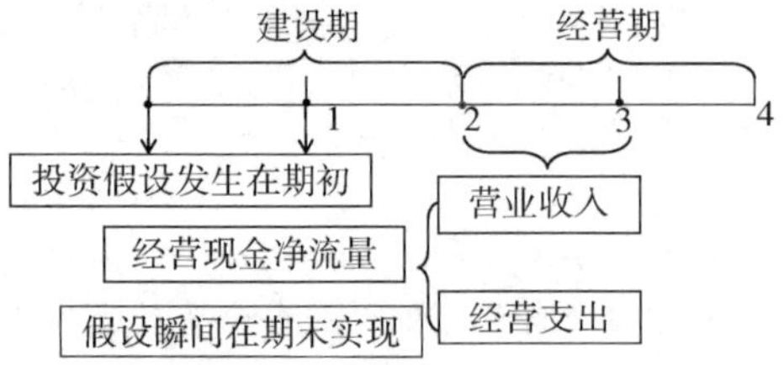

营业收入估算时一般不考虑赊销，而是假设营业收入都是现金收入

4. 现金流量与项目计算期关系

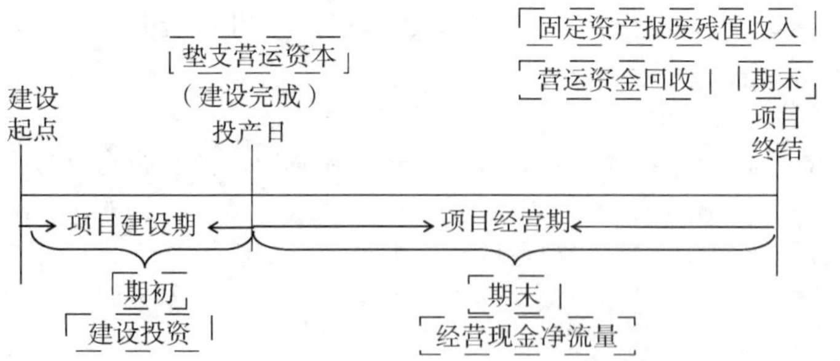

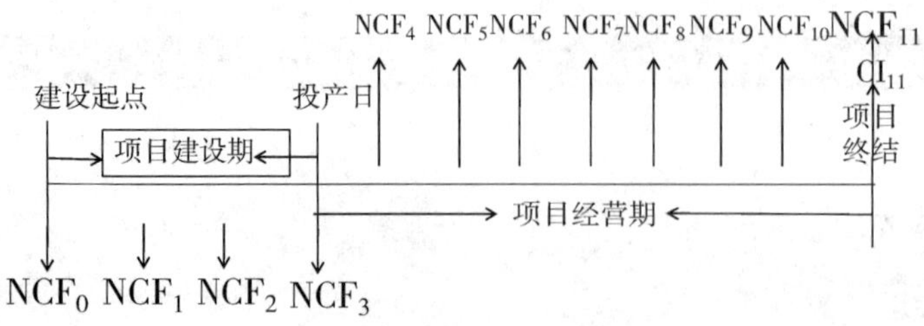

（二）所得税及折旧对现金流量的影响

1. 税后费用与税后收入概念

税后收入＝税前收入 ×（1－所得税税率）

税后费用＝税前费用 ×（1－所得税税率）

2. 折旧的抵税作用

现金流量与税后费用出现较大差异的原因是，非付现费用从现金流量的角度考虑，只有非付现费用的抵税金额。

税前费用

付现费用　　非付现费用　折旧与摊销

税前付现费用　　税前非付现费用

税后付现费用　　税后非付现费用

现金流量　　现金流量

（三）项目现金流量的估算

1. 初始建设期现金流量

（1）现金流构成

建设性投资	固定资产	勘察设计、厂房建设、设备购置与安装等方面的支出
	无形资产	企业土地使用权、商标权、专利、专有技术等方面的支出
	营运资金	项目运营后企业垫支于（经营性）流动资产的资金扣除经营性负债后的差额
原有固定资产的净残值收入	固定资产更新改造项目，原有固定资产报废残值收入扣除清理成本和税收影响后形成的净收益，作为建设性投资	
其他支出	包括项目的筹建费、开办费等，按现在的税法规定可在经营期第一年一次性列支	

（2）估算公式

现金净流量（NCF t）＝—该年建设性投资—其他支出

原有固定资产的净残值收入（设备更新决策），包括其纳税影响的计算。参见“终结期现金流量”中“固定资产的残值收入或变价收入”，原理完全一样。

（经营性）营运资金＝（经营性）流动资产—（经营性）流动负债

（经营性）营运资金增加额即为需要垫支的营运资金。

2. 经营现金流量（又称营业现金流量、经营期间现金流量）

（1）经营现金流主要包括项目

现金流入量	营业现金收入	项目投产后销售产品或提供劳务而使公司每年增加的现金销售收入
	非付现成本的抵税额	少缴纳的税金是公司少付的一部分现金，可将其视为一项税后现金流入
现金流出量	经营现金成本又称付现成本	指所有以现金支出的各种成本和费用，如材料费用、人工费用、设备修理费用等
	所得税	也是经营期的一项重要现金流出。**【注意】**其他各项税款，如消费税、印花税等也需要估算，但是应包含在经营成本中

【说明】本质上这些只有计算出来的经营现金净流量才能够算作项目的现金流量。

（2）经营现金净流量（属于流入量）估算

①不含所得税的总成本费用（即税前经营成本）

税前经营成本
含利息和所得税的总成本费 → 付现 → 付现营业费用
含利息和所得税的总成本费 → 不付现 → 非付现费用 固定资产折旧、无形资产摊销
↓
$Vc \times Q + F$

【注意】这里的付现费用就是教材的"经营成本"。同时这点里税前经营成本就是教材公式里的总成本。

②息税前利润（记做 EBIT，又可称为税前经营利润）与税前经营现金流量

EBIT（税前经营利润、息税前利润）= 营业收入 − 不含利息和所得税的总成本费用（税前经营成本）

不含利息和所得税的总成本费用 = 付现营业费用 + 非付现费用（折旧+摊销额）

税前经营现金流量 = 营业收入 − 付现营业费用

= EBIT + 非付现费用

③经营现金净流量

经营现金净流量 = EBIT（税前经营利润） + 非付现费用 − 所得税 …………①

= EBIT（1−所得税率）（税后经营利润） + 非付现费用 …………②

【说明】由于只考虑营业活动，所以计算经营现金流量时，财务会计报表中的营业外收支、财务费用、投资收益、资产减值准备以及公允价值变动都不用考虑。

【注意】这里的税后经营利润，就是教材所说的税后净利。

经营现金净流量 = EBIT（1−所得税率）+ 非付现费用………②

= {营业收入 − 付现费用 − 非付现费用}（1−t）+ 非付现费用

= 营业收入 ×（1−t）− 付现费用 ×（1−t）+ 非付现费用 × t ……③

= 税后营业收入 − 税后付现费用 + 非付现费用（折旧）抵税

经营现金净流量 = 营业收入 − 付现营业费用（教材经营成本） − 所得税 ……①

= EBIT + 非付现费用 − 所得税 ………… ②

= EBIT（1−所得税率）（税后经营利润、教材税后净利） + 非付现费用 ……… ③

= 营业收入 ×（1−t）− 付现费用 ×（1−t）+ 非付现费用 × t …… ④

= 税后营业收入 − 税后付现费用 + 非付现费用（折旧）抵税

3. 终结期现金流量

（1）主要包括

固定资产的残值收入或变价收入、原有垫支在各种流动资产上的资金收回、停止使用的土地的变价收入等。

（2）估算公式

终结期现金流量＝固定资产的残值收入＋土地的变价收入＋收回的营运资本

【说明】终结期一般包括最后一年的经营期重合，所以的一般最后一年的现金流量包括经营现金流量，不过该经营现金流量不属于终结期现金流量。

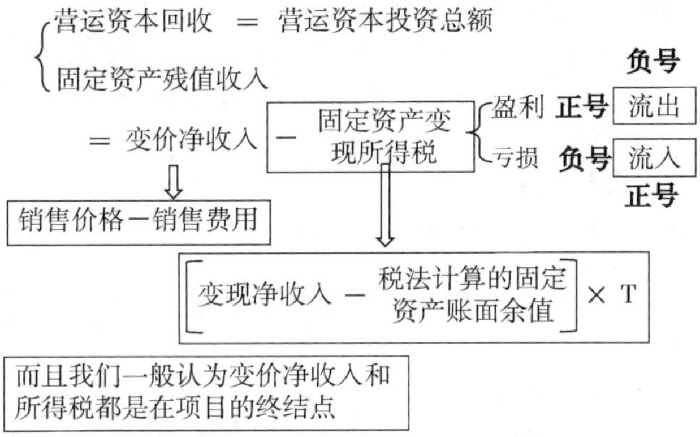

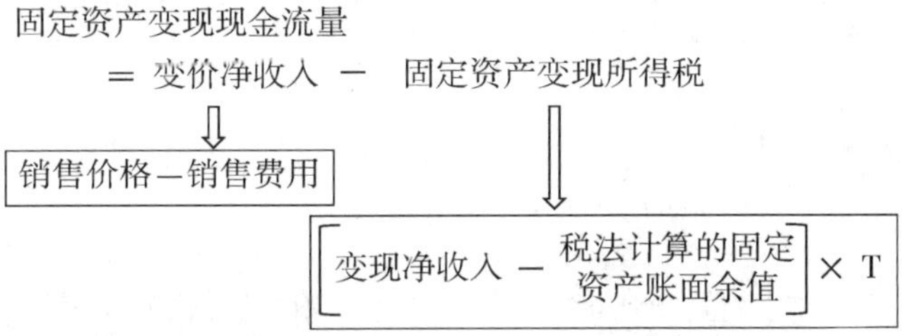

【说明】①当处置资产盈利时，需要向国家缴纳税金。固定资产变现所得税大于零，从而变现所得税为现金流出。

②当处置资产亏损时，可以抵交盈利应该缴纳的所得税。从而变现所得税为现金流入。

（四）现金流量估算中应注意的问题

1. 项目现金流量分析最基本的原则，判断增量（又称相关）现金流量

所谓相关现金流量，就是决定采纳该项目所导致的公司现金流量的改变量，这种改变量也就是公司现有现金流量的增加（减少）量。所以，相关现金流量又被称为增量现金流量。

在财务评价中，只有增量现金流才是与项目相关的现金流。

2. 利息费用和其他融资成本，不单独在项目的增量现金流量中考虑

3. 关联现金流量：新项目对原有项目产生不利（或有利）影响的，不利（或有利）影响额应作为新项目现金流出量（或现金流入量）

4. 机会成本视作现金流出量

机会成本，是指一项经济资源因选择了某一使用方案而放弃其他使用方案时，被放弃方案的预期收益。在投资决策中，我们不能忽视机会成本。

5. 沉没成本与投资决策无关，不构成项目的现金流量

6. 其他需要注意的因素

（1）非付现成本抵税金额作为现金流入量。

（2）所得税属于现金流出量，需要计算税后现金流量。

（3）营运资金的垫支与回收，分别属于现金流出量和现金流入量。

二、选编例题

【例 1 · 单选题】甲公司拟投资某项目，一年前花费 10 万元做过市场调查，后因故中止。现重启该项目，拟使用闲置的一间厂房，厂房购入时价格 2000 万元，当前市价 2500 万元，项目还需要投资 500 万元购入新设备，在进行该项目投资决策时，原始投资额是（　　）万元。

A.2 510　　B.2 500　　C.3 000　　D.3 010

【例 2 · 单选题】已知某完整工业投资项目的固定资产投资为 2000 万元，无形资产投资为 200 万元，开办费投资为 100 万元。预计投产后第二年的总成本费用为 1000 万元，同年的折旧额为 200 万元、无形资产摊销额为 40 万元，开办费在投产第一年全部摊销，计入财务费用的利息支出为 60 万元，则投产后第二年用于计算经营现金流量的付现成本为（　　）万元。

A.1 300　　B.760　　C.700　　D.300

【例 3 · 单选题】下列关于投资项目经营现金净流量预计的各种作法中，不正确的是（　　）。

A. 经营现金净流量等于税后经营净利润加上折旧

B. 经营现金净流量等于营业收入减去付现成本再减去所得税

C. 经营现金净流量等于税后营业收入减去税后付现成本再加上折旧抵税额

D. 经营现金净流量等于营业收入减去营业成本再减去所得税

【例 4 · 单选题】某投资项目某年的营业收入为 600 000 元，付现成本为 400 000 元，折旧额为 100 000 元，所得税税率为 25%，则该年经营现金净流量为（　　）元。

A.250 000　　B.175 000　　C.75 000　　D.100 000

【例 5 · 单选题】某公司预计 M设备报废时的净残值为 3 500 元，税法规定的净残值为 5 000 元，所得税税率为 25%，则该设备报废引起的预计现金净流量为（　　）元。

A.3 125　　B.3 875　　C.4 625　　D.5 375

【例 6 · 单选题】下列各项中，不属于投资项目现金流出量内容的是（　　）。

A. 固定资产投资　　B. 折旧与摊销

C. 无形资产投资　　D. 新增经营成本

【例 7 · 单选题】企业拟投资一个完整工业项目，预计第一年和第二年相关的流动资产需用额分别为 2 000 万元和 3 000 万元，两年相关的流动负债可用额分别为 1 000 万元和 1 500 万元，则第二年营运资金垫支应为（　）万元。

A.2 000　　B.1 500　　C.1 000　　D.500

知识点 2 选编例题答案

1.【答案】C

【解析】本题中的市场调查费用和厂房的购置成本都属于沉没成本，属于非相关成本，所以，项目原始投资额＝2 500 + 500 = 3 000（万元）。

2.【答案】C

【解析】某年付现成本＝该年的不包括利息和所得税的总成本费用－该年折旧额、无形资产和开办费的摊销额＝（1 000－60）－（200+40）= 700（万元）。

3.【答案】D

【解析】注意掌握经营现金净流量公式的变形。

4.【答案】B

【解析】知识点：项目现金流量。

年经营现金净流量＝税后年营业收入－税后年付现成本＋非付现成本抵税＝ 600 000×（1－25%）－400 000×（1－25%）+100 000×25%= 175 000（元）

或者，年经营现金净流量＝税后净利＋非付现成本＝（600 000－400 000－100 000）×（1－25%）+100 000 = 175 000（元）

5.【答案】B

【解析】知识点：项目现金流量。该设备报废引起的预计现金净流量＝报废时净残值－（报废时净残值－税法规定的净残值）×所得税税率＝ 3 500－（3 500－5 000）×25%= 3 875（元）

6.【答案】B

【解析】折旧与摊销属于非付现成本，并不会引起现金流出企业，所以不属于投资项目现金流出量内容。

7.【答案】D

【解析】流动资金投资额＝本年流动资金需用数—截至上年的流动资金投资额，第一年营运资金垫支＝第一年的流动资金投资额＝2 000—1 000 ＝ 1 000（万元），第二年的流动资金需用额＝ 3000—1 500 ＝ 1 500(元)，第二年营运资金垫支＝第二年流动资金投资额＝ 1 500—1 000 ＝ 500（万元）。

【知识点 3】项目投资决策方法

一、知识点精讲

（一）折现现金流量法

1. 净现值法

（1）净现值含义与原理

净现值法是指以净现值（Net Present Value，NPV）指标作为项目评价标准的财务评价方法，它是投资决策中最常用的决策方法。

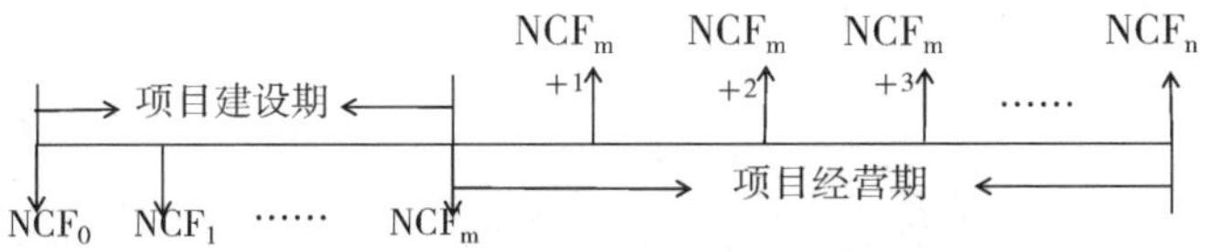

利润 ＝ 收入 － 费用

净现值（NPV）＝ 净流入量折现和 － 净流出量折现和 ＝ 该投资净赚现金在起始点（0点）的价值

（2）净现值计算公式

$$\text{净现值}(NPV) = \text{净流入量折现和} - \text{净流出量折现和}$$

$$= \sum_{t=m+1}^{t=n} \frac{NCF_t}{(1+i)^t} + \sum_{t=0}^{t=m} \frac{NCF_t}{(1+i)^t}$$

$$= \text{经营期现金净流量折现和} + \text{各年投资现金流量折现和} \sum_{t=0}^{t=m} \frac{I_t}{(1+i)^t}$$

$$= \sum_{t=0}^{t=n} \frac{NCF_t}{(1+i)^t} = \sum_{t=0}^{t=n} NCF_t \times (P/F,i,t)$$

【说明】各年投资现金流量折现和就是原始投资额现值，经营期净现金流量折现和就是未来现金净流量现值。

（3）净现值法的决策原理

独立项目	对于独立项目而言，净现值大于等于零，说明投资收益能够弥补投资成本，则项目可行；反之，则项目不可行
互斥项目	对于互斥项目，应选择净现值大于零中的最大者

（4）净现值法的优缺点

优点	①考虑了货币的时间价值。 ②考虑了投资风险的影响。这是因为折现率无论选择资本成本还是选择投资者要求的必要收益率，都包括了对风险因素的考虑。风险较大的投资项目，其选用的折现率较高。 ③反映了财富绝对值的增加
局限性	①不能直接显示各投资项目本身可能达到的实际收益率。 ②在互斥项目决策中，没有考虑互斥项目的投资规模差异，从而不能说明单位投资所取得的净现值是多少。 ③折现率的确定比较困难，而其正确与否对净现值的影响至关重要

2. 现值指数法

（1）现值指数法含义

又称获利指数法，是以现值指数（Profit ability Index，PI）作为项目评价标准的财务评价方法。

现值指数是指投资项目未来现金流量的总现值与项目投资额的现值之比。它反映了项目的投资效率，即投入1元初始投资所获得的未来现金流的现值，因此，该值大于1等于1，项目可行。

（2）现值指数的计算

净现值（NPV）绝对指标 $=\sum_{t=m+1}^{t=n}\frac{NCF_t}{(1+i)^t}+\sum_{t=0}^{t=m}\frac{NCF_t}{(1+i)^t}$

=未来现金净流量限值-原始投资额限值

现值指数（PI）相对指标 $=\frac{\sum_{t=m+1}^{t=n}\frac{NCF_t}{(1+i)^t}}{-\sum_{t=0}^{t=m}\frac{NCF_t}{(1+i)^t}}=\frac{\sum_{t=m+1}^{t=n}\frac{NCF_t}{(1+i)^t}}{\sum_{t=0}^{t=m}\frac{I_t}{(1+i)^t}}$

PI接近于动态总投资收益率但是并不相等

（3）现值指数法的决策原理

独立项目	现值指数大于、等于1，表明未来现金流入的总现值超过、等于初始投资的现值，项目可行；反之，项目不可行
互斥项目	在同等投资规模下，现值指数越大，净现值就越大，项目对公司越有利，因此应该选择现值指数最大的项目

（4）现值指数法的优缺点

优点	考虑了货币的时间价值，能够真实地反映投资项目的盈亏程度； 由于现值指数是用相对数来表示的，所以可以反映长期投资项目的投资效率
缺点	该方法无法反映投资项目本身的收益率水平，且对不同规模互斥项目的选择方面会产生误导性结果

3. 内含报酬率法

（1）内含报酬率含义

内含报酬率法是以内含报酬率（Internal Rate of Return，IRR）作为项目评价标准的财务评价方法。内含报酬率就是使投资项目的净现值等于零时的折现率。

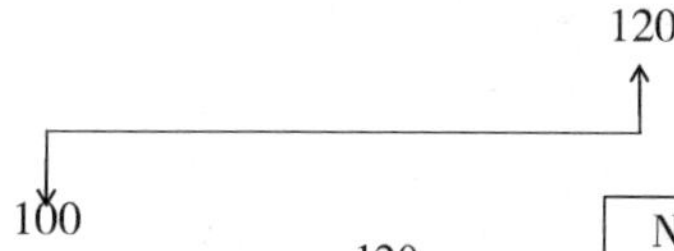

NPV即为超额回报

NPV＝0时，i即为内含报酬率IRR

i＝10%　$NPV=\frac{120}{1+10\%}-100$

i＝20%　$NPV=\frac{120}{1+20\%}-100$

i＝30%　$NPV=\frac{120}{1+30\%}-100$

●项目收益率，即为内含报酬率

●只考虑项目自身回报，而不受资金来源、折现率等影响

PI和NPV受折现率i的影响，i越大，则PI越小
所以PI不能够反映真实的报酬率

（2）内含报酬率的计算

$$\sum_{t=m+1}^{n}\frac{NCF_t}{(1+IRR)^t}-\sum_{t=0}^{m}\frac{I_t}{(1+IRR)^t}$$

$$\text{净现值}(NPV)=\sum_{t=m+1}^{t=n}\frac{NCF_t}{(1+i)^t}+\sum_{t=0}^{t=m}\frac{NCF_t}{(1+i)^t}$$

求i，使得NPV=0　$\begin{cases}IRR>i \quad NPV>0 & \text{项目可行}\\ IRR=\text{项目的折现率}i \quad NPV=0 & \text{项目仅仅达到了投资人的基本回报要求}\end{cases}$

⇓

内插法　$i=IRR$

（3）内含报酬率法的决策原理

独立项目	只要内含报酬率大于或等于公司确定的基准收益率，则投资项目可行；反之，则项目不可行。 公司确定基准收益率的依据与折现率相同，可以是投资者要求的必要收益率、机会成本、加权资本成本或行业平均收益率
互斥项目	通常选择内含报酬率较高的项目

（4）内含报酬率法的优缺点

优点	考虑了货币的时间价值，能正确反映投资项目本身实际能达到的真实报酬率
缺点	应用这一方法所得出的决策结论，有时会出现歧义或错误

（二）非折现现金流量法

1. 投资回收期法

（1）定义

指投资引起的未来现金净流量累计到与初始投资总额相等所需要的时间。它代表收回投资所需要的年限。

$$\sum_{t=0}^{t=?}\frac{NCF_t}{(1+i)^t}=0 \qquad \sum_{t=0}^{t=?}NCF_t=0$$

动态回收期　　静态回收期

回收年限越短，项目越有利。

（2）静态投资回收期

①计算公式

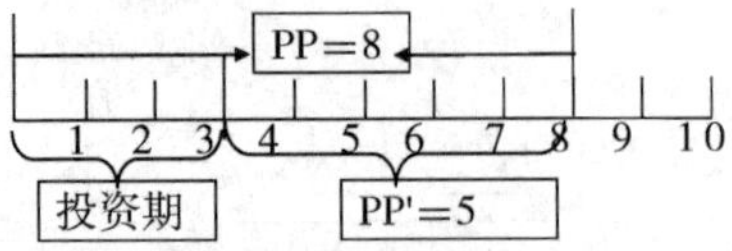

一次支出，每年现金净流量相等时

$$\text{不含建设期投资回收期（PP'）}=\frac{\text{初始投资总额}}{\text{每年经营现金净流量}}$$

$$\text{含建设期投资回收期（PP）}=\text{PP'+投资期}$$

每年现金净流量不相等，则

$$\text{含建设期投资回收期（PP）}=\left(\text{累计现金净流量首次为正的年份}-1\right)+\frac{\text{累计现金净流量首次为正的年份前一年的累计现金净流量的绝对值}}{\text{累计现金净流量首次为正的年份当年的现金净流量}}$$

$$=\text{最后一次为负值的累计现金净流量对应的年数}+\frac{\text{最后一次为负值的累计现金净流量绝对值}}{\text{次年现金净流量}}$$

（分子：**该年末尚未回收的投资**）

②静态投资回收期法的决策原理

决策者在判定投资项目是否可行时，一般会事先设定一个可接受的投资回收期，称为基准回收期。通常可以按项目期限的一半作为基准回收期。

独立项目	只要投资项目回收期短于基准回收期，则项目可行；反之，则不可行
互斥项目	首先应考虑其回收期是否短于设定的期限，然后选择回收期最短的投资项目

③静态投资回收期法的优缺点

优点	Ⅰ.计算简便，容易理解； Ⅱ.可以用于衡量投资方案的相对风险。 一般来讲，投资回收期越短，说明该项投资在未来时期内的风险.越小，从而可避免将来经营环境变化的不利影响；反之，风险越大
缺点	Ⅰ.忽略了整个项目期间的现金流量。 回收期法既不考虑回收期内现金流量的时间序列，也忽略了回收期后的项目现金流量，不能反映项目的盈利能力。 Ⅱ.没有考虑时间价值

（3）动态投资回收期

考虑资金时间价值后的项目投资回收期相对变长。

尽管如此，动态投资回收期法虽然考虑了货币时间价值，但它的其他缺陷依然存在。

在一般情况下，它只适宜作为财务评价的辅助方法。

2. 会计报酬率法

（1）定义

会计报酬率法是通过计算会计报酬率指标，并与必要报酬率进行比较，从而进行投资决策的一种评价方法。

（2）计算公式

$$会计报酬率=\frac{年平均经营现金净流量}{投资总额}\times100\%$$

（3）决策原理

独立项目	会计报酬率大于等于必要报酬率，项目可行；会计报酬率小于必要报酬率，项目不可行
互斥项目	会计报酬率越高项目越优，企业应当选择会计报酬率最高的项目进行投资

（4）优缺点

优点	简单明了并易于理解
缺点	由于没有考虑货币的时间价值，会高估项目的真实报酬率，导致对项目的判断过于乐观，因此只能在项目初选时作为辅助方法使用

（三）项目投资决策方法的比较

1. 净现值法与现值指数法的比较

（1）在评价独立项目与同等规模下的互斥项目时，结论是一致的；

（2）在评价规模不同的互斥项目时得到的结论有可能不同

资金无限制	以净现值为准
资金受限制	公司应按照现值指数的大小排序，选择净现值之和最大的投资项目组合，以保证公司获得最大的收益，增加股东财富

2. 净现值法与内含报酬率法的比较（最常用的两种方法）

理论上认为，净现值法优于内含报酬率法。其理由主要有：

（1）内含报酬率下的再投资利率假定不合理。

①对于独立投资项目，内含报酬率的评价结果始终与净现值法的结果是一致的；

②评价互斥项目时，使用内含报酬率法有内在缺陷，其决策结果与净现值法也可能产生矛盾。

其原因在于内含报酬率法下的再投资利率假定不合理。在不同折现率的情况下，净现值法总是正确的，而内含报酬率法有时会得出错误的结论。

因此，当对互斥项目进行评价时，应以净现值法作为决策的规则。

（2）投资规模因素会使内含报酬率法得出的决策结论不合理。

（3）非正常现金流量下的多根问题（了解即可）

所谓非正常现金流量是指投资项目未来现金流量的正负值交替出现两次或两次以上变化的现金流量。

在用内含报酬率法进行项目评估时，计算过程中会出现两个或两个以上的多根解，且没有一个根解是正确的。

（4）利用IRR法可能出现的决策错误（了解即可）

二、选编例题

【例1·多选题】甲公司拟在华东地区建立一家专卖店，寿命期6年，资本成本8%。初始现金流量是一次性投入的。该投资现值指数小于1。下列关于该投资的说法中，正确的有（　　）。

A. 内含报酬率小于8%　　B. 折现回收期小于6年

C. 会计报酬率小于8%　　D. 净现值小于0

E. 净现值大于0

【例2·多选题】在其他因素不变的情况下，下列财务评价指标中，指标数值越大表明项目可行性越强的有（　　）。

A. 净现值　　B. 现值指数

C. 内含报酬率　　D. 静态投资回收期

E. 动态投资回收期

【例 3 · 多选题】甲公司拟投资一条生产线，项目投资在初始时发生，没有建设期。该项目投资期限 5 年，资本成本 12%，净现值 200 万元。下列说法中，正确的有（　　）。

A. 项目现值指数大于 1　　B. 项目动态投资回收期大于 5 年

C. 项目会计报酬率大于 12%　　D. 项目内含报酬率大于 12%

E. 项目静态投资回收期大于 5 年

【例 4 · 单选题】某投资项目各年的预计净现金流量分别为：$NCF_0 = -200$ 万元，$NCF_1 = -50$ 万元，$NCF_{2\sim3} = 100$ 万元，$NCF_{4\sim11} = 250$ 万元，$NCF_{12} = 150$ 万元，则该项目包括建设期的静态投资回收期为（　　）。

A.2.0 年　　B.2.5 年　　C.3.2 年　　D.4.0 年

知识点 3 选编例题答案

1.【答案】AD

【解析】现值指数小于 1 意味着净现值小于 0，内含报酬率小于资本成本，因此选项 A、D的说法正确；因为净现值小于 0，而按照折现回收期是不能够在寿命期内收回成本的，因此折现回收期大于本题的寿命期 6 年，选项 B的说法错误；根据题目条件，会计报酬率无法确定，选项 C的说法错误。

2.【答案】ABC

【解析】知识点：项目投资决策方法。用回收期指标评价方案时，回收期越短越好。

3.【答案】AD

【解析】知识点：项目投资决策方法。净现值大于 0，说明现值指数大于 1，内含报酬率大于资本成本，静态和动态投资回收期均小于项目投资期限。会计报酬率的分子是年平均经营现金净流量，因不知发生在何时，难以判断会计报酬率与资本成本的关系。

4.【答案】C

【解析】知识点：项目投资决策方法。包括建设期的静态投资回收期（PP）＝最后一项为负值的累计净现金流量对应的年数 +最后一项为负值的累计净现金流量绝对值 /下一年度净现金流量＝ 3+50/250 ＝ 3.2 年，所以本题正确答案为 C。

【知识点 4】项目投资决策应用

一、知识点精讲

（一）独立投资方案★★

含义	独立投资方案决策是指对两个或两个以上互不依赖、可以并存的投资项目进行选择。
决策原则	1.只要自身相关指标达到评价标准就可行 2.独立投资方案需要解决优先顺序的问题 （1）资金无限量，可以用内含报酬率法或现值指数法进行项目排序 （2）资金有限量，先按内含报酬率法或现值指数法进行项目排序，然后选择净现值最大的投资组合

（二）互斥投资方案

1. 含义

互斥投资方案决策是指对两个或两个以上相互排斥、不可并存的投资项目进行选择，其实质是在两个或两个以上的方案中选出最优方案。

2. 决策原则

项目期限相等	不论项目投资额的大小，应该选择净现值最大的项目	
项目期限不同	共同项目期限法（可持续经营假设）	一般可以选择两个不同期限的项目的最小公倍数，作为共同的项目期限。期限项目收回投资后还可以按照原有的状态再投资
	等额年金法（实际是就是年均NPV）	指根据等额年金指标判断项目可行性的一种方法。等额年金净现值的计算公式如下： 等额年金=净现值/((P/A，i，n)) 多个互斥项目选择，以等额年金最大为原则

（三）固定资产更新决策★★★

1. 固定资产更新决策的特殊性

（1）现金流量特殊性

①如果新旧设备生产能力相同，从而营业收入相同，属于决策无关因素

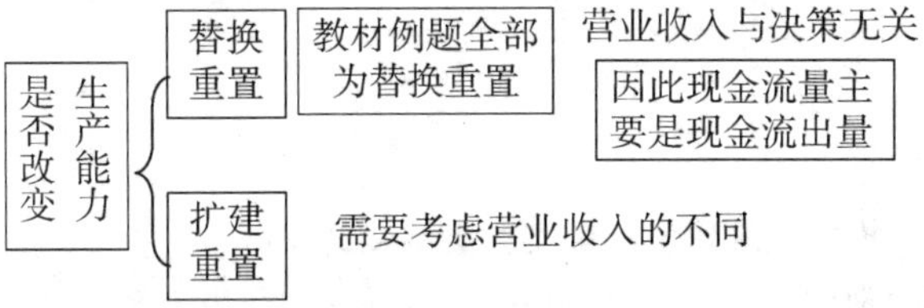

②旧设备的投资额的变现现金流量（变价收入与所得税）作为初始投资额

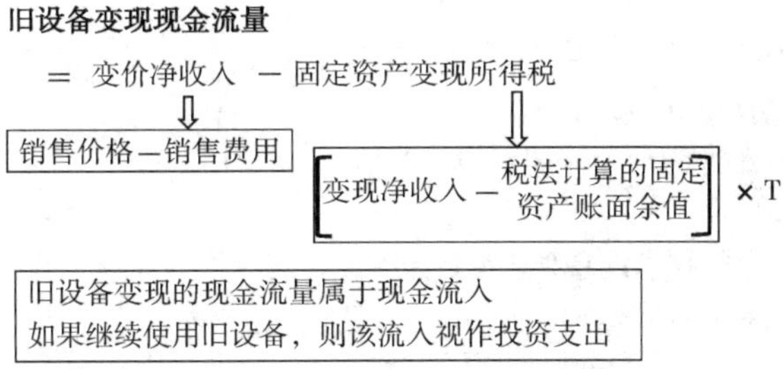

（2）决策原则

①新旧设备寿命期限（项目计算期）相等时

选择净现值大的方案，由于收入无关，计算选择现金净流出量现值小的方案。

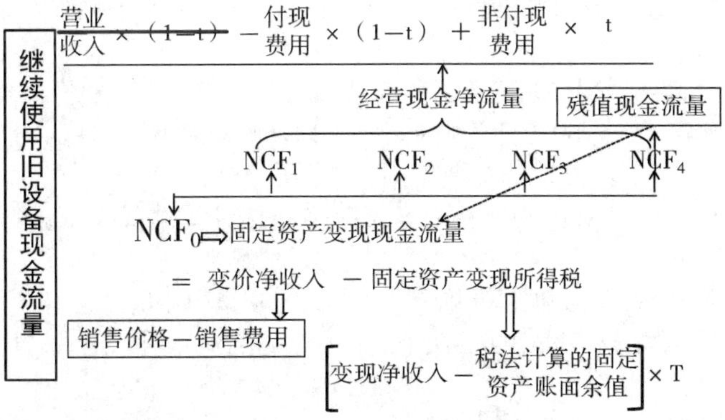

②新旧设备寿命期限（项目计算期）不相等时

选择等额年金最大的项目，由于收入无关，选择等额年金成本最小的方案。

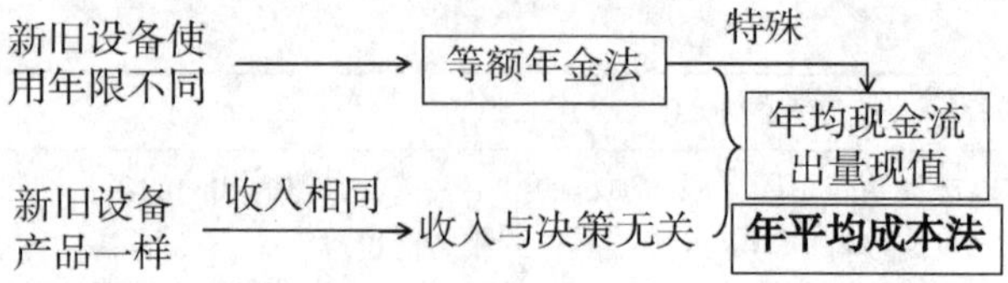

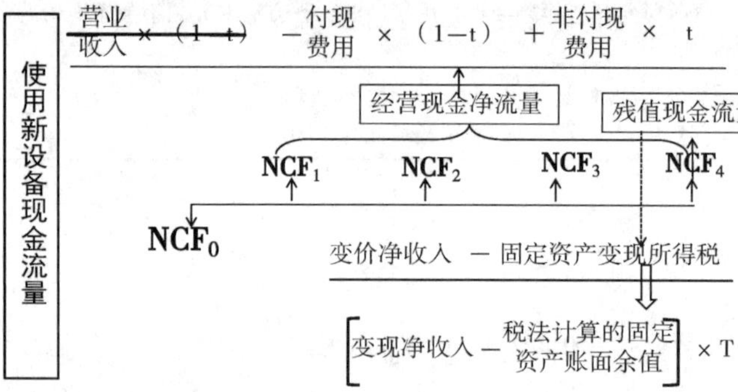

2. 寿命期限相等时的更新决策

（1）新设备的现金净流出量现值

$$新设备的现金净流出量现值=新设备原始投资额的现值+垫支营运资金的现值+\sum_{t=1}^{n}\frac{每年付现成本\times(1-所得税税率)-折旧\times所得税税率}{(1+i)^t}-\frac{税后净残值收入+营运资本回收额}{(1+i)^n}$$

税后净残值收入＝净残值收入 +变现净损失（或—变现净收益）×所得税税率

（2）旧设备的现金净流出量现值

$$旧设备的现金净流出量现值=旧设备税后变价收入的现值+垫支营运资金的现值+\frac{年付现成本\times(1-所得税税率)-年折旧\times所得税税率}{(1+i)^t}-\frac{税后净残值收入+营运资本回收额}{(1+i)^n}$$

旧设备税后变价收入＝旧设备变现净收入 +变现净损失（或—变现净收益）×所得税税率

二、选编例题

【例 1 · 单选题】有一投资项目，原始投资为 270 万元，全部投资均于建设起点一次投入，建设期为零，有效期为 5 年，每年可获得现金净流量 69 万元，则此项目的内部收益率为（　）。

A.8.23%　　B.8.77%　　C.7.77%　　D.7.68%

【例 2 · 单选题】下列各项因素中，不会对投资项目内含报酬率指标计算结果产生影响的是（　　）。

A. 原始投资额　　B. 资本成本　　C. 项目计算期　　D. 现金净流量

【例 3 · 单选题】对项目期限相同但原始投资额不同的两个互斥项目进行决策时，适宜采用的方法是（　　）。

A. 净现值法　　B. 回收期法　　C. 现值指数法　　D. 内含报酬率法

【例 4 · 多选题】运用年金成本法对设备重置方案进行决策时，应考虑的与旧设备有关的现金流量有（　　）。

A. 旧设备年付现成本　　B. 旧设备残值变价收入

C. 旧设备的初始购置成本　　D. 旧设备目前的变现价值

E. 旧设备年折旧抵税额

【例 5 · 单选题】在设备更换不改变生产能力且新旧设备未来使用年限不同的情况下，固定资产更新决策应选择的方法是（　　）

A. 净现值法　　B. 动态投资回收期法

C. 年金成本法　　D. 内含报酬率法

知识点 4 选编例题答案

1.【答案】B

【解析】根据内部收益率的计算方法可知，(P/A，IRR，5)＝ 270/69 ＝ 3.9130

经查表可知：(P/A，8%，5)＝ 3.9927；(P/A，9%，5)＝ 3.8897。运用内插法可知：

（IRR －8%）/（9%－8%）＝（3.9130－3.9927）/（3.8897－3.9927）

IRR＝ 8%＋（3.9927－3.9130）/（3.9927－3.8897）×(9%－8%)＝ 8.77%

2.【答案】B

【解析】本题考核内含报酬率。内含报酬率，是指对投资方案未来的每年现金净流量进行贴现，使所得的现值恰好与原始投资额现值相等，从而使净现值等于零时的贴现率。是不受资本成本影响的，所以本题答案为选项 B。

3.【答案】A

【解析】知识点：互斥投资方案决策。互斥投资方案决策应以经济效益最大化为原则，因此净现值法是进行项目优选的基础。对于期限相等的互斥项目，不论原始投资额的大小，应该选择净现值最大的项目。

4.【答案】ABDE

【解析】知识点：固定资产更新决策。旧设备的初始购置成本是沉没成本，不用考虑。

5.【答案】C

【解析】知识点：固定资产更新决策。由于设备更换不改变生产能力，所以不会增加企业的现金流入，由于没有适当的现金流入，因此，无论哪个方案都不能计算其净现值和内含报酬率，即选项 A 和选项 D不是答案。如果新旧设备未来使用年限相同，则可以比较现金流出总现值；如果新旧设备未来使用年限不同，为了消除未来使用年限的差异对决策的影响，较好的分析方法是比较继续使用和更新的平均年成本（年金成本＝现金流出量现值 /年金现值系数），以较低者作为好方案，所以选项 C 是答案。由于折现回收期法并没有考虑回收期以后的现金流量，所以，选项 B不是答案。

【知识点 5】证券投资的风险★

一、知识点精讲

（一）证券投资的目的

1. 分散资金投向，降低投资风险；
2. 利用闲置资金，增加企业收益；
3. 稳定客户关系，保障生产经营；
4. 提高资产流动性，增强偿债能力。

（二）证券投资的风险

1. 市场利率与证券资产价格的关系

市场利率反映了社会平均报酬率，投资者对证券资产投资报酬率的预期总是在市场利率基础上进行的，只有当证券资产投资报酬率大于市场利率时，证券资产的价值才会高于其市场价格。

一旦市场利率提高，就会引起证券资产价值的下降，投资者就不易得到超过社会平均报酬率的超额报酬。

市场利率的变动会造成证券资产价格的普遍波动，两者呈反向变化：市场利率上升，证券资产价格下跌；市场利率下降，证券资产价格上升。

2. 证券资产投资的风险构成

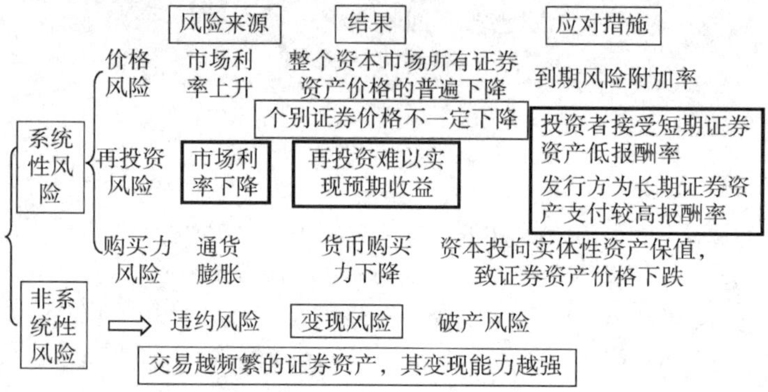

二、选编例题

【例 1 · 单选题】对债券持有人而言，债券发行人无法按期支付债券利息或偿付本金的风险是（　　）。

A. 流动性风险　　B. 系统风险　　C. 违约风险　　D. 购买力风险

【例 2 · 单选题】持续通货膨胀期间，投资人将资本投向实体性资产，减持证券资产。这种行为所规避的证券投资风险类别是（　　）。

A. 经营风险　　B. 变现风险　　C. 再投资风险　　D. 购买力风险

知识点 5 选编例题答案

1.【答案】C

【解析】知识点：证券投资的风险。违约风险是指证券资产发行者无法按时兑付证券资产利息和偿还本金的可能性。

2.【答案】D

【解析】知识点：证券投资的风险。证券资产是一种货币性资产，通货膨胀会使证券资产投资的本金和收益贬值，名义报酬率不变而实际报酬率降低。购买力风险对具有收款权利性质的资产影响很大。如果通货膨胀长期延续，投资人会把资本投向实体资产以求保值，对证券资产的需求量减少，引起证券资产价格下跌。

【知识点 6】债券投资管理★★★

一、知识点精讲

（一）债券的估值

1. 基本原理

债券的内在价值，又称债券的理论价值，是指债券未来现金流入量的现值。债券未来现金流入量包括未来收取的利息和回收的本金。

只有债券价值大于其购买价格时，该债券才值得投资。因此，债券的估值是债券投资决策的基础和前提。

2. 债券估值通用模型（补充的内容）

债券的价值是发行者按照合同规定从现在至债券到期日所支付的款项的现值。

计算现值时使用的折现率，取决于当前等风险投资的市场利率。

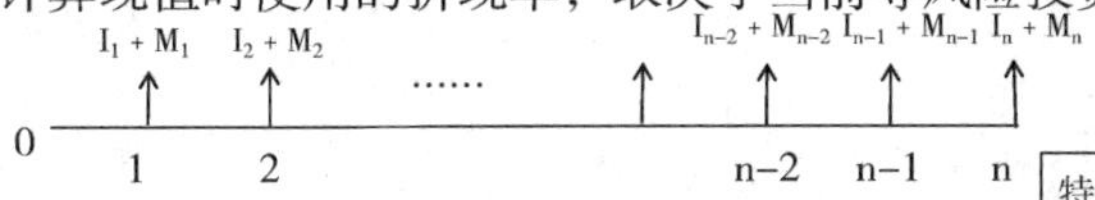

特别注意

I_t ⟶ 法定应收利息

=票面值×计息期票面利率

M_t ⟶ 该年回本金额

这里计算利息的利率以及折现率K的时间长度都是计息期，计息期长度不一定是年度

票面利率本质上是报价利率。

$$V_b=\frac{I_1+M_1}{1+K}+\frac{I_2+M_2}{(1+K)^2}+\cdots\cdots+\frac{I_n+M_n}{(1+K)^n}$$

3. 债券估价的基本模型（通用模型特殊化，仅适用于典型债券）

典型的债券类型，是有固定的票面利率、每期支付利息、到期归还本金的债券。

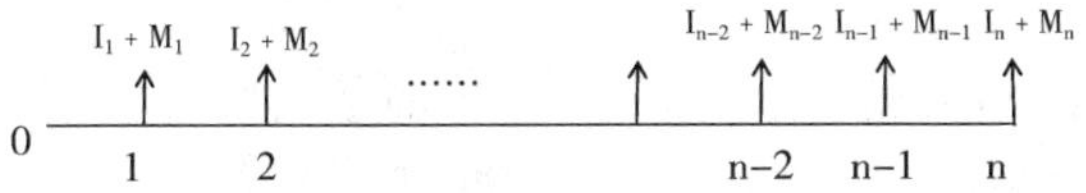

每期计算并支付利息、到期归还本金

↓

M只在最后时间点有

此时计息期是年

则折现率也是年

$$V_b=\frac{I_1+M_1}{1+K}+\frac{I_2+M_2}{(1+K)^2}+\cdots\cdots+\frac{I_n+M_n}{(1+K)^n}$$

债券价值V_d

折现率K

4. 影响债券估值的基本因素

债券面值	债券面值是指债券设定的票面金额，它代表发行人借入并且承诺于未来某一特定日偿付债券持有人的金额。 债券面值包括两方面的内容： （1）票面币种，即以何种货币作为债券的计量单位 一般而言，在国内发行的债券，发行的对象是国内有关经济主体，则选择本国货币；若在国外发行，则选择发行地国家或地区的货币或国家通用货币（如美元）作为债券的币种。 （2）票面金额 票面金额对债券的发行成本、发行数量和持有者的分布有影响。票面金额小，有利于小额投资者购买，从而有利于债券发行，但发行费用可能增加；票面金额大，会降低发行成本，但可能减少发行量
债券票面利率（不同于实际利率）	债券票面利率，是指债券发行者预计一年内向持有者支付的利息占票面金额的比率。 票面利率不同于实际利率，实际利率是指按复利计算的一年期的利率
债券到期日	债券到期日，是指偿还债券本金的日期。债券一般都有到期日，以便到期时归还本金
债券的市场利率（折现率	率高，则债券对投资者缺乏吸引力，从而需要折价销售；市场利率低，则投资者都希望购买，发行方则溢价销售，当溢价金额等于票面利率与市场利率产生的利息差时，投资者不再抢购

（二）债券投资的收益率

1. 债券投资收益的来源

名义利息收益	债券各期的名义利息收益是其面值与票面利率的乘积
利息再投资收益	债券投资评价时，有两个重要的假定： （1）债券本金是到期收回的，而债券利息是分期收取的； （2）将分期收到的利息重新投资于同一项目，并取得与本金同等的利息收益率
价差收益	它是指债券尚未到期时投资者中途转让债券，在卖价和买价之间价差上所获得的收益，也称资本利得收益

2. 债券投资的内部收益率

（1）债券投资的内部收益率的含义

指按当前市场价格购买债券并持有至到期日或转让日所产生的预期报酬率，也就是债券投资项目的内含报酬率。

（2）债券投资的内部收益率的计算

①严格算法：内插法

在债券估值基本模型中，如果用债券的购买价格P代替内在价值V，就能求出债券的内部收益率。也就是说，用该内部收益率贴现所决定的债券内在价值，刚好等于债券目前的购买价格。

债券真正的内在价值是按市场利率贴现所决定的内在价值。只有按市场利率贴现所计算的内在价值大于按内部收益率贴现所计算的内在价值，债券的内部收益率才会大于市场利率，这正是投资者所期望的。

二、选编例题

【例1·单选题】对债券持有人而言，债券发行人无法按期支付债券利息或偿付本金的风险是（　　）。

A. 变现风险　　B. 系统风险　　C. 违约风险　　D. 购买力风险

【例2·多选题】在其他条件不变的情况下，关于单利计息、到期一次还本付息的可转换债券的内含报酬率，下列各项中正确的有（　　）。

A. 债券期限越长，债券内含报酬率越高

B. 转换价格越高，债券内含报酬率越高

C. 转换比率越高，债券内含报酬率越高

D. 票面利率越高，债券内含报酬率越高

E. 债券面值越高，债券内含报酬率越高

【例3·多选题】某公司拟发行面值为1 000元、不计复利、5年后一次还本付息、票面利率为10%的债券，已知发行时资金市场的年利率为12%。该公司债券的发行价格为（　　）。元。

A.851.10　　B.907.84　　C.931.35　　D.993.44

【例4·单选题】市场利率上升时，固定利率债券价值的变动方向是（　　）。

A. 上升　　B. 下降　　C. 不变　　D. 随机变化

知识点6选编例题答案

1.**【答案】**C

【解析】违约风险是指证券资产发行者无法按时兑付证券资产利息和偿还本金的可能性。购买力风险是由于通货膨胀引起的。系统风险包括价格风险、再投资风险以及购买力风险。变现风险与交易的流动性也就是交易的频率有关。

2.**【答案】**CDE

【解析】知识点：债券投资的收益率。对于单利计息、到期一次还本付息的债券，债券期限越长，债券内含报酬率越低；转换价格越高，债券内含报酬率越低。债券面值越高，债券内含报酬率越高。

3.**【答案】**A

【解析】知识点：债券的估值。债券发行价格＝1 000×（1+10%×5）×（P/F，12%，5）＝851.1（元）

4.**【答案】**B

【解析】知识点：债券的估值。债券价值指的是未来现金流入量的现值，其中的折现率是市场利率，因此，市场利率上升，债券价值会下降。

【知识点 7】股票投资管理★★★

一、知识点精讲

（一）股票的估值（价格小于内在价值的股票，值得投资者购买）

1. 股票估值的通用模型（教材叫基本模型）

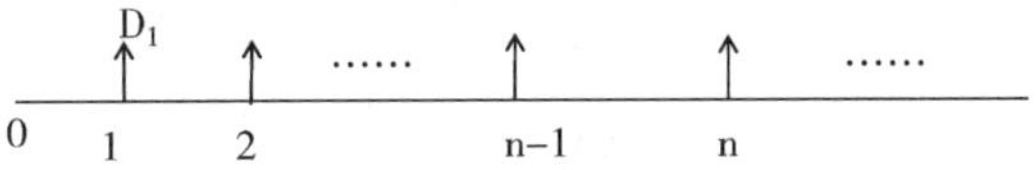

D_t ⟶ 股票投资后未来第t期股利

n ⟶ ∞

$$V=\frac{D_1}{1+K}+\frac{D_2}{(1+K)^2}+\cdots\cdots+\frac{D_n}{(1+K)^n}+\cdots\cdots$$

$$=\sum_{t=1}^{t=\infty}\frac{D_t}{(1+K)^t}$$

2. 基本模型的特殊化

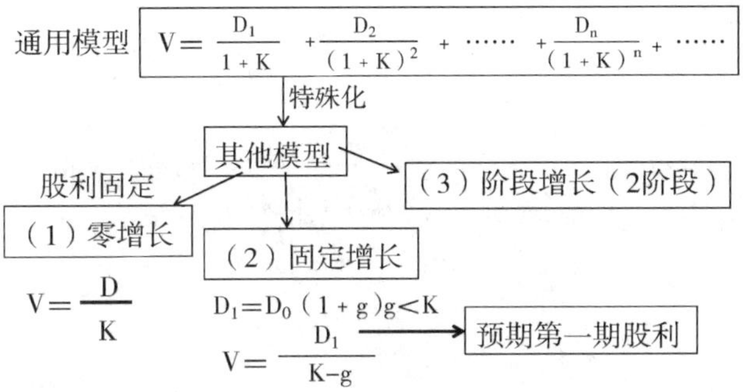

（3）阶段型增长（如第 2 阶段固定增长）

第一阶段现金流不规律，而后阶段股利固定不变或正常增长

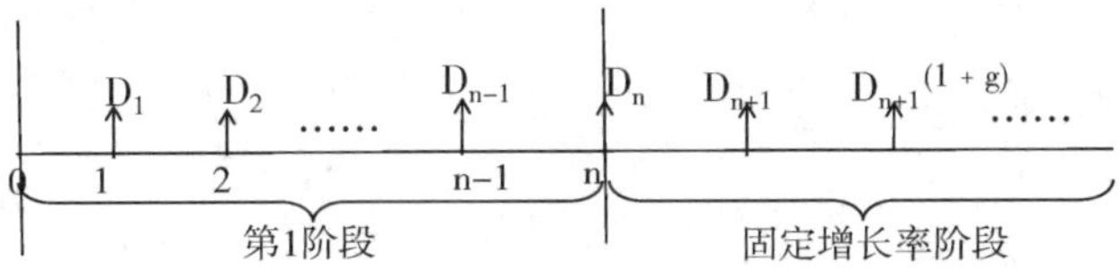

$$V=\sum_{t=1}^{n}\frac{D_t}{(1+K)^t}+\frac{D_{n+1}}{(K-g)(1+K)^n}$$

注意：这个公式本质上第二段就是一个固定增长率模型

【说明】优先股是特殊的股票，优先股股东每期在固定的时点上收到相等的股利优先股没有到期日，未来的现金流量是一种永续年金，其估值公式与零增长模型股票估值一样。

（二）股票投资的收益率

1. 股票收益的来源

股票投资的收益由股利收益、股利再投资收益、转让价差收益三个部分构成。

只要按货币时间价值的原理计算股票投资收益，就无需单独考虑再投资收益的因素。

2. 股票的内部收益率

股票的内部收益率，是使得股票未来现金流量现值等于目前购买价格时的贴现率，也就是股票投资项目的内含报酬率。

股票的内部收益率高于投资者所要求的最低报酬率时，投资者才愿意购买该股票。在固是增长股

票估值模型中，用股票的购买价格P0代替内在价值V，有

零增长股票

$$P_0=\frac{D}{K}\Rightarrow R=\frac{D}{P_0}$$

固定增长股票

$$P_0=\frac{D_1}{K-g}\Rightarrow R=\frac{D}{P_0}\rightarrow \text{到期收益率}\rightarrow \text{投资}$$

【注意】计算价值的公司V＝D/K，符合变为了P_0＝D/R。虽然二者从现金流量图上看起来一样，公式形式也一样（看上去仅仅是符号的变化），但是内涵变化了。V＝D/K，是已知D和K求股票的价值V；而P_0＝D/R，是已知P_0和D，求内涵报酬率也就是投资收益率R。

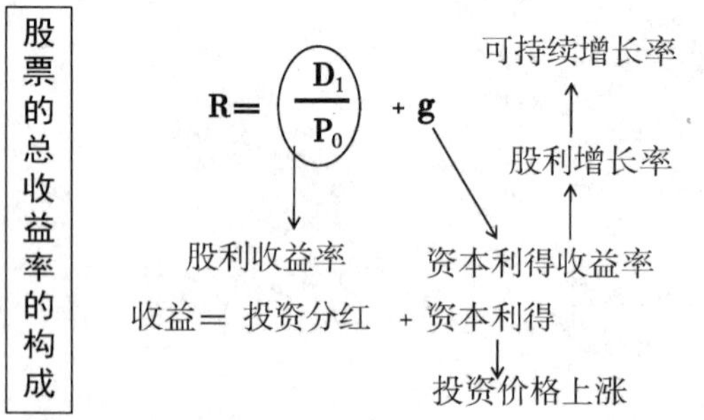

如果投资者不打算长期持有股票，而将股票转让出去，则股票投资的收益由股利收益和资本利得（转让价差收益）构成。这时，股票内部收益率R是使股票投资净现值为零时的贴现率，计算公式为

$$NPV=\sum_{t=1}^{n}\frac{D_t}{(1+R)^t}+\frac{P_n}{(1+R)^n}-P_0=0$$

二、选编例题

【例1·单选题】甲、乙公司已进入稳定增长状态：甲公司目前股票价格每股30元，股利稳定增长率6%，期望报酬率10%；乙公司目前股票价格每股40元，股利稳定增长率10%，期望报酬率14%。下列关于甲、乙股票投资的说法中，正确的是（　　）。

A.甲、乙股票预期股利相同

B.甲、乙股票股利收益率相同

C.甲、乙股票预期资本利得相同

D.甲、乙股票资本利得收益率相同

【例2·单选题】甲公司已进入稳定增长状态，固定股利增长率4%，股东必要报酬率10%。公司最近一期每股股利0.75元，预计下一年的股票价格是（　　）元。

A.7.5　　B.12.5　　C.13　　D.13.52

【例3·单选题】假设资本市场有效，在股利稳定增长的情况下，股票的资本利得收益率等于该股票的（　　）。

A.股利收益率　　B.股利增长率　　C.期望收益率　　D.风险收益率

知识点7选编例题答案

1.【答案】B

【解析】知识点：股票投资的收益率。甲股票股利收益率＝10%－6%＝4%;乙股票股利收益率＝14%－10%＝4%。甲股票预期股利＝30×4%＝1.2（元/股）;乙股票预期股利＝40×4%＝1.6（元/股）.甲股票资本利得收益率＝6%;乙股票资本利得收益率＝10%。甲股票预期资本利得收益＝30×6%＝1.8（元/股）;乙股票预期股利＝40×10%＝4（元/股）

2.【答案】D

【解析】知识点：股票的估值。根据股利折现模型，下一年股票价格＝0.75×（1+4%）²/（10%－4%）＝13.52（元）。或：目前的股票价格＝0.75×（1+4%）/（10%－4%）＝13（元），由于在稳定状态下，股价增长率＝股利增长率，所以，下一年的股票价格＝13×（1+4%）＝13.52（元）。

3.【答案】B

【解析】知识点：股票投资的收益率。在资本市场有效的情况下，股票的总收益率可以分为两个部分：第一部分是 D_1/P_0，叫做股利收益率，它是根据预期现金股利除以当前股价计算出来的。第二部分是增长率 g，叫做股利增长率。由于股利的增长速度也就是股价的增长速度，因此，g可以解释为股价增长率、资本利得收益率或转让价差收益率。

同步强化训练题

一、单项选择题

1. 包括建设期的静态投资回收期是（　　）。

A. 净现值为零的年限　　B. 净现金流量为零的年限

C. 累计净现值为零的年限　　D. 累计净现金流量为零的年限

2. 年末 ABC公司正在考虑卖掉现有的一台闲置设备。该设备于 8 年前以 40 000 元购入，税法规定的折旧年限为 10 年，按直线法计提折旧，预计残值率为 10%，已提折旧 28 800 元；目前可以按 10 000 元价格卖出，假设所得税率 30%，卖出现有设备对本期现金流量的影响是（　　）。

A. 减少 360 元　　B. 减少 1 200 元　　C. 增加 9 640 元　　D. 增加 10 360 元

3. 某投资项目需在开始时一次性投资 50 000 元，其中固定资产投资 45 000 元、营运资金垫支 5 000 元，没有建设期。各年营业现金净流量分别为 10 000 元、12 000 元、16 000 元、20 000 元、21 600 元、14 500 元。则该项目的静态投资回收期是（　　）年。

A.3.35　　B.3.40　　C.3.60　　D.4.00

4. 持续通货膨胀期间，投资人将资本投向实体性资产，减持证券资产。这种行为所规避的证券投资风险类别是（　　）。

A. 经营风险　　B. 变现风险　　C. 再投资风险　　D. 购买力风险

5.（2021 真题）制造业企业发生的下列经济业务中，属于间接投资的是（　　）。

A. 购入原材料用于产品生产　　B. 为联营企业贷款提供担保

C. 以一项无形资产换入一台生产设备　　D. 购入债券并将其分类为交易性金融资产

6.（2021 真题）下列项目投资决策方法中，既适用于单个项目投资决策，又适用于资金量有限情况下多个独立项目投资决策，还适用于多个互斥项目投资决策的是（　　）。

A. 净现值法　　B. 等额年金法　　C. 内含报酬率法　　D. 动态投资回收期法

7. 通过购买证券进行多元化投资的目的是（　　）。

A. 分散资金投向，降低投资风险　　B. 利用闲置资金，增加企业收益

C. 稳定客户关系，保障生产经营　　D. 提高资产流动性，增强偿债能力

8. 某投资项目各年现金净流量按 13%折现时，净现值大于零；按 15%折现时，净现值小于零。则该项目的内含报酬率一定是（　　）。

A. 大于 14%　　B. 小于 14%　　C. 小于 13%　　D. 小于 15%

9. 债券内部收益率的计算公式中不包含的因素是（　　）。

A. 债券面值　　B. 债券期限　　C. 市场利率　　D. 票面利率

10. 某公司计划投资建设一条新生产线，投资总额为 60 万元，预计新生产线投产后每年可为公司

新增净利润 4 万元，生产线的年折旧额为 6 万元，则该投资的静态回收期为（　　）年。

A.5　　B.6　　C.10　　D.15

11. 已知某投资项目的原始投资额现值为 100 万元，净现值为 25 万元，则该项目的现值指数为（　　）。

A.0.25　　B.0.75　　C.1.05　　D.1.25

12. 下列各项中，其计算结果等于项目投资方案等额年金的是（　　）。

A. 该方案净现值 × 年金现值系数

B. 该方案净现值 × 年金现值系数的倒数

C. 该方案每年相等的净现金流量 × 年金现值系数

D. 该方案每年相关的净现金流量 × 年金现值系数的倒数

13. 假设折现率保持不变，溢价发行的平息债券自发行后债券价值（　　）。

A. 直线下降，至到期日等于债券面值

B. 波动下降，到期日之前可能等于债券面值

C. 波动下降，到期日之前可能低于债券面值

D. 波动下降，到期日之前一直高于债券面值

14. 某投资者购买 A公司股票，并且准备长期持有，要求的最低收益率为 11%，该公司本年的股利为 0.6 元 /股，预计未来股利年增长率为 5%，则该股票的内在价值是（　　）元 /股。

A.10.0　　B.10.5　　C.11.5　　D.12.0

15. 甲、乙公司已进入稳定增长状态，股票信息如下：

	甲	乙
最近一期每股股利	0.75 元	0.55 元
股利稳定增长率	6%	8%
股票价格	15 元	18 元

下列关于甲、乙股票投资的说法中，正确的是（　　）。

A. 甲、乙股票股利收益率相同　　B. 甲、乙股票股价增长率相同

C. 甲、乙股票资本利得收益率相同　　D. 甲、乙股票期望报酬率相同

二、多项选择题

1. 在项目计算期不同的情况下，能够应用于多个互斥投资方案比较决策的方法有（　　）。

A. 内涵报酬率法　　B. 等额年金法

C. 净现值法　　D. 共同项目期限法

E. 现值指数法

2. 某公司正在开会讨论是否投产一种新产品，对以下收支发生争论。你认为不应列入该项目评价的现金流量有（　　）。

A. 新产品投产需要占用营运资金 80万元，它们可在公司现有周转资金中解决，不需要另外筹集。

B. 该项目利用现有未充分利用的厂房和设备，如将该设备出租可获收益 200 万元，但公司规定不得将生产设备出租，以防止对本公司产品形成竞争。

C. 新产品销售会使本公司同类产品减少收益 100 万元；如果本公司不经营此产品，竞争对手也会推出此新产品。

D. 拟采用借债方式为本项目筹资，新债务的利息支出每年 50 万元。

E、运动用为其它产品储存的原料约 200 万元。

3. 在其他因素不变的情况下，下列财务评价指标中，指标数值越大表明项目可行性越强的有

（　　）。

A. 净现值　　B. 现值指数

C. 内含报酬率　　D. 动态回收期

E. 会计报酬率

4. 如果某投资项目完全具备财务可行性，且其净现值大于零，则可以断定该项目的相关评价指标同时满足以下关系：（　　）。

A. 获利指数大于 1　　B. 会计报酬率大于零

C. 内含报酬率大于资本成本　　D. 动态投资回收期大于项目期限

E. 含建设期的净态投资回收期小于项目期限

5.（2021 真题）下列各项与债券相关的因素中，对债券内在价值和债券内部收益率均有影响的有（　　）。

A. 债券面值　　B. 票面利率

C. 付息频率　　D. 债券期限

E. 债券价格

6. 下列关于独立投资项目的说法中，正确的有（　　）。

A. 固定资产更新项目是独立投资项目

B. 独立投资项目的选择受资金限量的影响

C. 独立投资项目是相容性投资项目，各个项目之间互不关联、互不影响，可以同时并存

D. 独立投资项目的决策不受其他项目投资与否的影响，仅根据项目本身是否满足决策标准来决定

E. 独立投资项目的决策不仅要满足决策标准的要求，还要与其他项目进行比较，从中选择最优方案

7. 在考虑所得税影响的情况下，下列可用于计算年经营现金净流量的算式中，正确的有（　　）。

A. 税后净利＋非付现成本

B. 年营业收入－年付现成本－所得税

C.（年营业收入－年付现成本）×（1－所得税税率）

D. 年营业收入 ×（1－所得税税率）＋非付现成本 ×所得税税率

E.（年营业收入－非付现成本）×（1－所得税税率）+年付现成本

8. 下列各项中，属于企业特有风险的有（　　）。

A. 经营风险　　B. 利率风险

C. 财务风险　　D. 汇率风险

E. 购买力风险

9. 动态投资回收期法是长期投资项目评价的一种辅助方法，该方法的缺点有（　　）。

A. 忽视了资金的时间价值　　B. 忽视了折旧对现金流的影响

C. 没有考虑回收期以后的现金流　　D. 促使放弃有战略意义的长期投资项目

E. 不能反映项目的盈利能力

10. 采用净现值法评价投资项目可行性时，折现率选择的依据通常有（　　）。

A. 风险投资的机会成本　　B. 投资者要求的必要收益率

C. 企业加权平均资本成本率　　D. 投资项目的内含报酬率

E. 公司债券的票面利率

11. 企业发行票面利率为 i的债券时，市场利率为 k，下列说法中正确的有（　　）。

A. 若 $i<k$，债券溢价发行　　B. 若 $i>k$，债券折价发行

C. 若 $i>k$，债券溢价发行　　D. 若 $i<k$，债券折价发行

E. 若 $i=k$，债券平价发行

12. 甲公司拟投资一个采矿项目，寿命期 10 年，资本成本 14%，假设该项目的初始现金流量是一

次性投入的，营业现金流量均发生在期末，该项目现值指数大于 1。下列关于该项目的说法中，正确的有（　　）。

A. 净现值大于 0　　　　B. 折现回收期大于 10 年

C. 会计报酬率大于 14%　　　　D. 内含报酬率大于 14%

E. 净现值小于 0

三、不定项选择题

（一）（2021 真题）甲公司是生产工程设备配件的上市公司。为了应对行业竞争，公司计划增加一条新的生产线，生产高附加值工备配件 M（以下简称 "M产品 "）。相关资料如下：

资料一：新生产线需要投资 10 亿元，预计使用年限为 9 年，净残值率为 10%，采用年限平均法计提折旧（税法规定的使用年限、净残值率和折旧方法与会计相同）。

资料二：预计新生产线投产后，M产品的产销和回款情况为：（1）公司采用以销定产的方式生产 M产品，每年最多可生产 M产品 5 万件。（2）M产品的单价为 1 万元，变动成本率为 20%。（3）M产品的销售量取决于公司的信用政策。如果使用紧缩的信用政策，预计可售出 M产品 4 万件，当年全部销售额都可收到现金。如果使用宽松的信用政策，预计可售出 M产品 5 万件，但当年只有销售额的 60%能收到现金，销售额的 40%将在次年收到现金。

资料三：公司目前长期资本为 30 亿元，由长期债券和普通股按照 1：2 的比例构成，长期债券的年利率为 5%（每年付息一次），普通股股数为 6 亿股，普通股的资本成本为 10%。公司使用账面价值权重计算加权平均资本成本。

资料四：为购置新生产线，公司可用的筹资方案为：（1）平价发行 9 年期债券，每年付息一次，票面利率为 6%。（2）以 5 元 /股的价格向机构投资者定向增发 2 亿普通股，资本成本为 10%。公司使用所选筹资方案的资本成本作为购置新生产线项目的折现率。

资料五：公司适用的所得税税率为 25%，假定 M产品的变动成本全部为付现成本，固定成本全部由新生产线的折旧构成，经营现金收入和付现成本均发生在年末，未来处置生产线的现金净流量与净残值相同。

题目相关的现值系数：（P/A，10%，9）= 5.759，（P/F，10%，9）= 0.424

（1）下列关于不同信用政策对 M产品相关财务指标影响的说法中，正确的为（　　）。

A. 对 M产品的销售毛利率无影响　　　　B. 对 M产品的保本点销量无影响

C. 对 M产品的安全边际率无影响　　　　D. 对 M产品的存货周转率无影响

（2）公司使用每股收益无差别点法对筹资方案进行选择，如果采用紧缩的信用政策，则以息税前利润表达的发行债券与增发普通股方案每股收益无差别点为（　　）万元。

A.29 000　　B.22 000　　C.24 000　　D.30 000

（3）如果采用增发普通股方案筹资，则增发普通股后公司的加权平均资本成本为（　　）。

A.8.44%　　B.8.33%　　C.8.75%　　D.7.92%

（4）如果公司使用紧缩的信用政策销售 M产品，并采用增发普通股方案筹资，新生产线项目不包含建设期的静态回收期为（　　）。

A.3.77　　B.4.03　　C.4　　D.4.25

（5）如果公司使用紧缩的信用政策销售 M产品，并采用增发普通股方案筹资，下列对于新生产线项目可行性评判标准的说法中，正确的为（　　）。

A. 项目的内含报酬率大于项目资本成本，所以项目可行

B. 项目产出的产品 M每年息税前利润至少为 2.2 亿元，净现值大于 0，所以项目可行。

C. 项目的净现值至少为 5.68 亿元，大于 0，所以项目可行.

D. 项目的会计报酬率至少为 26.5%，大于项目资本成本，所以项目可行

（二）某企业准备投资一个完整工业建设项目，基准投资收益率为10%，分别有甲、乙、丙三个方案可供选择。

1. 甲方案的有关资料如下：　　单位：元

项目＼计算期	0	1	2	3	4	5
净现金流量	−60 000	−5 000	30 000	30 000	20 000	20 000
累计净现金流量	−60 000	−65 000	A	−5000	15 000	35 000
折现的净现金流量	−60 000	B	24792	22 539	13 660	12 418

2. 乙方案的项目计算期为8年，包括建设期的静态投资回收期为3.5年，内部收益率为8%。

3. 丙方案的项目计算期为10年，建设期为2年，不包括建设期的静态投资回收期为4.5年，原始投资现值合计为80 000元，获利指数为1.2。

已知：（P/A，10%，5）= 3.7908，（P/A，10%，4）= 3.1699

（P/A，10%，10）= 6.1446，（P/A，10%，8）= 5.3349

（P/F，10%，1）= 0.9091，（P/F，10%，5）= 0.6209

根据以上信息，回答以下的问题：

（1）有关甲方案的说法正确的有（　　）。

A. 甲方案资金投入方式为分次投入　　B. 甲方案不包括建设期的静态投资回收期3.25年

C.A为−35 000元　　D. 甲方案的净现值为8 863.5元

（2）有关甲、乙、丙三个方案的财务可行性说法正确的有（　　）。

A. 三个方案都具有财务可行性　　B. 甲方案具有财务可行性

C. 乙方案具有财务可行性　　D. 丙方案具有财务可行性

（3）有关甲、乙、丙三个方案的最终优选决策的说法正确的有（　　）。

A. 可以采用对共同项目期限法对可行性方案选优

B. 可以采用对净现值法对可行性方案选优

C. 可以采用对等额年金法对可行性方案选优

D. 丙方案具有财务可行性

（三）已知某企业拟投资三个项目，其相关资料如下：

1. 甲方案的税后净现金流量为：NCF0 =−1000万元，NCF1 = 0万元，NCF2～6 = 250万元。

2. 乙方案的资料如下：

项目原始投资1000万元，其中：固定资产投资650万元，流动资金投资100万元，其余为无形资产投资。该项目建设期为2年，经营期为10年。除流动资金投资在第2年末投入外，其余投资均于建设起点一次投入。固定资产的寿命期为10年，按直线法折旧，期满有50万元的净残值：无形资产投资从投产年份起分10年摊销完毕：流动资金于终结点一次收回。

预计项目投产后，每年发生的相关营业收入为800万元，每年预计外购原材料、燃料和动力费100万元，工资福利费120万元，其他费用50万元，其他费用50万元工资福利及其他费用没有进项税。企业适用的增值税税率为17%，城建税税率7%，教育费附加率3%。该企业不交纳营业税和消费税。

3. 丙方案的现金流量资料如下表所示：

单位：万元

	0	1	2	3	4	5	6—10	11	合计
原始投资	500	500	0	0	0	0	0	0	1 000
息税前利润 ×（1—所得税率）	0	0	172	172	172	182	182	182	1 790
年折旧、摊销额	0	0	78	78	78	72	72	72	738
回收额	0	0	0	0	0	0	0	280	280
税后净现金流量						（A）			（B）
累计税后净现金流量					（C）				

该企业按直线法折旧，全部流动资金于终结点一次回收，所得税税率 25%，设定折现率 10%。

根据以上信息，回答以下的问题：

（1）有关甲、乙方案的说法正确的有（　　）。

A. 甲方案第 2 至 6 年的净现金流量属于递延年金

B. 乙方案投产后各年的经营成本 270 万元

C. 乙方案投产后各年不包括财务费用的总成本费用 355 万元

D. 乙方案投产后各年各年的息税前利润 433.1 万元

（2）根据上表的数据，写出表中用字母表示的丙方案相关税后净现金流量和累计税后净现金流量，并指出该方案的资金投入方式（　　）。

A. 资金投入方式为分两次投入　　B.A为 254 万元

C.B为 1 808 万元　　D.C为—250 万元

（3）计算甲、乙、丙方案的静态投资回收期（　　）。

A. 甲方案包括建设期的静态投资回收期为 4 年

B. 乙方案不包括建设期的静态投资回收期 2.44 年

C. 丙方案包括建设期的静态投资回收期 3.98 年

D. 丙方案不包括建设期的静态投资回收期 4.98 年

（4）假定丙方案的年等额净回收额为 100 万元，有关甲、乙、丙三个方案的最终优选决策的说法正确的有（　　）。

A. 三个方案都具有财务可行性　　B. 乙丙方案具有财务可行性

C. 企业应该投资乙方案　　D. 企业应该投资丙方案

四、计算分析题

1. 已知：某企业拟进行一项单纯固定资产投资，现有 A、B两个互斥方案可供选择，相关资料如下表所示。

单位：万元

方案	项目 \ 计算期指标	建设期		运营期	
		0	1	2~11	12
A	固定资产投资	*	*		
	新增息税前利润（每年相等）			*	*
	新增的折旧			100	100
	所得税前净现金流量	—1 000	0	200	*

B	固定资产投资	500	500		
	所得税前净现金流量	*	*	200	*

说明：表中“2~11”列中的数据为每年数，连续 10 年相等；用“*”表示省略的数据。

【要求】（1）确定或计算 A方案的下列数据：①固定资产投资金额；②运营期每年新增息税前利润；③不包括建设期的静态投资回收期。

（2）请判断能否利用净现值法做出最终投资决策。

（3）如果 A、B两方案的净现值分别为 180.92 万元和 273.42 万元，请按照一定方法做出最终决策，并说明理由。

2. 甲企业于 2005 年 1 月 1 日以 1 100 元的价格购入 A公司新发行的面值为 1 000 元、票面年利息率为 10%、每年 1 月 1 日支付一次利息的 5 年期债券。

部分货币时间价值系数如下表所示：

i	（*P/F*，I，5）	（*P/A*，i，5）
7%	0.7130	4.1002
8%	0.6806	3.9927

【要求】（1）计算该项债券投资的内部收益率。

（2）假定市场利率为 8%，根据债券投资的内部收益率，判断甲企业是否应当继续持有 A公司债券，并说明原因。

3. 已知：现行国库券的利率为 5%，证券市场组合平均收益率为 15%，市场上 A、B、C三种股票的 β系数分别为 0.91、1.17 和 1.8。

【要求】（1）采用资本资产定价模型计算 A股票的必要收益率。

（2）计算 B股票价值，为拟投资该股票的投资者做出是否投资的决策，并说明理由。假定 B股票当前每股市价为 15 元，最近一期发放的每股股利为 2.2 元，预计年股利增长率为 4%。

（3）计算 A、B、C投资组合的 β系数和必要收益率。假定投资者购买 A、B、C三种股票的比例为 1∶3∶6，该组合的预期收益率为18%，为拟投资该组合的投资者做出是否投资的决策，并说明理由。

五、综合题

1. 甲公司现有两个投资项目 X和 Y可供选择。两个项目初始投资均为 10 000 元，资本成本均为 12%。项目预期现金净流量如下：

年末	0	1	2	3	4
项目 X	−10 000	6 500	3 000	3 000	1 000
项目 Y	−10 000	3 500	3 500	3 500	3 500

【要求】（1）分别计算两个项目的净现值、现值指数、内含报酬率、静态回收期、动态回收期。

（2）如果 X、Y是独立投资项目，分别根据净现值、现值指数、内含报酬率，判断哪个项目可行？

（3）如果 X、Y是互斥投资项目，分别根据净现值、现值指数、内含报酬率，判断哪个项目可行？

（4）当折现率为多少时，投资项目 X、Y净现值相等？如果 X、Y是互斥投资项目，判断哪个项目可行？为什么？

2. 乙公司是一家机械制造企业，所得税税率为 25%。公司现有一套设备（以下简称旧设备）已经使用6年，为降低成本，公司管理层拟将该设备提前报废，另行购建一套新设备。新设备的投资于更新起点一次性投入，并能立即投入运营。设备更新后不改变原有的生产能力，但营运成本有所降低。会计上对于新旧设备折旧年限、折旧方法以及净残值等的处理与税法保持一致，假定折现率为12%，要求考虑所得税费用的影响。相关资料如下表所示。

新旧设备相关资料

金额单位：万元

项目	旧设备	新设备
原价	5 000	6 000
预计使用年限	12年	10年
已使用年限	6年	0年
净残值	200	400
当前变现价值	2 600	6 000
年折旧费（直线法）	400	560
年营运成本（付现成本）	1 200	800

相关货币时间价值系数如下表所示：

相关货币时间价值系数

期数（n）	6	7	8	9	10
（P/F，12%，n）	0.5066	0.4523	0.4039	0.3606	0.3220
（P/A，12%，n）	4.1114	4.5638	4.9676	5.3282	5.6502

经测算，旧设备在其现有可使用年限内形成的净现金流出量现值为5 787.80万元，年金成本（即年金净流出量）为1 407.74万元。

【要求】（1）计算新设备在其可使用年限内形成的现金净流出量的现值（不考虑设备运营所带来的营运收入，也不把旧设备的变现价值作为新设备投资的减项）。

（2）计算新设备的年金成本（即年金净流出量）。

（3）指出净现值法与年金成本法中哪一个更适于评价该设备更新方案的财务可行性，并说明理由。

（4）判断乙公司是否应该进行设备更新，并说明理由。

同步强化训练题参考答案及解析

一、单项选择题

1.【答案】D

【解析】包括建设期的静态投资回收期是累计净现金流量为0的年限。

2.【答案】D

【解析】10 000−（10 000−（40 000−28 800））×30%= 10 360（元）。

3.【答案】C

【解析】静态投资回收期=最后一项为负值的累计净现金流量对应的年数+最后一项为负值的累计净现金流量绝对值÷下年净现金流量= 3 +（50 000−10 000−12 000−16 000）/20 000 = 3.6（年）。

4.【答案】D

【解析】本题考核证券资产投资的风险。证券资产是一种货币性资产，通货膨胀会使证券资产投资的本金和收益贬值，名义报酬率不变而实际报酬率降低。购买力风险对具有收款权利性质的资产影响很大。如果通货膨胀长期延续，投资人会把资本投向实体性资产以求保值，对证券资产的需求量减少，引起证券资产价格下跌。

5.【答案】D

【解析】知识点：投资的分类。AC是购入资产企业直接管理经营，属于直接投资；B是提供担保，不属于投资；D是债权投资，属于间接投资。

6.【答案】A

【解析】知识点：独立投资方案决策与互斥投资方案决策。独立投资方案的决策只需要自身相关指标达到评价标准就可行，净现值法是评价方法之一；当资金量有限时，选择净现值最大的项目投资组合；互斥投资方案决策应以经济效益最大化为原则，因此净现值法是进行项目优选的基础。

7.【答案】A

【解析】知识点：证券投资的目的。投资分散化，即将资金投资于多个相关程度较低的项目，实行多元化经营，能够有效地分散投资风险。当某个项目因经营不景气而利润下降甚至导致亏损时，其他项目可能会获取较高的收益。将企业的资金分成内部经营投资和对外证券投资两个部分，实现了企业投资的多元化。而且，与对内投资相比，对外证券投资不受地域和经营范围的限制，投资选择面非常广，投资资金的退出和收回也比较容易，是多元化投资的较好选择。

8.【答案】D

【解析】知识点：项目投资决策方法。内含报酬率是净现值为 0 的折现率，根据题目条件说明内含报酬率在 13%~15%之间，所以答案是选项 D。

9.【答案】C

【解析】知识点：债券投资的收益率。债券的内部收益率，是指按当前市场价格购买债券并持有至到期日或转让日所能产生的预期报酬率，也就是债券投资项目的内含报酬率，计算中不需要设定贴现率，因此是不受市场利率影响的。

10.【答案】B

【解析】知识点：项目投资决策方法。静态投资回收期＝原始投资额 / 每年现金净流量，每年现金净流量＝ 4+6 ＝ 10（万元），原始投资额为 60 万元，所以静态投资回收期＝ 60/10 ＝ 6（年），选项 B正确。

11.【答案】D

【解析】知识点：项目投资决策方法。现值指数＝未来现金净流量现值 / 原始投资额现值＝ 1+净现值 / 原始投资额现值＝ 1+25/100 ＝ 1.25。

12.【答案】B

【解析】知识点：项目投资决策应用。等额年金＝净现值 ×（1/年金现值系数），所以本题正确答案为 B。

13.【答案】D

【解析】知识点：债券的估值。对于溢价发行的平息债券而言，在折现率不变的情况下，发行后价值逐渐升高，在付息日由于割息导致价值下降（但是注意债券价值不会低于面值，因为每次割息之后的价值最低，而此时相当于重新发行债券，由于票面利率高于市场利率，所以，一定还是溢价发行，债券价值仍然高于面值），然后又逐渐上升，总的趋势是波动下降，最终等于债券面值。

14.【答案】B

【解析】知识点：股票的估值。股票的内在价值＝ 0.6 ×（1+5%）/（11% －5%）＝ 10.5（元 / 股）。

15.【答案】D

【解析】根据固定增长股利模型，可以得到 R＝ D1/P0 ＋ g＝股利收益率＋股价增长率，由于该模型下股利的增长速度也就是股价的增长速度，因此，g可以解释为股价增长率或资本利得收益率，所以甲、乙股票的股价增长率和资本利得收益率不相同，选项 BC错误。甲股票的股利收益率＝

$0.75 \times (1+6\%)/15=5.3\%$，乙股票的股利收益率$=0.55 \times (1+8\%)/18=3.3\%$，选项A错误。甲股票的期望报酬率$=5.3\%+6\%=13\%$，乙股票的期望报酬率$=3.3\%+8\%=13\%$，选项D正确。

二、多项选择题

1.【答案】BD

【解析】独立投资方案需要解决优先顺序的问题，当资金没有限量时，可以用内含报酬率法或现值指数法进行项目排序；当资金有限量时，先按内含报酬率法或现值指数法进行项目排序，然后选择净现值最大的投资组合。互斥项目，项目计算期相同时，选择净现值法；项目计算期不同时选择等额年金法和共同项目期限法。

2.【答案】BCD

3.【答案】ABCE

【解析】用回收期指标评价方案时，回收期越短越好。

4.【答案】ACE

【解析】知识点：项目投资决策方法。净现值大于0，说明现值指数大于1，内含报酬率大于资本成本，含建设期的投资回收期（静态或动态）小于项目期限。根据净现值无法判断会计报酬率的大小。

5.【答案】ABCD

【解析】知识点：债券的估值。债券内在价值影响因素有债券面值、票面利率及付息频率、剩余期限以及折现率；债券内部收益率影响因素有债券面值、票面利率及付息频率、剩余期限以及债券价格。

6.【答案】BCD

【解析】知识点：投资的分类。互斥投资项目的决策不仅要满足决策标准的要求，还要与其他项目进行比较，从中选择最优方案。固定资产更新决策，要么购置新设备，要么使用旧设备，只能取其一，所以属于互斥投资项目。

7.【答案】AB

【解析】知识点：项目现金流量。考虑所得税对投资项目现金流量的影响时，年经营现金净流量＝年营业收入－年付现成本－所得税＝税后净利＋非付现成本＝年营业收入 ×（1－所得税税率）－年付现成本 ×（1－所得税税率）＋非付现成本 ×所得税税率，所以选项AB正确。

8.【答案】AC

【解析】知识点：证券投资的风险。对于特定的企业而言，企业特有风险可进一步分为经营风险和财务风险，所以本题的答案为A、C。

9.【答案】CDE

【解析】知识点：项目投资决策方法。回收期法的缺点是：忽视了时间价值，把不同时间的货币收支看成是等效的；没有考虑回收期以后的现金流，也就是没有衡量盈利性；促使公司接受短期项目，放弃有战略意义的长期项目。动态回收期法克服了静态回收期法不考虑时间价值的缺点。所以动态回收期法，还存在回收期法的其他缺点。

10.【答案】ABC

【解析】知识点：项目投资决策方法。确定贴现率的参考标准如下所示。（1）以市场利率为标准。资本市场的市场利率是整个社会投资报酬率的最低水平，可以视为一般最低报酬率要求。（2）以投资者希望获得的预期最低投资报酬率为标准。这就考虑了投资项目的风险补偿因素以及通货膨胀因素。（3）以企业平均资本成本率为标准。企业投资所需要的资金，都或多或少的具有资本成本，企业筹资承担的资本成本率水平，给投资项目提出了最低报酬率要求。

11.【答案】CDE

【解析】知识点：债券的估值。当债券票面利率小于市场利率时，债券折价发行；等于时，债券平价发行；大于时，债券溢价发行。

12.【答案】AD

【解析】该项目现值指数大于1，说明项目的净现值大于0，项目可行，因此内含报酬率大于资本成本14%。而按照折现回收期计算的净现值＝0，因此，折现回收期小于寿命期10年。根据题目资料无法判断会计报酬率和资本成本的关系，所以C不正确。

三、不定项选择题

（一）（1）【答案】B

【解析】保本点销量＝固定成本/单位贡献毛益＝1亿元/［1万元×（1—20%）］＝1.25（万件），不会因为销量变化而变化，所以B正确。销售毛利率＝（销售收入—销售成本）/销售收入＝（销售收入—销售变动成本—销售固定成本）/销售收入，销售固定成本＝每年折旧费＝10×（1—10%）/9＝1亿元。紧缩信用政策下，销售毛利率＝（1×4—1×4×20%—1）/（1×4）＝55%，宽松信用政策下，销售毛利率＝（1×5—1×5×20%—1）/（1×5）＝60%，有变化，所以A不正确。安全边际率＝1—盈亏临界点作业率，紧缩信用政策下，安全边际率＝1—1.25/4＝68.75%，宽松信用政策下，安全边际率＝1—1.25/5＝75%，有变化，所以C不正确。公司采用以销定产的方式生产M产品，所以一般不存在期末存货，实际情况因为预测的差异存在少量存货，存货周转率＝销售成本/平均存货，因为没有平均存货的信息，无法判断，所以D不正确。

（2）【答案】A

【解析】如果采用紧缩的信用政策，［（EBIT—10×5%—10×6%）×（—25%）］/6＝［（EBIT—10×5%）×（1—25%）］/（6+2），则每股收益无差别点EBIT＝2.9（亿元）。

（3）【答案】A

【解析】加权平均资本成本＝5%×（1—25%）×25%+10%×75%＝8.4375%。

（4）【答案】A

【解析】每年经营现金净流量＝1×4×（1—20%）×（1—25%）+1×25%＝2.65（亿元），不包含建设期的静态回收期＝10/2.65＝3.77（年）。

（5）【答案】AD

【解析】2.65×（P/A，10%，9）+1×10%×（P/F，10%，9）＝15.3>10，所以内含报酬率>资本成本（10%），项目可行，所以A正确。净现值＝2.65×（P/A，10%，9）+1×10%×（P/F，10%，9）—10＝15.3—10＝5.3（亿元）>0，项目可行，项目净现值低于5.68，所以C不正确。净现值＝（EBIT+1）×（P/A，10%，9）+1×10%×（P/F，10%，9）—10＝0，EBIT＝0.73，所以B选项不正确。会计报酬率＝2.65/10＝26.5%>资本成本（10%），项目可行。

（二）（1）【答案】ACD

【解析】因为资金在0时点和1时点都有投入，所以资金投入方式为分次投入。甲方案包括建设期的静态投资回收期＝3＋5 000/20 000＝3.25（年）。A＝—65 000＋30 000＝—35 000（元）。B＝—5 000×0.9091＝—4545.5（元）。净现值＝—60000—4545.5＋24792＋22539＋13 660＋12 418＝8 863.5（元）。

（2）【答案】BD

【解析】对于甲方案，由于净现值大于0；对于乙方案，由于项目的基准折现率10%大于内部收益率8%；对于丙方案，由于获利指数大于1，所以甲、丙方案具备财务可行性。

（3）【答案】ACD

【解析】由于已经知道乙方案基本不具备财务可行性，所以，无需考虑乙方案。只需要比较甲方案和丙方案的年等额年金。甲方案的等额年金＝8 863.5/3.7908＝2338.16（元）。丙方案的净现值＝

80 000×（1.2—1）＝16 000（元）；丙方案的等额年金＝16 000/6.1446＝2 603.91（元）。由此可知，丙方案最优。

（三）（1）【答案】AD

【解析】甲方案项目计算期＝6年，第2至6年的净现金流量（NCF2～6）属于递延年金形式，所以A正确。乙方案投产后各年不含税金及附加的经营成本＝外购原材料、燃料和动力费100万元＋工资福利费120万元＋其他费用50万元＝270（万元），所以B正确。乙方案年折旧＝（650—50）/10＝60（万元），乙方案年摊销＝250/10＝25（万元），乙方案投产后各年应交增值税＝销项税额—进项税额＝800×17%—100×17%＝119（万元），乙方案营业税金及附加＝119×（3%＋7%）＝11.9（万元），乙方案投产后各年不包括财务费用的总成本费用＝270＋60＋25＋11.9＝366.9（万元），所以C不正确。乙方案投产后各年的息税前利润＝800—355—11.9＝433.1（万元），所以D正确。

（2）【答案】ABCD

【解析】A＝182＋72＝254（万元）；B＝1 790＋738＋280—1 000＝1 808（万元）；C＝—500—500＋172＋78＋172＋78＋172＋78＝—250（万元）；该方案的资金投入方式为分两次投入（或分次投入）。

（3）【答案】B

【解析】甲方案的不包括建设期的静态投资回收期＝1000/250＝4（年）；甲方案包括建设期的静态投资回收期＝1＋4＝5（年），所以A不正确。乙方案的NCF3～11＝433.1×（1—25%）＋60＋25＝409.825（万元），初始投资＝900＋100＝1000（万元），乙方案不包括建设期的静态投资回收期＝1 000/409.825＝2.44（年）；乙方案包括建设期的静态投资回收期＝2.44＋2＝4.44（年）；丙方案包括建设期的静态投资回收期＝4＋250/254＝4.98（年）；丙方案不包括建设期的静态投资回收期＝4.98—1＝3.98（年）。

（4）【答案】BC

【解析】甲方案净现值＝—1 000＋250×3.7908×0.9091＝—138.45（万元）；乙方案净现值＝—900—100×0.8264＋409.825×6.1446×0.8264＋150×0.3186＝1 146.20（万元）；甲方案净现值小于0，不具备财务可行性；乙方案净现值大于0，具备财务可行性。乙方案年等额年金＝1 146.20/6.8137＝168.22（万元），由于乙方案的年等额净回收额大于丙方案，因此，乙方案优于丙方案，所以该企业应该投资乙方案。

四、计算分析题

1.【答案】知识点：项目投资决策方法。

（1）①固定资产投资金额＝1 000（万元）

②运营期每年新增息税前利润＝所得税前净现金流量—新增折旧＝200—100＝100（万元）

③不包括建设期的静态投资回收期＝1 000/200＝5（年）

（2）可以通过净现值法来进行投资决策，净现值法适用于原始投资相同且项目计算期相等的多方案比较决策，本题中A方案的原始投资额是1 000万元，B方案的原始投资额也是1 000万元，所以可以使用净现值法进行决策。

（3）本题可以使用净现值法进行决策，因为B方案的净现值273.42万元大于A方案的净现值180.92万元，因此应该选择B方案。

2.【答案】知识点：债券的估值、债券投资的收益率。

（1）当i＝7%时

NPV＝1 000×10%×（P/A，7%，5）＋1 000×（P/F，7%，5）—1 100

＝1 000×10%×4.1002＋1 000×0.7130—1 100＝23.02>0

当i＝8%时

NPV＝1 000×10%×（P/A，8%，5）＋1 000×（P/F，8%，5）—1 100

＝1 000×10%×3.9927＋1 000×0.6806—1 100＝—20.13<0

$$\text{内部收益率}=7\%+\frac{23.02}{23.02-(-20.13)}\times(8\%-7\%)\approx7.53\%$$

（2）甲企业不应当继续持有A公司债券

理由是：A公司债券内部收益率7.53%小于市场利率8%

3.【**答案**】知识点：股票的估值、股票投资的收益率。

（1）A股票必要收益率＝5%＋0.91×（15%—5%）＝14.1%

（2）B股票价值＝2.2×（1+4%）/（16.7%—4%）＝18.02（元）

因为股票的价值18.02元高于股票的市价15元，所以可以投资B股票。

（3）投资组合中A股票的投资比例＝1/（1+3+6）＝10%

投资组合中B股票的投资比例＝3/（1+3+6）＝30%

投资组合中C股票的投资比例＝6/（1+3+6）＝60%

投资组合的β系数＝0.91×10%＋1.17×30%＋1.8×60%＝1.52

投资组合的必要收益率＝5%＋1.52×（15%—5%）＝20.20%

投资组合的预期收益率（18%）必要收益率（20.20%），不应投资。

五、综合题

1.【**答案**】知识点：项目投资决策方法的比较。

（1）分别计算两个项目的净现值、现值指数、内含报酬率、静态回收期、动态回收期。

单位：元

年末	0	1	2	3	4
项目X	—10 000	6 500	3 000	3 000	1 000
折现系数（12%）	1	0.8929	0.7972	0.7118	0.6355
现值	—1 0000	5 803.85	2 391.6	2135.4	635.5
NPV	966.35				
项目Y	—10 000	3 500	3 500	3 500	3 500
折现系数（12%）	1	0.8929	0.7972	0.7118	0.6355
现值	—10 000	3 125.15	2 790.2	2 491.3	2 224.25
NPV	630.9				

PI_X＝1+966.35/10 000＝1.10

PI_Y＝1+630.9/10 000＝1.06

$$r=18\%\text{时}，\frac{6500}{(1+18\%)^1}+\frac{3000}{(1+18)^2}+\frac{3000}{(1+18\%)^3}+\frac{1000}{(1+18\%)^4}\approx10000$$

IRR_X＝18%

r＝15%时，3500×（P/A,15%,4）≈10 000

IRR_Y＝15%

静态回收期X＝2+（10 000—6 500—3 000）/3 000＝2.17（年）

静态回收期Y＝2+（10 000—3 500—3 500）/3 500＝2.86（年）

动态回收期X＝2+（10 000—5 803.85—2391.6）/2 135.4＝2.85（年）

动态回收期Y＝4—630.9/2 224.25＝3.72（年）

（2）如果X、Y是独立投资项目，按净现值、现值指数、内含报酬率判断，项目X、Y均可行。

（3）如果X、Y是互斥投资项目，按净现值，项目X可行；按现值指数，项目X可行；按内含报酬率判断，项目X可行。

（4）当折现率为多少时，投资项目X、Y净现值相等？如果X、Y是互斥投资项目，判断哪个项目可行？为什么？

$$\frac{6500-3500}{(1+r)^1}+\frac{3000-3500}{(1+r)^2}+\frac{3000-3500}{(1+r)^3}+\frac{1000-3500}{(1+r)^4}=0$$

内插法，当r＝6.2%时，投资项目X、Y净现值相等。

如果X、Y是互斥投资项目，当折现率<6.2%时，选择项目Y；当折现率>6.2%时，选择项X。

因为内含报酬率法下的再投资利率假定不合理。在不同折现率的情况下，净现值法总是正确的，而内含报酬率法有时会得出错误的结论。因此，当对投资互斥项目进行评价时，应以净现值法作为决策的规则。

2.【答案】知识点：固定资产更新决策。

（1）新设备的现金净流出量的现值

＝6 000+800×（1－25%）×（P/A，12%，10）－560×25%×（P/A，12%，10）－400×（P/F，12%，10）

＝6 000+600×5.6502－140×5.6502－400×0.3220

＝8 470.29（万元）

（2）新设备的年金成本＝8 470.29/（P/A，12%，10）＝8 470.29/5.6502＝1 499.11（万元）

（3）因为新旧设备的尚可使用年限不同，所以应该使用年金成本法。

（4）新设备的年金成本高于旧设备，不应该更新。

第五章

筹资与分配管理

本章考情分析

本章属于重点章节，主要考核单选题和多选题也有一定可能考不定项选择题，分值在 4—7 分左右。主要阐述了筹资数量预测、筹资来源渠道、资本成本计算、资本结构决策以及股利分配政策。重点掌握销售百分比法、资本成本计算和资本结构决策。

重要考点★★★

（1）筹资数量的预测；

（2）个别资本成本、加权平均资本成本的计算；

（3）资本结构决策分析方法；

（4）杠杆系数的衡量。

比较重要考点★★

（1）混合筹资；

（2）股利政策类型。

一般考点★

（1）长期借款筹资；

（2）长期债券筹资；

（3）普通股筹资。

2022 年本章教材变化

删除“第二节筹资方式”“一、长期债务筹资”“（四）中期票据筹资”以及“二、普通股筹资”“（一）普通股的首次发行”“2. 普通股发行定价”的内容。

本章知识点解读与练习

本章共涉及 6 个知识点。

【知识点 1】筹资管理概述

一、知识点精讲

（一）筹资管理的目标

筹资管理的最终目标是为了企业生存与发展和增加股东财富，基本目标是满足企业对资金的需求，具体目标则包括创建企业、企业扩张、偿还债务、调整资本结构等。

（二）筹资原则

筹资合法、规模适当、筹措及时、来源经济、结构合理。

（三）筹资途径的分类

分类标准	分类	分类结果及说明
筹资的权益性质	股权筹资	吸收直接筹资、发行股票、内部积累 （财务风险较小，资本成本相对较高）
	债务筹资	银行借款、发行债券、融资租赁、赊购商品或服务 （财务风险较大，资本成本较低）
	混合筹资	可转换债券融资、优先股筹资 （兼具股权资本和债务资本的特征）
筹资是否以金融机构为媒介	直接筹资	发行股票、债券、中期票据和短期融资券等取得资金
	间接筹资	以银行、保险公司等金融机构为媒介间接取得资金
筹资的来源	内部筹资	通过利润留存进行筹资
	外部筹资	通过外部资本市场和金融机构进行筹资
筹资的使用期限	长期筹资	使用时间在 1 年以上（包含 1 年）的筹资
	短期筹资	使用时间小于 1 年的筹资

二、选编例题

【例 1 · 单选题】下列各项中，不属于按权益性质分类的筹资是（　　）。

A. 股权筹资　　B. 债务筹资

C. 混合筹资　　D. 内部筹资

【例 2 · 单选题】按所筹资金是否以金融机构为媒介分类，下列各项中，不属于直接筹资的是（　　）。

A. 发行中期票据　　B. 发行债券

C. 增发股票　　D. 向银行借款

知识点 1 选编例题答案

1.**【答案】**D

【解析】知识点：筹资分类。按所筹集资金来源于企业内部积累还是外部资本市场和金融机构，筹资分为内部筹资和外部筹资。内部筹资是指企业通过利润留存进行筹资。

2.**【答案】**D

【解析】知识点：筹资分类。按所筹资金是否以金融机构为媒介，企业筹资分为直接筹资和间接筹资。直接筹资包括发行股票、债券、中期票据和短期融资券等取得资金；间接筹资主要是以银行、保险公司等金融机构为媒介间接取得资金。

【知识点 2】筹资数量的预测★★★

一、知识点精讲

（一）定性预测法

含义	指利用直观的资料，依靠个人的经验和主观分析、判断能力，预测企业未来资金需要量的方法
过程	首先由熟悉财务过程和生产经营情况的专家，根据过去所积累的经验，进行分析判断，提出预测的初步意见，然后通过召开座谈会或发出各种表格等形式，对上述预测的初步意见进行修正补充。如此通过一次或数次调整，得出最终的预测结果
适用对象	企业缺乏完备、准确的历史资料的情况下采用

（二）因素分析法（并非连环替代法）

含义	是以有关资本项目上年度的实际平均需要量为基础，根据预测年度的生产经营任务和加速资本周转的要求，进行分析调整，进而预测资本需要量的一种方法。
过程	首先应在上年度资本平均占用额的基础上，剔除其中呆滞、积压等不合理的部分，然后根据预测期的生产经营任务和加速资本周转的要求进行测算。
公式	资本需要量=（上年资本实际平均占用量−不合理资本占用额） ×（1±预测年度销售增减率）×（1±预测年度资本周转速度变动率） 销售预测增长用“+”，反之用“−”；资本周转速度增加用“−”；反之用“+”
优缺点	计算比较简单，容易掌握，但预测的结果往往不太精确

（三）销售百分比预测法

1. 假定前提

企业的某些资产和负债与销售额同比例变化。

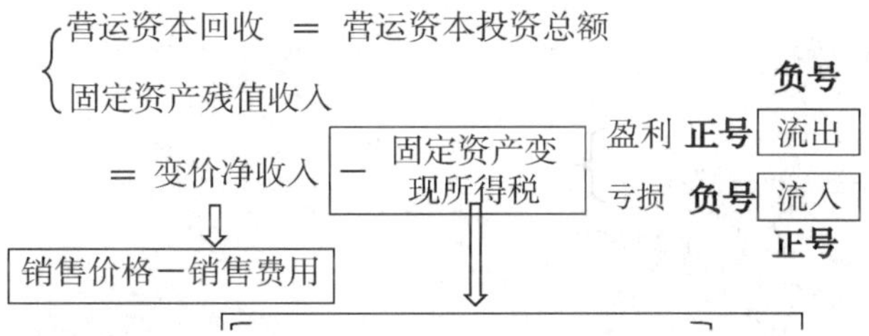

2. 基本原理

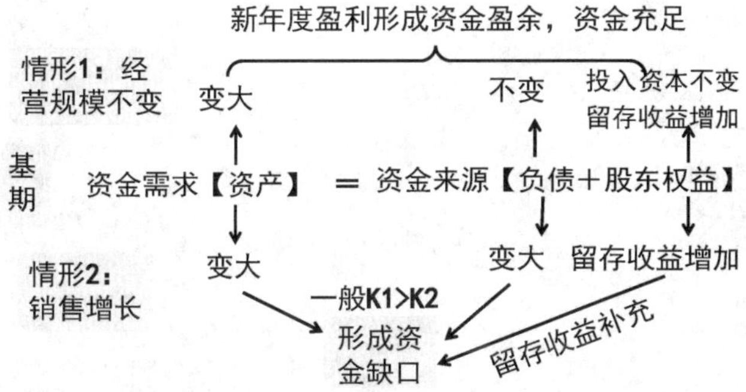

为取得扩大销售所需增加的资产，企业需要筹措资金。这些资金，一部分来自随销售收入同比例增加的流动负债，还有一部分来自预测期的收益留存，另一部分通过外部筹资取得。

3. 销售百分比法预测资金需要量的步骤

（1）确定随销售额变动而变动的资产（记为 A）和负债项目（记为 B）

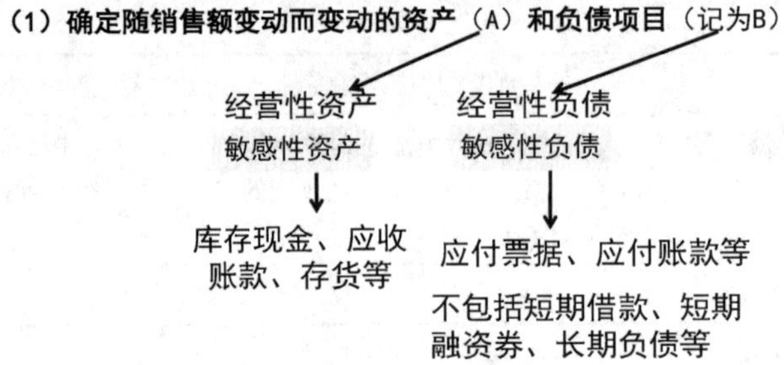

（2）确定有关项目（经营性资产、负债）与销售额的稳定比例关系

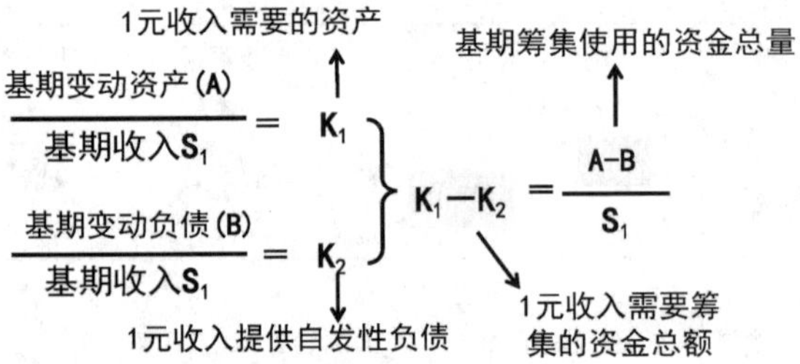

（3）确定资金需要量总额

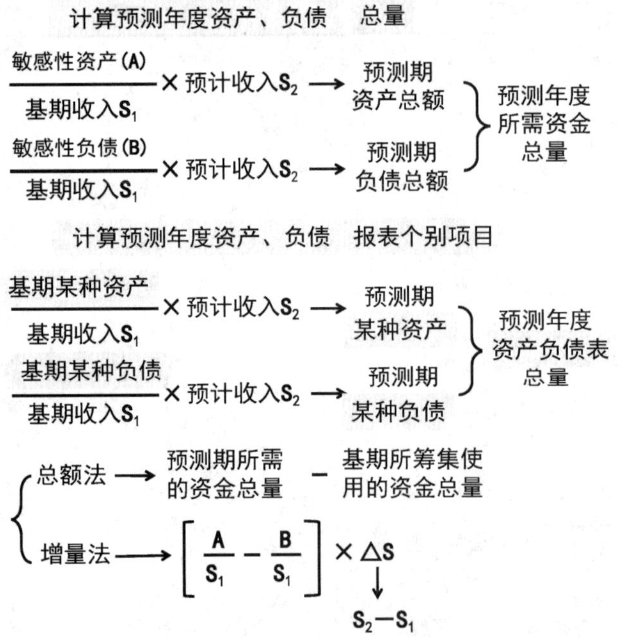

（4）确定外部筹资需要量

预计产生的收益留存 先从内部融资

= 预测收入 × 计划销售净利率 × 利润留存率 或 1－股利支付率

外部融资额

= 收入增加额 × $\frac{\text{基期变动资产A} - \text{基期变动负债B}}{\text{基期收入}S_1}$

－ 预测收入 × 计划销售净利率 × 利润留存率　如非敏感性资产增加，则外部筹资需要量也应相应增加

$$外部融资需求量=\frac{A}{S_1}\Delta S-\frac{B}{S_1}\Delta S-PES_2$$

式中：S_2 为预测期销售额；P为销售净利率；E为利润留存率。

【说明】如果非敏感性资产增加，则外部筹资需要量也应相应增加。

4. 优缺点

优点是能为筹资管理提供短期预计的财务报表，以适应外部筹资的需要，且易于使用。

但在有关因素发生变动的情况下，必须相应地调整原有的销售百分比。

二、选编例题

【例 1・单选题】某公司 2011 年预计营业收入为 50 000 万元，预计销售净利率为 10%，股利支付率为 60%。据此可以测算出该公司 2011 年内部资金来源的金额为（　　）万元。

A.2 000　　B.3 000

C.5 000　　D.8 000

【例 2・单选题】采用销售百分比法预测资金需要量时，下列各项中，属于非敏感性项目的是（　　）。

A. 存货　　B. 固定资产

C. 长期借款　　D. 应付账款

【例 3・单选题】甲企业本年度资本平均占用额为 3 500 万元，经分析，其中不合理部分为 500 万元。预计下年度销售增长 5%，资金周转加速 2%，则下年度资本需要量预计为（　　）万元。

A.3 000　　B.3 087

C.3 150　　D.3 213

知识点 2 选编例题答案

1.【答案】A

【解析】知识点：筹资数量的预测。预计内部资金来源＝留存收益增加＝预计期销售额 ×预计销售净利率 ×（1—股利支付率），则本题 2011 年内部资金来源的金额＝ 50 000×10%×（1—60%）＝ 2 000（万元）。

2.【答案】C

【解析】知识点：筹资数量的预测。经营资产项目包括库存现金、应收账款、存货等项目；经营负债项目包括应付票据、应付账款等项目，不包括短期借款、短期融资券、长期负债等金融负债。

3.【答案】B

【解析】知识点：筹资数量的预测。资本需要量＝（上年资本实际平均占用额—不合理资本占用额）×（1± 预测年度销售增减率）×（1± 预测年度资本周转速度变动率）＝（3 500—500）×（1+5%）×（1—2%）＝ 3 087（万元）。

【知识点3】筹资方式

一、知识点精讲

（一）筹资种类

种类	细分	优缺点
债务筹资	长期借款筹资（主要）	优点：筹资速度快、借款弹性好 缺点：财务风险较大，限制条款较多
	长期债券筹资（主要）	优点：筹资规模大，具有长期性和稳定性，有利于资源优化配置 缺点：发行成本高，信息披露成本高，限制条件多
股权筹资	普通股筹资	优点：没有固定利息负担；没有固定到期日；筹资风险小；能增加公司的信誉；因预期收益较高，相对容易筹集资金 缺点：资本成本较高；稀释原股东股权；信息披露成本高
混合筹资	优先股筹资	优点：与债券相比，不支付股利不会导致公司破产，没有到期期限，不需要偿还本金；与普通股相比，不会稀释股东权益 缺点：优先股股利不能税前扣除，需按约定支付固定股息
	可转换债券筹资	优点：与普通债权相比，可转换债券使公司能够以较低的利率取得资金；与普通股相比，可转换债券使公司获得了以高于当前股价出售普通股的可能性 缺点：股价上涨风险；股价低迷风险；资本成本高于纯债券

（二）长期借款筹资★

长期借款是指企业向银行或其他非银行金融机构借人的使用期超过 1 年 (包括 1年)的借款，主要用于企业构建固定资产和满足长期流动资金占用的需要。

1. 长期借款的种类

分类标准	分类
按用途分类	固定资产投资借款、更新改造借款、科技开发和新产品试制借款
按提供借款的机构分类	政策性银行、商业银行借款、信托投资借款、财务公司借款
按有无担保分类	信用借款、抵押借款

2. 长期借款的保护性条款

保护性条款：由于长期借款期限长、风险大，按照国际惯例，银行通常在借款合同中向借款企业提出的一些有助于保证借款按时足额偿还的条件。

3. 长期借款的利率

长期借款利率有固定利率和浮动利率两种。浮动利率通常有最高、最低限，并在借款合同中明确。对于借款企业而言，若预测市场利率将上升，应与银行签订固定利率合同；反之，则签订浮动利率合同。

除利息之外，银行还会向借款企业收取其他费用，如实行周转信贷协定所收取的承诺费、要求借款企业在本银行中保持补偿性余额所形成的间接费用等。

4. 长期借款的偿还方式

长期借款的偿还方式包括：定期支付利息、到期一次偿还本金；定期等额偿还；平时逐期偿还小额本金和利息、期末偿还余下的大额部分。

第一种偿还方式会加大企业借款到期时的还款压力，而定期等额偿还则会提高企业使用借款的实际年利率。

5. 长期借款的优点和缺点（相对于其他长期负债）

优点	筹资速度快	发行各种证券筹集长期资金时间一般较长，一般借款所需时间较短
	借款弹性好	企业与金融机构可以直接接触，商谈来确定
缺点	财务风险大	必须定期还本付息，可能会产生不能偿付的风险
	限制条款多	较多的限制条款，这些条款可能会限制企业的经营活动

（三）长期债券筹资★

债券是发行人依照法定程序发行，约定在一定期限内还本付息的有价证券。这里所说的债券，指的是期限超过 1 年（包括 1 年）的公司债券，其发行目的通常是为了建设大型项目。

1. 债券的分类

分类标准	分类	
发行主体	国债（金边债券）、地方政府债券（市政债券）、金融债券、公司债券、企业债券、国际债券	
偿还期限	短期债券（1 年以内）、中期债券（1~5 年）、长期债券（5 年以上）	
偿还与付息方式	定息债券、一次还本付息债券、贴现债券、浮动利率债券、累进利率债券、可转换债券。 贴现债券是发行价低于票面额，到期以票面额兑付的债券，发行价与票面额之间的差就是贴息； 累进利率债券是根据持有期限长短确定利率的债券	
的担保性质	抵押债券（附息债券）、担保债券、保证债券、信用债券 担保信托债券以动产或有价证券担保 保证债券由第三者作为还本付息的担保人	
发行的市场	场内交易市场（交易所债券市场）	上交所债券市场
		深交所债券市场
	场外交易市场	商业银行柜台市场（发行理财直接融资工具）
		银行间债券市场（发行债务融资工具，如短期融资券、中期票据、超短期融资券、非公开定向债务融资工具、资产支持票据、项目收益票据以及其他约定在一定期限内还本付息的有价证券）

2. 债券的发行价格

债券的发行价格	主要原因
平价	票面利率＝市场利率
溢价	票面利率 >市场利率
折价	票面利率 <市场利率

3. 债券的评级

公司公开发行债券通常需要由债券评信机构评定等级。债券的信用等级对于发行公司和购买人都有重要影响。这是因为：（1）债券评级是度量违约风险的一个重要指标，债券等级对债务筹资利率及公司债务成本有直接影响；（2）债券评级为投资者进行债券投资决策提供便利。

国际上流行的债券等级是 3 等 9 级：

AAA	AA	A	BBB	BB	B	CCC	CC	C
最高级	高级	中上	中级	中下级	投机级	完全投机级	最大投机级	最低级

4. 债券的偿还

<table>
<tr><td rowspan="5">债券偿还时间</td><td>到期偿还</td><td colspan="2">包括分批偿和还一次偿还</td></tr>
<tr><td colspan="3">提前偿还（又称提前赎回或收回）</td></tr>
<tr><td rowspan="3">滞后偿还</td><td rowspan="2">转期</td><td>直接以新债券兑换旧债券</td></tr>
<tr><td>发行新债券得到的资金来赎回旧债券</td></tr>
<tr><td colspan="2">转换：按一定条件转换为公司股票</td></tr>
<tr><td>债券偿还形式</td><td colspan="3">现金、新发行的本公司债券（又称债券的调换）、本公司的普通股、本公司持有的其他公司发行的有价证券
企业进行债券调换的原因有：
①原有债券的契约中订有较多的限制性条款，不利于企业发展；
②把多次发行、尚未彻底偿清的债券进行合并，以减少管理费用；
③有的债券到期，但企业现金不足</td></tr>
</table>

5. 债券的付息

利息率	固定利率、浮动利率
付息频率	按期付息（按年付息、按半年付息、按季付息、按月付息）、一次性付息
付息方式	现金、支票或汇款，息票债券

6. 债券筹资的优缺点（与其他长期负债相比）

优点	筹资规模大、具有长期性和稳定性、有利于资源优化配置
缺点	债券发行成本高、信息披露成本高、限制性条件较多

（四）普通股筹资★

1. 普通股首次发行

股票的发行方式，指的是公司通过何种途径发行股票，分为以下两类：

分类	优缺点	规定
公开间接发行：是指通过中介机构，公开向社会公众发行股票	优点：发行范围广、发行对象多，易于足额募集资本；股票的变现能力强，流通性好；股票的公开发行还有助于完善公司的制度和扩大其影响力 缺点：手续繁杂，发行成本高	我国股份有限公司采用募集设立方式向社会公开发行新股，由证券经营机构承销
非公开直接发行：是指不公开对外发行股票，只向少数特定的对象直接发行，因而不需要经中介机构承销。	优点：弹性较大，发行成本低 缺点：发行范围小，股票流动性相对受到影响	我国股份有限公司采用发起设立方式和以不向社会公开募集的方式发行新股

2. 股权再融资（配股和增发）

（1）再融资种类

再融资包括股权再融资、债权再融资和混合再融资三种方式，其中股权再融资的方式包括向现有股东配股筹资和增发新股筹资。

（2）配股

含义	配股是指向原普通股股东按其持股比例，以低于市价的某一特定价格配售一定数量的新发行股票的筹资行为。 配股权是指当股份公司为增加公司资本而决定发行新股时，给予原普通股股东按其持股数量，以低于市价的某一特定价格优先认购一定数量新发行股票的权利
目的	①不改变原控股股东对公司的控制权和享有的各种权利；②因发行新股将导致公司短期内的每股收益被稀释，通过折价配售的方式可以给老股东一定的补偿；③鼓励老股东认购新股，以增加股票发行数量
配股价格	一般采用网上定价方式进行，由主承销商和发行人协商确定
配股条件	①拟配售股份数量不超过本次配售股份前股本总额的 30%；②控股股东应当在股东大会召开前公开承诺认购的配股数量；③采用证券法规定的代销方式发行
配股除权价格	配股除权价格（理论除权基准价格） $=\dfrac{\text{配股前股票市值}+\text{配股价格}\times\text{配股数量}}{\text{配股前股数}+\text{配股数量}}$ $=\dfrac{\text{配股前每股市价}+\text{配股价格}\times\text{股价变动比例}}{1+\text{股价变动比例}}$ 填权：除权后股票交易市价 $>$ 除权基准价格 贴权：除权后股票交易市价 $<$ 除权基准价格

（3）增发（再次发行股票）

定义	指上市公司为了筹集权益资本，而再次发行股票的筹资行为	
	公开增发	非公开增发
特点	面向不特定对象	面向特定对象
增发价格	发行价格应不低于公告招股意向书前 20 个交易日公司股票均价或前 1 个交易日的均价	不低于定价基准日前 20 个交易日公司股票均价的 90% 定价基准日前 20 个交易日股票交易均价 $=\dfrac{\text{定额基准日前20个交易日股票交易总额}}{\text{定价基准日前20个交易日股票交易总量}}$ 对于以重大资产重组或引入长期战略投资为目的的，可以在董事会、股东大会阶段事先确定发行价格；对于以筹集现金为目的的，应在取得发行核准批文后采取竞价方式定价
认购方式	通常为现金认购	不限于现金。 往往以重大资产重组或者引进长期战略投资为目的，可能出现通过不公平资产定价等手段，侵害中小股东利益的现象
适用条件	除满足上市公司公开发行的一般规定外，还应当符合以下规定：①最近三个会计年度加权平均净资产报酬率平均不低于 6%；②除金融企业外，期末不存在持有金额较大的交易性金融资产和可供出售金融资产、借予他人款项、委托理财等财务性投资的情形	对于非公开增发的对象，除①发行对象为境外机构投资者需要国务院相关部门批准外，②还要求特定发行对象符合股东大会规定的条件，并且在数量上不超过 10 名

（4）股权再融资对企业的影响

对公司资本结构的影响	①一般来说，权益资本成本高于债务资本成本，股权再融资会降低资产负债率，并可能使资本成本增大。 ②但如果股权再融资有助于增强企业的财务稳健性，降低债务的违约风险，就会在一定程度上降低企业的加权平均资本成本，增加企业的整体价值
对企业财务状况的影响	①在企业运营模式和盈利状况不变的情况下，股权再融资可以降低企业的财务杠杆水平，并降低净资产报酬率。 ②但企业如果能将股权再融资筹集的资金，投资于具有良好发展前景的项目，获得正的投资净现值，或者能够改善企业的资本结构，降低资本成本，有利于增加企业价值
对控制权的影响	①就配股而言，控股股东只要不放弃认购的权利，就不会削弱控制权； ②公开增发会引入新股东，股东控制权受增发认购数量影响； ③对财务投资者和战略投资者的非公开增发，会降低控股股东的控股比例，但一般不会威胁控股股东的控制权； ④若面向控股股东的增发是为了收购其优质资产或实现集团整体上市，则会提高 控股股东的控制比例，增强其控制权

3. 普通股筹资的优缺点（与其他筹资方式相比）

优点	（1）没有固定利息负；（2）没有固定到期日（3）筹资风险小；（4）能增加公司的信誉
缺点	（1）资本成本较高；（2）稀释原股东股权；（3）如果上市将增加信息披露成本

（五）混合筹资★★

1. 优先股

（1）优先股的概念与特征

优先股，是指依照《公司法》，在一般规定的普通股之外，另行规定的其他种类股份，其股份持有人优先于普通股股东分配公司利润和剩余财产，但参与公司决策管理等权利受到限制。

优先股既像债券，又像股票，其“优先”主要体现为：

一是通常具有固定的股息（类似债券），并须在派发普通股股息之前派发；

二是优先股股东对公司剩余资产的权利先于普通股股东。

优先股股东对公司日常经营管理事务没有表决权，仅在与之利益密切相关的特定事项上享有表决权。

优先股通常具有以下四个特征：

固定收益	优先股股息率事先规定，一般不会根据公司经营情况增减，一般也不再参与公司普通股的分红
先派息	先于普通股获得股息
先清偿	清偿顺序先于普通股，次于债权人
权利小	一般事项没有表决权，仅在股东大会表决与优先股股东自身利益直接相关的特定事项时才有投票权。如果公司在约定时间内未按规定支付股息，优先股股东将按约定恢复表决权；如果公司支付了所欠股息，已恢复的优先股表决权终止

（2）优先股筹资的优缺点

优点	①与债券筹资相比，不支付股利不会导致公司破产；没有到期期限，不需要偿还本金。 ②与普通股相比，发行优先股一般不会稀释股东权益

续表

缺点	①优先股股利不可以在企业税前扣除，是优先股筹资的税收劣势。 ②优先股需按约定支付固定股息。

2. 可转换公司债券

（1）可转换公司债券的概念及主要条款

可转换公司债券是指发行公司依法发行，在一定期间内依据约定的条件可以转换成股份的公司债券。

可转换性	是一种期权，证券持有人可以选择转换为公司普通股，也可以选择不转换
转换价格	在可转换债券发行时确定，也称转股价格，即转换发生时，投资者为取得普通股每股需支付的实际价格
转换比率	债权人通过转换可以获得的普通股股数，转换比率＝债券面值 /转换价格
转换期	可转换债券可转换为股份的起始日至结束日的期间，可以与债券期限相同，也可以短于债券期限（如递延转换期、有限转换期）
赎回条款（又称加速条款）（保护发行人）	不可赎回期：可转换债券从发行开始不能被赎回的期间 赎回期：可转换债券发行公司可以赎回债券的期间 赎回条件：可转换债券发行公司赎回债券的情况要求，即需要在什么样的情况下，发行公司才能赎回债券。可分为无条件赎回和有条件赎回
回售条款（保护购买方）	可转换债券发行公司的股票价格达到某种恶劣程度时，债券持有人有权按照约定的价格，将可转换债券卖给发行公司
强制性转换条款	在某些条件具备后，债券持有人必须将可转换债券转换为股票，无权要求偿还债券本金

（2）可转换公司债券的优缺点

优点	转换债券使公司能够以较低的利率取得资金	可转换债券的票面利率低于同一条件下的普通债券的利率 可转换债券转换成普通股后，其原有的低息优势将不复存在，公司要承担普通股的资本成本
	可转换公司债券使公司获得了以高于当前股价出售普通股的可能性	在发行新股时机不理想时，可以先发行可转换公司债券，然后通过转换实现较高价格的股权筹资
缺点	股价上涨风险	如果转换时股票价格大幅上涨，公司只能以较低的固定转换价格换出股票
	股价低迷风险	如果股价没有达到转股所需要的水平，可转换公司债券持有者没有如期将债券转换成普通股，则公司只能继续承担债务
	资本成本高于纯债券	计入转股成本之后的总资本成本比纯债券高

二、选编例题

【例 1 · 多选题】与长期借款相比，长期债券筹资的缺点有（　　）。

A. 筹资速度慢　　B. 发行成本高

C. 单次筹资数额小　　D. 信息披露成本高

E. 资金使用限制条件多

【例 2 · 单选题】公司发行可转换债券设置回售条款的目的包括（　　）。

A. 保护债券投资人的利益

B. 促使债券投资人转换股份

C. 确保债券投资人在股票价格较低时有权按照约定价格将可转换债券卖给发行公司

D. 能使发行公司避免市场利率下降时继续向债券投资人按较高票面利率支付利息的损失

【例 3 · 单选题】与发行债券筹资相比，发行普通股股票筹资的优点是（　　）。

A. 可以降低资本成本　　B. 可以稳定公司的控制权
C. 可以形成稳定的资本基础　　D. 可以利用财务杠杆

【例 4 · 单选题】下列各种筹资方式中，最有利于降低公司财务风险的是（　　）。
A. 发行普通股　　B. 发行优先股　　C. 发行公司债　　D. 发行可转换债券

【例 5 · 单选题】与普通股筹资相比，下列各项中，属于长期借款筹资缺点的是（　　）。
A. 财务风险较大　　B. 资本成本较高　　C. 稀释股东控制权　　D. 筹资灵活性较小

知识点 3 选编例题答案

1.【答案】ABD

【解析】知识点：长期债券筹资。相比长期债券筹资，长期借款筹资的优点：筹资速度快，借款弹性好；缺点：财务风险较大，限制条款较多。

2.【答案】A

【解析】知识点：混合筹资。可转换债券发行公司设置回收条款，是为了保护债券投资人的利益，当股票价格达到某种恶劣程度时，债券持有人有权按照约定的价格，将可转换债券卖给发行公司。

3.【答案】C

【解析】知识点：普通股筹资。一般而言，普通股筹资的资本成本要高于债务筹资，所以选项 A 的表述不正确。发行普通股可能会导致公司控制权变更，所以选项 B 的表述不正确。普通股筹资不存在财务杠杆的利用，选项 D 的表述不正确。股权资本没有固定的到期日，无需偿还，是企业的永久性资本，除非企业清算时才有可能予以偿还，有利于形成稳定的资本基础，答案是选项 C。

4.【答案】A

【解析】知识点：筹资种类。普通股筹资没有固定利息负担，没有固定到期日，有利于降低财务风险。

5.【答案】A

【解析】知识点：长期借款筹资。长期借款筹资的缺点：财务风险较大，限制条款较多。

【知识点 4】资本成本

一、知识点精讲

（一）资本成本的概念和作用

资本成本	1.资本成本是指投资资本的机会成本。资本成本也称为必要期望报酬率、投资项目的取舍率、最低可接受的报酬率 2.资本成本包括两个方面： 一是资本成本与公司的筹资活动有关，它是公司募集和使用资金的成本，即筹资的成本； 二是资本成本与公司的投资活动有关，它是投资所要求的必要报酬率
公司资本成本	1.公司资本成本是指构成公司资本结构的各种资金来源的成本的组合，也就是各种资本要素成本的加权平均数。 2.理解公司资本成本，需要注意以下四个问题： （1）资本成本是取得资本使用权的代价 （2）资本成本是投资人的必要报酬率 （3）不同来源资金的资本成本不同 公司的资本成本是构成企业资本结构中各种资金来源成本的组合，即各种资本要素成本的加权平均值。 （4）不同公司的资本成本不同 一个公司资本成本的高低，取决于三个因素：无风险报酬率、经营风险溢价、财务风险溢价
作用	公司的资本成本主要用于投资决策、筹资决策、营运资金管理、企业价值评估和业绩评价

（二）个别资本成本的计算★★★

1. 债务资本成本的计算

债务资本成本是指债务的税后资本成本。

考虑时间价值	计算原则（IRR）	据债券估值模型计算长期债务的到期收益率
	计算公式	$P(1-F)=\sum_{t=1}^{n}\frac{1}{(1+K_d)^t}+\frac{M}{(1+K_d)^n}$
不考虑货币时间价值	不考虑筹资费率	直接将利率作为税前资本成本
	考虑筹资费用率	税前资本成本＝利率 /（1—筹资费率）
税前与税后资本成本关系	不考虑货币时间价值	债务资本成本＝税前资本成本 ×（1—T）/（1—筹资费率）
	考虑时间价值	债券的资本成本 $K_{dt}=K_d(1-T)$

2. 权益资本成本的计算

普通股资	估算方法	资本资产定价模型、股利增长估值模型和债券报酬率风险调整模型
	股利增长模型	$K_e=\frac{D_1}{P_0(1-f)}+g$ 式中，K_e为普通股资本成本；D_1为预期下一年股利额；f为发行费用率。 P_0为普通股当前市价；g为股利的年增长率
留存收益	留存收益资本成本的估计与普通股相似，但无需考虑筹资费用	

3. 优先股资本成本的计算

优先股股息通常是固定的，优先股资本成本的计算公式如下：

$$K_p=\frac{D_p}{P_p(1-f)}$$

式中，K_p为优先股资本成本；D_p为优先股每股年股息；

P_p为优先股发行价格；f为优先股发行费用率。

（三）加权平均资本成本的计算★★★

1. 加权平均资本成本的含义

加权平均资本成本是公司全部长期资本的平均成本，一般按各种长期资本的比例加权计算，故称为加权平均资本成本。

在公司价值评估、资本结构决策中，加权平均资本成本是一种可供选择的折现率。

2. 加权平均资本成本的计算

（1）权重的选择

	优点	缺点
账面价值（以资产负债表账面价值为基础）	资料容易取得，计算时很方便	反映历史资本结构，不一定符合未来状态。 账面价值与市场价值通常存在较大差异，以账面价值为权重很可能歪曲企业的加权平均资本成本
市场价值（可用平均市价）	当前负债和权益的市场价值比例	市场价值不断变动
目标资本结构（平均市场价格替代）	代表未来将如何筹资的最佳估计，计算加权平均资本成本更为合适；适用于公司评价未来的资本结构	

（2）加权平均资本成本的计算方法

假设 Wi为第 i种资本金来源在总资本中所占的比重，Ki为第 i种资金的资本成本，公司筹资一共有 n种资金来源，则加权平均资本成本（WACC）为

$$WACC=\sum_{i=1}^{n}W_iK_i$$

（四）资本成本变动的影响因素

影响因素		影响结果
外部因素	利率	市场利率上升，公司的各种资本的成本都会上升
	市场风险报酬	由资本市场上的供求双方决定，个别公司无法控制。 根据资本资产定价模型可以看出，市场风险报酬会影响股权成本
	税率	政府政策，个别公司无法控制。税率变化直接影响税后债务成本
内部因素	资本结构	在计算加权平均资本成本时，我们假定公司的目标资本结构已经确定。企业改变资本结构时，资本成本会随之改变
	股利政策	根据股利折现模型，它是决定股权成本的因素之一。公司改变股利政策，将会引起股权资本成本的变化
	投资政策	公司的资本成本反映现有资产的平均风险。如果公司向高于现有资产风险的新项目大量投资，公司资产的平均风险就会提高，并使得公司资本成本上升

二、选编例题

【例 1 · 单选题】甲公司已进入稳定增长状态，当前股价每股 15 元，最近一期股利每股 0.75 元，固定股利增长率 4%。该股票资本成本是（　　）。

A.8.8%　　B.9%　　C.9.2%　　D.9.4%

【例 2 · 多选题】在其他条件不变的情况下，下列各项中，会导致公司加权平均资本成本提高的有（　　）。

A. 增发股票　　B. 所得税税率提高

C. 偿还银行长期贷款　　D. 无风险报酬率提高

E. 市场风险溢价提高

【例 3 · 单选题】下列各项中，通常不会导致企业资本成本增加的是（　　）。

A. 通货膨胀加剧　　B. 投资风险上升

C. 经济持续过热　　D. 证券市场流动性增强

【例 4 · 单选题】某企业发行了期限为 5 年的长期债券 10 000 万元，年利率为 8%，每年年末付息一次，到期一次还本，债券发行费率为 1.5%，企业所得税税率为 25%，该债券的资本成本率为（　　）。

A.6%　　B.6.09%　　C.8%　　D.8.12%

知识点 4 选编例题答案

1.**【答案】**C

【解析】知识点：个别资本成本的计算。［0.75×（1+4%）/15］+4%＝9.2%

2.**【答案】**ACDE

【解析】知识点：加权平均资本成本的计算。增发股票、偿还银行长期贷款会增加普通股的相对权重，而普通股资本成本相对较高，进而提高加权平均资本成本；无风险报酬率和市场风险溢价提高，会增加普通股资本成本，进而提高加权平均资本成本。而所得税税率的提高，会降低债务税后资

本成本，进而降低加权平均资本成本。

3.【答案】D

【解析】知识点：资本成本变动的影响因素。如果国民经济不景气或者经济过热，通货膨胀持续居高不下，投资者投资风险大，预期报酬率高，筹资的资本成本就高。而选项ABC均会导致企业资本成本增加，所以本题选D。

4【答案】B

【解析】知识点：个别资本成本的计算。债务资本成本＝10 000×8%×（1－25%）/［10 000×（1－1.5%）］＝6.09%

【知识点5】资本结构

一、知识点精讲

（一）资本结构及其决策的意义

资本结构是指企业各种资本的构成及其比例关系。

资本结构决策是在若干可行的资本结构方案中选取最佳资本结构。

资本结构决策财务决策的意义为：

1. 合理安排资本结构可以降低企业的综合资本成本；
2. 合理安排资本结构可以获得财务杠杆收益；
3. 合理安排资本结构可以增加公司价值。

（二）杠杆系数的衡量★★★

1. 经营杠杆系数

（1）经营风险

经营风险，是指企业未使用债务时经营的内在风险。

影响企业经营风险的因素很多，主要有以下几个方面：

产品需求	市场对企业产品的需求稳定，则经营风险小；反之，经营风险大
产品售价	产品售价稳定，则经营风险小；反之，经营风险大
产品成本	产品成本变动大，则经营风险大；反之，则经营风险小
调整价格的能力	较强的调整价格的能力，则经营风险小；反之，经营风险就大
固定成本的比重	固定成本所占比重较大时，单位产品分担的固定成本额较多，若产品数量发生变动，则单位产品分担的固定成本会随之变动，最后会导致利润更大的变动，经营风险就大；反之，经营风险就小

（2）经营杠杆系数的衡量方法

①经营杠杆效应含义

在影响经营风险的诸多因素中，固定性经营成本的影响是一个基本因素。

在某一固定成本比重的作用下，由于销售量一定程度的变动，引起息税前利润产生更大程度变动的现象，称为经营杠杆效应。

②经营杠杆效应的测度：经营杠杆系数

定义	经营杠杆的大小一般用经营杠杆系数表示，它是企业利息和所得税之前的盈余（简称息税前利润EBIT）变动率与营业收入（销售量）变动率之间的比率

续表

定义式公式	DOL＝息税前利润变化的百分比 ÷ 营业收入变化的百分比＝$\frac{\Delta EBIT/EBIT}{\Delta S/S}$ 式中，DOL为经营杠杆系数； ΔEBIT为息税前利润变动额；EBIT为变动前息税前利润； ΔS为营业收入（销售量）变动量；S为变动前营业收入（销售量）。 【说明】经营杠杆系数越大，表明经营杠杆作用越大，经营风险也就越大；经营杠杆系数越小，表明经营杠杆作用越小，经营风险也就越小
基期公式	$DOL_Q=\frac{Q(P-V)}{Q(P-V)-F}$ 式中，某期的DOL_Q为基期销售量等于Q时的经营杠杆系数； P为单位销售价格；V为单位变动成本；F为总固定成本 $DOL_S=\frac{S-VC}{S-VC-F}=\frac{EBIT+F}{EBIT}$ 式中，某期的DOL_S为基期营业收入等于S时的经营杠杆系数；S为基期营业收入；VC为变动成本总额

（3）经营杠杆效应的根源及影响因素

①固定成本是引发经营杠杆效应的根源

固定成本等于0，则经营杠杆系数为1，即不存在经营杠杆效应。

②企业销售量水平与盈亏平衡点的相对位置决定了经营杠杆的大小，即经营杠杆的大小是由固定性经营成本和息税前利润共同决定的。

经营杠杆有助于企业管理层在控制经营风险时，不是简单考虑固定成本的绝对量，而是关注固定成本与盈利水平之间的相对关系。

③企业一般可以通过增加营业收入、降低单位成本、降低固定成本比重等措施使经营杠杆系数下降，降低经营风险，但这往往要受到各种内外部条件的制约。

2. 财务杠杆系数

（1）财务风险

财务风险是包含有企业可能丧失偿债能力的风险和股东收益的波动性。

随着债务、租赁和优先股筹资在企业资本结构中所占比重的提高，企业支出的固定费用会增加，结果使企业丧失现金偿付能力的可能性增大。企业财务风险的另一方面涉及股东可能得到的收益波动性。

（2）财务杠杆系数的衡量方法

①财务杠杆效应含义

在影响财务风险的因素中，债务利息或优先股股息这类固定性资本成本是基本因素。

在某一固定的债务与权益筹资结构下，由于息税前利润的变动引起的每股收益产生更大幅度变动的现象，称为财务杠杆效应。

②财务杠杆效应的测度：财务杠杆系数

定义表达式	财务杠杆的大小一般用财务杠杆系数表示，它是企业每股收益变动率与息税前利润变动率之间的比率
杠杆关系	$DFL=\frac{每股收益变化的百分比}{息税前利润变化的百分比}=\frac{\Delta EPS/EPS}{\Delta EBIT/EBIT}$ 式中，DFL为某期财务杠杆系数； EBIT为变动前息税前利润；ΔEBIT为息税前利润变动额； EPS为变动前普通股每股收益；ΔEPS为普通股每股收益变动额

续表

基期公式	$DFL=\dfrac{EBIT}{EBIT-I}$ 式中，I为债务利息（固定）；DFL为某期财务杠杆系数，EBIT为变动前息税前利润。 $DFL=\dfrac{Q(P-V)-F}{Q(P-V)-F-I}$

（3）财务杠杆效应的根源及影响因素

①固定性资本成本是引发财务杠杆效应的根源。

如果固定性资本成本债务利息等于0，则财务杠杆系数为1，即不存在财务杠杆效应。

②财务杠杆有助于企业管理层在控制财务风险时，不是简单考虑负债筹资的绝对量，而是关注负债利息成本与盈利水平之间的相对关系。

3. 联合杠杆系数

（1）联合杠杆（又称总杠杆）含义

经营杠杆系数衡量营业收入变化对息税前利润的影响程度，而财务杠杆系数则衡量了息税前利润变化对每股收益的影响程度。联系起来则衡量考察了营业收入的变化对每股收益的影响程度，即把这两个杠杆作用叠加，称为联合杠杆（又称总杠杆）。

联合杠杆直接考察了营业收入的变化对每股收益的影响程度。

（2）联合杠杆的测度：联合杠杆系数（DTL）

定义表达式	$DTL=\dfrac{\text{每股收益变化的百分比}}{\text{营业收入变化的百分比}}=\dfrac{\Delta EPS/EPS}{\Delta S/S}$
杠杆的关系	DTL= DOL×DFL
基期公式	$DOL_1=\dfrac{(P-V)\times Q}{(P-V)\times Q-F}=\dfrac{M}{M-F}=\dfrac{EBIT+F}{EBIT}=\dfrac{Q}{Q-Q_{BE}}$ $DFL_1=\dfrac{EBIT}{EBIT-I-PD(1-T)}$ $DTL_1=\dfrac{M}{M-F-I-PD(1-T)}=\dfrac{EBIT}{EBIT-I-PD(1-T)}$

（3）联合杠杆系数对公司管理的意义

①当营业收入变化时，公司管理层在一定的成本结构与筹资结构下，能够对每股收益的影响程度作出判断，即能够估计出营业收入变动对每股收益造成的影响。

例如，如果一家公司的联合杠杆系数是3，则说明当营业收入增长（减少）1倍，就会引起每股收益增长（减少）3倍。

②控制某一联合杠杆系数，经营杠杆和财务杠杆的反向搭配

（二）资本结构决策影响因素★★

内部因素	①营业收入：收益与现金流量波动大的企业负债水平低 ②成长性：成长性好的企业（外部资金需求大）负债水平高 ③资本结构：一般性用途资产（适于抵押）比例高的企业负债水平高 ④盈利能力：盈利能力强的企业（内源融资充足）负债水平低 ⑤管理层偏好：管理层对待风险态度激进，企业负债水平高 ⑥财务灵活性：财务灵活性大的企业负债能力强 ⑦股权结构
外部因素	税率、利率、资本市场、行业特征等

（三）资本结构决策分析★★

1. 资本成本比较法

（1）基本原理

指在不考虑各种筹资方式的数量与比例的约束，以及财务风险差异的情况下，计算各种基于市场价值的长期筹资组合方案的加权平均资本成本，并根据计算结果选择加权平均资本成本最小的筹资方案，进而确定相对最优的资本结构。

（2）优点

测算过程简单，是一种比较便捷的方法。

（3）缺点

难以反映不同筹资方案之间的财务风险差异

难以全面考虑各种筹资方式的资本成本。

2. 每股收益无差别点法

（1）基本原理

在计算不同筹资方案下企业的每股收益（EPS）相等时所对应的盈利水平（EBIT）的基础上，通过比较在给定企业预期盈利水平情况下，不同筹资方案的每股收益，选择每股收益最大的筹资方案。

基于每股收益无差别点的判断原则是比较不同筹资方式能否给股东带来更大的净收益。

（2）无差别点的计算公式

$$EPS=\frac{(EBIT-I_1)(1-T)-PD_1}{N_1}=\frac{(EBIT-I_2)(1-T)-PD_2}{N_2}$$

上式中，EBIT为每股收益无差别点时的息税前利润；I_1 为 1 方案的利息支出；

T为企业所得税税率；PD_1 为 1 方案支付的优先股股利；

N_1 为 1 方案筹资后发行在外的普通股股数。

（3）决策方法（EBIT与每股收益关系图）

①两个方案的决策

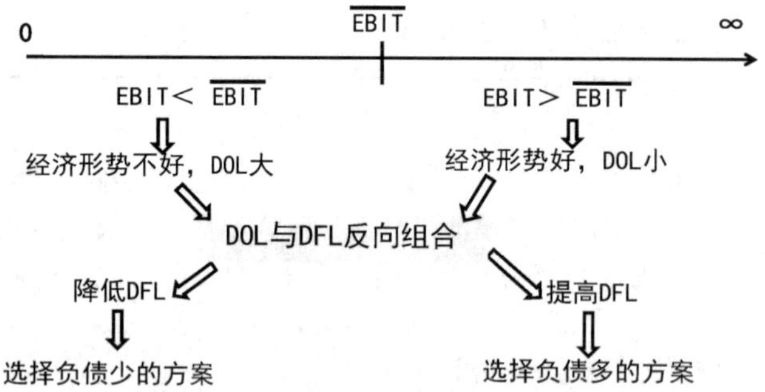

②当存在两个以上方案进行选择时

将方案两两组合，按照两个方案的决策方法进行选择。

然后将两两组合的无差别点按照大小排序，进一步画 EBIT — EPS图进行分析。

第一步、两两组合，计算出每股收益无差别点

第二步、画每股收益无差别点图

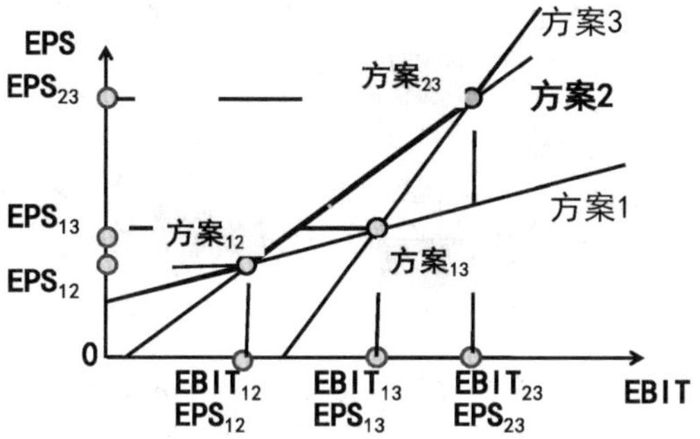

第三步、做出决策结论

3. 企业价值比较法

（1）决策原则

公司的最佳资本结构应当使公司的总价值最高，而不一定使每股收益最高。同时，在公司总价值最高的资本结构下，公司的资本结构也是最合理的。

（2）计算方法

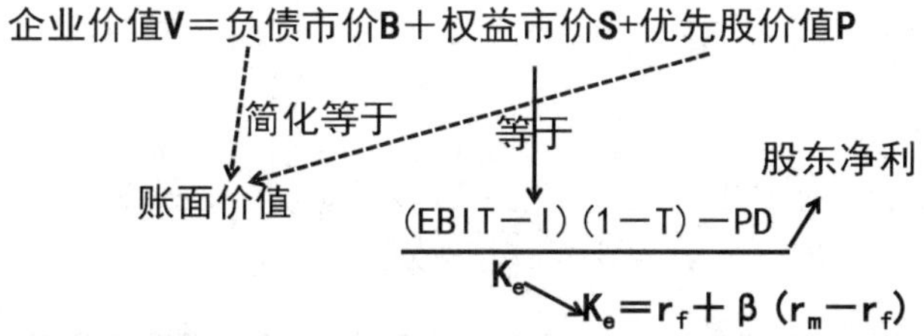

加权平均资本成本＝税前债务资本成本 ×债务额占总资本比重 ×（1—所得税税率）＋权益资本成本 ×股票额占总资本比重

$$WACC=\frac{K_d(1-T)D}{V}+\frac{K_eS}{V}$$

式中，K_d为税前债务资本成本。

二、选编例题

【例 1 · 多选题】下列各项中，影响资本结构决策的外部因素有（　　）。

A. 税率　　B. 利率

C. 利润率　　D. 股利增长率

E. 市场占有率

【例 2 · 多选题】下列方法中，可用于确定最佳资本结构的方法有（　　）。

A. 比率分析法　　B. 因素分析法

C. 资本成本比较法　　D. 企业价值分析法

E. 每股收益无差别点法

【例 3 · 单选题】甲公司 2016 年销售收入 1 000 万元，变动成本率 60%，固定成本 200 万元，利息费用 40 万元。假设不存在资本化利息且不考虑其他因素，该企业联合杠杆系数是（　　）。

A.1.25　　B.2　　C.2.5　　D.3.75

【例 4 · 单选题】总杠杆可以反映（　　）。

A. 营业收入变化对边际贡献的影响程度　　B. 营业收入变化对息税前利润的影响程度

C. 营业收入变化对每股收益的影响程度　　D. 息税前利润变化对每股收益的影响程度

【例 5 · 单选题】出于优化资本结构和控制风险的考虑，比较而言，下列企业中最不适宜采用高负债资本结构的是（　　）。

A. 电力企业　　B. 高新技术企业　　C. 汽车制造企业　　D. 餐饮服务企业

知识点 5 选编例题答案

1.【答案】AB

【解析】知识点：资本结构决策影响因素。影响资本结构决策的外部因素有税率、利率、资本市场、行业特征等。

2.【答案】CDE

【解析】知识点：资本结构决策分析方法。确定最佳资本结构常用的方法，主要有资本成本比较法、每股收益无差别点法和企业价值比较法。

3.【答案】C

【解析】知识点：杠杆系数的衡量。该企业联合杠杆系数＝边际贡献 /（边际贡献－固定成本－利息费用）＝1 000×（1－60%）/［1 000×（1－60%）－200－40］＝2.5。

4.【答案】C

【解析】知识点：杠杆系数的衡量。经营杠杆考察营业收入变化对息税前利润的影响程度，而财务杠杆则是考察息税前利润变化对每股收益的影响程度。如果直接考察营业收入的变化对每股收益的影响程度，即是考察了两种杠杆作用的叠加，通常把这两种杠杆的连锁作用称为总杠杆（联合杠杆）作用。

5.【答案】B

【解析】知识点：杠杆系数的衡量。不同行业资本结构差异很大。高新技术企业产品、技术、市场尚不成熟，经营风险高，因此可降低债务资本比重，控制财务杠杆风险。

【知识点 6】股利分配政策

一、知识点精讲

（一）利润分配原则、顺序及种类

利润分配的原则		1.依法分配原则 2.资本保全原则 3.充分保护债权人利益原则 4.多方及长短期利益兼顾原则
利润分配的顺序	计算可供分配的利润	1.将本年净利润（或专损）与年初的未分配利润（或亏损）合并，计算出可供分配的利润； 2.如果可供分配的利润为负数，则不能进行后续分配； 3.如果计算可供分配的利润为正数，则可进行后续分配
	计提法定公积金	1.法定公积金从净利润中提取形成，可用于弥补公司亏损、扩大企业生产经营或者转增公司资本。 2.公司分配当年税后利润时应当按照 10%的比例提取法定公积金；当法定公积金累计额达到公司注册资本的 50%时，可不再计提。 3.按抵减年初亏损后的本年净利润计提法定盈余公积金。 提取公积金的基数，不一定是可供分配的利润，也不一定是本年的税后利润。 只有不存在年初累计亏损，才能按照本年税后利润计算提取数。 这种“补亏”实际是按账面数值进行的，与所得税法的亏损后转无关
	计提任意公积金	根据公司章程或者股东大会的决议，按照规定的计提法定盈余公积的基数，计算提取任意盈余公积金
	宣布及发放股利	1.按照股东大会的决议宣布并发放股利。 2.公司股东或董事会违反上述利润分配程序，在抵补亏损、提取法定公积金之前向股东分配利润，必须将违反规定发放的利润退还公司

续表

股利种类	1.股利包括现金股利（特殊情况下可用弥补亏损后的盈余公积金支付）、股票股利（增发的股票作为股利）、财产股利、负债股利四种。 2. 最主要的是现金股利和股票股利 【注意】在我国上市公司的股利分配实践中，股利支付方式是现金股利、股票股利或者两种方式兼有的组合分配方式。部分上市公司在实施现金股利和股票股利的利润分配方案时，有时也会同时实施资本公积转增股本的方案。财产股利和负债股利实际上是现金股利的替代。这两种形式的股利在我国公司实务中很少使用，但并非法律禁止

（二）股利政策类型★★

1. 剩余股利政策

特点	在公司有良好的投资机会时，根据一定的目标资本结构，测算出投资所需的权益资本，先从盈余中留用，然后将剩余的盈余作为股利予以分配。 剩余股利政策是为了保持目标资本结构，使加权平均资本成本最低。 【说明】奉行剩余股利政策，意味着企业只将剩余的盈余用于发放股利
步骤	（1）设定目标资本结构，即确定权益资本与债务资本的比率，在此资本结构下，加权平均资本成本将达到最低水平 （2）确定目标资本结构下投资所需的股东权益数额 （3）最大限度地使用保留盈余来满足投资方案所需的权益资本数额 （4）投资方案所需权益资本已经满足后若有剩余，将其作为股利发放给股东
优点	保持目标资本结构，使加权平均资本成本最低
注意事项	（1）关于债务的限制 ①资本结构是长期有息负债（长期借款和公司债券）和所有者权益的比率②符合目标的资本结构是指利润分配后（特定时点）形成的资本结构符合既定目标 （2）关于经济限制 按照经济上有利的原则，筹集资金要在确定目标结构的前提下，首先使用留存收益补充资金，其次采用长期借款，最后的选择是增发股份 （3）关于法律限制 ①法律规定必须提取 10%的公积金，但是也属于留存收益②法律的这条规定，实际上只是对本年利润“留存”数额的限制，而不是对股利分配的限制③限制动用以前年度未分配利润分配股利的真正原因，来自财务限制和采用的股利分配政策

2. 固定股利政策

特点	将每年发放的股利，固定在某一相对稳定的水平，并在较长的时期内不变，只有公司认为未来盈余会显著地、不可逆转地增长，才提高年度的股利发放额。 固定股利政策的主要目的，是避免出现由于经营不善而削减股利的情况
优点	（1）稳定的股利向市场传递着公司正常发展的信息，有利于树立公司的良好形象，增强投资者对公司的信心，稳定股票的价格 （2）稳定的股利有助于投资者安排股利收入和支出，特别是那些对股利有很高依赖性的股东 （3）稳定的股利政策可能会不符合剩余股利理论，但考虑到股票市场会受多种因素影响，为了将股利维持在稳定的水平上，即使推迟某些投资方案或暂时偏离目标资本结构，也可能比降低股利或股利增长率更为有利
缺点	（1）股利支付与盈余相脱节 （2）不能像剩余股利政策那样保持较低的资本成本

3. 固定股利支付率政策

特点	公司确定一个股利占盈余的比率，长期按此比率支付股利

续表

优点	股利与公司盈余紧密地配合，体现了“多盈多分、少盈少分、无盈不分”的股利分配原则
缺点	各年股利变动较大，极易造成公司经营不稳定的感觉，对于稳定股票价格不利

4. 低正常股利加额外股利政策

特点	公司在一般情况下只支付固定的、数额较低的股利，在盈余多的年份，再根据实际情况向股东发放额外股利
优点	（1）具有较大灵活性 （2）可使那些依靠股利度日的股东每年至少可以得到虽然较低但比较稳定的股利收入，从而吸引住这部分股东 【说明】以上各种股利政策各有所长，公司在分配股利时应当借鉴其基本决策思想，制定适合自身实际情况的股利政策

（三）制定股利政策需要考虑的因素

法律限制 5

股东因素 2　　各因素是导致高股利，还是低股利

公司因素 6　　投资机会多 ⟶ 低股利

其他限制 2

股利政策影响因素		说 明
法律法规限制	资本保全	不能用资本（包括股本和资本公积）发放股利
	企业积累	公司税后利润必须先提取法定公积金
	净利润	年度累计净利润必须为正数才可以分配股利，以前年度亏损必须足额弥补
	无力偿付	如果一个公司无力偿付债务，或股利支付会导致公司失去偿债能力，则不能支付股利
	再融资监管	上市公司最近三年未进行现金利润分配的，不得向社会公众增发新股、发行可转换公司债券或向原有股东配售股份
股东因素	稳定的收入和避税	①一些股东的主要收入来源是股利，他们往往要求公司支付稳定的股利 ②一些股利收入较多的股东出于避税的考虑（股利收入的所得税高于股票交易的资本利得税），往往反对公司发放较多的股利
	控制权的稀释	发行新股必然稀释公司的控制权，若他们拿不出更多的资金购买新股，宁肯不分配股利
公司因素	盈利的稳定性	收益稳定的公司面临的经营风险和财务风险较小，筹资能力较强，这些都是其股利支付能力的保证
	公司的流动性	公司流动性是指及时满足财务应付义务的能力。较多地支付现金股利会减少公司的现金持有量，使公司的流动性降低
	举债能力	较强举债能力（与公司资产的流动性相关）的公司因为能够及时地筹措到所需的现金，有可能采取高股利政策
	投资机会	处于成长中的公司多采取低股利政策，处于经营收缩中的公司多采取高股利政策
	资本成本	保留盈余不需花费筹资费用，是一种比较经济的筹资渠道
	债务需求	具有较多债务偿还需要的公司，可以通过举借新债、发行新股筹集资金偿还债务，也可以直接用经营积累偿还债务。如果公司认为后者适当的话（比如，前者资本成本高或受其他限制难以进入资本市场），将会减少股利的支付
其他	债务合同约束	长期债务合同，往往有限制公司现金支付的条款，公司只得采取低股利支付率的股利政策
	通货膨胀	高通货膨胀环境下，公司股利政策往往偏紧

二、选编例题

【例 1・多选题】股利政策的制定受多种因素的影响，属于股东因素的有（　　）。

A. 控制权的稀释　　B. 公司的流动性

C. 公司未来的投资机会　　D. 各种资金来源及其成本

E. 税法对股利和出售股票收益的不同处理

【例 2・单选题】公司采用固定股利支付率政策时，考虑的理由通常是（　　）。

A. 稳定股票市场价格　　B. 维持目标资本结构

C. 保持较低资本成本　　D. 使股利与公司盈余紧密配合

【例 3・单选题】甲公司 2016 年初未分配利润－100 万元，2016 年实现净利润 1 200 万元。公司计划 2017 年新增投资资本 1 000 万元，目标资本结构（债务：权益）为 3∶7。法律规定，公司须按抵减年初累计亏损后的本年净利润 10%提取公积金。若该公司采取剩余股利政策，应发放现金股利（　　）万元。

A.310　　B.380　　C.400　　D.500

知识点 6 选编例题答案

1.【答案】AE

【解析】知识点：制定股利政策需要考虑的因素。公司股利分配是在种种制约因素下进行的，包括法律限制、股东因素、公司因素和其他限制等。本题中 AE属于股东因素，BCD属于公司因素。

2.【答案】D

【解析】知识点：股利政策类型。固定股利支付率政策，是公司确定一个股利占盈余的比率，长期按此比率支付股利的政策。在这一股利政策下，各年股利额随公司经营的好坏而上下波动，获得较多盈余的年份股利较高，获得盈余少的年份股利额就低。主张实行固定股利支付率的人认为，这样做能使股利与公司盈余紧密地配合，以体现多盈多分、少盈少分、无盈不分的原则。

3.【答案】D

【解析】知识点：股利政策类型。目标资本结构中负债与股东权益比例是 3∶7，因此股东权益占全部资本的 70%，应发放现金股利金额＝ 1 200－1 000×70%＝ 500（万元）。

同步强化训练题

一、单项选择题

1.（2021 真题）下列各项经济业务中，不会对财务杠杆系数产生影响的是（　　）。

A. 提取法定公积金　　B. 发行优先股

C. 发行中期票据　　D. 已发行的可转换债券转为普通股

2. 既可以在一定程度上维持股利的稳定性，又有利于企业的资本结构达到目标资本结构，使灵活性与稳定性较好结合的股利政策是（　　）。

A. 低正常股利加额外股利政策　　B. 固定股利政策

C. 固定股利支付率政策　　D. 剩余股利政策

3. 某公司目前的普通股 2 000 万股（每股面值 1 元），资本公积 1 000 万元，留存收益 1 200 万元。发放 10%的股票股利后，股本增加（　　）万元。

A.200　　B.1 200　　C.240　　D.300

4. 关于利润分配的顺序，下列说法正确的是（　　）。

A. 提取法定盈余公积金、弥补亏损、提取任意盈余公积金、向股东分配股利

B. 弥补亏损、提取法定盈余公积金、提取任意盈余公积金、向股东分配股利

C. 提取法定盈余公积金、弥补亏损、向股东分配股利、提取任意盈余公积金

D. 弥补亏损、提取任意盈余公积金、提取法定盈余公积金、向股东分配股利

5.A公司的资产负债率为70%，据此可以看出A公司（　　）。

A. 只存在财务风险　　B. 经营风险大于财务风险

C. 只存在经营风险　　D. 同时存在经营风险和财务风险

6. 某企业的资本结构中，产权比率为2/3，债务税前资金成本为14%。目前市场上的无风险报酬率为8%，市场上所有股票的平均收益率为16%，公司股票的β系数为1.2，所得税税率为30%，则加权平均资金成本为（　　）。

A.14.48%　　B.16%　　C.18%　　D.12%

7. 某公司普通股目前的股价为10元/股，筹资费率为6%，刚刚支付的每股股利为2元，股利固定增长率2%，则该企业利用留存收益的资金成本为（　　）。

A.22.40%　　B.22.00%　　C.23.70%　　D.23.28%

8. 与其他长期负债相比，不属于债券筹资的优点的是（　　）。

A. 具有长期性和稳定性　　B. 有利于资源优化配置

C. 筹资额度大　　D. 债券发行成本低

9. 在不考虑筹款限制的前提下，个别企业下列筹资方式中个别资金成本最高的通常是（　　）。

A. 发行普通股　　B. 留存收益筹资

C. 长期借款筹资　　D. 发行公司债券

10. 下列关于可转换债券的说法不正确的是（　　）。

A. 其利率通常低于普通债券

B. 股价上涨或者低迷都会增加风险

C. 回售条款有利于降低债券投资者的风险

D. 发行公司有权根据需要决定何时赎回

11. 在用销售百分比法预测外部融资需求时，下列因素中与外部融资需求额无关的是（　　）。

A. 预测期销售额　　B. 销售增长额

C. 预计留存收益增加　　D. 基期销售净利率

12. 企业采用销售百分比法预测融资需求时，下列式子中不正确的是（　　）。

A. 预计留存收益增加＝预计销售额 ×基期销售净利率 ×（1－预计股利支付率）

B. 资金需求总量＝（基期敏感性资产－基期敏感性负债）×预计销售增长率

C. 资金需求总量＝基期销售额 ×预计销售增长率 ×（敏感性资产销售百分比－敏感性负债销售百分比）

D. 预测期存货＝基期存货 / 基期销售额 ×预计销售额

13. 根据资金需要量预测的销售百分比预测法，下列负债项目中，通常会与销售额呈正比例变动的是（　　）。

A. 应付票据　　B. 长期负债　　C. 短期借款　　D. 短期融资券

14. 企业长期资本由长期借款和普通股构成。企业2021年的经营杠杆系数为2，利息保障倍数为5。预计2022年营业收入增长率为10%，下列关于企业2022年财务指标的说法中正确的是（　　）。

A. 营业成本会增长20%　　B. 贡献毛益率会增长20%

C. 销售毛利率会增长25%　　D. 净利润会增长25%

15. 当企业债务资金比例较高时，可以通过筹集一定量的自有资金来降低债务资金比例，这种筹资管理的目的是（　　）。

A. 创建企业　　B. 企业扩张

C. 偿还债务　　D. 调整资本结构

16. 企业完全通过权益资本筹资是不明智的，不能得到负债经营的好处；但负债比例越大，企业

陷入财务危机的可能性也越大，这就要求企业筹资时遵循（ ）。

A. 筹措合法原则　　B. 规模适当原则

C. 来源经济原则　　D. 结构合理原则

17. 甲公司采用配股方式进行融资，拟每 10 股配 1 股，配股前价格每股 9.1 元，配股价格每股 8 元。假设所有股东均参与配股，则配股除权价格是（ ）元。

A.8　　B.8.8　　C.9　　D.10.01

18. 下列关于非公开增发新股的定价的说法中，正确的有（ ）。

A. 发行价格不低于定价基准日前 1 个交易日的均价

B. 发行价格不低于定价基准日前 1 个交易日的均价的 90%

C. 发行价格不低于定价基准日前 20 个交易日公司股票均价

D. 发行价格不低于定价基准日前 20 个交易日公司股票均价的 90 %

19. 下列关于资本成本的说法中，错误的是（ ）。

A. 必要报酬率　　B. 投资项目的取舍率

C. 最低可接受的报酬率　　D. 放弃其他投资机会的最低收益

20. 按照资金来源渠道不同，可将筹资分为（ ）。

A. 直接筹资和间接筹资　　B. 内部筹资和外部筹资

C. 权益筹资和负债筹资　　D. 短期筹资和长期筹资

21. 与不公开直接发行股票方式相比，公开间接发行股票方式（ ）。

A. 发行条件低　　B. 发行范围小

C. 发行成本高　　D. 股票变现性差

22. 下列各项中，不能用于加权平均资本成本计算的是（ ）。

A. 市场价值权数　　B. 目标价值权数

C. 账面价值权数　　D. 边际价值权数

24. 某公司向银行借款 2 000 万元，年利率为 8%，筹资费率为 0.5%，该公司适用的所得税税率为 25%，则该笔借款的资本成本是（ ）。

A.6.00%　　B.6.03%　　C.8.00%　　D.8.04%

24. 下列各种财务决策方法中，可以用于确定最优资本结构且考虑了市场反应和风险因素的是（ ）。

A. 现值指数法　　B. 每股收益无差别点法

C. 企业价值比较法　　D. 资本成本比较法

25. 甲公司 2013 年实现税后利润 1 000 万元，2013 年年初未分配利润为 200 万元，公司按 10%提取法定盈余公积。预计 2014 年需要新增投资资本 500 万元，目标资本结构（债务 /权益）为 4/6，公司执行剩余股利分配政策，2013 年可分配现金股利（ ）万元。

A.600　　B.700　　C.800　　D.900

26. 下列各种股利支付形式中，不会改变企业资本结构的是（ ）。

A. 股票股利　　B. 财产股利　　C. 负债股利　　D. 现金股利

27. 下列净利润分配事项中，根据相关法律法规和制度，应当最后进行的是（ ）。

A. 向股东分配股利　　B. 提取任意公积金

C. 提取法定公积金　　D. 弥补以前年度亏损

二、多项选择题

1. 假设其他因素不变，下列变动中有利于减少企业外部融资额的有（ ）。

A. 提高存货周转率　　B. 提高产品毛利率

C. 提高权益乘数　　D. 提高股利支付率

E. 降低股利支付率

2. 如果甲企业经营杠杆系数为 1.5，联合杠杆系数为 3，则下列说法正确的有（　　）。

A. 如果销售量增加 10%，息税前利润将增加 15%

B. 如果息税前利润增加 20%，每股利润将增加 40%

C. 如果销售量增加 10%，每股收益将增加 30%

D. 如果每股收益增加 30%，销售量需要增加 5%

E. 如果销售量增加 10%，每股收益将增加 20%

3. 在其他因素一定，且净利润大于 0 的情况下，下列可以导致本期财务杠杆系数降低的是（　　）。

A. 提高基期息税前利润

B. 增加基期负债资金

C. 减少基期的负债资金

D. 降低基期的变动成本

E. 增加基期销售收入

4. 只要存在联合杠杆的作用，就表示企业同时存在（　　）。

A. 变动生产经营成本

B. 固定生产经营成本

C. 固定财务费用等财务支出

D. 间接制造费用

E. 长期债券利息

5. 关于经营杠杆系数的公式，正确的有（　　）。

A. 经营杠杆系数＝基期边际贡献 /基期息税前利润

B. 经营杠杆系数＝基期息税前利润 /基期税前利润

C. 经营杠杆系数＝基期边际贡献 /基期税前利润

D. 经营杠杆系数＝息税前利润变动率 /产销量变动率

E. 经营杠杆系数＝（基期息税前利润＋固定经营成本）/基期息税前利润

6. 按照股份有限公司对其股东支付股利的不同方式，股利可以分为（　　）。

A. 现金股利

B. 负债股利

C. 财产股利

D. 股票股利

E. 资本公积转增股本

7. 以下事项中，会导致公司加权平均资本成本降低的有（　　）。

A. 因总体经济环境变化，导致无风险报酬率降低

B. 公司固定成本占全部成本的比重降低

C. 公司股票上市交易，改善了股票的市场流动性

D. 发行公司债券，增加了长期负债占全部资本的比重

E. 资本结构向最优资本结构调整

8. 企业当前的长期资本由长期债券、优先股、普通股和留存收益构成，以账面价值权重计算的加权平均资本成本为 9%。企业适用的所得税税率为 25%，不考虑筹资费用影响，下列各种调整资本结构的做法中，对加权平均资本成本无影响的有（　　）。

A. 按合同金额取得年利率 12%、每年末付息一次的长期借款

B. 折价发行票面利率 12%、每半年付息一次的长期债券

C. 平价发行股息率为 9%、每季度支付股利的优先股

D. 溢价发行资本成本为 9%的普通股

E. 按照每 10 股送 1 股比例发放股票股利

9.（2021 真题）下列各项财务指标中，在企业发放现金股利前后保持不变的有（　　）。

A. 每股收益

B. 销售毛利率

C. 资产负债率

D. 净资产收益率

E. 流动资产周转率

10. 与长期债券相比，长期借款的特点有（　　）。

A. 筹资速度快
B. 借款弹性好
C. 信息披露多
D. 限制条款少
E. 筹资规模大

11. 与银行借款相比，下列各项中，属于发行债券筹资特点的有（　　）。
A. 资本成本较高
B. 一次筹资数额较大
C. 信息披露成本高
D. 筹资速度快
E. 借款弹性好

12. 在其他条件不变的情况下，关于单利计息，到期一次还本付息的可转换债券的内含报酬率，下列各项中正确的有（　　）。
A. 债券期限越长，债券内含报酬率越高
B. 票面利率越高，债券内含报酬率越高
C. 转换比率越高，债券内含报酬率越高
D. 转换价格越高，债券内含报酬率越高
E. 市场利率越高，债券内含报酬率越高

13. 一般而言，与发行普通股相比，发行优先股的特点有（　　）。
A. 可以增加公司的财务杠杆效应
B. 可以降低公司的财务风险
C. 可以保障普通股股东的控制权
D. 可以降低公司的资本成本
E. 可以减少公司的税负

14. 下列各项因素中，能够影响公司资本成本水平的有（　　）。
A. 利率
B. 市场风险报酬
C. 税率
D. 资本结构
E. 法定盈余公积占注册资本的比率

15. 下列各项因素中，影响企业资本结构决策的有（　　）。
A. 盈余公积金提取率
B. 企业的信用等级
C. 税率
D. 管理者的风险偏好
E. 利率

16. 下列各项因素中，影响经营杠杆系数计算结果的有（　　）。
A. 销售单价
B. 销售数量
C. 资本成本
D. 所得税税率
E. 固定性经营成本

17. 下列各项股利政策中，股利水平与当期盈利直接关联的有（　　）。
A. 固定股利政策
B. 稳定增长股利政策
C. 固定股利支付率政策
D. 低正常股利加额外股利政策
E. 剩余股利政策

18. 股东从保护自身利益的角度出发，在确定股利分配政策时应考虑的因素有（　　）。
A. 避税
B. 控制权
C. 稳定收入
D. 规避风险
E. 举债能力

三、不定项选择题

1. 某公司 2006 年年末的有关信息如下：

（1）公司银行借款利率 8%；

（2）公司债券面值为 10 元 /张，票面利率为 10%，期限为 10 年，分期付息，债券的发行价为 8 元，发行费率为 2%；

（3）公司普通股面值为 1 元，当前每股市价为 5 元，本年派发现金股利每股 0.3 元，预计每股收益增长率维持 6%，并保持 20%的股利支付率（每股股利 /每股收益）；

（4）公司所得税税率为 30%；

（5）公司普通股的 β 值为 1.1；

（6）当前国债的收益率为 5%，市场上普通股平均收益率为 12%。

根据以上信息，回答以下的问题：

（1）有关该公司资本成本的说法正确的有（　　）。

A. 银行借款的资金成本为 5.6%

B. 债券的资本成本为 8.93%

C. 股利估价模型计算股权资本成本为 12.36%

D. 资本资产定价模型计算股权资本成本为 12.7%

2. 甲公司目前的资本结构（账面价值）为：长期债券 680 万元，普通股 800 万元（100 万股），留存收益 320 万元。

目前正在编制明年的财务计划，需要融资 700 万元，有以下资料：

（1）本年派发现金股利每股 0.5 元，预计明年每股收益增长 10%，股利支付率（每股股利 /每股收益）保持 20%不变；

（2）需要的融资额中，有一部分通过留存收益解决；其余的资金通过增发长期债券解决，每张债券面值 100 元，发行价格为 112.5 元，票面利率为 6%，分期付息，到期还本；（为简化考虑，不考虑筹资费用和溢价摊销，并假设目前的长期债券资本成本与增发的长期债券的资本成本相同）。

（3）目前无风险利率为 4%，股票价值指数平均收益率为 10%，甲公司股票收益率与市场组合收益率的协方差为 12%，市场组合收益率的标准差为 20%。

（4）公司适用的所得税税率为 25%。

根据以上信息，回答以下的问题：

（1）以下有关甲公司的说法正确的有（　　）。

A. 长期债券的资金成本为 4%

B. 明年的净利润为 275 万元

C. 明年的总股利为 0.55 万元

D. 明年留存收益账面余额为 220 万元

（2）以下有关甲公司的说法正确的有（　　）。

A. 长期债券筹资额为 1160 万元

B. 资本结构中普通股的比例 32%

C. 甲公司股票的贝塔系数为 3

D. 按照账面价值比例计算加权平均资金成本为 13.65%

四、计算分析题

1. 乙公司是一家服装企业，只生产销售某种品牌的西服。2016 年度固定成本总额为 20 000 万元，单位变动成本为 0.4 万元，单位售价为 0.8 万元，销售量为 100 000 套，乙公司 2016 年度发生的利息费用为 4 000 万元。

【要求】（1）计算 2016 年度的息税前利润。

（2）以 2016 年为基期，计算下列指标：①经营杠杆系数；②财务杠杆系数；③总杠杆系数。

2. 甲公司 2015 年年末长期资本为 5 000 万元，其中长期银行借款为 1 000 万元，年利率为 6%；所有者权益（包括普通股股本和留存收益）为 4 000 万元。公司计划在 2016 年追加筹集资金 5 000 万元，其中按面值发行债券 2 000 万元，票面年利率为 6.86%，期限 5 年，每年付息一次，到期一次还本，筹资费用率为 2%；发行优先股筹资 3 000 万元，固定股息率为 7.76%，筹资费用率为 3%。公司普通股 β 系数为 2，一年期国债利率为 4%，市场平均报酬率为 9%。公司适用的所得税税率为 25%。假设不考虑筹资费用对资本结构的影响，发行债券和优先股不影响借款利率和普通股股价。

【要求】（1）计算甲公司长期银行借款的资本成本；

（2）假设不考虑货币时间价值，计算甲公司发行债券的资本成本；

（3）计算甲公司优先股的资本成本；

（4）利用资本资产定价模型计算甲公司的股权资本成本；

（5）计算甲公司 2016 年完成筹资计划后的平均资本成本。

3. 乙公司是一家上市公司，适用的企业所得税税率为 25%，当年息税前利润为 900 万元，预计未来年度保持不变。为简化计算，假定净利润全部分配，债务资本的市场价值等于其账面价值，确定债务资本成本时不考虑筹资费用。证券市场平均收益率为 12%，无风险收益率为 4%，两种不同债务水平下的税前利率和 β系数如表 1 所示，公司价值和平均资本成本如表 2 所示。

表 1 不同债务水平下的税前利率和 β系数

债务账面价值（万元）	税前利率	β系数
1 000	6%	1.25
1 500	8%	1.50

表 2 公司价值和平均资本成本

债务市场价值（万元）	股票市场价值（万元）	公司总价值（万元）	税后债务资本成本	权益资本成本	平均资本成本
1 000	4 500	5 500	（A）	（B）	（C）
1 500	（D）	（E）	*	16%	13.09%

注：表中的“*”表示省略的数据。

【要求】（1）确定表 2 中英文字母代表的数值（不需要列示计算过程）。

（2）依据企业价值比较法，确定上述两种债务水平的资本结构哪种更优，并说明理由。

五、综合题

1. 某公司成立于2003年1月1日，2003年度实现的净利润为1 000万元，分配现金股利550万元，提取盈余公积 450 万元（所提盈余公积均已指定用途）。2004 年实现的净利润为 900 万元（不考虑计提法定盈余公积的因素）。2005 年计划增加投资，所需资金为 700 万元。假定公司目标资本结构为自有资金占 60%，借入资金占 40%。

【要求】（1）在保持目标资本结构的前提下，计算 2005 年投资方案所需的自有资金额和需要从外部借入的资金额。

（2）在保持目标资本结构的前提下，若公司执行剩余股利政策，计算 2004 年度应分配的现金股利。

（3）在不考虑目标资本结构的前提下，若公司执行固定股利政策，计算 2004 年度应分配的现金股利、可用于 2005 年投资的留存收益和需要额外筹集的资金额。

（4）不考虑目标资本结构的前提下，若公司执行固定股利支付率政策，计算该公司的股利支付率和 2004 年度应分配的现金股利。

（5）假定公司 2005 年面临着从外部筹资的困难，只能从内部筹资，不考虑目标资本结构，计算在此情况下 2004 年度应分配的现金股利。

2.B公司为一上市公司，适用的企业所得税税率为 25%，相关资料如下：

资料一：2021 年 12 月 31 日发行在外的普通股为 10 000 万股（每股面值 1 元），公司债券为 24 000 万元（该债券发行于 2006 年年初，期限 5 年，每年年末付息一次，利息率为 5%），该年息税前利润为 5000 万元。假定全年没有发生其他应付息债务。

资料二：B公司打算在 2022 年为一个新投资项目筹资 10 000 万元，该项目当年建成并投产。预计该项目投产后公司每年息税前利润会增加 1 000 万元。现有甲乙两个方案可供选择，其中：甲方案为增发利息率为 6% 的公司债券；乙方案为增发 2 000 万股普通股。假定各方案的筹资费用均为零，且均在 2022 年 1 月 1 日发行完毕。部分预测数据如下表所示：

项目	甲方案	乙方案
增资后息税前利润（万元）	600	6 000
增资前利息（万元）	*	1 200
新增利息（万元）	600	*
增资后利息（万元）	（A）	*
增资后税前利润（万元）	*	4 800
增资后税后利润（万元）	*	3 600
增资后普通股股数（万股）	*	*
增资后每股收益（元）	0.315	（B）

说明：上表中“*”表示省略的数据。

【要求】（1）根据资料一计算 B公司 2022 年的财务杠杆系数。

（2）确定表中用字母表示的数值（不需要列示计算过程）。

（3）计算甲乙两个方案的每股收益无差别点息税前利润。

（4）用 EBIT—EPS分析法判断应采取哪个方案，并说明理由。

同步强化训练题参考答案及解析

一、单项选择题

1.【答案】A

【解析】$DFL=\dfrac{Q(P-V)-F}{Q(P-V)-F-I-PD/(1-T)}$，仅 A选项不影响财务杠杆系数。此题稍微有点超纲，不过从原理上分析，资产评估教材将优先股视作混合筹资，该筹资至少会增加债务因素，从而提高财务杠杆。

2.【答案】A

【解析】低正常股利加额外股利政策，是指企业事先设定一个较低的正常股利额，每年除了按正常股利额向股东发放现金股利外，还在企业盈利情况较好、资金较为充裕的年度向股东发放高于每年度正常股利的额外股利。在该政策下，每年除了支付稳定的低正常股利以外，可以根据公司的具体情况，选择不同的股利发放水平，以完善公司的资本结构。

3.【答案】A

【解析】股本＝股数 × 每股面值，本题中发放 10% 的股票股利之后，普通股股数增加 2 000×10%＝200（万股），由于每股面值为 1 元，所以，股本增加 200×1 ＝ 200（万元）。

4.答案】B

【解析】根据我国《公司法》的规定，公司税后利润分配的顺序是：（1）弥补企业以前年度亏损。公司的法定公积金不足以弥补以前年度亏损的，在提取法定公积金之前，应当先用当年利润弥补亏损。（2）提取法定盈余公积金。根据《公司法》的规定，法定盈余公积的提取比例为当年税后利润（弥补亏损后）的 10%。（3）提取任意盈余公积金。根据《公司法》的规定，公司从税后利润中提取法定公积金后，经股东会或者股东大会决议，还可以从税后利润中提取任意公积金。（4）向股东（投资者）分配股利（利润）。

5.【答案】D

【解析】A公司的资产负债率为70%，可以看出公司存在负债，所以存在财务风险；只要企业经营，就存在经营风险。所以D正确，AC不正确。无法根据资产负债率的大小判断出财务风险和经营风险谁大谁小，所以B不正确。

6.【答案】A

【解析】产权比率＝负债/所有者权益＝2/3，所以，负债占全部资产的比重为：2/（2＋3）＝0.4，所有者权益占全部资产的比重为1－0.4＝0.6，债务资金成本＝14%×（1－30%）＝9.8%，权益资金成本＝8%＋1.2×（16%－8%）＝17.6%，加权平均资金成本＝0.4×9.8%＋0.6×17.6%＝14.48%。

7.【答案】A

【解析】留存收益资金成本＝2×(1＋2%)/10×100%＋2%＝22.40%。

8.【答案】D

【解析】与其他长期负债相比，债券筹资的优点主要有：筹资规模大、具有长期性和稳定性、有利于资源优化配置。债券筹资的缺点主要有：债券发行成本高、信息披露成本高、限制性条件较多。

9.【答案】A

【解析】整体来说，权益资金的资金成本大于负债资金的资金成本，对于权益资金来说，由于普通股筹资方式在计算资金成本时还需要考虑筹资费用，所以其资金成本高于留存收益的资金成本，即发行普通股的资金成本应是最高的。

10.【答案】D

【解析】发行公司有权在预定的期限内按事先约定的条件买回尚未转股的可转换债券。并不是根据需要决定何时赎回。因此，D的说法不正确。如果转换时股票价格大幅上涨，公司只能以较低的固定转换价格换出股票，如果股价没有达到转股所需要的水平，可转换公司债券持有者没有如期将债券转换成普通股，则公司只能继续承担债务，所以B说法本身正确。

11.【答案】D

【解析】外部筹资需求量＝（敏感性资产销售百分比－敏感性负债销售百分比）×销售增长额－预计留存收益增加，其中：预计留存收益增加＝预计销售额 ×预计销售净利率 ×预计收益留存率。

12.【答案】A

【解析】预计留存收益增加＝预计销售额 ×预计销售净利率 ×（1－预计股利支付率），所以选项 A的表达式不正确。

13.【答案】A

【解析】知识点：筹资数量的预测。在销售百分比预测法下，假设经营负债与销售额保持稳定的比例关系，经营负债项目包括应付票据、应付账款等项目，不包括短期借款、短期融资券、长期负债等金融负债。

14.【答案】D

【解析】知识点：杠杆系数的衡量。利息保障倍数＝EBIT/I＝5，故财务杠杆系数＝EBIT/（EBIT－I）＝1.25。总杠杆系数＝经营杠杆系数 ×财务杠杆系数＝2×1.25＝2.5，营业收入增长率为10%，则净利润增长率为10%×2.5＝25%。

15.【答案】D

【解析】知识点：筹资管理的目标。这种做法是当企业的资本结构偏离最优资本结构时，通过不同的筹资方式、不同的渠道进行调整，目的是调整资本结构，使之逐步趋于合理。

16.【答案】D

【解析】知识点：筹资原则。所谓结构，即资本结构，主要是指权益资本和借人资本的比例关系。筹资管理必须研究各种筹资方式，优化资本结构。企业筹资要综合考虑股权资本筹资与债务资本筹资的关系、长期资本筹资与短期资本筹资的关系、内部资本筹资与外部资本筹资的关系，合理安排资本结构。

17.【答案】C

【解析】知识点：普通股筹资。（9.1+8×10%）/(1+10%)＝9（元）

18.【答案】D

【解析】知识点：普通股筹资。非公开增发股票的发行价格不低于定价基准日前20个交易日公司股票均价的90％。其中，定价基准日为本次非公开发行股票发行期的首日，即定向增发股票所确定的发行期的第一天。定价基准日前20个交易日股票均价的计算公式为：定价基准日前20个交易日股票交易均价＝定价基准日前20个交易日股票交易总额÷定价基准日前20个交易日股票交易总量，并不是把每天的收盘价加起来除以20。

19.【答案】D

【解析】知识点：资本成本的概念和作用。资本成本是指投资资本的机会成本，是投资人放弃其他投资机会中报酬率最高的一个。因此，资本成本也称为必要报酬率、投资项目的取舍率、最低可接受的报酬率。

20.【答案】B

【解析】知识点：筹资分类。按照资金来源渠道不同，可将筹资分为内部筹资和外部筹资。

21.【答案】C

【解析】知识点：普通股筹资。公开间接发行方式的发行范围广、发行对象多，易于足额募集资本；股票的变现性强，流通性好；股票的公开发行还有助于提高发行公司的知名度和扩大其影响力。但这种发行方式也有不足，主要是手续繁杂，发行成本高。

22.【答案】D

【解析】知识点：加权平均资本成本的计算。计算加权平均资本成本，有三种权重可供选择：账面价值权重、实际市场价值权重和目标资本结构权重。

23.【答案】B

【解析】知识点：个别资本成本的计算。借款的资本成本＝8%×（1—25%）/（1—0.5%）＝6.32%

24.【答案】C

【解析】知识点：资本结构决策分析方法。每股收益无差别点法、资本成本比较法都是从账面价值的角度进行资本结构的优化分析，没有考虑市场反应，也即没有考虑风险因素。企业价值比较法，是在考虑市场风险基础上，以公司市场价值为标准，进行资本结构优化。

25.【答案】B

【解析】知识点：股利政策类型。2014新增投资资本500万元需要的权益资金＝500×6/（4+6）＝300（万元），2013年可分配现金股利＝1 000—300＝700（万元）。

26.【答案】A

【解析】知识点：股利种类。发放股票股利对公司来说，并没有现金流出企业，也不会导致公司的财产减少，只是将公司的未分配利润转化为股本和资本公积，改变股东权益的构成，但不改变公司股东权益总额，所以答案是选项A。

27.【答案】A

【解析】知识点：股利分配顺序。根据《公司法》规定，净利润分配的最后是“向股东（投资者）分配股利（利润）”。

二、多项选择题

1.【答案】ABE

【解析】外部筹资需求量＝（敏感性资产销售百分比—敏感性负债销售百分比）×销售增长额—预计留存收益增加，其中：预计留存收益增加＝预计销售额×预计销售净利率×预计收益留存率。提高存货周转率会导致预计的存货金额变小，从而有利于减少企业外部融资额；提高产品毛利率会导致销售净利率提高，从而有利于减少企业外部融资额。

2.【答案】ABC

【解析】因为经营杠杆系数为1.5，所以销售量增加10%，息税前利润将增加10%×1.5＝15%，因此，选项A正确。由于联合杠杆系数为3，所以如果销售量增加10%，每股收益将增加10%×3＝30%。因此，选项C正确。由于财务杠杆系数为3/1.5＝2，所以息税前利润增加20%，每股利润将增加20%×2＝40%，因此，选项B正确。由于联合杠杆系数为3，所以每股收益增加30%，销售量增加30%/3＝10%，因此，选项D不正确。

3.【答案】ACDE

【解析】财务杠杆系数（DFL）＝基期息税前利润/（基期息税前利润—基期利息）＝1/（1—基期利息/基期息税前利润），从这个公式可以看出，减少基期利息和提高基期息税前利润都可以降低财务杠杆系数，而减少基期的负债资金可以减少基期的利息，降低基期的变动成本可以提高基期息税前利润，所以，选项A、C和D都是正确答案。

4.【答案】BC

【解析】联合杠杆，是指由于固定生产经营成本和固定财务费用的共同存在而导致的普通股每股收益变动率大于产销量变动率的杠杆效应。只要企业同时存在固定生产经营成本和固定财务费用等财务支出，就会存在联合杠杆的作用。一定存在固定财务费用等财务支出，但是不一定有长期债券利息。

5.【答案】ADE

【解析】A是经营杠杆系数的简化公式，D是经营杠杆系数的定义公式，而B和C分别是财务杠杆系数和联合杠杆系数的计算公式。很容易从A变换得到E。

6.【答案】ABCD

【解析】按照股份有限公司对其股东支付股利的不同方式，股利可以分为现金股利，财产股利，负债股利，股票股利。资本公积转增股本不属于股利分配。

7.【答案】ABCE

8.【答案】ACD

【解析】知识点：加权平均资本成本的计算。加权平均资本成本为9%，则新增筹资资本成本偏离9%或筹资总额不变但占比变化，都会影响加权平均资本成本。A的资本成本＝12%×（1—25%）＝9%，折价发行使得B的资本成本比9.27%｛[（1+12%/2）^{2}—1]×（1—25%）｝还高。C的资本成本＝（1+9%/4）^{4}—1＝9.31%，所以，BC不正确。D的资本成本为10%，E的股票股利不影响资本结构。

9.【答案】AB

【解析】知识点：利润分配的种类。发放现金股利，会导致资产负债率、净资产收益率和流动资产周转率（分子不变，分母变小）上升，但不会影响销售毛利率和每股收益（分子、分母均不变）。

10.【答案】AB

【解析】知识点：长期借款筹资。与长期借款相比，长期债券信息披露多、限制条款少、筹资规模大。

11.【答案】ABC

【解析】知识点：长期债券筹资。债券筹资特点：筹资规模大、具有长期性和稳定性，有利于资源优化配置、发行成本高、信息披露成本高、限制条件多。长期借款的特点：筹资速度快、借款弹性好、财务风险较大、限制条款较多。

12.【答案】BC

【解析】知识点：混合筹资。可转换债券的内含报酬率是指使可转换债券的投资人获得的现金流入的现值等于投资额的折现率。本题的可转换债券是到期一次还本付息，也就是说，如果在到期前没有转股，则投资人在到期日收到全部利息，因此，在其他条件不变的情况下，期限越长，债券内含报酬率越低，所以，选项A错误；票面利率越高，债券内含报酬率越高，即选项B是答案。如果在到期前转股，则投资人只能收到按照转换价值计算的现金流入，不能收到利息，而转换价值＝股价×转换比率，所以，在其他条件不变的情况下，转换比率越高，债券内含报酬率越高，即选项C是答案。

由于在其他条件不变的情况下，转换价格越高，意味着转换比率越低，所以选项D不是答案。内含报酬率的计算，与市场利率无关。

13.【答案】ACD

【解析】知识点：混合筹资。优先股股利通常被视为固定资本成本，与负债筹资的利息类似，具有财务杠杆效应，所以选项A正确；相对于普通股，优先股股利是固定支付的，所以增加了财务风险，选项B不正确；优先股股东无表决权，所以保障了普通股股东的控制权，所以选项C正确；普通股的投资风险比优先股的大，所以普通股的资本成本高一些。所以选项D正确。

14.【答案】ABCD

【解析】知识点：资本成本变动的影响因素。影响资本成本的外部因素：利率、市场风险报酬、税率；内部因素：资本结构、股利政策、投资政策。

15.【答案】BCDE

【解析】知识点：资本结构决策影响因素。影响资本结构的内部因素通常有营业收入、成长性、资产结构、盈利能力、管理层偏好、财务灵活性以及股权结构等；外部因素通常有税率、利率、资本市场、行业特征等。

16.【答案】ABE

【解析】知识点：杠杆系数的衡量。经营杠杆系数$=\frac{Q(P-V)}{Q(P-V)-F}$，因此本题的答案为A、B和E。

17.【答案】CD

【解析】知识点：股利政策类型。剩余股利政策、固定或稳定增长股利政策的缺点之一是股利的支付与企业的盈利相脱节。

18.【答案】ABC

【解析】知识点：制定股利政策需考虑的因素。股东出于对自身利益的考虑，在确定股利分配政策时应考虑的因素有：控制权考虑，避税考虑，稳定收入考虑。

三、不定项选择题

1.【答案】ABCD

【解析】银行借款成本＝8%×（1−30%）＝5.6%。债券成本＝［10×10%×（1−30%）］/[8×（1−2%）]×100%＝8.93%。股利折现模型计算普通股成本＝D1／V0×100%＋g＝0.3×（1＋6%）/5×100%＋6%＝12.36%。资本资产定价模型计算普通股成本＝5%＋1.1×（12%−5%）＝12.7%

注：股利支付率＝每股股利/每股收益，因为股利支付率不变，所以每股股利增长率等于每股收益增长率等于6%。

2.（1）【答案】AB

【解析】长期债券的税后资金成本＝100×6%×（1−25%）/112.5×100%＝4%。今年的每股收益＝0.5/20%＝2.5（元），明年的每股收益＝2.5×（1＋10%）＝2.75（元），明年的净利润＝2.75×100＝275（万元）。由于股利支付率不变，所以，每股股利增长率＝每股收益增长率＝10%，明年的每股股利＝0.5×（1＋10%）＝0.55（元），明年的股利＝100×0.55＝55（万元）。明年新增的留存收益＝275−55＝220（万元），明年留存收益账面余额＝320＋220＝540（万元）。

（2）【答案】BCD

【解析】长期债券筹资额＝700−220＝480（万元），长期债券账面余额＝680＋480＝1 160（万元）。资金总额＝1 160＋800＋540＝2 500（万元）；长期债券的比例＝1 160/2 500×100%＝46.4%；普通股的比例＝800/2 500×100%＝32%；留存收益的比例＝540/2 500×100%＝21.6%。市场组合收益率的方差＝市场组合收益率的标准差×市场组合收益率的标准差＝20%×20%＝4%，该股票的β系数＝该股票收益率与市场组合收益率的协方差/市场组合收益率的方差＝12%/4%＝3。普通股资金成本＝4%＋3×（10%−4%）＝22%，加权平均资金成本＝46.4%×4%＋32%×22%＋21.6%×22%＝13.65%。

四、计算分析题

1.【答案】知识点：杠杆系数的衡量。

（1）2016 年息税前利润＝ 100 000×（0.8—0.4）—20 000 ＝ 20 000（万元）

（2）经营杠杆系数＝ 100 000×（0.8—0.4）/20 000 ＝ 2

财务杠杆系数＝ 20 000/（20 000—4 000）＝ 1.25

总杠杆系数＝ 100 000×（0.8—0.4）/（20 000—4 000）＝ 2.5

或者：总杠杆系数＝ 2×1.25 ＝ 2.5

2.【答案】知识点：个别资本成本、加权平均资本成本的计算

（1）长期银行借款的资本成本＝ 6%×（1—25%）＝ 4.5%

（2）债券的资本成本＝ 6.86%×（1—25%）/［（1—2%）］＝ 5.25%

（3）优先股资本成本＝ 7.76%/［（1—3%）］＝ 8%

（4）股权资本成本＝ 4%+2×（9% —4%）＝ 14%

（5）平均资本成本＝ 1 000/10 000×4.5%+2 000/10 000×5.25%+3 000/10 000×8%+4 000/10 000×14%＝ 9.5%

3.【答案】

知识点：资本结构决策分析方法

（1）公司价值和平均资本成本

债务市场价值（万元）	股票市场价值（万元）	公司总价值（万元）	税后债务资本成本	权益资本成本	平均资本成本
1 000	4 500	5 500	（4.5%）	（14%）	（12.27%）
1 500	（3 656.25）	（5156.25）	*	16%	13.09%

说明：

A＝ 6%×（1—25%）＝ 4.5%

B＝ 4%+1.25×（12% —4%）＝ 14%

C＝ 4.5%×（1 000/5 500）+14%×（4 500/5 500）＝ 12.27%

D＝（900—1 500×8%）×（1—25%）/16%＝ 3 656.25

E＝ 1 500+3656.25 ＝ 5156.25

或，8%×（1—25%）x+16%（1— x）＝ 13.09%

x＝ 29.1%E＝ 1 500/29.1%＝ 5 156.25

D＝ 5 156.25—1500 ＝ 3 656.25

（2）债务市场价值为 1 000 万元时，平均资本成本更低，公司总价值更大，所以债务市场价值为 1 000 万元时的资本结构更优。

五、综合题

【答案】知识点：股利政策类型。

（1）2005 年投资方案所需的自有资金额＝ 700×60%＝ 420（万元）

2005 年投资方案所需从外部借入的资金额＝ 700×40%＝ 280（万元）

（2）2004 年度应分配的现金股利

＝净利润—2005 年投资方案所需的自有资金额

＝ 900—420 ＝ 480（万元）

（3）2004 年度应分配的现金股利＝上年分配的现金股利＝ 550（万元）

可用于 2005 年投资的留存收益＝ 900—550 ＝ 350（万元）

2005 年投资需要额外筹集的资金额＝ 700—350 ＝ 350（万元）

（4）该公司的股利支付率＝ 550/1 000×100%＝ 55%

2004 年度应分配的现金股利＝ 55% ×900 ＝ 495（万元）

（5）因为公司只能从内部筹资，所以 2005 年的投资需要从 2004 年的净利润中留存 700 万元，所以 2004 年度应分配的现金股利＝ 900—700 ＝ 200（万元）

2.【答案】知识点：资本结构决策分析方法。

（1）2022 年的财务杠杆系数

＝ 5 000/（5 000—24 000×5%）

＝ 1.32

（2）A＝ 24 000×5% +1 000×6%＝ 1800，

B＝ 3 600÷(16 000+2 000)＝ 0.20

（3）设甲乙两个方案的每股收益无差别点息税前利润为 W万元，则：

（W —1 800）×（1—25%）/10 000 ＝（W —1 200）×（1—25%）/（10 000+2 000）

（W —1 800）/10000 ＝（W —1200）/12 000

解得：W＝ 4 800（万元）

（4）由于筹资后的息税前利润为 6 000 万元高于 4 800 万元（或将 6 000 万元代入计算两种方案每股收益甲方案每股收益 ＝ 0.315 元 /股，乙方案每股收益＝ 0.3 元 /股），所以，应该采取发行债券的筹资方案，理由是这个方案的每股收益高。

师生之友

依托2022年
最新考试大纲

黄胜 快速通关

2022年资产评估师考试

资产评估相关知识辅导与练习（下）

杜美杰 黄胜 朱友干 苏苏 编著

航空工业出版社

北京

目录

CONTENTS

第三篇 经济法知识

第三篇 经济法知识

ZI CHAN PING GU SHI WU FU DAO YU LIAN XI

第一部分

经济法知识的主要内容、考试特点及应试策略

ZICHANPINGGU

一、本课程的主要内容

本篇内容根据评估师考试大纲和统一考试辅导教材的内容编写，结合考试的难度与方向对考点、难点和重点知识进行了系统的归纳、总结和整理。本篇在解析重点的同时，每章均安排了具有代表性和针对性的练习题。以做到学练结合，希望可以成为您通过考试的有力臂助。

二、本课程考试特点

（一）题型、题量

题型	题量	分值
单项选择题	20 题	每题 1 分共 20 分
多选选择题	10 题	每题 2 分共 20 分
不定项选择题	1 题	每小题 2 分，约 10 分

【注意】正式考试的题型、题量可能进行小幅度调整，上述内容仅供参考。

1. 单项选择题

四个选项只有唯一正确答案。

2. 多项选择题

五个选项中至少有两个选项是正确的，最多四个选项是正确的。

【注意】多选题如果“少选”，则每选对一个选项可以得到 0.5 分。如：正确答案为“ABC”，选择“ABC”得 2 分，选择“A”得 0.5 分，选择“AB”得 1 分。

3. 不定项选择题

四个选项中至少有一个选项是正确的，与多选题的得分规则相同。

（二）命题规律

随着评估师考试改革的深入，其考核方向、考核重点等已经趋于稳定，其主要特点如下。

1. 整体考核难度不大、题目常规、题量适中

评估师考试经济法知识部分的考核以基础知识为主，多数考题为对教材内容的直接考核，单选题和多选题的多数题目只考核单一知识点，整体阅读量不大，也很少出现偏、难、怪的题目，因此，考生只需认真阅读本篇内容，适应本篇每章练习题目的难度即可顺利通过考试。

2. 考点分散、考核全面

在无纸化考试的大背景下，考试重点不再如笔试试卷时那么集中，基本做到章章有题、节节有题、点点有题，考生应注意全面复习，不能盲目猜题、押题，更不能试图考前突击。

3. 不定项选择题具有一定综合性

不定项选择题一般会结合三章左右的内容进行考核，将经济法与税法的相关知识结合在同一题目中考核是评估师考试独有的特点。考生在备考过程中，尤其注意本篇提示的各章可结合命题点，这些知识点的特征十分突出。

4. 喜新不厌旧

近年来，我国各项法规政策修订相对频繁，尤其税法等章节中的当年教材修改和新增内容较易成为命题点，但同时考生也不能忽略以往年度的考核重点。

（三）应对策略

1.“直接考核结论型”题目

【例题 1 · 单选题】根据（2021 年）《民法典》，建设用地使用权设立的时间是（　　）。

A. 建设用地使用权证书颁发时　　B. 建设用地使用权出让合同生效时

C. 建设用地使用权登记时　　D. 建设用地使用权出让合同签订时

【答案】C

【解析】设立建设用地使用权的，应当向登记机构申请建设用地使用权登记。建设用地使用权自登记时设立。因此本题选择 C 项。

【例题 2 · 单选题】（2021 年）根据融资租赁法律制度，承租人将自有物件出卖给出租人，同时与出租人签订租赁合同，再将该物件从出租人处租回的融资租赁形式是（　　）。

A. 售后回租　　B. 杠杆租赁

C. 直接租赁　　D. 转租

【答案】A

【解析】售后回租是指承租人将自有物件出卖给出租人，同时与出租人签订租赁合同，再将该物件从出租人处租回的融资租赁方式。

如上述两题所示，都是对单一知识点进行直接考核，不绕弯，知道就是知道，不知道就是不知道。

应对此类题目笔者会在本篇中对时间、数字性规定及易错易混的知识点进行总结梳理和对比，考生应在备考复习的过程中可以充分利用总结内容对此类知识进行反复强化，在考场上应认真审题，并抓住“关键词”，经过反复强化后此类题目得分并不难。

2.“案例分析型”客观题

【例题 3 · 单选题】（2018 年）甲、乙、丙共同共有一套房屋，需经重大修缮后出卖给丁。根据《民法典》，在共有人没有特别约定的情况下，下列关于该房屋的重大修缮和出卖的说法，正确的是（　　）。

A. 出卖房屋应当经甲、乙、丙 2/3 以上同意

B. 出卖房屋应当经甲、乙、丙过半数同意

C. 甲、乙、丙都有权独自决定对房屋的重大修缮

D. 对房屋的重大修缮应当经甲、乙、丙一致同意

【答案】D

【解析】根据规定，处分共有的不动产或者动产以及对共有的不动产或者动产做重大修缮的，应当经全体共同共有人同意，但共有人之间另有约定的除外。

以小案例为背景进行命题在考试中也很常见，此类题型对考生要求较高，如果读题不仔细很容易对考核方向做出错误判定。

应对此类题目，要求考生：首先在备考复习过程中学习大多数知识点时需要做到准确理解而非死记硬背，并在理解的基础上灵活运用，通过练习掌握解题的正确思路和方法，学会不断总结自己的易错点，完成法条案例化的过程；其次在考场上要仔细阅读案例以判定考点，完成案例法条化的还原。

3.“小型计算型”客观题

【例题 4・单选题】（2018 年）居民企业甲公司是从事化妆品生产的企业，2017 年，甲公司的销售收入为 5000 万元，当年发生的广告费和业务宣传费支出为 800 万元，根据企业所得税法律制度，在计算甲公司 2017 年企业所得税应纳税所得额时，准予扣除的广告费和业务宣传费的数额为（　　）。

A.0　　B.750 万元

C.800 万元　　D.1 500 万元

【答案】C

【解析】化妆品制造或销售企业发生的广告费和业务宣传费支出，不超过当年销售（营业）收入 30%的部分，准予扣除；超过部分，准予在以后纳税年度结转扣除。扣除限额为 5 000×30%＝ 1500（万元），大于实际支出 800 万元，准予全部扣除。

小型计算型题目往往出自于税法章节，有对单一知识点的考核且也有对多个知识点的综合考核，基本计算重复性考核的频率较高。

应对此类题目，要求考生在备考复习中熟记相关税率、费率、扣除率等比例，掌握基本的税法原理及计算规则。在考场上，应认真审题并准确计算。

三、2022 年教材变化

（一）第一章 企业法律制度

本章变动较大。

1. 新增第一节“企业法律制度概述”，主要增加企业分类、个人独资企业、企业登记管理等内容。

2. 公司法中，增加：公司法人人格否认制度、公司对外投资和担保的限制、发起人责任与取得股东资格的要件、股份公司股份转让与回购、公司决议制度、董监高制度，此外，公司设立与股东出资、股东权利中增加了一些规定。

3. 删除了“外商投资法律制度”。

（二）第二章 物权法律制度

本章无实质性变动。

仅有个别表述调整，完善了“善意取得”的概念。

（三）第三章 金融法律制度

本章变动不大。

主要是增加了“北交所”以及“在北交所公开发行股票的条件”，对“创业板上市的公司首次公开发行条件”进行改写。

（四）第四章 企业国有资产法律制度

本章无实质变动，个别词语表述调整。

（五）第五章 税收法律制度

本章变动不大。

1. 调整研发费用加计扣除标准；
2. 调整小微企业税收优惠；
3. 增加疫情期间小规模纳税人征收率标准；
4. 增加适用 5%征收率的适用情形。

四、应试策略

（一）充分利用辅导书

一直以来，如何帮助考生充分利用有限的时间提升备考效率，是本书不断探索的方向和追求的目标，2022 年笔者结合评估师改革后新的考试方向对内容进行了重新编写。

本篇共分为两大部分，其中，第一部分“经济法知识的主要内容、考试特点及应试策略”是对“评估师考试”经济法知识的整体分析，其目的是使考生能够初步了解其考核方向、难度、重点内容并提出相应的学习方法和应对策略。

第二部分“同步辅导及训练”是本书的核心，对考点进行了全面的阐述和归纳、总结，并提炼了近年来的经典考题，在每一章最后的“同步强化训练”板块针对每个考点可能的考核方向专门编写了相关练习题目。上述知识点总结、历年考题及配套练习题等足以保证对考点的完整覆盖。

（二）沉着复习、耐住寂寞

经济法知识虽考点繁多，但核心考点和必备考点也有不少，对重点章节、重要考点，考生需要沉下心来，哪怕多花点时间，也要一步一个脚印地把它们攻克。“蜻蜓点水”式的学习，并不适合用来应对法律类的考试。

（三）理解与记忆相辅相成

想通过任何一门考试都要完成对知识点的记忆。法律类课程中会涉及不少时间、数字、比例性规定，确实需要考生花费一定时间和精力攻克。但记忆绝不是“死记硬背”，记忆是有方法的，同时准确理解法律条文背后的故事也可以大幅度减轻记忆量。

（四）合理规划备考时间

在漫长的备考复习过程中，需要一个行之有效的计划，用以时刻鞭策自己。限于考生个人情况的千差万别，笔者在为此大家提供一些制定学习计划的思路，以供参考。

从现在开始至走上考场，考生需要完成如下步骤。

1. 基础阶段：学习本书第二部分“同步辅导及训练”的知识点

这一阶段是对考试内容进行全面系统的学习，时间较长，大概在 40 至 50 小时左右，考生可根据自身情况，预留出“一至两个月”的时间。这一阶段的目标是把不懂的内容学懂，把不理解的内容理解清楚，不需要刻意对具体知识点如相应数字、时间、比例等进行特别记忆。其实通过理解，在潜移默化中是可以记住大部分知识的。

2. 复习阶段：回顾本书第二部分“同步辅导及训练”的知识点

在系统学习全部知识点后，进入复习阶段。这一阶段是对已学习内容进行温故，完成对知识的进一步消化吸收。这一过程不宜过快，请预留出“10 至 15 天”的时间。这一阶段的目标是捡拾遗忘的知识点的同时将孤立的知识点初步串联成体系。

3. 练习阶段：完成本书第二部分“同步强化训练”的相关题目

在初步回顾完全部考点后，进入练习阶段。这一阶段是对已学内容进行第一次检验，完成由理论到实践的跨越。由于“同步强化训练”要保证对考点的全面覆盖，因此相关题目较多，请预留出“10 至 30 天”的时间。这一阶段的目标是通过一定量的练习，熟悉考试的出题套路、考核方向及难易程度，并对已学知识进行检验，发现自己的漏洞加以弥补，同时掌握一定的解题方法。

4. 模拟阶段：完成本书所配套的“考前模拟试题”

在完成提高阶段的学习后，进入模拟阶段。这一阶段是考前进行第二次也是最后一次检验，完成从练习到考试的跨越。请考生预留出“7 至 15 天”的时间严格按照考试标准完成试卷。这一阶段的目标是综合演练，既是演练知识，也是演练心态、意志。

按照上述计划，能力较强的考生大概需要 1 个半月左右的时间；零基础的考生大概需要 3 个月左右的时间。再次强调切勿轻视经济法知识，试图在考前十来天死记硬背的“临阵磨枪”，其结果恐怕不甚理想。

考生朋友们，考试是公平的，只要付出努力，就一定能顺利通过。

第二部分

同步辅导及训练

第一章

企业法律制度

本章考情分析

本章内容非常关键，涉及内容广泛且考点细致。常见的题型包括单选题、多选题和不定项选择题。

本章重点内容包括公司对外投资和担保的限制、公司决议制度、有限责任公司和股份有限公司的组织机构、股权转让和股份转让的规定、普通合伙企业与有限合伙企业的不同规定。

2022 年本章教材变化

2022 年本章教材变动较大，删除了外商投资法律制度内容，增加了个人独资企业内容，对公司登记内容重新改写，完善了股东出资、股东权利等内容。

本章知识点解读与练习

【知识点 1】企业的分类★

一、知识点精讲

标准	类型
组织形式	个人独资企业、合伙企业、公司
所有制	全民所有制企业、集体所有制企业、私营企业、外商投资企业等 **【注意】**《外商投资法》施行前依照“三资企业法”设立的外商投资企业，可在《外商投资法》施行后 5 年内继续保留原企业组织形式
是否为法人	法人型企业（公司）、非法人型企业（个人独资企业、合伙企业）

二、选编例题

【例 1 · 单选题】《外商投资法》施行前依照“三资企业法”设立的外商投资企业，在该法施行后一定期限内可以继续保留原企业组织形式等。该期限是（　　）。

A.1 年　　B.3 年

C.5 年　　D.10 年

知识点1选编例题答案

1.【答案】C

【解析】《外商投资法》施行前依照“三资企业法”设立的外商投资企业，可在《外商投资法》施行后5年内继续保留原企业组织形式。

【知识点2】个人独资企业法★★

一、知识点精讲

（一）个人独资企业的设立与特征

投资人	一个自然人，且只能是中国公民
承担责任	投资人以其个人财产对企业债务承担“无限责任” 【注意】投资人在申请企业设立登记时明确以其家庭共有财产作为个人出资的，应当依法以家庭共有财产对企业债务承担无限责任
	不具有法人资格，能独立从事民事活动，但不能独立的承担民事责任
成立	营业执照签发日期，为企业成立日期

（二）事务管理

1. 个人独资企业投资人可以自行管理企业事务，也可以委托或者聘用其他具有民事行为能力的人负责企业的事务管理。

2. 投资人对受托人或者被聘用人员的职权限制，不得对抗善意第三人。

3. 法定限制

投资人委托或者聘用的管理个人独资企业事务的人员不得有下列行为：

①利用职务上的便利，索取或者收受贿赂；

②利用职务或者工作上的便利侵占企业财产；

③挪用企业的资金归个人使用或者借贷给他人；

④擅自将企业资金以个人名义或者以他人名义开立账户储存；

⑤擅自以企业财产提供担保；

⑥未经投资人同意，从事与本企业相竞争的业务；

⑦未经投资人同意，同本企业订立合同或者进行交易；

⑧未经投资人同意，擅自将企业商标或者其他知识产权转让给他人使用；

⑨泄露本企业的商业秘密；

⑩法律、行政法规禁止的其他行为。

（三）解散清算

1. 解散情形

个人独资企业有下列情形之一时，应当解散；

（1）投资人决定解散；

（2）投资人死亡或者被宣告死亡，无继承人或者继承人决定放弃继承；

（3）被依法吊销营业执照；

（4）法律、行政法规规定的其他情形。

2. 清算

（1）个人独资企业解散，由投资人自行清算或者由债权人申请人民法院指定清算人进行清算。

（2）个人独资企业解散，由投资人自行清算或者由债权人申请人民法院指定清算人进行清算。

二、选编例题

【例 1 · 单选题】张某从单位辞职后，拟采取个人独资企业形式从事生产业务。下列有关个人独资企业的说法中，符合法律规定的有（　　）。

A. 个人独资企业具有法人资格

B. 张某不能以家庭财产作为个人出资

C. 张某以投资到个人独资企业的财产对独资企业债务承担有限责任

D. 张某应以其个人财产对独资企业债务承担无限责任

【例 2 · 单选题】张某设立甲个人独资企业，委托李某管理企业事务，授权其可决定 20 万元以下的交易。后李某以甲企业的名义向乙企业购买 50 万元的商品，乙企业不知张某对李某的授权限制，甲、乙企业因付款问题发生争议。关于该付款责任的下列表述中，正确的是（　　）。

A. 应由李某承担付款责任

B. 甲企业应承担向乙企业付款 20 万元责任，余款由乙企业向李某个人追讨

C. 甲企业不承担付款责任

D. 甲企业应承担全额付款责任

【例 3 · 单选题】下列关于个人独资企业出资、权限和事务管理的说法中，正确的是（　　）。

A. 个人独资企业出资人可以自行管理个人独资企业事务

B. 个人独资企业出资人可以以劳务出资

C. 个人独资企业出资人对受聘人员职权的限制，可以对抗第三人

D. 个人独资企业的名称中可以使用“有限”字样

知识点 2 选编例题答案

1.【答案】D

【解析】个人独资企业不具有法人资格；选项 A错误。个人独资企业可以以家庭财产作为个人出资；选项 B错误。投资人以其个人财产对企业债务承担无限责任；选项 C错误。

2.【答案】D

【解析】个人独资企业投资人对受托人或者被聘用人员职权的限制，不得对抗善意第三人。

3.【答案】A

【解析】个人独资企业投资人可以自行管理企业事务，也可以委托或者聘用其他具有民事行为能力的人负责企业的事务管理。投资人对受托人或者被聘用的人员职权的限制，不得对抗善意第三人。所以选项 A正确，选项 C错误。个人独资企业出资人不得以劳务出资。所以选项 B错误。个人独资企业的名称中不得使用“有限”“有限责任”或者“公司”字样。所以选项 D错误。

【知识点 3】企业登记管理★★

一、知识点精讲

（一）登记与备案事项

一般登记事项	（1）名称； 【注意】市场主体只能登记一个名称，经登记的市场主体名称受法律保护。 （2）主体类型； 【注意】市场主体只能登记一个住所或者主要经营场所。 （3）经营范围； （4）住所或者主要经营场所；

续表

一般登记事项	（5）注册资本或者出资额； 【注意】除法律、行政法规或者国务院决定另有规定外，市场主体的注册资本或者出资额实行认缴登记制，以人民币表示。 （6）法定代表人、执行事务合伙人或者负责人姓名。 【注意】公司法定代表人依照公司章程的规定，由董事长、执行董事或者经理担任，并依法登记
备案事项	（1）章程或者合伙协议； （2）经营期限或者合伙期限； （3）有限责任公司股东或者股份有限公司发起人认缴的出资数额，合伙企业合伙人认缴或者实际缴付的出资数额、缴付期限和出资方式； （4）公司董事、监事、高级管理人员； （5）农民专业合作社（联合社）成员； （6）参加经营的个体工商户家庭成员姓名； （7）市场主体登记联络员、外商投资企业法律文件送达接受人； （8）公司、合伙企业等市场主体受益所有人相关信息； （9）法律、行政法规规定的其他事项

（二）登记规范

1. 市场主体实行实名登记。申请人应当配合登记机关核验身份信息。

2. 营业执照

（1）营业执照正本和副本，具有同等法律效力。电子营业执照与纸质营业执照具有同等法律效力。

（2）五证合一、一照一码

①五证：工商营业执照、组织机构代码证、税务登记证、社会保险登记证和统计登记证；

②一码：社会信用代码。

（三）登记类型

1. 设立登记

申请人申请市场主体设立登记，登记机关依法予以登记的，签发营业执照。营业执照签发日期为市场主体的成立日期。

2. 变更登记

市场主体变更登记事项，应当自作出变更决议、决定或者法定变更事项发生之日起 30 日内向登记机关申请变更登记。

3. 歇业登记

因自然灾害、事故灾难、公共卫生事件、社会安全事件等原因造成经营困难的，市场主体可以自主决定在一定时期内歇业。法律、行政法规另有规定的除外。市场主体歇业的期限最长不得超过 3 年。

4. 注销登记

（1）市场主体注销登记前依法应当清算的，清算组应当自成立之日起 10 日内将清算组成员、清算组负责人名单通过国家企业信用信息公示系统公告。清算组可以通过国家企业信用信息公示系统发布债权人公告。

清算组应当自清算结束之日起 30 日内向登记机关申请注销登记。市场主体申请注销登记前，应当依法办理分支机构注销登记。

（2）市场主体未发生债权债务或者已将债权债务清偿完结，未发生或者已结清清偿费用、职工工资、社会保险费用、法定补偿金、应缴纳税款（滞纳金、罚款），并由全体投资人书面承诺对上述情况的真实性承担法律责任的，可以按照简易程序办理注销登记。

市场主体应当将承诺书及注销登记申请通过国家企业信用信息公示系统公示，公示期为20日。在公示期内无相关部门、债权人及其他利害关系人提出异议的，市场主体可以于公示期届满之日起20日内向登记机关申请注销登记。

二、选编例题

【例1·单选题】市场主体歇业的最长期限是（　　）。

A.1年　　B.2年　　C.3年　　D.5年

【例2·单选题】公司变更登记事项，应当自作出变更决议、决定或者法定变更事项发生之日起一定期限内向登记机关申请变更登记。该期限是（　　）。

A.15日　　B.20日　　C.30日　　D.45日

知识点3选编例题答案

1.【答案】C

【解析】市场主体歇业的期限最长不得超过3年。

2.【答案】C

【解析】公司变更登记事项，应当自作出变更决议、决定或者法定变更事项发生之日起30日内向登记机关申请变更登记。

【知识点4】公司对外投资与担保的限制★★

一、知识点精讲

（一）对外投资

公司可以向其他企业投资；但是，除法律另有规定外，不得成为对所投资企业的债务承担连带责任的出资人。

【注意】一般的公司，可以成为合伙企业的普通合伙人。

（二）对外担保

1.《公司法》规定

为他人担保	依照公司章程的规定，由董事会或者股东会、股东大会决议
为公司股东或实际控制人担保	必须经股东会或者股东大会决议——由出席会议的其他股东所持表决权的过半数通过

2.《民法典·担保制度司法解释》规定

法定代表人越权	（1）相对人善意：担保合同有效，相对人可以请求公司承担担保责任。 （2）相对人非善意：担保合同对公司不发生效力；相对人请求公司承担赔偿责任的，根据过错确定担保人的赔偿责任： ①主合同有效而第三人提供的担保合同无效，债权人与担保人均有过错的，担保人承担的赔偿责任不应超过债务人不能清偿部分的1/2；担保人有过错而债权人无过错的，担保人对债务人不能清偿的部分承担赔偿责任；债权人有过错而担保人无过错的，担保人不承担赔偿责任。 ②主合同无效导致第三人提供的担保合同无效，担保人无过错的，不承担赔偿责任；担保人有过错的，其承担的赔偿责任不应超过债务人不能清偿部分的1/3
上市公司	（1）已披露：相对人根据上市公司公开披露的关于担保事项已经董事会或者股东大会决议通过的信息，与上市公司订立担保合同，相对人可以主张担保合同对上市公司发生效力，并由上市公司承担担保责任。 （2）未披露：相对人未根据上市公司公开披露的关于担保事项已经董事会或者股东大会决议通过的信息，与上市公司订立担保合同，上市公司可以主张担保合同对其不发生效力，且不承担担保责任或者赔偿责任

续表

一人公司	一人有限责任公司为其股东提供担保，公司不能以违反公司法关于公司对外担保决议程序的规定为由主张不承担担保责任。公司因承担担保责任导致无法清偿其他债务，提供担保时的股东不能证明公司财产独立于自己的财产，其他债权人可以请求该股东承担连带责任
分支机构	公司的分支机构未经公司股东（大）会或者董事会决议以自己的名义对外提供担保，相对人请求公司或者其分支机构承担担保责任的，人民法院不予支持，但是相对人不知道且不应当知道分支机构对外提供担保未经公司决议程序的除外

（三）借款

股份公司不得直接或者通过子公司向董事、监事、高级管理人员提供借款。

二、选编例题

【例1·单选题】关于公司法对外投资的限制，下列说法正确的是（　　）。

A. 公司可以向任何其他企业投资

B. 除法律另有规定外，公司不得成为对所投资企业的债务承担连带责任的出资人

C. 公司向其他企业的投资不得超过公司净资产50%

D. 公司不能向其他公司投资

【例2·单选题】公司法定代表人超越权限代表公司与相对人订立担保合同的，下列表述错误的是（　　）。

A. 相对人善意的，有权请求公司承担担保责任

B. 相对人有证据证明已对公司决议进行了合理审查，不能认定其构成善意

C. 相对人明知法定代表人超越权限的，公司可以拒绝承担担保责任

D. 公司有证据证明相对人知道或应当知道决议系伪造、变造的，相对人不构成善意

知识点4选编例题答案

1.**【答案】**B

【解析】公司可以向其他企业投资；但是，除法律另有规定外，不得成为对所投资企业的债务承担连带责任的出资人。《公司法》没有规定“公司向其他企业的投资不得超过公司净资产50%”，选项D错误。

2.**【答案】**B

【解析】所谓善意，是指相对人在订立担保合同时不知道且不应当知道法定代表人超越权限。相对人有证据证明已对公司决议进行了合理审查，人民法院应当认定其构成善意，但是公司有证据证明相对人知道或者应当知道决议系伪造、变造的除外。

【知识点5】公司的设立★

一、知识点精讲

（一）有限责任公司的设立条件

1. 股东：1~50人

2. 有符合章程规定的全体股东认缴的出资额

3. 章程

（1）制定：股东共同制定公司章程，股东应当在公司章程上签名、盖章；

（2）约束力：公司章程对公司、股东、董事、监事、高级管理人员（不包括实际控制人）具有约束力。

【注意】高级管理人员包括经理、副经理、财务负责人、上市公司董事会秘书等。

（二）股份有限公司的设立

1. 设立方式——发起设立与募集设立

以募集设立方式设立股份有限公司的，发起人认购的股份不得少于公司股份总数的 35%；但是，法律、行政法规另有规定的，从其规定。

2. 设立条件

（1）发起人为 2 人以上 200 人以下，其中须有半数以上的发起人在中国境内有住所。

（2）注册资本

①发起方式——认缴制：公司登记机关登记的全体发起人认购的股本总额。

②募集方式——实缴制：公司登记机关登记的实收股本总额。

（3）公司章程

发起人制订公司章程，采用募集方式设立的经创立大会通过。创立大会应有代表股份总数过半数的发起人、认股人出席，方可举行。创立大会作出决议，必须经出席会议的认股人所持表决权过半数通过。

二、选编例题

【例 1·单选题】有限责任公司的股东人数应符合规定，该法定人数应为（ ）。

A.2 个以上　B.5 个以上　C.50 个以下　D.5 个以上 100 个以下

【例 2·单选题】由发起人认购公司全部股份而设立股份公司的设立方式是（ ）。

A. 发起设立　B. 募集设立　C. 登记设立　D. 批准设立

【例 3·单选题】下列关于股份有限公司设立条件的表述中，正确的是（ ）。

A. 发起人人数为 2 人以上 200 人以下

B. 须有过半数的发起人在中国境内有住所

C. 股份有限公司的注册资本为在登记机关登记的实收股本总额

D. 采取发起设立方式设立的，须依法召开创立大会，并通过创立大会制定公司章程

知识点 5 选编例题答案

1.【答案】C

【解析】有限责任公司由 50 个以下的股东出资设立。

2.【答案】A

【解析】发起人认购公司应发行的全部股份而设立公司的是发起设立。

3.【答案】A

【解析】选项 AB：设立股份有限公司，应当有 2 人以上 200 人以下为发起人，其中须有“半数以上”的发起人在中国境内有住所。选项 C：股份有限公司募集设立时，注册资本为在公司登记机关登记的实收股本总额。股份有限公司采取发起设立时，注册资本为在公司登记机关登记的全体发起人认购的股本总额。选项 D：采取发起设立方式设立股份有限公司的，不用召开创立大会；募集设立股份有限公司才需要召开创立大会。

【知识点 6】股东出资制度

一、知识点精讲

（一）出资的具体要求

1. 出资方式

基本出资方式	（1）“可以”出资：货币、实物、知识产权、土地使用权等可以用货币估价并可以依法转让的非货币财产
	（2）“不得”出资：劳务、信用、自然人姓名、商誉、特许经营权或者设定担保的财产

续表

股权出资	（1）出资人以其他公司股权出资，应符合下列条件： ①出资的股权由出资人合法持有并依法可以转让； ②出资的股权无权利瑕疵或者权利负担； ③出资人已履行关于股权转让的法定手续； ④出资的股权已依法进行了价值评估。 （2）不符合上述①—③，法院应责令其在合理期限内补正；逾期未补正，认定其未依法全面履行出资义务

2. 无权处分财产出资

（1）出资人以无权处分的财产出资，公司不知道出资人无权处分的，该财产评估作价合理，不动产已经登记、动产已交付给公司的，公司构成善意取得。原所有人只能要求无权处分人赔偿。

（2）出资人以贪污、受贿、侵占、挪用等违法犯罪所得的货币出资后取得股权的，司法机关对违法犯罪行为予以追究、处罚时，应当采取拍卖或者变卖方式处置股权，以股权折价补偿受害人损失。

3. 以瑕疵财产出资要求“解除权利负担”

出资人以划拨土地使用权出资，或者以设定权利负担的土地使用权出资，公司、其他股东或者公司债权人主张认定出资人未履行出资义务的，人民法院应当责令当事人在指定的合理期间内办理土地变更手续或者解除权利负担；逾期未办理或者未解除的，人民法院应当认定出资人未依法全面履行出资义务。

4. 以非货币财产出资应当“评估作价”

（1）出资时未评估怎么办

出资人以非货币财产出资，未依法评估作价，“公司、其他股东或者公司债权人”请求认定出资人未履行出资义务的，人民法院应委托具有合法资格的评估机构对该财产评估作价。评估确定的价额显著低于公司章程所定价额的，人民法院应当认定出资人未依法全面履行出资义务。

（2）出资后减值怎么办

出资后因市场变化或者其他客观因素导致出资财产贬值，公司、其他股东或者公司债权人请求该出资人承担补足出资责任的，人民法院不予支持。当事人另有约定的除外。

5 出资财产要求“交付且权属变更”

项目	内容
已交付公司，未办理权属变更	（1）公司、其他股东或公司债权人主张认定出资人未履行出资义务，人民法院应当责令当事人在指定的合理期间内办理权属变更手续；在前述期间内办理了权属变更手续，人民法院应当认定其已经履行了出资义务。 （2）出资人主张自其“实际交付”财产给公司使用时享有相应股东权利，人民法院应予支持
已办理权属变更，但未交付公司	公司或者其他股东主张其向公司交付，并在实际交付之前不享有相应股东权利的，人民法院应予支持

（二）违反出资义务的责任

1. 抽逃出资

（1）情形

①通过虚构债权债务关系将其出资转出；

②制作虚假财务会计报表虚增利润进行分配；

③利用关联交易将出资转出。

（2）责任

内部的人怎么追	公司或者其他股东请求其向公司返还出资本息，协助抽逃出资的其他股东、董事、高级管理人员或者实际控制人对此承担连带责任的，人民法院应予支持 **【注意】**只有协助者才承担责任且不包括监事

续表

外部的人怎么追	①公司债权人请求抽逃出资的股东在抽逃出资本息范围内对公司债务不能清偿的部分承担补充赔偿责任，协助抽逃出资的其他股东、董事、高级管理人员或者实际控制人对此承担连带责任的，人民法院应予支持 ②抽逃出资的股东已经在抽逃出资本息范围内承担上述责任后，其他债权人提出相同请求的，人民法院不再予以支持

2. 未履行出资义务

内部的人怎么追	公司或者其他股东请求其向公司依法全面履行出资义务的，人民法院应予支持
外部的人怎么追	（1）公司债权人可请求未履行或者未全面履行出资义务的股东，在未出资本息范围内，对公司债务不能清偿的部分承担补充赔偿责任 （2）当未履行或者未全面履行出资义务的股东已经承担上述责任后，其他债权人再提出相同请求的，人民法院不再予以支持
转让了怎么办	有限责任公司的股东未履行或者未全面履行出资义务即转让股权，受让人对此知道或者应当知道，公司请求该股东履行出资义务、受让人对此承担连带责任的，人民法院应予支持
诉讼时效问题	公司股东未履行或未全面履行出资义务或抽逃出资，公司或者其他股东请求其向公司全面履行出资义务或者返还出资，被告股东以诉讼时效为由进行抗辩的，人民法院不予支持
增资时怎么办	董事、高管未尽忠实义务的，应承担相应责任；承担责任后可以向被告股东追偿

3. 违反出资义务股东的权利限制

（1）股东权利的限制

股东未履行或者未全面履行出资义务或者抽逃出资，公司根据公司章程或者股东会决议对其利润分配请求权、新股优先认购权、剩余财产分配请求权等股东权利作出“相应的”合理限制，该股东请求认定该限制无效的，人民法院不予支持。

（2）股东资格的解除

“有限责任公司”的股东“未履行出资义务或抽逃全部出资”，经公司“催告”缴纳或者返还，其在合理期间内仍未缴纳或者返还出资，公司以“股东会”决议解除该股东的股东资格，该股东请求确认该解除行为无效的，人民法院不予支持。

【注意】本条款对未全面履行出资义务或者抽逃部分出资的股东不适用。

二、选编例题

【例 1 · 单选题】出资人以其他公司股权出资的，下列选项中，出资条件不符合规定的是（　　）。

A. 出资的股权已依法进行了价值评估

B. 出资人已履行关于股权转让的法定手续

C. 出资的股权由他人所代持

D. 出资的股权无权利瑕疵或者权利负担

【例 2 · 单选题】张某拟用其所有的一套房屋向甲公司出资。3 月 1 日，张某与其他发起人签署公司章程。3 月 20 日，甲公司成立。3 月 23 日，张某将出资房屋的钥匙交给公司工作人员，用于经营使用，但一直未办理房屋过户登记。半年后，该公司工作人员提醒，张某于 10 月 22 日办理了出资房屋的权属变更手续。根据公司法律制度规定，张某享有相应的股东权利的时间点是（　　）。

A.3 月 1 日　　B.3 月 20 日　　C.3 月 23 日　　D.10 月 22 日

【例 3 · 多选题】股东未全面履行出资义务，公司可以采取的措施有（　　）。

A. 请求履行出资义务　　B. 限制利润分配请求权

C. 限制新股优先认购权　　D. 限制剩余财产分配请求权

E. 解除股东资格

知识点6选编例题答案

1.【答案】C

【解析】根据规定，出资人以其他公司股权出资，符合下列条件的，人民法院应当认定出资人已履行出资义务：（1）出资的股权由出资人合法持有并依法可以转让；（2）出资的股权无权利瑕疵或者权利负担；（3）出资人已履行关于股权转让的法定手续；（4）出资的股权已依法进行了价值评估。

2.【答案】C

【解析】出资人以房屋、土地使用权或者需要办理权属登记的知识产权等财产出资，已经交付公司使用但未办理权属变更手续，公司、其他股东或者公司债权人主张认定出资人未履行出资义务的，人民法院应当责令当事人在指定的合理期间内办理权属变更手续；在前述期间内办理了权属变更手续的，人民法院应当认定其已经履行了出资义务；出资人主张自其实际交付财产给公司使用时享有相应股东权利的，人民法院应予支持。本题中张某3月23日将房屋交付公司使用，因此张某享有相应股东权利的时间点为3月23日。

3.【答案】ABCD

【解析】股东未履行或者未全面履行出资义务，公司或者其他股东请求其向公司依法全面履行出资义务的，人民法院应予支持。股东未履行或者未全面履行出资义务或者抽逃出资，公司根据公司章程或者股东会决议对其利润分配请求权、新股优先认购权、剩余财产分配请求权等股东权利作出相应的合理限制，该股东请求认定该限制无效的，人民法院不予支持。“解除股东资格”是针对“未履行出资义务或抽逃全部出资”。

【知识点7】股东资格与股东权利★★

一、知识点精讲

（一）发起人责任

1. 合同之债

（1）发起人以自己名义为设立公司之目的与他人签订合同：合同相对人有权选择请求该发起人或者成立后的公司承担合同义务。

（2）发起人以设立中公司的名义订立合同：公司成立后，合同相对人有权请求该公司承担合同义务；但发起人为自己利益的，公司不承担合同责任，除非相对人善意。

2. 侵权之债

（1）公司成立——受害人有权请求公司承担侵权赔偿责任；

（2）公司未成立——受害人有权请求全体发起人承担连带赔偿责任；

（3）追偿——公司或者无过错的发起人承担赔偿责任后，可以向有过错的发起人追偿。

3. 公司设立失败

（1）公司不能成立时，发起人对设立行为所产生的债务和费用负连带责任；

【注意】对外连带，内部按份（约定的责任比例→约定的出资比例→平均承担）。

（2）公司不能成立时，对认股人已缴纳的股款，负返还股款并加算银行同期存款利息的连带责任。

（二）名义股东和实际出资人

1. 名义股东

（1）对内关系

①双方签订的股份代持协议受法律保护

实际出资人与名义出资人订立合同，约定由实际出资人出资并享有投资权益，以名义出资人为名义股东，实际出资人与名义股东对该合同效力发生争议的，如无合同无效的情形，人民法院应当认定该合同有效。

②投资收益归属于实际出资人

实际出资人与名义股东因投资权益的归属发生争议，实际出资人以其实际履行了出资义务为由向名义股东主张权利的，人民法院应予支持。名义股东以公司股东名册记载、公司登记机关登记为由否认实际出资人权利的，人民法院不予支持。

（2）对外关系

分类	内容
对公司	实际出资人未经公司其他股东半数以上同意，请求公司变更股东、签发出资证明书、记载于股东名册、公司章程并办理公司登记机关登记的，人民法院不予支持
对善意第三人	①名义股东将登记于其名下的股权转让、质押或者以其他方式处分，实际出资人以其对于股权享有实际权利为由，请求认定处分股权行为无效的，人民法院参照《民法典》善意取得制度处理，即如果受让方符合善意取得的条件，受让方取得股权 ②名义股东处分股权造成实际投资人损失，实际投资人请求名义股东承担赔偿责任的，人民法院应予支持
对债权人	①公司债权人以登记于公司登记机关的股东（名义股东）未履行出资义务为由，请求其对公司债务不能清偿的部分在未出资本息范围内承担补充赔偿责任，股东以其仅为名义股东而非实际出资人为由进行抗辩的，人民法院不予支持 ②名义股东在承担相应的赔偿责任后，向实际出资人追偿的，人民法院应予支持

2. 冒名股东

（1）冒用他人名义出资并将该他人作为股东在公司登记机关登记的，冒名登记行为人应当承担相应责任。

（2）公司、其他股东或公司债权人以未履行出资义务为由，请求被冒名登记为股东的承担补足出资责任或对公司债务不能清偿部分的赔偿责任的，人民法院不予支持。

（三）股东权利

1. 分类

划分标准	类型	内容
以行使目的	共益权	股东（大）会参加权、提案权、信息权、表决权
	自益权	股利分配请求权、剩余财产分配权、新股认购优先权和股份转让权等

2. 信息权

（1）有限公司的股东“有权”查阅、复制公司章程、股东会会议记录、董事会会议决议、监事会会议决议和财务会计报告；股份公司的股东“有权”查阅公司章程、股东名册、公司债券存根、股东大会会议记录、董事会会议决议、监事会会议决议、财务会计报告。

（2）有限公司的股东“可以要求”查阅公司会计账簿，应当向公司书面请求，说明目的，公司有合理根据认为股东查阅会计账簿有“不正当目的”，可能损害公司合法利益的，可以拒绝提供查阅，并应当自股东提出书面请求之日起15日内书面答复股东并说明理由。公司拒绝提供查阅的，股东可以请求人民法院要求公司提供查阅。

【注意】上述不正当目的包括：①股东自营或者为他人经营与公司主营业务有实质性竞争关系业务的，但公司章程另有规定或者全体股东另有约定的除外；②股东为了向他人通报有关信息查阅公司会计账簿，可能损害公司合法利益的；③股东在向公司提出查阅请求之日前的三年内，曾通过查阅公司会计账簿，向他人通报有关信息损害公司合法利益。

（3）股东起诉请求查阅或者复制公司特定文件材料的，人民法院应当依法予以受理。

（4）公司有证据证明前款规定的原告在起诉时不具有公司股东资格的，人民法院应当驳回起诉，但原告有初步证据证明在持股期间其合法权益受到损害，请求依法查阅或者复制其持股期间的公司特定文件材料的除外。

（5）法院支持股东查阅或复制公司特定文件材料的，应在判决中明确时间、地点、材料名录。在该股东在场的情况下，可以由会计师、律师等执业人员辅助进行。

3. 利润分配请求权

（1）分配比例

①有限责任公司：按照“实缴的出资比例”分取红利，但“全体股东”可以约定不按照出资比例分取红利。

②股份有限公司：按照股东“持有的股份比例”分配，但“章程”可以规定不按持股比例分配。

（2）诉讼程序

①股东请求公司分配利润的案件，以“公司”为被告。

②一审法庭辩论终结前，其他股东基于同一分配方案请求分配利润并申请参加诉讼的，应当列为共同原告。

③股东未提交载明具体分配方案的股东会或者股东大会决议，请求公司分配利润的，法院应当驳回其诉讼请求。

（3）分配期限

分配利润的股东会或者股东大会决议作出后，公司应当在决议载明的时间内完成利润分配。决议没有载明时间的，以公司章程规定的为准。决议、章程中均未规定时间或者时间超过1年的，公司应当自决议作出之日起1年内完成利润分配。

4. 股东滥用股东权利的责任

滥用什么	损害谁	责任怎样
滥用公司法人独立地位和股东有限责任	严重损害公司债权人利益	股东对公司债务承担连带责任
滥用股东权利	给公司或者其他股东造成损失	股东承担赔偿责任

【注意】公司的控股股东、实际控制人、董事、监事、高级管理人员违反规定利用其关联关系损害公司利益的，应当承担赔偿责任。关联交易损害公司利益，原告公司依据公司法规定请求控股股东、实际控制人、董事、监事、高级管理人员赔偿所造成的损失，被告不得仅以该交易已经履行了信息披露、经股东会或者股东大会同意等法律、行政法规或者公司章程规定的程序为由抗辩。

（四）股权转让

1. 自愿转让

（1）对内转让

有限责任公司的股东之间可以相互转让其全部或者部分股权。

（2）对外转让

①书面通知

股东向股东以外的人转让股权，股东应就其股权转让事项“书面通知”其他股东征求同意，应当经“其他股东过半数”同意。

【注意1】此处所称的“过半数”，不是指股东所持的表决权，而是指股东人数。

【注意2】对外转让股权，无需经过股东会作出决议。

【注意3】书面通知需做广义理解，包括“书面或者其他能够确认收悉的合理方式”。

②视为同意

其他股东自接到书面通知之日起满30日未答复的，视为同意转让。

其他股东半数以上不同意转让的，不同意的股东应当购买该转让的股权；不购买的，视为同意转让。

③优先购买权

经股东同意转让的股权，在同等条件下，其他股东有优先购买权。

【注意1】优先购买权行使期限：章程规定→通知确定→通知确定的期间短于三十日或者未明确行使期间，行使期间为三十日。

【注意2】两个以上股东主张行使优先购买权的，“协商”确定各自的购买比例；协商不成的，按照“转让时各自的出资比例”行使优先购买权。

④转让股东反悔

<table>
<tr><th>前提</th><th colspan="2">转让股东在其他股东主张优先购买后又不同意转让股权</th></tr>
<tr><td rowspan="2">其他股东请求</td><td>主张优先购买</td><td>不支持</td></tr>
<tr><td>主张转让股东赔偿其合理损失的</td><td>支持</td></tr>
</table>

⑤损害优先购买权的处理

<table>
<tr><th>前提</th><th colspan="2">转让股东未就其股权转让事项征求其他股东意见，或者欺诈、恶意串通</th></tr>
<tr><td rowspan="2">其他股东</td><td>请求按照同等条件购买该转让股权
【注意】自知道或者应当知道行使优先购买权的同等条件之日起三十日内没有主张，或者自股权变更登记之日起超过一年，不得主张优先购买</td><td>支持</td></tr>
<tr><td>仅提出确认股权转让合同及股权变动效力等请求，未同时主张按照同等条件购买转让股权</td><td>不支持</td></tr>
<tr><td>股东以外的受让人</td><td colspan="2">因股东行使优先购买权而不能实现合同目的的，可以依法请求转让股东承担相应民事责任</td></tr>
</table>

2. 强制转让

人民法院依照强制执行程序转让股东的股权时，应当“通知”公司及全体股东，其他股东在同等条件下有优先购买权。其他股东自人民法院通知之日起满20日不行使优先购买权的，视为放弃优先购买权。

【注意】股权转让程序

注销原股东的出资证明书→向新股东签发出资证明书→修改公司章程和股东名册中股东及其出资额的记载（该次修改公司章程不需由股东会表决）

3. 回购转让

（1）股东退出公司的法定条件

有下列情形之一的，对股东会该项决议投反对票的股东可以请求公司按照合理的价格收购其股权，退出公司。

①公司连续5年不向股东分配利润，而公司该5年连续盈利，并且符合公司法规定的分配利润条件的；

②公司合并、分立、转让主要财产的；

③公司章程规定的营业期限届满或者章程规定的其他解散事由出现，股东会会议通过决议修改章程使公司存续的。

（2）股东退出公司的法定程序

自股东会会议决议通过之日起60日内，股东与公司不能达成股权收购协议的，股东可以自股东会会议决议通过之日起90日内向人民法院提起诉讼。

（五）股份转让

1. 股份转让限制

（1）发起人持有的本公司股份，自公司成立之日起 1 年内不得转让。

（2）公司公开发行股份前已发行的股份，自公司股票在证券交易所上市交易之日起 1 年内不得转让。

（3）公司董事、监事、高级管理人员应当向公司申报所持有的本公司的股份及其变动情况，在任职期间每年转让的股份不得超过其所持有本公司股份总数的 25%；所持本公司股份自公司股票上市交易之日起 1 年内不得转让；离职后半年内，不得转让其所持有的本公司股份。

2. 股份回购

公司不得收购本公司股份。但是，有下列情形之一的除外：

（1）减少公司注册资本；

（2）与持有本公司股份的其他公司合并；

（3）将股份用于员工持股计划或者股权激励；

（4）股东因对股东大会作出的公司合并、分立决议持异议，要求公司收购其股份；

（5）将股份用于转换上市公司发行的可转换为股票的公司债券；

（6）上市公司为维护公司价值及股东权益所必需。

【注意】属于第（4）项情形的，应当在 6 个月内转让或者注销。

（六）股东诉讼

1. 股东直接诉讼

董事、高级管理人员损害股东利益的，股东可以依法直接向人民法院提起诉讼。

2. 股东代表诉讼

主体：有限责任公司的股东；股份有限公司连续 180 日以上单独或者合计持有公司 1%以上股份的股东。

事由：董事、监事、高级管理人员或者他人违反法律、行政法规或者公司章程的行为给公司造成损失，且公司拒绝或者怠于向该违法行为人请求损害赔偿时。

前置程序：先以书面方式请求董事（会）、监事（会）以公司名义提起诉讼。被拒绝或者自收到请求之日起 30 日内未提起诉讼，或者情况紧急、不立即提起诉讼将会使公司利益受到难以弥补的损害的，股东有权为了公司的利益以自己的名义直接向人民法院提起诉讼。

原告：股东以自己的名义提起诉讼。

被告：实施侵害公司利益的行为人。

后果：股东代表诉讼的胜诉利益归属于公司。

二、选编例题

【例 1 · 单选题】人民法院依照法律规定的强制执行程序转让股东的股权时，应当通知公司及全体股东，其他股东在同等条件下有优先购买权。其他股东自人民法院通知之日起满一定期限不行使优先购买权的，视为放弃优先购买权。该期限是（　　）。

A.10 日　　B.20 日　　C.30 日　　D.45 日

【例 2 · 单选题】有限责任公司的股东向股东以外的人转让股权，未就其股权转让事项征求其他股东意见，其他股东自知道或者应当知道行使优先购买权的同等条件之日起一定期限内没有主张同等条件下优先购买权，或者自股权变更登记之日起超过一定期限的则不能主张优先购买权；该期限分别为（　　）。

A.20 日内 6 个月　　B.30 日内 1 年　　C.30 日内 6 个月　　D.20 日内 1 年

【例 3 · 单选题】甲、乙、丙三人拟设立一有限责任公司。在公司设立过程中，甲在搬运为公司购买的办公家具时，不慎将丁撞伤。下列关于对丁的侵权责任承担的表述中，正确的是（　　）。

A. 若公司未成立，丁仅能请求甲承担该侵权责任

B. 若公司成立，则由公司承受该侵权责任

C. 若公司未成立，丁应先向甲请求赔偿，不足部分再由乙、丙承担

D. 无论公司是否成立，该侵权责任应由甲、乙、丙共同承担

【例 4 · 单选题】甲有限责任公司股东C因为利润分配事件向法院提起诉讼。公司另一股东丙得知该事项，在第一轮法院判决结果出来之前，就同一事向法院提出利润分配申请，丙属于（　　）。

A. 有独立请求权的第三人　　B. 无独立请求权的第三人

C. 共同被告　　D. 共同原告

【例题 5 · 单选题】股份有限公司发起人持有的本公司股份，自公司成立之日起一定期限内不得转让。该期限是（　　）。

A.1 年　　B.2 年　　C.6 个月　　D.3 年

知识点 7 选编例题答案

1.【答案】B

【解析】人民法院依照法律规定的强制执行程序转让股东的股权时，应当通知公司及全体股东，其他股东在同等条件下有优先购买权。其他股东自人民法院通知之日起满二十日不行使优先购买权的，视为放弃优先购买权。

2.【答案】B

【解析】有限责任公司的股东向股东以外的人转让股权，未就其股权转让事项征求其他股东意见，或者以欺诈、恶意串通等手段，损害其他股东优先购买权，其他股东主张按照同等条件购买该转让股权的，人民法院应当予以支持，但其他股东自知道或者应当知道行使优先购买权的同等条件之日起 30 日内没有主张，或者自股权变更登记之日起超过 1 年的除外。

3.【答案】B

【解析】发起人因设立公司而对他人造成损害的，公司成立后应承担该侵权责任；公司未成立的，受害人有权请求全体发起人承担连带赔偿责任；公司或者无过错的发起人承担赔偿责任后，可以向有过错的发起人追偿。

4.【答案】D

【解析】一审法庭辩论终结前，其他股东基于同一分配方案请求分配利润并申请参加诉讼的，应当列为共同原告。

5.【答案】A

【解析】发起人持有的本公司股份，自公司成立之日起一年内不得转让。

【知识点 8】有限责任公司的组织机构★★

一、知识点精讲

（一）股东会、董事会、经理和监事会的职权

1. 股东会、董事会、经理的职权

股东会	董事会	经理
决定公司的“经营方针”和“投资计划”	决定公司的“经营计划”和“投资方案”	
	决定公司“内部管理机构”的设置	拟订公司内部管理机构设置方案
选举和更换由“非职工代表”担任的董事、监事，决定有关董事、监事的报酬	决定聘任或者解聘“公司经理”及其报酬事项；根据经理的提名，决定聘任或者解聘公司“副经理”、“财务负责人”及其报酬事项	提请聘任或者解聘公司“副经理、财务负责人”
修改“公司章程”	制定公司的“基本管理制度”	制定公司的“具体规章”

续表

股东会	董事会	经理
决议发行公司“债券”	制订发行公司“债券”方案	
	执行“股东会决议”	组织实施“董事会决议”

【注意】三方职权主要从“事务管理”和“人事任免”上体现，股东会是公司权力机构，其主要职责为“审议批准”“决定”；董事会是公司的执行机构，其主要职责为“制订”，经理层负责公司具体的运营管理。

2. 监事会的职权

（1）检查公司财务；

（2）对董事、高级管理人员执行公司职务的行为进行监督，对违反法律、行政法规、公司章程或者股东会决议的董事、高级管理人员提出罢免的“建议”；

（3）当董事、高级管理人员的行为损害公司的利益时，要求董事、高级管理人员予以纠正；

（4）提议召开临时股东会会议，在董事会不履行召集和主持股东会会议职责时召集和主持股东会会议；

（5）向股东会会议提出提案；

（6）对董事、高级管理人员提起诉讼；

（7）监事可以列席董事会会议，并对董事会决议事项提出质询或者建议；

（8）发现公司经营情况异常，可以进行调查。

【注意】监事会行使职权所必需的费用，由公司承担。

（二）股东会会议制度

1. 形式

定期会议	由公司章程规定
临时会议	（1）代表 1/10 以上表决权的股东； （2）1/3 以上的董事； （3）监事会或者不设监事会的公司的监事。

2. 召开

（1）首次股东会

由“出资最多”的股东召集和主持。

（2）以后股东会

①董事会履行职责

董事长主持→副董事长主持→半数以上董事共同推举一名董事。

②董事会不履行职责

监事会、不设监事会的公司监事→代表 1/10 以上表决权的股东自行召集和主持。

（3）通知

召开股东会会议，应当于会议召开 15 日以前通知全体股东，但公司章程另有规定或者全体股东另有约定的除外。

3. 决议

（1）表决权

股东按出资比例行使，但公司章程另有规定除外。

（2）类型

类型	内容
普通决议	由公司章程规定

续表

类型	内容	
特别决议	要求	“代表”“2/3 以上”“表决权”股东通过
	事项	①修改公司章程； ②增加或者减少注册资本的决议； ③合并、分立、解散； ④变更公司形式

（三）董事会会议制度

1. 董事会的组成

要点	内容
人数	3~13 人 【注意】股东人数较少或者规模较小的有限责任公司，可以不设立董事会，设 1 名执行董事，执行董事可以兼任公司经理
职工代表	（1）两个以上的国有企业或者其他两个以上的国有投资主体投资设立的有限责任公司，其董事会成员中“应当”有公司职工代表； （2）其他有限责任公司董事会成员中也“可以”有公司职工代表
董事长	（1）董事长一人，“可以”设副董事长； （2）董事长、副董事长的产生办法由“公司章程”规定
任期	每届任期≤ 3 年，可以连任

2. 会议制度

（1）召集：董事长→副董事长→半数以上董事推举一名董事。

（2）表决方式：按章程规定，一人一票。

（四）监事会会议制度

1. 监事会的组成

要点	内容
人数	≥ 3 人 【注意】股东人数较少或者规模较小的有限责任公司，可以不设立监事会，设 1~2 名监事
职工代表	监事会“应当”包括股东代表和职工代表，职工代表的比例不得低于“1/3”
主席	设主席 1 人，由全体监事“过半数选举”产生
任期	每届任期 3 年，可以连任
限制	董事、高级管理人员不得兼任监事

2. 会议制度

（1）召集：监事会主席→半数以上监事推举 1 名监事。

（2）频率：每年至少一次。

（3）决议：半数以上监事通过。

二、选编例题

【例 1 · 单选题】对于有限责任公司的监事会的表述符合法律规定的是（　　）。

A. 只有股东人数较少或规模较小的有限责任公司，可以不设立监事会

B. 监事会成员中职工代表比例不得低于 1/3，必须由全体职工选举产生

C. 监事会主席由 2/3 以上的监事会成员选举产生

D. 监事每届任期不得超过 3 年，连选可以连任

【例 2·单选题】下列各项中，不属于有限责任公司监事会职权的是（　　）。

A. 检查公司财务　　B. 向董事会会议提出提案

C. 提议召开临时股东会会议　　D. 建议罢免违反公司章程的财务负责人

【例 3·单选题】根据《公司法》，有限责任公司首次股东会会议的召集和主持人是（　　）。

A. 法定代表人　　B. 董事长　　C. 出资最多的股东　　D. 发起人

【例 4·多选题】关于有限责任公司组织机构的表述，下列正确的有（　　）。

A. 股东会会议由股东按照出资比例行使表决权，但是公司章程另有规定的除外

B. 两个以上的国有企业或者两个以上的其他国有投资主体投资设立的有限责任公司，其董事会成员中应当有公司职工代表

C. 董事长、副董事长的产生办法由公司章程规定

D. 董事任期由公司章程规定，但每届任期不得超过三年

E. 董事可以兼任本公司监事

知识点 8 选编例题答案

1.【答案】A

【解析】监事会中的职工代表由公司职工通过职工代表大会、职工大会或者其他形式民主选举产生；选项 B不符合规定。监事会设主席一人，由全体监事过半数选举产生；选项 C不符合规定。监事的任期每届为三年；选项 D不符合规定。

2.【答案】B

【解析】选项 B，正确的表述应当是向股东会会议提出提案。

3.【答案】C

【解析】首次股东会会议由出资最多的股东召集和主持，依法行使职权。

4.【答案】ABCD

【解析】公司董事、高级管理人员不得兼任监事。

【知识点 9】有限责任公司的特殊类型★★

一、知识点精讲

（一）一人有限责任公司

1. 股东身份

可以是一个自然人，也可以是一个法人。

2. 对“自然人股东”的“计划生育+绝育”政策

一个自然人“只能”投资设立一个一人有限责任公司，该一人有限责任公司“不能”投资设立新的一人有限责任公司。

3. 执照载明

一人有限责任公司应当在公司登记中注明法人独资或自然人独资，并在公司营业执照中载明。

4. 组织机构

一人有限责任公司“不设股东会”，股东会职权由股东行使，股东作出决定时，应当采用“书面形式”，并由股东签字后置备于公司。

5. 强制年报审计

一人有限责任公司应当在每一会计年度终了时编制财务会计报告，并经会计师事务所审计。

6. 法人人格否定

一人有限责任公司的股东不能证明公司财产独立于股东自己财产的，应当对公司债务承担“连带责任”。

（二）国有独资公司

1. 股东会

（1）国有独资公司不设股东会，由国有资产监督管理机构行使股东会职权。

（2）职权的分工。

董事会	除由国有资产监督管理机构决定的事项外，其余职权由董事会行使
国有资产监督管理机构	①公司的合并、分立、解散、增加或者减少注册资本和发行公司债券，必须由国有资产监督管理机构决定。 ②公司章程由国有资产监督管理机构制定，或者由董事会制订报国有资产监督管理机构批准。 ③非由职工代表担任的董事、监事由国有资产监督管理机构委派
本级政府	重要的国有独资公司合并、分立、解散、申请破产，由国有资产监督管理机构审核，报本级人民政府批准

2. 董事会

（1）职工代表：董事会成员中应当有公司职工代表。

（2）人员产生

①一般成员：由国有资产监督管理机构委派。

②职工代表：由公司职工代表大会选举产生。

③董事长、副董事长：由国有资产监督管理机构从董事会成员中指定。

【链接】一般的有限责任公司的董事长、副董事长的产生办法由公司章程规定。

（3）任期：不得超过 3 年。

（4）兼职兼任

①经国有资产监督管理机构的同意，董事会成员可以兼任经理。

②国有独资公司的董事长、副董事长、董事、高级管理人员，未经国有资产监督管理机构同意，不得在其他公司或经济组织兼职。

3. 监事会

（1）产生

①一般成员：由国有资产监督管理机构委派。

②职工代表：由职工代表大会选举产生。

③监事会主席：由国有资产监督管理机构从监事会成员中指定。

【链接】一般的有限责任公司监事会主席由全体监事过半数选举产生。

（2）人数

不得少于 5 人，职工代表的比例不得低于 1/3。

【链接】一般有限责任公司的监事会成员不得少于 3 人。

二、选编例题

【例 1 · 单选题】下列关于一人有限责任公司的表述中，不符合公司法律制度规定的是（　　）。

A. 股东只能是一个自然人

B. 一个自然人只能投资设立一个一人有限责任公司

C. 财务会计报告应当经会计师事务所审计

D. 股东不能证明公司财产独立于自己财产的，应当对公司债务承担连带责任

【例 2 · 单选题】下列关于国有独资公司董事会的表述中，正确的是（　　）。

A. 董事长由董事会选举产生

B. 董事会有权决定包括增加公司注册资本在内的重大事项

C. 董事会成员中应当有公司职工代表

D. 董事会每届的任期为 4 年

【例 3·单选题】国有独资公司中，应当由职工代表出任董事的，其产生方式为（　　）。

A. 企业出资人协商确定　　B. 企业法定代表人指定

C. 国有资产监督管理机构指定　　D. 企业职工民主选举

知识点 9 选编例题答案

1.【答案】A

【解析】一人公司的股东也可以是一个法人；选项 A不符合规定。

2.【答案】C

【解析】A选项：国有独资公司的董事长和副董事长，由国有资产监督管理机构从董事会成员中指定。B选项：增加公司注册资本由国有资产监督管理机构决定。D选项：董事每届任期不得超过3 年。

3.【答案】D

【解析】董事会成员中的职工代表由公司职工代表大会选举产生。

【知识点 10】股份公司的组织机构★★★

一、知识点精讲

（一）股东大会

1. 形式

年会	每年一次
临时股东大会	有下列情形之一的，应当在两个月内召开临时股东大会： （1）董事人数不足《公司法》规定人数（即小于 5 人）“或者”公司章程所定人数的 2/3 时； （2）公司未弥补的亏损达（即大于等于）实收股本总额的 1/3 时； （3）单独或者合计持有公司 10%以上股份的股东请求时； （4）“董事会”认为必要时； （5）“监事会”提议召开时。 【注意】董事长、董事、监事会主席、监事无权提议召开临时股东大会

2. 召开

（1）召集

①董事会履行职责

董事长主持→副董事长主持→半数以上董事共同推举一名董事。

②董事会不履行职责

监事会→“连续 90 日以上”单独或者合计持有公司 10%以上股份的股东

（2）通知

①年会：20 日前。

②临时股东大会：15 日前。

③发行无记名股票的公司：30 日前。

（3）临时提案权

①单独或者合计持有公司 3%以上股份的股东，可以在股东大会召开 10 日前提出临时提案并书面提交董事会。

②董事会应当在收到提案后两日内通知其他股东，并将该临时提案提交股东大会审议。

③股东大会不得对通知中未列明的事项作出决议。

（4）委托代理人出席：必须书面委托

3. 决议

（1）通过要求

类型		内容
普通决议		经“出席”会议的股东所持“表决权过半数”通过 【链接】有限公司股东会的普通决议按章程处理
特别决议	通过标准	经“出席”会议的股东所持“表决权的 2/3 以上”通过 【链接】有限公司的特别决议须经代表 2/3 以上表决权的股东通过
	事项	①修改公司章程②增加或减少注册资本 ③公司合并、分立、解散④变更公司形式

（2）签名：主持人、出席会议的董事

（二）董事会

1. 组成

人数	5~19 人 【链接】有限责任公司董事会 3~13 人
董事长	设董事长 1 人，可以设副董事长 董事长和副董事长由“全体董事的过半数选举”产生 【链接 1】国有独资公司董事长、副董事长由国有资产监督管理机构从董事会成员中指定 【链接 2】有限责任公司董事长、副董事长的产生办法由公司章程规定
职工代表	“可以”有职工代表
任期	每届任期≤ 3 年，可以连任

2. 会议类型

定期会议	每年度至少召开 2 次会议，10 日前通知
临时会议	（1）代表 10%以上表决权的股东提议 （2）1/3 以上董事提议 （3）监事会提议

3. 出席

（1）条件：“过半数”的董事出席方可举行。

【链接】有限责任公司董事会没有设置出席条件。

（2）代理：董事因故不能出席会议的，可以“书面”委托其他“董事”代为出席。

4. 决议

（1）通过要求：必须经“全体”董事的“过半数”通过。

（2）责任承担：董事会的决议违反法律、行政法规或者公司章程、股东大会决议，致使公司遭受严重损失的，“参与决议”的董事对公司负赔偿责任；但经证明在表决时曾“表明异议并记载于会议记录的”，该董事可以免责。

（三）监事会

有限责任公司和股份有限公司的监事会制度基本一致，不同之处为以下几点。

	有限责任公司	股份有限公司
会议次数	每年至少召开1次	每6个月至少召开1次
提议召开的会议	提议召开临时股东会	提议召开临时董事会、临时股东大会
必要性	规模小可以不设立	必须设立

二、选编例题

【例1·单选题】某股份有限公司共有甲、乙、丙、丁、戊、己、庚七位董事。某次董事会会议，董事甲、乙、丙、丁、戊、己参加，庚因故未能出席，也未书面委托其他董事代为出席。该次会议通过一项违反法律规定的决议，给公司造成严重损失。该次会议的会议记录记载，董事戊在该项决议表决时表明了异议。根据《公司法》的规定，应对公司负赔偿责任的董事是（　　）。

A. 董事甲、乙、丙、丁、戊、己、庚　　B. 董事甲、乙、丙、丁、戊、己

C. 董事甲、乙、丙、丁、己、庚　　D. 董事甲、乙、丙、丁、己

【例2·单选题】根据公司法，下列关于公司董事会的说法，正确的是（　　）。

A. 国有独资公司董事会成员中应当有公司职工代表

B. 股份有限公司选举董事应当实行累积投票制

C. 有限责任公司必须设立董事会

D. 股份有限公司董事会成员为3~13人

【例3·单选题】根据公司法，下列关于股份有限公司临时股东大会的召开表述正确是（　　）。

A. 召开前5日通知股东

B. 未弥补亏损达到实收股本总额三分之二时方可召开

C. 单独或合计持有3%以上股份的股东可以提议召开

D. 监事会提议的，2个月内召开

知识点10选编例题答案

1.【答案】D

【解析】根据规定，董事会决议违反法律、行政法规或者公司章程，致使公司遭受严重损失时，参与决议的董事对公司负赔偿责任。但经证明在表决时曾表示异议并记载于会议记录的，该董事可以免除责任。本题董事戊在该次会议上曾就该项决议表决时表示了异议，并且在董事会会议记录中，不应承担责任；庚因故未出席也未书面委托其他董事代为出席，并没有参与该事项的决议，因此也不承担责任。

2.【答案】A

【解析】股份有限公司选举董事可以实行累积投票制；股东人数较少或者规模较小的有限责任公司，可以设一名执行董事，不设董事会；股份公司董事会人数是5~19人。

3.【答案】D

【解析】临时股东大会应当于会议召开15日前通知各股东。有下列情形之一的，应当在两个月内召开临时股东大会：（1）董事人数不足本法规定人数或者公司章程所定人数的三分之二时；（2）公司未弥补的亏损达实收股本总额三分之一时；（3）单独或者合计持有公司百分之十以上股份的股东请求时；（4）董事会认为必要时；（5）监事会提议召开时；（6）公司章程规定的其他情形。

【知识点11】上市公司的组织机构★★

一、知识点精讲

（一）上市公司股东大会的特别规定

1. 年会的召开时间：上市公司的年度股东大会应于上一会计年度结束后的 6 个月内举行。

2. 上市公司股东大会的特别职权

担保	（1）单笔担保额超过最近一期经审计“净资产 10%”的担保 （2）上市公司及其控股子公司的对外担保总额，超过最近一期经审计“净资产 50%”以后提供的任何担保； （3）公司的对外担保总额，达到或超过最近一期经审计“总资产的 30%”以后提供的任何担保 （4）为资产负债率超过 70%的担保对象提供的担保； （5）对股东、实际控制人、关联方提供的担保 （6）上市公司在 1 年内购买、出售重大资产或者担保金额超过“总资产 30%”
其余	（1）由董事会决议事项，但出席会议的无关联关系董事人数不足 3 人 （2）聘用、解聘会计师事务所作出决议 （3）审议批准变更募集资金用途事项 （4）审议股权激励计划 【注意】上述股东大会的职权不得通过授权的形式由董事会或其他机构和个人代为行使

（二）独立董事制度

1. 基本条件：具有“5 年以上”法律、经济或其他履行独立董事职责所必需的工作经验。

【注意】担任独立董事，首先得符合董、监、高的任职资格要求。

2. 不得担任独立董事的情形

（1）在“上市公司或者其附属企业”任职的人员及其直系亲属、“主要社会关系”。

【注意 1】直系亲属是指配偶、父母、子女等；主要社会关系是指兄弟姐妹、岳父母、儿媳女婿、兄弟姐妹的配偶、配偶的兄弟姐妹等。

【注意 2】该规定不仅考虑上市公司，还考虑附属企业；不仅考虑直系亲属，还考虑主要社会关系。

（2）直接或间接持有“上市公司”已发行股份 1%以上或者是上市公司前 10 名股东中的自然人股东及其直系亲属。

（3）在直接或间接持有“上市公司”已发行股份 5%以上的股东单位或者在上市公司前 5 名股东单位任职的人员及其直系亲属。

（4）最近 1 年内曾经具有前三项所列举情形的人员。

（5）为“上市公司或者其附属企业”提供财务、法律、咨询等服务的人员。

（6）法律、行政法规、部门规章、公司章程、中国证监会认定的其他人员。

3. 特别职权

（1）对公司关联交易、聘用或者解聘会计师事务所等重大事项进行审核并发表独立意见；

（2）就上市公司董事、高级管理人员（不包括监事）的提名、任免、报酬、考核事项以及其认为可能损害中小股东权益的事项发表独立意见。

（三）上市公司设立董事会秘书

1. 设置：独立董事和董事会秘书均为上市公司所特有。

2. 董事会秘书的作用：负责公司股东大会和董事会会议的筹备、文件保管以及公司股权管理，办理信息披露事务等事宜。

（四）关联关系董事的表决权排除制度

1. 回避要求：上市公司董事与董事会会议决议事项所涉及的企业有关联关系的，不得对该项决议行使表决权，也不得代理其他董事行使表决权。

2. 召开条件：由“过半数”的“无关联关系”董事出席即可举行。

【注意】出席董事会的无关联关系董事人数不足3人的，应将该事项提交上市公司股东大会审议。

3. 决议规则：经“无关联关系”董事“过半数”通过。

二、选编例题

【例1·单选题】根据公司法律制度的规定，上市公司在一年内出售重大资产超过公司资产总额一定比例的，应当由股东大会作出决议。该比例是（　　）。

A.30%　　B.70%　　C.50%　　D.60%

【例2·单选题】A公司是一家上市公司，B公司是A公司的关联企业。当A公司讨论为B公司提供担保事项时，下列说法不符合《公司法》规定的是（　　）。

A. 有关联关系的董事不可以参加会议

B. 董事会会议由过半数的无关联关系董事出席方可举行

C. 有关联关系的董事不得代理其他董事行使表决权

D. 出席董事会的无关联关系董事人数不足3人的，应将该事项提交上市公司股东大会审议

【例3·单选题】某上市公司拟聘请独立董事。根据公司法律制度的规定，下列人员中，可以担任该上市公司独立董事的有（　　）。

A. 该上市公司的分公司的经理

B. 该上市公司董事会秘书配偶的弟弟

C. 持有该上市公司已发行股份2%的股东郑某的岳父

D. 持有该上市公司已发行股份10%的甲公司的某董事的配偶

知识点11选编例题答案

1.【答案】A

【解析】上市公司在一年内购买、出售重大资产超过公司资产总额30%的，应当由股东大会作出决议。

2.【答案】A

【解析】上市公司董事与董事会会议决议事项所涉及的企业有关联关系的，不得对该项决议行使表决权，但不限制参加会议。

3.【答案】C

【解析】选项AB：在上市公司或者其附属企业任职的人员及其直系亲属、主要社会关系不得担任独立董事，本案中配偶的弟弟属于主要社会关系；选项C：直接或间接持有上市公司已发行股份1%以上的自然人股东及其直系亲属不得担任独立董事，本案中岳父属于主要社会关系，而不属于直系亲属；选项D：在直接或间接持有上市公司已发行股份5%以上的股东单位任职的人员及其直系亲属不得担任独立董事，本案中配偶属于直系亲属。

【知识点12】公司决议制度与董监高制度★★★

一、知识点精讲

（一）公司决议制度

1. 决议无效

公司股东会或者股东大会、董事会的决议内容违反法律、行政法规的无效。

2. 决议撤销

股东会或者股东大会、董事会的会议召集程序、表决方式违反法律、行政法规或者公司章程，或

者决议内容违反公司章程的，股东可以自决议作出之日起六十日内，请求法院撤销。

【注意】会议召集程序或者表决方式仅有轻微瑕疵，且对决议未产生实质影响的，不得诉请撤销。

3. 决议不成立

公司决议不成立，包括下列情形：

（1）公司未召开会议的，但依据《公司法》或者公司章程规定可以不召开股东会而直接作出决定，并由全体股东在决定文件上签名、盖章的除外。

（2）会议召开会议但未表决该事项的；

（3）公司召开会议但到会人数或者到会股东所持表决权不符合法律或者公司章程规定的比例的；

（4）会议的表决结果未达到法律或者公司章程规定的通过比例的。

【注意】决议无效、撤销、不成立之诉的被告——公司

（二）董事、监事、高级管理人员的资格和义务

1. 任职资格

（1）无民事行为能力或者限制民事行为能力；

（2）因贪污、贿赂、侵占财产、挪用财产或者破坏社会主义市场经济秩序，被判处刑罚执行期满未逾5年，或者因犯罪被剥夺政治权利，执行期满未逾5年；

（3）担任破产清算公司、企业的董事或者厂长、经理，对该公司、企业的破产负有个人责任的，自该公司、企业破产清算完结之日起未逾3年；

（4）担任因违法被吊销营业执照、责令关闭的公司、企业的法定代表人，并负有个人责任的，自该公司、企业被吊销营业执照之日起未逾3年；

（5）个人所负数额较大的债务到期未清偿。

2. 义务

董事、监事、高级管理人员应当遵守法律、行政法规和公司章程，对公司负有忠实义务和勤勉义务。

二、选编例题

【**例1·单选题**】股东可以请求法院宣告股东会决议无效的理由是（　　）。

A. 股东会的召集程序违反法律、行政法规

B. 股东会的表决方式违反法律、行政法规

C. 股东会的决议内容违反法律、行政法规

D. 股东会的决议内容违反公司章程

【**例2·单选题**】下列可以担任公司董事、监事和高级管理人员的是（　　）。

A. 限制行为能力的人

B. 因贪污被判处刑罚，执行期满刚满3年

C. 个人所负数额较大的债务到期未清偿

D. 年龄超过65周岁

知识点12选编例题答案

1.【**答案**】C

【**解析**】公司股东会或者股东大会、董事会的决议内容违反法律、行政法规的无效。股东会或者股东大会、董事会的会议召集程序、表决方式违反法律、行政法规或者公司章程，或者决议内容违反公司章程的，股东可以自决议作出之日起60日内，请求人民法院撤销。

2.【**答案**】D

【**解析**】《公司法》对于董监高的年龄没有限制。

【知识点13】公司财务会计★★

一、知识点精讲

（一）信息披露

股份有限公司的财务会计报告应当在召开股东大会年会的20日前置备于本公司，供股东查阅；公开发行股票的股份有限公司必须公告其财务会计报告。

（二）聘用事务所

公司聘用、解聘承办公司审计业务的会计师事务所，依照公司章程的规定，由“股东大会或者董事会”决定。

（三）公司利润分配

1. 分配顺序

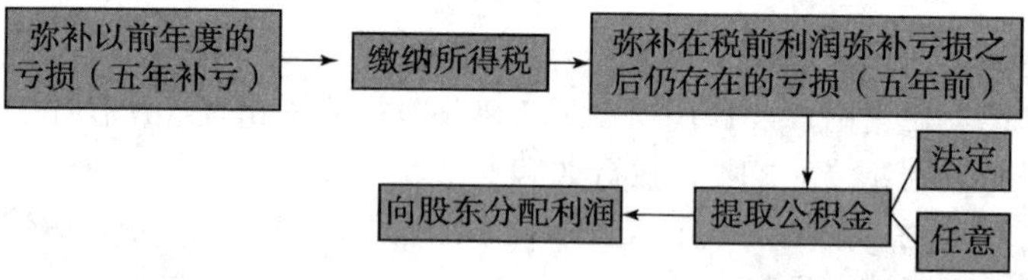

2. 分红权

（1）有限责任公司：按照股东实缴的出资比例分配，但全体股东约定不按出资比例分配的除外。

（2）股份有限公司：按照股东持有的股份比例分配，但股份有限公司章程规定不按持股分配的除外。

3. 公积金

类型		来源	用途
资本公积金		直接由资本原因形成的公积金（如股票溢价发行的溢价款）	扩大经营+转增资本，不得用于弥补亏损
盈余公积金	法定公积金	（1）按公司税后利润的10%提取，当法定公积金累计额为公司注册资本的50%以上时可以不再提取。 （2）补亏后才提取法定公积金	弥补亏损+扩大经营+转增资本（用法定公积金转增资本后留存的不得少于转增前注册资本的25%）
	任意公积金	按股东（大）会决议，无限制	

二、选编例题

【例1·单选题】2014年1月，自然人甲和乙设立丙有限责任公司，双方约甲出资4万元，乙出资2万元，对盈余分配无特别约定。截至2014年底，甲实际缴付出资1万元，乙缴足缴付出资。公司拟分配盈余9万元。根据公司法律制度的规定，甲可以分得的盈余是（　　）万元。

A.6　　B.3　　C.4.5　　D.9.5

【例2·多选题】下列各项中，应当在提取法定公积金之前实施的有（　　）。

A. 向股东分配利润
B. 缴纳企业所得税
C. 提取任意公积金
D. 弥补以前年度亏损
E. 提取资本公积金

【例3·单选题】下列关于股份有限公司公积金的表述中，不符合《公司法》规定的是（　　）。

A. 法定公积金按照公司税后利润的10%提取
B. 法定公积金累计额为公司注册资本的50%以上时，可以不再提取
C. 资本公积金可用于弥补公司的亏损
D. 公司以超过股票票面金额的发行价格发行股份所得的溢价款，应列为资本公积金

知识点13选编例题答案

1.【答案】B

【解析】有限责任公司的股东按照实缴的出资比例分取红利，但是，全体股东可以事先约定不按照出资比例分取红利。本题中，公司未事先约定，则按照实缴出资比例，甲可以分得 $1/3\times9=3$ 万元。

2.【答案】BD

【解析】公司应当按照下列顺序进行利润分配：（1）弥补以前年度的亏损，但不得超过税法规定的弥补期限；（2）缴纳所得税；（3）弥补在税前利润弥补亏损之后仍存在的亏损；（4）提取法定公积金；（5）提取任意公积金；（6）向股东分配利润。

3.【答案】C

【解析】资本公积金不得用于弥补公司的亏损。

【知识点14】公司合并、分立★

一、知识点精讲

（一）公司合并

1. 合并方式：包括吸收合并（A+B→A）和新设合并（A+B→C）。

2. 步骤：签协议→编资产负债表和财产清单→作出决议→通知（公告）债权人→登记

（1）通知债权人：公司应当自作出合并决议之日起10日内通知债权人，并于30日内在报纸上公告。债权人自接到通知书之日起30日内，未接到通知书的自公告之日起45日内，可以要求公司清偿债务或者提供相应的担保。

【注意1】无论债权人的债权是否到期，均可以要求公司清偿债务或提供担保。

【注意2】合并、分立、减资在通知债权人的时间上要求相同。

（2）登记：公司合并，应自公告之日起45日后申请变更登记。

3. 责任承担：公司合并时，合并各方的债权、债务，应当由合并后存续的公司或者新设的公司承继。

（二）公司分立

1. 分立方式：派生分立（A→A+B）和新设分立（A→B+C）。

2. 责任承担：公司分立前的债务由分立后的公司承担连带责任。但是，公司在分立前与债权人就债务清偿达成的书面协议另有约定的除外。

二、选编例题

【例1·单选题】甲公司经过股东大会决议进行分立，将全部产权分离后成立新的乙公司和丙公司，甲公司解散，依照公司法规定，这种法定分立形式是（　　）。

A. 派生分立　　B. 产权分立　　C. 新设分立　　D. 反向分立

【例2·单选题】甲公司分立为乙公司和丙公司，甲公司解散。在对原债权人A的债权债务关系上，不符合公司法律制度规定的是（　　）。

A. 甲公司应当在作出分立决议之日起10日内通知A

B.A在接到分立通知书后30日内，可要求乙公司清偿债务或提供相应的担保

C.A可向分立后的乙公司与丙公司主张连带清偿责任

D. 甲公司在分立前可与A就债务清偿达成书面协议

【例3·单选题】甲公司欠乙公司300万元货款。后甲公司将部分优良资产分离出去另成立丙公司，甲、丙公司在分立协议中约定，该笔债务由甲、丙公司按3：7的比例分担，但甲、丙公司未与乙公司达成债务清偿协议。债务到期后，乙公司要求甲公司清偿300万元，遭到拒绝。根据公司法律

制度的规定，下列关于该笔债务如何清偿的表述中，正确的是（　　）。

A. 乙公司只能向甲公司主张清偿

B. 乙公司只能向丙公司主张清偿

C. 应当由甲、丙公司按连带责任方式向乙公司清偿

D. 应当由甲、丙公司按分立协议约定的比例向乙公司清偿

知识点14 选编例题答案

1.【答案】C

【解析】公司分立的形式有两种：一是派生分立，即公司以其部分财产另设一个或数个新的公司，原公司存续；二是新设分立，即公司以其全部财产分别归入两个以上的新设公司，原公司解散。本题所叙述情况属于新设分立。

2.【答案】B

【解析】公司分立程序中没有赋予债权人请求公司清偿债务或者提供相应担保的权利。

3.【答案】C

【解析】公司分立前的债务由分立后的公司承担连带责任，但是，公司在分立前与债权就债务清偿达成的书面协议另有约定的除外。

【知识点15】公司的解散和清算★★

一、知识点精讲

（一）公司解散

1. 原因

类型	解散的原因
一般解散	（1）公司章程规定的营业期限届满或者公司章程规定的其他解散事由出现 （2）股东会或者股东大会决议解散 （3）因公司合并、分立需要解散
强制解散	依法被吊销营业执照、责令关闭或者被撤销
司法解散	人民法院依法予以解散

2. 人民法院依法解散的规定

（1）解散公司诉讼的情形

类型	情形
受理	单独或合计持有公司全部股东表决权10%以上的股东，有下列事由之一，公司继续存续会使股东利益受到重大损失，通过其他途径不能解决，提起解散公司诉讼，人民法院应当受理 ①两年无法开会：公司持续2年以上无法召开股东会或股东大会，公司经营管理发生严重困难 ②两年无法表决：股东表决时无法达到法定或公司章程规定的比例，持续2年以上不能作出有效的股东会或者股东大会决议，公司经营管理发生严重困难 ③董事长期冲突：公司董事长期冲突，且无法通过股东会或股东大会解决，公司经营管理发生严重困难 【注意】当事人协商一致以下列方式解决分歧，且不违反法律、行政法规的强制性规定的，人民法院应予支持：（1）公司回购部分股东股份；（2）其他股东受让部分股东股份；（3）他人受让部分股东股份；（4）公司减资；（5）公司分立；（6）其他能够解决分歧，恢复公司正常经营，避免公司解散的方式。
不受理	①以知情权、利润分配请求权等权益受到损害为由提起解散公司诉讼 ②以公司亏损、财产不足以偿还全部债务为由提起解散公司诉讼 ③以公司被吊销企业法人营业执照未进行清算为由提起解散公司诉讼

（2）被告：以公司作为被告

（二）公司清算

1. 成立清算组

	情形	清算组
自行清算	解散事由出现之日起 15 日内	（1）有限责任公司：股东组成 （2）股份有限公司：董事或股东大会确定的人员组成
强制清算	下列情形之一，债权人、公司股东、董事或其他利害关系人申请人民法院指定清算组进行清算时，人民法院应予受理 （1）公司解散逾期（15 日内）不成立清算组进行清算的 （2）虽成立清算组但故意拖延清算的 （3）违法清算可能严重损害债权人或股东利益的	（1）股东、董事、监事、高级管理人员 （2）社会中介机构 （3）中介机构中具备相关专业知识并取得执业资格的人员

2. 清算组的职权

（1）清理公司财产，编制资产负债表和财产清单；

（2）通知、公告债权人；

（3）处理与清算有关的公司未了结的业务；

（4）清缴所欠税款以及清算过程中产生的税款；

（5）清理债权、债务；

（6）处理公司清偿债务后的剩余财产；

（7）代表公司参与民事诉讼活动。

3. 程序

（1）登记债权

①期限：清算组应当自成立之日起 10 日内通知债权人，并于 60 日内在报纸上公告；债权人应当自接到通知书之日起 30 日内，未接到通知书的自公告之日起 45 日内，向清算组申报其债权。

②未按期申报：债权人在规定的期限内未申报债权，在公司清算程序终结前补充申报的，清算组应予登记。债权人补充申报的债权，可以在公司尚未分配的财产中依法清偿。

（2）清算方案

①自行清算：报股东（大）会决议确认；

②强制清算：报人民法院确认。

【注意】执行未经确认的清算方案造成损失，公司、股东或债权人可主张清算组成员承担赔偿责任。

（3）清偿债务：

①清偿顺序：清算费用→职工工资、社保、补偿金→税款→债务

②剩余财产的分配

有限责任公司	按照出资比例
股份有限公司	按照股份比例

【注意】公司财产在未按照法定程序清偿前，不得分配给股东。

二、选编例题

【例 1 · 单选题】某有限责任公司因违反法律规定被责令关闭并解散，公司自行成立清算组，公司清算组应由（　　）组成。

A. 由公司股东组成

B. 由董事或股东会确定的人选组成

C. 由有关主管部门组织股东和专业人员及债权人组成

D. 人民法院指定

【例 2 · 单选题】公司解散清算时，财产能够清偿公司债务的应优先拨付（　　）。

A. 清算费用　　B. 职工工资和劳动保险费用

C. 交纳所欠税款　　D. 清偿公司债务

【例 3 · 单选题】根据公司法律制度的规定，有限责任公司单独或者合计持有公司全部股东表决权 10%以上的股东，以特定事由提出解散公司诉讼，并符合《公司法》有关规定的，人民法院应予以受理。下列表述中，不属于该类事由的是（　　）。

A. 股东知情权、利益分配请求权等权益受到严重损害的

B. 公司董事长期冲突且无法通过股东会解决，公司经营管理发生严重困难的

C. 股东表决时无法达到法定或者公司章程规定的比例，持续两年以上不能作出有效的股东会决议，公司经营管理发生严重困难的

D. 公司持续两年以上无法召开股东会，公司经营管理发生严重困难的

知识点 15 选编例题答案

1.【答案】A

【解析】有限责任公司的清算组由股东组成，股份有限公司的清算组由董事或者股东大会确定的人员组成。

2.【答案】A

【解析】公司财产在分别支付清算费用、职工的工资、社会保险费用和法定补偿金，缴纳所欠税款，清偿公司债务后的剩余财产，有限责任公司按照股东的出资比例分配，股份有限公司按照股东持有的股份比例分配。

3.【答案】A

【解析】股东以知情权、利润分配请求权等权益受到损害，或者公司亏损、财产不足以偿还全部债务，以及公司被吊销企业法人营业执照未进行清算等为由，提起解散公司诉讼的，人民法院不予受理。

【知识点 16】普通合伙企业★★

一、知识点精讲

（一）普通合伙企业的设立

1. 合伙人

人数	2 个以上合伙人
性质	合伙人为自然人或法人、其他组织，可以为外国个人或组织 【注意】国有独资公司、国有企业、上市公司及公益性的事业单位、社会团体不得成为普通合伙人
行为能力	自然人合伙人必须具备完全民事行为能力

2. 协议

（1）形成：合伙协议应当由全体合伙人协商一致，以书面形式订立。

（2）修改：修改或者补充合伙协议，应当经全体合伙人一致同意；但是，合伙协议另有约定的除外。

3. 出资

时间	认缴或实缴
方式	普通合伙人可以用货币、实物、知识产权、土地使用权或者其他财产权利出资，也可用劳务出资
作价	（1）劳务出资：协商确定价值 （2）其他出资：协商确定或委托评估机构评估作价

（二）普通合伙企业财产

1. 财产构成

包括合伙人“认缴的”出资、以合伙企业名义取得的收益和依法取得的其他财产（如接受赠与的财产）。

2. 财产性质——独立性与完整性

（1）合伙人在合伙企业清算前，不得请求分割合伙企业的财产；但是，法律另有规定的除外。

（2）合伙人在合伙企业清算前私自转移或者处分合伙企业财产的，合伙企业不得以此对抗善意第三人。

3. 财产份额的转让

对外转让	条件	除合伙协议另有约定外，普通合伙人向合伙人以外的人转让其在合伙企业中的全部或者部分财产份额时，须经其他合伙人一致同意 【链接】有限责任公司的股东向股东以外的人转让股权，应当经其他股东过半数同意，其他股东在同等条件下有优先购买权，另有约定除外
	优先购买权	合伙人向合伙人以外的人转让其在合伙企业中的财产份额的，在同等条件下，其他合伙人有优先购买权；但是合伙协议另有约定的除外
对内转让	普通合伙人之间转让其在合伙企业中的全部或者部分财产份额时，应当通知其他合伙人 【链接】有限责任公司的股东之间可以相互转让其全部或者部分股权	

4. 财产份额的出质

合伙人以其在合伙企业中的财产份额出质的，须经其他合伙人一致同意。未经其他合伙人一致同意，其行为无效，由此给善意第三人造成损失的，由行为人依法承担赔偿责任。

【注意】此处的“一致同意”是法律的强制性规定，合伙协议不得另作约定。

（三）普通合伙事务执行

1. 形式

（1）全体合伙人共同执行合伙事务；

（2）委托一个或者数个合伙人执行合伙事务。

2. 合伙企业对外代表权的限制

合伙企业对合伙人执行合伙事务以及对外代表合伙企业权利的限制，不得对抗善意第三人。

3. 合伙人的权利与义务

（1）权利

①合伙人对执行合伙事务享有同等的权利。

②执行合伙事务的合伙人对外代表合伙企业。

③不执行合伙事务的合伙人的监督权利。

④（所有）合伙人查阅合伙企业会计账簿等财务资料的权利。

⑤合伙人有提出异议的权利和撤销委托的权利。

（2）义务

对象	义务	内容
针对执行人	报告义务	向其他非执行合伙人报告经营状况和财务状况
针对全体合伙人	竞业禁止	（绝对禁止）不得自营或与他人经营与合伙企业竞争的业务
	交易禁止	（相对禁止）除合伙协议另有约定或者经全体合伙人同意外，不得同本企业进行交易

4. 决议办法

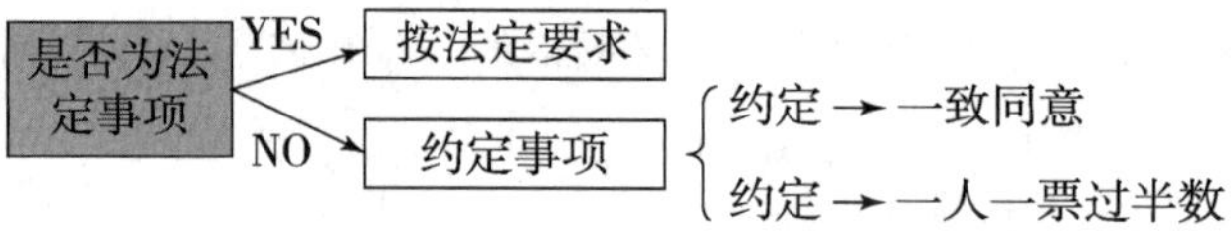

（1）法定事项

类型	法定事项的内容
绝对禁止	（1）国有独资公司、国有企业、上市公司以及公益性的事业单位、社会团体不得成为普通合伙人 （2）普通合伙人不得从事同本企业相竞争的业务 （3）普通合伙企业的合伙协议不得约定将全部利润分配给部分合伙人或者由部分合伙人承担全部亏损 （4）合伙人的债权人不得以其债权抵销其对合伙企业的债务，不得代位行使合伙人在合伙企业中的权利 （5）有限合伙人不得以劳务出资 （6）有限合伙人不执行合伙事务，不得对外代表合伙企业
一致同意	普通合伙人以其财产份额出质
过半数	合伙企业解散时指定一个或数个合伙人，或委托第三人担任清算人
通知事项	（1）普通合伙人之间转让财产份额时，应当通知其他合伙人 （2）有限合伙人向合伙人以外的人转让其财产份额，应当提前30日通知其他合伙人

（2）约定→一致同意

除合伙协议另有约定，下列事项应当经全体合伙人一致同意。

①改变合伙企业的名称；

②改变合伙企业的经营范围、主要经营场所的地点；

③处分合伙企业的不动产；

④转让或者处分合伙企业的知识产权和其他财产权利；

⑤以合伙企业名义为他人提供担保；

⑥聘任合伙人以外的人担任合伙企业的经营管理人员；

⑦修改或者补充合伙协议；

⑧普通合伙人转变为有限合伙人，或者有限合伙人转变为普通合伙人；

⑨普通合伙人同本合伙企业进行交易；

⑩普通合伙人向合伙人以外的人转让其在合伙企业中的全部或部分财产份额时。

（3）约定→一人一票过半数

合伙人对合伙企业有关事项作出决议，按照合伙协议约定的表决办法办理。合伙协议未约定或者约定不明确的，实行合伙人一人一票并经全体合伙人过半数通过的表决办法。

5. 合伙企业的损益分配

（1）合伙企业的利润分配、亏损分担规则：约定→协商→实缴→平均

按照合伙协议的“约定”办理；合伙协议未约定或者约定不明确的，由合伙人“协商”决定；协

商不成的，由合伙人按照“实缴”的出资比例分配、分担；无法确定出资比例的，由合伙人“平均”分配、分担。

（2）禁止事项：属于法定事项

“普通合伙企业”的合伙协议不得约定将全部利润分配给部分合伙人或由部分合伙人承担全部亏损。

6. 非合伙人参与经营管理

（1）产生：除合伙协议另有约定外，经全体合伙人一致同意，可以聘任合伙人以外的人担任合伙企业的经营管理人员。

（2）责任：被聘任的经营管理人员，超越授权范围履行职务，或者因故意或重大过失给合伙企业造成损失的，依法承担赔偿责任。

7. 债务清偿

（1）合伙企业的债务清偿

①先企业后个人：合伙企业对其债务，应先以其全部财产进行清偿。

②对外连带：合伙企业全部财产不足以偿付，债权人可以向任何一个或数个合伙人主张。

【注意1】合伙人之间的分担比例对债权人没有约束力。

【注意2】债权人的主张不仅仅针对执行事务的合伙人，还有其他合伙人。

③对内按份：清偿数额超过规定的其亏损分担比例，有权向其他合伙人追偿。

（2）合伙人的债务清偿

两不得	（1）合伙人发生与合伙企业无关的债务，相关债权人不得以该债权“抵销”其对合伙企业的债务 （2）合伙人个人负有债务，其债权人不得“代位”行使该合伙人在合伙企业中的权利
两可以	（1）合伙人的自有财产不足清偿其与合伙企业无关的债务的，该合伙人可以以其从合伙企业中分取的“收益”用于清偿 （2）债权人也可以依法请求人民法院“强制执行”该合伙人在合伙企业中的财产份额用于清偿 **【注意】**人民法院强制执行合伙人的财产份额时，应当“通知”全体合伙人，其他合伙人有优先购买权

二、选编例题

【例1·单选题】下列选项中，不属于合伙企业财产的是（　　）。

A. 合伙人缴纳的实物出资　　B. 合伙企业借用的某合伙人的办公设备

C. 合伙企业对某公司的债权　　D. 合伙企业合法接受的赠与财产

【例题2·单选题】普通合伙企业中，合伙人之间转让在合伙企业中的全部或者部分财产份额时需要进行的程序是（　　）。

A. 应当通知其他合伙人　　B. 应当经其他合伙人一致同意

C. 合伙人不能转让财产份额　　D. 可以直接转让，不用履行任何的义务

【例3·多选题】根据《合伙企业法》的规定，不能成为合伙企业普通合伙人的有（　　）。

A. 国有独资公司　　B. 国有企业

C. 集体所有制企业　　D. 上市公司

E. 自然人

【例4·单选题】下列选项，属于普通合伙人可以出资，但股东不能用以出资的是（　　）

A. 股权　　B. 实物　　C. 劳务　　D. 知识产权

知识点16选编例题答案

1.**【答案】**B

【解析】合伙企业财产主要有合伙人的出资；以合伙企业名义取得的收益；依法取得的其他财产

三部分构成，选项A属于合伙人的出资；选项B属于借用的财产，合伙企业并没有所有权，因此不属于合伙企业财产；选项C属于以合伙企业名义取得的收益；选项D属于依法取得的其他财产。

2.【答案】A

【解析】合伙人之间转让在合伙企业中的全部或者部分财产份额时，应当通知其他合伙人。

3.【答案】ABD

【解析】国有独资公司、国有企业、上市公司以及公益性事业单位、社会团体不得成为普通合伙人。

4.【答案】C

【解析】普通合伙人可以劳务出资，股东不能以劳务出资。

【知识点17】有限合伙企业★★

一、知识点精讲

（一）有限合伙企业的设立

1. 合伙人

（1）有限合伙企业人数：2~50人。

【链接】普通合伙企业人数为2人以上；有限责任公司股东人数为1~50人；股份有限公司发起人人数为2~200人。

（2）有限合伙企业至少应有1个普通合伙人和1个有限合伙人。

【注意】有限合伙企业仅剩有限合伙人的，应当解散；有限合伙企业仅剩普通合伙人的，转为普通合伙企业。

2. 出资

有限合伙人不得以劳务出资，普通合伙人可以以劳务出资。

【注意】有限合伙人应当按照合伙协议的约定按期足额缴纳出资；未按期足额缴纳的，应当承担补缴义务，并对其他合伙人承担违约责任。

3. 名称

应当标明“有限合伙”字样。

（二）有限合伙企业的财产

	有限合伙人	普通合伙人
出质	约定→可以将财产份额出质	经其他合伙人一致同意
对外转让	对外转让提前30日通知	约定→经其他合伙人一致同意

（三）有限合伙企业的事务执行

1. 事务执行人

有限合伙企业由“普通合伙人”执行合伙事务，“有限合伙人”不执行合伙事务，不得对外代表有限合伙企业。

2. 有限合伙人代表了合伙企业怎么办

（1）第三人有理由相信有限合伙人为普通合伙人并与其交易的，该有限合伙人对该笔交易承担与普通合伙人同样的责任（即无限连带责任）。

（2）有限合伙人未经授权以有限合伙企业名义与他人进行交易，给有限合伙企业或其他合伙人造成损失的，该有限合伙人应当承担赔偿责任。

（四）有限合伙的利润分配

有限合伙企业不得将全部利润分配给部分合伙人；但是，合伙协议另有约定的除外。

【链接】普通合伙企业的合伙协议绝对不能约定将全部利润分配给部分合伙人。

（五）有限合伙人的入伙和退伙

1. 入伙

新入伙的有限合伙人对入伙前有限合伙企业的债务，以其“认缴的出资额”为限承担责任。

2. 退伙

（1）有限合伙人当然退伙的情形

	有限合伙人
死亡	退伙
全部强制执行	退伙
吊销资格证书	退伙
丧失偿债能力	不退伙
丧失行为能力	不退伙

（2）财产的继承

作为有限合伙人的自然人死亡（宣告死亡）或作为有限合伙人的法人及其他组织终止时，其继承人或权利承受人可以依法取得该有限合伙人在有限合伙企业中的资格。

【注意】有限合伙人财产的继承不考虑行为能力，亦不考虑其他合伙人是否同意。

（3）责任承担

对基于其退伙前原因发生的有限合伙企业债务，以其退伙时“取回的财产”承担责任。

（六）合伙人性质转变的特殊规定

1. 条件：除协议另有约定外，普通合伙人转变为有限合伙人，或有限合伙人转变为普通合伙人，须经全体合伙人一致同意。

2. 责任

（1）有限合伙人→普通合伙人：对其作为有限合伙人期间有限合伙企业的债务承担无限连带责任。

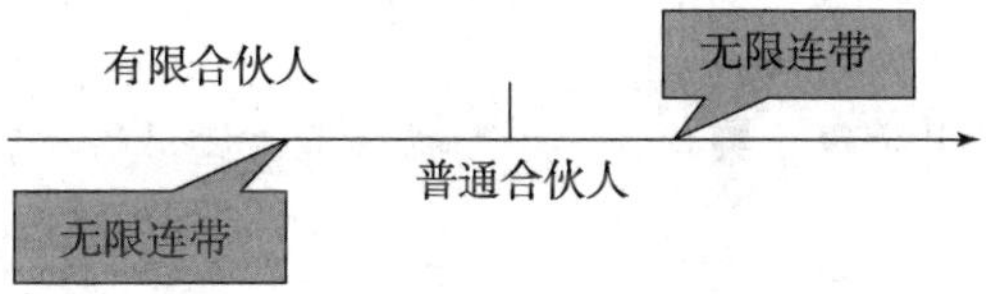

（2）普通合伙人→有限合伙人：对其作为普通合伙人期间合伙企业的债务承担无限连带责任。

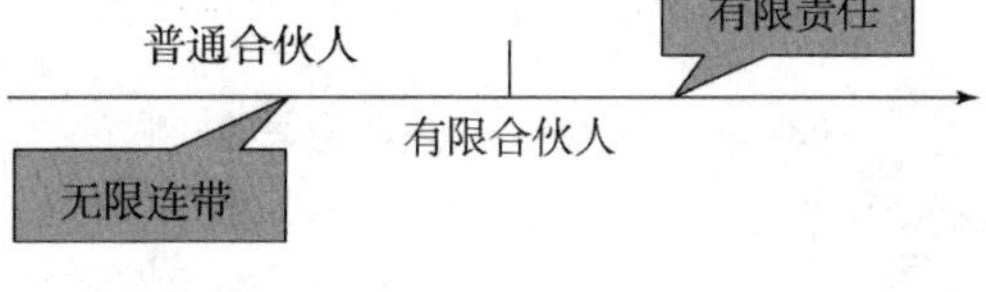

二、选编例题

【例1·单选题】李某是某有限合伙企业的有限合伙人，某日，李某出差至外地，发现企业急需的一种原材料在当地价格优惠，于是以合伙企业名义与不知情的卖方订立了买卖合同。对此，以下表述正确的是（　　）。

A. 李某与卖方订立的买卖合同效力待定　　B. 李某对该笔交易承担有限责任

C. 该笔交易对合伙企业不发生效力　　D. 李某对该笔交易承担无限连带责任

【例 2 · 多选题】根据《合伙企业法》，有限合伙人可以用于出资的形式有（　　）。

A. 劳务　　B. 土地使用权

C. 实物　　D. 货币

E. 姓名

【例 3 · 多选题】下列关于有限合伙人财产份额转让及出质的表述中，不符合《合伙企业法》规定的有（　　）。

A. 有限合伙人可以将其在合伙企业中的财产份额出质，合伙协议另有约定的除外

B. 有限合伙人可以按照合伙协议的约定向合伙人以外的人转让其在合伙企业中的财产份额，但应当提前 30 日通知其他合伙人

C. 有限合伙人可以向合伙人以外的人转让其在合伙企业中的财产份额，但必须取得其他合伙人的一致同意

D. 有限合伙人不可以出质份额

E. 有限合伙人可以按照合伙协议的约定向合伙人以外的人转让其在合伙企业中的财产份额，但应当提前 20 日通知其他合伙人

【例 4 · 单选题】根据合伙企业法律制度的规定，有限合伙人退伙后，以特定的财产对基于其退伙前的原因发生的有限合伙企业的债务承担责任。该特定财产是（　　）。

A. 该合伙人退伙时从有限合伙企业中取回的财产

B. 该合伙人入伙时认缴的出资

C. 该合伙人入伙时实缴的出资

D. 该合伙人的合伙财产

知识点 17 选编例题答案

1.**【答案】**D

【解析】第三人有理由相信有限合伙人为普通合伙人并与其交易的，该有限合伙人对该笔交易承担与普通合伙人同样的责任；选项 B错误，D正确。合伙企业不得以李某为有限合伙人为由，对抗善意第三人。选项 A、C错误。

2.**【答案】**BCD

【解析】有限合伙人可以用货币、实物、知识产权、土地使用权或者其他财产权利作价出资。有限合伙人不得以劳务出资。

3.**【答案】**CDE

【解析】有限合伙人可以将其在有限合伙企业中的财产份额出质；但是，合伙协议另有约定的除外。有限合伙人可以按照合伙协议的约定向合伙人以外的人转让其在有限合伙企业中的财产份额，但应当提前三十日通知其他合伙人。

4.**【答案】**A

【解析】有限合伙人退伙后，对基于其退伙前的原因发生的有限合伙企业债务，以其退伙时从有限合伙企业中取回的财产承担责任。

【知识点 18】合伙企业的解散和清算★

一、知识点精讲

（一）合伙企业解散

1. 合伙期限届满，合伙人决定不再经营；

2. 合伙协议约定的解散事由出现；
3. 全体合伙人决定解散；
4. 合伙人已不具备法定人数“满 30 日”；
5. 合伙协议约定的合伙目的已经实现或者无法实现；
6. 依法被吊销营业执照、责令关闭或者被撤销。

（二）合伙企业清算

1. 清算人

自行清算	（1）清算人由全体合伙人担任 （2）经全体合伙人过半数同意，可以自解散事由出现后 15 日内指定一个或数个合伙人，或委托第三人，担任清算人
强制清算	自解散事由出现之日起 15 日内未确定清算人，合伙人或其他利害关系人可以申请人民法院指定清算人

2. 债权申报

清算人自被确定之日起 10 日内将合伙企业解散事项通知债权人，并于 60 日内在报纸上公告。债权人应当自接到通知书之日起 30 日内，未接到通知书的自公告之日起 45 日内，向清算人申报债权。

3. 清偿顺序

清算费用→职工工资、社会保险费用和法定补偿金→税款→清偿债务。

4. 合伙企业不能清偿到期债务的处理

（1）路径：债权人可以向人民法院提出破产清算申请，也可以要求普通合伙人清偿。

（2）责任

①合伙企业依法被宣告破产的，普通合伙人对合伙企业的债务仍应承担无限连带责任。

②合伙企业注销后，原“普通合伙人”对合伙企业存续期间的债务仍应承担无限连带责任。

二、选编例题

【例 1 · 单选题】张某、李某、刘某共同出资设立的甲普通合伙企业（下称甲企业），经全体合伙人一致同意决定解散。清算过程中，甲企业的财产及其合伙人的个人财产不足以清偿合伙企业的债务。清算结束后，下列关于甲企业可否注销及其剩余债务解决方法的表述中，符合合伙企业法律制度规定的是（　　）。

A. 可以注销甲企业，剩余债务由张某、李某、刘某承担无限连带责任
B. 不能注销甲企业，债权人在清算结束后连续 5 年内，享有继续请求清偿的权利
C. 不能注销甲企业，剩余债务由张某、李某、刘某承担无限连带责任
D. 可以注销甲企业，剩余债务不再清偿

【例 2 · 单选题】某普通合伙企业决定解散，经清算人确认：企业欠职工工资和社会保险费用 10 000 元，欠国家税款 8 000 元，另外发生清算费用 3 000 元。下列几种清偿顺序中，符合合伙企业法律制度规定的是（　　）。

A. 先支付职工工资和社会保险费用，再缴纳税款，然后支付清算费用
B. 先缴纳税款，再支付职工工资和社会保险费用，然后支付清算费用
C. 先支付清算费用，再缴纳税款，然后支付职工工资和社会保险费用
D. 先支付清算费用，再支付职工工资和社会保险费用，然后缴纳税款

知识点 18 选编例题答案

1. **【答案】**A
【解析】合伙企业注销后，原普通合伙人对合伙企业存续期间的债务仍应承担无限连带责任。
2. **【答案】**D

【解析】合伙企业的财产支付合伙企业的清算费用后的清偿顺序如下：合伙企业职工工资、社会保险费用和法定补偿金；缴纳所欠税款；清偿债务。

同步强化训练题

一、单项选择题

1. 根据《个人独资企业法》规定，下列有关个人独资企业的说法中，正确的是（　　）。

A. 个人独资企业解散，由投资人自行清算或者由债权人申请人民法院指定清算人进行清算

B. 投资人不能委托他人管理个人独资企业

C. 个人独资企业具有法人资格

D. 投资人对所聘用人员职权的限制，可以对抗第三人

2. 下列关于个人独资企业解散后原投资人责任的表述中，符合《个人独资企业法》规定的是（　　）。

A. 原投资人对个人独资企业存续期间的债务不再承担责任

B. 原投资人对个人独资企业存续期间的债务承担责任，但债权人在 1 年内未向债务人提出偿债请求的，该责任消灭

C. 原投资人对个人独资企业存续期间的债务承担责任，但债权人在 2 年内未向债务人提出偿债请求的，该责任消灭

D. 原投资人对个人独资企业存续期间的债务承担责任，但债权人在 5 年内未向债务人提出偿债请求的，该责任消灭

3. 以下不属于市场主体备案事项的是（　　）。

A. 公司章程　　B. 经营期限

C. 公司董事、监事、高级管理人员　　D. 注册资本

4. 关于市场主体的歇业，下列表述错误的是（　　）。

A. 因自然灾害、事故灾难、公共卫生事件、社会安全事件等原因造成经营困难的，市场主体可以自主决定在一定时期内歇业，法律、行政法规另有规定的除外

B. 市场主体应当在歇业前向登记机关办理登记，公司歇业的期限最长不得超过 3 年

C. 市场主体在歇业期间开展经营活动的，视为恢复营业，公司应当通过国家企业信用信息公示系统向社会公示

D. 市场主体歇业期间，可以以法律文书送达地址代替住所或者主要经营场所

5. 被列入严重违法企业名单的企业的法定代表人、负责人，一定期限内不得担任其他企业的法定代表人、负责人。该期限是（　　）。

A.1 年　　B.3 年　　C.5 年　　D.10 年

6. 甲、乙、丙三位股东设立某有限公司，公司经营一段时间后，甲股东向银行贷款 100 万元，拟由该公司为其提供担保。下列说法正确的是（　　）。

A. 按照公司章程的规定由董事会或者股东会进行决议

B. 由董事会作出决议

C. 无须经过股东会讨论，甲股东可以安排公司经理办理担保事项

D. 必须经股东会决议，且由出席会议的甲之外的股东所持表决权的过半数通过

7. 股份有限公司创立大会对出席人员的要求是（　　）。

A. 全体发起人出席

B. 全体认股人出席

C. 代表股份总数过半数的发起人、认股人出席

D. 发起人、认股人出席人数占总人数三分之二以上

8. 甲向乙借用一台机床。借用期间，未经乙同意，甲以所有权人名义，以该机床作为出资，与他人共同设立有限责任公司丙。公司其他股东对甲并非机床所有人的事实并不知情。乙发现上述情况后，要求返还机床。下列表述中，正确的是（ ）。

A. 甲出资无效，不能取得股东资格，乙有权要求返还机床

B. 甲出资无效，应以其他方式补足出资，乙有权要求返还机床

C. 甲出资有效，乙无权要求返还机床，但甲应向乙承担赔偿责任

D. 甲出资有效，乙无权要求返还机床，但丙公司应向乙承担赔偿责任

9. 在乙有限责任公司设立过程中，出资人甲以乙公司名义与他人签订一份房屋租赁合同，所租房屋供筹建乙公司之用。乙公司成立后，将该房屋作为公司办公用房，但始终未确认该房屋租赁合同。下列关于房屋租赁合同责任承担的表述中，符合公司法律制度规定的是（ ）。

A. 甲承担　　B. 乙承担

C. 甲、乙连带承担　　D. 先由甲承担，乙承担补充责任

10. 有限责任公司股东无权复制的文件是（ ）。

A. 董事会会议决议　　B. 公司章程　　C. 会计账簿　　D. 股东会会议记录

11. 股东会或股东大会作出分配利润的决议后，公司分配利润的最长期限是（ ）。

A. 作出分配利润决议之日起 3 个月

B. 作出分配利润决议之日起 6 个月

C. 作出分配利润决议之日起 12 个月

D. 作出分配利润决议之日起 18 个月

12. 下列有关股份有限公司股份转让限制的表述中，错误的是（ ）。

A. 发起人持有的本公司股份自公司成立之日起 1 年内不得转让

B. 高级管理人员离职后 1 年内不得转让其所持有的本公司股份

C. 监事所持本公司股份自公司股票上市交易之日起 1 年内不得转让

D. 董事在任职期间每年转让的股份不得超过其所持有本公司股份总数的 25%

13. 甲有限责任公司董事陈某拟出售一辆轿车给本公司，公司章程对董事、高级管理人员与本公司交易事项未作规定，根据公司法律制度的规定，陈某与本公司进行交易须满足的条件是（ ）。

A. 经股东会同意　　B. 经董事会同意　　C. 经监事会同意　　D. 经经理同意

14. 甲、乙、丙、丁四家公司与杨某、张某拟共同出资设立一注册资本为 400 万元的有限责任公司。除杨某与张某拟以 120 万元货币出资外，四家公司的下列非货币财产出资中，符合公司法律制度规定的是（ ）。

A. 甲公司以其商誉作价 50 万元出资

B. 乙公司以其特许经营权作价 50 万元出资

C. 丙公司以其非专利技术作价 60 万元出资

D. 丁公司以其设定了抵押担保的房屋作价 120 万元出资

15. 吴某作为甲有限责任公司的股东之一，在公司经营期间，利用关联交易将出资全部转出。对此下列说法错误的是（ ）。

A. 如果经公司催告，在合理的期限内吴某仍未返还出资，公司可通过董事会决议解除其股东资格

B. 公司可以请求吴某返还抽逃的出资金额及利息

C. 公司请求吴某向公司返还出资，吴某不得以诉讼时效为由进行抗辩

D. 如果公司根据股东会决议对吴某的利润分配请求权作出相应合理的限制，法院应支持

16. 甲盗用乙的身份证，以乙的名义向丙公司出资。乙被记载于丙公司股东名册，并进行了登记，但直至出资期限满仍未履行出资义务。根据公司法律制度的规定，下列关于出资责任承担的表述中，正确的是（ ）。

A. 乙承担出资责任

B. 甲承担出资责任

C. 乙首先承担出资责任，不足部分再由甲补足

D. 甲、乙对出资承担连带责任

17.A有限责任公司股东甲、乙、丙、丁分别持有公司5%、20%、35%和40%的股权，该公司章程未对股东行使表决权及股东会决议方式作出规定。下列关于该公司股东会会议召开及决议作出的表述中，符合《公司法》规定的是（　　）。

A. 甲可以提议召开股东会临时会议

B. 只有丁可以提议召开股东会临时会议

C. 只要丙和丁表示同意，股东会即可作出增加公司注册资本的决议

D. 只要乙和丁表示同意，股东会即可作出变更公司形式的决议

18. 甲、乙、丙、丁为大学同学，共同投资设立T有限责任公司，因甲在政府部门工作，不便出面做该公司股东，于是以其弟戊的名义参与投资。根据《公司法》和相关司法解释的规定，甲与戊的关系下列表述不符合法律规定的是（　　）。

A. 甲与戊约定甲对该公司享有投资权益，该约定有效

B. 甲从政府部门调出后，要求将戊在T公司的股权变更为自己名下，应经过公司其他股东半数以上同意

C.H企业要求戊因出资不足，而对T公司债务承担补充赔偿责任，其不得拒绝

D. 戊因个人债务，以其名下的T公司股权质押并因此将股权转让与受让方，受让方对该股权享有所有权

19. 根据《公司法》规定，下列公司董事会、监事会中职工代表的表述中，正确的是（　　）。

A. 国有独资公司的董事会、监事会成员中，应当有职工代表，且其比例不得低于董事会、监事会成员的1/3

B. 两个以上的国有企业投资设立的有限责任公司，其董事会成员中可以无职工代表，但监事会成员中必须有职工代表，且其比例不得低于监事会成员的1/3

C. 没有国有投资主体投资设立的有限责任公司，其董事会、监事会成员中可以无职工代表

D. 股份有限公司董事会成员中可以有职工代表，监事会中应当有职工代表，且其比例不得低于监事会成员的1/3

20. 设立股份公司中，创立大会作出的决议须经出席会议的认股人所持表决权的（　　）通过。

A.1/3以上　　B. 全部　　C. 过半数　　D.2/3以上

21. 甲、乙、丙三人共同出资80万元设立有限责任公司，其中甲出资40万元，乙出资25万元，丙出资15万元。公司成立后，召开了第一次股东会会议。有关本次会议的下列情况中，不符合《公司法》规定的是（　　）。

A. 会议由甲召集和主持

B. 会议决定不设董事会，由甲担任执行董事，甲为公司的法定代表人

C. 会议决定设1名监事，由乙担任，任期3年

D. 会议决定了公司的经营计划和投资方案

22. 甲有限责任公司董事会由11名董事组成。2017年8月，董事长召集并主持召开董事会会议。此次会议召开及讨论决议的下列事项，符合《公司法》规定的是（　　）。

A. 制订公司的利润分配方案

B. 确定公司对外投资计划，经表决，有6名董事同意，决定获得通过

C. 根据公司经营情况，会议决定从9月起每位董事提高30%的报酬

D. 鉴于监事会成员中的职工代表乙外出学习，一年内不能正常履行职责，会议决定将监事乙更换为本公司丙

23. 下列不属于有限责任公司股东会职权的是（　　）。

A. 决定公司的经营方针和投资计划　　B. 审议批准监事会或者监事的报告

C. 聘任或者解聘公司总经理　　D. 修改公司章程

24. 下列关于有限责任公司股东转让股权的说法中，不正确的是（　　）。

A. 股东转让股权必须经代表 2/3 以上表决权的股东通过

B. 股东之间可以相互转让其全部或者部分股权

C. 不同意其他股东对外转让其股权的股东应购买该转让的出资，不购买的，视为同意转让

D. 经股东同意向外转让的出资，在同等条件下，其他股东对该出资有优先购买权

25. 甲乙丙成立 A有限责任公司。股东甲拟将其在 A公司中的股权转让给丁。乙丙均同意转让但拟主张优先购买权。公司章程对此没有特别规定。对此下列表述不正确的是（　　）。

A. 乙丙主张优先购买权后，甲可以反悔不转让股权

B. 乙丙主张优先购买权，协商确定各自的购买比例；协商不成的，按照转让时各自的出资比例行使优先购买权

C. 如果甲故意未通知乙丙直接转让给丁，且自股权变更登记之日已经超过 1 年，则乙丙不能再主张优先购买权

D. 如果 A公司章程未约定优先购买权的行使期间，甲发给乙丙的通知中给出的行使期间为二十日，则乙丙应当在二十日内行使优先购买权

26. 根据《公司法》的规定，规模较小且不设董事会的有限责任公司的法定代表人可以为（　　）。

A. 股东会指定的负责人　　B. 执行董事

C. 副经理　　D. 执行监事

27. 下列选项中，有限责任公司的股东可以请求公司按照合理的价格收购其股权的是（　　）。

A. 公司连续三年不向股东分配利润，而公司该三年连续盈利

B. 公司章程规定的营业期限届满，公司解散

C. 公司不按期召开股东会定期会议

D. 公司转让主要财产

28. 刘某出资 12 万元设立了一个一人有限责任公司。公司存续期间，刘某的下列行为中，符合公司法律制度规定的是（　　）。

A. 决定由其本人担任公司经理和法定代表人

B. 决定用公司盈利再投资设立另一个一人有限责任公司

C. 年度终了的财务报告不必经会计师事务所审计

D. 可以不编制财务会计报告

29. 根据《公司法》规定，下列有关国有独资公司的说法，正确的是（　　）。

A. 董事会可以制订公司章程，但需报国有资产监督管理机构批准

B. 公司不设股东会，其职权由董事会行使

C. 董事会所有成员均须由国有资产监督管理机构委派

D. 监事会成员中的职工代表比例不得低于 1/2

30. 甲、乙、丙、丁拟任 A上市公司独立董事。根据上市公司独立董事制度的规定，下列选项中，不影响当事人担任独立董事的情形是（　　）。

A. 甲之妻半年前卸任 A上市公司之附属企业 B公司总经理之职

B. 乙于 1 年前卸任 C公司副董事长之职，C公司持有 A上市公司已发行股份的 7%

C. 丙正在担任 B公司的法律顾问

D. 丁是持有 A上市公司已发行股份 2%的自然人股东

31. 根据《公司法》的规定，下列股份有限公司监事会的表述中，不正确的有（　　）。

A. 设立监事会的，成员不得少于 3 人；公司规模较小的公司，可以设1至 2 名监事

B. 监事会成员包括股东代表和适当比例的公司职工代表，职工代表的比例不得低于1/3
C. 监事会主席和副主席由全体监事的过半数选举产生
D. 监事会每6个月至少召开一次会议，监事可以提议召开临时监事会会议
32. 根据《公司法》，下列关于公司公积金的说法，错误的是（　　）。
A. 法定公积金按照公司税后利润的10%提取，累计额为注册资本的50%以上的，可不再提取
B. 资本公积金不得用于弥补公司亏损
C. 资本公积金可以用于扩大公司生产经营
D. 法定公积金转为资本，留存的该项公积金不得少于转增前公司注册资本的20%
33. 有限责任公司应当在解散事由出现之日起15日内成立清算组，清算组的组成人员是（　　）。
A. 公司债权人　　B. 公司监事　　C. 公司董事　　D. 公司股东
34. 根据公司法律制度，有限责任公司股东提起解散公司诉讼，人民法院应予受理的事由是（　　）。
A. 公司持续3年无法召开股东会，经营管理发生严重困难
B. 利润分配请求权受到损害
C. 公司财产不足以偿还全部债务
D. 知情权受到损害
35. 某普通合伙企业举行合伙人会议表决对外投资事项，但合伙协议对该事项的表决办法未作约定。根据合伙企业法律制度的规定，下列关于该事项表决办法的表述中，正确的是（　　）。
A. 须全体合伙人一致同意　　B. 须持有过半数财产份额的合伙人同意
C. 须过半数合伙人同意　　D. 须2/3以上合伙人同意
36. 关于普通合伙企业的出资，下列说法不正确的是（　　）。
A. 合伙人可以用非货币财产及劳务出资
B. 非货币财产出资需要评估作价，可由全体合伙人协商确定
C. 合伙人以劳务出资的，其评估办法由全体合伙人协商确定
D. 合伙人应按照合伙协议出资，合伙协议不得约定分期出资
37. 甲、乙、丙、丁四人共同出资设立普通合伙企业，委托合伙人丁单独执行企业事务。下列表述中，不符合《合伙企业法》规定的是（　　）。
A. 该合伙企业在设立申请时，应当向企业登记机关提交委托丁执行企业事务的委托书
B. 丁对外代表该合伙企业
C. 丁向甲转让丁在该合伙企业中的部分财产份额时，应当通知乙、丙二人
D. 甲、乙、丙无权检查丁执行该合伙企业事务的情况
38. 甲是A普通合伙企业的合伙人，为了从乙银行获得贷款，甲将自己在A普通合伙企业中的财产份额质押给乙银行，但该质押行为未经其他合伙人同意。下列关于该质押行为效力的表述中，正确的是（　　）。
A. 无效
B. 待其他合伙人追认后有效
C. 可由其他合伙人行使撤销权，若被撤销，该行为自始无效
D. 按甲退伙处理
39. 甲、乙、丙、丁共同投资设立一个有限合伙企业，甲、乙为普通合伙人，丙、丁为有限合伙人。下列有关合伙人以财产份额出质的表述中，不符合合伙企业法律制度规定的有（　　）。
A. 经乙、丙、丁同意，甲可以其在合伙企业中的财产份额出质
B. 如果合伙协议没有约定，即使甲、乙均不同意，丁也可以其在合伙企业中的财产份额出质
C. 合伙协议可以约定，经2个以上合伙人同意，乙可以其在合伙企业中的财产份额出质
D. 合伙协议可以约定，未经2个以上合伙人同意，丙不得以其在合伙企业中的财产份额出质

40. 甲、乙、丙三位合伙人设立普通合伙企业，企业经营一段时间后，丙合伙人决定将自己持有合伙企业的财产份额转让给丁，经查，合伙协议中未对该种转让行为作出约定。根据合伙企业法规定，则丙（　　）。

A. 转让财产份额后通知其他合伙人　　B. 只需要在转让前通知合伙企业的事务执行人

C. 转让前须经半数以上的合伙人同意　　D. 转让前须经全体合伙人一致同意

41. 甲、乙、丙经营普通合伙企业，约定由甲代表合伙企业执行合伙企业事务，后来乙擅自代表合伙企业与A企业签订了一份合同，如无其他违法情节，则对该合同的处理应当是（　　）。

A. 如果A企业不知道乙没有对外代表权，则合同有效，合伙企业应履行该合同，乙应承担由此给合伙企业造成的损失

B. 如果A企业知道乙没有对外代表权，则合同无效，甲向A企业负合同无效责任

C. 无论A企业是否知道乙没有对外代表权，合同都有效，合伙企业履行合同，甲应赔偿由此给合伙企业造成的损失

D. 无论A企业是否知道乙没有对外代表权，合同都无效，乙向A企业负合同无效责任

42. 王某是甲有限合伙企业的有限合伙人，在合伙协议无特别约定的情况下，王某在合伙期间未经其他合伙人同意实施的下列行为中，不符合法律规定的是（　　）。

A. 将自有的房屋出租给合伙企业使用

B. 以合伙企业的名义与乙有限责任公司订立买卖合同

C. 以自己在合伙企业中的财产份额向丙银行借款提供担保

D. 提前30日通知其他合伙人将其部分合伙份额转让给合伙人以外的丁

43. 某普通合伙企业有甲、乙、丙、丁四位合伙人，合伙协议约定，合伙企业债务由合伙人平均承担。现该合伙企业无力清偿到期债务12万元，甲向债权人清偿了9万元，乙向债权人清偿了3万元。根据合伙企业法律制度的规定，下列关于合伙企业债务内部追偿的表述中，正确的是（　　）。

A. 甲无权向丙或丁追偿3万元　　B. 甲可以向乙追偿3万元

C. 甲可以向丁追偿3万元　　D. 甲可以向丙追偿6万元

44. 根据《合伙企业法》的规定，有限合伙人出现一定情形时当然退伙，下列不属于有限合人当然退伙情形的是（　　）。

A. 有限合伙人丧失民事行为能力

B. 有限合伙人死亡

C. 有限合伙人被宣告破产

D. 有限合伙人在合伙企业中的全部财产份额被人民法院强制执行

45. 下列关于有限合伙企业中有限合伙人入伙与退伙的表述中，符合规定的是（　　）。

A. 新入伙的有限合伙人对入伙前有限合伙企业的债务，以其实缴的出资额为限承担责任

B. 作为有限合伙人的自然人，有限合伙企业存续期间丧失民事行为能力的，该有限合伙人当然退伙

C. 退伙后的有限合伙人对于基于其退伙前的原因发生的有限合伙企业的债务，以其退伙时从有限合伙企业中取回的财产为限承担责任

D. 退伙后的有限合伙人对基于其退伙前的原因发生的有限合伙企业的债务，以其认缴的出资额为限承担责任

46. 甲有限合伙企业于2010年8月1日设立，张某作为有限合伙人入伙；2011年10月1日张某转变为普通合伙人；2017年5月1日该合伙企业解散。张某对该合伙企业的债务承担无限连带责任的期间是（　　）。

A.2011年10月1日—2017年10月1日　　B.2010年8月1日—2011年10月1日

C.2010年8月1日—2017年5月1日　　D.2011年10月1日—2017年5月1日

47. 王某为A普通合伙企业的合伙人，欠合伙企业以外的张某人民币10万元借款，无力用个人财

产清偿。张某在不满足于用王某从A合伙企业分得的收益偿还其债务的情况下，可以采取的合法行为是（　　）。

A. 代位行使王某在A合伙企业的权利

B. 请求人民法院强制执行王某在A合伙企业的财产份额用于清偿

C. 要求抵销所欠A合伙企业的部分货款

D. 直接变卖王某在A合伙企业的财产份额用于清偿

48. 甲、乙、丙共同投资设立普通合伙企业。合伙协议约定，对于企业不能清偿的债务，合伙人按照各自1/3的比例分担。合伙企业向丁借款15万元，到期合伙企业财产不足向丁清偿。下列关于该债务清偿的表述中，正确的是（　　）。

A. 丁只能按照合伙协议的约定向甲、乙、丙分别追偿5万元

B. 只有在甲、乙确实无力清偿的情况下，丁才有权要求丙偿还15万元

C. 乙仅负有向丁偿还5万元的义务

D. 丁可以根据自己的需要，要求甲偿还10万元，乙偿还3万元，丙偿还2万元

49. 根据合伙企业法律制度，在合伙协议无特别约定时，下列关于有限合伙企业的说法，错误的是（　　）。

A. 有限合伙企业仅剩有限合伙人时，应当解散

B. 有限合伙人转变为普通合伙人，应当经全体合伙人一致同意

C. 有限合伙人转变为普通合伙人，对其作为有限合伙人期间的合伙人企业债务承担有限责任

D. 有限合伙企业至少应当有1个普通合伙人

50. 某合伙企业解散时，在如何确定清算人的问题上，下列说法中，符合合伙企业法律制度规定的是（　　）。

A. 由全体合伙人共同担任清算人　　B. 只能由合伙事务的执行人担任清算人

C. 只能由全体合伙人推选一个合伙人　　D. 只能聘请第三人担任清算人

二、多项选择题

1. 个人独资企业聘用的经营管理人员，未经投资人同意，不得从事的行为有（　　）。

A. 从事与本企业相竞争的业务　　B. 同本企业订立合同或者进行交易

C. 将企业专利权转让给他人使用　　D. 将企业商标权转让给他人使用

E. 对外与第三人签订买卖合同

2. 关于公司对外提供担保的说法，错误的有（　　）。

A. 公司法定代表人超越权限代表公司订立的担保合同无效

B. 法定代表人超越权限提供担保造成公司损失，公司可以请求法定代表人承担赔偿责任

C. 相对人根据上市公司公开披露的关于担保事项已经董事会或股东大会决议通过的信息，与上市公司订立担保合同，上市公司应当承担担保责任

D. 公司的分支机构未经股东（大）会或董事会决议对外提供担保的，不得对抗善意第三人

E. 一人有限责任公司为其股东提供担保，公司有权以违反公司法关于公司对外担保决议程序的规定为由主张不承担担保责任

3. 某股份公司监事在执行公司职务时违反公司章程，给公司造成了损失。该公司设立董事会，对于要求该监事赔偿公司的诉讼，下列表述正确的有（　　）。

A. 董事会对监事提起诉讼的，应当列公司为原告，由董事长代表公司诉讼

B. 董事会对监事提起诉讼的，应当以董事会为原告，由董事长代表公司诉讼

C. 如果董事会拒绝起诉，符合规定的股东以自己名义直接向法院起诉的，股东可以请求该监事直接向自己承担民事责任

D. 如果董事会拒绝起诉，符合规定的股东以自己名义直接向法院起诉且胜诉的，股东可以要求

公司承担自己因参加诉讼支付的合理费用

E. 有权直接提起保护公司利益诉讼的股东应当连续 180 日以上单独或者合计持有公司 1%以上股份

4. 下列情形中，属于导致董事会决议不成立的有（　　）。

A. 公司未召开董事会会议作出该决议

B. 董事会会议表决结果未达到公司法或公司章程规定的通过比例

C. 公司召开了董事会会议，但未表决该决议事项

D. 公司召开董事会会议时，到会董事人数不符合公司法或公司章程规定

E. 董事会决议内容违反公司章程规定

5. 下列各项中，符合《公司法》关于股份有限公司设立规定的是（　　）。

A. 甲公司为发起设立，全体发起人认购的公司注册资本为人民币 1 000 万元

B. 乙公司由一名发起人认购公司股份总额的 35%，其余股份拟全部向特定对象募集

C. 丙公司的全部 8 名发起人均为自然人，其中 5 人长期定居北京

D. 丁公司采用募集方式设立，发起人及认购人的出资拟在公司成立之日起 2 年内缴足

E.W公司采用募集方式设立，公司注册资本在公司成立时一次缴足

6. 根据《公司法》的规定，股份有限公司下列事项中，必须经出席股东大会的股东所持表决权 2/3 以上通过的有（　　）。

A. 修改公司章程　　B. 与其他公司合并

C. 增加公司注册资本　　D. 变更公司名称

E. 变更公司住所

7. 下列关于有限责任公司董事会的表述不符合公司法规定的有（　　）。

A. 董事会成员中应当有公司职工代表

B. 董事任期由公司章程规定，每届任期不超过 3 年

C. 董事长和副董事长依法由公司董事会选举产生

D. 董事长和副董事长不召集和主持董事会的，必须由全体董事共同推举一名董事召集和主持

E. 董事会由 3~19 人组成

8. 上市公司发生的下列事项中，应当由股东大会审议批准的是（　　）。

A. 对外担保总额达到最近一期经审计净资产的 30%

B. 对外担保总额超过最近一期经审计总资产的 30%以后提供的任何担保

C. 为资产负债率超过 50%的担保对象提供的担保

D. 单笔担保额超过最近一期经审计净资产 5%的担保

E. 对股东、实际控制人及其关联方提供的担保

9. 下列属于股份有限公司董事会行使的职权的有（　　）。

A. 决定公司的经营方针和投资计划　　B. 制订公司合并方案

C. 制订利润分配方案　　D. 公司章程修改

E. 决定聘任公司经理及其报酬事项

10. 某股份有限公司召开董事会会议，该董事会会议不符合《公司法》规定的有（　　）。

A. 会议记录由主持人甲和记录员丙签名后存档

B. 通过了有关公司董事报酬的事项

C. 通过了免除乙的经理职务，聘任副董事长甲担任经理的决议

D. 董事会的决议违反法律，致使公司遭受严重损失的，参与决议的全体董事负赔偿责任

E. 董事因故不能出席会议的，可以书面委托其他人出席

11.2021 年 8 月，西武有限责任公司股东申请法院对公司进行清算，法院为其指定相关人员组成清算组。下列选项可以成为清算组成员的有（　　）。

A. 公司债权人唐某　　B. 公司董事长程某
C. 公司财务总监钱某　　D. 公司聘请的某律师事务所
E. 律师事务所中具备相关专业知识并取得执业资格的人员

12. 甲、乙、丙共同出资设立了A有限责任公司，后丙与丁达成协议，准备将其在A公司的出资转让给丁，丙书面通知甲和乙征求意见。下列解决方案中，符合规定的有（　　）。
A. 甲和乙接到书面通知之日起满30日未答复，视为不同意
B. 由甲和乙共同购买丙的全部出资
C. 甲、乙均不同意转让又不愿购买，丙无权转让给丁
D. 甲、乙均不同意转让又不愿购买，丙可以转让给丁
E. 甲同意、乙不同意，丙可以转让给丁

13. 根据《合伙企业法》的规定，下列关于普通合伙企业事务执行的表述中，正确的有（　　）。
A. 经一致同意，合伙人可以聘请合伙人以外的人担任事务执行人
B. 合伙人可以同他人合作经营与本合伙企业相竞争的事务
C. 合伙人不得自营与本合伙企业相竞争的业务
D. 经全体合伙人一致同意合伙人可同本合伙企业进行交易
E. 合伙协议可以约定将全部利润给部分合伙人

14. 根据《合伙企业法》的规定，在合伙协议没有约定的情况下，需要全体合伙人一致同意的事项有（　　）。
A. 改变合伙企业的名称　　B. 处分合伙企业的动产
C. 转让合伙企业的知识产权　　D. 改变合伙企业的经营范围
E. 以合伙企业名义为他人提供担保

15. 根据《合伙企业法》的规定，不能成为合伙企业普通合伙人的有（　　）。
A. 国有独资公司　　B. 国有企业
C. 集体所有制企业　　D. 上市公司
E. 自然人

16. 下列关于设立有限合伙企业应当具备的条件，说法不正确的有（　　）。
A. 合伙人人数为2—50个
B. 有限合伙人为自然人的，应当具有完全民事行为能力
C. 有限合伙企业至少应有1个有限合伙人，可以没有普通合伙人
D. 必须有书面合伙协议
E. 合伙企业名称可以为“公司”“普通合伙”

17.A有限合伙企业有甲、乙、丙三位合伙人，甲、乙为普通合伙人，丙为有限合伙人。以下说法正确的有（　　）。
A. 甲向丁转让其份额，在协议未作约定的情况下，需要乙、丙一致同意
B. 丙向戊转让其份额，提前30日通知甲、乙即可
C. 合伙协议可以约定，甲或乙对外转让出资时只需除其自身以外一人同意即可
D. 乙向外转让出资时，甲任何情况下都有优先购买权
E. 乙若转让出资给甲，只需通知丙即可

三、不定项选择题

甲公司是一家上市公司，于2015年6月在上海证券交易所上市。该公司董事会成员共计10人。其中赵某和刘某为甲公司的股东A派出的董事。2016年甲公司发生以下情况。

（1）2月份股东大会拟增选一名独立董事。

（2）2016年7月，董事会制订公司合并的方案：吸收合并乙公司。

（3）公司章程确定的董事会成员为9人，但截止到2016年9月30日时，该公司董事会成员因种

种变故，实际为5人。

（4）公司经营一段时间后，甲公司拟向A公司销售一批原材料。

要求：根据上述资料，回答下列问题。

1. 根据资料（1），下列选项中，不得担任公司独立董事的是（　　）。

A．张某，甲上市公司的子公司的经理

B．李某，甲上市公司董事会秘书配偶的弟弟

C．持有该上市公司已发行股份2%的股东郑某的岳父

D．持有该上市公司已发行股份10%的甲公司的某董事的配偶

2. 下列选项中，属于担任独立董事应当符合的基本条件的是（　　）。

A．具备担任上市公司董事的资格

B．具有独立性

C．具备3年以上的法律、经济或者其他所必需的工作经验

D．具备上市公司运作的基本知识

3. 根据资料（2），下列说法正确的是（　　）。

A．公司合并后，乙公司的债权、债务，由甲公司承继

B．如果股东大会通过本方案，则自作出合并决议之日起30日内通知债权人

C．如果股东大会通过本方案，则自作出合并决议之日起60日内公告

D．股东大会通过该方案，应当由出席会议的股东所持表决权的2/3以上通过

4. 根据资料（3），下列说法正确的是（　　）。

A．该公司应当在2016年11月30日前召开临时股东大会

B．该公司应当在2016年10月30日前召开临时股东大会

C．该公司董事会人数不符合公司法的规定

D．由于该公司董事会成员没有少于《公司法》所规定的人数，因此该公司可以不召开临时股东大会

5. 根据资料（4），下列有关甲公司董事会对该交易进行的表决程序中，可以通过该事项的是（　　）。

A．赵某和刘某未出席会议，也未代理其他董事代为出席，剩余董事4人出席，4人全部通过

B．赵某和刘某未出席会议，也未代理其他董事代为出席，剩余董事6人出席，3人通过

C．全体董事均出席了会议，除赵某和刘某外的其他董事均未通过

D．赵某和刘某未出席会议，也未代理其他董事代为出席，剩余董事7人出席，5人通过

同步强化训练题参考答案及解析

一、单项选择题

1.【答案】A

【解析】个人独资企业投资人可以自行管理企业事务，也可以委托或者聘用其他具有民事行为能力的人负责企业的事务管理；选项B错误。个人独资企业属于非法人组织，没有法人人格；选项C错误。投资人对受托人或者被聘用的人员职权的限制，不得对抗善意第三人；选项D错误。

2.【答案】D

【解析】根据规定，个人独资企业解散后，原投资人对个人独资企业存续期间的债务仍应承担偿还责任，但债权人在5年内未向债务人提出偿债请求的，该责任消灭。

3.【答案】D

【解析】选项D属于“登记事项”。

4.【答案】B

【解析】市场主体应当在歇业前向登记机关办理“备案”，并不是“登记”。

5.【答案】B

【解析】被列入严重违法企业名单的企业的法定代表人、负责人，3 年内不得担任其他企业的法定代表人、负责人。

6.【答案】D

【解析】根据规定，公司为公司股东提供担保的，必须经股东会或者股东大会决议，且该股东不得参加对该事项的表决。该项表决由出席会议的其他股东所持表决权的过半数通过。本题公司是向股东甲提供担保，因此必须经过股东会决议，且需经出席会议的除甲之外的其他股东所持表决权的过半数通过。

7.【答案】C

【解析】创立大会应有代表股份总数过半数的发起人、认股人出席，方可举行。

8.【答案】C

【解析】出资人甲以不享有处分权的机床出资，如果符合善意取得制度，丙公司有权主张该机床的所有权。因此，甲的出资有效，乙无权要求返还机床，但可以向甲主张损害赔偿。

9.【答案】B

【解析】发起人以设立中公司名义对外签订合同，公司成立后合同相对人请求公司承担合同责任的，人民法院应予支持。

10.【答案】C

【解析】有限责任公司的股东有权查阅、复制公司章程、股东会会议记录、董事会会议决议、监事会会议决议和财务会计报告。股东可以要求查阅公司会计账簿。

11.【答案】C

【解析】分配利润的股东会或者股东大会决议作出后，公司应当在决议载明的时间内完成利润分配。决议没有载明时间的，以公司章程规定的时间为准。决议、章程中均未规定时间或者时间超过一年的，公司应当自决议作出之日起一年内完成利润分配。

12.【答案】B

【解析】根据规定，公司董事、监事、高级管理人员离职后“半年内”，不得转让其所持有的本公司股份。

13.【答案】A

【解析】根据规定，董事、高级管理人员不得有下列行为：（1）挪用公司资金；（2）将公司资金以其个人名义或者以其他个人名义开立账户存储；（3）违反公司章程的规定，未经股东会、股东大会或者董事会同意，将公司资金借贷给他人或者以公司财产为他人提供担保；（4）违反公司章程的规定或者未经股东会、股东大会同意，与本公司订立合同或者进行交易；（5）未经股东会或者股东大会同意，利用职务便利为自己或者他人谋取属于公司的商业机会，自营或者为他人经营与所任职公司同类的业务；（6）接受他人与公司交易的佣金归为己有；（7）擅自披露公司秘密；（8）违反对公司忠实义务的其他行为。

14.【答案】C

【解析】股东不得以劳务、信用、自然人姓名、商誉、特许经营权或者设定担保的财产等作价出资。

15.【答案】A

【解析】有限责任公司的股东未履行出资义务或者抽逃全部出资，经公司催告缴纳或者返还，其在合理期间内仍未缴纳或者返还出资，公司以“股东会决议”解除该股东的股东资格，该股东请求确认该解除行为无效的，人民法院不予支持，因此选项 A错误。

16.【答案】B

【解析】冒用他人名义出资并将该他人作为股东在公司登记机关登记的，冒名登记行为人应当承担相应责任；公司、其他股东或者公司债权人以未履行出资义务为由，请求被冒名登记的股东承担补足出资责任或者对公司债务不能清偿部分的赔偿责任的，人民法院不予支持。

17.【答案】C

【解析】根据《公司法》的规定，代表1/10以上表决权的股东，1/3以上的董事，监事会或者不设监事会的公司的监事提议召开临时会议的，应当召开临时会议。有限责任公司股东会议作出修改公司章程、增加或者减少注册资本的决议，以及公司合并、分立、解散或者变更公司形式的决议，必须经代表2/3以上表决权的股东通过。

18.【答案】D

【解析】根据规定，有限责任公司的实际出资人与名义出资人订立合同，约定由实际出资人出资并享有投资权益，以名义出资人为名义股东，该合同有效。实际出资人未经公司其他股东半数以上同意，请求公司变更股东、签发出资证明书、记载于股东名册、记载于公司章程并办理公司登记机关登记的，人民法院不予支持。公司债权人以登记于公司登记机关的股东未履行出资义务为由，请求其对公司债务不能清偿的部分在未出资本息范围内承担补充赔偿责任，股东以其仅为名义股东而非实际出资人为由进行抗辩的，人民法院不予支持。ABC选项符合法律规定。名义股东将登记于其名下的股权转让、质押或者以其他方式处分，实际出资人以其对于股权享有实际权利为由，请求认定处分股权行为无效的，人民法院可以参照《民法典》善意取得制度的规定处理。这就是说，只要受让方构成善意取得，交易的股权可以最终为其所有。D选项不正确。

19.【答案】D

【解析】根据规定，两个以上的国有企业或者两个以上的其他国有投资主体投资设立的有限责任公司，其董事会成员中应当有公司职工代表；其他有限责任公司董事会成员中可以有公司职工代表。监事会应当包括股东代表和适当比例的公司职工代表，其中职工代表的比例不得低于1/3，具体比例由公司章程规定。所以选项ABC错误。

20.【答案】C

【解析】创立大会应有代表股份总数过半数的发起人、认股人出席，方可举行。创立大会作出的决议，必须经出席会议的认股人所持表决权过半数通过。

21.【答案】D

【解析】A选项：有限责任公司首次股东会会议由出资最多的股东召集和主持。B选项：股东人数较少或者规模较小的有限责任公司，可以不设董事会，只设1名执行董事；执行董事可以担任法定代表人。C选项：股东人数较少或者规模较小的有限责任公司，可以不设监事会，只设1～2名监事，监事的任期为法定制，即每届3年。D选项：是董事会的职权。

22.【答案】A

【解析】B选项：股东会决定公司的投资计划，董事会决定公司的投资方案。C选项：决定有关董事的报酬事项，属于股东会职权。D选项：监事会中的职工代表由公司职工通过职工代表大会、职工大会或者其他形式民主选举产生。

23.【答案】C

【解析】C选项：聘任或者解聘公司总经理是董事会的职权，并不是股东会的职权。

24.【答案】A

【解析】A选项：股东之间转让股权的，不需要其他股东同意。股东向股东以外的人转让股权，应当经其他股东过半数同意。

25.【答案】D

【解析】优先购买权行使期限：章程规定→通知确定→通知确定的期间短于三十日或者未明确行使期间，行使期间为三十日。

26.【答案】B

【解析】股东人数较少或者规模较小的有限责任公司，可以设 1 名执行董事，不设董事会；执行董事可以为公司的法定代表人；执行董事可以兼任公司经理。

27.【答案】D

【解析】有限责任公司的异议股东请求回购股份的情形：（1）公司连续五年不向股东分配利润，而公司该五年连续盈利，并且符合本法规定的分配利润条件的；（2）公司合并、分立、转让主要财产的；（3）公司章程规定的营业期限届满或者章程规定的其他解散事由出现，股东会会议通过决议修改章程使公司存续的。

28.【答案】A

【解析】一个自然人只能投资设立 1 个一人有限责任公司，该一人有限责任公司不能再投资设立新的一人有限责任公司。一人有限责任公司应当在每一个会计年度结束时编制财务会计报告，并经会计师事务所审计。

29.【答案】A

【解析】B选项：国有独资公司不设股东会，由国有资产监督管理机构行使股东会职权。C选项：董事会成员由国有资产监督管理机构委派；但是，董事会成员中的职工代表由公司职工代表大会选举产生。D选项：监事会成员中的职工代表比例不得低于 1/3。

30.【答案】B

【解析】根据规定，最近一年内曾经在上市公司或者其附属企业任职的人员及其直系亲属、主要社会关系（直系亲属是指配偶、父母、子女等；主要社会关系是指兄弟姐妹、岳父母、儿媳女婿、兄弟姐妹的配偶、配偶的兄弟姐妹等），不得担任上市公司的独立董事，选项 A影响；为上市公司或者其附属企业提供财务、法律、咨询等服务的人员，不得担任该公司的独立董事，选项 C影响；直接或间接持有上市公司已发行股份 1%以上或者是上市公司前 10 名股东中的自然人股东及其直系亲属，不得担任上市公司独立董事，选项 D影响。

31.【答案】A

【解析】有限责任公司与股份有限公司监事会、董事会设置规定不同。前者可以不设监事会、董事会。

32.【答案】D

【解析】法定公积金转为资本时，所留存的该项公积金不得少于转增前公司注册资本的 25%。

33.【答案】D

【解析】有限责任公司的清算组由股东组成，股份有限公司的清算组由董事或者股东大会确定的人员组成。

34.【答案】A

【解析】股东不得以知情权、利润分配请求权等权益受到损害，或者公司亏损、财产不足以偿还全部债务，以及公司被吊销企业法人营业执照未进行清算等为由，提起解散公司诉讼。

35.【答案】C

【解析】合伙人对合伙企业有关事项作出决议，按照合伙协议约定的表决办法办理。合伙协议未约定或者约定不明确的，实行合伙人一人一票并经全体合伙人过半数通过的表决办法。

36.【答案】D

【解析】合伙协议可以约定出资方式、数额和缴付期限。

37.【答案】D

【解析】选项 D：不执行合伙企业事务的合伙人，有权监督执行事务合伙人的事务执行情况。

38.【答案】A

【解析】A选项：合伙人以其在合伙企业中的财产份额出质的，须经其他合伙人一致同意；未经其他合伙人一致同意，其行为无效。

39.【答案】C

【解析】AC选项：普通合伙人以其财产份额出质的，必须经其他合伙人一致同意正确，这是《合伙企业法》的强制性规定，合伙协议不得作出与此相矛盾的约定。BD选项：有限合伙人可以其财产份额出质，但合伙协议另有约定的除外。

40.【答案】D

【解析】除合伙协议另有约定外，合伙人向合伙人以外的人转让其在合伙企业中的全部或者部分财产份额时，须经其他合伙人一致同意。

41.【答案】A

【解析】合伙企业对合伙人执行合伙企业事务以及对外代表合伙企业权利的限制，不得对抗不知情的善意第三人。所以对于善意第三人合同有效，是乙的行为给合伙企业造成损害的，乙应当依法承担赔偿责任。

42.【答案】B

【解析】A选项：有限合伙人可以同本有限合伙企业进行交易；但是，合伙协议另有约定的除外。B选项：有限合伙人不执行合伙事务，不得对外代表有限合伙企业。C选项：有限合伙人可以将其在有限合伙企业中的财产份额出质；但是，合伙协议另有约定的除外。D选项：有限合伙人可以按照合伙协议的约定向合伙人以外的人转让其在有限合伙企业中的财产份额，但应当提前30日通知其他合伙人。

43.【答案】C

【解析】合伙企业的利润分配、亏损分担，按照合伙协议的约定办理；合伙协议未约定或者约定不明确的，由合伙人协商决定；协商不成的，由合伙人按照实缴出资比例分配、分担；无法确定出资比例的，由合伙人平均分配、分担。题目中合伙协议约定“平均承担”，那么甲可以向丙丁各追偿三万元。

44.【答案】A

【解析】有限合伙人出现下列情形之一的，当然退伙：（1）作为合伙人的自然人死亡或者被依法宣告死亡；（2）作为合伙人的法人或者其他组织依法被吊销营业执照、责令关闭、撤销，或者被宣告破产；（3）法律规定或者合伙协议约定合伙人必须具有相关资格而丧失该资格；（4）合伙人在合伙企业中的全部财产份额被人民法院强制执行。选项A：作为有限合伙人的自然人在有限合伙企业存续期间丧失民事行为能力的，其他合伙人不得因此要求其退伙。

45.【答案】C

【解析】A选项：有限合伙人以其认缴的出资额为限对合伙企业债务承担责任。B选项：作为有限合伙人的自然人在有限合伙企业存续期间丧失民事行为能力的，其他合伙人不得因此要求其退伙。D选项：有限合伙人退伙后，对基于其退伙前的原因发生的有限合伙企业债务，以其退伙时从有限合伙企业中取回的财产承担责任。

46.【答案】C

【解析】有限合伙人转变为普通合伙人的，对其作为有限合伙人期间（即2010年8月1日~2011年10月1日）企业发生的债务承担无限连带责任。2011年10月1日后，张某转变为普通合伙人，仍然对合伙企业债务承担无限连带责任。

47.【答案】B

【解析】A选项：合伙人的相关债权人，不得代位行使该合伙人在合伙企业中的权利。C选项：合伙人的相关债权人，不得以该债权抵销其对合伙企业的债务。D选项：合伙人的相关债权人可以依法请求人民法院强制执行该合伙人在合伙企业中的财产份额用于清偿。

48.【答案】D

【解析】债权人可以请求全体合伙人中的一人或者数人承担全部清偿责任，也可以按照自己确定的比例向各合伙人分别追索；合伙人之间的分担比例对债权人没有约束力。

49.【答案】C

【解析】有限合伙人转变为普通合伙人的，对其作为有限合伙人期间有限合伙企业发生的债务承担无限连带责任。

50.【答案】A

【解析】合伙企业解散，应当由清算人进行清算。清算人可以由全体合伙人担任；经全体合伙人过半数同意，可以自合伙企业解散事由出现后15日内指定一个或者数个合伙人，或者委托第三人担任清算人。

二、多项选择题

1.【答案】ABCD

【解析】投资人委托或者聘用的管理个人独资企业事务的人员不得有下列行为：（1）利用职务上的便利，索取或者收受贿赂；（2）利用职务或者工作上的便利侵占企业财产；（3）挪用企业的资金归个人使用或者借贷给他人；（4）擅自将企业资金以个人名义或者以他人名义开立账户储存；（5）擅自以企业财产提供担保；（6）未经投资人同意，从事与本企业相竞争的业务；（7）未经投资人同意，同本企业订立合同或者进行交易；（8）未经投资人同意，擅自将企业商标或者其他知识产权转让给他人使用；（9）泄露本企业的商业秘密；（10）法律、行政法规禁止的其他行为。

2.【答案】AE

【解析】公司的法定代表人违反公司法关于对外担保决议程序的规定，超越权限代表公司订立的担保合同，除相对人知道或者应当知道其超越权限的以外，该代表行为有效，选项A错误。一人有限责任公司为其股东提供担保，公司以违反公司法关于公司对外担保决议程序的规定为由主张不承担担保责任的，人民法院不予支持，选项E错误。

3.【答案】ADE

【解析】董事会或者不设董事会的有限责任公司的执行董事依据规定对监事提起诉讼的，应当列公司为原告，依法由董事长或者执行董事代表公司进行诉讼，选项A正确、选项B错误。股东依据公司法第151条第2款、第3款规定直接提起诉讼的案件，胜诉利益归属于公司。股东请求被告直接向其承担民事责任的，人民法院不予支持，选项C错误。股东依据公司法规定直接提起股东代表诉讼的案件，其诉讼请求部分或者全部得到人民法院支持的，公司应当承担股东因参加诉讼支付的合理费用，选项D正确。

4.【答案】ABCD

【解析】本题考核公司决议不成立之诉。股东（大）会、董事会决议存在下列情形之一，当事人主张决议不成立的，人民法院应当予以支持：（1）公司未召开会议的，但依据公司法或者公司章程规定可以不召开股东会议而直接作出决定，并由全体股东在决定文件上签名、盖章的除外（选项A）；（2）会议未对决议事项进行表决的（选项C）；（3）出席会议的人数或者股东所持表决权不符合公司法或者公司章程规定的（选项D）（4）会议的表决结果未达到公司法或者公司章程规定的通过比例的（选项B）；（5）导致决议不成立的其他情形。选项E是决议撤销情形。

5.【答案】ACE

【解析】选项A：发起方式设立公司的，注册资本为在公司登记机关登记的全体发起人认购的股本总额。选项BC：股份公司的发起人为2~200个，其中须有半数以上的发起人在中国境内有住所。选项DE：募集方式设立公司的，注册资本为在公司登记机关登记的实收股本总额。

6.【答案】ABC

【解析】必须经出席股东大会的股东所持表决权2/3以上通过的事项主要包括：修改公司章程，公司合并、分立、解散，增加或减少公司注册资本，变更公司形式。

7.【答案】ACDE

【解析】选项A：根据规定，两个以上的国有企业或者其他两个以上的国有投资主体投资设立的有限责任公司，其董事会成员中应当有公司职工代表，其他有限责任公司董事会成员中也可以有，不是应当有。选项C：董事长、副董事长的产生办法由公司章程规定而不是由公司董事会选举产生。选项D：董事长和副董事长不召集和主持董事会的，由半数以上董事共同推举一名董事召集和主持，而不是必须由全体董事共同推举。E选项：有限责任公司董事会由3～13人组成。

8.【答案】BE

【解析】上市公司股东大会审议批准下列对外担保行为：（1）本公司及本公司控股子公司的对外担保总额，达到或超过最近一期经审计净资产的50%以后提供的任何担保；（2）公司的对外担保总额，达到或超过最近一期经审计总资产的30%以后提供的任何担保；（3）为资产负债率超过70%的担保对象提供的担保；（4）单笔担保额超过最近一期经审计净资产10%的担保；（5）对股东、实际控制人及其关联方提供的担保。

9.【答案】BCE

【解析】决定公司的经营方针和投资计划是股东大会的职权，决定公司的经营计划和投资方案是董事会的职权，因此选项A不正确。公司章程修改属于股东大会的职权，因此选项D不正确。

10.【答案】ABDE

【解析】选项A：董事会的会议记录由出席会议的董事签名。选项B：董事的报酬事项由股份有限公司的股东大会作出决议。选项D：董事会的决议违反法律、行政法规或者公司章程、股东大会决议，致使公司遭受严重损失的，参与决议的董事对公司负赔偿责任；但经证明在表决时曾表明异议并记载于会议记录的，该董事可以免除责任。选项E：董事因故不能出席会议的，可以书面委托其他董事代为出席。

11.【答案】BCDE

【解析】人民法院受理公司清算案件，应当及时指定有关人员组成清算组。清算组成员可以从下列人员或者机构中产生：（1）公司股东、董事、监事、高级管理人员；（2）依法设立的律师事务所、会计师事务所、破产清算事务所等社会中介机构；（3）依法设立的律师事务所、会计师事务所、破产清算事务所等社会中介机构中具备相关专业知识并取得执业资格的人员。

12.【答案】BD

【解析】选项A：甲和乙接到书面通知之日起满30日未答复，视为同意。选项C：甲、乙均不同意转让又不愿购买，丙可以转让给丁。选项E：其他股东半数以上不同意转让的，不同意的股东应当购买该转让的股权；不购买的，视为同意转让。

13.【答案】CD

【解析】选项A：事务执行人应当是合伙人。选项C：合伙人不得自营或者同他人合作经营与本合伙企业相竞争的业务。选项D：除合伙协议另有约定或者经全体合伙人一致同意外，合伙人不得同本合伙企业进行交易。选项E：合伙协议不得约定将全部利润分配给部分合伙人或者由部分合伙人承担全部亏损。

14.【答案】ACDE

【解析】除合伙协议另有约定外，合伙企业的下列事项应当经全体合伙人一致同意：（1）改变合伙企业的名称；（2）改变合伙企业的经营范围、主要经营场所的地点；（3）处分合伙企业的不动产；（4）转让或者处分合伙企业的知识产权和其他财产权利；（5）以合伙企业名义为他人提供担保；（6）聘任合伙人以外的人担任合伙企业的经营管理人员。

15.【答案】ABD

【解析】国有独资公司、国有企业、上市公司以及公益性事业单位、社会团体不得成为普通合伙人。

16.【答案】BCE

【解析】选项B：普通合伙人为自然人的，应当具有完全民事行为能力，有限合伙人无此要求。选项C：有限合伙企业至少应有1个普通合伙人。选项E：有限合伙企业名称应标明“有限合伙”字样，而不能标明“普通合伙”、“特殊普通合伙”、“有限公司”、“有限责任公司”等字样。

17.【答案】ABCE

【解析】除合伙协议另有约定外，普通合伙人向合伙人以外的人转让其在合伙企业中的全部或者部分财产份额时，须经其他合伙人一致同意。合伙人之间转让在合伙企业中的全部或者部分财产份额时，应当通知其他合伙人。合伙人向合伙人以外的人转让其在合伙企业中的财产份额的，在同等条件下，其他合伙人有优先购买权；但是，合伙协议另有约定的除外。有限合伙人可以按照合伙协议的约定向合伙人以外的人转让其在有限合伙企业中的财产份额，但应当提前30日通知其他合伙人。

三、不定项选择题

1.【答案】ABD

【解析】在上市公司或者其附属企业任职的人员及其直系亲属、主要社会关系(直系亲属是指配偶、父母、子女等；主要社会关系是指兄弟姐妹、岳父母、儿媳女婿、兄弟姐妹的配偶、配偶的兄弟姐妹等)，不得担任独立董事；因此选项AB当选。直接或间接持有上市公司已发行股份1%以上或者是上市公司前十名股东中的自然人股东及其直系亲属，不得担任独立董事；选项C中，“岳父”是主要社会关系，而不是“直系亲属”，因此不构成障碍，可以担任独立董事，不选。在直接或间接持有上市公司已发行股份5%以上的股东单位或者在上市公司前五名股东单位任职的人员及其直系亲属，不得担任独立董事；因此选项D当选。

2.【答案】ABD

【解析】独立董事应当具备5年以上法律、经济或者其他履行独立董事职责所必需的工作经验，选项C错误。

3.【答案】AD

【解析】公司应当自作出合并决议之日起10日内通知债权人，并于30日内在报纸上公告。对股份有限公司合并、分立或者解散、变更公司形式和修改公司章程所作的决议，应由股东大会以特别决议方式通过（即出席会议的股东所持表决权的2/3以上通过）。

4.【答案】A

【解析】该公司董事会人数虽然符合5～19人的要求，但是董事人数已不足该公司章程所定人数的2/3，应当召开临时股东大会，但应当在该情形发生之日起2个月内召开，即2016年11月30日前。

5.【答案】D

【解析】根据规定，上市公司董事与董事会会议决议事项所涉及企业有关联关系的，不得对该项决议行使表决权，也不得代理其他董事代为行使表决权。该董事会会议由过半数的无关联关系董事出席方可举行，董事会会议所作决议须经无关联关系董事过半数通过。本题无关联关系董事为8人，因此需要有5人以上出席会议才可召开，该项表决，需要经过全体无关联关系董事（8人）过半数（5人）以上通过。

第二章

物权法律制度

本章考情分析

本章属于重点考核内容，重在理解，要求考生能够将法条运用到案例中去。

本章重点内容包括不动产登记制度、所有权制度和担保物权制度。

2022 年本章教材变化

2022 年本章教材无实质性变动，仅有个别表述调整，完善了“善意取得”的概念。

本章知识点解读与练习

【知识点 1】物权法律制度概述★

一、知识点精讲

（一）物权的特征

1. 物权是支配权：直接支配，无需他人同意
2. 物权的客体是特定的物
3. 物权是排他权

（1）对世效力：权利人特定，义务人不特定；

（2）同一物之上不得同时成立两个内容不相容的物权。

4. 物权的内容是对物的直接支配并享受其利益

（二）物权的种类

1. 所有权和他物权（用益物权、担保物权）
2. 用益物权和担保物权

用益物权	包括土地承包经营权、建设用地使用权、宅基地使用权和、地役权和居住权
担保物权	包括抵押权、质权和留置权

3. 动产物权、不动产物权、以权利为客体的物权

	种类	公示方式
动产物权	动产所有权、动产抵押权、动产质权、留置权	一般交付
不动产物权	不动产所有权、用益物权、不动产抵押权	一般登记
以权利为客体的物权	权利质权	或交付或登记

（三）物权法的基本原则

1. 平等保护原则

2. 物权法定原则：物权的种类和内容由法律规定

3. 物权公示原则

公示的方法：不动产登记和动产交付。

二、选编例题

【例1·单选题】下列物权中，属于动产物权的是（　　）。

A. 地役权　　B. 建设用地使用权

C. 留置权　　D. 土地承包经营权

【例2·多选题】根据《民法典》的相关规定，下列选项属于用益物权的是（　　）。

A. 抵押权　　B. 建设用地使用权

C. 土地承包经营权　　D. 质权

E. 地役权

知识点1选编例题答案

1.**【答案】**C

【解析】留置权只能是针对动产；其余三项都是针对土地，属于不动产物权。

2.**【答案】**BCE

【解析】抵押权、质权属于担保物权。

【知识点2】不动产登记★★★

一、知识点精讲

（一）不动产登记的概念

不动产登记是指不动产登记机构依法将不动产权利归属和其他法定事项记载于不动产登记簿的行为。

【注意】不动产是指土地、海域以及房屋、林木等定着物。

（二）不动产的登记效力

1. 不动产物权的设立、变更、转让和消灭，经依法登记发生效力；但法律另有规定的除外

【注意】国家所有的自然资源，所有权可以不登记。

2. 生效时间：自记载于不动产登记簿之日，发生物权设定和变动的效力。

3. 效力：

（1）权利推定效力

（2）善意保护效力：任何人因为信赖登记，而与登记权利人就登记的财产从事了交易行为，符合善意取得的构成要件，应当受到善意取得制度的保护。

4. 记载不一致

不动产权属证书记载的事项，应当与不动产登记簿一致；记载不一致的，除有证据证明不动产登记簿确有错误外，以不动产登记簿为准。

（三）不动产登记的基本要求

管辖	不动产所在地的登记机构 【注意】国家对不动产实行统一登记制度。统一登记的范围、登记机构和登记办法，由法律、行政法规规定。
单位	不动产以不动产单元为基本单位进行登记
收费	不动产登记费按件收取，不得按照不动产的面积、体积或者价款的比例收取
类型	首次登记、变更登记、转移登记、注销登记、更正登记、异议登记、预告登记、查封登记

（四）不动产登记的程序

1. 申请

共同申请	因买卖、设定抵押权等	由当事人双方共同申请
	处分共有不动产	经占份额 2/3 以上的按份共有人或者全体共同共有人共同申请，但另有约定的除外
	按份共有人转让其不动产份额	与受让人共同申请
单方申请	（1）尚未登记的不动产首次申请登记的 （2）继承、接受遗赠取得不动产权利的 （3）人民法院、仲裁委员会生效的法律文书或者人民政府生效的决定等设立、变更、转让、消灭不动产权利的 （4）权利人姓名、名称或者自然状况发生变化，申请变更登记的 （5）不动产灭失或权利人放弃不动产权利，申请注销登记的 （6）申请更正登记或异议登记的	

2. 受理及审查

受理	不动产登记机构未当场书面告知申请人不予受理的，视为受理
实质审查	（1）查验不动产界址、空间界限、面积等与申请登记的不动产状况是否一致 （2）有关证明材料、文件与申请登记的内容是否一致 （3）登记申请是否违反法律、行政法规规定
实地查看	（1）房屋等建筑物、构筑物所有权首次登记 （2）在建建筑物抵押权登记 （3）因不动产灭失导致的注销登记

3. 登记公告

事先公告	有下列情形之一的，不动产登记机构应当在登记事项记载于登记簿前进行公告，但涉及国家秘密的除外 （1）政府组织的集体土地所有权登记 （2）宅基地使用权及房屋所有权，集体建设用地使用权及建筑物、构筑物所有权，土地承包经营权等不动产权利的首次登记 （3）依职权更正登记 （4）依职权注销登记
公告时间	公告应当在不动产登记机构门户网站以及不动产所在地等指定场所进行，公告期不少于 15 个工作日。 【注意】公告所需时间不计算在登记办理期限内。

4. 不动产登记的时限

不动产登记机构应当自受理登记申请之日起30个工作日内办结不动产登记手续。

5. 其他规定：

不动产登记机构直接办理登记的情形	（1）人民法院持生效法律文书和协助执行通知书要求登记的 （2）人民检察院、公安机关持协助查封通知书要求办理查封登记的 （3）人民政府作出征收或收回不动产决定生效后，要求办理注销登记的
不予登记的情形	（1）违反法律、行政法规规定的 （2）存在尚未解决的权属争议的 （3）申请登记的不动产权利超过规定期限的
核发不动产权属证书或不动产登记证明	（1）除办理抵押权登记、地役权登记和预告登记、异议登记核发不动产登记证明外，不动产登记机构应当向权利人核发不动产权属证书 （2）申请共有不动产登记的，向全体共有人合并发放一本不动产权属证书；共有人申请分别持证的，可以为共有人分别发放不动产权属证书
不动产登记机构禁止的行为	（1）要求对不动产进行评估； （2）以年检等名义进行重复登记； （3）超出登记职责范围的其他行为
登记信息的查询	（1）查询主体：权利人、利害关系人（可以委托律师或其他代理人） （2）查询范围 权利人（包括因继承和受遗赠而取得不动产的继承人、受遗赠人）：本不动产登记结果和登记原始资料 利害关系人：有利害关系的不动产登记结果

（五）特殊的登记制度

1. 更正登记和异议登记

更正登记	原因	权利人、利害关系人认为不动产登记簿记载事项错误
	处理	不动产登记簿记载的权利人书面同意更正或者有证据证明登记确有错误的，登记机构应当予以更正
异议登记	原因	不动产登记簿记载的权利人不同意更正
	处理	（1）申请人在异议登记之日起15日内不起诉，异议登记失效 （2）异议登记失效不影响人民法院对案件的实体审理
	责任	异议登记不当，造成权利人损害的，权利人可以向申请人请求损害赔偿

2. 预告登记

作用	为保障将来实现物权：预告登记后，未经预告登记的权利人同意，处分该不动产的，不发生物权效力 **【注意】**未经预告登记的权利人同意，转让不动产所有权等物权，或者设立建设用地使用权、居住权、地役权、抵押权等其他物权的，认定其不发生物权效力。
期限	债权消灭或者自能够进行不动产登记之日起90日内未申请登记的，预告登记失效。 **【注意】**预告登记的买卖不动产物权的协议被认定无效、被撤销，或者预告登记的权利人放弃债权的，应当认定为“债权消灭”。

【注意】因登记错误，给他人造成损害的，登记机构应当赔偿，赔偿后可以向造成登记错误的人追偿。

二、选编例题

【例1·单选题】张某与王某因某房屋所有权而发生争议，张某是登记簿记载的权利人。根据物权法律制度规定，下列对于不动产权属证书与不动产登记簿的下列观点中，表述不正确的是（　　）。

A. 不动产权属证书是权利人享有该不动产物权的证明

B. 不动产权属证书记载的事项，与不动产登记簿记载不一致的，以不动产权属证书记载为准

C. 不动产权属证书记载的事项，与不动产登记簿记载不一致的，除有证据证明不动产登记簿确有错误外，以不动产登记簿为准

D. 王某如有证据证明不动产登记簿的记载与真实权利状态不符，自己是该房屋的真实权利人，可以请求确认其享有物权

【例 2 · 单选题】王某将自己在市中心的一间平房作价 80 万元转让给张某，张某简单修缮居住一年后以 90 万元的价格转让给李某，李某居住一年后以 100 万元的价格转让给赵某。以上几次转让都签订了买卖合同，但均未办理过户手续。在赵某居住期间，该房屋价格涨至 200 万元，上述私人就房屋所有权发生争议。该房屋所有权应属于（　　）。

A. 王某　　B. 张某　　C. 李某　　D. 赵某

【例 3 · 单选题】根据物权法律制度，下列不动产登记中，可以由当事人单方申请的是（　　）。

A. 买卖房屋的不动产登记　　B. 房屋灭失的注销登记

C. 处分共有不动产的登记　　D. 设定抵押权的不动产登记

【例 4 · 单选题】当事人签订买卖房屋的协议，为保障将来实现物权，按照约定向登记机关办理的登记，为（　　）。

A. 变更登记　　B. 转移登记　　C. 预告登记　　D. 查封登记

【例 5 · 多选题】房屋登记机构可以进行实地查看的情形有（　　）。

A. 房屋所有权初始登记　　B. 房屋所有权转移登记

C. 最高额抵押登记　　D. 在建工程抵押权登记

E. 地役权登记

知识点 2 选编例题答案

1.【答案】B

【解析】不动产权属证书记载的事项，应当与不动产登记簿一致；记载不一致的，除有证据证明不动产登记簿确有错误外，以不动产登记簿为准。

2.【答案】A

【解析】房屋所有权的转移以登记为生效要件。本题中的几次转让均未办理过户手续，所以房屋所有权并未发生转移。

3.【答案】B

【解析】属于下列情形之一的，可以由当事人单方申请：（1）尚未登记的不动产首次申请登记的；（2）继承、接受遗赠取得不动产权利的；（3）人民法院、仲裁委员会生效的法律文书或者人民政府生效的决定等设立、变更、转让、消灭不动产权利的；（4）权利人姓名、名称或者自然状况发生变化，申请变更登记的；（5）不动产灭失或者权利人放弃不动产权利，申请注销登记的；（6）申请更正登记或者异议登记的；（7）法律、行政法规规定可以由当事人单方申请的其他情形。房屋灭失的注销登记属于第五条，因此选项 B正确。

4.【答案】C

【解析】当事人签订买卖房屋或者其他不动产物权（转移不动产所有权，或者设定建设用地使用权、地役权、抵押权）的协议，为保障将来实现物权，可以向登记机构申请预告登记。

5.【答案】AD

【解析】房屋所有权初始登记、在建工程抵押登记、因房屋灭失导致的注销登记，登记机构可以进行实地查看。

【知识点3】动产交付制度★

一、知识点精讲

（一）现实交付

现实交付是指动产物权的出让人将动产的占有实际地转移给受让人，由受让人直接占有该动产。

（二）观念交付

方式	概念	核心识别标志	动产交付的界定
简易交付	动产物权设立和转让前，权利人已经占有该动产的	买方先借（租）后买	法律行为生效时
指示交付	动产物权设立和转让前，第三人占有该动产的，负有交付义务的人可以通过转让请求第三人返还原物的权利代替交付	购买前为第三人占有	转让人与受让人之间有关转让返还原物请求权的协议生效时
占有改定	动产物权转让时，当事人又约定由出让人继续占有该动产的	卖方先卖后借（租）	第二个约定生效时 【注意1】动产物权的设立和转让，自交付时发生效力，但法律另有规定的除外。 【注意2】船舶、航空器和机动车等物权的设立、变更、转让和消灭，未经登记，不得对抗善意第三人

二、选编例题

【例1·单选题】2021年1月5日甲公司将1台采矿设备出借给乙公司，3月5日甲公司将采矿设备出卖给王某，当日约定由乙公司直接将采矿设备交付给王某。甲公司于3月10日将此事通知了乙公司，乙公司于3月12日回复同意。则王某取得设备所有权的时间是（　　）。

A.2021年1月5日　　B.2021年3月5日

C.2021年3月10日　　D.2021年3月12日

【例2·单选题】甲公司出卖一批钢材给乙公司，订立合同的日期是2019年3月1日，乙公司在2019年3月5日支付第一笔货款，甲公司按照合同规定于3月10日将钢材运至乙公司，乙公司验收，并于3月15付清剩余的货款。这批钢材的所有权转移时间是（　　）。

A.3月1日　　B.3月5日　　C.3月10日　　D.3月15日

【例3·单选题】张某将其所有的一台电脑转让给李某。为确保李某按时支付电脑价款，合同约定：李某先取走电脑，但在其支付全部电脑价款前，张某保留电脑的所有权。本案中，电脑转让采用的交付形式是（　　）。

A. 现实交付　　B. 简易交付　　C. 指示交付　　D. 占有改定

【例4·单选题】某宾馆为了8月8日的开业庆典，于8月7日向电视台租借一台摄像机。庆典之日，工作人员不慎摔坏摄像机，宾馆决定按原价买下，以抵偿电视台的损失，遂于8月9日通过电话向电视台负责人表明此意，对方表示同意。8月15日，宾馆依约定向电视台支付了价款。根据《民法典》的规定，摄像机所有权转移的时间是（　　）。

A.8月7日　　B.8月8日　　C.8月9日　　D.8月15日

知识点3选编例题答案

1.【答案】B

【解析】动产物权设立和转让前，第三人占有该动产的，负有交付义务的人可以通过转让请求第三人返还原物的权利代替交付。转让人与受让人之间有关转让返还原物请求权的协议生效时即为动产交付时。

2.【答案】C

【解析】动产物权的设立和转让，自交付时发生效力，但法律另有规定的除外。本题中，甲公司于3月10日交付了钢材，该时间应为钢材所有权转移的时间。

3.【答案】A

【解析】动产物权的出让人将动产的占有实际地转移给受让人，由受让人直接占有该动产是现实交付。

4【答案】C

【解析】动产物权设立和转让前，权利人已经占有该动产的（如承租、借用），物权自法律行为生效时（如合同）发生效力。

【知识点4】非基于法律行为的物权变动★★

一、知识点精讲

（一）具体情形

政府征收	自政府的征收决定生效时发生效力
法院、仲裁的法律文书	自法律文书生效时发生效力
事实行为（如合法建造、拆除房屋等）	自事实行为成就时发生效力
继承	自继承开始时发生效力

（二）适用规则

1. 非依法律行为发生的物权变动，一般不需要公示即可取得，但是，非依法律行为而享有不动产物权的权利人在处分该物权时，依照法律规定需要办理登记的，应当登记。

2. 非依法律行为享有物权但尚未完成动产交付或者不动产登记的权利人，可以依法享有“请求返还原物、请求排除妨害或者消除危险、请求损害赔偿”等保护物权的请求。

二、选编例题

【例1·单选题】下列行为属于基于法律行为的物权变动的是（　　）

A. 甲继承房屋一套

B. 乙在宅基地上自建房屋一套

C. 丙丁发生房产纠纷，法院判决房屋归丙所有

D. 丁从开发商处购得商品房一套

【例2·单选题】中州公司依法取得某块土地建设用地使用权并办理报建审批手续后，开始了房屋建设并已经完成了外装修。对此，下列选项正确的是（　　）。

A. 中州公司因为享有建设用地使用权而取得了房屋所有权

B. 中州公司因为事实行为而取得了房屋所有权

C. 中州公司因为法律行为而取得了房屋所有权

D. 中州公司未进行房屋登记，因此未取得房屋所有权

知识点4选编例题答案

1.【答案】D

【解析】非基于法律行为的物权变动主要包括依据法律文书，继承以及事实行为产生的物权变动。选项D是买卖取得，属于基于法律行为的物权变动。

2.【答案】B

【解析】因合法建造、拆除房屋等事实行为设立和消灭物权的，自事实行为成就时发生效力。

【知识点5】所有权的取得和消灭★★★

一、知识点精讲

（一）所有权的概念和特征

1. 概念：所有人依法对自己的财产享有的占有、使用、收益和处分的权利

2. 特征：完全物权、整体性、恒久性、弹力性（所有权的权能依据所有人的意志和利益与所有权发生分离，但并不导致所有人丧失所有权）

（二）所有权的取得

1. 方式分类

原始取得	最初取得财产的所有权或不依赖于原所有人的意志而取得财产的所有权	先占、劳动生产、收益、征收、没收、善意取得、添附、拾得遗失物等
继受取得	通过法律行为从原所有人处取得对某项财产的所有权	买卖、赠与、互易、继承、受遗赠等

2. 具体取得方式

（1）先占：先占取得的财产须为无主物，且须为动产

（2）收益（孳息）

	概念	例子	归属
天然孳息	因自然规律而产生	母牛生出来的小牛	约定→用益物权人→所有权人
法定孳息	依据法律关系所产生	租金、利息	约定→习惯

（3）没收：采取强制手段，剥夺违法犯罪分子的财产归国家所有

（4）添附：指不同所有人的财产合并在一起，形成为一种不能分离的新财产，或分离在经济上不合理。添附主要包括混合、附合和加工。《民法典》规定：因加工、附合、混合而产生的物的归属，有约定的，按照约定；没有约定或者约定不明确的，依照法律规定；法律没有规定的，按照充分发挥物的效用以及保护无过错当事人的原则确定。因一方当事人的过错或者确定物的归属造成另一方当事人损害的，应当给予赔偿或者补偿。

（5）善意取得

条件	①受让时是善意的：不知道转让人无处分权+无重大过失 【注意1】认定不动产受让人知情的情形：/1/登记簿上存在异议登记；/2/预告登记有效期内，未经预告登记的权利人同意；/3/登记簿上已经记载司法机关或者行政机关依法裁定、决定查封或者以其他形式限制不动产权利的有关事项；/4/受让人知道登记簿上记载的权利主体错误；/5/受让人知道他人已经依法享有不动产物权。 【注意2】“受让人受让该不动产或者动产时”，是指依法完成不动产物权转移登记或者动产交付之时。“简易交付”方式交付动产的，转让动产民事法律行为生效时为动产交付之时；“指示交付”方式交付动产的，转让人与受让人之间有关转让返还原物请求权的协议生效时为动产交付之时。

续表

条件	【注意3】转让人将船舶、航空器和机动车等交付给受让人的，应当认定符合善意取得条件中的“不需要登记的已经交付给受让人”。 ②对价：以合理的价格转让 ③公示：应当登记的已经登记，不需要登记的已经交付给受让人
后果	受让人取得所有权；原所有权人的所有权消灭 【注意】受让人不得取得所有权：①转让合同被认定无效；②转让合同被撤销。
不适用	①法律禁止或限制流转的物不适用善意取得制度 ②赃物、遗失物、埋藏物、隐蔽物、漂流物等不适用于善意取得，但第三人如果是从出卖同类物品的公共市场上买得的除外

（6）拾得遗失物

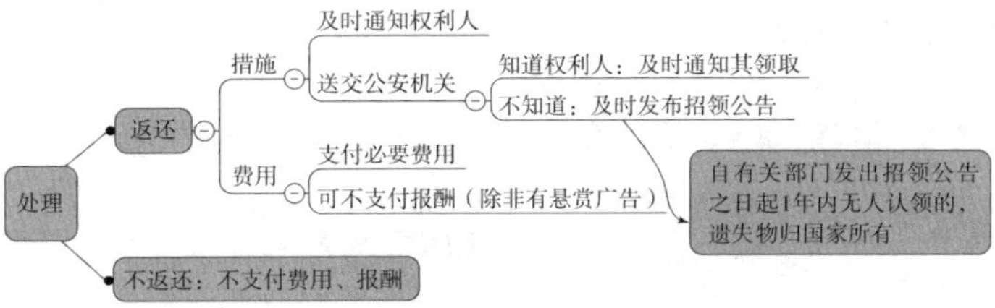

【注意】遗失物被转让的处理：该遗失物通过转让被他人占有的，权利人有权向无处分权人请求损害赔偿，或者自知道或者应当知道受让人之日起二年内向受让人请求返还原物；但是，受让人通过拍卖或者向具有经营资格的经营者购得该遗失物的，权利人请求返还原物时应当支付受让人所付的费用。权利人向受让人支付所付费用后，有权向无处分权人追偿。

（三）所有权的行使和消灭

1. 所有权的行使：直接行使或授权他人行使

2. 所有权的消灭

类型	概念	情形
绝对消灭	该财产已不复存在	所有权客体灭失
相对消灭	一方丧失了所有权，但同时另一方则取得了对该项财产的所有权	（1）所有权主体消灭 （2）所有权被依法转让 （3）所有权被抛弃 （4）所有权被依法强制消灭，依法征收或国有化

（四）征收征用制度

	目的	财产	权利影响	具体要求	
征收	为了公共利益	不动产	所有权变化	征收集体所有的土地	支付土地补偿费、安置补助费、农村村民住宅及其他地上附着物和青苗的补偿费等费用
				征收房屋及其他不动产	给予拆迁补偿；征收个人住宅的，还应保障被征收人的居住条件
征用	抢险、救灾、疫情防控等紧急需要	不动产、动产	使用权变化	应返还被征用人。若毁损、灭失的，应当给予补偿	

（五）国家所有权、集体所有权和私人所有权

1. 国家所有权

专属于国家所有	矿藏、水流、海域；城市的土地；无线电频谱资源；国防资产 【注意】无居民海岛属于国家所有，国务院代表国家行使无居民海岛所有权。
非专属于国家所有	森林、山岭、草原、荒地、滩涂；野生动植物资源；文物；基础设施；农村和城郊的土地等

【注意1】国家所有权除了通过积累和交易方式取得外，还可通过税收、没收、赎买、征收、罚款等方式取得。

【注意2】国有财产由国务院代表国家行使所有权；法律另有规定的，依照其规定。

2. 集体所有权

①法律规定属于集体所有的土地和森林、山岭、草原、荒地、滩涂；

②集体所有的建筑物、生产设施、农田水利设施；

③集体所有的教育、科学、文化、卫生、体育等设施；

④集体所有的其他不动产和动产。

二、选编例题

【例1·多选题】根据《民法典》，下列客体中只能属于国家所有的有（　　）。

A. 滩涂　　B. 文物

C. 海域　　D. 国防资产

E. 森林

【例2·单选题】不同所有人的财产，因合并在一起形成不可分割的一种新财产，这属于民法理论上的（　　）。

A. 继受所得　　B. 添附　　C. 合并　　D. 提存

【例3·单选题】有关部门收到遗失物后，法定期限内无人认领的，遗失物归国家所有。该法定期限是（　　）。

A. 自发出招领公告之日起1个月内　　B. 自发出招领公告之日起2个月内

C. 自发出招领公告之日起3个月内　　D. 自发出招领公告之日起1年内

【例4·单选题】甲有一手表，委托乙保管，乙将手表卖给不知情的丙，丙又赠与女友丁，丁戴上3天后在街头被戊抢走，戊后又遗失于街头，为庚拾得。根据《民法典》的规定，对该手表享有所有权的是（　　）。

A. 甲　　B. 丙　　C. 丁　　D. 庚

知识点5选编例题答案

1.【答案】CD

【解析】矿藏、水流、海域、城市的土地、无线电频谱资源、国防资产，专属于国家所有。

2.【答案】B

【解析】添附是指不同所有人的财产合并在一起，形成一种不可分离的新财产，或分离在经济上不合理，从而需要对新财产的所有权归属进行界定。

3.【答案】D

【解析】自有关部门发出招领公告之日起1年内无人认领的，遗失物归国家所有。

4.【答案】C

【解析】（1）丙基于善意取得制度取得该手表的所有权，原权利人甲丧失了对该手表的所有权；（2）丁基于赠与取得该手表的所有权；（3）拾得遗失物不适用善意取得制度，拾得人庚应当将手表返还权利人。

【知识点6】共有制度★★

一、知识点精讲

（一）共有概述

1. 概念：指两个或两个以上的主体就同一不动产或动产享有所有权，不是一种独立的所有权类型。

2. 种类：按份共有和共同共有。

3. 判断标准：共有人对共有的不动产或者动产没有约定为按份共有或者共同共有，或者约定不明确的，除共有人具有家庭关系等外，视为按份共有。

（二）按份共有

1. 份额的划分：约定→出资额→等额

2. 权利义务

占有、使用、收益	按份额享有所有权
管理财产	约定→均有管理的权利和义务
处分份额	（1）按份共有人可以转让其享有的共有的财产份额 （2）共有人转让其份额，其他共有人在同等条件下享有优先购买的权利 （3）共有份额的权利主体因继承、遗赠等原因发生变化时，其他按份共有人主张优先购买的，不予支持，但按份共有人之间另有约定的除外 （4）两个以上其他共有人主张行使优先购买权的，协商确定各自的购买比例；协商不成的，按照转让时各自的共有份额比例行使优先购买权 （5）优先购买权的行使期间： ①转让人向其他按份共有人发出的包含同等条件内容的通知中载明行使期间的，以该期间为准 ②通知中未载明行使期间，或者载明的期间短于通知送达之日起15日的，为15日 ③转让人未通知的，为其他按份共有人知道或者应当知道最终确定的同等条件之日起15日 ④转让人未通知，且无法确定其他按份共有人知道或者应当知道最终确定的同等条件的，为共有份额权属转移之日起6个月 （6）其他按份共有人的请求具有下列情形之一的，不予支持： ①未在规定的期间内主张优先购买，或者虽主张优先购买，但提出减少转让价款、增加转让人负担等实质性变更要求 ②以其优先购买权受到侵害为由，仅请求撤销共有份额转让合同或者认定该合同无效 **【注意】**按份共有人之间转让共有份额，其他按份共有人主张优先购买的，不予支持，但按份共有人之间另有约定的除外
处分共有财产	处分共有的不动产或者动产以及对共有的不动产或者动产作重大修缮、变更性质或者用途的，应当经占份额2/3以上的按份共有人同意，但共有人之间另有约定的除外
费用承担	约定→按份额负担
债权债务的处理	（1）在对外关系上：共有人享有连带债权、担连带债务 （2）在内部关系上：除共有人另有约定外，按份共有人按照份额享有债权、承担债务

（三）共同共有

处分共有财产	处分共有的不动产或者动产以及对共有的不动产或者动产作重大修缮、变更性质或者用途的，应当经全体共同共有人同意，但共有人之间另有约定的除外
所有权	共有人对共有财产共同享有所有权
管理财产	约定→均有管理的权利和义务

续表

费用承担	约定→共同负担
债权债务的处理	（1）在对外关系上：共有人享有连带债权、担连带债务 （2）在内部关系上：除共有人另有约定外，共同共有人共同享有债权、承担债务

（四）共有物的分割

1. 分割情形

（1）共有人约定不得分割共有的不动产或者动产，以维持共有关系的，应当按照约定，但共有人有重大理由需要分割的，可以请求分割。

（2）没有约定或者约定不明确：

①按份共有人可以随时请求分割；

②共同共有人在共有的基础丧失或者有重大理由需要分割时可以请求分割。

2. 分割方式

（1）实物分割；（2）变价分割；（3）作价分割。

二、选编例题

【例 1 · 单选题】甲、乙、丙三人各出资 2 000 元购买一条船后，1 年后甲拟转让自己的财产份额。甲通知乙、丙后，乙表示愿出 1 500 元买下甲的份额，丁知道后愿以 2 000 元买下并一次全额付款，丙即表示愿以 2 000 元买下但要求在半年内分三次付款。根据法律的规定，甲应将其份额转让给（　　）。

A. 乙　　B. 丁　　C. 丙　　D. 丁或丙都可以

【例 2 · 单选题】甲、乙共同共有的房屋因年久失修山墙倒塌砸毁邻居丙的汽车，下列说法正确是（　　）。

A. 甲和乙应承担连带赔偿责任

B. 甲和乙平均承担赔偿责任

C. 丙只能向甲或乙其中一人要求承担赔偿责任

D. 甲和乙无须承担赔偿责任

【例 3 · 单选题】甲、乙、丙、丁共有一辆载客大客车，甲占该车 70%份额。乙丙丁各占 10%的份额。现甲欲将该车作抵押向某银行贷款 50 万元。已知各共有人事先对此未作约定，则下列说法中正确的是（　　）。

A. 甲将共有客车抵押应经过乙、丙的同意

B. 甲将共有客车抵押须乙或丙两者中的一个同意

C. 甲将共有客车抵押无须经任何人同意

D. 甲将共有客车抵押属于无权处分

知识点 6 选编例题答案

1.**【答案】**B

【解析】"同等条件"，应当综合共有份额的转让价格、价款履行方式及期限等因素确定。其他共有人虽主张优先购买，但提出减少转让价款、增加转让人负担等实质性变更要求的，对其优先购买权不予支持。

2.**【答案】**A

【解析】因共有的不动产或者动产产生的债权债务，在对外关系上，共有人享有连带债权、承担连带债务，但法律另有规定或者第三人知道共有人不具有连带债权债务关系的除外。

3.**【答案】**C

【解析】处分共有的不动产或者动产以及对共有的不动产或者动产作重大修缮的，应当经占份额

2/3 以上的按份共有人或者全体共同共有人同意（甲的份额为70%），但共有人之间另有约定的除外。

【知识点 7】用益物权★★

一、知识点精讲

（一）用益物权概述

1. 概念：用益物权是对他人所有的不动产或者动产，依法享有占有、使用和收益的权利。

2. 种类：包括土地承包经营权、建设用地使用权、宅基地使用权、地役权和准物权（海域使用权、探矿权、采矿权、取水权、养殖权和捕捞权）。

（二）土地承包经营权

设立	1.土地承包经营权自土地承包经营权合同生效时设立；承包合同自成立之日起生效 2.承包合同生效后，发包方不得因承办人或负责人的变动而变更或解除，也不得因集体经济组织的分立或合并而变更或解除 3.承包期内，承包方自愿交回承包地的，可以获得合理补偿，但应提前半年以书面形式通知发包方；且承包方在承包期内不得再要求承包土地	
确认	登记机构应向土地承包经营权人发放土地承包经营权证或林权证等证书，并登记造册，确认土地承包经营权	
承包期	耕地	30 年（耕地承包期届满后再延长 30 年）
	草地	30 ~ 50 年
	林地	30 ~ 70 年 **【注意】**前款规定的承包期限届满，由土地承包经营权人依照农村土地承包的法律规定继续承包
其他方式	1.不宜采取家庭承包方式的荒山、荒沟、荒丘、荒滩等农村土地，可直接通过招标、拍卖、公开协商等方式实行承包经营，也可将土地经营权折股分给本集体经济组织成员后，再实行承包经营或股份合作经营 2.以其他方式承包农村土地，在同等条件下，本集体经济组织成员有权优先承包 3.发包方将农村土地发包给本集体经济组织以外的单位或者个人承包，应当事先经本集体经济组织成员的村民会议 2/3 以上成员或 2/3 以上村民代表的同意，并报乡（镇）人民政府批准。	
流转方式	家庭承包土地	采取出租（转包）、入股或其他方式方式流转
	“四荒”土地	通过招标、拍卖、公开协商等方式承包的“四荒”土地，可以出租、入股、抵押或者以其他方式流转
流转合同与登记	1.土地经营权流转，当事人双方应当签订书面流转合同。承包方将土地交由他人代耕不超过一年的，可以不签订书面合同 2.承包方不得单方解除土地经营权流转合同，但受让方有下列情形之一的除外 （1）擅自改变土地的农业用途 （2）弃耕抛荒连续两年以上 （3）给土地造成严重损害或者严重破坏土地生态环境； （4）其他严重违约行为 3.土地经营权流转期限为五年以上的，当事人可以向登记机构申请土地经营权登记。未经登记，不得对抗善意第三人	
再流转与融资担保	1.经承包方书面同意，并向本集体经济组织备案，受让方可以再流转土地经营权 2.承包方可以用承包地的土地经营权向金融机构融资担保，并向发包方备案。受让方通过流转取得的土地经营权，经承包方书面同意并向发包方备案，可以向金融机构融资担保 **【注意】**担保物权自融资担保合同生效时设立。当事人可以向登记机构申请登记；未经登记，不得对抗善意第三人	

续表

对发包人限制	1.承包期内，发包方不得随意调整承包地 （1）承包期内，因自然灾害严重毁损承包地等特殊情形对个别农户之间承包的耕地和草地需要适当调整的，必须经本集体经济组织成员的村民会议 2/3 以上成员或者 2/3 以上村民代表的同意，并报乡（镇）人民政府和县级人民政府农业农村、林业和草原等主管部门批准。承包合同中约定不得调整的，按照其约定 （2）承包期内，妇女结婚，在新居住地未取得承包地的，发包方不得收回其原承包地；妇女离婚或者丧偶，仍在原居住地生活或者不在原居住地生活但在新居住地未取得承包地的，发包方不得收回其原承包地 2.承包期内，发包方不得收回承包地，法律另有规定的，依照其规定 国家保护进城农户的土地承包经营权，不得以退出土地承包经营权作为农户进城落户的条件

（三）建设用地使用权

取得	1.可以采取出让或者划拨等方式设立 【注意】建设用地使用权可以在土地的地表、地上或者地下分别设立。 2.工业、商业、旅游、娱乐和商品住宅等经营性用地以及同一土地有两个以上意向用地者的，应当采取招标、拍卖等公开竞价的方式出让
生效	建设用地使用权自登记时设立
权利	1.建设用地使用权转让、互换、出资、赠予或者抵押的，当事人应当采取书面形式订立相应的合同 2.使用期限由当事人约定，但不得超过建设用地使用权的剩余期限 3.房地一体 （1）建设用地使用权转让、互换、出资或者赠予的，附着于该土地上的建筑物、构筑物及其附属设施一并处分 （2）建筑物、构筑物及其附属设施转让、互换、出资或者赠与的，其占用范围内的建设用地使用权一并处分
期限	1.住宅建设用地使用权期限届满的，自动续期；续期费用的缴纳或者减免，依照法律、行政法规的规定办理 2.非住宅建设用地使用权期间届满后的续期，依照法律规定办理

二、选编例题

【例 1·多选题】下列用地应当采取招标、拍卖等公开竞价的方式出让的有（　　）。

A. 工业用地　　B. 农业用地

C. 商业用地　　D. 旅游用地

E. 商品住宅用地

【例 2·单选题】根据《民法典》，建设用地使用权设立的时间是（　　）。

A. 建设用地使用权证书颁发时　　B. 建设用地使用权出让合同生效时

C. 建设用地使用权登记时　　D. 建设用地使用权出让合同签订时

【例 3·单选题】根据物权法，下列关于土地承包经营权的表述不正确的是（　　）。

A. 承包合同生效后，发包方不得因承办人或负责人的变动而变更或解除

B. 不得以退出土地承包经营权作为农户进城落户的条件

C. 土地承包经营权属于用益物权

D. 土地承包经营权自登记时设立

知识点 7 选编例题答案

1.【答案】ACDE

【解析】工业、商业、旅游、娱乐和商品住宅等经营性用地以及同一土地有两个以上意向用地者的，应当采取招标、拍卖等公开竞价的方式出让。

2.【答案】C

【解析】设立建设用地使用权的，应当向登记机构申请建设用地使用权登记。建设用地使用权自

登记时设立。

3.【答案】D

【解析】土地承包经营权自土地承包经营权合同生效时设立。

【知识点8】担保物权概述★★

一、知识点精讲

（一）担保物权的特点

1. 优先受偿性

2. 从属性：担保合同包括抵押合同、质押合同和其他具有担保功能的合同。担保合同是主债权债务合同的从合同。主债权债务合同无效的，担保合同无效，但是法律另有规定的除外。

3. 不可分性：

（1）债权部分消灭时，债权人仍就未清偿部分的债权对担保权的全部行使权利

（2）担保物部分灭失，残存部分仍担保债权全部。

4. 物上代位性：担保期间，担保财产毁损、灭失或者被征收等，担保物权人可以就获得的保险金、赔偿金或者补偿金等优先受偿。

（二）担保合同

1. 分类：

意定	抵押、质押
法定	留置

2. 流押契约（流质契约）

（1）抵押权人在债务履行期限届满前，与抵押人约定债务人不履行到期债务时抵押财产归债权人所有的，只能依法就抵押财产优先受偿。

（2）质权人在债务履行期限届满前，与出质人约定债务人不履行到期债务时质押财产归债权人所有的，只能依法就质押财产优先受偿。

【注意】流质、流押条款均无效。

（三）担保物权的担保范围

担保范围包括主债权及其利息、违约金、损害赔偿金、保管担保财产和实现担保物权的费用。当事人另有约定的，按照约定。

（四）债务承担对担保人的影响

第三人提供担保，未经其书面同意，债权人允许债务人转移全部或者部分债务的，担保人不再承担相应的担保责任。

（五）混合担保：保证与物保并存

被担保的债权既有物的担保又有人的担保的，债务人不履行到期债务或者发生当事人约定的实现担保物权的情形，债权人应当按照约定实现债权；没有约定或者约定不明确：

1. 债务人自己提供物的担保的，债权人应当先就该物的担保实现债权；

2. 第三人提供物的担保的，债权人可以就物的担保实现债权，也可以请求保证人承担保证责任。

二、选编例题

【例1·单选题】2021年4月，甲公司、乙公司与丙公司签订了协议，约定甲公司欠丙公司的1 000万元债务由乙公司承担，曾为该1 000万元负债提供房产抵押担保的张某对该协议并不知情。同年5月，丙公司债权到期，如丙公司主张债权，下列表述正确的是（　　）。

A. 丙公司有权要求张某承担担保责任　　B. 丙公司有权向乙公司主张权利

C. 丙公司有权向甲公司主张权利　　　　　　D. 丙公司有权向乙公司、张某主张权利

【例 2 · 单选题】甲企业向乙银行借款，并以本企业的高级进口轿车设定质押担保，甲为此就该车购买了一份财产意外损失险。在乙保管该车期间，发生地震车辆被毁。如果甲没有按时还款，下列表述中，正确的是（　　）。

A. 乙可以就保险金优先受偿

B. 乙可以要求以保险金受偿，但是并不优先于甲的其他债权人

C. 地震属于不可抗力事件，甲可以不偿还乙的借款

D. 乙应当赔偿甲车辆灭失的损失

【例 3 · 多选题】陈某用自己的轿车作抵押向银行借款 40 万元，但未办理抵押登记手续。陈某驾驶该车出行时，不慎发生交通事故。经鉴定，该车的价值损失了 30%，保险公司赔偿了该车损失，根据合同法律制度的规定，下列关于该抵押担保的表述中，正确的有（　　）。

A. 该轿车不再担保银行债权　　　　　　B. 该轿车应担保银行债权

C. 保险赔偿不应担保银行债权　　　　　D. 保险赔款应担保银行债权

E. 抵押权未设立

知识点 8 选编例题答案

1.【答案】B

【解析】第三人提供担保，未经其书面同意，债权人允许债务人转移全部或者部分债务的，担保人不再承担相应的担保责任。本案中，债务转让时，曾为该 1000 万元债务提供房产抵押担保的张某并不知情，因此，张某不再承担担保责任。甲公司已将全部债务转让给乙公司，且经过了丙公司的同意，转让之后，甲公司不再是债务人，乙公司才是债务人，选项 B 正确。

2.【答案】A

【解析】根据规定，担保期间，担保财产毁损、灭失或者被征收等，担保物权人可以就获得的保险金、赔偿金或者补偿金等优先受偿。

3.【答案】BD

【解析】根据规定，在所担保的债权未受全部清偿前，担保权人可就担保物的全部行使权利，担保物部分灭失，残存部分仍担保债权全部，因此 B 选项正确；A 选项错误；在抵押物灭失、毁损或者被征用的情况下，抵押权人可以就该抵押物的保险金、赔偿金或者补偿金优先受偿，因此 C 选项错误、D 选项正确。动产抵押权自合同生效时生效，因此 E 选项错误。

【知识点 9】抵押财产和抵押权的设立★★★

一、知识点精讲

（一）抵押权的概念

抵押权指为担保债务的履行，债务人或者第三人不转移财产的占有，将该财产抵押给债权人，债务人不履行到期债务或者发生当事人约定的实现抵押权的情形，债权人以该财产优先受偿的权利。

（二）抵押财产的范围

1. 抵押财产

可以抵押 （不动产和动产）	（1）建筑物和其他土地附着物 （2）建设用地使用权 （3）海域使用权 （4）生产设备、原材料、半成品、产品 （5）正在建造的建筑物、船舶、航空器（6）交通运输工具

续表

不得抵押	（1）土地所有权 （2）宅基地、自留地、自留山等集体所有的土地使用权，但法律规定可以抵押的除外 （3）学校、幼儿园、医疗机构等为公益目的成立的非营利法人的教育设施、医疗卫生设施和其他公益设施 （4）所有权、使用权不明或者有争议的财产 （5）依法被查封、扣押、监管的财产

2. 房地一体原则

（1）城市：地随房走、房随地走、房地一体

①以建筑物抵押的，该建筑物占用范围内的建设用地使用权一并抵押；

②以建设用地使用权抵押的，该土地上的建筑物一并抵押。

【注意】土地上新增的建筑物不属于抵押物。该建设用地使用权实现抵押权时，应当将该土地上新增的建筑物与建设用地使用权一并处分，但新增建筑物所得的价款，抵押权人无权优先受偿。

（2）乡村：只能地随房走，不能房随地走

①乡镇、村企业的建设用地使用权不得单独抵押；

②以乡镇、村企业的厂房等建筑物抵押，其占用范围内的建设用地使用权一并抵押。

（三）抵押权的设立

1. 抵押合同的形式：书面形式

2. 抵押权的生效

	范围	抵押权生效	未登记的后果
不动产登记生效	■建筑物和其他土地附着物 ■建设用地使用权 ■海域使用权 ■正在建造的建筑物	抵押权自登记之日起设立	未经登记，不影响抵押合同生效
动产登记对抗	■动产	抵押权自抵押合同生效时设立	未经登记，不得对抗善意第三人 **【注意】**以动产抵押的，不得对抗正常经营活动中已经支付合理价款并取得抵押财产的买受人。

二、选编例题

【例1·单选题】2018年2月15日，A公司与B银行就借款事宜口头达成协议，3月23日签订一份借款合同。并以厂房设定抵押，于4月8日签订了抵押合同，5月11日依法办理了登记。该抵押权的设立时间为（　　）。

A.2月15日　　B.3月23日　　C.4月8日　　D.5月11日

【例2·单选题】根据《民法典》，下列财产中不得抵押的是（　　）。

A. 依法被扣押的财产　　B. 医院的非医疗卫生设施

C. 建设用地使用权　　D. 海域使用权

知识点9选编例题答案

1.**【答案】**D

【解析】以建筑物和其他土地附着物，建设用地使用权，海域使用权，正在建造的建筑物抵押的，应当办理抵押登记。抵押权自登记时设立。

2.**【答案】**A

【解析】下列财产不得抵押：（1）土地所有权；（2）宅基地、自留地、自留山等集体所有的土地使用权，但法律规定可以抵押的除外；（3）学校、幼儿园、医疗机构等为公益目的的成立的非营利法人

的教育设施、医疗卫生设施和其他公益设施；（4）所有权、使用权不明或者有争议的财产；（5）依法被查封、扣押、监管的财产；（6）法律、行政法规规定不得抵押的其他财产。

【知识点 10】抵押权的效力和实现★★

一、知识点精讲

（一）抵押权的效力

1. 抵押权对租赁关系的影响

抵押权设立前，抵押财产已经出租并转移占有的，原租赁关系不受该抵押权的影响。

2. 抵押财产的转让

转让自由	抵押期间，抵押人可以转让抵押财产。当事人另有约定的，按照其约定。抵押财产转让的，抵押权不受影响
抵押权人的救济	抵押人转让抵押财产的，应当及时通知抵押权人。抵押权人能够证明抵押财产转让可能损害抵押权的，可以请求抵押人将转让所得的价款向抵押权人提前清偿债务或者提存。转让的价款超过债权数额的部分归抵押人所有，不足部分由债务人清偿

3. 抵押财产的价值减少

（1）抵押人的行为足以使抵押财产价值减少的，抵押权人有权要求抵押人停止其行为。

（2）抵押财产价值减少的，抵押权人有权要求恢复抵押财产的价值，或者提供与减少的价值相应的担保。

（3）抵押人不恢复抵押财产的价值也不提供担保的，抵押权人有权要求债务人提前清偿债务。

4. 抵押权顺位

（1）抵押权人可以放弃抵押权或者抵押权的顺位。抵押权人与抵押人可以协议变更抵押权顺位以及被担保的债权数额等内容。但是，抵押权的变更未经其他抵押权人书面同意的，不得对其他抵押权人产生不利影响。

（2）债务人以自己的财产设定抵押，抵押权人放弃该抵押权、抵押权顺位或者变更抵押权的，其他担保人在抵押权人丧失优先受偿权益的范围内免除担保责任，但是其他担保人承诺仍然提供担保的除外。

（二）抵押权的实现

1. 抵押权的实现

（1）债务人不履行到期债务时，抵押权人可以与抵押人协议以抵押财产折价或者以拍卖、变卖该抵押财产所得的价款优先受偿。

（2）协议损害其他债权人利益的，其他债权人可以请求人民法院撤销该协议。

2. 抵押财产的孳息

债务人不履行到期债务或者发生当事人约定的实现抵押权的情形，致使抵押财产被人民法院依法扣押的，自扣押之日起抵押权人有权收取该抵押财产的天然孳息或者法定孳息，但抵押权人未通知应当清偿法定孳息的义务人的除外。

3. 重复抵押的债权受偿

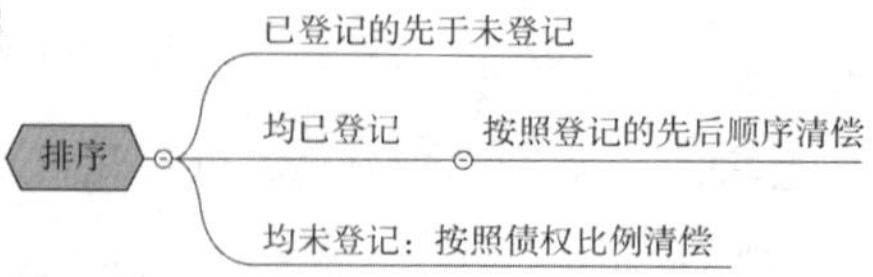

4. 同一财产上抵押权与质权竞存

同一财产既设立抵押权又设立质权的，拍卖、变卖该财产所得的价款按照登记、交付的时间先后确定清偿顺序。

5. 动产抵押权人的超级优先权

动产抵押担保的主债权是抵押物的价款，标的物交付后十日内办理抵押登记的，该抵押权人优先于抵押物买受人的其他担保物权人受偿，但是留置权人除外。

6. 抵押权的行使期间

抵押权人应当在主债权诉讼时效期间行使抵押权；未行使的，人民法院不予保护。

二、选编例题

【例 1 · 单选题】甲向乙借款 10 万元，以甲的货车提供抵押，并且约定“到期甲不还款，货车归乙所有”。抵押期间，甲开着货车长期跑长途，使货车磨损严重。对此下列表述不正确的是（　　）。

A. 乙可以要求甲停止开该货车跑长途的行为

B. 如果货车价值减少，乙有权要求甲恢复货车的价值，或者提供与减少的价值相应的担保

C. 货车价值减少，如果甲不恢复抵押物价值也不提供担保，乙有权要求甲提前还款

D. “到期甲不还款，货车归乙所有”的约定有效

【例 2 · 单选题】动产抵押担保的主债权是抵押物的价款，标的物交付后一定时间内办理抵押登记的，该抵押权人优先于抵押物买受人的其他担保物权人受偿，但是留置权人除外。该时间是（　　）。

A.5 日　　B.10 日　　C.15 日　　D.30 日

【例 3 · 单选题】甲向丙借款 180 万，到期本息为 200 万，以 A 汽车作为抵押，未办理登记，后甲又向乙借款 85 万，到期本息 100 万，也以 A 汽车作为抵押，签订了抵押合同，未办理登记，甲欠乙借款先到期，甲无力清偿，A 汽车依法拍卖得价款 210 万，则（　　）。

A. 乙受偿的金额是 100 万　　B. 乙受偿的金额是 85 万

C. 乙受偿的金额是 70 万　　D. 乙受偿的金额是 90 万

知识点 10 选编例题答案

1.【答案】D

【解析】选项 D 中约定是流押条款，流押条款无效。

2.【答案】B

【解析】动产抵押担保的主债权是抵押物的价款，标的物交付后 10 日内办理抵押登记的，该抵押权人优先于抵押物买受人的其他担保物权人受偿，但是留置权人除外。

3.【答案】C

【解析】抵押权均未登记的，按照债权比例清偿。则此题乙可以得到清偿的金额 = 210 × 100/（100+200）= 70（万元），选项 C 正确。

【知识点 11】特殊类型的抵押★★

一、知识点精讲

（一）浮动抵押

主体	企业、个体工商户、农业生产经营者
形式	书面协议
财产	现有的以及将有的生产设备、原材料、半成品、产品（债权确定，财产不定）

续表

抵押财产确定	抵押财产自下列情形之一发生时确定： （1）债务履行期限届满，债权未实现；（2）抵押人被宣告破产或者解散；（3）当事人约定的实现抵押权的情形；（4）严重影响债权实现的其他情形
生效	■浮动抵押的设立以合同生效为条件。未经登记，不得对抗善意第三人。（登记对抗主义） ■浮动抵押不得对抗"正常经营活动中"已"支付合理价款"并"取得抵押财产"的买受人

（二）最高额抵押

1. 概念

最高额抵押指为担保债务的履行，债务人或者第三人对一定期间内将要连续发生的债权提供担保财产的，债务人不履行到期债务或者发生当事人约定的实现抵押权的情形，抵押权人有权在最高债权额限度内就该担保财产优先受偿。（财产确定，债权变动）

【注意】最高额抵押权设立前已经存在的债权，经当事人同意，可以转入最高额抵押担保的债权范围。

2. 抵押权从属性的例外

最高额抵押担保的债权确定前，部分债权转让的，最高额抵押权不得转让，但当事人另有约定的除外。

3. 债权的确定

（1）约定的债权确定期间届满；

（2）没有约定债权确定期间或者约定不明确，抵押权人或者抵押人自最高额抵押权设立之日起满二年后请求确定债权；

（3）新的债权不可能发生；

（4）抵押权人知道或者应当知道抵押财产被查封、扣押；

（5）债务人、抵押人被宣告破产或者解散；

（6）法律规定债权确定的其他情形。

二、选编例题

【例1·单选题】甲公司向乙公司购买建材，以自有一栋大楼在1 000万元额度内为未来一年的货款设定抵押担保，办理了抵押登记。三个月后，乙公司将其中一笔50万元的货款转让给丁公司，并通知了甲公司。对于该50万元货款是否设定担保没有特别约定。下列关于该50万元债权转让及担保的表述中，正确的是（　　）。

A. 债权转让无效，丁公司无权主张抵押权　B. 债权转让有效，丁公司无权主张抵押权

C. 债权转让无效，丁公司有权主张抵押权　D. 债权转让有效，丁公司有权主张抵押权

【例2·单选题】个体工商户甲将其现有的以及将有的生产设备、原材料、半成品、产品一并抵押给乙银行，但未办理抵押登记。抵押期间，甲以合理价格将一台生产设备出卖给不知情的丙，且已交付。后甲不能向乙履行到期债务。根据《民法典》的规定，下列选项中，正确的是（　　）。

A. 该抵押权已成立且可以对抗知情的丙公司

B. 该抵押权因未办理抵押登记而不能成立

C. 该抵押权因抵押物不特定而不能成立

D. 该抵押权已成立但不得对抗丙公司

知识点11选编例题答案

1.**【答案】**B

【解析】最高额抵押担保的债权确定前，债权可转让，但最高额抵押权不得转让，当事人另有约定的除外。

2.**【答案】**D

【解析】动产浮动抵押，抵押权自抵押合同生效时设立，选项B的说法错误；浮动抵押未经登记不得对抗善意第三人。本题中，当事人没有办理抵押登记，不能对抗善意的丙公司，选项A的说法错误；浮动抵押是以不特定的动产提供的担保，选项C的说法错误。

【知识点12】质权★★

一、知识点精讲

（一）质权概述

1. 定义：指为担保债务的履行，债务人或第三人将其动产或权利出质给债权人占有或控制，在债务人不履行到期债务或者发生当事人约定的实现质权的情形时，债权人以该动产或权利优先受偿的权利。

2. 特征

（1）以占有为公示方法；（2）标的为动产和权利；（3）具有留置效力。

（二）动产质权

1. 质权的生效：动产质权自出质人交付质押财产时设立

2. 孳息：质权人有权收取质押财产的孳息，但合同另有约定的除外

3. 质押财产毁损灭失

致使质押财产毁损、灭失	承担赔偿责任
可能使质押财产毁损、灭失	■出质人可要求质权人将质押财产提存，但质物提存费用由质权人负担。 ■可要求提前清偿债务并返还质押财产，但应当扣除未到期部分的利息。

4. 质押财产价值减少

因不能归责于质权人的事由可能使质押财产毁损或者价值明显减少，足以危害质权人权利的，质权人有权要求出质人提供相应的担保；出质人不提供的，质权人可以拍卖、变卖质押财产，并与出质人通过协议将拍卖、变卖所得的价款提前清偿债务或者提存。

5. 转质质权人在质权存续期间，未经出质人同意转质，造成质押财产毁损、灭失的，应当向出质人承担赔偿责任。

6. 放弃质权债务人以自己的财产出质，质权人放弃该质权的，其他担保人在质权人丧失优先受偿权益的范围内免除担保责任，但其他担保人承诺仍然提供担保的除外。

（三）权利质权

1. 质权的生效

汇票、支票、本票、债券、存款单；仓单、提单	交付生效；没有权利凭证，登记生效
基金份额、股权	自办理出质登记
知识产权中的财产权：注册商标专用权、专利权、著作权	自办理出质登记
现有的以及将有的应收账款	自办理出质登记

2. 权利质权的效力

（1）提前到期：汇票、支票、本票、债券、存款单、仓单、提单的兑现日期或者提货日期先于主债权到期的，质权人可以兑现或者提货，并与出质人协议将兑现的价款或者提取的货物提前清偿债务或者提存。

（2）转让：出质后，不得转让，但经出质人与质权人协商同意的除外。转让价款，应当向质权人提前清偿债务或者提存。

二、选编例题

【例1·单选题】甲从乙处借款，将自己所有的受孕母牛出质于乙，质押期间，母牛产下牛犊，关于牛犊的所有权，下列说法正确的是（　　）。

A. 归甲享有　　B. 归乙享有

C. 由甲和乙协商决定归谁所有　　D. 由甲和乙共同享有

【例 2 · 多选题】下列财产进行质押，质权自登记时设立的有（　　）。

A. 机动车　　B. 著作权中的财产权

C. 纸质仓单　　D. 基金份额

E. 股票

【例 3 · 多选题】根据物权法律制度的规定，债务人有权处分的下列权利中，可以设定权利质押的有（　　）。

A. 建设用地使用权　　B. 可以转让的基金份额

C. 房屋所有权　　D. 应收账款

E. 土地承包经营权

知识点 12 选编例题答案

1.【答案】A

【解析】在质权期间，质物所生孳息，质权人享有收取权，但质物所生孳息的所有权仍为出质人享有。

2.【答案】BDE

【解析】选项 A是动产质押，交付质物后设立质权。选项 C是仓单质押，有权利凭证的是交付权利凭证设立质权，无权利凭证的才登记设立质权。

3.【答案】BD

【解析】选项 ACE可以抵押。

同步强化训练题

一、单项选择题

1. 下列关于物权的表述错误的是（　　）。

A. 物权是支配权　　B. 物权是排他的权利

C. 权利人特定，义务人不特定　　D. 权利人不特定，义务人特定

2. 按份共有人因处分共有不动产申请登记的，提出不动产登记的申请人是（　　）。

A.2/3 以上的按份共有人　　B. 份额 2/3 以上的按份共有人

C. 占份额 1/2 以上的按份共有人　　D. 全体按份共有人

3. 关于下列情形，不动产登记机构不能直接办理不动产登记的是（　　）。

A. 人民法院持生效法律文书和协助执行通知书要求不动产登记机构办理登记

B. 公安机关依据法律规定持协助查封通知书要求办理查封登记

C. 人民政府依法作出征收或者收回不动产权利决定生效后，要求不动产登记机构办理注销登记

D. 房屋等建筑物、构筑物所有权首次登记

4. 下列关于不动产物权登记的说法不正确的是（　　）。

A. 不动产物权设立和变更自记载于不动产登记簿之日起产生效力

B. 依法属于国家所有的自然资源，所有权应当登记

C. 处分共有不动产申请登记的，应经占份额 2/3 以上的按份共有人或全体共同共有人共同申请，另有约定除外

D. 不动产登记机构应自受理登记申请之日起 30 个工作日内办结不动产登记手续，法律另有规定除外

5. 一物之上既有所有权人，又有用益物权人的，物的天然孳息，属于（　　）。

A. 担保物权人　　B. 所有权人　　C. 用益物权人　　D. 国家

6. 关于不动产登记，下列表述不正确的是（　　）。

A. 不动产以不动产单元为基本单位进行登记

B. 不动产登记费按照不动产的面积、体积或者价款的比例收取

C. 存在尚未解决的权属争议的不动产，不动产登记机构应当不予登记

D. 除办理抵押权登记、地役权登记和预告登记、异议登记，向申请人核发不动产登记证明外，不动产登记机构应当依法向权利人核发不动产权属证书

7. 王某因出国定居将其所有的一台进口空气净化器低价卖给张某，双方约定，张某先向王某支付价款，王某在出国前1个月内仍使用该空气净化器，出国后再交给张某，使用期间为王某借用张某空气净化器，这种情况下，张某取得所有权的时间是（　　）。

A. 张某在借用约定生效之日起取得所有权

B. 张某自王某使用完成后取得所有权

C. 张某支付价款时取得所有权

D. 王某实际交付该空气净化器时取得所有权

8. 因人民法院、仲裁机构的法律文书，导致物权设立、变更、转让或者消灭的，自法律文书生效时发生效力。下列不属于该规定中“法律文书”的是（　　）。

A. 法院在分割共有不动产案件中作出并依法生效的改变原有物权关系的判决书

B. 法院在不动产权属纠纷案件中作出的“要求债务人一定期限内返还房屋”的判决书

C. 法院在执行程序中作出的以物抵债裁定书

D. 法院在执行程序中作出的拍卖成交裁定书

9. 甲、乙、丙三兄弟共同继承一幅古董字画，由甲保管。甲擅自将该画以市场价出卖于丁并已交付，丁对该画的共有权属关系并不知情。根据物权法律制度的规定，下列表述中，正确的是（　　）。

A. 经乙和丙中一人追认，丁即可取得该画所有权

B. 无论乙和丙追认与否，丁均可取得该画的所有权

C. 丁取得该画的所有权，但须以乙和丙均追认为前提

D. 无论乙和丙追认与否，丁均不能取得该画的所有权

10. 根据物权法律制度的规定，下列关于更正登记与异议登记的表述中，正确的是（　　）。

A. 提起更正登记之前，须先提起异议登记

B. 更正登记的申请人可以是权利人，也可以是利害关系人

C. 异议登记之日起10日内申请人不起诉的，异议登记失效

D. 异议登记不当造成权利人损害的，登记机关应承担损害赔偿责任

11. 张三向开发商预购商品房一套，签订合同之后，申请办理了预告登记，开发商在张三不知情的情况下将该房屋抵押给银行。下列说法正确的是（　　）。

A. 张三已经获得了房屋的所有权　　B. 抵押合同有效

C. 银行享有抵押权　　D. 预告登记有效期只有3个月

12. 甲在上班途中遗失手机一部，被乙拾得。甲发布悬赏广告称，愿向归还手机者支付现金1 000元作为酬谢。根据物权法律制度的规定，下列表述中，正确的是（　　）。

A. 返还手机是乙的法定义务，故甲虽承诺向归还手机的拾得人支付1 000元酬金，乙仍无权请求甲支付该酬金，仅有权要求甲支付因返还手机而发生的必要费用

B. 若乙将手机以3 000元的市场价格卖给不知情的丙，则甲除非向丙支付3 000元，否则无权请求丙返还手机

C. 若乙将手机送交公安机关，而甲未于公安机关发出招领公告之日起6个月内认领，则乙取得该手机的所有权

D. 若乙欲将手机据为己有，则甲有权请求乙归还，乙既无权请求甲支付1 000元酬金，亦无权要求甲支付必要的返还费用

13. 下列选项中，属于孳息的是（　　）。

A. 母牛腹中的小牛　　B. 苹果树上长着的苹果
C. 电灯发出的灯光　　D. 每月出租房屋获得的租金

14. 下列属于所有权的继受取得方式的是（　　）。
A. 添附　　B. 先占　　C. 赠与　　D. 没收

15. 吴某和李某共有一套房屋，所有权登记在吴某名下。2017 年 2 月 1 日，法院判决吴某和李某离婚，并且判决房屋归李某所有，但是并未办理房屋所有权变更登记。3 月 1 日，李某将该房屋出卖给张某，张某基于对判决书的信赖支付了 50 万元价款，并入住了该房屋。4 月 1 日，吴某又就该房屋和王某签订了买卖合同，王某在查阅了房屋登记簿确认房屋仍归吴某所有后，支付了 50 万元价款，并于 5 月 10 日办理了所有权变更登记手续。下列选项正确的是（　　）。
A.5 月 10 日前，吴某是房屋所有权人
B.2 月 1 日至 3 月 1 日，李某才是房屋所有权人
C.3 月 1 日至 5 月 10 日，张某是房屋所有权人
D.5 月 10 日后，王某是房屋所有权人

16. 根据《民法典》规定，拾得遗失物的处理规则不包括（　　）。
A. 拾得人应当及时通知权利人领取，或者送交公安等有关部门
B. 遗失人发出悬赏广告，愿意支付一定报酬的，不得反悔
C. 招领公告期限内无人认领的，遗失物可以归拾得人所有
D. 拾得人侵占遗失物的，无权请求保管遗失物等支出的费用，也无权请求权利人按照承诺履行义务

17. 甲、乙、丙共同共有一套房屋，需经重大修缮后出卖给丁。根据《民法典》，在共有人没有特别约定的情况下，下列关于该房屋的重大修缮和出卖的说法，正确的是（　　）。
A. 出卖房屋应当经甲、乙、丙 2/3 以上同意
B. 出卖房屋应当经甲、乙、丙过半数同意
C. 甲、乙、丙都有权独自决定对房屋的重大修缮
D. 对房屋的重大修缮应当经甲、乙、丙一致同意

18. 朋友 6 人共同出资购买一辆小汽车，未约定共有形式，且每人的出资额也不能确定。部分共有人欲对外转让该车。为避免该转让成为无权处分，在没有其他约定的情况下，根据物权法律制度的规定，同意转让的共有人至少应当达到的人数是（　　）。
A.4 人　　B.3 人　　C.6 人　　D.5 人

19. 征收与征用不同，征收集体土地是国家依法强制取得集体土地（　　）的行为。
A. 所有权　　B. 使用权　　C. 承包经营权　　D. 地役权

20. 关于土地经营权的流转，下列表述错误的是（　　）。
A. 承包方将土地交由他人代耕不超过一年的，可以不签订书面合同
B. 受让方弃耕抛荒连续两年以上，承包方可以单方解除土地经营权流转合同
C. 土地经营权流转期限为五年以上的，当事人可以向登记机构申请土地经营权登记
D. 承包方可以用承包地的土地经营权向金融机构融资担保，受让方不得以流转取得的土地经营权向金融机构融资担保

21. 根据《农村土地承包法》，关于承包地交回和征收的说法，错误的是（　　）。
A. 承包期内，承包方可以自愿将承包地交回发包方
B. 承包地被征收的，土地承包经营权人有权依据法律规定获得相应补偿
C. 承包方在承包期内交回承包地的，在承包期内可以再要求承包土地
D. 土地经营权流转合同应包括土地被依法征收时有关补偿费的归属

22. 关于土地承包经营权的期限，下列表述不正确的是（　　）。
A. 耕地的承包期为 30 年　　B. 草地的承包期为 30 至 50 年
C. 林地的承包期为 30 至 70 年　　D. 耕地承包期届满后再延长 20 年

23. 关于建设用地使用权的表述，不正确的是（　　）。
A. 建设用地使用权人应当合理利用土地，绝对不得改变土地用途

B. 建设用地使用权自登记时设立

C. 工业、商业、旅游、娱乐和商品住宅等经营性用地以及同一土地有两个以上意向用地者的，应当采取招标、拍卖等公开竞价的方式出让

D. 建筑物、构筑物及其附属设施转让、互换、出资或者赠与的，该建筑物、构筑物及其附属设施占用范围内的建设用地使用权一并处分

24. 下列属于不转移占有的担保物权的是（　　）。

A. 质权　　B. 抵押权　　C. 留置权　　D. 保证

25. 甲向乙借款，将一匹马进行抵押，到期甲无力清偿借款，人民法院依法扣押了马，在扣押期间，马产下了一匹小马，则下列说法正确的是（　　）。

A. 乙有权收取小马　　B. 乙无权收取小马

C. 小马的所有权属于乙　　D. 小马应先用于清偿借款本金

26. 下列物权中不属于用益物权的是（　　）。

A. 村民张某向村委会申请的宅基地使用权

B. 甲建设开发商从乙公司受让的建设用地使用权

C. 城市居民李某在本市郊区承包 50 亩菜地

D. 丙银行对借款人赵某商品房的抵押权

27. 甲将一间房屋向乙抵押借款 20 万元。抵押期间，知情人丙向甲表示愿以 30 万元购买甲的房屋。当事人对此并无约定，下列表述正确的是（　　）

A. 甲有权将该房屋出卖，且无需通知抵押权人乙

B. 甲可以将该房屋出卖，不必征得抵押权人乙的同意

C. 丙代替甲清偿债务时，甲才可以将房屋出卖

D. 甲无权将该房屋出卖，因为房屋上已设置了抵押权

28. 陈某向贺某借款 200 万，由陈某以自有房产进行抵押，且张某也为该笔借款提供厂房抵押，均办理了抵押登记，后贺某打算放弃对陈某的抵押权，并将这一情况通知了张某，张某表示反对，下列选项正确的是（　　）。

A. 贺某不得放弃抵押权，因为张某不同意

B. 若贺某放弃抵押权，张某仍应对全部债务承担保证责任

C. 若贺某放弃抵押权，则张某对全部债务免除保证责任

D. 若贺某放弃抵押权，则张某在贺某放弃权利的范围内免除保证责任

29. 赵某向张某借款，以自己的一台便携式电脑作为抵押，并在抵押合同中约定到期不清偿该便携式电脑即归张某所有，但未办理登记手续。对此，下列说法符合规定的是（　　）。

A. 因该便携式电脑未办理登记，该抵押合同不生效

B. 因约定流押条款，该抵押合同不生效

C. 因约定流押条款，该抵押合同的流押条款无效，但该抵押合同有效

D. 因约定流押条款，该抵押合同的流押条款无效，但该抵押合同的效力处于不确定状态

30. 甲公司向乙银行借款，同意以自己现有以及将有的全部生产设备、原材料、产品、半成品进行抵押。下列关于该抵押的表述中，错误的是（　　）。

A. 甲公司与乙银行可以口头达成抵押合同

B. 如果甲公司被宣告破产，则抵押财产确定

C. 该抵押权非经登记不得对抗善意第三人

D. 抵押期间，第三人向甲公司支付了合理价款并取得甲公司生产的产品，则抵押权不得对抗该第三人

31. 甲向乙借款 50 000 元，约定用甲的电动摩托车设定质权，但事后甲并未将电动摩托车交付给乙。后甲将该车卖给了丙。为此乙丙因该车权利归属发生纠纷。根据规定，下列关于该车权利归属的表述中，正确的是（　　）。

A. 丙不能取得该车的所有权，因为该车已设定质权，甲对该车没有处分权

B. 丙能取得该车的所有权，但乙可依与甲的质押担保要求丙返还该车

C. 丙能取得该车的所有权，乙不能向丙要求返还该车

D. 丙能否取得该车的所有权，取决于乙是否同意

32. 张某以其坐落在某市市中心的一处房屋（价值 210 万元）作抵押，分别从甲银行和乙银行各贷款 100 万元。张某与甲银行于 6 月 5 日签订了抵押合同，6 月 10 日办理了抵押登记；与乙银行于 6 月 8 日签订了抵押合同，同日办理了抵押登记。后因张某无力还款，甲银行、乙银行行使抵押权，对张某的房屋依法拍卖，只得价款 150 万元。下列甲银行、乙银行对拍卖款的分配方案中，正确的是（　　）。

A. 甲银行 75 万元、乙银行 75 万元　　B. 甲银行 100 万元、乙银行 50 万元

C. 甲银行 50 万元、乙银行 100 万元　　D. 甲银行 80 万元、乙银行 70 万元

33. 甲与乙签订了一份借款合同，甲为借款人，借款数额为 30 万元。甲以自有的一辆价值 10 万元的汽车作为抵押担保，甲又请求丙为该借款合同提供保证担保。合同到期后，甲无力偿还。如果两项担保对担保责任约定不明确，下列说法正确的是（　　）。

A. 因为没有约定，丙不承担担保责任

B. 乙应当先要求丙以保证承担担保责任

C. 乙即可以先要求甲承担保证责任，也可以先要求丙承担担保责任

D. 乙应当先要求甲以抵押承担担保责任

34. 根据《民法典》的规定，下列债务人有权处分的权利中，不能设定权利质押的是（　　）。

A. 可以转让的股权　B. 应收账款　C. 土地承包经营权　D. 存款单

二、多项选择题

1. 下列属于物权法基本原则的有（　　）。

A. 平等保护原则　　B. 物权法定原则

C. 物权特定原则　　D. 物权公示原则

E. 物权登记原则

2. 根据《民法典》的规定，下列关于物权设定生效时间的说法中，错误的有（　　）。

A. 王某卖给张某两间平房，张某自该房屋变更登记时起取得该房屋所有权

B. 赵某以自己的两间房屋为抵押物向甲银行借款，甲银行自该房屋进行抵押登记时起取得该抵押权

C. 刘某继承其父母作为遗产的两间房屋，自该房屋变更登记时起取得该房屋所有权

D. 孙某自建两间房，自该房屋变更登记时起取得该房屋所有权

E. 乙公司取得建设用地使用权，其权利自登记时设立

3. 不动产登记机构应当在登记事项记载于登记簿前进行公告的情形有（　　）。

A. 政府组织的集体土地所有权登记　　B. 集体建设用地使用权的首次登记

C. 房屋所有权的变更登记　　D. 依职权注销登记

E. 依职权更正登记

4. 债权消灭或者自能够进行不动产登记之日起 90 日内未申请登记的，预告登记失效。下列不属于债权消灭的有（　　）。

A. 买卖合同被认定无效　　B. 买卖合同被撤销

C. 预告登记的权利人放弃债权　　D. 买卖合同的一方当事人被合并

E. 买卖合同的一方当事人分立

5. 甲有一套房屋，乙认为自己是共有人于 2017 年 5 月 10 日办理了异议登记，后来因证据不足对此事置之不理，甲将房屋卖给丙，丙查知房屋存在异议登记于是放弃购买。下列说法正确的有（　　）。

A. 乙的异议登记于 2017 年 5 月 26 日起失效

B. 因有异议登记，若丙愿意购买此房也不能办理产权变更登记

C. 甲可以要求乙承担赔偿责任

D. 丙可以要求乙承担赔偿责任

E. 甲可以要求登记机构承担赔偿责任

6. 根据《民法典》，不经登记也发生物权效力的行为有（　　）房屋。

A. 买卖　　B. 合法建造

C. 抵押　　D. 赠与取得

E. 继承取得

7. 根据《民法典》，下列财产中，所有权专属于国家的有（　　）。

A. 草原　　B. 无线电频谱资源

C. 矿藏　　D. 森林

E. 水流

8. 对于不动产转让，下列选项中应认定不动产受让人知道转让人无处分权不构成善意的情况有（　　）。

A. 不动产登记簿上存在有效的异议登记

B. 受让人知道登记簿上记载的权利主体错误

C. 预告登记有效期内，未经预告登记的权利人同意

D. 受让人认为转让人无处分权，但无证据证明

E. 登记簿上记载法院决定查封不动产的事项

9. 甲、乙、丙、丁四个公司分别出资 50 万元、20 万元、20 万元、10 万元建造一栋楼房，约定建成后按投资比例使用，但对楼房管理和所有权归属未作约定。对此，下列说法错误的有（　　）。

A. 该楼发生的管理费用应按投资比例承担

B. 该楼所有权为按份共有

C. 甲公司投资占 50%，有权决定该楼的重大修缮事宜

D. 丁公司对其享有的份额有权转让

E. 四人没有约定的情况下，只有在有重大理由需要分割时可以请求分割

10. 根据《民法典》，下列财产或权利中，可以设定抵押的有（　　）。

A. 建设用地使用权　　B. 土地所有权

C. 汇票　　D. 可以转让的注册商标专用权

E. 海域使用权

11.A公司与B银行签订借款合同，约定A公司以自有的一宗建设用地使用权作为抵押。双方办理抵押手续后，银行发放了贷款。现A公司在该地块上新建一幢办公大楼。当A公司不按期还款时，下列说法正确的有（　　）。

A.A公司新建的办公大楼是抵押财产

B.A公司新建的办公大楼不是抵押财产

C.A公司不按期还款时，银行可以将建设用地使用权和办公大楼一同拍卖，但不能就办公大楼拍卖所得的价款优先受偿

D.A公司不按期还款时，银行可以将建设用地使用权和办公大楼一同拍卖，以拍卖所得的全部价款优先受偿

E. 银行有权将办公大楼单独拍卖，并由所得价款优先受偿

12.2018 年 5 月甲向乙借款 50 万元，2018 年 6 月 10 日，债务尚未清偿，甲再次向乙借款 200 万元，同时以自有厂房设立最高额抵押权，约定在 500 万元债权额限度内提供担保，但未约定确定期间，则（　　）。

A. 甲 2018 年 5 月发生的债务，由于债权人也是乙，所以自动转入最高额抵押担保的范围内

B. 甲 2018 年 5 月发生的债务，不能转入最高额抵押担保的范围

C. 乙可以于 2019 年 6 月 10 日后请求确定债权

D. 甲可以于 2020 年 6 月 10 日后请求确定债权

E. 如果乙知道抵押的厂房被查封，则抵押的债权确定

13. 下列关于质权设立的表述中，符合《民法典》规定的有（　　）。

A. 以仓单出质的，质权自仓单交付之日起设立

B. 以机器设备出质的，质权自双方签字盖章之日起设立
C. 以非上市公司的股份出质的，质权自股份出质记载于股东名册之日起设立
D. 以依法可转让的专利权出质的，质权自办理出质登记之日起设立
E. 以应收账款出质的，质权自办理出质登记之日起设立
14. 下列关于抵押权的说法中，正确的有（　　）。
A. 抵押合同是主债权债务合同的从合同
B. 抵押权仅能在不动产上设立
C. 担保合同仅包括抵押合同和质押合同
D. 同一物上法定登记的抵押权与质权并存时，质权人优先于抵押权人受偿
E. 主债权债务合同无效的，抵押合同无效，但是法律另有规定的除外

同步强化训练题参考答案及解析

一、单项选择题

1.【答案】D
【解析】物权是排他的权利，权利人特定，义务人不特定。
2.【答案】B
【解析】处分共有不动产，经占份额2/3以上的按份共有人或者全体共同共有人共同申请，但另有约定的除外。
3.【答案】D
【解析】有下列情形之一的，不动产登记机构直接办理不动产登记：人民法院持生效法律文书和协助执行通知书要求不动产登记机构办理登记的；人民检察院、公安机关依据法律规定持协助查封通知书要求办理查封登记的；人民政府依法作出征收或者收回不动产权利决定生效后，要求不动产登记机构办理注销登记的；法律、行政法规规定的其他情形。
4.【答案】B
【解析】依法属于国家所有的自然资源，所有权可以不登记。
5.【答案】C
【解析】天然孳息由所有权人取得；既有所有权人又有用益物权人的，由用益物权人取得。
6.【答案】B
【解析】不动产登记费按件收取，不得按照不动产的面积、体积或者价款的比例收取。
7.【答案】A
【解析】根据规定，动产物权转让时，双方又约定由出让人继续占有该动产的，物权转移自该约定生效时发生效力。题中，张某自约定生效时就取得了该空气净化器的所有权。
8.【答案】B
【解析】人民法院、仲裁机构在分割共有不动产或者动产等案件中作出并依法生效的改变原有物权关系的判决书、裁决书、调解书，以及人民法院在执行程序中作出的拍卖成交裁定书、变卖成交裁定书、以物抵债裁定书，应当认定为导致物权设立、变更、转让或者消灭的人民法院、仲裁机构的法律文书。选项B中法院的判决书是要求债务人履行义务，并没有直接“改变原有物权关系”，不能直接导致物权变动。
9.【答案】B
【解析】丁是善意的、支付合理对价、标的物已经交付的买受人，适用善意取得制度，无论其他共有人是否追认，丁都取得所有权。
10.【答案】B
【解析】AB选项：权利人、利害关系人认为不动产登记簿记载的事项错误的，可以申请更正登记；不动产登记簿记载的权利人不同意更正的，利害关系人可以申请异议登记，即先申请更正登记，而后才是异议登记；CD选项：申请人在异议登记之日起15日内不起诉，异议登记失效；异议登记不当，造成权利人损害的，权利人可以向申请人（而非登记机关）请求损害赔偿。

11.【答案】B

【解析】预告登记是防止发生物权变动，登记了仅仅是一个合同关系，仅享有债权，选项A错误。预告登记后，未经预告登记的权利人同意，处分该不动产的，不发生物权效力；选项C错误。预告登记后，自能够进行不动产登记之日起90日内未申请登记的，预告登记失效，选项D错误。

12.【答案】D

【解析】拾得人虽不能取得遗失物的所有权，却可享有费用偿还请求权，在遗失人发出悬赏广告时，归还遗失物的拾得人还享有悬赏广告所允诺的报酬请求权；选项A错误。若受让人通过拍卖或向具有经营资格的经营者购得该遗失物，权利人向其请求返还时，应向受让人支付相应对价，否则受让人有权拒绝返还；选项B错误。遗失物自发布招领公告之日起1年内无人认领的，归国家所有；选项C错误。拾得人拒不返还遗失物，按侵权行为处理；拾得人不得要求支付必要费用，也无权请求权利人按照承诺履行义务；选项D正确。

13.【答案】D

【解析】孳息是指物或权益而产生的收益，包括天然孳息和法定孳息。天然孳息是原物根据自然规律产生的物，法定孳息是原物根据法律规定由一定法律关系产生的物。本题D选项属于法定孳息。

14.【答案】C

【解析】买卖合同、赠与、互易、继承、受遗赠等属于继受取得。

15【答案】D

【解析】因人民法院、仲裁机构的法律文书或者人民政府的征收决定等，导致物权设立、变更、转让或者消灭的，自法律文书或者人民政府的征收决定等生效时发生效力。故2月1日至5月10日，李某是房屋所有权人，选项ABC错误；5月10日后，王某适用善意取得制度成为房屋所有权人，选项D正确。

16.【答案】C

【解析】遗失物自发布招领公告之日起1年内无人认领的，归国家所有。

17.【答案】D

【解析】根据规定，处分共有的不动产或者动产以及对共有的不动产或者动产做重大修缮的，应当经全体共同共有人同意，但共有人之间另有约定的除外。

18.【答案】A

【解析】共有人对共有的不动产或者动产没有约定为按份共有或者共同共有，或者约定不明确的，除共有人具有家庭关系等外，视为按份共有。按份共有人对共有的不动产或者动产享有的份额，可以约定；没有约定或者约定不明确的，按照出资额确定；不能确定出资额的，视为等额享有。按份共有中，处分共有的不动产或者动产，应当经占份额2/3以上的按份共有人同意，但共有人之间另有约定的除外。本题中，朋友6人等额享有该汽车，故同意转让的共有人至少应当达到的人数是$6\times2/3=4$人。

19.【答案】A

【解析】征收主要是所有权的改变，是国家为了公共利益需要而强制取得所有权的行为，其结果是权利发生转移。

20.【答案】D

【解析】承包方可以用承包地的土地经营权向金融机构融资担保，并向发包方备案。受让方通过流转取得的土地经营权，经承包方书面同意并向发包方备案，可以向金融机构融资担保。

21.【答案】C

【解析】承包方在承包期内交回承包地的，在承包期内不得再要求承包土地。

22.【答案】D

【解析】耕地的承包期为30年。耕地承包期届满后再延长30年。

23.【答案】A

【解析】建设用地使用权人应当合理利用土地，不得改变土地用途；需要改变土地用途的，应当依法经有关行政主管部门批准。

24.【答案】B

【解析】转移占有的担保物权是指担保物由担保物权人占有的担保物权，如质权、留置权；不转移占有的担保物权是指担保物不转移给担保物权人占有的担保物权，如抵押权。保证属于债权，不是物权。所以选项B正确。

25.【答案】A

【解析】债务人不履行到期债务或者发生当事人约定的实现抵押权的情形，致使抵押财产被人民法院依法扣押的，自扣押之日起抵押权人有权收取该抵押财产的天然孳息或者法定孳息，但抵押权人未通知应当清偿法定孳息的义务人的除外。孳息应先充抵收取孳息的费用。

26.【答案】D

【解析】D选项属于担保物权。

27.【答案】B

【解析】抵押期间，抵押人可以转让抵押财产。当事人另有约定的，按照其约定。抵押财产转让的，抵押权不受影响。抵押人转让抵押财产的，应当及时通知抵押权人。

28.【答案】D

【解析】债务人以自己的财产设定抵押，抵押权人放弃该抵押权、抵押权顺位或者变更抵押权的，其他担保人在抵押权人丧失优先受偿权益的范围内免除担保责任，但其他担保人承诺仍然提供担保的除外。由此选项D正确。

29.【答案】C

【解析】抵押权人在债务履行期限届满前，与抵押人约定债务人不履行到期债务时抵押财产归债权人所有的，只能依法就抵押财产优先受偿。

30.【答案】A

【解析】设立抵押权，当事人应当采用书面形式订立抵押合同，选项A表述错误；浮动抵押的抵押财产自下列情形之一发生时确定：（1）债务履行期限届满，债权未实现；（2）抵押人被宣告破产或者解散；（3）当事人约定的实现抵押权的情形；（4）严重影响债权实现的其他情形。选项B表述正确；浮动抵押的设立是以合同的生效为条件，不以登记为要件。但是未登记不能对抗善意第三人，选项C表述正确；即使浮动抵押办理了登记，该抵押权也不得对抗正常经营活动中已支付合理价款并取得抵押财产的买受人，选项D表述正确。

31.【答案】C

【解析】质权自出质人交付质押财产时设立。本题中，甲并未向乙交付电动摩托车，因此质权并未设立，而甲将车卖给丙，丙取得了该车的所有权，乙不能要求返还该车。

32.【答案】C

【解析】抵押权已登记的，按照登记的先后顺序清偿。

33.【答案】D

【解析】被担保的债权既有物的担保又有人的担保的，债务人不履行到期债务或者发生当事人约定的实现担保物权的情形，债权人应当按照约定实现债权；没有约定或者约定不明确，债务人自己提供物的担保的，债权人应当先就该物的担保实现债权。

34.【答案】C

【解析】土地属于不动产的范畴，不能用以设定权利质押。

二、多项选择题

1.【答案】ABD

【解析】物权法的基本原则包括平等保护原则、物权法定原则、物权公示原则。

2.【答案】CD

【解析】CD选项：因继承取得物权，自继承开始时发生效力。因合法建造、拆除房屋等事实行为设立或者消灭物权的，自事实行为成就时发生效力。

3.【答案】ABDE

【解析】有下列情形之一的，不动产登记机构应当在登记事项记载于登记簿前进行公告，但涉及国家秘密的除外：（1）政府组织的集体土地所有权登记；（2）宅基地使用权及房屋所有权，集体建设用地使用权及建筑物、构筑物所有权，土地承包经营权等不动产权利的首次登记；（3）依职权更正登记；（4）依职权注销登记。

4.【答案】DE

【解析】预告登记的买卖不动产物权的协议被认定无效、被撤销，或者预告登记的权利人放弃债权的，应当认定为“债权消灭”的情形。

5.【答案】AC

【解析】异议登记的有效期最长为15天。即2017年5月10日登记后至5月25日有效。2017年5月26日起失效，选项A正确；异议登记不能阻却物权变动，选项B错误；乙的异议登记不当给甲造成了损失，甲可以要求其赔偿，选项C正确、选项E错误；乙丙之间不存在法律规定的侵权关系，因此不能要求乙赔偿，选项D错误。

6.【答案】BE

【解析】合法建造和继承取得不经登记发生效力。

7.【答案】BCE

【解析】矿藏、水流、海域、城市的土地、无线电频谱资源、国防资产，仅属于国家所有。

8.【答案】ABCE

【解析】具有下列情形之一的，应当认定不动产受让人知道转让人无处分权：（1）登记簿上存在有效的异议登记；（2）预告登记有效期内，未经预告登记的权利人同意；（3）登记簿上已经记载司法机关或者行政机关依法裁定、决定查封或者以其他形式限制不动产权利的有关事项；（4）受让人知道登记簿上记载的权利主体错误；（5）受让人知道他人已经依法享有不动产物权。真实权利人有证据证明不动产受让人应当知道转让人无处分权的，应当认定受让人具有重大过失。

9.【答案】CE

【解析】共有人对共有的不动产或者动产没有约定为按份共有或者共同共有，或者约定不明确的，除共有人具有家庭关系等外，视为按份共有；选项B表述正确。对共有物的管理费用以及其他负担，有约定的，按照约定；没有约定或者约定不明确的，按份共有人按照其份额负担，共同共有人共同负担；选项A表述正确。按份共有人可以转让其享有的共有的不动产或者动产份额；选项D表述正确。处分共有的不动产或者动产以及对共有的不动产或者动产作重大修缮的，应当经占份额2/3以上的按份共有人或者全体共同共有人同意，但共有人之间另有约定的除外；选项C表述错误，当选。共有人约定不得分割共有的不动产或者动产，以维持共有关系的，应当按照约定，但共有人有重大理由需要分割的，可以请求分割；没有约定或者约定不明确的，按份共有人可以随时请求分割，共同共有人在共有的基础丧失或者有重大理由需要分割时可以请求分割；选项E表述错误，当选。

10.【答案】AE

【解析】土地所有权不能抵押，选项B不选。选项CD是可以质押，不能抵押，不选。

11.【答案】BC

【解析】建设用地使用权抵押后，土地上新增的房屋不属于抵押物。需要拍卖该抵押的房地产时，可以依法将该土地上新增的房屋与抵押物一同拍卖，但对拍卖新增房屋所得，抵押权人无权优先受偿。

12.【答案】DE

【解析】最高额抵押权设立前已经存在的债权，经当事人同意，可以转入最高额抵押担保的债权范围，选项AB错误；没有约定债权确定期间或者约定不明确，抵押权人或者抵押人自最高额抵押权设立之日起满2年后请求确定债权，选项C错误、选项D正确。抵押权人知道或应当知道抵押财产被查封、扣押，抵押权人的债权确定，选项E正确。

13.【答案】ADE

【解析】以动产出质的，质权自动产移交质权人占有之日起设立。以基金份额、股权出质的，质权自办理出质登记时设立。

14.【答案】AE

【解析】抵押权既可以在不动产上设立也可以在动产上设立。所以选项B错误；担保合同包括抵押合同、质押合同和其他具有担保功能的合同，所以选项C错误；同一财产即设立抵押权又设立质权的，拍卖变卖该财产所得的价款按照登记、交付的时间先后顺序确定清偿顺序。所以选项D错误。

第三章

金融法律制度

本章考情分析

本章属于重点章节，各种考核形式均有可能涉及。本章需要记忆的内容较多，需要考生多下功夫。本章重点内容包括股票和债券的发行、商业银行法。

2022 年本章教材变化

2022 年本章教材变动不大。增加了“北交所”以及“在北交所公开发行股票的条件”，对“创业板上市的公司首次公开发行条件”进行改写。

本章知识点解读与练习

【知识点 1】证券法基础知识★

一、知识点精讲

（一）证券的类型

《证券法》规定：在中华人民共和国境内，股票、公司债券、存托凭证和国务院依法认定的其他证券的发行和交易，适用本法；本法未规定的，适用《中华人民共和国公司法》和其他法律、行政法规的规定。

政府债券、证券投资基金份额的上市交易，适用本法；其他法律、行政法规另有规定的，适用其规定。

资产支持证券、资产管理产品发行、交易的管理办法，由国务院依照本法的原则规定。

在中华人民共和国境外的证券发行和交易活动，扰乱中华人民共和国境内市场秩序，损害境内投资者合法权益的，依照本法有关规定处理并追究法律责任。

1. 股票：具有收益性、流通性、非返还性和风险性等特点。
2. 债券：在一定期限还本付息。
3. 证券投资基金份额：专家理财。

4. 期货：指期货交易场所统一制定的、规定在将来某一特定的时间和地点交割一定数量标的物的标准化合约，包括商品期货合约和金融期货合约及其他期货合约。

5. 认股权证：是股份有限公司给予持证人的无期限或在一定期限内以确定价格购买一定数量普通股票的权利凭证。

6. 存托凭证：是指由存托人签发、以境外证券为基础在中国境内发行、代表境外基础证券权益的证券。基础证券是指存托凭证代表的由境外基础证券发行人在境外发行的证券。存托人，是按照存托协议的约定持有境外基础证券，并相应签发代表境外基础证券权益的存托凭证的中国境内法人。

（二）证券市场类型

类型市场	股票市场	
	债券市场	
	基金市场	
	衍生品证券市场	
板块市场	主板	服务于规模较大、基础较高、处于成熟稳健发展期的优秀企业
	创业板	主要为“两高”企业（高科技、高成长性），以及“六新”企业（新经济、新服务、新农业、新能源、新材料、新商业模式）
	科创板	定位于坚持面向世界科技前沿、面向经济主战场、面向国家重大需求，主要服务于符合国家战略、突破关键核心技术、市场认可度高的科技创新企业，更加注重科技创新能力，允许符合科创板定位、尚未盈利或存在累计未弥补亏损的企业在科创板上市
	新三板（全国中小企业股份转让系统）	服务于创新型、创业型、成长型中小微企业
	区域性股权市场	主要服务于所在省级行政区域内中小微企业的私募股权市场
	北交所	我国第一家公司制证券交易所，主要服务于创新型中小企业，试点证券发行注册制
功能市场	证券发行市场（一级市场）	
	证券交易市场（二级市场）	

（三）证券发行的分类

公开发行的界定

1. 向不特定对象发行证券；

2. 向特定对象发行证券累计超过 200 人，但依法实施员工持股计划的员工人数不计算在内；

3. 采用广告、公开劝诱和变相公开方式。

【注意】证券发行由核准制向注册制的变化。

《证券法》规定：公开发行证券，必须符合法律、行政法规规定的条件，并依法报经国务院证券监督管理机构或者国务院授权的部门注册。未经依法注册，任何单位和个人不得公开发行证券。证券发行注册制的具体范围、实施步骤，由国务院规定。

二、选编例题

【例 1 · 单选题】证券板块市场中，设立在上交所，更加注重科技创新能力，允许符合定位、尚未盈利或存在累计未弥补亏损的企业上市的板块是（　　）。

A. 主板　　B. 中小板　　C. 创业板　　D. 科创板

【例 2 · 单选题】根据证券法律制度的规定，下列不属于证券公开发行情形的是（　　）。

A. 向不特定对象发行证券的

B. 向累计不超过 200 人的不特定对象发行证券的

C. 向累计不超过 200 人的特定对象发行证券的
D. 采取电视广告方式发行证券的

知识点 1 选编例题答案

1.【答案】D

【解析】科创板设立在上交所，更加注重科技创新能力，允许符合科创板定位、尚未盈利或存在累计未弥补亏损的企业在科创板上市。

2.【答案】C

【解析】有下列情形之一的，为公开发行：（1）向不特定对象发行证券（无论人数多少）；（2）向特定对象发行证券累计超过 200 人，但依法实施员工持股计划的员工人数不计算在内。非公开发行证券，不得采用广告、公开劝诱和变相公开方式。

【知识点 2】股票发行★★★

一、知识点精讲

（一）首次公开发行股票的条件

1. 一般条件

（1）具备健全且运行良好的组织机构；

（2）具有持续经营能力；

（3）最近 3 年财务会计报告被出具无保留意见审计报告；

（4）发行人及其控股股东、实际控制人最近 3 年不存在贪污、贿赂、侵占财产、挪用财产或者破坏社会主义市场经济秩序的刑事犯罪；

（5）经国务院批准的国务院证券监督管理机构规定的其他条件。

2. 在主板上市公司的首次公开发行条件

（1）主体资格

组织形式	发行人应当是依法设立且合法存续的股份有限公司
存续时间	发行人自股份有限公司成立后，持续经营时间应当在 3 年以上，但经国务院批准的除外
主体要求	注册资本已足额缴纳，财产权转移手续已办理完毕，主要资产不存在重大权属纠纷；发行人的股权清晰，控股股东和受控股股东、实际控制人支配的股东持有的发行人股份不存在重大权属纠纷
人员稳定	发行人最近 3 年内主营业务和董事、高级管理人员没有发生重大变化，实际控制人没有发生变更

（2）规范运行

发行人董监高的行为禁止	①被证监会采取证券市场禁入措施尚在禁入期的 ②最近 36 个月内受到中国证监会行政处罚，或者最近 12 个月内受到证券交易所公开谴责的 ③因涉嫌犯罪被司法机关立案侦查或者涉嫌违法违规被中国证监会立案调查，尚未有明确结论意见的
发行人的行为禁止	①最近 36 个月内未经法定机关核准，擅自公开或者变相公开发行过证券；或者有关违法行为虽然发生在 36 个月前，但目前仍处于持续状态 ②最近 36 个月内违反工商、税收、土地、环保、海关以及其他法律、行政法规，受到行政处罚，且情节严重 ③最近 36 个月内曾向中国证监会提出发行申请，但报送的发行申请文件有虚假记载、误导性陈述或重大遗漏；或者不符合发行条件以欺骗手段骗取发行核准；或者以不正当手段干扰中国证监会及其发行审核委员会审核工作；或者伪造、变造发行人或其董事、监事、高级管理人员的签字、盖章。

续表

发行人的行为禁止	④本次报送的发行申请文件有虚假记载、误导性陈述或者重大遗漏 ⑤涉嫌犯罪被司法机关立案侦查，尚未有明确结论意见 ⑥严重损害投资者合法权益和社会公共利益的其他情形
违规担保	发行人的公司章程中已明确对外担保的审批权限和审议程序，不存在为控股股东、实际控制人及其控制的其他企业进行违规担保的情形
资金占用	发行人有严格的资金管理制度，不得有资金被控股股东、实际控制人及其控制的其他企业以借款、代偿债务、代垫款项或者其他方式占用的情形

（3）财务与会计

①财务管理规范。

利润	最近 3 个会计年度净利润均为正数且累计超过人民币 3 000 万元，净利润以扣除非经常性损益前后较低者为计算依据
经营	二选一：最近 3 个会计年度经营活动产生的现金流量净额累计超过人民币 5 000 万元；或者最近 3 个会计年度营业收入累计超过人民币 3 亿元
股本	发行"前"股本总额不少于人民币 3 000 万元
资产	最近一期期末无形资产（扣除土地使用权、水面养殖权和采矿权等后）占净资产的比例不高于 20%
亏损	最近一期期末不存在未弥补亏损
报告	**【课外阅读】**无保留结论的内部控制鉴证报告；无保留意见的审计报告

【注意】中国证监会根据《关于开展创新企业境内发行股票或存托凭证试点的若干意见》等规定认定的试点企业，可不适用"最近 3 个会计年度净利润均为正数且累计超过人民币 3 000 万元"、"最近一期期末不存在未弥补亏损"这两项规定。

②财务资料不得存在下列情形：故意遗漏或虚构交易、事项或者其他重要信息；滥用会计政策或者会计估计；操纵、伪造或篡改编制财务报表所依据的会计记录或者相关凭证。

③不得有下列影响持续盈利能力的情形。

业务重大变化	发行人的经营模式、产品或服务的品种结构已经或者将发生重大变化	
行业环境重大变化	发行人的行业地位或所处行业的经营环境已经或者将发生重大变化	
盈利的可持续性	依赖关联方	发行人最近一个会计年度的营业收入或净利润对关联方或者存在重大不确定性的客户存在重大依赖
	依赖投资	发行人最近一个会计年度的净利润主要来自合并财务报表范围以外的投资收益
知识产权重大变化	发行人在用的商标、专利、专有技术以及特许经营权等重要资产或技术的取得或者使用存在重大不利变化的风险	

3. 科创板首次公开发行股票注册发行条件

（1）发行人是依法设立且持续经营 3 年以上的股份有限公司，具备健全且运行良好的组织机构，相关机构和人员能够依法履行职责。

（2）发行人会计基础工作规范，财务报表的编制和披露符合企业会计准则和相关信息披露规则的规定，在所有重大方面公允地反映了发行人的财务状况、经营成果和现金流量，并由注册会计师出具标准无保留意见的审计报告。发行人内部控制制度健全且被有效执行，能够合理保证公司运行效率、合法合规和财务报告的可靠性，并由注册会计师出具无保留结论的内部控制鉴证报告。

（3）发行人业务完整，具有直接面向市场独立持续经营的能力：

①资产完整，业务及人员、财务、机构独立，与控股股东、实际控制人及其控制的其他企业间不存在对发行人构成重大不利影响的同业竞争，不存在严重影响独立性或者显失公平的关联交易。

②发行人主营业务、控制权、管理团队和核心技术人员稳定，最近2年内主营业务和董事、高级管理人员及核心技术人员均没有发生重大不利变化；控股股东和受控股股东、实际控制人支配的股东所持发行人的股份权属清晰，最近2年实际控制人没有发生变更，不存在导致控制权可能变更的重大权属纠纷。

③发行人不存在主要资产、核心技术、商标等的重大权属纠纷，重大偿债风险，重大担保、诉讼、仲裁等或有事项，经营环境已经或者将要发生重大变化等对持续经营有重大不利影响的事项。

（4）发行人生产经营符合法律、行政法规的规定，符合国家产业政策。最近3年内，发行人及其控股股东、实际控制人不存在贪污、贿赂、侵占财产、挪用财产或者破坏社会主义市场经济秩序的刑事犯罪，不存在欺诈发行、重大信息披露违法或者其他涉及国家安全、公共安全、生态安全、生产安全、公众健康安全等领域的重大违法行为。董事、监事和高级管理人员不存在最近3年内受到中国证监会行政处罚，或者因涉嫌犯罪被司法机关立案侦查或者涉嫌违法违规被中国证监会立案调查，尚未有明确结论意见等情形。

【注意】现行制度下，创业板股票发行实施注册制。创业板上市的公司首发条件，与科创板首发条件基本类似。

4. 在北交所公开发行股票的条件

发行人为在全国股转系统连续挂牌满12个月的创新层挂牌公司	积极条件——向不特定合格投资者公开发行股票，应当符合下列规定： ①具备健全且运行良好的组织机构； ②具有持续经营能力，财务状况良好； ③最近3年财务会计文件无虚假记载，被出具无保留意见审计报告； ④依法规范经营
	消极条件——发行人及其控股股东、实际控制人存在下列情形之一的，不得公开发行股票： ①最近3年内存在贪污、贿赂、侵占财产、挪用财产或者破坏社会主义市场经济秩序的刑事犯罪； ②最近3年内存在欺诈发行、重大信息披露违法或者其他涉及国家安全、公共安全、生态安全、生产安全、公众健康安全等领域的重大违法行为； ③最近1年内未受到中国证监会行政处罚
发行人为北交所上市公司，向特定对象发行股票	积极条件——上市公司向特定对象发行股票，应当符合下列规定： ①具备健全且运行良好的组织机构。 ②具有独立、稳定经营能力，不存在对持续经营有重大不利影响的情形。 ③最近一年财务会计报告无虚假记载，未被出具否定意见或无法表示意见的审计报告；最近一年财务会计报告被出具保留意见的审计报告，保留意见所涉及事项对上市公司的重大不利影响已经消除。本次发行涉及重大资产重组的除外。 ④合法规范经营，依法履行信息披露义务。
	消极条件——上市公司存在下列情形之一的，不得向特定对象发行股票： ①上市公司或其控股股东、实际控制人最近3年内存在贪污、贿赂、侵占财产、挪用财产或者破坏社会主义市场经济秩序的刑事犯罪，存在欺诈发行、重大信息披露违法或者其他涉及国家安全、公共安全、生态安全、生产安全、公众健康安全等领域的重大违法行为。 ②上市公司或其控股股东、实际控制人，现任董事、监事、高级管理人员最近1年内受到中国证监会行政处罚、北交所公开谴责；或因涉嫌犯罪正被司法机关立案侦查或者涉嫌违法违规正被中国证监会立案调查，尚未有明确结论意见。 ③擅自改变募集资金用途，未作纠正或者未经股东大会认可。 ④上市公司或其控股股东、实际控制人被列入失信被执行人名单且情形尚未消除。 ⑤上市公司利益严重受损的其他情形

（二）上市公司公开发行新股

配股	向原股东配售股份	数额	拟配售股份数量不超过本次配售股份前股本总额的30%
		承诺认购	控股股东应在股东大会召开前公开承诺认配股份的数量
		方式	采用代销方式发行
狭义增发	向不特定对象公开募集股份	经营业绩	最近3个会计年度加权平均净资产收益率平均不低于6%。扣除非经常性损益后的净利润与扣除前的净利润相比，以低者作为加权平均净资产收益率的计算依据
		财务性投资	除金融类企业外，最近一期末不存在持有金额较大的交易性金融资产和可供出售的金融资产、借予他人款项、委托理财等财务性投资的情形
		发行价格	发行价格应不低于公告招股意向书前20个交易日公司股票均价"或"前1个交易日的均价

（三）股票发行的程序

1. 作出发行决议股东大会应对本次发行股票作出决议，必须经出席会议的股东所持表决权的2/3以上通过。

【注意】关联股东回避表决。

2. 证监会注册

（1）国务院证券监督管理机构或者国务院授权的部门依照法定条件负责证券发行申请的注册。证券公开发行注册的具体办法由国务院规定。

（2）按照国务院的规定，证券交易所等可以审核公开发行证券申请，判断发行人是否符合发行条件、信息披露要求，督促发行人完善信息披露内容。

【注意】依照前两款规定参与证券发行申请注册的人员，不得与发行申请人有利害关系，不得直接或者间接接受发行申请人的馈赠，不得持有所注册的发行申请的证券，不得私下与发行申请人进行接触。

（3）国务院证券监督管理机构或者国务院授权的部门应当自受理证券发行申请文件之日起3个月内，依照法定条件和法定程序作出予以注册或者不予注册的决定，发行人根据要求补充、修改发行申请文件的时间不计算在内。不予注册的，应当说明理由。

3. 公开发行信息证券发行申请经注册后，发行人不得在公告公开发行募集文件前发行证券。

4. 签订承销协议，进行证券承销

情形	发行人向不特定对象发行证券，应当由证券公司承销 【注意】公开发行证券的发行人有权依法自主选择承销的证券公司。证券公司承销证券，不得有下列行为： （1）进行虚假的或者误导投资者的广告宣传或者其他宣传推介活动； （2）以不正当竞争手段招揽承销业务； （3）其他违反证券承销业务规定的行为。
方式	包括代销或包销
期限	证券的代销、包销期限最长不得超过90日
禁止	证券公司在代销、包销期内，对所代销、包销的证券应当保证先行出售给认购人，证券公司不得为本公司预留所代销的证券和预先购入并留存所包销的证券 【注意】股票发行采取溢价发行的，其发行价格由发行人与承销的证券公司协商确定。
承销团	向不特定对象发行证券聘请承销团承销的，承销团应当由主承销和参与承销的证券公司组成
发行失败	（1）界定：股票发行采用代销方式，代销期限届满，向投资者出售的股票数量未达到拟公开发行股票数量"70%"的，为发行失败 （2）处理：发行人应当按照发行价并加算银行同期存款利息返还股票认购人

5. 撤销注册决定

发行人	对已作出的证券发行注册的决定，发现不符合法定条件或者法定程序，尚未发行证券的，应当予以撤销，停止发行。已经发行尚未上市的，撤销发行注册决定，发行人应当按照发行价并加算银行同期存款利息返还证券持有人
发行人的控股股东、实际控制人以及保荐人	应当与发行人承担连带责任，但能够证明自己没有过错的除外
发行人在证券发行文件中隐瞒重要事实或编造重大虚假内容，已经发行并上市	国务院证券监督管理机构可以责令发行人回购证券，或者责令负有责任的控股股东、实际控制人买回证券

二、选编例题

【例 1・单选题】国务院证券监督管理机构或者国务院授权的部门应当自受理证券发行申请文件之日起一定期限内，依照法定条件和法定程序作出予以注册或者不予注册的决定。该期限是（　　）。

A.20 日　　B.1 个月　　C.3 个月　　D.6 个月

【例 2・单选题】某股份有限公司拟在上交所主板市场首次公开发行股票并上市，根据证券法律制度的规定，保荐人在对其进行上市辅导时发现财务指标如下所述，其中不符合规定的是（　　）。

A. 发行前股本总额为人民币 5 000 万元

B. 最近 3 个会计年度经营活动产生的现金流量净额累计 4 000 万元，营业收入累计为人民币 2.98 亿元

C. 最近一期期末无形资产 (扣除土地使用权、水面养殖权和采矿权等后)占净资产的比例为 15%

D. 最近 3 个会计年度经营活动产生的现金流量净额累计为人民币 6 900 万元

【例 3・单选题】根据证券法律制度的规定，下列各项中，不属于上市公司向原股东配售股份条件的有（　　）。

A. 拟配售股份数量不超过本次配售股份前股本总额的 30%

B. 控股股东应当在股东大会召开前公开承诺认配股份的数量

C. 采用代销或者包销方式发行

D. 上市公司最近 36 个月内财务会计文件无虚假记载，且不存在重大违法行为

【例 4・单选题】根据证券法律制度的规定，发行人申请首次公开发行股票并在科创板上市，应符合的条件不包括（　　）。

A. 最近 2 年实际控制人没有发生变更，不存在导致控制权可能变更的重大权属纠纷

B. 最近 3 年内，发行人及其控股股东、实际控制人不存在贪污、贿赂、侵占财产、挪用财产或者破坏社会主义市场经济秩序的刑事犯罪

C. 最近 5 年内，发行人及其控股股东、实际控制人不存在欺诈发行、重大信息披露违法或者其他涉及国家安全、公共安全、生态安全、生产安全、公众健康安全等领域的重大违法行为

D. 发行人不存在主要资产、核心技术、商标等的重大权属纠纷，重大偿债风险，重大担保、诉讼、仲裁等或有事项

知识点 2 选编例题答案

1.【答案】C

【解析】国务院证券监督管理机构或者国务院授权的部门应当自受理证券发行申请文件之日起三个月内，依照法定条件和法定程序作出予以注册或者不予注册的决定。

2.【答案】B

【解析】发行人发行股票并主板上市的财务指标应当达到以下要求：第一，最近 3 个会计年度净

利润均为正数且累计超过人民币3 000万元，净利润以扣除非经常性损益前后较低者为计算依据。第二，最近3个会计年度经营活动产生的现金流量净额累计超过人民币5 000万元；或者最近3个会计年度营业收入累计超过人民币3亿元。第三，发行前股本总额不少于人民币3 000万元。第四，最近一期期末无形资产（扣除土地使用权、水面养殖权和采矿权等后）占净资产的比例不高于20%；第五，最近一期期末不存在未弥补亏损。因此本题选项B不符合规定。

3.【答案】C

【解析】配股除需要符合公开发行证券的一般条件外，还应当采用证券法规定的代销方式发行。

4.【答案】C

【解析】选项C中的期限应当是“最近3年内”。

【知识点3】债券发行★★

一、知识点精讲

（一）公司债券的类型

1. 记名公司债券和无记名公司债券

（1）记名公司债券：由债券持有人以背书方式或者法律、行政法规规定的其他方式转让。

（2）无记名公司债券：由债券持有人将该债券交付给受让人后即发生转让的效力。

2. 上市的公司债券和非上市的公司债券

3. 公开发行的公司债券与非公开发行的公司债券

类型	对象	交易场所
公开发行	指符合法定条件而向普通投资者公开发行或向专业投资者公开发行	在证券交易所、全国中小企业股份转让系统交易或转让
非公开发行	面向专业投资者发行，发行对象不超过200人，不得采用公告、公开劝诱和变相公开劝诱的发行方式	在证券交易所、全国中小企业股份转让系统、证券公司柜台转让

4. 可转换公司债券

可转换公司债券是指发行人按照法定程序，向投资者发行的在一定期间内依据约定的条件可以转换成股份的公司债券。

（二）公司债券公开发行条件

1. 公开发行债券的基本条件

项目	内容
组织机构	具备健全且运行良好的组织机构
利润	最近3年平均可分配利润足以支付债券1年的利息
资金用途	公开发行公司债券筹集的资金，必须按照公司债券募集办法所列资金用途使用；改变资金用途，必须经债券持有人会议作出决议。公开发行公司债券筹集的资金，不得用于弥补亏损和非生产性支出

2. 禁止再次发行公司债券的情形

（1）对已公开发行的公司债券或者其他债务有违约或者延迟支付本息的事实，仍处于继续状态；

（2）违反《证券法》规定，改变公开发行公司债券所募资金的用途。

二、选编例题

【例1·单选题】公司发行公司债券所筹集的资金，可以用于（　　）。

A. 弥补亏损　　B. 对外提供担保支出

C. 用于厂房的购建　　D. 分配股利

【例2·单选题】某公司2018年10月曾公开发行2亿元的公司债券，该公司2020年5月申请再次公开发行1亿元的公司债券。下列情形中，构成本次发行障碍的是（　　）。

A. 发行人对其他债务有违约，处于继续状态

B.2018年发行的公司债券所募集的资金未产生预期效益

C. 本次拟发行的公司债券距上次发行不足2年

D. 发行人有巨额债务，刚刚清偿完毕

知识点3选编例题答案

1.【答案】C

【解析】公开发行公司债券筹集的资金，不得用于弥补亏损和非生产性支出。

2.【答案】A

【解析】公司有下列情形之一的，不得再次公开发行公司债券：（1）对已公开发行的公司债券或者其他债务有违约或者延迟支付本息的事实，仍处于继续状态；（2）违反《证券法》规定，改变公开发行公司债券所募资金的用途。

【知识点4】股票和债券的上市交易★★

一、知识点精讲

（一）股票上市与交易

1. 股票上市

（1）申请上市：申请证券上市交易，应当向证券交易所提出申请，由证券交易所依法审核同意，并由双方签订上市协议。申请证券上市交易，应当符合证券交易所上市规则规定的上市条件。

（2）终止上市：上市交易的证券，有证券交易所规定的终止上市情形的，由证券交易所按照业务规则终止其上市交易。证券交易所决定终止证券上市交易的，应当及时公告，并报国务院证券监督管理机构备案。

2. 证券（含股票）交易的一般规定

交易场所	（1）公开发行的证券，应当在依法设立的证券交易所上市交易或者在国务院批准的其他全国性证券交易场所交易 （2）非公开发行的证券，可以在证券交易所、国务院批准的其他全国性证券交易场所、按照国务院规定设立的区域性股权市场转让 （3）证券交易所、国务院批准的其他全国性证券交易场所的设立、变更和解散由国务院决定。设立证券交易所必须制定章程。证券交易所章程的制定和修改，必须经国务院证券监督管理机构批准【注意】实行会员制的证券交易所的财产积累归会员所有，其权益由会员共同享有，在其存续期间，不得将其财产积累分配给会员。
相关义务	（1）证券交易场所、证券公司和证券登记结算机构的从业人员，证券监督管理机构的工作人员以及法律、行政法规规定禁止参与股票交易的其他人员，在任期或者法定限期内，不得直接或者以化名、借他人名义持有、买卖股票或者其他具有股权性质的证券，也不得收受他人赠送的股票或者其他具有股权性质的证券 【注意】实施股权激励计划或者员工持股计划的证券公司的从业人员，可以按照规定持有、卖出本公司股票或者其他具有股权性质的证券。 （2）为证券发行出具审计报告或者法律意见书等文件的证券服务机构和人员，在该证券承销期内和期满后六个月内，不得买卖该证券 除前款规定外，为发行人及其控股股东、实际控制人，或者收购人、重大资产交易方出具审计报告或者法律意见书等文件的证券服务机构和人员，自接受委托之日起至上述文件公开后5日内，不得买卖该证券 【注意】实际开展上述有关工作之日早于接受委托之日的，自实际开展上述有关工作之日起至上述文件公开后五日内，不得买卖该证券。

续表

归入权	上市公司、股票在国务院批准的其他全国性证券交易场所交易的公司持有5%以上股份的股东、董事、监事、高级管理人员，将其持有的该公司的股票或者其他具有股权性质的证券在买入后6个月内卖出，或者在卖出后6个月内又买入，由此所得收益归该公司所有，公司董事会应当收回其所得收益。但是，证券公司因购入包销售后剩余股票而持有5%以上股份，以及有国务院证券监督管理机构规定的其他情形的除外 【注意1】前款所称董事、监事、高级管理人员、自然人股东持有的股票或者其他具有股权性质的证券，包括其配偶、父母、子女持有的及利用他人账户持有的股票或者其他具有股权性质的证券。 【注意2】公司董事会不按照上述规定执行的，股东有权要求董事会在30日内执行；公司董事会未在上述期限内执行的，股东有权为了公司的利益以自己的名义直接向人民法院提起诉讼；公司董事会不按照规定执行的，负有责任的董事依法承担连带责任。

3. 禁止的交易行为

内幕交易	（1）证券交易内幕信息的知情人和非法获取内幕信息的人，在内幕信息公开前，不得买卖该公司的证券，或者泄露该信息，或者建议他人买卖该证券 （2）内幕信息的知情人包括：①发行人及其董事、监事、高级管理人员；②持有公司5%以上股份的股东及其董事、监事、高级管理人员，公司的实际控制人及其董事、监事、高级管理人员；③发行人控股或者实际控制的公司及其董事、监事、高级管理人员；④由于所任公司职务或者因与公司业务往来可以获取公司有关内幕信息的人员；⑤上市公司收购人或者重大资产交易方及其控股股东、实际控制人、董事、监事和高级管理人员；⑥因职务、工作可以获取内幕信息的证券交易场所、证券公司、证券登记结算机构、证券服务机构的有关人员；⑦因职责、工作可以获取内幕信息的证券监督管理机构工作人员；⑧因法定职责对证券的发行、交易或者对上市公司及其收购、重大资产交易进行管理可以获取内幕信息的有关主管部门、监管机构的工作人员；⑨国务院证券监督管理机构规定的可以获取内幕信息的其他人员（3）内幕信息主要包括：①公司的经营方针和经营范围的重大变化；②公司的重大投资行为，公司在一年内购买、出售重大资产超过公司资产总额30%，或者公司营业用主要资产的抵押、质押、出售或者报废一次超过该资产的30%；③公司订立重要合同、提供重大担保或者从事关联交易，可能对公司的资产、负债、权益和经营成果产生重要影响；④公司发生重大债务和未能清偿到期重大债务的违约情况；⑤公司发生重大亏损或者重大损失；⑥公司生产经营的外部条件发生的重大变化；⑦公司的董事、1/3以上监事或者经理发生变动，董事长或者经理无法履行职责；⑧持有公司5%以上股份的股东或者实际控制人持有股份或者控制公司的情况发生较大变化，公司的实际控制人及其控制的其他企业从事与公司相同或者相似业务的情况发生较大变化；⑨公司分配股利、增资的计划，公司股权结构的重要变化，公司减资、合并、分立、解散及申请破产的决定，或者依法进入破产程序、被责令关闭； ⑩涉及公司的重大诉讼、仲裁，股东大会、董事会决议被依法撤销或者宣告无效；⑪公司涉嫌犯罪被依法立案调查，公司的控股股东、实际控制人、董事、监事、高级管理人员涉嫌犯罪被依法采取强制措施；⑫国务院证券监督管理机构规定的其他事项
利用未公开信息交易	禁止证券交易场所、证券公司、证券登记结算机构、证券服务机构和其他金融机构的从业人员、有关监管部门或者行业协会的工作人员，利用因职务便利获取的内幕信息以外的其他未公开的信息，违反规定，从事与该信息相关的证券交易活动，或者明示、暗示他人从事相关交易活动。
操纵证券市场	禁止任何人以下列手段操纵证券市场，影响或者意图影响证券交易价格或者证券交易量：（1）单独或者通过合谋，集中资金优势、持股优势或者利用信息优势联合或者连续买卖；（2）与他人串通，以事先约定的时间、价格和方式相互进行证券交易；（3）在自己实际控制的账户之间进行证券交易；（4）不以成交为目的，频繁或者大量申报并撤销申报；（5）利用虚假或者不确定的重大信息，诱导投资者进行证券交易；（6）对证券、发行人公开作出评价、预测或者投资建议，并进行反向证券交易；（7）利用在其他相关市场的活动操纵证券市场；（8）操纵证券市场的其他手段
虚假陈述	（1）禁止任何单位和个人编造、传播虚假信息或者误导性信息，扰乱证券市场 （2）禁止证券交易场所、证券公司、证券登记结算机构、证券服务机构及其从业人员，证券业协会、证券监督管理机构及其工作人员，在证券交易活动中作出虚假陈述或者信息误导

续表

欺诈客户	禁止证券公司及其从业人员从事下列损害客户利益的行为： （1）违背客户的委托为其买卖证券；（2）不在规定时间内向客户提供交易的确认文件；（3）未经客户的委托，擅自为客户买卖证券，或者假借客户的名义买卖证券；（4）为牟取佣金收入，诱使客户进行不必要的证券买卖；（5）其他违背客户真实意思表示，损害客户利益的行为

【注意】依法拓宽资金入市渠道，禁止资金违规流入股市。禁止投资者违规利用财政资金、银行信贷资金买卖证券。

（二）公司债券上市交易

1. 公开发行的公司债券的上市与交易，规则与公开发行的股票的上市与交易相同。

2. 公司债券交易中，同样禁止内幕交易行为。

其内幕信息包括：公司股权结构或者生产经营状况发生重大变化；公司债券信用评级发生变化；公司重大资产抵押、质押、出售、转让、报废；公司发生未能清偿到期债务的情况；公司新增借款或者对外提供担保超过上年末净资产的 20%；公司放弃债权或者财产超过上年末净资产的 10%；公司发生超过上年末净资产 10%的重大损失；公司分配股利，作出减资、合并、分立、解散及申请破产的决定，或者依法进入破产程序、被责令关闭；涉及公司的重大诉讼、仲裁；公司涉嫌犯罪被依法立案调查，公司的控股股东、实际控制人、董事、监事、高级管理人员涉嫌犯罪被依法采取强制措施；国务院证券监督管理机构规定的其他事项。

二、选编例题

【例 1 · 单选题】根据《证券法》的规定，股份有限公司申请证券上市交易，应当向特定机构申请，由该机构依法审核同意，并由双方签订上市协议后方可上市，该特定机构是（　　）。

A. 国务院证券监督管理机构　　B. 证券交易所

C. 国务院授权的部门　　D. 省级人民政府

【例 2 · 单选题】甲上市公司的董事买入该上市公司的股票后 3 个月内卖出，由此所得的收益归（　　）所有。

A. 该董事　　B. 证券交易所　　C. 甲上市公司　　D. 甲上市公司董事会

【例 3 · 单选题】对证券、发行人公开作出评价、预测或者投资建议，并进行反向证券交易，影响或者意图影响证券交易价格的行为是（　　）。

A. 虚假陈述行为　　B. 内幕交易行为

C. 操纵证券市场行为　　D. 利用未公开信息进行交易的行为

知识点 4 选编例题答案

1.**【答案】**B

【解析】根据规定，申请证券上市交易，应当向“证券交易所”提出申请，由证券交易所审核同意，并由双方签订上市协议。

2.**【答案】**C

【解析】上市公司、股票在国务院批准的其他全国性证券交易场所交易的公司持有 5%以上股份的股东、董事、监事、高级管理人员，将其持有的该公司的股票或者其他具有股权性质的证券在买入后 6 个月内卖出，或者在卖出后 6 个月内又买入，由此所得收益归该公司所有。

3.**【答案】**C

【解析】题目中所述行为属于操纵证券市场行为。

【知识点5】私募投资基金★★

一、知识点精讲

（一）私募基金的发行规则

1. 私募基金设立原则：设立私募基金管理机构和发行私募基金不设行政审批。

2. 私募基金合格投资者标准

一般认定标准	（1）具备相应风险识别能力和风险承担能力 （2）单笔最低认购金额“不低于100万元” （3）资产规模或收入水平 ①单位：净资产不低于1 000万元 ②个人：金融资产不低于300万元或最近3年个人年均收入不低于50万元
特殊合格投资者	（1）社保基金、企业年金等养老基金，慈善基金等社会公益基金 （2）依法设立并在基金协会备案的投资计划 （3）投资于所管理私募基金的私募基金管理人及其从业人员

【注意】单只私募基金的投资者人数累计不得超过《证券投资基金法》《公司法》《合伙企业法》等法律规定的特定数量。投资者转让基金份额的，受让人应当为合格投资者且基金份额受让后投资人数应当符合前述规定。

3. 资金募集的禁止性规定

（1）不得向合格投资者之外的单位和个人募集资金，不得通过报刊、电台、电视、互联网等公众传播媒体或者讲座、报告会、分析会和布告、传单、手机短信、微信、博客和电子邮件等方式向不特定对象宣传推介。

（2）不得向投资者承诺投资本金不受损失或者承诺最低收益。

（二）私募基金的投资运作

1. 私募基金管理方式：除基金合同另有约定外，私募基金应当由基金托管人托管。

2. 私募基金管理人、私募基金托管人及私募基金销售机构应当妥善保存私募基金投资决策、交易和投资者适当性管理等方面的记录及其他相关资料，保存期限自基金清算终止之日起不得少于10年。

二、选编例题

【例1·单选题】关于非公开募集基金，下列表述不正确的是（　　）。

A. 单只私募基金的投资者人数累计不得超过《证券投资基金法》《公司法》《合伙企业》等法律规定的特定数量

B. 私募基金应当向合格投资者募集，投资者转让基金份额的，受让人也应当为合格投资者

C. 除基金合同另有约定外，私算基金应当由基金托管人托管

D. 私募基金管理人、私募基金托管人可以将其固有财产或者他人财产混同于基金财产从事投资活动

【例2·单选题】根据证券法律制度的规定，私募基金应当向合格投资者募集，下列各项中不满足合格投资者条件的是（　　）。

A. 甲公司的净资产为1 500万元，且单笔认购金额为80万元

B. 小琴名下的金融资产为250万元，最近3年个人年均收入为50万元，且单笔认购金额为120万元

C. 投资于自己所管理的私募基金的基金管理人小李

D. 慈善基金

知识点5选编例题答案

1.【答案】D

【解析】私募基金管理人、私募基金托管人不得将其固有财产或者他人财产混同于基金财产从事投资活动。

2.【答案】A

【解析】选项A：不符合“投资于单只私募基金的金额不低于100万元”的规定选项。B：符合“金融资产不低于300万元或者最近3年个人年均收入不低于50万元的个人”的规定选项。C：投资于所管理私募基金的私募基金管理人及其从业人员视为合格投资者。选项D：社会保障基金、企业年金等养老基金，慈善基金等社会公益基金视为合格投资者。

【知识点6】银行法基础知识★★

一、知识点精讲

（一）商业银行的职能

1. 信用中介职能
2. 支付中介职能
3. 信用创造职能
4. 金融服务职能

（二）银行分类

中央银行	指中国人民银行，中央银行通常是发行的银行、银行的银行、政府的银行。
政策性银行	包括国家开发银行、中国农业发展银行、中国进出口银行。 【注意】国家开发银行要坚持开发性金融机构定位。
商业银行	遵循安全性、流动性、效益性的“三性原则”，属于企业法人
信用合作社	包括农村信用合作社和城市信用合作社
小额贷款公司	不吸收公众存款，经营小额贷款业务的有限责任公司或股份有限公司
互联网银行	以纯互联网方式运营，不设物理网点、不做现金业务，不涉足传统银行线下业务等。浙江网商银行、前海微众银行等被认为是纯粹的互联网银行。

（三）银行监管体制

1.2018年组建中国银行保险监督管理委员会（简称银保监会），主要职责是依照法律法规统一监督管理银行业和保险业，保护金融消费者合法权益，维护银行业和保险业合法、稳健运行，防范和化解金融风险，维护金融稳定等。

2. 银保监会的主要职责（共15条，以下为重点条款）

（1）依据审慎监管和金融消费者保护基本制度，制定银行业和保险业审慎监管与行为监管规则。制定小额贷款公司、融资性担保公司、典当行、融资租赁公司、商业保理公司、地方资产管理公司等其他类型机构的经营规则和监管规则。制定网络借贷信息中介机构业务活动的监管制度。

（2）依法依规对银行业和保险业机构及其业务范围实行准入管理，审查高级管理人员任职资格。制定银行业和保险业从业人员行为管理规范。

（3）对银行业和保险业机构的公司治理、风险管理、内部控制、资本充足状况、偿付能力、经营行为和信息披露等实施监管。

（四）银行账户管理

1. 结算账户的使用

类型		开立
单位银行结算账户	基本存款账户	（1）用于日常经营活动的资金收付及其工资、奖金和现金的支取 （2）企业、事业单位可以自主选择一家商业银行的营业场所开立一个基本账户，不得开立两个以上基本账户。 【注意】个体工商户凭营业执照以字号或经营者姓名开立的银行结算账户纳入单位银行结算账户管理。
	一般存款账户	（1）用于办理存款人借款转存、借款归还和其他结算的资金收付。可以办理现金缴存，但不得办理现金支取。 （2）在基本存款账户开户银行以外的银行营业机构开立
	专用存款账户	对其特定用途资金进行专项管理和使用而开立的
	临时存款账户	用于办理临时机构以及存款人临时经营活动发生的资金收付
个人银行结算账户		用于办理个人转账收付和现金存取 【注意】储蓄账户仅限于办理现金存取业务，不得办理转账结算。

2. 结算账户的撤销

（1）被撤并、解散、宣告破产或关闭的；

（2）注销、被吊销营业执照的；

（3）因迁址需要变更开户银行的。

3. 银行结算账户管理档案的保管期限：银行算账户撤销后 10 年

二、选编例题

【例 1 · 单选题】甲公司成立后在某银行申请开立了一个用于办理日常转账结算和现金收付的账户，该账户性质属于（　　）。

A. 基本存款账户　　B. 一般存款账户　　C. 专用存款账户　　D. 临时存款账户

【例 2 · 多选题】存款人应向开户银行提出撤销银行结算账户申请的情形有（　　）。

A. 存款人被宣告破产　　B. 存款人被吊销营业执照

C. 存款人变更法定代表人　　D. 存款人因迁址需要变更开户银行

E. 存款人解散

【例 3 · 单选题】根据银行法律制度，下列主体中，属于商业银行的是（　　）。

A. 中国人民银行　　B. 中国进出口银行

C. 中国农业银行　　D. 中国农业发展银行

知识点 6 选编例题答案

1.【答案】A

【解析】根据规定，基本存款账户是存款人因办理日常转账结算和现金收付需要开立的银行结算账户。存款人日常经营活动的资金收付及其工资、奖金和现金的支取，应通过该账户办理。

2.【答案】ABDE

【解析】发生下列事由之一的，存款人应向开户银行提出撤销银行结算账户的申请：（1）被撤并、解散、宣告破产或关闭的；（2）注销、被吊销营业执照的；（3）因迁址需要变更开户银行的；（4）其他原因需要撤销银行结算账户的。

3.【答案】C

【解析】中国人民银行是中华人民共和国的中央银行。国家开发银行、中国农业发展银行、中国进出口银行是政策性银行。因此选项C正确。

【知识点7】商业银行存贷业务

一、知识点精讲

（一）存款业务规则

1. 个人存款业务规则

（1）定期存款的计息

提前支取	全部提前	按支取日挂牌公告的活期储蓄存款利率计付利息
	部分提前	提前支取的部分按支取日挂牌公告的活期储蓄存款利率计付利息，其余部分到期时按存单开户日挂牌公告的定期储蓄存款利率计付利息
逾期支取	超过原定存期的部分，除约定自动转存的外，按支取日挂牌公告的活期储蓄存款利率计付利息	

（2）活期存款的计息

全部支取活期储蓄存款，按清户日挂牌公告的活期储蓄存款利率计付利息。

（3）利率调整

定期储蓄	遇有利率调整，按存单开户日挂牌公告的相应的定期储蓄存款利率计付利息。
活期储蓄	遇有利率调整，按结息日挂牌公告的活期储蓄存款利率计付利息。

【注意】储蓄机构办理储蓄业务，必须遵循“存款自愿、取款自由、存款有息、为储户保密”的原则。

2. 单位定期存款规则

（1）单位定期存款期限：分为3个月、半年、一年三个档次，起存金额1万元。

（2）单位定期存款支取：只能以转账方式将存款转入单位基本存款账户，不得用于结算或从定期存款账户中提取现金。

（3）单位活期存款、通知存款和协定存款规则

①单位活期存款管理：单位活期存款按结息日挂牌公告的活期存款利率计息，遇利率调整不分段计息。

②单位通知存款管理：按支取日挂牌公告的同期、同档次通知存款利率计息。

③单位协定存款管理：协定存款利率由人民银行确定并公布。

（二）贷款业务规则

1. 贷款种类

按照贷款期限	短期贷款	贷款期限在1年以内（含1年）
	中期贷款	贷款期限在1年以上（不含1年）5年以下（含5年）
	长期贷款	贷款期限在5年（不含5年）以上
按照有无担保及担保方式	信用贷款、担保贷款（保证贷款、抵押贷款、质押贷款）和票据贴现	
按照贷款人是否承担风险	自营贷款	风险由贷款人承担
	委托贷款	贷款人只收取手续费，不承担贷款风险
	特定贷款	经国务院批准并对贷款可能造成的损失采取相应补救措施后责成国有独资商业银行发放的贷款

2. 贷款期限

（1）一般期限

①自营贷款：期限最长一般不得超过 10 年，超过 10 年应当报中国人民银行备案。

②票据贴现：贴现期限最长不得超过 6 个月，贴现期限为从贴现之日起到票据到期日止。

（2）展期

①短期贷款：展期期限累计不得超过原贷款期限。

②中期贷款：展期期限累计不得超过原贷款期限的一半。

③长期贷款：展期期限累计不得超过 3 年。

3. 贷款管理

（1）行长负责制：贷款管理实行行长（经理、主任，下同）负责制。

（2）审贷分离、分级审批制。

（3）驻厂信贷员制：贷款人对大额借款人建立驻厂信贷员制度。

（4）离任审计制。

（5）贷款质量监管制：对不良贷款进行分类、登记、考核和催收，不良贷款包括呆账贷款、呆滞贷款、逾期贷款。

4. 民间贷款

民间贷款指自然人、法人、其他组织之间及其相互之间进行资金融通的行为，除存在《民法典》及该司法解释规定的合同无效情形外，民间借贷合同有效。

（1）民间借贷合同无效情形：①套取金融机构贷款转贷的；②以向其他营利法人借贷、向本单位职工集资，或者以向公众非法吸收存款等方式取得的资金转贷的；③未依法取得放贷资格的出借人，以营利为目的向社会不特定对象提供借款的；④出借人事先知道或者应当知道借款人借款用于违法犯罪活动仍然提供借款的；⑤违反法律、行政法规强制性规定的；⑥违背公序良俗的。

（2）贷款利率上限："合同成立时""一年期"贷款市场报价利率"四倍"。

二、选编例题

【例 1 · 单选题】王某在 2019 年 2 月 1 日（该日公告的活期存款月利率是 0.5%）存入一笔 1 000 元的活期存款，3月1日取出全部本金（该日公告的月利率为0.8%），则其能取回的全部金额是（　　）。

A.1 000.50 元　　B.1 005.00 元　　C.1 000.80 元　　D.1 008.00 元

【例 2 · 多选题】下列情形中，属于民间借贷的有（　　）。

A. 甲公司向招商银行借款

B. 张某向农村信用社借款

C. 乙公司向丙公司借款

D. 李某向王某借款

E. 李某向网络借贷平台借款

【例 3 · 单选题】下列关于贷款期限的表述，错误的是（　　）。

A. 自营贷款期限最长一般不得超过 10 年，超过 10 年应当报中国人民银行备案

B. 票据贴现的贴现期限最长不得超过 6 个月，贴现期限为从贴现之日起到票据到期日止

C. 中期贷款展期期限累计不得超过原贷款期限的一半

D. 长期贷款展期期限累计不得超过 5 年

知识点 7 选编例题答案

1.**【答案】**D

【解析】全部支取活期储蓄存款，按清户日挂牌公告的活期储蓄存款利率计付利息。利息 1 000×0.8%＝8（元），本息和＝1 000 ＋ 8 ＝ 1 008（元）。

2.**【答案】**CDE

【解析】民间借贷，是指自然人、法人、其他组织之间及其相互之间进行资金融通的行为。

3.**【答案】**D

【解析】长期贷款展期期限累计不得超过3年。

【知识点8】商业银行中间业务★★

一、知识点精讲

(一)结算业务

1. 票据结算

(1)票据和结算凭证上的签章：签名、盖章或者签名加盖章。

【注意】单位和银行的名称应当记载全称或规范化简称。

(2)票据和结算凭证的金额、出票或签发日期、收款人名称不得更改，更改的票据无效；更改的结算凭证，银行不予受理。

(3)票据和结算凭证金额以中文大写和阿拉伯数码同时记载，二者必须一致，二者不一致的票据无效。

2. 汇兑：分为信汇、电汇两种

3. 委托收款：单位和个人均可以使用，在同城、异地均可以使用

4. 托收承付

(1)主体：收款单位和付款单位必须是国有企业、供销合作社以及经营管理较好，并经开户银行审查同意的城乡集体所有制工业企业。

(2)款项：必须是商品交易，以及因商品交易而产生的劳务供应的款项。

【注意】代销、寄销、赊销商品的款项不得办理托收承付结算。

5. 信用证结算：国内信用证是以人民币计价、不可撤销的跟单信用证；开立和转让国内信用证，应当具有真实的贸易背景

(二)银行卡业务规则

1. 银行卡分类：

信用卡	贷记卡	给予一定的信用额度，持卡人可在信用额度内先消费、后还款
	准贷记卡	须先按发卡银行要求交存一定金额的备用金，当备用金账户余额不足支付时，可在发卡银行规定的信用额度内透支
借记卡	转账卡(含储蓄卡)	具有转账结算、存取现金和消费功能
	专用卡	具有专门用途、在特定区域使用的借记卡，具有转账结算、存取现金功能
	储值卡	根据持卡人要求将其资金转至卡内储存，交易时直接从卡内扣款的预付钱包式借记卡

2. 计息和收费标准

(1)计息

准贷记卡及借记卡(不含储值卡)	计付利息
贷记卡、储值卡(含IC卡的电子钱包)	不计付利息

(2)免息还款期待遇

免息还款期最长为60天。持卡人在到期还款日前偿还所使用全部银行款项即可享受免息还款期待遇，无须支付非现金交易的利息。

【注意】贷记卡持卡人选择最低还款额方式或超过发卡银行批准的信用额度用卡时，不再享受免息还款期待遇。

(3)透支计息

①贷记卡持卡人支取现金、准贷记卡透支，不享受免息还款期和最低还款额待遇；

②贷记卡透支按月记收复利，准贷记卡透支按月计收单利，透支利率为日利率万分之五。

（4）银行卡年费和管理费

对于银行客户账户中（不含信用卡）没有享受免收账户管理费（含小额账户管理费）和年费的，商业银行应根据客户申请，为其提供一个免收账户管理费（含小额账户管理费）和年费的账户。

3. 交易管理

贷记卡的取现	每卡每日累计取现不得超过 2 000 元人民币
在自动柜员机（ATM）取款	每卡每日累计提款不得超过 20 000 元人民币
储值卡	面值或卡内币值不得超过 1 000 元人民币

【**注意**】单位人民币卡可办理商品交易和劳务供应款项的结算，但不得透支。

4. 风险控制指标

（1）一般规定

	个人卡	单位卡	
单笔透支发生额	≤ 2 万元	≤ 5 万元	
月透支余额	≤ 5 万元	有综合授信额度	≤该单位综合授信额度的 3%
		无综合授信额度	≤ 10 万元

（2）外币卡的透支额度：不得超过持卡人保证金（含储蓄存单质押金额）的 80%。

（3）从《银行卡业务管理办法》施行之日起新发生的 180 天（含 180 天）以上的月均透支余额不得超过月均总透支余额的 15%。

二、选编例题

【**例 1 · 单选题**】某国有商业企业的下列款项中，不可以采用托收承付结算方式的是（　　）。

A. 销售商品而收取的款项　　B. 在销售商品的同时为客户送货而收取的运输费

C. 采购商品而支付的款项　　D. 赊销商品需要收取的款项

【**例 2 · 单选题**】银行卡的种类依据不同的划分方式可有不同的分类，其中贷记卡是指（　　）。

A. 发卡银行给予持卡人一定的信用额度，持卡人可在信用额度内先消费、后还款的信用卡

B. 持卡人须先按发卡银行要求交存一定金额的备用金，当备用金账户余额不足支付时，可在发卡银行规定的信用额度内透支

C. 持卡人先将款项存入卡内账户，然后进行消费

D. 发卡银行根据持卡人要求将其资金转至卡内储存，交易时直接从卡内扣款

【**例 3 · 单选题**】贷记卡持卡人非现金交易享受免息还款期待遇，免息还款期最长为（　　）。

A.30 天　　B.45 天　　C.60 天　　D.90 天

【**例 4 · 单选题**】根据票据法律制度的规定，在票据上更改特定记载事项的，将导致票据无效。下列各项中，属于该记载事项的是（　　）。

A. 付款人名称　　B. 收款人名称　　C. 付款地　　D. 出票地

知识点 8 选编例题答案

1.【**答案**】D

【**解析**】办理托收承付结算的款项必须是商品交易以及因商品交易而产生的劳务供应款项。代销、寄销、赊销商品的款项，不得办理托收承付结算。

2.【**答案**】A

续表

【解析】贷记卡是指发卡银行给予持卡人一定的信用额度，持卡人可在信用额度内先消费后还款的信用卡。选项B为准贷记卡，选项C、D均为借记卡。

3.【答案】C

【解析】贷记卡持卡人非现金交易享受免息还款期待遇，免息还款期最长为60天。

4.【答案】B

【解析】票据金额、日期、收款人名称不得更改，更改的票据无效。

【知识点9】信托法概述★

一、知识点精讲

（一）信托的功能

1. 财产管理功能；
2. 融通资金功能；
3. 资产证券化导管功能；
4. 沟通和协调经济关系的功能。

（二）信托类型

按照信托受益人与委托人的关系	自益信托	委托人和受益人为同一人
	他益信托	委托人和受益人不为同一人
按照信托设立意图	公益信托	为学术、慈善、宗教等事业及其他社会公共利益目的而设立
	私益信托	为自己或其指定的特定私人利益而设立 【注意】《信托法》规定的民事信托、营业信托本质上都属于私益信托。
按照信托设立依据	设定信托	基于信托合同或遗嘱等信托文件而设立
	法定信托	法律强制或法律根据对当事人意思的解释推定而成立

（三）信托设立

1. 信托无效的情形

（1）信托目的违反法律、行政法规或者损害社会公共利益；

（2）信托财产不能确定；

（3）委托人以非法财产或者《信托法》规定不得设立信托的财产设立信托；

（4）专以诉讼或者讨债为目的设立信托；

（5）受益人或者受益人范围不能确定；

（6）法律、行政法规规定的其他情形。

2. 信托撤销

（1）情形：委托人设立信托损害其债权人利益的；

（2）期限：债权人有权申请人民法院撤销该信托，申请权应在债权人知道或者应当知道撤销原因之日起1年内行使。

（3）影响：人民法院撤销信托的，不影响善意受益人已经取得的信托利益。

3. 信托合同：设立信托应当采用书面形式

4. 信托当事人

委托人	具有完全民事行为能力的自然人、法人或者依法成立的其他组织
受托人	具有完全民事行为能力的自然人、法人，法律另有规定的除外

续表

受益人	可以是自然人、法人或者依法成立的其他组织 【注意】委托人可以是同一信托的惟一受益人；受托人可以是受益人，但不得是同一信托的唯一受益人。

（四）信托财产和信托行为

1. 信托财产

（1）要求：

①法律、行政法规禁止流通的财产，不得作为信托财产。

②法律、行政法规限制流通的财产，依法经有关主管部门批准后，可以作为信托财产。

（2）信托财产的独立性：信托一旦有效设立，信托财产就从委托人、受托人和受益人的固有财产中分离出来而成为一种独立的财产整体。

①信托财产与委托人未设立信托的其他财产相区别；

②信托财产与属于受托人所有的财产（固有财产）相区别；

③受托人死亡或者依法解散、被依法撤销、被宣告破产而终止，信托财产不属于其遗产或者清算财产；

④受托人不得将信托财产转为其固有财产；

⑤受托人必须将信托财产与其固有财产分别管理、分别记账，并将不同委托人的信托财产分别管理、分别记账。

2. 信托行为

（1）信托经营规则

信托公司应当亲自处理信托事务。信托文件另有约定或有不得已事由时，可委托他人代为处理，但信托公司应尽足够的监督义务，并对他人处理事务的行为承担责任。

（2）禁止性行为

①利用受托人地位谋取不当利益；

②将信托财产挪用于非信托目的的用途；

③承诺信托财产不受损失或者保证最低收益；

④以信托财产提供担保；

⑤法律、法规和银保监会禁止的其他行为。

二、选编例题

【例 1·单选题】委托人设立信托损害其债权人利益的，债权人有权申请人民法院撤销该信托，申请权应在债权人知道或者应当知道撤销原因之日起（　　）内行使。

A.30 天　　B.6 个月　　C.1 年　　D.5 年

【例 2·单选题】根据《信托法》，下列情形中，属于信托撤销事由的是（　　）。

A. 信托财产不能确定的　　B. 专以诉讼为目的设立信托的

C. 受益人范围不能确定的　　D. 委托人设立信托损害其债权人利益的

知识点 9 选编例题答案

1.【答案】C

【解析】委托人设立信托损害其债权人利益的，债权人有权申请人民法院撤销该信托，申请权应在债权人知道或者应当知道撤销原因之日起 1 年内行使。

2.【答案】D

【解析】根据规定，委托人设立信托损害其债权人利益的，债权人有权申请人民法院撤销该信托，申请权应在债权人知道或者应当知道撤销原因之日起 1 年内行使。选项 ABC属于信托无效。

【知识点 10】特殊信托业务★★

一、知识点精讲

（一）房地产信托业务

房地产信托业务指信托投资公司通过资金信托方式集中两个或两个以上委托人合法拥有的资金，按委托人的意愿以自己的名义，为受益人的利益或者特定目的，以不动产或其经营企业为主要运用标的，对房地产信托资金进行管理、运用和处分的行为。

（二）银信理财合作业务

银信理财合作是指银行将理财计划项下的资金交付信托，由信托公司担任受托人并按照信托文件的约定进行管理、运用和处分的行为。

（三）证券投资信托业务

证券投资信托业务是指信托公司将集合信托计划或者单独管理的信托产品项下的资金投资于依法公开发行并在符合法律规定的交易场所公开交易的证券的经营行为。

（四）商业银行理财业务

商业银行理财业务是指商业银行接受投资者委托，按照与投资者事先约定的投资策略、风险承担和收益分配方式，对受托的投资者财产进行投资和管理的金融服务。

根据投资性质的不同	固定收益类理财产品	投资于存款、债券等债权类资产的比例不低于 80%
	权益类理财产品	投资于权益类资产的比例不低于 80%
	商品及金融衍生品类理财产品	投资于商品及金融衍生品的比例不低于 80%
	混合类理财产品	投资于债权类资产、权益类资产、商品及金融衍生品类资产且任一资产的投资比例未达到前三类理财产品标准

（五）资产证券化业务

1. 概念指以基础资产所产生的现金流为偿付支持，通过结构化等方式进行信用增级，在此基础上发行资产支持证券的业务活动。

2. 资产证券化当事人

原始权益人	按照规定及约定向专项计划转移其合法拥有的基础资产以获得资金的主体
管理人	指为资产支持证券持有人之利益，对专项计划进行管理及履行其他法定及约定职责的证券公司、基金管理公司子公司
托管人	指为资产支持证券持有人之利益，按照规定或约定对专项计划相关资产进行保管，并监督专项计划运作的商业银行或其他机构

3. 专项计划设立

（1）基础资产的管理

①基础资产不得附带抵押、质押等担保负担或者其他权利限制，但通过专项计划相关安排，在原始权益人向专项计划转移基础资产时能够解除相关担保负担和其他权利限制的除外。

②基础资产的规模、存续期限应当与资产支持证券的规模、存续期限相匹配。

（2）资产支持证券的发行

①资产支持证券应当面向合格投资者发行，发行对象不得超过 200 人，单笔认购不少于 100 万元人民币发行面值或等值份额。

②专项计划设立失败的，管理人应当自发行期结束之日起 10 个工作日内，向投资者退还认购资

金，并加算银行同期活期存款利息。

（3）专项计划备案

管理人应当自专项计划成立日起 5 个工作日内将设立情况报中国基金业协会备案，同时抄送对管理人有辖区监管权的中国证监会派出机构。

4. 资产支持证券的挂牌、转让

（1）挂牌在证券交易所、全国中小企业股份转让系统、机构间私募产品报价与服务系统、证券公司柜台市场以及中国证监会认可的其他证券交易场所进行挂牌、转让。

（2）转让

①资产支持证券仅限于在合格投资者范围内转让。转让后，持有资产支持证券的合格投资者合计不得超过 200 人。

②资产支持证券初始挂牌交易单位所对应的发行面值或等值份额应不少于 100 万元人民币。

5. 信息披露

（1）年度报告披露管理人、托管人应当在每年 4 月 30 日之前向资产支持证券合格投资者披露上年度资产管理报告、年度托管报告。

（2）临时信息披露发生可能对资产支持证券投资价值或价格有实质性影响的重大事件，管理人应当及时向资产支持证券合格投资者披露，并向证券交易场所、中国基金业协会报告，同时抄送对管理人有辖区监管权的中国证监会派出机构。

二、选编例题

【例 1 · 单选题】商业银行理财业务中，固定收益类理财产品投资于存款、债券等债权类资产的比例不低于（　　）。

A.50%　　B.60%　　C.80%　　D.90%

【例 2 · 单选题】下列关于资产证券化业务的说法，不正确的是（　　）。

A. 资产支持证券转让后，持有资产支持证券的合格投资者合计不得超过 200 人

B. 资产支持证券的单笔认购不少于 100 万元人民币发行面值或等值份额

C. 资产支持证券初始挂牌交易单位所对应的发行面值或等值份额应不少于 200 万元人民币

D. 管理人、托管人应当在每年 4 月 30 日之前向资产支持证券合格投资者披露上年度资产管理报告、年度托管报告

知识点 10 选编例题答案

1.**【答案】**C

【解析】固定收益类理财产品投资于存款、债券等债权类资产的比例不低于 80%。

2.**【答案】**C

【解析】选项 C：资产支持证券初始挂牌交易单位所对应的发行面值或等值份额应不少于 100 万元人民币。

【知识点 11】融资租赁类型和关系★★

一、知识点精讲

（一）融资租赁的概念

融资租赁合同是出租人根据承租人对出卖人、租赁物的选择，向出卖人购买租赁物，提供给承租人使用，承租人支付租金的合同。

（二）融资租赁类型

直接租赁	指国内金融租赁公司用筹措到的资金，从国内外厂商购进承租人所需要的设备，再租给承租人使用；承租人分期向租赁公司支付租金，并负责设备的安装、保养、维护、支付保险费和交纳税金
转租赁	租赁公司以承租人的身份，先从国内外租赁公司或厂商那里租入用户所急需的设备，再以出租人身份将设备租给用户使用
售后回租	指承租人将自有物件出卖给出租人，同时与出租人签订融资租赁合同，再将该物件从出租人处租回
杠杆租赁（平衡租赁）	指出租人从银行借到60%~80%的资金，本身投资设备价款的20%~40%，购买设备并将设备租给承租人
联合租赁	指多家有融资租赁资质的租赁公司对同一个融资租赁项目提供租赁融资，由其中一家租赁公司作为牵头人

（三）融资租赁当事人

1. 融资租赁企业

申请设立金融租赁公司，应当具备以下条件。

（1）有符合《公司法》和银监会规定的公司章程、发起人；

（2）注册资本为一次性实缴货币资本，最低限额为1亿元人民币或等值的可自由兑换货币；

（3）有符合任职资格条件的董事、高级管理人员，并且从业人员中有相关工作经历3年以上的人员不低于总人数的50%；

（4）建立了有效的公司治理、内部控制和风险管理体系、安全且合规的信息系统；

（5）有与业务经营相适应的营业场所、安全防范措施和其他设施。

2. 出租人与承租人

（1）出租人：在我国，只能是经过金融管理部门许可的金融租赁公司或金融租赁企业。

（2）承租人：占有使用租赁物并支付租金的当事人。

（四）融资租赁合同

1. 形式：融资租赁合同应当采用书面形式。

2. 合同当事人权利义务

出租人	主要权利	在租赁期内享有租赁物的所有权，按约定收取租金
	主要义务	根据承租人对出卖人、租赁物的选择向出卖人购买租赁物
承租人	主要权利	按约定向不履行买卖合同义务的出卖人行使索赔权
	主要义务	履行占有租赁物期间的维修义务

3. 合同解除

出租人或承租人解除权	（1）出租人与出卖人订立的买卖合同解除、被确认无效或者被撤销，且未能重新订立买卖合同的 （2）租赁物因不可归责于当事人的原因毁损、灭失且不能修复或者确定替代物的 （3）因出卖人的原因致使融资租赁合同的目的不能实现的
出租人解除权	（1）承租人未经出租人同意，将租赁物转让、抵押、质押、投资入股或者以其他方式处分的 （2）承租人未按照合同约定的期限和数额支付租金，符合合同约定的解除条件，经催告后在合理期限内仍不支付的 （3）合同对于欠付租金解除合同的情形没有明确约定，但承租人欠付租金达到两期以上，或者数额达到全部租金15%以上，经出租人催告后在合理期限内仍不支付的 （4）承租人违反合同约定，致使合同目的不能实现的其他情形

4. 违约责任

出租人的违约责任	出租人应当保证承租人对租赁物的占有和使用	出租人有下列情形之一的，承租人有权请求其赔偿损失： （1）无正当理由收回租赁物 （2）无正当理由妨碍、干扰承租人对租赁物的占有和使用 （3）因出租人的原因导致第三人对租赁物主张权利 （4）不当影响承租人对租赁物占有、使用的其他情形
出租人的违约责任	出租人原因致承租人对出卖人索赔逾期或失败	出租人有下列情形之一，致使承租人对出卖人行使索赔权利失败的，承租人有权请求出租人承担相应的责任： （1）明知租赁物有质量瑕疵而不告知承租人的 （2）承租人行使索赔权时，未及时提供必要协助的 【注意】出租人怠于行使只能由其对出卖人行使的索赔权利，造成承租人损失的，承租人有权请求出租人承担赔偿责任。
	租赁物不符合约定且出租人实施下列行为	（1）承租人依赖出租人的技能确定租赁物或者出租人干预选择租赁物 （2）出租人干预或者要求承租人按照出租人意愿选择出卖人或者租赁物的 （3）出租人擅自变更承租人已经选定的出卖人或者租赁物的
承租人的违约责任	承租人逾期履行支付租金义务或者迟延履行其他付款义务	

二、选编例题

【例1·单选题】甲乙双方签订一份合同，该合同的要点为：（1）甲方按照乙方指定的型号和技术要求向指定的丙购一套设备；（2）乙方按期支付租金；（3）租赁期满，设备所有权仍归甲方所有。按照我国合同法有关规定，该合同属于（　　）。

A. 租赁合同　　B. 融资租赁合同　　C. 买卖合同　　D. 居间合同

【例2·多选题】融资租赁合同对于欠付租金解除合同的情形没有明确约定，但承租人欠付租金（　　），经出租人催告后在合理期限内仍不支付的，出租人可以解除合同。

A. 达到两期以上　　B. 数额达到全部租金30%以上

C. 达到三期以上　　D. 达到四期以上

E. 数额达到全部租金15%以上

【例3·单选题】承租人将自有物件出卖给出租人，同时与出租人签订融资租赁合同，再将该物件从出租人处租回，该种形式属于（　　）。

A. 融资租赁　　B. 售后回租　　C. 转租赁　　D. 杠杆租赁

知识点11选编例题答案

1.【答案】B

【解析】融资租赁合同是出租人根据承租人对出卖人、租赁物的选择，向出卖人购买租赁物，提供给承租人使用，承租人支付租金的合同。

2.【答案】AE

【解析】出租人可以请求解除合同的情形：承租人未经出租人同意，将租赁物转让、抵押、质押、投资入股或者以其他方式处分的；承租人未按照合同约定的期限和数额支付租金，符合合同约定的解除条件，经催告后在合理期限内仍不支付的；合同对于欠付租金解除合同的情形没有明确约定，但承租人欠付租金达到两期以上，或者数额达到全部租金15%以上，经出租人催告后在合理期限内仍不支付的；承租人违反合同约定，致使合同目的不能实现的其他情形。

3.【答案】B

【解析】售后回租是指承租人将自有物件出卖给出租人，同时与出租人签订融资租赁合同，再将该物件从出租人处租回的融资租赁形式。

【知识点12】融资租赁业务★★

一、知识点精讲

（一）业务范围

基本业务范围	（1）融资租赁业务 （2）转让和受让融资租赁资产 （3）固定收益类证券投资业务 （4）接受承租人的租赁保证金 （5）吸收非银行股东3个月（含）以上定期存款 （6）同业拆借 （7）向金融机构借款 （8）境外借款 （9）租赁物变卖及处理业务 （10）经济咨询
特殊业务范围	经银监会批准，经营状况良好、符合条件的金融租赁公司可以开办下列业务 （1）发行债券 （2）在境内保税地区设立项目公司开展融资租赁业务 （3）资产证券化 （4）为控股子公司、项目公司对外融资提供担保 （5）银监会批准的其他业务

（二）风险控制

金融租赁公司不得接受已设置任何抵押、权属存在争议或已被司法机关查封、扣押的财产或所有权存在瑕疵的财产作为售后回租业务的租赁物。

（三）监督管理

1. 金融租赁公司名称中应当标明“金融租赁”字样

2. 金融租赁公司风险监管指标管理

资本充足率	资本净额与风险加权资产的比例不得低于银保监会的最低监管要求
单一客户融资集中度	对单一承租人的全部融资租赁业务余额不得超过资本净额的30%
单一集团客户融资集中度	对单一集团的全部融资租赁业务余额不得超过资本净额的50%
单一客户关联度	对一个关联方的全部融资租赁业务余额不得超过资本净额的30%
全部关联度	对全部关联方的全部融资租赁业务余额不得超过资本净额的50%
单一股东关联度	对单一股东及其全部关联方的融资余额不得超过该股东在金融租赁公司的出资额，且应同时满足本办法对单一客户关联度的规定
同业拆借比例	同业拆入资金余额不得超过资本净额的100%

3. 准备金提取管理

金融租赁公司应当按照相关规定建立准备金制度，在准确分类的基础上及时足额计提资产减值损失准备。未提足准备的，不得进行利润分配。

二、选编例题

【例1·单选题】金融租赁公司风险监管指标中，金融租赁公司对一个关联方的全部融资租赁业务余额不得超过资本净额的（　　）。

A.30%　　B.50%　　C.60%　　D.80%

【例2·单选题】根据融资租赁法律制度，下列金融租赁公司的业务中，属于其特殊业务的是（　　）。

A. 同业拆借　　B. 融资租赁业务

C. 资产证券化　　D. 转让融资租赁资产

知识点12选编例题答案

1.【答案】A

【解析】金融租赁公司对一个关联方的全部融资租赁业务余额不得超过资本净额的30%。

2.【答案】C

【解析】经银监会批准，经营状况良好、符合条件的金融租赁公司可以开办下列部分或全部本外币业务：（1）发行债券；（2）在境内保税地区设立项目公司开展融资租赁业务；（3）资产证券化；（4）为控股子公司、项目公司对外融资提供担保；（5）银监会批准的其他业务。

同步强化训练题

一、单项选择题

1. 在我国境内发行下列证券时，不适用《中华人民共和国证券法》的是（　　）。

A. 股票　　B. 公司债券　　C. 政府债券　　D. 存托凭证

2. 全国股转系统的一家挂牌公司拟在北交所面向不特定合格投资者公开发行股票，则该挂牌公司应当是（　　）。

A. 在全国股转系统连续挂牌满12个月的创新层挂牌公司

B. 在全国股转系统连续挂牌满12个月的基础层挂牌公司

C. 在全国股转系统连续挂牌满36个月的创新层挂牌公司

D. 在全国股转系统连续挂牌满36个月的基础层挂牌公司

3. 下列关于上市公司配股和狭义增发的条件表述错误的是（　　）。

A. 配股的拟配售股份数量不超过本次配售股份前股本总额的30%

B. 配股时，控股股东应当在股东大会召开前公开承诺认配股份的数量

C. 增发股票，公司最近3个会计年度加权平均净资产收益率平均不低于6%

D. 增发股票，发行价格应不低于公告招股意向书前10个交易日公司股票均价或前1个交易日的均价

4. 国务院证券监督管理机构对已作出的证券发行注册决定，发现不符合法定条件，如该证券已经发行尚未上市的，保荐人应当承担的责任是（　　）。

A. 无过错的连带责任　　B. 过错推定的连带责任

C. 过错推定的补充责任　　D. 无过错的补充责任

5. 下列关于证券发行承销团承销证券的表述中，不符合证券法律制度规定的是（　　）。

A. 承销团承销适用于不特定对象公开发行的证券

B. 发行证券的票面总值必须超过人民币500万元

C. 承销团由主承销和参与承销的证券公司组成

D. 承销团代销、包销期最长不得超过90日

6. 以下关于包销和代销的说法正确的是（　　）。

A. 证券公司代发行人发售证券，在承销期结束时，将未售出的证券全部退还给发行人，这是代销方式

B. 证券公司在包销前可以为本公司预留所包销的股票

C. 股票发行采用代销方式，代销期限届满，向投资者出售的股票数量未达到拟公开发行股票数量60%的，为发行失败

D. 股票发行采用包销方式，包销期限届满，向投资者出售的股票数量未达到拟公开发行股票数量70%的，为发行失败

7. 国务院证券监督管理机构或者国务院授权的部门对已作出的证券发行注册的决定，发现不符合法定条件或者法定程序，下列处理措施错误的是（　　）。

A. 尚未发行证券的，应当予以撤销，停止发行

B. 已经发行尚未上市的，撤销发行注册决定，发行人应当按照发行价并加算银行同期贷款利息返还证券持有人

C. 发行人的控股股东、实际控制人以及保荐人，应当与发行人承担连带责任，但是能够证明自己没有过错的除外

D. 股票的发行人在招股说明书等证券发行文件中隐瞒重要事实，已经发行并上市的，国务院证券监督管理机构可以责令发行人回购证券

8. 根据证券法律制度的规定，为上市公司发行新股出具审计报告的注册会计师在法定期间内，不得买卖该上市公司的股票。该法定期间为（　　）。

A. 自接受上市公司委托之日起至审计报告公开后 5 日内

B. 上市公司股票承销期内和期满后 6 个月内

C. 自接受上市公司委托之日起至上市公司股票承销期满后 6 个月内

D. 自接受上市公司委托之日起至出具审计报告后 6 个月内

9. 下列信息不属于上市公司股票交易中内幕信息的是（　　）。

A. 公司分配股利或者增资的计划

B. 公司的董事、三分之一以上监事或者经理发生变动

C. 公司营业用主要资产报废一次超过该资产的 20%

D. 公司合并、分立的决定

10. 下列各项中，不属于禁止的证券交易行为的是（　　）。

A. 甲和乙机构投资者合谋，集中资金优势，联合买卖股票，造成证券市场价格变动

B. 假借客户的名义买卖证券

C. 甲与他人串通，利用资金优势，以事先约定的时间、价格和方式相互进行证券交易，影响证券交易量

D. 上市公司董事李某知悉持股 3%的股东王某将其所持公司全部股份转让，在该信息公开前李某将该消息泄露给他人

11. 私募基金应当向合格投资者募集，下列不属于合格投资者的是（　　）。

A. 投资于单只私募基金的金额不低于 100 万元且净资产 1 200 万元的合伙企业

B. 投资于单只私募基金的金额不低于 100 万元且净资产 900 万元的有限责任公司

C. 投资于单只私募基金的金额不低于 100 万元且金融资产为 300 万元的公民张某

D. 投资于单只私募基金的金额不低于 100 万元且最近 3 年个人年均收入为 80 万元的公民吴某

12. 根据中共中央印发的《深化党和国家机构改革的决定》，承担拟订银行业、保险业重要法律法规草案的机构是（　　）。

A. 中国银行保险监督管理委员会　　B. 国务院国有资产监督管理委员会

C. 中国人民银行　　D. 审计署

13. 银行结算账户管理档案的保管期限为银行结算账户撤销后（　　）年。

A.10　　B.5　　C.15　　D.20

14. 下列关于个人储蓄存单、存折挂失的表述不正确的是（　　）。

A. 记名式存单、存折可以挂失

B. 不记名式存单、存折不能挂失

C. 储蓄机构受理挂失后，必须立即停止支付该储蓄存款

D. 储户因不能办理书面挂失手续的，而使用电话、电报方式挂失，必须在挂失 7 天之内补办书面挂失手续

15. 下列关于个人储蓄存款计息的表述错误的是（　　）。

A. 未到期的定期储蓄存款，全部提前支取的，按支取日挂牌公告的活期储蓄存款利率计付利息

B. 逾期支取的定期储蓄存款，其超过原定存期的部分，除约定自动转存的外，按支取日挂牌公告的活期储蓄存款利率计付利息

C. 定期储蓄存款在存期内遇有利率调整，按存单支取日挂牌公告的相应的定期储蓄存款利率计付利息

D. 活期储蓄存款在存入期间遇有利率调整，按结息日挂牌公告的活期储蓄存款利率计付利息

16. 下列关于单位定期存款的表述错误的是（　　）。

A. 单位定期存款期限分为 3 个月、半年、一年三个档次，金额 1 万元起，多存不限

B. 存款单位支取定期存款可以用于结算或从定期存款账户中提取现金

C. 金融机构对单位活期存款实行账户管理，单位活期存款按结息日挂牌公告的活期存款利率计息，遇利率调整不分段计息

D. 单位通知存款按支取日挂牌公告的同期、同档次通知存款利率计息

17. 下列关于银行贷款业务的表述错误的是（　　）。

A. 中期贷款指贷款期限在 1 年以上（不含 1 年）5 年以下（含 5 年）的贷款

B. 委托贷款中，贷款人（受托人）只收取手续费，不承担贷款风险

C. 民间借贷合同一般无效

D. 短期贷款展期期限累计不得超过原贷款期限

18. 下列关于商业银行结算业务的表述错误的是（　　）。

A. 票据和结算凭证的金额、出票或签发日期、收款人名称不得更改，更改的票据无效

B. 票据和结算凭证金额以中文大写和阿拉伯数码同时记载，二者不一致的以中文大写为准

C. 委托收款在同城、异地均可以使用

D. 代销、寄销、赊销商品的款项不得办理托收承付结算

19. 委托收款是收款人委托银行向付款人收取款项的结算方式，该结算方式符合规定的是（　　）。

A. 只适于同城使用　　B. 只适于异地使用

C. 同城或异地都能使用　　D. 只能使用邮寄划回方式

20. 下列关于国内信用证结算方式的说法中，不正确的是（　　）。

A. 信用证为不可转让单据

B. 国内信用证是以人民币计价、不可撤销的跟单信用证

C. 信用证的开立与转让，需要具有真实的贸易背景

D. 政策性银行、商业银行、农村合作银行、村镇银行和农村信用社都可以依法开立信用证

21. 关于商业银行理财业务，其中固定收益类理财产品的投资比例要求为（　　）。

A. 投资于权益类资产的比例不低于 80%

B. 投资于存款、债券等债权类资产的比例不低于 80%

C. 投资于权益类资产的比例不低于 70%

D. 投资于存款、债券等债权类资产的比例不低于 70%

22. 下列关于银行卡风险管理的表述错误的是（　　）。

A. 同一持卡人单笔透支发生额个人卡不得超过 2 万元（含等值外币）、单位卡不得超过 5 万元（含等值外币）

B. 同一账户月透支余额个人卡不得超过 10 万元（含等值外币），单位卡不得超过发卡银行对该单位综合授信额度的 5%

C. 外币卡的透支额度不得超过持卡人保证金（含储蓄存单质押金额）的 80%

D.180 天（含 180 天）以上的月均透支余额不得超过月均总透支余额的 15%

23. 下列关于信托的表述错误的是（　　）。

A. 委托人可以是同一信托的惟一受益人，受托人可以是受益人，但不得是同一信托的惟一受益人

B. 信托一旦有效设立，信托财产就从委托人、受托人和受益人的固有财产中分离出来而成为一种独立的财产整体

C. 信托公司可以承诺信托财产不受损失或者保证最低收益

D. 资产支持证券应当面向合格投资者发行，发行对象不得超过 200 人，单笔认购不少于 100 万元人民币发行面值或等值份额

24. 下列关于资产支持证券的说法，错误的是（　　）。

A. 资产支持证券应当面向合格投资者发行与转让，没有人数限制

B. 单笔认购不少于 100 万元人民币发行面值或等值份额

C. 资产支持证券可以在全国中小企业股份转让系统挂牌、转让

D. 转让后，持有资产支持证券的合格投资者合计不得超过 200 人

25. 融资租赁合同当事人权利义务的表述错误的是（　　）。

A. 出租人应根据承租人对出卖人、租赁物的选择向出卖人购买租赁物

B. 承租人有权按约定向不履行买卖合同义务的出卖人行使索赔

C. 出租人应妥善保管和合理使用租赁物，承担租赁期间的维修义务

D. 出卖人享有收取租赁物货款的权利，需承担交付租赁物的义务

26. 下列关于金融租赁公司监督管理表述错误的是（　　）。

A. 金融租赁公司对单一承租人的全部融资租赁业务余额不得超过资本净额的 30%

B. 金融租赁公司对单一集团的全部融资租赁业务余额不得超过资本净额的 50%

C. 金融租赁公司对全部关联方的全部融资租赁业务余额不得超过资本净额的 50%

D. 金融租赁公司同业拆入资金余额不得超过资本净额的 50%

27. 甲公司向乙公司借款 100 万元用于生产经营，借款期限 1 年，约定年利率 20%。已知合同订立时一年期贷款市场报价利率为 3.85%、五年期贷款市场报价利率为 4.65%。则到期乙公司可以主张利息数额最多是（　　）。

A.20 万　　B.15.4 万　　C.18.6 万　　D.3.85 万

二、多项选择题

1. 下列关于证券公开发行，说法正确的有（　　）。

A. 向特定对象发行证券累计不超过 200 人　　B. 向特定对象发行证券累计超过 100 人

C. 向特定对象发行证券累计超过 200 人　　D. 向不特定对象发行证券

E. 不得采用广告、公开劝诱方式

2. 在全国股转系统连续挂牌满 12 个月的创新层挂牌公司，申请在北京证券交易所公开发行股票，应当符合的条件包括（　　）。

A. 最近三年财务会计报告无虚假记载，被出具无保留意见审计报告

B. 发行人最近一年内未曾受到证交所公开谴责

C. 发行人最近一年内未曾受到中国证监会行政处罚

D. 发行人的控股股东最近三年内不存在贪污、贿赂、侵占财产、挪用财产或者破坏社会主义市场经济秩序的刑事犯罪

E. 具有持续经营能力，财务状况良好

3. 公司首次公开发行新股，应当符合的条件不包括（　　）。

A. 具备健全且运行良好的组织机构

B. 具有持续经营能力

C. 最近 3 年财务会计报告被出具有保留意见审计报告

D. 发行人最近 3 年不存在贪污、贿赂、侵占财产、挪用财产或者破坏社会主义市场经济秩序的刑事犯罪

E. 发行人的控股股东、实际控制人最近 1 年不存在贪污、贿赂、侵占财产、挪用财产或者破坏社会主义市场经济秩序的刑事犯罪

4. 根据《证券法》的规定，关于归入权的下列表述中，正确的有（　　）。

A. 上市公司、股票在国务院批准的其他全国性证券交易场所交易的公司持有 5%以上股份的股东、董事、监事、高级管理人员，将其持有的该公司的股票或者其他具有股权性质的证券在买入后 6 个月内卖出，或者在卖出后 6 个月内又买入，由此所得收益归该公司所有

B. 公司董事会应当收回短线交易所得收益，公司董事会不按照规定执行的，其他股东有权要求董事会在 30 日内执行

C. 公司董事会未收回短线交易所得收益，且股东要求董事会在 30 日内执行，但董事会未在规定期限内执行的，股东有权为了公司的利益以自己的名义直接向法院起诉

D. 证券公司因包销购入售后剩余股票而持有 5%以上股份的，卖出该股票也受 6 个月时间限制

E. 上市公司董事持股，只计算董事自己持有的股份，不包括其配偶账户内的该上市公司股份

5. 下列人员中，属于《证券法》规定的证券交易内幕信息的知情人员的有（　　）。

A. 上市公司的总经理　　B. 持有上市公司 3%股份的股东

C. 上市公司控股的公司的董事　　D. 上市公司实际控制人的监事

E. 因职责、工作可以获取内幕信息的证券监督管理机构工作人员

6. 根据《证券法》，下列属于操纵市场行为的有（　　）。

A. 合谋集中资金优势连续买卖证券，意图影响证券交易量

B. 不以成交为目的频繁申报并撤销申报，意图影响证券交易价格

C. 利用违规资金并借用他人证券账户从事证券交易

D. 在自己实际控制的账户之间进行证券交易，意图影响证券交易量

E . 为谋取佣金收入，诱使客户进行不必要的证券买卖

7. 下列有关上市公司公开发行公司债券的条件说法中，符合《证券法》规定的有（　　）。

A. 最近 3 个会计年度实现的年均可分配利润不少于公司债券 1 年的利息

B. 本次发行后累计公司债券余额不超过最近一期末净资产额的 40%

C. 具备健全且运行良好的组织机构

D. 股份有限公司的净资产不低于人民币 3 000 万元

E. 公开发行公司债券筹集的资金，用于弥补公司亏损

8. 下列关于私募基金表述正确的有（　　）。

A. 私募基金应当向合格投资者募集

B. 合格投资者是具备相应风险识别能力和风险承担能力，投资于单只私募基金的金额不低于 100 万元且符合相关标准的单位和个人

C. 设立私募基金管理机构和发行私募基金不设行政审批

D. 私募基金管理人不得通过报刊、电台、电视、互联网等公众传播媒体向不特定对象宣传推

介，但可以向投资者承诺投资本金不受损失或者承诺最低收益

E. 私募基金相关资料，保存期限自基金清算终止之日起不得少于 10 年

9. 根据银行法律制度，下列属于中国银行保险监督管理委员会职责的有（　　）。

A. 对金融机构执行有关黄金管理规定的行为进行监督检查

B. 对银行业和保险业机构及其业务范围实行准入管理

C. 对金融机构执行银行间同业拆借市场管理规定的行为进行监督检查

D. 对金融机构执行有关反洗钱规定的行为进行监督检

E. 制定银行业和保险业行为监管规则

10. 根据人民币银行结算账户管理办法的规定，下列关于单位银行结算账户表述错误的有（　　）。

A. 企业、事业单位可以开立两个以上基本存款账户

B. 一般存款账户用于办理存款人借款转存、借款归还和现金支取

C. 临时存款账户用于办理临时机构以及存款人临时经营活动发生的资金收付

D. 存款人日常经营活动的资金收付及其工资、奖金和现金的支取，应通过基本账户办理

E. 个人储蓄账户仅限于办理现金存取业务

11. 下列各项中，可以作为办理个人储蓄存款时实名证件的有（　　）。

A. 居民身份证　　B. 户口簿

C. 港澳居民往来内地通行证　　D. 护照

E. 社会保障卡

12. 陈某于 2017 年 1 月 1 日在银行存入 1 年期定期存款 100 万元，活期存款 20 万元，开户日银行挂牌公告的 1 年期定期存款利率为 1.8%，活期存款利率为 0.6%，2 月 28 日中国人民银行上调了 1 年期定期存款利率为 2%，活期存款利率为 0.8%，3 月 15 日，陈某欲购买汽车一辆，将活期存款全部支取，并支取定期存款 10 万元，至 2018 年 3 月 1 日，陈某将剩余定期存款全部支取，则下列关于结息利率的说法中正确的有（　　）。

A. 支取活期存款 20 万元，按 0.8%计息

B. 支取活期存款 20 万元，按 0.6%和 0.8%分段计息

C. 支取定期存款 10 万元，按 0.8%计息

D. 支取定期存款 90 万元，按 1.8%计息

E. 支取定期存款 90 万元，按 2%计息

13. 根据支付结算办法规定，下列可以使用托收承付方式的有（　　）。

A. 甲有限责任公司　　B. 乙国有企业

C. 丙合营企业　　D. 丁供销合作社

E. 戊合伙企业

14. 下列关于银行卡业务的表述正确的有（　　）。

A. 转账卡是实时扣账的借记卡，具有转账结算、存取现金和消费功能

B. 发卡银行对贷记卡账户的存款、储值卡内的币值不计付利息

C. 贷记卡持卡人现金交易享受免息还款期待遇，银行记账日至发卡银行规定的到期还款日之间为免息还款期，免息还款期最长为 60 天

D. 贷记卡持卡人支取现金、准贷记卡透支，不享受免息还款期和最低还款额待遇

E. 发卡银行对贷记卡的取现应当每笔授权，每卡每日累计取现不得超过 2 000 元人民币

15. 下列属于信托无效的情形有（　　）。

A. 信托目的违反法律、行政法规或者损害社会公共利益

B. 信托财产不能确定

C. 专以诉讼或者讨债为目的设立信托

D. 受益人或者受益人范围不能确定

E. 委托人设立信托损害其债权人利益

16. 关于资产证券化业务，管理人不得实施的行为有（　　）。

A. 募集资金不入账或者进行其他任何形式的账外经营

B. 超过计划说明书约定的规模募集资金

C. 按照计划说明书的约定管理、运用专项计划资产

D. 以专项计划资产设定担保或者形成其他或有负债

E. 侵占、挪用专项计划资产

17. 融资租赁类型包括（　　）。

A. 直接租赁　　B. 转租赁

C. 售后回租　　D. 杠杆租赁

E. 房屋租赁

18. 申请设立金融租赁公司，应当具备的条件包括（　　）。

A. 注册资本为一次性实缴货币资本，最低限额为 2 亿元人民币或等值的可自由兑换货币

B. 有符合任职资格条件的董事、高级管理人员，并且从业人员中有相关工作经历 3 年以上的人员不低于总人数的 50%

C. 建立了有效的公司治理、内部控制和风险管理体系

D. 有与业务经营相适应的营业场所、安全防范措施

E. 有符合规定条件的发起人

19. 下列关于融资租赁合同的解除表述不正确的有（　　）。

A. 因出卖人的原因致使融资租赁合同的目的不能实现，承租人可以解除融资租赁合同

B. 租赁物因不可归责于当事人的原因毁损、灭失，且不能修复或者确定替代物的，只能由承租人请求解除合同

C. 承租人未按照合同约定的期限和数额支付租金，符合合同约定的解除条件，经催告后在合理期限内仍不支付的，出租人可请求解除合同

D. 出租人与出卖人订立的买卖合同解除且未能重新订立买卖合同的，出租人或承租人均可申请解除合同

E. 承租人经出租人同意后，将租赁物抵押给第三人的，出租人可以请求解除合同

20. 根据规定，下列选项属于民间借贷合同无效的有（　　）。

A. 套取金融机构贷款转贷的

B. 未依法取得放贷资格的出借人，以营利为目的向社会不特定对象提供借款的

C. 出借人事先知道或者应当知道借款人借款用于违法犯罪活动仍然提供借款的

D. 以向其他营利法人借贷、向本单位职工集资，或者以向公众非法吸收存款等方式取得的资金转贷的

E. 为了企业生产经营而向其他企业借款

三、不定项选择题

2020 年 2 月，甲股份有限公司发生如下事项。

（1）为了经营需要在 P银行申请开立一般存款账户。

（2）决定向社会公开发行公司债券 7 000 万元，利率为 5%。甲公司 2017 年度至 2019 年度的可分配利润分别为 1 000 万元、1 200 万元和 1 400 万元。本次债券发行由 A承销商包销，承销期限为 100 天，A承销商可以预先购入并留存公司债券 1 000 万元。

（3）拟非公开发行公司债券 1 000 万元。

要求：根据上述资料，简要回答下列问题。

1. 根据资料（1），银行开立的一般存款账户，可以使用的用途为（　　）。

A. 借款转存　　B. 借款归还　　C. 现金缴存　　D. 现金支取

2. 根据资料（2），关于公司债券的公开发行，下列表述正确的是（　　）。

A. 公开发行公司债券，应当经过中国证监会注册

B. 利润情况符合公司债券发行的条件

C.A承销商可以预先购入并留存公司债券 1 000 万元，不符合规定

D. 承销期限符合规定

3. 根据资料（2），若公开发行的公司债券依法上市交易，下列属于公司债券交易中内幕信息的有（　　）。

A. 公司债券信用评级发生变化

B. 公司新增借款或者对外提供担保超过上年末净资产的 10%

C. 公司放弃债权或者财产超过上年末净资产的 10%

D. 公司分配股利

4. 如果甲公司非公开发行公司债券，发行对象不得超过（　　）人。

A.10　　B.100　　C.200　　D.500

5. 关于甲公司非公开发行公司债券，下列表述正确的是（　　）。

A. 非公开发行的公司债券也可以面向普通投资者发行

B. 非公开发行的公司债券，不得采用公告、公开劝诱和变相公开劝诱的发行方式

C. 非公开发行公司债券应依法承销或自行销售

D. 非公开发行的公司债券可以在证券交易所、全国中小企业股份转让系统、证券公司柜台转让

同步强化训练题参考答案及解析

一、单项选择题

1.【答案】C

【解析】《证券法》规定：在中华人民共和国境内，股票、公司债券、存托凭证和国务院依法认定的其他证券的发行和交易，适用本法；本法未规定的，适用《中华人民共和国公司法》和其他法律、行政法规的规定。政府债券、证券投资基金份额的上市交易，适用本法；其他法律、行政法规另有规定的，适用其规定。可见，政府债券、证券投资基金份额只有当其上市交易时，才适用《证券法》。

2.【答案】A

【解析】发行人应当为在全国股转系统连续挂牌满 12 个月的创新层挂牌公司

3.【答案】D

【解析】增发股票，发行价格应不低于公告招股意向书前 20 个交易日公司股票均价或前 1 个交易日的均价。

4.【答案】B

【解析】国务院证券监督管理机构或者国务院授权的部门对已作出的证券发行注册的决定，发现不符合法定条件或者法定程序，尚未发行证券的，应当予以撤销，停止发行。已经发行尚未上市的，撤销发行注册决定，发行人应当按照发行价并加算银行同期存款利息返还证券持有人；发行人的控股股东、实际控制人以及保荐人，应当与发行人承担连带责任，但是能够证明自己没有过错的除外。

5.【答案】B

【解析】国务院证券监督管理机构或者国务院授权的部门对已作出的证券发行注册的决定，发现不符合法定条件或者法定程序，尚未发行证券的，应当予以撤销，停止发行。已经发行尚未上市的，撤销发行注册决定，发行人应当按照发行价并加算银行同期存款利息返还证券持有人；发行人的控股股东、实际控制人以及保荐人，应当与发行人承担连带责任，但是能够证明自己没有过错的除外。

6.【答案】A

【解析】选项 B：证券公司在代销、包销期内，对所代销、包销的股票应当保证先行出售给认购人，证券公司不得为本公司预留所代销的股票和预先购入并留存所包销的股票。选项 C：股票发行采用代销方式，代销期限届满，向投资者出售的股票数量未达到拟公开发行股票数量 70%的，为发行失败。选项 D：包销不存在该种发行失败。

7.【答案】B

【解析】国务院证券监督管理机构或者国务院授权的部门对已作出的证券发行注册的决定，发现不符合法定条件或者法定程序，尚未发行证券的，应当予以撤销，停止发行。已经发行尚未上市的，撤销发行注册决定，发行人应当按照发行价并加算银行同期“存款”利息返还证券持有人；发行人的控股股东、实际控制人以及保荐人，应当与发行人承担连带责任，但是能够证明自己没有过错的除外。股票的发行人在招股说明书等证券发行文件中隐瞒重要事实或者编造重大虚假内容，已经发行并上市的，国务院证券监督管理机构可以责令发行人回购证券，或者责令负有责任的控股股东、实际控制人买回证券。

8.【答案】B

【解析】根据规定，为证券发行出具审计报告或者法律意见书等文件的专业机构和人员，在该股票承销期内和期满后 6 个月内，不得买卖该证券。

9.【答案】C

【解析】根据规定，公司营业用主要资产的抵押、质押、出售或者报废一次超过该资产的 30%的，属于内幕信息。

10.【答案】D

【解析】选项 AC：属于操纵市场行为；选项 B：属于欺诈客户行为；选项 D：由于持有公司 5%以上股份的股东持有股份发生较大变化才属于内幕信息，故持股 3%的股东的股份变化不构成内幕信息，不属于内幕交易。

11.【答案】B

【解析】私募基金的合格投资者是指具备相应风险识别能力和风险承担能力，投资于单只私募基金的金额不低于 100 万元且符合下列相关标准的单位和个人：（1）净资产不低于 1 000 万元的单位；（2）金融资产不低于 300 万元或者最近 3 年个人年均收入不低于 50 万元的个人。

12.【答案】A

【解析】银保监会对银行业和保险业改革开放和监管有效性开展系统性研究。参与拟订金融业改革发展战略规划，参与起草银行业和保险业重要法律法规草案以及审慎监管和金融消费者保护基本制度。

13.【答案】A

【解析】银行结算账户管理档案的保管期限为银行结算账户撤销后 10 年。

14.【答案】D

【解析】在特殊情况下，储户可以用口头或者函电形式申请挂失，但必须在 5 天内补办书面挂失手续。

15.【答案】C

【解析】定期储蓄存款在存期内遇有利率调整，按存单开户日挂牌公告的相应的定期储蓄存款利率计付利息。

16.【答案】B

【解析】存款单位支取定期存款只能以转账方式将存款转入单位基本存款账户，不得用于结算或从定期存款账户中提取现金。

17.【答案】C

【解析】民间借贷合同，除存在《民法典》及该司法解释规定的合同无效情形外，民间借贷合同有效。

18.【答案】B

【解析】票据和结算凭证金额以中文大写和阿拉伯数码同时记载，二者必须一致，二者不一致的票据无效。

19.【答案】C

【解析】委托收款是票据结算方式之外的结算方式之一，同城或异地都能使用，同城内多适用于公用事业费用的收取。委托收款可以使用邮寄和电报划回两种方式。

20.【答案】A

【解析】我国的信用证是以人民币计价、不可撤销的跟单信用证。信用证可用于转让。

21.【答案】B

【解析】固定收益类理财产品投资于存款、债券等债权类资产的比例不低于 80%。

22.【答案】B

【解析】同一账户月透支余额个人卡不得超过 5 万元（含等值外币），单位卡不得超过发卡银行对该单位综合授信额度的 3%。无综合授信额度可参照的单位，其月透支余额不得超过 10 万元（含等值外币）。

23.【答案】C

【解析】信托公司承诺信托财产不受损失或者保证最低收益属于信托禁止性行为。

24【答案】A

【解析】资产支持证券应当面向合格投资者发行，发行对象不得超过 200 人转让后，持有资产支持证券的合格投资者合计不得超过 200 人。

25.【答案】C

【解析】承租人应妥善保管和合理使用租赁物，承担租赁期间的维修义务。

26.【答案】D

【解析】金融租赁公司同业拆入资金余额不得超过资本净额的 100%。

27.【答案】B

【解析】出借人请求借款人按照合同约定利率支付利息的，人民法院应予支持，但是双方约定的利率超过合同成立时一年期贷款市场报价利率四倍的除外。即年利率的上限 = 3.85% × 4 = 15.4%，乘以本金 100 万元，则利息最多是 15.4 万元。

二、多项选择题

1.【答案】CD

【解析】公开发行包括：向不特定对象发行证券的；向特定对象发行证券累计超过 200 人，但依法实施员工持股计划的员工人数不计算在内；法律、行政法规规定的其他发行行为。非公开发行为向特定对象发行证券累计不超过 200 人，不得采用广告、公开劝诱和变相公开方式。

2.【答案】ACDE

【解析】发行人申请在北京证券交易所公开发行股票，应当符合下列规定：①具备健全且运行良好的组织机构；②具有持续经营能力，财务状况良好；③最近三年财务会计报告无虚假记载，被出具无保留意见审计报告；④依法规范经营。 发行人及其控股股东、实际控制人存在下列情形之一的，发行人不得公开发行股票：①最近三年内存在贪污、贿赂、侵占财产、挪用财产或者破坏社会主义市场经济秩序的刑事犯罪；②最近三年内存在欺诈发行、重大信息披露违法或者其他涉及国家安全、公共安全、生态安全、生产安全、公众健康安全等领域的重大违法行为；③最近一年内受到中国证监会行政处罚。

3.【答案】CE

【解析】公司首次公开发行新股，应当符合下列条件：（1）具备健全且运行良好的组织机构；（2）具有持续经营能力；（3）最近 3 年财务会计报告被出具无保留意见审计报告；（4）发行人及其控股股东、实际控制人最近3年不存在贪污、贿赂、侵占财产、挪用财产或者破坏社会主义市场经济秩序的刑事犯罪；（5）经国务院批准的国务院证券监督管理机构规定的其他条件。

4.【答案】ABC

【解析】选项D：证券公司因包销购入售后剩余股票而持有5%以上股份的，卖出该股票不受6个月时间限制。选项E：董事、监事、高级管理人员、自然人股东持有的股票或者其他具有股权性质的证券，包括其配偶、父母、子女持有的及利用他人账户持有的股票或者其他具有股权性质的证券。

5.【答案】ACDE

【解析】选项B：持股比例未达到5%，不属于内幕信息的知情人。

6.【答案】ABD

【解析】选项C是其他禁止的行为，选项E是欺诈客户行为。

7.【答案】AC

【解析】《证券法》规定，公开发行公司债券，应当符合下列条件：（1）具备健全且运行良好的组织机构；（2）最近三年平均可分配利润足以支付公司债券一年的利息；（3）国务院规定的其他条件。公开发行公司债券筹集的资金，不得用于弥补亏损和非生产性支出。

8.【答案】ABCE

【解析】私募基金管理人不得通过报刊、电台、电视、互联网等公众传播媒体或者讲座、报告会、分析会和布告、传单、手机短信、微信、博客和电子邮件等方式向不特定对象宣传推介。私募基金管理人、私募基金销售机构不得向投资者承诺投资本金不受损失或者承诺最低收益。

9.【答案】BE

【解析】选项ACD属于中国人民银行的职责。

10.【答案】AB

【解析】选项A：企业、事业单位可以自主选择一家商业银行开立一个基本账户，不得开立两个以上基本账户。基本存款账户是存款人的主办账户。选项B：一般存款账户用于办理存款人借款转存、借款归还和其他结算的资金收付。可以办理现金缴存，但不得办理现金支取。

11.【答案】ABCD

【解析】根据规定，下列身份证件作为实名证件：①居住在中国境内的中国公民，为居民身份证或者临时居民身份证。②居住在境内的16周岁以下的中国公民为户口簿。③中国人民解放军军人，为军人身份证件；中国人民武装警察，为武装警察身份证件。④香港、澳门居民，为港澳居民往来内地通行证；台湾居民，为台湾居民来往大陆通行证或其他有效旅行证件。⑤外国公民，为护照。

12.【答案】AC

【解析】个人活期存款在存入期间遇利率调整，按结息日挂牌公告的活期储蓄存款利率计付利息。A选项正确，B选项错误。未到期的定期存款，部分提前支取的，提前支取的部分按支取日挂牌公告的活期储蓄存款利率计付利息。其余部分到期时按存单开户日挂牌公告的定期储蓄存款利率计付利息。C选项正确，逾期支取的定期存款，超过原定存期的部分，除约定自动转存的外，按支取日挂牌公告的活期储蓄存款利率计付利息。DE选项错误。

13.【答案】BD

【解析】使用该结算方式的收款单位和付款单位，必须是国有企业、供销合作社以及经营管理较好，并经开户银行审查同意的城乡集体所有制工业企业。

14.【答案】ABDE

【解析】贷记卡持卡人非现金交易享受免息还款期待遇，银行记账日至发卡银行规定的到期还款日之间为免息还款期。免息还款期最长为60天。

15.【答案】ABCD

【解析】E选项，属于撤销信托。委托人设立信托损害其债权人利益的，债权人有权申请人民法院撤销该信托，申请权应在债权人知道或者应当知道撤销原因之日起1年内行使。

16.【答案】ABDE

【解析】管理人不得有下列行为：①募集资金不入账或者进行其他任何形式的账外经营；②超过计划说明书约定的规模募集资金；③侵占、挪用专项计划资产；④以专项计划资产设定担保或者形成其他或有负债；⑤违反计划说明书的约定管理、运用专项计划资产；⑥法律、行政法规和中国证监会禁止的其他行为。

17.【答案】ABCD

【解析】融资租赁的类型包括直接租赁、转租赁、售后回租、杠杆租赁和联合租赁。

18.【答案】BCDE

【解析】申请设立金融租赁公司，应当注册资本为一次性实缴货币资本，最低限额为1亿元人民币或等值的可自由兑换货币。

19.【答案】BE

【解析】租赁物因不可归责于当事人的原因毁损、灭失，且不能修复或者确定替代物的，可由出租人或承租人提出解除合同，选项B错误。承租人未经出租人同意，将租赁物转让、抵押、质押、投资入股或者以其他方式处分租赁物的，出租人可以请求解除合同，选项E错误。

20.【答案】ABCD

【解析】具有下列情形之一的，人民法院应当认定民间借贷合同无效：（1）套取金融机构贷款转贷的；（2）以向其他营利法人借贷、向本单位职工集资，或者以向公众非法吸收存款等方式取得的资金转贷的；（3）未依法取得放贷资格的出借人，以营利为目的向社会不特定对象提供借款的；（4）出借人事先知道或者应当知道借款人借款用于违法犯罪活动仍然提供借款的；（5）违反法律、行政法规强制性规定的；（6）违背公序良俗的。

三、不定项选择题

1.【答案】ABC

【解析】一般存款账户用于办理存款人借款转存、借款归还和其他结算的资金收付。一般存款账户可以办理现金缴存，但不得办理现金支取。

2.【答案】ABC

【解析】选项A：公开发行证券，必须符合法律、行政法规规定的条件，并依法报经国务院证券监督管理机构或者国务院授权的部门注册。选项B：公开发行公司债券，应当符合下列条件：（1）具备健全且运行良好的组织机构；（2）最近三年平均可分配利润足以支付公司债券一年的利息；（3）国务院规定的其他条件。在本题中，甲公司最近三年的平均可分配利润为1 200万元，足以支付7 000万元公司债券1年所需支付的利息350万元。选项C：根据规定，证券公司在代销、包销期内，对所代销、包销的证券应当保证先行出售给认购人，证券公司不得为本公司预留所代销的证券和预先购入并留存所包销的证券。选项D：证券的代销、包销期限最长不得超过90日。

3.【答案】ACD

【解析】选项B正确的表述应当是公司新增借款或者对外提供担保超过上年末净资产的20%。

4.【答案】C

【解析】非公开发行的公司债券是面向专业投资者发行，并不得采用公告、公开劝诱和变相公开劝诱的发行方式，发行对象不超过200人的公司债券。

5.【答案】BCD

【解析】非公开发行的公司债券是面向专业投资者发行，并不得采用公告、公开劝诱和变相公开劝诱的发行方式，发行对象不超过200人的公司债券。非公开发行公司债券应依法承销或自行销售，在证券交易所、全国中小企业股份转让系统、机构间私募产品报价与服务系统、证券公司柜台转让。

第四章
企业国有资产法律制度

本章考情分析

本章属于非重点章节，在考试中的比重一般。同时，这章需要记忆的内容较多且繁琐，建议重点记忆数字性考点。

本章重点内容包括企业国有资产及监督管理体制和企业国有资产交易管理制度。

2022 年本章教材变化

2022 年本章教材无实质性变动，个别词语表述调整

本章知识点解读与练习

【知识点 1】企业国有资产法律制度概述★

一、知识点精讲

（一）企业国有资产的监督管理体制

1. 所有权：企业国有资产属于国家所有，即全民所有；国务院代表国家行使企业国有资产所有权。

【注意】企业国有资产是指国家作为出资人对所出资企业所享有的权益，而不是指国家出资企业的各项具体财产。出资人对企业法人财产不具有直接的所有权，其对企业享有的是出资人权利，即资产收益、参与重大决策和选择管理者等权利。

2. 履行出资人职责的代表机构：国务院和地方人民政府分别代表国家对国家出资企业履行出资人职责，享有出资人权益。

（1）国务院确定的关系国民经济命脉和国家安全的大型国家出资企业，重要基础设施和重要自然资源等领域的国家出资企业，由国务院代表国家履行出资人职责；

（2）其他国家出资企业，由地方政府代表国家履行出资人职责。

【注意】国务院和地方人民政府应当按照政企分开、社会公共管理职能与企业国有资产出资人职能分开、不干预企业依法自主经营的原则，依法履行出资人职责。

（二）履行出资人职责的机构

1. 国务院资产监督管理机构（根据国务院授权）。

2. 地方人民政府设立的国有资产监督管理机构（根据地方政府授权）。

3. 国务院和地方人民政府根据需要授权的其他部门、机构。

【注意】国务院授权财政部对金融行业的国有资产进行监管，授权财政部对中国邮政集团公司履行出资人职责。

（三）国家出资企业

国家出资企业是指国家出资的国有独资企业、国有独资公司以及国有资本控股公司、国有资本参股公司。

（四）国家出资企业的法律责任

国有独资企业、国有独资公司、国有资本控股公司的董事、监事、高级管理人员

违反规定	处罚
造成国有资产重大损失	自免职之日起 5 年内不得担任上述类别企业的董事、监事、高级管理人员
造成国有资产特别重大损失，或者因贪污、贿赂、侵占财产、挪用财产或者破坏社会主义市场经济秩序被判处刑罚的	终身不得担任上述类别企业的董事、监事、高级管理人员

二、选编例题

【例 1 · 单选题】张某曾担任某国有独资公司董事，后因违反规定造成国有资产特别重大损失被免职。根据企业国有资产法律制度的规定，张某自被免职之日起一定期限内，不得再担任国有独资公司董事。该期限是（　　）。

A.3 年内　　B.5 年内　　C.10 年内　　D. 终身

【例 2 · 单选题】根据企业国有资产法律制度的规定，代表国家行使企业国有资产所有权的是（　　）。

A. 全国人民代表大会　　B. 国有资产监督管理委员会

C. 国家主席　　D. 国务院

【例 3 · 单选题】根据企业国有资产法律制度的规定，国务院和地方人民政府根据需要授权其他部门、机构对中国邮政集团公司履行出资人职责。该机构是（　　）。

A. 国有资产监督管理机构　　B. 财政部

C. 商务部　　D. 银保监会

知识点 1 选编例题答案

1.【答案】D

【解析】国有独资企业、国有独资公司、国有资本控股公司的董事、监事、高级管理人员违反规定，造成国有资产特别重大损失，或者因贪污、贿赂、侵占财产、挪用财产或者破坏社会主义市场经济秩序被判处刑罚的，终身不得担任国有独资企业、国有独资公司、国有资本控股公司的董事、监

事、高级管理人员。

2.【答案】D

【解析】国务院代表国家行使企业国有资产所有权。

3.【答案】B

【解析】国务院和地方人民政府授权财政部对中国邮政集团公司履行出资人职责等。

【知识点2】关系企业国有资产出资人权益的重大事项★★★

一、知识点精讲

(一)重大事项的决定权

1. 一般的国家出资企业

	国有独资	国有控股、参股
(1)合并、分立 (2)增加或者减少注册资本 (3)发行债券 (4)分配利润 (5)解散、申请破产	履行出资人职责的机构决定	股东(大)会或董事会决定
(1)进行重大投资 (2)为他人提供大额担保 (3)转让重大财产 (4)进行大额捐赠	国有独资企业(负责人集体)、 国有独资公司(董事会)	

【补充】国家出资企业的合并、分立、改制、解散、申请破产等重大事项,应当听取企业工会的意见,并通过职工代表大会或者其他形式听取职工的意见和建议。

2. 重要的国家出资企业

重要的国有独资企业、国有独资公司、国有资本控股公司的合并、分立、解散、申请破产的重大事项,履行出资人职责的机构在作出决定或者向其委派参加国有资本控股公司股东会会议、股东大会会议的股东代表作出指示前,应当报请本级人民政府批准。

(二)企业改制

1. 企业改制的类型

(1)国有独资企业→国有独资公司

(2)国有独资企业、国有独资公司→国有资本控股公司或者非国有资本控股公司

(3)国有资本控股公司→非国有资本控股公司

2. 程序

(1)由履行出资人职责的机构决定或者由股东会、股东大会决定。

(2)重要的国有独资企业、国有独资公司、国有资本控股公司的改制,应当将改制方案报请本级人民政府批准。

3. 企业改制方案的制定

(1)企业改制涉及重新安置企业职工的,还应当制定职工安置方案,并经职工代表大会或职工大会审议通过。

(2)劳动合同:

①改制为国有控股企业的,原企业不得向继续留用的职工支付经济补偿金,企业改制时解除劳动

合同且不再继续留用的职工，要支付经济补偿金；

②企业改制时，对经确认的拖欠职工的工资、集资款、医疗费和挪用的职工住房公积金以及企业欠缴社会保险费，原则上要一次性付清。

（三）与关联方的交易

1. 定义：关联方是指本企业的董事、监事、高级管理人员及其近亲属，以及这些人员所有或者实际控制的企业。

2. 关联方交易管理

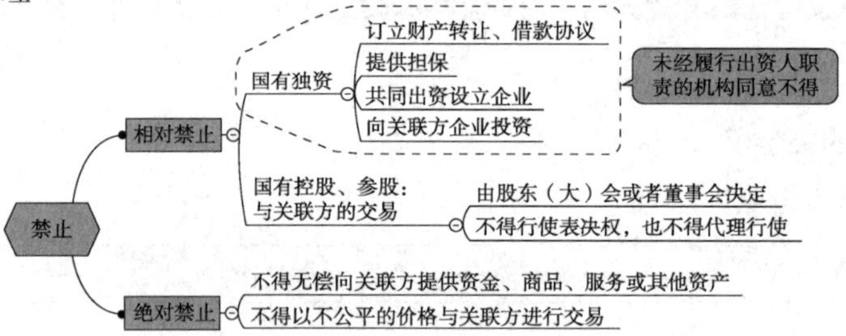

二、选编例题

【例1·单选题】下列各项表述中，不属于企业改制的情形是（　　）。

A. 国有独资公司改为个人独资企业

B. 国有独资公司改为非国有资本控股公司

C. 国有独资企业改为国有独资公司

D. 国有独资企业改为国有资本控股公司

【例2·多选题】甲国有资本控股公司是上市公司，根据企业国有资产法律制度的规定，下列属于该公司的关联方的有（　　）。

A. 公司董事　　B. 公司人事部门负责人

C. 公司监事的配偶　　D. 公司工会副主席

E. 公司的副总经理控制的企业

【例3·单选题】下列关于涉及国有资产出资人权益的重大事项决策的表述中，不符合企业国有资产法律制度规定的有（　　）。

A. 国有独资企业进行大额捐赠，应由企业职工代表大会讨论决定

B. 国有独资公司进行重大投资，由董事会决定

C. 重要的国有资本控股公司分立，履行出资人职责的机构在向其委派参加公司股东会或股东大会会议的股东代表作出指示前，应当报请本级人民政府批准

D. 国家出资企业改制，应当听取企业工会的意见，并通过职工代表大会或者其他形式听取职工的意见和建议

知识点2选编例题答案

1.**【答案】**A

【解析】企业改制的情形包括：（1）国有独资企业改为国有独资公司；（2）国有独资企业、国有独资公司改为国有资本控股公司或者非国有资本控股公司；（3）国有资本控股公司改为非国有资本控股公司。A选项不属于企业改制的情形。

2.**【答案】**ACE

【解析】根据企业国有资产法律制度所确定的关联方限于国家出资企业的董事、监事、高级管理人员及其近亲属，以及这些人员所有或者实际控制的企业。

3.**【答案】**A

【解析】选项A，由企业负责人集体讨论决定。

【知识点 3】企业国有资产产权登记制度★

一、知识点精讲

（一）企业国有资产产权登记的范围

1. 范围

进行产权登记	（1）国家出资企业、国家出资企业（不含国有参股公司）拥有实际控制权的境内外各级企业及其投资参股企业，应纳入登记范围 （2）国家出资企业所属事业单位视为其子企业进行产权登记
不进行产权登记	（1）为了赚取差价从二级市场购入的上市公司股权 （2）为了近期内（一年以内）出售而持有的其他股权

2. 登记者

（1）有限责任公司、股份有限公司、中外合资经营企业、中外合作经营企业和联营企业，应由国有股权持有单位或委托企业按规定申办企业国有资产产权登记。

【注意】两个及两个以上国有资本出资人共同投资设立的企业，由国有资本出资额最大的出资人所在的企业依据其产权归属关系申请办理产权登记。

（2）企业产权归属关系不清楚或者发生产权纠纷的，可以申请暂缓办理产权登记。

（二）企业国有资产产权登记的内容和程序

占有产权登记	1.因投资、分立、合并而新设企业的 2.因收购、投资入股而首次取得企业股权的 【注意】办理注册登记前 30 日内通过所出资企业申办占有产权登记。
变动产权登记	1.企业名称改变的 【注意】于市场监督管理部门核准变动登记后 30 日内，向原产权登记机关申办变动产权登记。 2.企业组织形式、级次发生变动的 3.企业“国有资本额”发生增减变动的 4.企业“国有资本出资人”发生变动的 【注意】情形 2~4：作出决定之日起 30 日内，向市场监督管理部门申请变更登记前，向原产权登记机关申办变动产权登记。
注销产权登记	1.企业解散、被依法撤销或者被依法宣告破产的； 2.企业转让全部国有资产产权或改制后不再设置国有股权的。

（三）企业国有资产产权登记的管理

1. 登记机关各级国有资产监督管理机构，对产权登记分级管理。

2. 产权登记的年度检查企业应当于每年 2 月 1 日至 4 月 30 日完成企业产权登记情况的年度检查工作。

二、选编例题

【例 1 · 单选题】根据国有资产管理法律制度规定，企业国有资产变动产权登记的情形不包括（　　）。

A. 企业名称改变的　　B. 企业组织形式发生变动的

C. 企业法定代表人发生变动的　　D. 企业国有资本额发生增减变动

【例 2 · 单选题】根据企业国有资产法律制度的规定，企业国有资产产权登记机关是（　　）。

A. 各级财政部门　　B. 各级国有资产监督管理机构

C. 各级市场监督管理部门　　D. 各级商务主管部门

知识点3选编例题答案

1.【答案】C

【解析】变动产权登记的情形包括：（1）企业名称改变的；（2）企业组织形式、级次发生变动的；（3）企业国有资本额发生增减变动的；（4）企业国有资本出资人发生变动的。

2.【答案】B

【解析】企业国有资产产权登记机关是各级国有资产监督管理机构。

【知识点4】企业产权转让制度★★

一、知识点精讲

（一）纳入企业国有资产交易监管的情形

1. 纳入监管的行为

（1）企业产权转让；（2）企业增资；（3）企业资产转让。

2. 纳入监管的企业

（1）国有企业

政府部门、机构、事业单位出资设立的国有独资企业（公司），以及上述单位、企业直接或间接合计持股为100%的国有全资企业。

（2）国有控股企业

①第1条所列国有企业及此类国有企业的出资单位单独或共同出资，合计拥有产（股）权比例超过50%，且其中之一为最大股东的企业。

②第1条所列国有企业（不含该类国有企业的出资单位）、第2条①中所列国有控股企业对外出资，拥有股权比例超过50%的各级子企业。

（3）国有实际控制企业

政府部门、机构、事业单位、单一国有及国有控股企业直接或间接持股比例未超过50%，但为第一大股东，并且通过股东协议、公司章程、董事会决议或者其他协议安排能够对其实际支配的企业。

【总结】纳入监管范围

持股比例	情形
100%	国有独资企业（公司）、国有全资企业
＞50%	国有控股企业+国有为最大股东
	国有控股的子企业
＜50%	国有非控股企业+国有为最大股东+实际控制

（二）审核批准

国家出资企业的产权转让	由国资监管机构负责审核 【补充】因产权转让致使国家不再拥有所出资企业控股权的，须由国资监管机构报本级人民政府批准。
子企业产权转让	由国家出资企业制定转让管理制度，确定审批管理权限 【补充】对主业处于关系国家安全、国民经济命脉的重要行业和关键领域，主要承担重大专项任务子企业的产权转让，须由国家出资企业报同级国资监管机构批准。
多家国有股东共同持股的企业产权转让	由其中持股比例最大的国有股东负责履行批准程序 【补充】各国有股东持股比例相同，协商后确定其中一家股东负责履行批准程序。

（三）审计评估

产权转让事项经批准后，由转让方委托会计师事务所对转让标的企业进行审计。涉及参股权转让不宜单独进行专项审计的，转让方应当取得转让标的企业最近一期年度审计报告。

（四）确定受让方

1. 信息披露

（1）采取信息预披露和正式披露相结合的方式。

（2）正式披露信息时间不得少于20个工作日。因产权转让导致转让标的企业的实际控制权发生转移的，转让方应当在转让行为获批后10个工作日内，通过产权交易机构进行信息预披露，时间不得少于20个工作日。

2. 设置资格原则上不得针对受让方设置资格条件。确需设置的，不得有明确指向性或违反公平竞争原则，所设资格条件应当在信息披露前报同级国有资产监督管理机构备案，其在5个工作日内未反馈意见的视为同意。

3. 转让底价

（1）产权转让项目首次正式信息披露的转让底价，不得低于经核准或备案的转让标的评估结果。

（2）降低转让底价或变更受让条件后重新披露信息的，披露时间不得少于20个工作日。新的转让底价低于评估结果90%时，应当经转让行为批准单位书面同意。

（3）受让方确定后，转让方与受让方应当签订产权交易合同，交易双方不得以交易期间企业经营性损益等理由对已达成的交易条件和交易价格进行调整。

4. 未征集到合格受让方

（1）信息披露期满未征集到意向受让方的，可以延期或在降低转让底价、变更受让条件后重新进行信息披露。

（2）转让项目自首次正式披露信息之日起超过12个月未征集到合格受让方的，应当重新履行审计、资产评估以及信息披露等产权转让工作程序。

5. 确定是否符合条件产权交易机构负责意向受让方的登记工作，对意向受让方是否符合受让条件提出意见并反馈转让方。产权交易机构与转让方意见不一致的，由转让行为批准单位决定意向受让方是否符合受让条件。

6. 确定受让方符合条件的意向受让方按照披露的竞价方式组织竞价。竞价可以采取拍卖、招投标、网络竞价以及其他竞价方式。

（五）结算交易价款

1. 交易价款应当以人民币计价，原则上应当自合同生效之日起5个工作日内一次付清。

2. 金额较大、一次付清确有困难的，可以采取分期付款方式。采用分期付款方式的，首期付款不得低于总价款的30%，并在合同生效之日起5个工作日内支付；其余款项应当提供转让方认可的合法有效担保，并按同期银行贷款利率支付延期付款期间的利息，付款期限不得超过1年。

3. 产权交易合同生效后，产权交易机构应当将交易结果通过交易机构网站对外公告，公告内容包括交易标的名称、转让标的评估结果、转让底价、交易价格，公告期不少于5个工作日。

（六）非公开协议方式转让企业产权

适用范围	1.涉及主业处于关系国家安全、国民经济命脉的重要行业和关键领域企业的重组整合，对受让方有特殊要求，企业产权需要在国有及国有控股企业之间转让的，经国有资产监督管理机构批准，可以采取非公开协议转让方式 2.同一国家出资企业及其各级控股企业或实际控制企业之间因实施内部重组整合进行产权转让的，经该国家出资企业审议决策，可以采取非公开协议转让方式
转让价格	1.非公开协议方式转让企业产权，转让价格不得低于经核准或备案的评估结果

续表

转让价格	2.转让价格可以资产评估报告或最近一期审计报告确认的净资产值为基础确定，且不得低于经评估或审计的净资产值 （1）同一国家出资企业内部实施重组整合，转让方和受让方为该国家出资企业及其直接或间接全资拥有的子企业 （2）同一国有控股企业或国有实际控制企业内部实施重组整合，转让方和受让方为该国有控股企业或国有实际控制企业及其直接、间接全资拥有的子企业

二、选编例题

【例 1 · 单选题】国家出资企业产权转让中，产权交易合同生效后，产权交易机构应当将交易结果通过交易机构网站对外公告，公告期不少于（　　）。

A.5 个工作日　　B.10 个工作日　　C.15 个工作日　　D.20 个工作日

【例 2 · 单选题】下列情形中，不属于《企业国有资产交易监督管理办法》规定的企业国有资产交易行为的是（　　）。

A. 履行出资人职责的机构转让其对企业各种形式出资所形成权益

B. 国有及国有控股企业、国有实际控制企业转让其对企业各种形式出资所形成权益

C. 政府以增加资本金方式对国家出资企业的投入

D. 国有及国有控股企业、国有实际控制企业的重大资产转让行为

【例 3 · 单选题】根据《企业国有资产交易监督管理办法》的规定，履行出资人职责机构转让企业国有产权采用分期付款方式的，首期付款不得低于总价款的 30%，并在合同生效之日起 5 个工作日内支付；其余款项应当提供转让方认可的合法有效担保，并按同期银行贷款利率支付延期付款期间的利息，付款期限不得超过（　　）。

A.3 个月　　B.6 个月　　C.8 个月　　D.1 年

【例 4 · 单选题】根据《企业国有资产交易监督管理办法》的规定，下列关于企业产权转让的表述中，不正确的是（　　）。

A. 因产权转让致使国家不再拥有所出资企业控股权的，须由国有资产监督管理机构报本级人民政府批准

B. 对主业处于关系国家安全、国民经济命脉的重要行业和关键领域，主要承担重大专项任务的子企业的产权转让，须由国家出资企业报同级国有资产监督管理机构批准

C. 产权转让涉及职工安置事项的，安置方案应当经职工代表大会或者职工大会审议通过

D. 产权转让项目首次正式信息披露的转让底价，不得低于经核准或者备案的转让标的评估结果的 90%

知识点 4 选编例题答案

1.**【答案】**A

【解析】产权交易合同生效后，产权交易机构应当将交易结果通过交易机构网站对外公告，公告内容包括交易标的名称、转让标的评估结果、转让底价、交易价格，公告期不少于 5 个工作日。

2.**【答案】**C

【解析】企业国有资产交易行为包括：（1）履行出资人职责的机构、国有及国有控股企业、国有实际控制企业转让其对企业各种形式出资所形成权益的行为（即企业产权转让）；（2）国有及国有控股企业、国有实际控制企业增加资本的行为（即企业增资），政府以增加资本金方式对国家出资企业的投入除外；（3）国有及国有控股企业、国有实际控制企业的重大资产转让行为（即企业资产转让）。

3.**【答案】**D

【解析】采用分期付款的，剩余款项的付款期限不得超过 1 年。

4.**【答案】**D

【解析】选项 D：产权转让项目首次正式信息披露的转让底价，不得低于经核准或者备案的转让标的评估结果。

【知识点 5】企业增资制度★★

一、知识点精讲

（一）公开增资

1. 审批同企业产权转让。

2. 审计评估

（1）在完成决策批准程序后，应当由增资企业委托具有相应资质的中介机构开展审计和资产评估。

（2）下列情形可以依据评估报告或最近一期审计报告确定企业资本及股权比例

①增资企业原股东同比例增资的；

②履行出资人职责的机构对国家出资企业增资的；

③国有控股或国有实际控制企业对其独资子企业增资的；

④增资企业和投资方均为国有独资或国有全资企业的。

3. 确定投资方

（1）企业增资通过产权交易机构网站对外披露信息公开征集投资方，时间不得少于40个工作日。

（2）产权交易机构负责统一接收意向投资方的投标和报价文件，协助企业开展投资方遴选。企业董事会或股东会以资产评估结果为基础，结合报价和条件选定投资方。

（3）增资协议签订并生效后，产权交易机构应当出具交易凭证，通过交易机构网站对外公告结果，公告内容包括投资方名称、投资金额、持股比例等，公告期不少于 5 个工作日。

（二）非公开协议方式增资

经同级国有资产监督管理机构批准	1.因国有资本布局结构调整需要，由特定的国有及国有控股企业或国有实际控制企业参与增资 2.因国家出资企业与特定投资方建立战略合作伙伴或利益共同体需要，由该投资方参与国家出资企业或其子企业增资
经国家出资企业审议决策	1.国家出资企业直接或指定其控股、实际控制的其他子企业参与增资 2.企业债权转为股权 3.企业原股东增资

二、选编例题

【例 1·单选题】国家出资企业增资行为中，经国家出资企业审议决策，就可以采取非公开方式增资的不包括（　　）。

A. 企业原股东增资

B. 国家出资企业直接控制的子企业参与增资

C. 因国有资本布局结构调整需要，由特定的国有及国有控股企业或国有实际控制企业参与增资

D. 企业债权转为股权

【例 2·单选题】根据《企业国有资产交易监督管理办法》，因增资致使国家在国家出资企业中不再拥有控股权的，应由特定主体批准。该主体为（　　）。

A. 国有资产监督管理机构　　B. 国家市场监督管理部门

C. 本级人民政府　　D. 上级人民政府

【例 3·单选题】企业增资通过产权交易机构网站对外披露信息公开征集投资方，时间不得少于（　　）。

A.20 个工作日　　B.30 个工作日　　C.40 个工作日　　D.60 个工作日

知识点5选编例题答案

1.【答案】C

【解析】根据规定，以下情形经同级国资监管机构批准，可以采取非公开协议方式进行增资：（1）因国有资本布局结构调整需要，由特定的国有及国有控股企业或国有实际控制企业参与增资；（2）因国家出资企业与特定投资方建立战略合作伙伴或利益共同体需要，由该投资方参与国家出资企业或其子企业增资。以下情形经国家出资企业审议决策，可以采取非公开协议方式进行增资：（1）国家出资企业直接或指定其控股、实际控制的其他子企业参与增资；（2）企业债权转为股权；（3）企业原股东增资。

2.【答案】C

【解析】国有资产监督管理机构负责审核国家出资企业的增资行为。其中，因增资致使国家不再拥有所出资企业控股权的，须由国有资产监督管理机构报本级人民政府批准。

3.【答案】C

【解析】企业增资通过产权交易机构网站对外披露信息公开征集投资方，时间不得少于40个工作日。

【知识点6】企业资产转让★

一、知识点精讲

（一）转让方式

1. 企业一定金额以上的生产设备、房产、在建工程以及土地使用权、债权、知识产权等资产对外转让，应当在产权交易机构公开进行。

2. 涉及国家出资企业内部或特定行业的资产转让，确需在国有及国有控股、国有实际控制企业之间非公开转让的，由转让方逐级报国家出资企业审核批准。

（二）信息公告期

转让底价	信息公告期
高于100万元、低于1 000万元	不少于10个工作日
高于1 000万元	不少于20个工作日

（三）付款

资产转让价款原则上一次性付清。

【总结】信息公告期

产权转让	正式披露不得少于20个工作日
增资	不得少于40个工作日
资产转让	转让底价100—1 000万：不少于10个工作日 转让底价高于1 000万：不少于20个工作日

二、选编例题

【例1·单选题】根据《企业国有资产交易监督管理办法》，下列情形中，不属于企业资产转让的是（　　）。

A. 国家出资企业的产权转让　　B. 国家出资企业转让长期应收款

C. 国家出资企业转让在建工程　　D. 国家出资企业转让知识产权

【例2·单选题】根据企业国有资产管理法律制度的规定，转让底价高于1 000万元的资产转让项目，信息公告期应（　　）。

A. 不少于 10 个工作日　　B. 不少于 20 个工作日

C. 不少于 30 个工作日　　D. 不少于 40 个工作日

知识点 6 选编例题答案

1.【答案】A

【解析】企业一定金额以上的生产设备、房产、在建工程以及土地使用权、债权、知识产权等资产对外转让，应当按照企业内部管理制度履行相应决策程序后，在产权交易机构公开进行。

2.【答案】B

【解析】转让方应当根据转让标的情况合理确定转让底价和转让信息公告期：（1）转让底价高于 100 万元、低于 1 000 万元的资产转让项目，信息公告期应不少于 10 个工作日；（2）转让底价高于 1 000 万元的资产转让项目，信息公告期应不少于 20 个工作日。

【知识点 7】企业国有产权无偿划转★

一、知识点精讲

（一）企业国有产权无偿划转的批准

在同一国有资产监管机构所出资企业之间无偿划转	由所出资企业共同报国有资产监管机构批准
在不同国有资产监管机构所出资企业之间无偿划转	由所出资企业分别报同级国有资产监管机构批准
下级政府国有资产监管机构所出资企业国有产权无偿划转上级政府国有资产监管机构所出资企业或其子企业持有	由下级政府和上级政府国有资产监管机构分别批准

（二）禁止无偿划转的情形

1. 被划转企业主业不符合划入方主业及发展规划的；

2. 中介机构对被划转企业划转基准日的财务报告出具否定意见、无法表示意见或保留意见的审计报告的；

3. 无偿划转涉及的职工分流安置事项未经被划转企业的职工代表大会审议通过的；

4. 被划转企业或有负债未有妥善解决方案的；

5. 划出方债务未有妥善处置方案的。

（三）直接进行账务调整的无偿划转事项

下列国有产权无偿划转事项，依据被划转企业上一年度（或最近一次）的审计报告或经批准的清产核资结果，直接进行账务调整

1. 由政府决定的所出资企业国有产权无偿划转本级国有资产监督管理机构其他所出资企业的；

2. 由上级政府决定的所出资企业国有产权在上、下级政府国有资产监督管理机构之间的无偿划转；

3. 由划入、划出方政府决定的所出资企业国有产权在互不隶属的政府的国有资产监督管理机构之间的无偿划转；

4. 由政府决定的实施政企分开的企业，其国有产权无偿划转国有资产监督管理机构持有的；

5. 其他由政府或国有资产监督管理机构根据国有经济布局、结构调整和重组需要决定的无偿划转事项。

二、选编例题

【例·多选题】根据企业国有产权无偿划转的有关规定，下列选项中，企业国有产权不得实施无偿划转的情形有（　　）。

A. 被划转企业的或有负债未有妥善解决方案

B. 被划转企业职工代表大会未通过无偿划转涉及的职工分流安置事项
C. 被划转企业主业不符合划入方主业及发展规划
D. 中介机构对被划转企业划转基准日的财务报告出具了无法表示意见的审计报告
E. 中介机构对被划转企业划转基准日的财务报告出具了无保留意见的审计报告

知识点 7 选编例题答案

【答案】ABCD

【解析】中介机构对被划转企业划转基准日的财务报告出具否定意见、无法表示意见或保留意见的审计报告的，不得实施无偿划转。

【知识点 8】上市公司国有股权变动管理★★★

一、知识点精讲

（一）上市公司国有股权变动管理概述

1. 概念：指上市公司国有股权持股主体、数量或比例等发生变化的行为。

2. 情形：国有股东所持上市公司股份通过证券交易系统转让、公开征集转让、非公开协议转让、无偿划转、间接转让、国有股东发行可交换公司债券；国有股东通过证券交易系统增持、协议受让、间接受让、要约收购上市公司股份和认购上市公司发行股票；国有股东所控股上市公司吸收合并、发行证券；国有股东与上市公司进行资产重组等。

【注意】上述国有股东是指符合以下情形之一的企业和单位，其证券账户标注“SS”：（1）政府部门、机构、事业单位、境内国有独资或全资企业；（2）上述第（1）项中所述单位或企业独家持股比例超过 50%，或合计持股比例超过 50%，且其中之一为第一大股东的境内企业；（3）上述第（2）项中所述企业直接或间接持股的各级境内独资或全资企业。

（二）国有股东所持上市公司股份通过证券交易系统转让

处理	情形	
报国有资产监管机构审核	国有控股股东	转让上市公司股份可能导致持股比例低于合理持股比例
		总股本不超过 10 亿股的上市公司：拟于一个会计年度内累计净转让达到总股本 5%及以上
		总股本超过 10 亿股的上市公司：拟于一个会计年度内累计净转让数量达到 5 000 万股及以上
	国有参股股东	拟于一个会计年度内累计净转让达到上市公司总股本 5%及以上
按国家出资企业内部决策程序决定	其余	

（三）国有股东所持上市公司股份公开征集转让

信息披露	1.在履行内部决策程序后，应书面告知上市公司，由上市公司依法披露，进行提示性公告 2.国有控股股东公开征集转让上市公司股份可能导致上市公司控股权转移的，应当一并通知上市公司申请停牌 3.公开征集信息对受让方的资格条件不得设定指向性或违反公平竞争要求的条款，公开征集期限不得少于 10 个交易日
确定受让方	公开征集转让可能导致上市公司控股权转移的，国有股东应当聘请具有上市公司并购重组财务顾问业务资格的证券公司、证券投资咨询机构或者其他符合条件的财务顾问机构担任财务顾问 【注意】财务顾问应当具有良好的信誉，近三年内无重大违法违规记录，且与受让方不存在利益关联。

续表

审批	国有股东与受让方签订协议后，按照审批权限由国家出资企业审批或由国有资产监管机构审批。
确定转让股份价格	国有股东公开征集转让上市公司股份的价格不得低于两者之中的较高者 1.提示性公告日前30个交易日的每日加权平均价格的算术平均值 2.最近一个会计年度上市公司经审计的每股净资产值
收取转让价款	国有股东应在股份转让协议签订后5个工作日内收取不低于转让价款30%的保证金，其余价款应在股份过户前全部结清
办理股份过户手续	上市公司股份过户前，原则上受让方人员不能提前进入上市公司董事会和经理层，不得干预上市公司正常生产经营

（四）国有股东所持上市公司股份非公开协议转让

<table>
<tr><td>协议转让情形</td><td colspan="3">1.上市公司连续两年亏损并存在退市风险或严重财务危机，受让方提出重大资产重组计划及具体时间表的
2.企业主业处于关系国家安全、国民经济命脉的重要行业和关键领域，主要承担重大专项任务，对受让方有特殊要求的
3.为实施国有资源整合或资产重组，在国有股东、潜在国有股东（经本次国有资源整合或资产重组后成为上市公司国有股东的）之间转让的
4.上市公司回购股份涉及国有股东所持股份的
5.国有股东因接受要约收购方式转让其所持上市公司股份的
6.国有股东因解散、破产、减资、被依法责令关闭等原因转让其所持上市公司股份的
7.国有股东以所持上市公司股份出资的</td></tr>
<tr><td>审批</td><td colspan="3">国有股东与受让方签订协议后，按照审批权限由国家出资企业审批或由国有资产监管机构审批</td></tr>
<tr><td rowspan="3">确定股份转让价格</td><td>一般情况</td><td colspan="2">同“公开征集转让”的定价规则</td></tr>
<tr><td rowspan="2">特殊情形</td><td>国有股东为实施资源整合或重组上市公司，并在其所持上市公司股份转让完成后全部回购上市公司主业资产的</td><td>股份转让价格由国有股东根据中介机构出具的该上市公司股票价格的合理估值结果确定</td></tr>
<tr><td>为实施国有资源整合或资产重组，在国有股东之间转让且上市公司中的国有权益并不因此减少的</td><td>股份转让价格应当根据上市公司股票的每股净资产值、净资产收益率、合理的市盈率等因素合理确定</td></tr>
<tr><td>收取转让价款</td><td colspan="3">现金付款的，国有股东应在股份转让协议签订后5个工作日内收取不低于转让价款30%的保证金，其余价款应在股份过户前全部结清</td></tr>
</table>

（五）国有股东所持上市公司股份无偿划转

1. 政府部门、机构、事业单位、国有独资或全资企业之间可以依法无偿划转所持上市公司股份。

2. 国有股东所持上市公司股份无偿划转，按照审批权限由国家出资企业审批或由国有资产监管机构审批。

（六）国有股东所持上市公司股份间接转让

1. 国有股东所持上市公司股份间接转让是指因国有产权转让或增资扩股等原因导致国有股东不再符合规定情形的行为。

2. 定价：同“公开征集转让”的定价规则。

3. 上市公司股份价值确定的基准日应与国有股东资产评估的基准日一致，且与国有股东产权直接持有单位对该产权变动决策的日期相差不得超过一个月。

（七）国有股东发行可交换公司债券

国有股东发行的可交换公司债券交换为上市公司每股股份的价格，应不低于债券募集说明书公告日前1个交易日、前20个交易日、前30个交易日该上市公司股票均价中的最高者。

（八）国有股东受让上市公司股份

国有股东受让上市公司股份行为主要包括国有股东通过证券交易系统增持、协议受让、间接受让、要约收购上市公司股份和认购上市公司发行股票等。

（九）国有股东所控股上市公司吸收合并、发行证券

1. 国有股东所控股上市公司吸收合并，是指国有控股上市公司之间或国有控股上市公司与非国有控股上市公司之间的吸收合并。

2. 国有股东所控股上市公司发行证券，包括上市公司采用公开方式向原股东配售股份、向不特定对象公开募集股份、采用非公开方式向特定对象发行股份以及发行可转换公司债券等行为。

（十）国有股东与上市公司进行资产重组

国有股东与上市公司进行资产重组是指国有股东向上市公司注入、购买或置换资产并涉及国有股东所持上市公司股份发生变化的情形。

二、选编例题

【例 1 · 单选题】下列持有上市公司股份的主体中，不属于企业国有资产法律制度认定的上市公司国有股东的是（　　）。

A. 某政府部门

B. 某境内国有全资公司

C. 某国有独资公司与事业单位合计持股 55%且国有独资公司为第一大股东的有限责任公司

D. 某国有独资公司与另一有限公司投资设立的有限合伙企业

【例 2 · 单选题】国有股东所持上市公司股份公开征集转让，公开征集的期限不得少于（　　）。交易日。

A.5 个　　B.10 个　　C.15 个　　D.20 个

【例 3 · 单选题】某上市公司的国有股东拟非公开协议转让其持有的股份，已知提示性公告日前 30 个交易日的加权平均价格是 20 元 /股，最近一个会计年度经审计的每股净资产值是 25 元 /股。下列选项中，协议转让价格合理的是（　　）。

A.18　　B.20　　C.22　　D.26

【例 4 · 单选题】根据法律规定，国有股东通过证券交易系统转让所持上市公司股份时，下列情形中，应当报国有资产监督管理机构审核批准的是（　　）。

A. 总股本为 8 亿股的上市公司，国有控股股东拟于一个会计年度内累计净转让股份的比例为上市公司总股本的 4%

B. 总股本为 15 亿股的上市公司，国有控股股东拟于一个会计年度内累计净转让股份的数量为 4 000 万股

C. 总股本为 20 亿股的上市公司，国有控股股东拟于一个会计年度内累计净转让股份的比例为上市公司总股本的 2%

D. 国有参股股东拟于一个会计年度内累计净转让股份比例为上市公司总股本的 6%

知识点 8 选编例题答案

1.**【答案】**D

【解析】国有股东是指符合以下情形之一的企业和单位，其证券账户标注“SS”：（1）政府部门、机构、事业单位、境内国有独资或全资企业；（2）上述第（1）项中所述单位或企业独家持股比例超过 50%，或合计持股比例超过 50%，且其中之一为第一大股东的境内企业；（3）上述第（2）项中所述企业直接或间接持股的各级境内独资或全资企业。

2.**【答案】**B

【解析】公开征集的期限不得少于 10 个交易日。

3.**【答案】**D

【解析】国有股东非公开协议转让上市公司股份的价格不得低于下列两者之中的较高者：（1）提示性公告日前30个交易日的每日加权平均价格的算术平均值；（2）最近一个会计年度上市公司经审计的每股净资产值。

4.【答案】D

【解析】选项D：国有参股股东拟于一个会计年度内累计净转让股份比例达到上市公司总股本5%及以上的，应当报国有资产监督管理机构审核批准。

【知识点9】金融企业国有资产管理制度★★

一、知识点精讲

（一）监管部门

财政部门是金融企业国有资产的监督管理部门。

【注意】金融企业，是指在中华人民共和国境内依法设立的国有及国有控股金融企业、金融控股公司、担保公司，以及城市商业银行、农村商业银行、农村合作银行、信用社等。

（二）金融企业国有金融资本产权登记管理

1. 概述

（1）概念

国有金融资本，是指国家及其授权投资主体直接或间接对金融机构出资所形成的资本和应享有的权益。凭借国家权力和信用支持的金融机构所形成的资本和应享有的权益，纳入国有金融资本管理，法律另有规定的除外。

【注意1】金融机构，包括依法设立的获得金融业务许可证的各类金融企业，主权财富基金、金融控股公司、金融投资运营公司以及金融基础设施等实质性开展金融业务的其他企业或机构。

【注意2】产权登记是指财政部门对占有国有金融资本的金融机构产权及其分布状况、变动情况进行登记管理的行为。

（2）登记范围

在中华人民共和国境内或境外设立的占有国有金融资本的金融机构，应按本办法规定办理产权登记。国有控股金融机构拥有实际控制权的境内外各级企业及前述企业投资参股的企业（统称所属企业），应当纳入产权登记范围，所属企业包括非金融企业。

【注意】不进行产权登记的情形：①金融机构依法行使债权或担保物权而受偿于债务人、担保人或第三人，以及因开展受托理财等正常经营业务所形成的股权资产，不属于产权登记的范围。②以交易为目的持有的股权，不在长期股权投资项下核算的，不进行产权登记。

（3）登记主体

产权登记的登记主体为金融机构。

（4）登记管辖

国有金融资本产权登记和管理机关为同级财政部门。财政部负责中央国有金融资本产权登记管理工作。县级以上地方财政部门负责本级国有金融资本产权登记管理工作。

2. 登记形式和内容

产权登记分为产权占有登记、产权变动登记和产权注销登记。

占有	（1）因投资、分立、合并而新设机构的 （2）因收购、投资入股而取得机构股权的 （3）其他应当办理产权占有登记的情形

续表

变动	（1）名称、注册地、主营业务范围、境内机构法定代表人发生变动 （2）注册资本发生变动 （3）组织形式、机构类别及级次发生变动 （4）国有控制出资人名称、出资类别、出资金额、出资比例发生变动 （5）其他应当办理产权变动登记的情形
注销	（1）因解散、破产进行清算，并注销法人资格的 （2）因产权转让、减资、股权出资、出资人性质改变等导致出资人中不再存在国有控制出资人的； （3）其他应当办理产权注销登记的情形

3. 登记程序

（1）金融机构(含所属企业)发生产权登记相关经济行为时，应当自相关经济行为完成后30日内，申请办理产权登记。

（2）财政部门应当自收到金融机构总部报送的产权登记信息起30日内，对符合登记要求的金融机构予以办理产权登记。

（3）金融机构未办理产权占有登记的，发生产权变动或者注销情形时，应当先补办产权占有登记，再申请办理产权变动或者注销登记。未办理产权占有登记的不得进行国有产权转让。

4. 监督与管理

（1）金融机构总部应当于每年5月20日前，完成上一年度本级及其所属企业的产权登记情况的监督检查工作，并报财政部门备案。

（2）下级财政部门应当于每年6月20日前，编制并向上级财政部门报送上一年度本级国有金融资本产权登记年度汇总表与产权变动状况的分析报告。

（三）金融企业国有资产转让管理

1. 转让管理体制

（1）金融企业国有资产转让按照统一政策、分级管理的原则，由财政部门负责监督管理。

（2）财政部门转让金融企业国有资产，应当报本级人民政府批准。政府授权投资主体转让金融企业国有资产，应当报本级财政部门批准。

【注意】金融企业国有资产转让以通过产权交易机构、证券交易系统交易为主要方式。符合规定条件的，可以采取直接协议方式转让金融企业国有资产。

2. 非上市企业国有产权转让

（1）审批

①中央管理的国有及国有控股金融企业转让一级子公司的产权应当报财政部审批；地方管理的金融企业国有资产转让的审批权限，由省级财政部门确定；

②国有及国有控股金融企业一级子公司转让所持子公司产权，由控股（集团）公司审批。其中，涉及重要行业、重点子公司的重大国有产权转让，或者导致转让标的企业所持金融企业或者其他重点子公司控股权转移的，应当报财政部门审批。

（2）转让方应当委托资产评估机构对转让标的企业的整体价值进行评估

（3）确定产权交易机构：连续3年没有违法、违规记录

（4）产权转让公告期：不少于20个工作日

（5）确定受让方

①首次挂牌未能征集到意向受让方的，转让方可以根据转让标的企业情况确定新的挂牌价格并重新公告。如新的挂牌价格低于资产评估结果的90%，应当重新报批。

②经产权交易机构公开征集只产生1个符合条件的意向受让方时，产权转让可以采取场内协议转让方式进行，但转让价格不得低于挂牌价格。

（6）付款

①转让方应当按照产权转让协议的约定及时收取产权转让的全部价款，转让价款原则上应当采取

货币性资产一次性收取。

②如金额较大、一次付清确有困难的，可以约定分期付款方式，但分期付款期限不得超过 1 年。采用分期付款方式的，受让方首期付款不得低于总价款的 30%，并在协议生效之日起 5 个工作日内支付；其余款项应当办理保全手续，并按同期金融机构基准贷款利率支付利息。

3. 上市公司国有股份转让

（1）通过证券交易系统转让

①审批

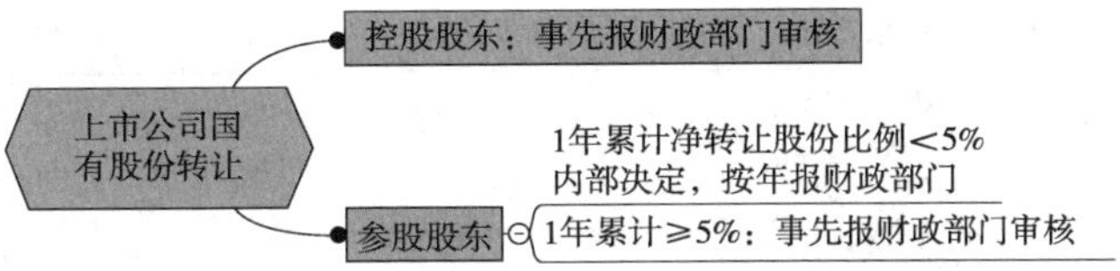

②股份转让价格转让方采取大宗交易方式的，转让价格不得低于该上市公司股票当天交易的加权平均价格；当日无成交的，不得低于前 1 个交易日的加权平均价格。

（2）国有资产直接协议转让

直接协议转让的情形	有下列情况之一，经国务院批准或者财政部门批准，转让方可以采取直接协议转让方式转让非上市企业国有产权和上市公司的国有股份 ①国家有关规定对受让方有特殊要求 ②控股（集团）公司进行内部资产重组
不披露股份协议转让信息的情形	具有下列情形之一的，经财政部门批准后，转让方可以不披露上市公司股份协议转让信息 ①国民经济关键行业、领域中对受让方有特殊要求的 ②转让方作为国有控股股东，为实施国有资源整合或者资产重组，在控股公司或者集团企业内部进行协议转让的 ③上市公司连续 2 年亏损并存在退市风险或者严重财务危机，受让方提出重大资产重组计划及具体时间表的 ④上市公司回购股份涉及转让方所持股份的
转让价格	转让价格应当按照上市公司股份转让信息公告日前 30 个交易日每日加权平均价格或者前 1 个交易日加权平均价格孰高的原则确定

（四）国有金融企业增资扩股股权管理

1. 概念

增资扩股，是指国有金融企业增加资本金的行为。各级政府或履行出资人职责的机构对国有金融企业注资，以及风险金融机构接受风险救助的情形除外。

2. 监督管理

国有金融企业本级因增资导致国有股权比例变动的，须依法报同级财政部门履行相关程序；因增资导致国家不再拥有所出资金融企业控股权的，财政部门须报同级人民政府批准。

3. 报告主体

增资行为的报告主体为集团（控股）公司。被增资企业为多家国有金融企业共同持股的，由其中持股比例最大的国有股东负责履行相关程序；各国有股东持股比例相同的，由相关股东协商后确定其中一家股东负责履行相关程序。

4. 程序

投资方资格审查	被增资企业应对意向投资方进行资格审查，增资引入的投资方应当符合股东资质相关要求。除法律法规另有规定外，增资资金应为真实合法的自有资金（增资额一般应低于投资方的净资产），不得使用受托（管理）资金、债务资金等非自有资金参与增资，以非货币财产出资的应当依法进行资产评估

续表

确定资本及股权比例	国有金融企业增资，应根据资产评估有关规定，委托符合条件的资产评估机构开展相关工作，并以被增资企业评估价值和投资方出资额为依据确定资本及股权比例。存在以下情形的，可以依据评估报告或最近一期审计报告确定资本及股权比例： ①被增资企业原股东参与增资，且未造成国有股权比例变动的； ②国有金融企业对其全资子公司增资的； ③被增资企业和投资方均为国有独资或国有全资金融企业的
公开征集意向投资方	国有金融企业增资原则上应在符合条件的省级（含）以上产权交易机构公开披露信息，征集意向投资方，公开征集时间不得少于40个工作日
非公开协议方式进行增资	（1）以下情形依法报同级财政部门履行相关程序后，可以采取非公开协议方式进行增资： ①国有金融企业因资本布局结构调整需要，各投资方均为国有企业的； ②国家有关规定对投资方有特殊要求的； ③由政府或履行出资人职责的机构指定其他单位参与增资的； ④经同级财政部门认可的其他情形。 （2）以下情形经集团（控股）公司审议决策，可以采取非公开协议方式进行增资： ①集团（控股）公司直接或指定其控股、实际控制的子公司，对其子公司进行增资的； ②国有金融企业债权转为股权的； ③国有金融企业原股东增资的，其中，非原股东同比例增资的，参与增资的股东连续持股时间原则上不宜短于一年

二、选编例题

【例1·单选题】金融企业国有资产的监督管理部门是（　　）。

A. 国资委　B. 中国人民银行　C. 财政部门　D. 银保监会

【例2·单选题】国有金融资本产权登记和管理机关为（　　）。

A. 金融部门　B. 同级财政部门　C. 商务部门　D. 国资委

【例3·单选题】财政部门转让金融企业国有资产，应当报（　　）批准。

A. 本级国有资产监督管理机构　B. 本级人民政府

C. 上级财政部　D. 国务院

【例4·单选题】国有金融企业增资扩股，原则上应在符合条件的省级（含）以上产权交易机构公开披露信息，征集意向投资方，公开征集时间不得少于（　　）。

A.15个工作日　B. 20个工作日　C. 30个工作日　D. 40个工作日

知识点9选编例题答案

1.【答案】C

【解析】财政部门是金融企业国有资产的监督管理部门。

2.【答案】B

【解析】国有金融资本产权登记和管理机关为同级财政部门。

3.【答案】B

【解析】财政部门转让金融企业国有资产，应当报本级人民政府批准。

4.【答案】D

【解析】国有金融企业增资原则上应在符合条件的省级（含）以上产权交易机构公开披露信息，征集意向投资方，公开征集时间不得少于40个工作日。

同步强化训练题

一、单项选择题

1. 根据企业国有资产法律制度的规定，设立国有独资公司的法律依据是（　　）。

A. 公司法　　B. 个人独资企业法

C. 企业国有资产管理法　　D. 全民所有制工业企业法

2. 根据企业国有资产管理法律制度的规定，甲国有独资公司与其董事所实际控制的公司乙进行下列经济活动，符合法律规定的是（　　）。

A. 甲为乙提供小额担保，只需由甲的董事会作出决定

B. 甲以市场价格向乙销售甲的产品

C. 甲与乙签订了价格公允的财产转让协议，只需由甲的董事会作出决定

D. 甲向乙投资，只需由甲的董事会作出决定

3. 下列关于国务院国有资产监督管理委员会履行出资人主要职责的说法中，不正确的是（　　）。

A. 承担监督所监管企业国有资产保值增值的责任

B. 根据国务院授权，依照《公司法》等法律和行政法规履行出资人职责，监管中央所属企业（包含金融类企业）的国有资产

C. 负责组织所监管企业上交国有资本收益

D. 依照规定代表国务院向所监管企业派出监事会

4. 根据企业国有资产法律制度的规定，下列关于企业国有资产的表述中，正确的是（　　）。

A. 企业国有资产是指国家对企业各种形式的出资所形成的权益

B. 国家作为出资人对所出资企业的法人财产享有所有权

C. 企业国有资产即国家出资企业的法人财产

D. 国家对企业出资所形成的厂房、机器设备等固定资产的所有权属于国家

5. 某重要的国有独资公司由甲国有资产监督管理机构出资。该国有独资公司的下列事项中，应当报请本级人民政府批准的事项是（　　）。

A. 公司增加注册资本　B. 公司申请破产　　C. 发行公司债券　　D. 制定公司章程

6. 下列关于企业国有资产产权登记的范围表述错误的是（　　）。

A. 国家出资企业拥有实际控制权，是指国家出资企业直接或者间接合计持股比例超过50%，或者持股比例虽然未超过50%但为第一大股东，并通过股东协议、公司章程、董事会决议或者其他协议安排能够实际支配企业行为的情形

B. 国家出资企业为了赚取差价从二级市场购入的上市公司股权应进行产权登记

C. 有限责任公司、股份有限公司、中外合资经营企业、中外合作经营企业和联营企业，应由国有股权持有单位或委托企业按规定申办企业国有资产产权登记

D. 企业产权归属关系不清楚或者发生产权纠纷的，可以申请暂缓办理产权登记

7. 下列关于企业国有资产产权登记管理的表述错误的是（　　）。

A. 企业国有资产产权登记机关是各级国有资产监督管理机构，对产权登记分级管理

B. 中央国有企业、国有独资公司投资设立的企业由国务院国有资产管理机构登记管理

C. 两个及两个以上国有资本出资人共同投资设立的企业，由协商确定的出资人所在的企业依据其产权归属关系申请办理产权登记

D. 国有资本出资人股权比例相等的，由各国有资本出资人推举一个国有资本出资人的所出资企业申请办理产权登记，其余出资人出具产权登记委托书

8. 下列不属于企业国有资产交易的范围的是（　　）。

A. 企业产权转让　　B. 企业增资　　C. 企业资产转让　　D. 企业特许经营

9. 某国有企业拟将其产权转让，资产评估机构评估确认的价值为15 000万元并经有关部门备案，但信息披露期满没有产生意向受让方，其确定新的挂牌价格低于（　　）万元，应当获得相关产权转让批准机构书面同意。

A.14 500　　B.13 600　　C.13 500　　D.15 000

10. 下列关于企业产权转让的表述错误的是（　　）。

A. 因产权转让致使国家不再拥有所出资企业控股权的，须由国有资产监督管理机构报本级人民政府批准

B. 产权转让项目首次正式信息披露的转让底价，不得低于经核准或备案的转让标的评估结果

C. 交易价款应当自合同生效之日起5个工作日内一次付清，不得分期付款

D. 涉及主业处于关系国家安全、国民经济命脉的重要行业和关键领域企业的重组整合，对受让方有特殊要求，企业产权需要在国有及国有控股企业之间转让的，经国有资产监督管理机构批准，可以采取非公开协议转让方式

11. 根据企业国有资产法律制度，下列增资行为中，须经国有资产监督管理机构报本级人民政府批准的是（　　）。

A. 国家出资企业对主业处于关系国民经济命脉的关键领域、主要承担重大专项任务的子企业增资

B. 国有独资企业因增资而成为国有资本控股公司的

C. 国家出资企业对主业处于关系国家安全的重要行业、主要承担重大专项任务的子企业增资

D. 因增资致使国家不再拥有所出资企业控股权的

12. 根据企业国有资产法律制度的规定，国有参股股东拟于一个会计年度内通过证券交易系统累计净转让的上市公司股份达到该上市公司总股本特定比例及以上的，应当报国有资产监督管理机构的审核批准。该特定比例是（　　）。

A.5%　　B.10%　　C.15%　　D.20%

13. 甲国有资本控股公司（上市公司）中的国有股东乙企业拟将其持有的30%的股权作价500万元转让给丙企业，丙企业拟以现金支付转让价款，且双方签订了转让协议。关于保证金的支付，下列说法中，正确的是（　　）。

A. 乙企业应当在股份转让协议签订后5个工作日内收取不低于100万元的保证金

B. 乙企业应当在股份转让协议签订后5个工作日内收取不低于150万元的保证金

C. 乙企业应当在股份转让协议签订后10个工作日收取不低于100万元的保证金

D. 乙企业应当在股份转让协议签订后10个工作日收取不低于150万元的保证金

14. 下列关于国有股东所持上市公司股份公开征集转让的说法中，错误的是（　　）。

A. 国有股东拟公开征集转让上市公司股份的，应当自行进行披露，并进行提示性公告

B. 公开征集期限不得少于10个交易日

C. 股份转让的全部价款支付完之前，不得办理股份过户登记手续

D. 股份过户前，受让方人员原则上不得进入上市公司的董事会和经理层

15. 下列关于国有股东发行可交换公司债券的价格的说法正确的是（　　）。

A. 不低于债券募集说明书公告日前1个交易日、前20个交易日、前30个交易日该上市公司股票均价中的最高者

B. 不低于债券募集说明书公告日前1个交易日、前20个交易日、前30个交易日该上市公司股票均价中的最低者

C. 不低于债券募集说明书公告日前30个交易日、前60个交易日、前120个交易日该上市公司股

票均价中的最高者

D. 不低于债券募集说明书公告日前 30 个交易日、前 60 个交易日、前 120 个交易日该上市公司股票均价中的最低者

16. 关于金融企业国有金融资本产权登记管理，下列应当办理占有产权登记的是（　　）。

A. 因收购、投资入股而取得机构股权　　B. 国有控制出资人名称发生变动

C. 注册资本发生变动　　D. 因产权转让导致出资人中不再存在国有控制出资人

17. 金融企业国有资产转让的监督管理部门是（　　）。

A. 银行业监督管理机构　　B. 国有资产监督管理机构

C. 中国人民银行　　D. 财政部门

18. 非上市金融企业转让国有资产时，若受让方分期付款，则首期付款不得低于总转让价款的（　　）。

A.30%　　B.40%　　C.50%　　D.60%

19. 上市金融公司国有股份转让中，转让方为上市公司参股股东，在 1 个完整会计年度内累计净转让股份比例达到或超过上市公司总股东（　　）的，应事先将转让方案报财政部门批准后实施。

A.3%　　B.5%　　C.10%　　D.15%

20. 关于国有金融企业增资扩股股权管理，下列表述正确的是（　　）。

A. 增资扩股，是指国有金融企业增加资本金的行为，包括各级政府或履行出资人职责的机构对国有金融企业注资

B. 国有金融企业本级因增资导致国家不再拥有所出资金融企业控股权的，须依法报同级财政部门履行相关程序

C. 增资行为的报告主体为集团（控股）公司

D. 公开征集意向投资方，公开征集时间不得少于 20 个工作日

二、多项选择题

1. 根据企业国有资产法律制度的规定，国务院和地方人民政府依照法律、行政法规的规定，分别代表国家对国家出资企业履行出资人职责，享有出资人权益。下列属于国务院代表国家履行出资人职责的有（　　）。

A. 国务院确定的关系国民经济命脉的国家出资企业

B. 国务院确定的关系国家安全的大型国家出资企业

C. 涉及重要基础设施领域的国家出资企业

D. 涉及重要自然资源领域的国家出资企业

E. 涉及对外贸易的国家出资企业

2. 某国有独资公司的董事王某因违反规定造成公司国有资产重大损失被免职。根据企业国有资产法律制度的规定，下列有关王某任职的表述中，错误的有（　　）。

A. 王某自免职之日起 3 年内不得担任国有资本参股公司的董事、监事、高级管理人员

B. 王某自免职之日起 5 年内不得担任国有资本控股公司的董事、监事、高级管理人员

C. 王某自免职之日起 10 年内不得担任国有独资公司的董事、监事、高级管理人员

D. 王某终身不得担任国家出资企业的董事、监事、高级管理人员

E. 王某终身不得担任国有独资公司的董事、监事、高级管理人员

3. 根据国有资产法律制度的规定，需要经履行出资人职责机构同意的有（　　）。

A. 与关联方订立财产转让协议　　B. 与关联方共同出资设立企业

C. 企业为国有独资公司提供担保　　D. 与关联方订立借款协议

E. 向董事实际控制的企业投资

4. 根据《企业国有资产法》，非重要的国有独资公司发生的下列事项中，由履行出资人职责的机

构决定的有（　　）。

A. 发行公司债券　　B. 决定公司投资方案

C. 聘任总经理　　D. 增加注册资本

E. 合并

5. 根据有关规定，国有企业实施改制时应当明确企业与职工的相关责任。下列有关国有企业改制时企业与职工关系问题的表述中，正确的有（　　）。

A. 改制企业应当制订职工安置方案，职工安置方案须经职工代表大会或职工大会审议通过

B. 企业实施改制时，必须向职工公布企业主要财务指标的财务审计、资产评估结果

C. 对企业改制时解除劳动合同且不再继续留用的职工，应当支付经济补偿金

D. 企业改制时，对经确认的拖欠职工工资、医疗费等，原则上应当一次性付清

E. 企业国有产权持有单位可以要求职工将经济补偿金借给改制后企业使用

6. 国有资本控股公司与关联方的交易，依照《公司法》和有关行政法规以及公司章程的规定，由公司股东会、股东大会或者董事会决定。下列说法正确的有（　　）。

A. 由公司股东会、股东大会决定的，履行出资人职责的机构委派的股东代表，应当按照委派机构的指示行使表决权

B. 由公司股东会、股东大会决定的，履行出资人职责的机构委派的股东代表，应当将其履行职责的情况和结果及时报告委派机构

C. 公司董事会对公司与关联方的交易作出决议时，该交易涉及的董事不得行使表决权

D. 公司董事会对公司与关联方的交易作出决议时，该交易涉及的董事可以代理其他董事行使表决权

E. 在涉及关联方交易活动中，当事人恶意串通，损害国有资产权益的，该交易行为无效

7. 根据《企业国有资产交易监督管理办法》的规定，下列关于通过产权交易机构公开转让企业产权的表述中，正确的有（　　）。

A. 因产权转让导致转让标的企业的实际控制权发生转移的，转让方应当在转让行为获批后 10 个工作日内，通过产权交易机构进行信息预披露，时间不得少于 20 个工作日

B. 产权转让项目首次正式信息披露的转让底价，不得低于经核准或者备案的转让标的评估结果

C. 降低转让底价或者变更受让条件后重新披露信息的，披露时间不得少于 20 个工作日

D. 新的转让底价低于评估结果的 95%时，应当经转让行为批准单位书面同意

E. 交易双方不得以交易期间企业经营性损益等理由对已达成的交易条件和交易价格进行调整

8. 根据企业国有资产法律制度的规定，国有股东可以采取非公开协议方式转让上市公司股份的有（　　）。

A. 上市公司上一会计年度亏损并存在退市风险或严重财务危机，受让方提出重大资产重组计划及具体时间表的

B. 国家安全、国民经济命脉的重要行业和关键领域对受让方有特殊要求的

C. 为实施国有资源整合或资产重组，在国有股东、潜在国有股东之间转让的

D. 国有股东因解散、破产、被依法责令关闭等原因转让其所持上市公司股份的

E. 上市公司回购股份涉及国有股东所持股份的

9. 国有股东所持上市公司股权变动中，应当由国有资产监督管理机构审核批准的有（　　）

A. 总股本超过 10 亿股的上市公司，国有控股股东拟于一个会计年度内累计净转让股份比例达到 5 000 万股

B. 国有股东所持上市公司股份公开征集转让

C. 国有股东所持上市公司股份非公开协议转让

D. 国有股东所持上市公司股份间接转让

E. 国有股与上市公司进行资产重组

10. 关于金融企业国有金融资本产权登记管理，下列应当办理产权登记的有（　　）。

A. 境内或境外设立的占有国有金融资本的金融机构

B. 国有控股金融机构拥有实际控制权的境内外各级企业及前述企业投资参股的企业

C. 以交易为目的的持有的股权，不在长期股权投资项下核算

D. 金融机构依法行使债权或担保物权而受偿于债务人、担保人或第三人的股权资产

E. 金融机构因开展受托理财等正常经营业务所形成的股权资产

11. 关于金融企业国有金融资本产权登记管理，下列表述正确的有（　　）。

A. 金融机构(含所属企业)发生产权登记相关经济行为时，应当自相关经济行为完成后 30 日内，申请办理产权登记

B. 金融机构总部申办本级产权登记时，应将所需提交的文件和资料的纸质材料整理成卷，附加目录清单。未按要求提交文件和资料的，财政部门不予受理

C. 财政部门应当自收到金融机构总部报送的产权登记信息起 30 日内，对符合登记要求的金融机构予以办理产权登记

D. 未办理产权占有登记的不得进行国有产权转让

E. 金融机构总部应当于每年 6 月 20 日前，完成上一年度本级及其所属企业的产权登记情况的监督检查工作，并报财政部门备案

12. 关于国有金融企业增资扩股股权管理，经集团（控股）公司审议决策，可以采取非公开协议方式进行增资的有（　　）。

A. 集团（控股）公司直接或指定其控股、实际控制的子公司，对其子公司进行增资

B. 国有金融企业债权转为股权的

C. 国有金融企业因资本布局结构调整需要，各投资方均为国有企业

D. 国家有关规定对投资方有特殊要求

E. 由政府或履行出资人职责的机构指定其他单位参与增资

同步强化训练题参考答案及解析

一、单项选择题

1.【答案】A

【解析】国有独资公司是依照《公司法》设立的企业全部资本均为国有资本的公司制企业。

2.【答案】B

【解析】未经履行出资人职责的机构同意，国有独资企业、国有独资公司不得有下列行为：（1）与关联方订立财产转让、借款的协议；（2）为关联方提供担保；（3）与关联方共同出资设立企业，或者向董事、监事、高级管理人员或者其近亲属所有或者实际控制的企业投资。

3.【答案】B

【解析】根据国务院授权，依照《公司法》等法律和行政法规履行出资人职责，监管中央所属企业(不含金融类企业)的国有资产。

4.【答案】A

【解析】企业国有资产与企业法人财产不同。企业国有资产是指国家作为出资人对所出资企业所享有的权益，而不是指国家出资企业的各项具体财产。出资人将出资投入企业，所形成的企业的厂房、机器设备等企业的各项具体财产，属于企业的法人财产权。企业法人的动产和不动产，由企业享有占有、使用、收益和处分的权利。出资人对企业法人财产不具有直接的所有权。

5.【答案】B

【解析】根据规定，重要的国有独资企业、国有独资公司、国有资本控股公司的合并、分立、解散、申请破产以及法律、行政法规和本级人民政府规定应当由履行出资人职责的机构报经本级人民政府批准的重大事项，履行出资人职责的机构在作出决定或者向其委派参加国有资本控股公司股东会会议、股东大会会议的股东代表作出指示前，应当报请本级人民政府批准。

6.【答案】B

【解析】国家出资企业、国家出资企业（不含国有资本参股公司）拥有实际控制权的境内外各级企业及其投资参股企业为交易目的持有的下列股权不进行产权登记：为了赚取差价从二级市场购入的上市公司股权；为了近期内（一年以内）出售而持有的其他股权。

7.【答案】C

【解析】两个及两个以上国有资本出资人共同投资设立的企业，由国有资本出资额最大的出资人所在的企业依据其产权归属关系申请办理产权登记。

8.【答案】D

【解析】企业国有资产交易的范围包括：（1）履行出资人职责的机构、国有及国有控股企业、国有实际控制企业转让其对企业各种形式出资所形成权益的行为（简称企业产权转让）；（2）国有及国有控股企业、国有实际控制企业增加资本的行为（简称企业增资），政府以增加资本金方式对国家出资企业的投入除外；（3）国有及国有控股企业、国有实际控制企业的重大资产转让行为（简称企业资产转让）。

9.【答案】C

【解析】企业产权转让中，信息披露期满未征集到意向受让方的，可以在降低转让底价后重新进行信息披露。新的转让底价低于评估结果的90%时，应当经转让行为批准单位书面同意。15 000×90%＝1 300（万元）。故选项C是正确的。

10.【答案】C

【解析】交易价款原则上应当自合同生效之日起5个工作日内一次付清。金额较大、一次付清确有困难的，可以采取分期付款方式。采用分期付款方式的，首期付款不得低于总价款的30%，并在合同生效之日起5个工作日内支付；其余款项应当提供转让方认可的合法有效担保，并按同期银行贷款利率支付延期付款期间的利息，付款期限不得超过1年。

11.【答案】D

【解析】因增资致使国家不再拥有所出资企业控股权的，须由履行出资人职责的机构报本级人民政府批准，选项D正确。国家出资企业决定其子企业的增资行为。其中，对主业处于关系国家安全、国民经济命脉的重要行业和关键领域，主要承担重大专项任务的子企业的增资行为，须由国家出资企业报同级履行出资人职责的机构批准，选项AC错误。履行出资人职责的机构负责审核国家出资企业的增资行为，选项B错误。

12.【答案】A

【解析】国有股东通过证券交易系统转让所持上市公司股份时，国有参股股东拟于一个会计年度内累计净转让股份比例达到上市公司总股本5%及以上的，应当报国有资产监督管理机构审核批准。

13.【答案】B

【解析】根据规定，非公开协议转让中，以现金支付股份转让价款的，国有股东应当在股份转让协议签订后5个工作日内收取不低于转让收入30%的保证金。

14.【答案】A

【解析】国有股东拟公开征集转让上市公司股份的，在履行内部决策程序后，应书面告知上市公司，由上市公司依法披露，进行提示性公告。

15.【答案】A

【解析】国有股东发行的可交换公司债券交换为上市公司每股股份的价格，应不低于债券募集说明书公告日前1个交易日、前20个交易日、前30个交易日该上市公司股票均价中的最高者。

16.【答案】A

【解析】有下列情形之一的，应当办理产权占有登记：（1）因投资、分立、合并而新设机构的；（2）因收购、投资入股而取得机构股权的；（3）其他应当办理产权占有登记的情形。

17.【答案】D

【解析】金融企业国有资产转让按照统一政策、分级管理的原则，由财政部门负责监督管理。

18.【答案】A

【解析】采用分期付款方式的，受让方首期付款不得低于总价款的30%，并在协议生效之日起5个工作日内支付。

19.【答案】B

【解析】上市金融公司国有股份转让中，转让方为上市公司参股股东，在1个完整会计年度内累计净转让股份比例达到或超过上市公司总股东5%的，应事先将转让方案报财政部门批准后实施。

20.【答案】C

【解析】增资扩股，是指国有金融企业增加资本金的行为。各级政府或履行出资人职责的机构对国有金融企业注资，以及风险金融机构接受风险救助的情形除外，选项A错误。国有金融企业本级因增资导致国有股权比例变动的，须依法报同级财政部门履行相关程序；因增资导致国家不再拥有所出资金融企业控股权的，财政部门须报同级人民政府批准；选项B错误。公开征集意向投资方，公开征集时间不得少于40个工作日，选项D错误。

二、多项选择题

1.【答案】ABCD

【解析】国务院确定的关系国民经济命脉和国家安全的大型国家出资企业、重要基础设施和重要自然资源等领域的国家出资企业，由国务院代表国家履行出资人职责。其他的国家出资企业，由地方人民政府代表国家履行出资人职责。

2.【答案】ACDE

【解析】国有独资企业、国有独资公司、国有资本控股公司的董事、监事、高级管理人员违反规定，造成国有资产重大损失，被免职的，自免职之日起5年内不得担任国有独资企业、国有独资公司、国有资本控股公司的董事、监事、高级管理人员。

3.【答案】ABDE

【解析】未经履行出资人职责的机构同意，国有独资企业、国有独资公司不得：（1）与关联方订立财产转让、借款的协议；（2）为关联方提供担保；（3）与关联方共同出资设立企业，或者向董事、监事、高级管理人员或者其近亲属所有或者实际控制的企业投资。

4.【答案】ADE

【解析】国有独资公司合并、分立，增加或者减少注册资本，发行债券，分配利润以及解散、申请破产，由履行出资人职责的机构决定。

5.【答案】ABCD

【解析】企业国有产权持有单位不得强迫职工将经济补偿金等费用用于对改制后企业的投资或借给改制后企业（包括改制企业的投资者）使用。

6.【答案】ABCE

【解析】公司董事会对公司与关联方的交易作出决议时，该交易涉及的董事不得行使表决权，也不得代理其他董事行使表决权。

7.【答案】ABCE

【解析】选项D：新的转让底价低于评估结果的90%时，应当经转让行为批准单位书面同意。

8.【答案】BCDE

【解析】存在下列特殊情形的，国有股东可以非公开协议转让上市公司股份：（1）上市公司连续2年亏损并存在退市风险或严重财务危机，受让方提出重大资产重组计划及具体时间表的（选项A错误）；（2）企业主业处于关系国家安全、国民经济命脉的重要行业和关键领域，主要承担重大专项任务，对受让方有特殊要求的（选项B）；（3）为实施国有资源整合或资产重组，在国有股东、潜在国有股东（经本次国有资源整合或资产重组后成为上市公司国有股东的）之间转让的（选项C）；（4）上市公司回购股份涉及国有股东所持股份的（选项E）；（5）国有股东因接受要约收购方式转让其所持上市公司股份的；（6）国有股东因解散、破产、减资、被依法责令关闭等原因转让其所持上市公司股份的（选项D）；（7）国有股东以所持上市公司股份出资的。

9.【答案】AD

【解析】国有控股股东通过证券交易系统转让上市公司股份，总股本不超过10亿股的上市公司，1个会计年度内，累计净转让股份的比例达到上市公司总股本的5%及以上的；总股本超过10亿股的上市公司，1个会计年度内，累计净转让股份的数量达到5 000万股及以上的，应报国有资产监督管理机构审核批准；选项A正确。选项BCE：都是按照审批权限由国家出资企业审核批准或者由国有资产监督管理机构审核批准。选项D：国有股东所持上市公司股份间接转让的，国有股东应在产权转让或增资扩股协议签订后，产权交易机构出具交易凭证前报国有资产监督管理机构审核批准。

10.【答案】AB

【解析】不进行产权登记的情形：（1）金融机构依法行使债权或担保物权而受偿于债务人、担保人或第三人，以及因开展受托理财等正常经营业务所形成的股权资产，不属于产权登记的范围。（2）以交易为目的持有的股权，不在长期股权投资项下核算的，不进行产权登记。

11.【答案】ABCD

【解析】选项E：金融机构总部应当于每年5月20日前，完成上一年度本级及其所属企业的产权登记情况的监督检查工作，并报财政部门备案。

12.【答案】AB

【解析】选项CDE，应当“依法报同级财政部门履行相关程序后”，可以采取非公开协议方式进行增资。

第五章

税收法律制度

本章考情分析

本章为不定项选项题的核心命题章节，税法考核计算是核心，考生应在重点掌握基本计算的同时适当关注其他相关考点。

2022 年本章教材变化

本章变化不大。

1. 第一节 增值税法律制度

（1）增加疫情期间小规模纳税人征收率标准；

（2）增加适用 5%征收率的适用情形。

2. 第三节 企业所得税法律制度

（1）调整研发费用加计扣除标准；

（2）调整小微企业税收优惠。

本章知识点解读与练习

【知识点 1】增值税纳税人★★

一、知识点精讲

（一）一般规定

在境内销售货物或提供加工、修理修配劳务、销售服务、无形资产或不动产，以及进口货物的单位和个人。

【注意】单位以承包、承租、挂靠方式经营的，承包人“以发包人名义对外经营并由发包人承担相关法律责任”的，以该发包人为纳税人。否则，以承包人为纳税人。

（二）纳税人分类

1. 一般标准

（1）分类标准：根据纳税人的“经营规模”和“会计核算的健全程度”，分为一般纳税人和小规模纳税人。

（2）具体分类标准：年应税销售额“500 万元及以下”为小规模纳税人。

【提示】年应税销售额，是指纳税人在连续不超过 12 个月或四个季度的经营期内累计应征增值税销售额，包括纳税申报销售额、稽查查补销售额、纳税评估调整销售额。

2. 特殊情况

（1）不办理一般纳税人登记的情形：

①按照政策规定，选择按照小规模纳税人纳税的；

②年应税销售额超过规定标准的其他个人。

（2）可申请办理一般纳税人：年应税销售额未超过规定标准的纳税人，会计核算健全，能够提供准确税务资料的，可以向主管税务机关办理一般纳税人资格登记。

3. 管理要求

（1）我国增值税一般纳税人资格实行登记制。

（2）除国家税务总局另有规定外，纳税人一经认定为一般纳税人后，不得转为小规模纳税人。

（3）纳税人自一般纳税人生效之日起，按照增值税一般计税方法计算应纳税额。

4. 纳税人的对比

	一般纳税人	小规模纳税人
发票使用	可以自行开具增值税专用发票	（1）可以自行开具普通发票 （2）可以申请税务机关代开增值税专用发票 （3）可以自愿使用增值税发票管理系统自行开具增值税专用发票
核算方式	一般计税方法	简易计税方法
	应纳税额＝销项税额－进项税额	应纳税额＝销售额 ×征收率

二、选编例题

【例 1・单选题】下列关于小规模纳税人征税规定的表述中，不正确的是（　　）。

A. 实行简易征税办法　　B. 一律不得自行开具增值税专用发票

C. 不允许抵扣增值税进项税额　　D. 可以申请税务机关代开增值税专用发票

【例 2・单选题】根据增值税法律制度的规定，年应税销售额在一定标准以下的纳税人为小规模纳税人。该标准是（　　）万元。

A.50　　B.80　　C.500　　D.1 000

知识点 1 选编例题答案

1.【答案】B

【解析】根据规定，小规模纳税人 (其他个人除外) 发生增值税应税行为、需要开具增值税专用发票的，可以自愿使用增值税发票管理系统自行开具。

2.【答案】C

【解析】年应税销售额“500 万元以下”为小规模纳税人。

【知识点 2】增值税的征税范围★★

一、知识点精讲

（一）一般征税范围

货物	销售和进口货物 【注意 1】货物是指有形动产，包括电力、热力、气体。 【注意 2】有偿是指从购买方取得货币、货物或者其他经济利益

续表

劳务	提供加工、修理修配劳务 【注意】提供劳务的对象为有形动产。	
服务	交通运输服务	陆路运输、水路运输、航空运输、管道运输服务
	邮政服务	邮政普遍服务、邮政特殊服务、其他邮政服务
	电信服务	基础电信服务、增值电信服务
	建筑服务	工程服务、安装服务、修缮服务、装饰服务、其他建筑服务
	金融服务	贷款服务、直接收费金融服务、保险服务、金融商品转让
	现代服务	研发和技术、信息技术、文化创意、物流辅助、租赁服务（有形动产或不动产）、鉴证咨询、广播影视、商务辅助
	生活服务	文化体育、教育医疗、旅游娱乐、餐饮住宿、居民日常服务
销售无形资产	技术、商标、著作权、商誉、自然资源使用权（含土地使用权）、其他权益性无形资产	
销售不动产	【注意】单独转让“土地使用权”，按照“销售无形资产”缴纳增值税；转让不动产时“一并”转让其所占土地的使用权的，按照“销售不动产”缴纳增值税	

（二）视同销售

1. 视同销售货物

（1）委托代销行为

①将货物交付他人代销（代销中的委托方）

②销售代销货物（代销中的受托方）

（2）异地移送

总分机构（不在同一县市）之间移送货物用于销售的，移送当天发生增值税纳税义务。

（3）自产、委托加工或购进的货物

①将自产、委托加工的货物用于集体福利或者个人消费；

②将自产、委托加工“或购进”的货物作为投资，提供给其他单位或者个体工商户；

③将自产、委托加工“或购进”的货物分配给股东或者投资者；

④将自产、委托加工“或购进”的货物无偿赠送其他单位或个人。

【总结】视同销售货物的界定：

一看来源：自产、委托加工一定视同销售，外购要分情况讨论。

二看用途：外购对外，视同销售；外购对内，进项税额不得抵扣。

2. 视同销售服务、无形资产或者不动产

（1）单位或者个体工商户向其他单位或者个人无偿提供服务，但用于公益事业或者以社会公众为对象的除外。

（2）单位或者个人向其他单位或者个人无偿转让无形资产或者不动产，但用于公益事业或者以社会公众为对象的除外。

（三）混合销售与混业经营

	行为特征	判定标准	税务处理	典型案例
混合销售	“一项”销售行为	“经营主体”从事货物生产、批发或零售	按销售货物缴纳增值税	超市销售货物同时提供送货上门服务
		“经营主体”从事其他行业	按销售服务缴纳增值税	娱乐场所提供娱乐服务同时销售烟、酒、饮料

续表

	行为特征	判定标准	税务处理	典型案例
混业经营	"多元化"经营	增值税不同税目混业经营，不发生在同一项销售行为中	分别核算分别缴纳 未分别核算"从高"适用税率	商场销售商品，并经营美食城

【注意1】纳税人销售活动板房、机器设备、钢结构件等自产货物的同时提供建筑、安装服务，不属于混合销售，应"分别核算"货物和建筑服务的销售额，"分别适用"不同的税率或者征收率。

【注意2】建筑企业与发包方签订建筑合同后，以内部授权或者三方协议等方式，授权集团内其他纳税人（下称"第三方"）为发包方提供建筑服务，并由第三方直接与发包方结算工程款的，由第三方缴纳增值税并向发包方开具增值税发票，与发包方签订建筑合同的建筑企业不缴纳增值税。发包方可凭实际提供建筑服务的纳税人开具的增值税专用发票抵扣进项税额。

【注意3】一般纳税人销售电梯的同时提供安装服务，其安装服务可以按照甲供工程选择适用简易计税方法计税。纳税人对安装运行后的电梯提供的维护保养服务，按照"其他现代服务"缴纳增值税。

（四）不征收增值税

1. 非经营活动

（1）单位或者个体工商户聘用的员工为本单位或者雇主提供加工、修理修配劳务。

（2）单位或者个体工商户聘用的员工为本单位或者雇主提供取得工资的服务。

（3）单位或者个体工商户为聘用的员工提供服务。

（4）行政单位收取的同时满足以下条件的政府性基金或者行政事业性收费

①由国务院或者财政部批准设立的政府性基金，由国务院或者省级人民政府及其财政、价格主管部门批准设立的行政事业性收费；

②收取时开具省级以上（含省级）财政部门监（印）制的财政票据；

③所收款项全额上缴财政。

2. 不属于在境内销售服务或者无形资产

（1）境外单位或者个人向境内单位或者个人销售完全在境外发生的服务。

（2）境外单位或者个人向境内单位或者个人销售完全在境外使用的无形资产。

（3）境外单位或者个人向境内单位或者个人出租完全在境外使用的有形动产。

【总结】关键词为"提供者在境外"和"完全在境外发生或使用"。

【注意】境内销售的界定。

类型	境内的界定
服务（租赁不动产除外）或无形资产（自然资源使用权除外）	销售方或购买方在境内
销售或者租赁不动产	所销售或租赁的不动产在境内
销售自然资源使用权	所销售自然资源使用权的自然资源在境内

二、选编例题

【例1·单选题】根据增值税法律制度的规定，下列情形中，不属于在境内销售服务的是（　　）

A. 境外会计师事务所向境内单位销售完全在境内发生的会计咨询服务

B. 境内语言培训机构向境外单位销售完全在境外发生的培训服务

C. 境内广告公司向境外单位销售完全在境内发生的广告服务

D. 境外律师事务所向境内单位销售完全在境外发生的法律咨询服务

【例2·多选题】下列业务中，属于增值税征税范围的有（　　）。

A. 交通运输服务　　　　B. 物流辅助服务

C. 餐饮服务　　　　　　　　　　　　D. 不动产租赁服务

E. 单位或者个体工商户为聘用的员工提供服务

【例 3·多选题】根据增值税法律制度的规定，企业发生的下列行为中，属于视同销售货物的有（　　）。

A. 将购进的汤圆发放给职工作为元宵节福利

B. 将本企业生产的货物捐赠给贫困山区

C. 将委托加工收回的货物用于集体福利

D. 将购进的货物作为投资提供给其他单位

E. 设有两个以上机构并实行统一核算的单位，将货物从一个机构移送同县的其他机构用于销售的

【例 4·单选题】根据增值税法律制度，下列情形中，不缴纳增值税的是（　　）。

A. 单位向其关联方无偿提供服务

B. 个体工商户将自产的货物提供给客户试用

C. 单位聘用的员工为本单位提供加工、修理修配劳务

D. 单位向其关联方无偿转让无形资产

知识点 2 选编例题答案

1.【答案】D

【解析】境外单位或者个人向境内单位或者个人销售完全在境外发生的服务不属于在境内销售服务。

2.【答案】ABCD

【解析】单位或者个体工商户为聘用的员工提供服务属于非经营活动。

3.【答案】BCD

【解析】选项 AD：将外购的货物用于集体福利、个人消费，增值税不视同销售；将外购的货物用于投资、分配、赠送，增值税视同销售。选项 BC：将自产、委托加工的货物用于投资、分配、赠送、集体福利、个人消费，增值税均视同销售。选项 E：位于同县，所以不属于视同销售。

4.【答案】C

【解析】选项 A：单位或者个体工商户向其他单位或者个人无偿提供服务应当视同销售，但用于公益事业或者以社会公众为对象的除外。选项 B：将自产、委托加工或购进的货物无偿赠送其他单位或个人，应当视同销售。选项 D：单位或者个人向其他单位或者个人无偿转让无形资产或者不动产应当视同销售，但用于公益事业或者以社会公众为对象的除外。

【知识点 3】增值税的税率与征收率★★

一、知识点精讲

（一）税率

1.13%

（1）销售和进口除执行 9%低税率的货物以外的货物；

（2）提供加工、修理修配劳务；

（3）提供有形动产租赁服务。

2.9%

（1）货物

类型	具体内容
生活必需	食用植物油、食用盐

续表

类型	具体内容
生活能源	自来水、暖气、冷气、热水、煤气、石油液化气、天然气、沼气、居民用煤炭制品
精神食粮	图书、报纸、杂志、音像制品、电子出版物
农业相关	农产品、饲料、化肥、农药、农机、农膜、二甲醚

（2）服务：交通运输、邮政、基础电信、建筑、不动产租赁服务、销售不动产、转让土地使用权。

3.6%

增值电信、金融、现代服务（租赁除外）、生活服务、销售无形资产（转让土地使用权除外）。

4. 零税率

（1）纳税人出口货物。

（2）境内单位和个人跨境销售服务、无形资产。

（二）征收率

1. 适用3%征收率：小规模纳税人除销售“旧货”“自己使用过的固定资产”等特殊行为外的应税行为。

2. 依照3%征收率但“减按2%”征收

<table>
<tr><th colspan="3">应税项目</th><th>计算方法</th></tr>
<tr><td colspan="3">销售旧货</td><td rowspan="2">含税售价 ÷（1＋3%）×2%</td></tr>
<tr><td rowspan="2">销售自己使用过的固定资产</td><td>购入时不得抵扣且“未抵扣”过进项税</td><td>①小规模纳税人；
② 2009年以前购入的固定资产；
③ 2013年8月1日以前购入的小汽车、摩托车和游艇</td></tr>
<tr><td colspan="2">购入时抵扣过进项税</td><td>按照适用税率征收</td></tr>
<tr><td>销售其收购的二手车</td><td colspan="2">由原按照简易办法依3%征收率减按2%征收，改为减按0.5%征收</td><td>含税售价 ÷（1＋0.5%）×0.5%</td></tr>
</table>

3. 适用5%征收率

（1）转让、出租不动产

	非房地产开发企业	房地产开发企业
小规模纳税人	转让、出租其“取得”的不动产（不含个人出租住房）应当适用	销售“自行开发”的房地产老项目应当适用
一般纳税人	转让、出租其2016年4月30日前“取得”的不动产可选择适用	销售“自行开发”的房地产老项目可选择适用 【提示】购入未完工的房地产老项目继续开发后，以自己名义立项销售的不动产，属于房地产老项目

（2）提供劳务派遣服务：选择差额纳税的，按照5%的征收率征收。

【提示】根据《财政部税务总局关于延续实施应对疫情部分税费优惠政策的公告》的规定：

2022年4月1日至2022年12月31日，增值税小规模纳税人适用3%预征率的应税销售收入，免征增值税；适用3%征收率的预缴增值税项目，暂停预缴增值税。

二、选编例题

【例1·单选题】下列各项增值税服务中，增值税税率为13%的是（　　）。

A. 邮政服务　　B. 交通运输服务　　C. 有形动产租赁服务　D. 增值电信服务

【例2·多选题】根据增值税法律制度，增值税一般纳税人发生下列行为取得收入中，适用9%税率的有（　　）。

A. 提供金融服务　　B. 销售饲料

C. 提供交通运输服务　　D. 销售音像制品

E. 提供生活服务

【例 3 · 单选题】甲公司为增值税一般纳税人，2019 年 8 月，甲销售自己使用过的机器，取得含税收入 103 000 元，开具增值税普通发票。甲于 2008 年购进该机器时不允许抵扣且未抵扣进项税额，甲公司应当缴纳的销项税额是（　　）。

A.3 090 元　　B.3 000 元　　C.2 060 元　　D.2 000 元

知识点 3 选编例题答案

1.**【答案】**C

【解析】选项 AB：适用 9%的税率；选项 D：适用 6%的税率。

2.**【答案】**BCD

【解析】纳税人提供金融、现代服务（有形动产租赁服务除外）、生活服务、增值电信服务，销售无形资产，税率为 6%。

3.**【答案】**D

【解析】一般纳税人销售自己使用过的固定资产，若该固定资产购进时不得抵扣且未抵扣进项税额的，按照简易办法依照 3%征收率减按 2%征收增值税。销项税额＝103 000÷（1+3%）×2%＝2 000（元）。

【知识点 4】一般纳税人应纳税额计算★★★

一、知识点精讲

（一）计税公式

应纳税额＝当期销项税额－当期进项税额

（二）销项税额

当期销项税额＝不含税销售额 ×税率

1. 销售额：销售额＝价款＋价外费用

2. 价外费用

（1）属于价外费用的项目

价外向购买方收取的手续费、补贴、基金、集资费、返还利润、奖励费、违约金、滞纳金、延期付款利息、赔偿金、代收款项、代垫款项、包装费、包装物租金、储备费、优质费、运输装卸费及其他各种性质的价外收费。

（2）不属于价外费用的项目

①受托加工应征消费税的消费品所代收代缴的消费税。

②同时符合以下条件的代垫运费。

Ⅰ. 承运部门的运费发票开具给购买方的；

Ⅱ. 发票转交给购货方。

③同时符合以下条件代为收取的政府性基金或行政事业性收费。

Ⅰ. 由国务院或财政部批准设立的政府性基金，由国务院或省级政府及财政、价格主管部门批准设立的行政事业性收费；

Ⅱ. 收取时开具省级以上财政部门印制的财政票据；

Ⅲ. 所收款项全额上缴财政。

④销售货物的同时代办保险等而向购买方收取的保险费，及向购买方收取的代购买方缴纳的车辆

购置税、牌照费。

⑤向购买方收取的销项税额。

⑥以委托方名义开具发票代委托方收取的款项。

【注意1】不属于价外费用的项目的特点：钱未形成卖方的收入。

【注意2】价外费用为价税合计数，需进行价税分离。

3. 销售额的选用：必须是不含税销售额

不含税销售额＝含税销售额 ÷（1＋增值税税率）

4. 核定销售额情形：销售价格明显偏低且无正当理由

5. 特殊销售项目的处理

（1）折扣销售

同票	销售额和折扣额在同一张发票“金额栏”上分别注明	按照折扣后的销售额
	销售额在金额栏上注明，折扣额在“备注栏”上注明	折扣额不得从销售额中减除
另开票	不论其在财务上如何处理，均不得从销售额中减除折扣额	

（2）以旧换新

①一般货物：按“新货物”同期销售价格确定销售额，不得扣减旧货物的收购价格。

②金银首饰：按销售方“实际收取”的不含增值税的全部价款征收增值税。

（3）还本销售

销售额＝货物销售价格（不得在销售额中减除还本支出）

（4）以物易物

以各自发出的货物计算销项税额，以各自收到的货物计算进项税额。

（5）包装物押金

单独记账核算，收取的押金不并入销售额征税。“逾期”或“收取1年以上”后并入销售额，按所包装货物适用税率计算销项税额。

（6）销售折让与退回

一般纳税人因销售货物退回或者折让而退还给购买方的增值税额，有“销货退回或折让证明单”的，应从发生销售货物退回或者折让“当期”的销项税额中扣减。因销售货物退回或者折让而收回的增值税额，应当从当期的进项税额中扣减。

（三）进项税额

1. 可以抵扣的情形

（1）从销售方取得的增值税专用发票上注明的增值税税额。

（2）从海关取得的海关进口增值税专用缴款书上注明的增值税税额。

（3）从境外单位或者个人购进劳务、服务、无形资产或者境内的不动产，自税务机关或者扣缴义务人取得的代扣代缴税款的完税凭证（税收通用缴款书）上注明的增值税额。

（4）农产品的抵扣政策

①农产品深加工业务

纳税人购进用于“生产销售”或“委托加工”“13%税率货物”的农产品，按照10%的扣除率计算进项税额。

②农产品非深加工业务

业务类型	纳税人购进农产品用于生产销售或委托受托加工“9%税率货物”（如农产品简单加工业务）以及用于营改增应税服务（如餐饮服务）等

续表

如何抵扣	Ⅰ.取得一般纳税人开具的增值税专用发票或海关进口增值税专用缴款书：以扣税凭据上注明的增值税额为进项税额 Ⅱ.取得小规模纳税人依据简易计税方法按照3%征收率开具的增值税专用发票：以增值税专用发票上注明的金额和9%的扣除率计算进项税额 Ⅲ.取得（开具）农产品销售发票或收购发票的（购进免税农产品）：以发票上注明的农产品买价和9%的扣除率计算进项税额

【总结1】农产品进项税额的抵扣

情形	取得增值税专用发票或专用缴款书	取得销售发票或收购发票
深加工	进项税额＝专用发票（专用缴款书）的金额 ×10%	进项税额＝买价 ×10%
非深加工	进项税额＝专用发票（专用缴款书）的金额 ×9%	进项税额＝买价 ×9%

【提示】自2012年7月1日起，以购进农产品为原料生产销售液体乳及乳制品、酒及酒精、植物油的增值税一般纳税人，其购进农产品无论是否用于生产上述产品，其增值税进项税额均可按照相应的规定进行抵扣。

【总结2】可以用于抵扣的凭证：增值税专用发票、机动车销售统一发票、海关进口增值税专用缴款书、农产品收购发票、农产品销售发票、税收缴款凭证。

（5）旅客运输服务的抵扣政策

①纳税人购进国内旅客运输服务，其进项税额允许从销项税额中抵扣。

②纳税人未取得增值税专用发票的，暂按照以下规定确定进项税额

取得增值税电子普通发票	发票上注明的税额
取得注明旅客身份信息的航空运输电子客票行程单	进项税额＝（票价+燃油附加费）÷（1+9%）×9%
取得注明旅客身份信息的铁路车票	进项税额＝票面金额 ÷（1+9%）×9%
取得注明旅客身份信息的公路、水路等其他客票	进项税额＝票面金额 ÷（1+3%）×3%

（6）加计抵减政策

①“邮政服务、电信服务、现代服务”业纳税人按照当期可抵扣进项税额加计“10%”抵减应纳税额。

②“生活服务”业纳税人按照当期可抵扣进项税额加计“15%”抵减应纳税额。

（7）期末留抵退税

可向主管税务机关申请退还增量留抵税额的相关考点：

	需同时满足的条件	计算公式
一般企业	1.自2019年4月税款所属期起，连续6个月增量留抵税额均＞0，且第6个月增量留抵税额不低于50万元； 2.纳税信用等级为A级或B级； 3.申请退税前36个月未发生骗取留抵退税、出口退税或虚开增值税专用发票的情形； 4.申请退税前36个月未因偷税被税务机关处罚两次及以上的； 5.自2019年4月1日起未享受即征即退、先征后返政策的	允许退还的增量留抵税额＝增量留抵税额 ×进项构成比例 ×60%
先进制造业企业	同一般企业	允许退还的增量留抵税额＝增量留抵税额 ×进项构成比例

2. 不得抵扣进项的情形

（1）纳税链条终止（无销项，故无进项）

用于简易计税方法计税项目、免征增值税项目、集体福利或者个人消费的“购进”货物、加工修理修配劳务、服务、无形资产和不动产。

【注意】纳税人租入固定资产、不动产，既用于一般计税方法计税项目，又用于简易计税方法计税项目、免征增值税项目、集体福利或者个人消费的，其进项税额准予从销项税额中全额抵扣。

（2）非正常损失

①非正常损失的购进货物及相关的应税劳务和交通运输服务。

②非正常损失的在产品、产成品所耗用的购进货物（不包括固定资产）、应税劳务和交通运输服务。

③非正常损失的不动产，以及该不动产所耗用的购进货物、设计服务和建筑服务。

④非正常损失的不动产在建工程所耗用的购进货物、设计服务和建筑服务。

【注意】非正常损失，指因管理不善造成被盗、丢失、霉烂变质的损失，以及因违反法律法规造成货物或者不动产被依法没收、销毁、拆除的情形。若因不可抗力或者发生合理损耗，进项税额可以抵扣。

（3）营改增特殊项目

购进的“贷款服务、餐饮服务、居民日常服务和娱乐服务”。

（4）其他不得抵扣进项税额的情形

①纳税人取得的增值税扣税凭证不符合法律规定，不得抵扣进项税额。

②一般纳税人“会计核算不健全”，不能够准确提供税务资料，或应当办理一般纳税人资格登记而未办理，不得抵扣进项税额，不得使用增值税专用发票。

③已抵扣进项税额的购进货物、劳务或服务，如果事后发生不得抵扣进项税额的情形，应当将该项购进货物、劳务或服务的进项税额从当期进项税额中扣减；已抵扣进项税额的无形资产或不动产，事后发生不得抵扣进项税额情形的，按照下列公式计算不得抵扣的进项税额：

不得抵扣的进项税额＝无形资产或不动产净值 ×适用税率。

3. 进项税额转出

（1）如果知道原进项税额：直接转出

进项税额转出＝已抵扣税款 ×转出比例

【范例 1】1 月份购进原材料已认证抵扣的税款 100 万元，2 月份发生非正常损失 10%，则进项税额转出＝ 100×10%＝ 10（万元）

（2）如果不知道原进项税额：通过转出成本确定进项税额

①材料：应转出进项税额＝材料成本 ×13%

【范例 2】甲企业 2019 年 4 月外购材料拟用于销售，取得增值税专用发票注明价款 100 万元，已抵扣了进项税额。5 月，甲企业将该批材料中的 40%用于集体福利，则进项税额转出＝100×13%×40%＝ 5.2（万元）

②服务（如运费）：应转出进项税额＝运费成本 ×9%

【范例】因管理不善库存原材料损失 610 万元，其中含运费成本 10 万元，则进项税额转出＝（610－10）×13%＋ 10×9%＝ 78.9（万元）

③外购“免税”农产品：

Ⅰ. 非深加工：应转出进项税额＝农产品成本 ÷（1－9%）×9%

Ⅱ. 深加工：应转出进项税额＝农产品成本 ÷（1－10%）×10%

【范例 3】某公司从农户手中购进苹果，拟清洗包装后直接出售，因管理不善变质，损失 100 万元，则进项税额转出＝ 100÷（1－9%）×9%＝ 9.89（万元）

④固定资产、无形资产或不动产：应转出进项税额＝（固定资产）无形资产、不动产净值

×16%。

【注意】固定资产、无形资产或不动产净值是指纳税人根据财务会计制度计提折旧或摊销后的余额。

【范例 4】某企业于 2018 年 12 月购入一台生产设备，增值税专用发票上注明的买价为 100 万元，增值税为 16 万元，2019 年 12 月因管理不善烧毁，烧毁时已计提折旧 20 万元，则转出的进项税额＝（100－20）×13%＝10.4（万元）。

（3）兼营简易计税项目、免税项目而无法划分不得抵扣的进项税额的

不得抵扣的进项税额＝当期无法划分的全部进项税额 ×（当期简易计税方法计税项目销售额＋免征增值税项目销售额）÷当期全部销售额

二、选编例题

【例 1 · 单选题】甲公司为增值税一般纳税人，本月进口产品 20 万元，取得进口增值税专用缴款书上注明的增值税额为 3.2 万元；发生运输费用，取得增值税普通发票上注明的价税合计金额为 2 200 元；向农业生产者购入免税农产品 3 万元，经简单加工后用于直接销售；购入原材料 30 万元，增值税专用发票上注明的增值税额为 4.8 万元。已知该企业取得发票、缴款书等均符合规定，并已认证、比对。则下列关于准予抵扣的进项税额中，说法错误的是（　　）。

A. 进口产品准予抵扣的进项税额为 3.2 万元

B. 运输费用准予抵扣的进项税额为 200 元

C. 购入免税农产品准予抵扣的进项税额为 2 700 元

D. 购入原材料准予抵扣的进项税额为 4.8 万元

【例 2 · 单选题】甲公司为增值税一般纳税人，主要提供电信服务。2019 年 7 月，增值电信服务不含税销售额 500 万元，基础电信服务不含税销售额为 1 000 万元，该企业应缴纳增值税额为（　　）万元。

A.110　　B.120　　C.130　　D.140

【例 3 · 单选题】根据增值税法律制度，增值税一般纳税人发生下列事项所涉及的进项税额，准予从销项税额中抵扣的是（　　）。

A. 购进的贷款服务

B. 非正常损失的在产品所耗用的交通运输服务

C. 购进专用于简易计税方法计税项目的无形资产

D. 购进用于生产应税产品的动力燃料

【例 4 · 单选题】甲家电销售企业（简称甲企业）为增值税一般纳税人。2019 年 7 月，甲企业采用“以旧换新”方式销售 T型号电视机 25 台，已知该型号电视机正常市场售价为每台 5 650 元（含增值税），旧电视机每台作价452元（不含增值税）。甲企业上述业务的增值税销项税额为（　　）元。

A.14 781　　B.14 950　　C.16 250　　D.16 893.5

【例 5 · 单选题】甲公司是增值税一般纳税人，2021 年 12 月，其员工冯某境内出差乘坐飞机取得注明其身份信息的航空运输电子客票行程单，行程单上注明票价 2 000 元、燃油附加费 50 元、机场建设费 50 元；取得注明其身份信息的船票，船票上注明票价为 250 元。甲公司本月该笔业务准予抵扣的进项税额是（　　）。

A.192 元　　B.176.55 元　　C.180.68 元　　D.189.91 元

知识点 4 选编例题答案

1.【答案】B

【解析】选项 B，取得普通发票不得抵扣进项税额。

2.【答案】B

【解析】纳税人提供基础电信服务税率9%；增值电信服务税率6%；应纳增值税额＝500×6%+1 000×9%＝120（万元）。

3.【答案】D

【解析】根据规定，（1）用于简易计税方法计税项目、免征增值税项目、集体福利或者个人消费的购进货物、劳务、服务、无形资产和不动产；（2）非正常损失的在产品、产成品所耗用的购进货物（不包括固定资产）、劳务和交通运输服务；（3）购进的旅客运输服务、贷款服务、餐饮服务、居民日常服务和娱乐服务，不得从销项税额中抵扣进项税额，因此选项ABC错误，选项D正确。

4.【答案】C

【解析】采取以旧换新方式销售电视机25台，由于电视机属于一般货物，应以新货物的同期销售价格确定销售额，销项税额＝5 650×25÷（1＋13%）×13%＝16 250（元）。

5.【答案】B

【解析】甲公司准予抵扣的进项税额＝（2 000+50）÷（1+9%）×9%+250÷（1+3%）×3%＝176.55（元）。

【知识点5】简易计税方法应纳税额计算★★

一、知识点精讲

（一）一般业务

应纳税额＝不含税销售额 ×征收率

不含税销售额＝含税销售额 ÷（1＋征收率）

【注意】一般纳税人销售或提供财政部和国家税务总局规定的特定的货物、应税劳务、应税行为，可以选择适用简易计税方法计税，但一经选择，36个月内不得变更。

以下几种特殊情形：

计算公式	适用情形
应纳税额＝含税销售额 ÷（1＋3%）×2%	一般纳税人销售自己使用过的不得抵扣且未抵扣进项税额的固定资产和旧货、小规模纳税人销售自己使用过的固定资产和旧货
应纳税额＝含税销售额 ÷（1＋3%）×3%	小规模纳税人销售自己使用过的除固定资产以及旧货以外的物品
应纳税额＝含税销售额 ÷（1＋0.5%）×0.5%	从事二手车经销业务的纳税人销售其收购的二手车

（二）折让、退回

纳税人适用简易计税方法计税的，因销售折让、中止或者退回而退还给购买方的销售额，应当从当期销售额中扣减。扣减当期销售额后仍有余额造成多缴的税款，可以从以后的应纳税额中扣减。

二、选编例题

【例1·单选题】某企业为增值税小规模纳税人，2016年1月，该企业取得含税销售额为30.9万元，该企业当月应缴纳的增值税为（　　）万元。

A.0.9　　B.1.8　　C.0.93　　D.1.2

知识点5选编例题答案

1.【答案】A

【解析】增值税小规模纳税人采用简易计税方法计税，当期应纳税额＝30.9÷（1+3%）×3%＝0.9万元。

【知识点 6】进口货物应纳税额计算★★

一、知识点精讲

（一）计算规则

1. 无论属于一般纳税人还是小规模纳税人，均采用组成计税价格。
2. 进口环节应纳增值税不得抵扣任何税额。
3. 进口环节在海关已纳增值税，凭海关完税凭证作为国内销售环节的进项税额抵扣。

（二）计算公式

应纳进口增值税＝组成计税价格 ×税率

组成计税价格＝关税完税价格＋关税＋消费税＝（关税完税价格＋关税）/（1－消费税税率）＝关税完税价格 ×（1 ＋关税率）＋消费税＝关税完税价格 ×（1 ＋关税率）/（1－消费税税率）

【注意 1】实行复合计征方法计征消费税的公式：

组成计税价格＝（关税完税价格 +关税 +进口数量 ×消费税定额税率）÷（1－消费税税率）

【注意 2】一般贸易项下进口货物的关税完税价格以海关审定的成交价格为基础的到岸价格作为完税价格。到岸价格，包括货价，加上货物运抵我国关境内输入地点起卸前的包装费、运费、保险费和其他劳务费等费用构成的一种价格。

二、选编例题

【例·单选题】2019 年 6 月甲贸易公司进口一批高档化妆品，关税完税价格 850 000 元，已知消费税税率为 15%，关税税率为 5%，计算甲贸易公司当月该笔业务应缴纳增值税税额的下列算式中，正确的是（　　）。

A.133 428.75 元　　B.168 000 元　　C.136 500 元　　D.142 800 元

知识点 6 选编例题答案

【答案】C

【解析】进口货物应纳税额＝（850 000 ＋ 850 000×5%）÷（1－15%）×13%＝ 136 500（元）

【知识点 7】增值税税收优惠★★

一、知识点精讲

（一）起征点

1. 适用对象

增值税的起征点适用范围限于个人，且不适用于登记为一般纳税人的个体工商户。

2. 起征点

（1）按期纳税：月销售额 5 000 至 20 000 元（含本数）。

（2）按次纳税：每次（日）销售额 300 至 500 元（含本数）。

（二）销规模纳税人的企业免税规定

1. 一般规定

小规模纳税人合计月销售额未超过 15 万元（以 1 个季度为 1 个纳税期的，季度销售额未超过 45 万元，下同）的，免征增值税。

2. 特殊规定

（1）小规模纳税人发生增值税应税销售行为，合计月销售额超过 15 万元，但扣除本期发生的销售不动产的销售额后未超过 15 万元的，其销售货物、劳务、服务、无形资产取得的销售额免征增值税。

（2）适用增值税差额征税政策的小规模纳税人，以差额后的销售额确定是否可以享受免征增值税政策。

（3）其他个人采取一次性收取租金形式取得不动产租金收入，可在对应的租赁期内平均分摊，分摊后的月租金收入不超过 15 万元的，可享受小规模纳税人免税政策。

3. 按固定期限纳税的小规模纳税人可以选择以 1 个月或 1 个季度为纳税期限。一经选择，一个会计年度内不得变更。

（三）增值税暂行条例规定的免税项目

1. “农业生产者”销售的自产农产品；
2. 避孕药品和用具；
3. “古旧”图书；
4. 直接用于“科学研究、科学试验和教学”的进口仪器、设备；
5. “外国政府、国际组织”（不包括外国企业）无偿援助的进口物资和设备；
6. 由“残疾人的组织”直接进口供残疾人专用的物品；
7. 其他个人（不含个体户）销售的自己使用过的物品。

（四）营改增免税项目

1. 托儿所、幼儿园提供的保育和教育服务；
2. 养老机构提供的养老服务；
3. 殡葬服务；
4. 婚姻介绍服务；
5. 家政服务企业由员工制家政服务员提供家政服务取得的收入；
6. 提供社区养老、抚育、家政等服务取得的收入；
7. 从事学历教育的学校提供的教育服务；
8. 学生勤工俭学提供的服务；
9. 纪念馆、博物馆、文化馆、文物保护单位管理机构、美术馆、展览馆、书画院、图书馆在自己的场所提供文化体育服务取得的第一道门票收入；
10. 医疗机构提供的医疗服务；
11. “四技”合同（技术转让、技术开发、技术咨询、技术服务）；
12. “个人”转让著作权；
13. “个人”销售“自建自用住房”；
14. 福利彩票、体育彩票的发行收入；
15. 残疾人员本人为社会提供的服务；
16. 残疾人福利机构提供的育养服务；
17. 同时符合规定条件的担保机构从事中小企业信用担保或者再担保业务取得的收入 (不含信用评级、咨询、培训等收入)3 年内免征增值税；
18. 符合规定条件的贷款、债券利息收入；
19. 将土地使用权转让给农业生产者用于农业生产；将承包地流转给农业生产者用于农业生产；将国有农用地出租给农业生产者用于农业生产；
20. 农村电网维护费；农村饮水安全工程。
21. 批发零售种子、种苗、农药、农机；
22. 自 2021 年 1 月 1 日至 2023 年供暖期结束，对供热企业向居民个人供热取得的采暖费收入免征增值税

二、选编例题

【例 1 · 单选题】根据增值税法律制度的规定，下列各项中，属于免税项目的是（　　）。

A. 超市销售保健品　　B. 外贸公司进口供残疾人专用的物品

C. 商场销售儿童玩具　　D. 外国政府无偿援助的进口物资

【例 2 · 多选题】根据增值税法律制度，下列情形中，免纳增值税的有（　　）。

A. 个体工商户销售自己使用过的物品　　B. 个人转让商标权
C. 残疾人员本人为社会提供的服务　　D. 学生勤工俭学提供的服务
E. 个人销售自建自用住房

知识点 7 选编例题答案

1.【答案】D

【解析】选项 B：由"残疾人的组织"直接进口供残疾人专用的物品免征增值税；选项 D：外国政府、国际组织无偿援助的进口物资和设备免征增值税。

2.【答案】CDE

【解析】选项 A：其他个人（不含个体户）销售的自己使用过的物品，免征增值税。选项 B：个人转让著作权，免征增值税。

【知识点 8】增值税的征收管理★★

一、知识点精讲

（一）纳税义务发生时间

销售方式		纳税义务发生时间
直接收款		收到销售款或取得索取销售款凭据
托收承付、委托收款		发出货物"并"办妥托收手续
赊销、分期收款		书面合同约定的收款日期 【注意】无合同或有合同无约定，为货物发出。
预收货款	货物	货物发出 【提示】生产工期超过 12 个月的，为收到预收款或书面合同约定的收款日期。
	租赁服务	收到预收款
委托代销		收到代销清单或全部、部分货款 【注意】未收到代销清单及货款，为发出货物满 180 天。
金融商品转让		所有权转移
视同销售		货物移送、转让完成或权属变更
进口		报关进口
扣缴义务		纳税义务发生
先开发票		开具发票

（二）纳税期限

1. 纳税期限

分为 1 日、3 日、5 日、10 日、15 日或 1 个月或 1 个季度。

2. 纳税申报期

类型	申报期
以 1 日、3 日、5 日、10 日或者 15 日为 1 个纳税期	自期满之日起 5 日内预缴税款，于次月 15 日内申报纳税并结清税款
以 1 个月或者 1 个季度为 1 个纳税期	自期满之日起 15 日内申报纳税
进口货物	自填发进口增值税专用缴款书之日起 15 日内缴纳

（三）纳税地点

业户			申报纳税地点
固定户	一般情况		机构所在地
	总分机构不在同一县（市）		分别申报
			经批准，可以由总机构汇总向总机构所在地的税务机关申报
	外出经营	报告外出经营事项	机构所在地
		未报告	销售地或劳务发生地；没申报的，由其“机构所在地”税务机关补征税款
非固定户			销售地或劳务发生地
非个体工商户的个人提供建筑服务，销售或者租赁不动产，转让自然资源使用权			建筑服务发生地、不动产所在地、自然资源所在地
进口			报关地海关

（四）增值税专用发票

1. 一般纳税人销售货物（包括视同销售货物在内）、提供应税行为、应税劳务，必须向购买方开具专用发票。

2. 下列情形不得开具专用发票：

（1）向消费者个人销售货物、服务、无形资产、不动产或应税劳务的；

（2）适用免征增值税规定的；

（3）小规模纳税人销售货物、服务、无形资产、不动产或应税劳务的。

二、选编例题

【例1·单选题】李某户籍所在地在Q市，居住地在L市，工作单位在M市。2018年9月李某将位于N市的住房出售，则出售该住房增值税的纳税地点是（　　）。

A.Q市税务机关　　B.L市税务机关　　C.M市税务机关　　D.N市税务机关

【例2·单选题】根据增值税法律制度的规定，下列关于增值税纳税义务发生时间的说法中，不正确的是（　　）。

A. 采取托收承付方式销售货物，其纳税义务发生时间为发出货物并办妥托收手续的当天

B. 采取预收货款方式销售加工期为2个月的存货，其纳税义务发生时间为发出货物的当天

C. 采取赊销方式销售货物，其纳税义务发生时间为收到全部货款的当天

D. 纳税人进口货物，其纳税义务发生时间为报关进口的当天

【例3·单选题】根据增值税法律制度，下列情形中，销售方可以开具增值税专用发票的是（　　）。

A. 向企业销售免税药品　　B. 向消费者个人销售食品

C. 向消费者个人销售应税劳务　　D. 向企业销售生产设备

知识点8选编例题答案

1.**【答案】**D

【解析】非个体工商户的个人销售不动产，向不动产所在地税务机关申报纳税。

2.**【答案】**C

【解析】选项C：采取赊销方式销售货物，其纳税义务发生时间为书面合同约定的收款日期的当天，无书面合同的或者书面合同没有约定收款日期的，为货物发出的当天。

3.**【答案】**D

【解析】选项BD：向消费者个人销售货物、劳务、服务、无形资产和不动产不得开具增值税专

用发票。选项A销售免税货物，不得开具增值税专用发票。

【知识点9】消费税的纳税人和征税范围★★

一、知识点精讲

（一）纳税人

在我国境内“生产、委托加工和进口”《消费税暂行条例》规定的“消费品”的单位和个人，以及国务院确定的“销售”《消费税暂行条例》规定的“消费品”的其他单位和个人，为消费税的纳税人。

（二）征税范围

1. 生产和视同生产应税消费品

（1）生产应税消费品的计税规定

①直接对外销售，于“销售时”纳税

②移送使用

用于连续生产“应税消费品”，移送使用时不纳税，待生产的最终应税消费品“销售时”纳税。

用于连续生产“非应税消费品”“移送使用时”纳税，生产的最终非应税消费品销售时不再纳税。

用于其他方面（换取生产资料、换取消费资料、投资入股、偿还债务、在建工程、管理部门、非生产机构、提供劳务、馈赠、赞助、集资、广告、样品、职工福利、奖励），视同销售，于“移送使用时”纳税。

（2）视同生产应税消费品

①适用对象：工业企业以外的单位和个人

②视同生产的情形

将外购的消费税非应税消费品以消费税应税产品对外销售的；

将外购的消费税低税率应税产品以高税率应税产品对外销售的。

2. 委托加工应税消费品

（1）委托加工行为判定

应税行为	判定依据
委托加工	委托方提供原料和主要材料，受托方只收取加工费和代垫部分辅助材料
“受托方”销售自产应税消费品	①由受托方提供原材料生产的应税消费品 ②受托方先将原材料卖给委托方，然后再接受加工的应税消费品 ③由受托方以委托方名义购进原材料生产的应税消费品

（2）委托加工业务的税务处理

受托方身份	税务处理
单位	由“受托方”在向委托方交货时代收代缴消费税
个人	由“委托方”收回后自行缴纳消费税

（3）委托方收回后的税务处理

用于连续生产应税消费品，所缴纳的消费税税款准予按规定抵扣。

3. 进口应税消费品

单位和个人进口属于消费税征税范围的货物，由海关代征进口环节的消费税。

4. 销售应税消费品

（1）零售环节征收消费税——金银首饰、铂金首饰、钻石及钻石饰品

①金银首饰仅限于金、银以及金基、银基合金首饰和金基、银基合金的镶嵌首饰（不包括镀金首

饰和包金首饰）。

②金银首饰在零售环节缴纳消费税，生产环节不再缴纳。

③对既销售金银首饰，又销售非金银首饰的生产、经营单位，应将两类商品划分清楚，分别核算销售额。凡划分不清楚或不能分别核算的，在生产环节销售的，一律从高适用税率征收消费税；在零售环节销售的，一律按金银首饰征收消费税。

【范例 1】某首饰加工厂，既生产销售“金银首饰”又生产销售“珠宝玉石首饰”，未分别核算，则全部销售额按生产销售“珠宝玉石首饰”计征消费税。

【范例 2】某商场既销售“金银首饰”又销售“珠宝玉石首饰”，未分别核算，则全部销售额按销售“金银首饰”计征消费税。

④金银首饰连同“包装物”一起销售的，“无论包装物是否单独计价”，也无论会计上如何核算，均应并入金银首饰的销售额，计征消费税。

⑤带料加工的金银首饰，应按“受托方”销售同类金银首饰的销售价格确定计税依据征收消费税，没有同类金银首饰销售价格的，按照组成计税价格计算纳税。

⑥以旧换新金银首饰，按“实际收取”的不含增值税的全部价款征收消费税。

（2）零售环节“加征”消费税——超豪华小汽车（单一环节纳税的例外）

①界定：单价在 130 万元以上；

②纳税人：将超豪华小汽车销售给消费者的单位和个人；

③税务处理：对超豪华小汽车，在生产（进口）环节按现行税率征收消费税的基础上，在零售环节加征消费税，税率为 10%。

（3）批发环节“加征”消费税——卷烟（单一环节纳税的例外）

①烟草批发企业将卷烟销售给“零售单位”的，要再征一道消费税。

②加征税率——复合计征

比例税率：11%；

定额税率：0.005 元 / 支。

【注意】烟草批发企业将卷烟销售给其他烟草批发企业的，不缴纳消费税。

二、选编例题

【例 1 · 单选题】根据消费税法律制度的规定，下列各项中，不属于消费税纳税人的是（　　）。

A. 委托加工白酒的超市　　B. 进口白酒的贸易商

C. 销售白酒的商场　　D. 生产白酒的厂商

【例 2 · 单选题】根据消费税法律制度的规定，下列各项中，在零售环节加征消费税的是（　　）。

A. 电池　　B. 高档手表　　C. 游艇　　D. 超豪华小汽车

知识点 9 选编例题答案

1.**【答案】**C

【解析】消费税的纳税人是在我国境内“生产、委托加工和进口”《消费税暂行条例》规定的“消费品”的单位和个人。

2.**【答案】**D

【知识点 10】消费税的税目及税率★★

一、知识点精讲

（一）税目

1. 消费税税目概览

烟、酒、高档化妆品、贵重首饰及珠宝玉石、鞭炮和焰火、成品油、小汽车、摩托车、高尔夫球及球具、高档手表、游艇、木制一次性筷子、实木地板、涂料、电池。

2. 消费税税目的主要考点

税目	考点	
烟	包括	卷烟、雪茄烟、烟丝
	不包括	烟叶
酒	包括	白酒、黄酒、啤酒和其他酒
	不包括	“调味料酒”
高档化妆品	包括	高档美容、修饰类化妆品、高档护肤类化妆品和成套化妆品
	不包括	演员用的“油彩、上妆油、卸妆油”
贵重首饰及珠宝玉石	包括	（1）金银首饰、铂金首饰和钻石及钻石饰品 （2）其他贵重首饰和珠宝玉石 （3）宝石坯
鞭炮和焰火	不包括	“体育上用的发令纸”“鞭炮药引线”
成品油	包括	汽油、柴油、石脑油、溶剂油、航空煤油、润滑油、燃料油
	不包括	航空煤油
小汽车	包括	乘用车、中轻型商用客车、超豪华小汽车
	不包括	（1）“电动汽车” （2）沙滩车、雪地车、卡丁车、高尔夫车
电池	免征	无汞原电池、金属氢化物镍蓄电池、锂原电池、锂离子蓄电池、太阳能电池、燃料电池和全钒液流电池
涂料	免征	施工状态下挥发性有机物含量低于420克/升（含）的涂料

【注意】现行消费税税目不包括“汽车轮胎、酒精、气缸容量不满250毫升的小排量摩托车”。

（二）税率

1. 基本规定

（1）比例税率

绝大多数应税消费品。

（2）定额税率

黄酒、啤酒、成品油。

（3）执行“复合计征”的特殊应税消费品

卷烟（包括“批发”环节）、白酒。

2. 会计核算水平要求

纳税人兼营不同税率的应税消费品，应当分别核算不同税率应税消费品的销售额、销售数量。“未分别核算”销售额、销售数量，“从高”适用税率。

二、选编例题

【例1·多选题】根据消费税法律制度，下列消费品中，属于消费税税目的有（　　）。

A. 实木地板　　B. 小汽车

C. 普通护肤品　　D. 私人飞机

E. 竹制一次性筷子

【例2·多选题】根据消费税制度的规定，下列应税消费品中，采取比例税率和定额税率复合征收形式的有（　　）。

A. 白酒　　B. 雪茄烟

C. 卷烟　　D. 黄酒
E. 烟丝

知识点10选编例题答案

1.【答案】AB
【解析】选项CDE：不属于应税消费品。
2.【答案】AC
【解析】选项BE：适用比例税率；选项D：适用定额税率。

【知识点11】应纳税额计算★★★

一、知识点精讲

（一）基本计算

1. 从价定率
（1）计算公式
应纳税额=销售额×税率
（2）销售额的确定
销售额是纳税人销售应税消费品向购买方收取的全部价款和价外费用。
【注意】不包括向购买方收取的增值税税款。
2. 从量定额
（1）计算公式
应纳税额=应税消费品的销售数量×单位税额
（2）销售数量的确定
①"销售"应税消费品的，为应税消费品的"销售"数量；
②"自产自用"应税消费品的，为应税消费品的"移送使用"数量；
③"委托加工"应税消费品的，为纳税人"收回"的应税消费品数量；
④"进口"应税消费品的，为海关核定的应税消费品"进口"征税数量。
3. 复合计征
应纳税额=销售额×比例税率+销售数量×定额税率

（二）特殊情况下销售额的确定

1. 纳税人通过自设"非独立核算"门市部销售的自产应税消费品，应当按照"门市部"对外销售额或者销售数量征收消费税。

2. 纳税人用于"换取生产资料和消费资料、投资入股和抵偿债务"等方面的应税消费品，应当以纳税人同类应税消费品的"最高销售价格"作为计税依据计算消费税。

【记忆提示】"换、抵、投"按最高销售价格。

【注意】上述业务同时属于增值税视同销售行为，在计算增值税时须按"平均销售价格"。

3. 包装物押金的税务处理

包装物押金	增值税		消费税	
	取得时	逾期时	取得时	逾期时
一般货物	×	√	×	√
白酒、其他酒	√	×	√	×
啤酒、黄酒	×	√	×	×

4. 品牌使用费

白酒生产企业向商业销售单位收取的“品牌使用费”应并入白酒的销售额中缴纳消费税。

（三）组成计税价格

1. 自产自用

（1）按照纳税人生产的“同类”消费品的销售价格计算纳税；

【注意】“一般”情况按“平均”销售价格；“换、抵、投”按“最高”销售价格。

（2）没有同类消费品销售价格的，按照组成计税价格计算纳税。

①从价计征应税消费品的组成计税价格公式：

组成计税价格＝成本 ×（1＋成本利润率）÷（1－消费税比例税率）

应纳消费税＝组成计税价格 ×消费税比例税率

②复合计征应税消费品组成计税价格公式：

组成计税价格＝［成本 ×（1＋成本利润率）＋自产自用数量 ×消费税定额税率］÷（1－消费税比例税率）

应纳消费税＝组成计税价格 ×消费税比例税率＋自产自用数量 ×消费税定额税率

【注意】自产自用应税消费品同时涉及缴纳增值税，组成计税价格与消费税相同。

2. 委托加工

（1）按照“受托方”的同类消费品的销售价格计算纳税；

（2）没有同类消费品销售价格的，按照组成计税价格计算纳税。

①一般应税消费品组成计税价格公式：

组成计税价格＝（材料成本＋加工费）÷（1－消费税比例税率）

应纳消费税＝组成计税价格 ×消费税比例税率

②复合计征应税消费品组成计税价格公式：

组成计税价格＝（材料成本＋加工费＋委托加工数量 ×消费税定额税率）÷（1－消费税比例税率）

应纳消费税＝组成计税价格 ×消费税比例税率＋委托加工数量 ×消费税定额税率

【注意】委托加工应税消费品，委托方不涉及缴纳增值税的问题。

3. 进口

按照组成计税价格计算纳税。

（1）一般应税消费品组成计税价格公式：

组成计税价格＝（关税完税价格＋关税）÷（1－消费税比例税率）

应纳消费税＝组成计税价格 ×消费税比例税率

（2）复合计征应税消费品组成计税价格公式：

组成计税价格＝（关税完税价格＋关税＋进口数量 ×消费税定额税率）÷（1－消费税比例税率）

应纳消费税＝组成计税价格 ×消费税比例税率＋进口数量 ×消费税定额税率

【注意】进口应税消费品同时涉及缴纳进口环节增值税，组成计税价格与消费税相同。

二、选编例题

【例 1 · 单选题】甲公司为增值税小规模纳税人，2018 年 10 月销售自产葡萄酒，取得含增值税销售额 150174 元。已知增值税征收率为 3%；葡萄酒消费税税率为 10%。计算甲公司当月该笔业务应缴纳消费税税额是（　　）。

A.13 515.66 元　　B.16 686 元　　C.14 580 元　　D.15 017.4 元

【例 2 · 单选题】某摩托车生产企业为增值税一般纳税人，6 月份将生产的某型号摩托车 30 辆，以每辆出厂价不含增值税 12 000 元的价格给自设非独立核算的门市部；门市部又以每辆含增值税 15 820 元的价格全部销售给消费者。已知：摩托车适用消费税税率 10%，则该摩托车生产企业 6 月份应缴纳的消费税是（　　）。

A.36 000 元　　B.42 000 元　　C.53 629.8 元　　D.47 460 元

【例 3·单选题】某汽酒进口公司，2018 年 10 月进口一批汽酒，已知该批汽酒的关税完税价格 10 800 元；消费税税率 10%，关税税率 14%。该批汽酒进口环节应缴纳的消费税税额是（　　）。

A.1 080 元　　B.1 231.2 元　　C.151.2 元　　D.1 368 元

知识点 11 选编例题答案

1.【答案】C

【解析】应纳消费税＝ 150 174 ÷（1 ＋ 3%）× 10% ＝ 14 580（元）

2.【答案】B

【解析】纳税人通过自设非独立核算门市部销售的自产应税消费品，应当按照“门市部”对外销售额或者销售数量征收消费税。应纳税额＝ 15 820 ÷（1 ＋ 13%）× 30 × 10% ＝ 42 000（元）

3.【答案】D

【解析】应纳税额＝ 10 800 ×（1 ＋ 14%）÷（1－10%）× 10% ＝ 1 368（元）

【知识点 12】已纳消费税的扣除★★

一、知识点精讲

（一）概念

用“外购”和“委托加工收回”应税消费品，“连续生产应税消费品”，在计征消费税时，可以按“当期生产领用数量”计算准予扣除外购和委托加工的应税消费品已纳消费税税款。

【注意】区别用“自产”的应税消费品，连续生产应税消费品。

（二）扣除范围——9 项

1. 以外购或委托加工收回的已税烟丝为原料生产的卷烟；
2. 以外购或委托加工收回的已税高档化妆品原料生产的高档化妆品；
3. 以外购或委托加工收回的已税珠宝、玉石原料生产的贵重首饰及珠宝、玉石；
4. 以外购或委托加工收回的已税鞭炮、焰火原料生产的鞭炮、焰火；
5. 以外购或委托加工收回的已税杆头、杆身和握把为原料生产的高尔夫球杆；
6. 以外购或委托加工收回的已税木制一次性筷子原料生产的木制一次性筷子；
7. 以外购或委托加工收回的已税实木地板原料生产的实木地板；
8. 以外购或委托加工收回的已税石脑油、润滑油、燃料油为原料生产的成品油；
9. 以外购或委托加工收回的已税汽油、柴油为原料生产的汽油、柴油。

【提示】掌握下列不得扣除的项目，采用排除法应对此知识点更加容易。

“不得扣除”的原因	具体内容
“特殊”应税消费品	酒类产品（不包括葡萄酒）、手表、烧油的（小汽车、摩托车、游艇）、电池、涂料
纳税环节“不同”	如用已税“珠宝玉石”加工“金银镶嵌首饰”
用于生产“非应税消费品”	如用已税“高档化妆品”连续生产“普通化妆品”

（三）计算公式

当期准予扣除的应税消费品已纳税款＝当期生产领用数量 ×单价 ×应税消费品的适用税率

二、选编例题

【例 1·单选题】根据消费税法律制度的规定，下列各项中，可以按当期生产领用数量计算准予扣除外购的应税消费品已纳消费税税款的是（　　）。

A. 外购已税白酒生产的药酒　　B. 外购已税烟丝生产的卷烟

C. 外购已税翡翠生产加工的金银翡翠首饰　　D. 外购已税钻石生产的高档手表

【例 2 · 单选题】 甲企业为增值税一般纳税人，2017 年 12 月初库存烟丝不含增值税买价 5 万元，本月外购烟丝不含增值税买价 40 万元，月末库存烟丝不含增值税买价 10 万元，领用的烟丝当月全部用于连续生产卷烟。已知烟丝消费税税率为 30%，甲企业本月准予扣除的外购烟丝已缴纳的消费税额是（　　）万元。

A.13.50　　B.10.5　　C.12　　D.9

知识点 12 选编例题答案

1. **【答案】** B

【解析】 选项 A：属于特殊应税消费品，不得扣除；选项 CD：纳税环节不同，不得扣除。

2. **【答案】** B

【解析】 予扣除的消费税额＝（5 ＋ 40－10）×30%＝ 10.5（万元）

【知识点 13】征收管理★

一、知识点精讲

（一）纳税义务发生时间

1. 纳税人销售应税消费品的，其纳税义务发生时间“同增值税销售货物”。

2. 纳税人自产自用应税消费品的，为“移送使用”的当天。

3. 纳税人委托加工应税消费品的，为纳税人“提货”的当天。

4. 纳税人进口应税消费品的，为“报关进口”的当天。

（二）纳税地点

1. 委托加工的应税消费品

受托方为“单位”——“受托方”向机构所在地或居住地的税务机关解缴；

受托方为“个人”——“委托方”向机构所在地的税务机关解缴。

2. 纳税人到外县（市）销售或者委托外县（市）代销自产应税消费品的，于应税消费品销售后，向“机构所在地或者居住地”税务机关申报纳税

【注意】 消费税的纳税地点一般情况下与增值税相同，我们在备考时只需注意上述两点与增值税不同的规定即可。

二、选编例题

【例题 1 · 单选题】 根据消费税法律制度的规定，下列关于消费税纳税义务发生时间的表述中，不正确的是（　　）。

A. 委托加工应税消费品的，为纳税人提货的当天

B. 采取托收承付方式销售应税消费品的，为收到货款的当天

C. 进口应税消费品的，为报关进口的当天

D. 自产自用应税消费品的，为移送使用的当天

【例题 2 · 单选题】 甲公司为增值税一般纳税人，机构所在地在 S市。2017 年 2 月，在 S市销售货物一批；在 W市海关报关进口货物一批；接受 Y市客户委托加工应缴纳消费税的货物一批。下列关于甲公司上述业务纳税地点的表述中，错误的是（　　）。

A. 委托加工货物应向 Y市税务机关申报缴纳增值税

B. 委托加工货物应向 S市税务机关解缴代收的消费税

C. 进口货物应向 W市海关申报缴纳增值税

D. 销售货物应向S市税务机关申报缴纳增值税

知识点13选编例题答案

1.【答案】B

【解析】采取托收承付方式销售应税消费品的，为发出货物并办妥托收手续的当天。

2.【答案】A

【解析】委托加工的应税消费品，除受托方为个人外，由受托方向机构所在地或者居住地的主管税务机关解缴消费税税款。委托个人加工的应税消费品，由委托方向其机构所在地或者居住地主管税务机关申报纳税。

【知识点14】企业所得税纳税人与税率★★

一、知识点精讲

（一）纳税人

1. 纳税人的范围：包括各类企业、事业单位、社会团体、民办非企业单位和从事经营活动的其他组织。

【注意】个体工商户、个人独资企业、合伙企业不是企业所得税的纳税人。

2. 纳税人的分类

（1）确定原则：按照“登记注册地标准”和“实际管理机构标准”相结合的原则

（2）具体分类

	判定标准	义务范围
居民企业 （无限纳税义务）	①在中国境内成立的企业 ②依照外国（地区）法律成立但实际管理机构在中国境内的企业	来源于中国境内、境外的所得
非居民企业 （有限纳税义务）	依照外国（地区）法律、法规成立且实际管理机构不在中国境内，但在中国境内设立机构、场所的企业	①来源于中国境内的所得 ②发生在中国“境外”但与其机构、场所“有实际联系”的所得
	在中国境内未设立机构、场所，但有来源于中国境内所得的企业	就来源于中国境内的所得纳税

（二）税率

税率		适用对象
基本税率 25%		居民企业
		在中国境内设立机构场所且取得所得与所设机构场所有实际联系的非居民企业
低税率	10%	在中国境内未设立机构、场所的非居民企业
		虽设立机构、场所，但取得的所得与其所设机构、场所没有实际联系的非居民企业
	15%	高新技术企业
		技术先进型企业
	20%	小型微利企业：从事国家非限制和禁止行业，且同时符合年度应纳税所得额不超过300万元、从业人数不超过300人、资产总额不超过5 000万元等三个条件的企业。 【注意】应纳税所得额不超过100万元的部分，减按12.5%计入应纳税所得额；对年应纳税所得额超过100万元但不超过300万元的部分，减按25%计入应纳税所得额

二、选编例题

【例1·单选题】某小型微利企业2021年度应纳税所得额为140万元。则该企业当年应纳企业所得税税额是（　　）万元。

A.3.5　　B.6.5　　C.9　　D.7

【例2·单选题】根据企业所得税法律制度的规定，下列取得收入的主体中，不应当缴纳企业所得税的是（　　）。

A. 合伙企业　　B. 国有独资公司

C. 股份有限公司　　D. 高等院校

【例3·单选题】新加坡某公司在中国境内未设立机构、场所，但在中国取得了转让专利权的收入。根据《企业所得税法》的规定，该公司的这笔收入适用的企业所得税税率为（　　）。

A.15%　　B.20%　　C.25%　　D.33%

知识点14选编例题答案

1.【答案】B

【解析】该小型微利企业当年应缴纳的企业所得税税额＝（100×12.5%+40×50%）×20%＝6.5（万元）。

2.【答案】A

【解析】企业所得税的纳税人包括各类企业、事业单位、社会团体、民办非企业单位和从事经营活动的其他组织等，但不包括个人独资企业和合伙企业。

3.【答案】B

【解析】因为该公司在中国境内未设立机构、场所属于非居民企业，所以企业所得税税率为20%，故选项B正确。

【知识点15】企业所得税的应纳税所得额——收入★★

一、知识点精讲

（一）计算公式

类型	计算公式
直接法	应纳税所得额＝收入总额－不征税收入－免税收入－各项扣除－以前年度亏损
间接法	应纳税所得额＝会计利润＋纳税调整增加额－纳税调整减少额

（二）收入总额

类别	具体内容
销售货物	销售商品、产品、原材料、包装物、低值易耗品以及其他存货
提供劳务	从事建筑安装、修理修配、交通运输、仓储租赁、金融保险、邮电通信、咨询经纪、文化体育、科学研究、技术服务、教育培训、餐饮住宿、中介代理、卫生保健、社区服务、旅游、娱乐、加工以及其他劳务服务活动
转让财产	转让固定资产、生物资产、无形资产、股权、债权等的“所有权”
股息、红利等权益性投资	因“权益性投资”从被投资方取得的收入
利息	存款利息、贷款利息、债券利息、欠款利息
租金	提供固定资产、包装物或者其他有形资产的“使用权”

续表

类别	具体内容
特许权使用费	提供专利权、非专利技术、商标权，著作权以及其他特许权的“使用权”
接受捐赠	接受的来自其他企业、组织或者个人无偿给予的货币性资产、非货币性资产
其他收入	企业资产溢余收入、逾期未退包装物押金收入、确实无法偿付的应付款项、已作坏账损失处理后又收回的应收款项、债务重组收入、补贴收入、违约金收入、汇兑收益等

（三）不征税收入与免税收入

1. 不征税收入

（1）财政拨款

（2）依法收取并纳入财政管理的行政事业性收费、政府性基金

【提示1】2018年9月20日起，对全国社会保障基金理事会及基本养老保险基金管理机构在国务院批准的投资范围内，运用养老基金投资取得的归属于养老基金的投资收入，作为不征税收入。

【提示2】2018年9月10日起，对全国社会保障基金取得的直接股权投资收益、股权投资基金收益，作为不征税收入。

2. 免税收入

（1）国债“利息”收入

（2）符合条件的居民企业之间的股息、红利等权益性投资收益

（3）在中国境内设立机构、场所的非居民企业从居民企业取得与该机构、场所有实际联系的股息、红利等权益性投资收益

（4）符合条件的非营利组织的收入。

二、选编例题

【例1·多选题】根据企业所得税法律制度的规定，下列各项中，在计算企业所得税应纳税所得额时，应计入收入总额的有（　　）。

A. 企业资产溢余收入　　B. 逾期未退包装物押金收入

C. 确实无法偿付的应付款项　　D. 汇兑收益

E. 接受的投资款

【例2·多选题】根据《企业所得税法》，企业取得的下列收入中，属于不征税收入的有（　　）。

A. 财政拨款

B. 接受捐赠收入

C. 依法收取并纳入财政管理的行政事业性收费

D. 符合条件的居民企业之间的股息、红利等权益性投资收益

E. 国债利息收入

知识点15选编例题答案

1.**【答案】**ABCD

【解析】选项E：不属于企业收入，不计入收入总额，应计入实收资本。

2.**【答案】**AC

【解析】不征税收入包括：（1）财政拨款；（2）依法收取并纳入财政管理的行政事业性收费、政府性基金。选项B：属于征税收入。选项DE：属于免税收入。选项B：属于征税收入。选项DE：属于免税收入。

【知识点 16】企业所得税的应纳税所得额——扣除★★★

一、知识点精讲

（一）准予扣除的项目

准予扣除的项目包括成本、费用、税金、损失和其他支出。

<table>
<tr><th>费用类别</th><th colspan="2">扣除规定</th></tr>
<tr><td>工资薪金</td><td colspan="2">准予扣除</td></tr>
<tr><td>职工福利费</td><td colspan="2">不超过工资、薪金总额 14%的部分，准予扣除</td></tr>
<tr><td>工会经费</td><td colspan="2">不超过工资、薪金总额 2%的部分，准予扣除</td></tr>
<tr><td>职工教育经费</td><td colspan="2">不超过工资、薪金总额 8%的部分，准予扣除；超过部分，准予在以后纳税年度结转扣除</td></tr>
<tr><td>党组织工作经费</td><td colspan="2">实际支出不超过工资、薪金总额 1%的部分，准予扣除</td></tr>
<tr><td rowspan="6">保险费</td><td>五险一金</td><td>准予扣除</td></tr>
<tr><td>补充养老保险费、补充医疗保险费</td><td>标准内准予扣除</td></tr>
<tr><td>特殊工种职工支付的人身安全保险费</td><td>准予扣除</td></tr>
<tr><td>商业保险费</td><td>除国务院财政、税务主管部门规定，企业为投资者或者职工支付的商业保险费不得扣除</td></tr>
<tr><td>财产保险</td><td>准予扣除</td></tr>
<tr><td>企业职工因公出差乘坐交通工具发生的人身意外保险费支出</td><td>准予扣除</td></tr>
<tr><td rowspan="2">利息支出</td><td>非金融企业向金融企业借款的利息支出、金融企业存款利息支出、同业拆借利息支出、债券的利息支出</td><td>准予扣除</td></tr>
<tr><td>非金融企业向非金融企业借款的利息支出</td><td>不超过按金融企业同期同类贷款利率计算的数额的部分准予扣除</td></tr>
<tr><td>借款费用</td><td colspan="2">不需要资本化的准予扣除</td></tr>
<tr><td>业务招待费</td><td colspan="2">按照发生额的 60%扣除，但最高不得超过当年销售（营业）收入的 5‰
【注意】最高限额与实际发生数额的 60%孰低原则。</td></tr>
<tr><td rowspan="3">广告费和业务宣传费</td><td>一般企业</td><td>不超过当年销售（营业）收入 15%的部分，准予扣除；超过部分，准予在以后纳税年度结转扣除</td></tr>
<tr><td>化妆品制造或销售、医药制造、饮料制造（不含酒类制造）</td><td>不超过当年销售（营业）收入 30%的部分准予扣除；超过部分，准予在以后纳税年度结转扣除</td></tr>
<tr><td>烟草企业</td><td>不得扣除</td></tr>
<tr><td rowspan="2">公益性捐赠支出</td><td>限额扣除</td><td>不超过年度利润总额 12%的部分，准予扣除，超过部分，准予结转以后“三年”内扣除</td></tr>
<tr><td>全额扣除</td><td>企业用于“目标脱贫地区的扶贫”公益性捐赠支出，准予在计算企业所得税应纳税所得额时“据实扣除”</td></tr>
<tr><td>汇兑损失</td><td colspan="2">准予扣除</td></tr>
<tr><td>环境保护专项资金</td><td colspan="2">准予扣除。上述专项资金提取后改变用途的，不得扣除</td></tr>
</table>

续表

费用类别	扣除规定	
租赁费	经营租赁方式	租赁费支出，按照租赁期限均匀扣除
	融资租赁方式	提取折旧费用，分期扣除
劳动保护支出	准予扣除	
非居民企业	非居民企业在中国境内设立的机构、场所，就其中国境外总机构发生的与该机构、场所生产经营有关的费用，能够提供证明准予扣除	
折旧、摊销费	准予扣除	
税费	增值税、企业所得税不得扣除，其他税费可以扣除。	
手续费及佣金支出	保险企业发生的与其经营活动有关的手续费及佣金支出	不超过当年全部保费收入扣除退保金后余额的18%的部分，准予扣除。超过部分，允许结转以后年度扣除
	向中介机构支付的中介服务费	不超过合同收入金额的5%的部分，准予税前扣除
	主营业务为手续费、佣金的企业	准予在税前据实扣除
资产损失	企业当期发生的固定资产、流动资产盘亏、毁损净损失，由其提供清查盘存资料经主管税务机关审核后，准予扣除	

（二）不得扣除的项目

1. 向投资者支付的股息、红利等权益性投资收益款项；
2. 企业所得税税款；
3. 税收滞纳金；
4. 罚金、罚款和被没收财物的损失（不包括罚息）；
5. 非公益性的捐赠以及超过扣除标准的公益性捐赠；
6. 赞助支出；
7. 未经核定的准备金支出；
8. 与取得收入无关的其他支出；
9. 企业之间支付的管理费、企业内营业机构之间支付的租金和特许权使用费，以及非银行企业内营业机构之间支付的利息，不得扣除。

【注意】企业在汇总计算缴纳企业所得税时，其境外营业机构的亏损不得抵减境内营业机构的盈利。

（三）资产的税务处理

1. 固定资产

（1）不得在税前计算折旧扣除的固定资产

未使用	“房屋、建筑物以外”未投入使用的固定资产
租赁	①以“经营租赁”方式“租入”的固定资产 ②以“融资租赁”方式“租出”的固定资产
已提足	已足额提取折旧仍继续使用的固定资产
无关资产	与经营活动无关的固定资产
特殊土地	单独估价作为固定资产入账的土地

（2）折旧的最低年限：

房屋、建筑物	20年
飞机、火车、轮船、机器、机械和其他生产设备	10年

续表

房屋、建筑物	20 年
与生产经营活动有关的器具、工具、家具等	5 年
飞机、火车、轮船以外的运输工具	4 年
电子设备	3 年

2. 生产性生物资产

折旧情形	只有生产性生物资产可以计提折旧	
折旧方法	按照直线法计算的折旧，准予扣除。投入使用月份的次月起计算折旧，自停止使用月份的次月起停止折旧	
最低折旧年限	林木类	10 年
	畜类	3 年

3. 无形资产

不得计算摊销	（1）自行开发的支出已在计算应纳税所得额时扣除的无形资产 （2）自创商誉 （3）与经营活动无关的无形资产 【注意】外购商誉的支出，在企业整体转让或清算时，准予扣除
方法	按照直线法计算的摊销费用准予扣除。摊销年限不得低于 10 年

4. 长期待摊费用

企业发生的下列支出，作为长期待摊费用，按照规定进行摊销，准予扣除

（1）已足额提取折旧的固定资产的改建支出；

（2）租入固定资产的改建支出；

（3）固定资产的大修理支出。

5. 投资资产

（1）企业对外投资期间，投资资产的成本在计算应纳税所得额时不得扣除。

（2）企业在转让或者处置投资资产时，投资资产的成本，准予扣除。

6. 存货

企业使用或者销售的存货的成本计算方法，可以在“先进先出法、加权平均法、个别计价法”中选用一种。计价方法一经选用，不得随意变更。

二、选编例题

【例 1·单选题】2018 年甲企业实现利润总额 600 万元，发生公益性捐赠支出 62 万元。上年度未在税前扣除完的符合条件的公益性捐赠支出 12 万元。甲企业 2018 年度企业所得税应纳税所得额时，准予扣除的公益性捐赠支出是（　　）万元。

A.72　　B.84　　C.60　　D.74

【例 2·单选题】居民企业甲公司是从事化妆品生产的企业，2017 年，甲公司的销售收入为 5 000 万元，当年发生的广告费和业务宣传费支出为 800 万元，根据企业所得税法律制度，在计算甲公司 2017 年企业所得税应纳税所得额时，准予扣除的广告费和业务宣传费的数额是（　　）。

A.0　　B.750 万元　　C.800 万元　　D.1 500 万元

【例3·多选题】根据《企业所得税法》，企业在计算应纳税所得额时，不得扣除的项目有（　　）。

A. 罚金　　B. 赞助支出

C. 税收滞纳金　　D. 缴纳的财产保险费

E. 向投资者支付的股息、红利

【例4·单选题】根据企业所得税法律制度的规定，在计算企业应纳税所得额时，除国务院财政、税务主管部门另有规定外，有关费用支出不超过规定比例的准予扣除，超过部分，准予在以后纳税年度结转扣除。下列各项中，属于该有关费用的是（　　）。

A. 工会经费　　B. 社会保险费　　C. 职工福利费　　D. 职工教育经费

【例5·单选题】根据企业所得税法律制度，因下列产品发生的广告费和业务宣传费，不得在计算应纳税所得额时扣除的是（　　）。

A. 酒　　B. 化妆品　　C. 烟草　　D. 医药

知识点16选编例题答案

1.【答案】A

【解析】（1）公益性捐赠税前扣除限额＝600×12%＝72（万元）；待扣除金额＝当年捐赠支出＋上年结转＝74（万元）；（2）公益性捐赠税前扣除限额＜待扣除金额，故税前可以扣除72万元。

2.【答案】C

【解析】化妆品制造或销售企业发生的广告费和业务宣传费支出，不超过当年销售（营业）收入30%的部分，准予扣除。扣除限额为：5 000×30%＝1 500（万元），大于实际支出800万元，准予全部扣除，因此选择C。

3.【答案】ABCE

【解析】财产保险可以扣除，商业保险不得扣除，所以D选项不正确。

4.【答案】D

【解析】企业发生的职工教育经费支出，不超过工资薪金总额8%的部分，准予扣除；超过部分，准予在以后纳税年度结转扣除。

5.【答案】C

【解析】烟草企业的广告费和业务宣传费，不得税前扣除。

【知识点17】企业所得税的应纳税额★★

一、知识点精讲

（一）计税公式

应纳税额＝应纳税所得额 ×适用税率－减免税额－抵免税额

（二）来源于境外所得已纳税额的抵免

1. 可抵免的所得

企业取得的下列所得已在境外缴纳的所得税税额，可以从其当期应纳税额中抵免，抵免限额为该项所得依照规定计算的应纳税额；超过抵免限额的部分，可以在以后5个年度内，用每年度抵免限额抵免当年应抵税额后的余额进行抵补。

（1）居民企业来源于中国境外的应税所得；

（2）非居民企业在中国境内设立机构、场所，取得发生在中国境外但与该机构、场所有实际联系的应税所得。

2. 抵免限额

（1）公式

抵免限额＝中国境内、境外所得依照企业所得税法和条例规定计算的应纳税总额 ×来源于某国（地区）的应纳税所得额 ÷中国境内、境外应纳税所得额总额

简化形式：抵免限额＝来源于某国（地区）的应纳税所得额（境外税前所得额）×25%

（2）企业可以采用“分国（地区）不分项”或者“不分国（地区）不分项”方法计算其可抵免境

外所得税税额和抵免限额。上述方法一经选择，5 年内不得改变。

二、选编例题

【例 1 · 单选题】甲公司 2018 年应纳税所得额为 1 000 万元，减免税额为 10 万元，抵免税额为 20 万元。则甲公司 2018 年度企业所得税应纳税额是（　　）万元。

A.220　　B.230　　C.240　　D.250

【例 2 · 单选题】某居民企业 2021 年度境内所得应纳税所得额为 400 万元，全年已预缴税款 75 万元，来源于境外某国税前所得 100 万元，境外实纳税款 20 万元，该企业当年汇算清缴应补缴的税款为（　　）。

A.5 万元　　B.25 万元　　C.30 万元　　D.50 万元

知识点 17 选编例题答案

1.【答案】A

【解析】应纳税额＝1 000×25%－10－20＝220（万元）。

2.【答案】C

【解析】境外所得抵免限额＝100×25%＝25（万元），境外实纳税额 20 万元，可全额扣除。境内已预缴 75 万元，则应补缴税款＝（400+100）×25%－20－75＝30（万元）。

【知识点 18】企业所得税的税收优惠★★

一、知识点精讲

（一）定期或定额减税、免税

1. 农、林、牧、渔业

项目	具体内容
免税	（1）蔬菜、谷物、薯类、油料、豆类、棉花、麻类、糖料、水果、坚果的种植 （2）农作物新品种的选育 （3）中药材的种植 （4）林木的培育和种植 （5）牲畜、家禽的饲养 （6）林产品的采集 （7）灌溉、农产品初加工、兽医、农技推广、农机作业和维修等农、林、牧、渔服务业项目 （8）远洋捕捞
减半	（1）花卉、茶以及其他饮料作物和香料作物的种植 （2）海水养殖、内陆养殖

2. 三免三减半（自取得第一笔生产经营收入所属纳税年度起）

（1）国家重点扶持的公共基础设施投资。

（2）符合条件的环境保护、节能节水项目。

3. 二免三减半（自获利年度起）

依法成立且符合条件的“集成电路设计企业”和“软件企业”。

4. 五免（自转制注册之日起）

经营性文化事业单位（从事新闻出版、广播影视和文化艺术的事业单位）转制为企业

5. 技术转让所得居民企业技术转让所得不超过 500 万元的部分免税；超过 500 万元的部分减半。

【注意】技术转让所得＝技术转让收入－技术转让成本－相关税费

6. 利息所得

（1）外国政府向中国政府提供贷款取得的利息所得免税。

（2）国际金融组织向中国政府和居民企业提供优惠贷款取得利息所得免税。

（3）境外机构投资境内债券市场取得的债券利息收入免税。

（4）企业投资持有“铁路债券”取得的利息收入减半征收。

（二）特别项目税收优惠

1. 加计扣除

（1）研发费用

①一般企业

类型	税务处理
未形成无形资产计入当期损益	在按规定据实扣除的基础上，再按照实际发生额的 75%在税前加计扣除
形成无形资产	按照无形资产成本的 175%在税前摊销

②制造业企业

类型	税务处理
未形成无形资产计入当期损益	在按规定据实扣除的基础上，再按照实际发生额的 100%在税前加计扣除
形成无形资产	按照无形资产成本的 200%在税前摊销

【注意】不适用加计扣除政策的行业：烟草制造业、住宿和餐饮业、批发和零售业、房地产业、租赁和商务服务业、娱乐业、财政部和国家税务总局规定的其他行业。

（2）针对残疾人员

企业安置残疾人员所支付的工资，在按照支付给残疾职工工资据实扣除的基础上，按照支付给残疾职工工资的 100%加计扣除。

2. 减计收入（减按 90%计入收入总额）

（1）企业综合利用资源，生产符合国家产业政策规定的产品所取得的收入。

（2）社区提供养老、托育、家政等服务的机构，提供社区养老、托育、家政服务取得的收入。

3. 抵扣应纳税所得额

（1）创业投资企业采取股权投资方式投资于未上市的中小高新技术企业 2 年以上的，可以按照其投资额的 70%在股权持有满 2 年的当年抵扣该创业投资企业的应纳税所得额；当年不足抵扣的，可以在以后纳税年度结转抵扣。

（2）公司制创业投资企业采取股权投资方式直接投资于种子期、初创期科技型企业满 2 年的，可以按照投资额的 70%在股权持有满 2 年的当年抵扣该公司制创业投资企业的应纳税所得额；当年不足抵扣的，可以在以后纳税年度结转抵扣。

（3）有限合伙制创业投资企业采取股权投资方式直接投资于初创科技型企业满 2 年的，该合伙创投企业的法人合伙人可以按照对初创科技型企业投资额的 70%抵扣法人合伙人从合伙创投企业分得的所得；当年不足抵扣的，可以在以后纳税年度结转抵扣。

（4）有限合伙制创业投资企业采取股权投资方式投资于未上市的中小高新技术企业满 2 年的，其法人合伙人可按照对未上市中小高新技术企业投资额的 70%抵扣该法人合伙人从该有限合伙制创业投资企业分得的应纳税所得额，当年不足抵扣的，可以在以后纳税年度结转抵扣。

4. 税额抵免

企业购置并实际使用环境保护、节能节水、安全生产等专用设备的，该专用设备的投资额的 10%可以从企业当年的应纳税额中抵免；当年不足抵免的，可以在以后 5 个纳税年度结转抵免。

5. 加速折旧

（1）常规的加速折旧

资产范围	①由于技术进步，产品更新换代较快的固定资产 ②常年处于强震动、高腐蚀状态的固定资产
具体方法	缩短折旧年限（不能低于税法规定折旧年限的60%）

（2）2018年1月1日后新购进固定资产的加速折旧

企业在2018年1月1日至2023年12月31日期间新购进的设备、器具，单位价值不超过500万元的，允许一次性计入当期成本费用在计算应纳税所得额时扣除，不再分年度计算折旧。

【注意】所称设备、器具，是指除房屋、建筑物以外的固定资产。

6. 关于债券利息减免税的相关规定：

企业取得的地方政府债券利息收入	免征企业所得税
境外机构投资境内债券市场取得的债券利息收入	暂免征收企业所得税
企业持有的铁路债券取得的利息收入	减半征收企业所得税

二、选编例题

【例1·单选题】甲公司为居民企业，2018年取得符合条件的技术转让所得600万元，在计算甲公司2018年度企业所得税应纳税所得额时，技术转让所得应纳税调减的金额是（　　）万元。

A.550　　B.100　　C.350　　D.300

【例2·单选题】甲企业为创业投资企业，2016年2月采取股权投资方式向乙公司（未上市的中小高新技术企业）投资300万元，至2018年12月31日仍持有该股权。甲企业2018年在未享受股权投资应纳税所得额抵扣的税收优惠政策前的企业所得税应纳税所得额为2 000万元。甲企业2018年度应缴纳的企业所得税是（　　）万元。

A.425　　B.447.5　　C.350　　D.275

【例3·多选题】根据企业所得税法律制度的规定，下列支出中，可以在计算企业所得税应纳税所得额时加计扣除的有（　　）。

A. 研究开发费用　　B. 购置环保用设备所支付的价款

C. 广告费和业务宣传费　　D. 安置残疾人员所支付的工资

E. 创投企业对未上市的中小高新技术企业的投资

知识点18选编例题答案

1.【答案】A

【解析】（1）符合条件的技术转让所得不超过500万元的部分，免征企业所得税；超过500万元的部分，减半征收企业所得税；（2）技术转让所得应纳税调减的金额＝500＋（600－500）×50%＝550（万元）。

2.【答案】B

【解析】创业投资企业采取股权投资方式投资于未上市的中小高新技术企业2年以上的，可以按照其投资额的70%在股权持有满2年的当年抵扣该创业投资企业的应纳税所得额。应纳税额＝（2 000－300×70%）×25%＝447.5（万元）

3.【答案】AD

【解析】选项A：加计扣除75%；选项D：加计扣除100%。

【知识点19】企业所得税的征收管理★

一、知识点精讲

（一）纳税地点

类型	纳税地点	
居民企业	登记注册地	
	登记注册地在境外的，以实际管理机构所在地为纳税地点	
非居民企业	在境内设立机构、场所且所得与场所有联系	机构场所所在地
		有两个以上场所，经批准，可选择其主要场所汇总缴纳
非居民企业	1.未设立机构、场所 2.在境内设立机构、场所但所得与场所没有联系	扣缴义务人所在地

（二）纳税期限

1. 分月或分季预缴

自月份或者季度终了之日起15日内，报送预缴企业所得税纳税申报表。

2. 汇算清缴

（1）自年度终了后5个月内汇算清缴，结清应缴或应退税款。

（2）企业在年度中间终止经营活动的，应当自实际经营终止之日起60日内，向税务机关办理当期企业所得税汇算清缴。

【提示】除国务院另有规定外，企业之间不得合并缴纳企业所得税。

二、选编例题

【例·单选题】根据企业所得税法律制度的规定，企业应当自纳税年度终了之日起一定期限内，向税务机关报送年度企业所得税申报表，并应缴应退税款。该期限是（　　）。

A.3个月　　B.5个月　　C.6个月　　D.4个月

知识点19选编例题答案

【答案】B

【解析】企业自年度终了后5个月内汇算清缴企业所得税，结清应缴或应退税款。

同步强化训练题

一、单项选择题

1. 根据增值税法律制度的规定，下列各项不属于增值税纳税人的是（　　）。

A. 食品加工厂　　B. 提供修缮房屋劳务的李某

C. 装修公司　　D. 为我国居民在美国提供导游服务的美国旅行社

2. 下列关于小规模纳税人和一般纳税人的表述错误的是（　　）。

A. 一般纳税人可以自行开具增值税专用发票

B. 软件服务业小规模纳税人可以自行开具增值税专用发票

C. 一般纳税人可以抵扣进项税额

D. 小规模纳税人可以抵扣进项税额

3. 按增值税法律制度的规定，下列提供的服务中，不适用6%税率的是（　　）。

A. 销售无形资产　　B. 生活服务　　C. 金融服务　　D. 有形动产租赁

4. 根据增值税法律制度的规定，下列各项中，依照3%的征收率减按2%征收增值税的是（　　）。

A. 一般纳税人销售其2012年购入的可抵扣但未抵扣进项税的固定资产

B. 小规模纳税人销售自己使用过的除固定资产以外的物品

C. 一般纳税人销售旧货

D. 小规模纳税人销售其收购的二手车

5. 一项销售行为如果即涉及服务又涉及货物，为（　　）。

A. 混业经营　　B. 混合销售　　C. 混合经营　　D. 兼营不同税率

6. 甲企业是主营二手车交易的一般纳税人。2022年1月，甲企业销售二手车取得含增值税的销售额为402万元，则甲企业当月该笔业务应缴纳的增值税税额是（　　）。

A.1.95万元　　B.2万元　　C.11.71万元　　D.2.01万元

7. 某电器城向消费者销售电视机，某月销售100台，每台含税销售价为1130元。则该商场这个月的销项税额是（　　）元。

A.13 000　　B.10 000　　C.19 890　　D.11 300

8. 甲公司为增值税一般纳税人，2020年5月销售给乙商场一批衬衫。因购买量大，甲公司给予乙商场20%的折扣，开具的增值税专用发票上注明价税合计金额为271 200元，折扣额在“备注”栏注明。已知增值税税率为13%。甲公司2020年5月上述业务计算的增值税销项税额为（　　）元。

A.31 200　　B.35 256　　C.28 204.8　　D.24 960

9. 某烟花生产企业为增值税一般纳税人，2019年4月销售烟花取得销售额800万元，收取包装物押金22.6万元，均已开具增值税专用发票。同时，本月逾期未退还包装物押金为56.5万元。2019年4月该烟花生产企业增值税销项税额为（　　）万元。

A.110.5　　B.113.1　　C.114.28　　D.106.6

10. 不得从增值税销项税额中抵扣进项税额的项目是（　　）。

A. 购进农产品的进项税额　　B. 购进货物所支付运费的进项税额

C. 销售货物所支付的运费的进项税额　　D. 用于集体福利所购进货物的进项税额

11.2019年5月甲企业的员工李某乘坐高铁出差，取得注明其身份信息的铁路车票的金额为500元，该情况可以抵扣的进项税额为（　　）。

A.45元　　B.41.28元　　C.14.56元　　D.0

12. 某企业为增值税小规模纳税人，2018年3月取得销售收入（含增值税）95400元，购进原材料支付价款（含增值税）36400元。根据增值税法律制度的规定，该企业2018年3月应缴纳的增值税税额为（　　）元。

A.1 718.45　　B.1 770　　C.2 862　　D.2 778.64

13. 根据增值税法律制度的规定，下列各项中，免征增值税的是（　　）。

A. 一般纳税人销售其外购农产品

B. 外国企业无偿援助的进口物资

C. 个人出租不动产取得的租金收入

D. 个人转让著作权

14. 下列关于增值税纳税义务发生时间表述错误的是（　　）。

A. 销售货物或提供应税劳务，为发货或提供服务的当天

B. 进口货物，为报关进口的当天

C. 直接收款的，无论货物是否发出，均为收到销售款或索取销售款凭据的当天

D. 委托代销货物的，为收到代销单位的代销清单或者收到全部或者部分货款的当天

15.2014年5月8日，甲公司与乙公司签订了买卖电脑的合同，双方约定总价款为80万元。6月

3日，甲公司就80万元货款全额开具了增值税专用发票，6月10日，甲公司收到乙公司第一笔货款45万元，6月25日，甲公司收到乙公司第二笔货款35万元。根据增值税法律制度的规定，甲公司增值税纳税义务发生的时间为（　　）。

A.5月8日　　B.6月3日　　C.6月10日　　D.6月25日

16. 根据增值税法律制度的规定，纳税人发生的下列业务中，允许开具增值税专用发票的是（　　）。

A. 百货公司向小规模纳税人零售化妆品

B. 证券公司向一般纳税人转让金融商品

C. 酒店向一般纳税人提供住宿服务

D. 养老机构向个人提供养老服务

17. 甲公司为经认定的技术先进型服务企业，2018年实现年度会计利润500万元，已知甲公司不存在纳税调整事项，需要缴纳的企业所得税税额为（　　）万元。

A.50　　B.75　　C.100　　D.125

18. 某居民企业，2019年计入成本、费用的实发工资总额为300万元，拨缴职工工会经费5万元，支出职工福利费45万元、职工教育经费25万元，该企业2019年计算应纳税所得额时准予在税前扣除的工资和三项经费合计为（　　）万元。

A.310　　B.372　　C.371　　D.354.5

19. 根据企业所得税法律制度的规定，下列各项中，不得在计算应纳税所得额时扣除的是（　　）。

A. 为职工缴纳的基本养老保险

B. 为职工缴纳的补充医疗保险

C. 为公司高管支付的人身安全保险

D. 职工因公出差乘坐交通工具发生的人身意外保险

20. 某企业2018年税前会计利润为150万元，当年8月某地发生地震，该企业以自己的名义直接向灾区捐款30万元已在税前会计利润中据实扣除，假设无其他纳税调整事项。则该企业2018年所得税应纳税额为（　　）万元。

A.30　　B.37.5　　C.40.5　　D.45

21. 某食品加工企业2018年度销售收入为272 000元，发生业务招待费5 000元，发生广告费和业务宣传费50 000元，根据企业所得税法律的规定，该企业当年可以在税前扣除的业务招待费、广告费和业务宣传费合计为（　　）元。

A.43 800　　B.38 080　　C.42 160　　D.55 000

22. 下列各项中，在计算企业所得税应纳税所得额时，应当加计扣除的是（　　）。

A. 合理的劳保支出　　B. 环保专用设备投资额

C. 国家重点扶持的创业投资的投资额　　D. 新技术研发费用

23. 甲公司2019年度实现利润总额500万元，发生符合条件的公益性捐赠支出55万元。上年度结转的公益性捐赠支出10万元。甲公司计算2019年度企业所得税应纳税所得额时，准予扣除的公益性捐赠支出为（　　）。

A.45　　B.55　　C.60　　D.65

24. 甲制造企业开展研发活动中实际发生研究费用共计40万元，并未形成无形资产。在该企业计算当年企业所得税应纳税所得额时，该项研究费用可以加计扣除的数额为（　　）万元。

A.20　　B.30　　C.40　　D.70

25. 根据企业所得税法律制度的规定，企业在计算应纳税所得额时，准予扣除的项目是（　　）。

A. 行政罚款　　B. 税收滞纳金　　C. 赞助支出　　D. 固定资产盘亏损失

26. 根据企业所得税法律制度的规定，企业缴纳的下列税金中，不得在计算企业应纳税所得额时扣除的是（　　）。

A. 增值税　　B. 消费税　　C. 城镇土地使用税　　D. 房产税

27. 甲公司属于符合条件的小型微利企业，2021 年度应纳税所得额为 200 万元。甲公司 2021 年度应纳的企业所得税额为（　　）万元。

A.5　　B.12.5　　C.15　　D.25

28. 下列关于资产的税务处理表述错误的是（　　）。

A. 以经营租赁方式租入的固定资产不得计算折旧扣除

B. 房屋、建筑物的最低折旧年限是 30 年

C. 无形资产摊销年限不得低于 10 年

D. 畜类生产性生物资产折旧年限最低 3 年

29. 根据消费税法律制度的规定，下列商品中，不属于消费税征税范围的是（　　）。

A. 金银首饰　　B. 调味料酒　　C. 汽油　　D. 烟丝

30. 根据消费税法律制度的规定，下列应税消费品中，在零售环节加征消费税的是（　　）。

A. 金银首饰　　B. 超豪华小汽车　　C. 卷烟　　D. 白酒

31. 甲酒厂为增值税一般纳税人，2019 年 5 月销售果木酒，取得不含增值税销售额 10 万元，同时收取包装物租金 0.565 万元、优质费 2.26 万元。已知果木酒消费税税率为 10%，则甲酒厂当月销售果木酒应缴纳的消费税税额是（　　）万元。

A.1.28　　B.1.06　　C.1.25　　D.1.05

32.2019 年 9 月甲酒厂将自产的 1 吨药酒用于抵偿债务，该批药酒生产成本 35 000 元 /吨，甲酒厂同类药酒不含增值税最高销售价格 62 000 元 /吨，不含增值税平均销售价格 60 000 元 /吨，不含增值税最低销售价格 59 000 元 /吨，已知消费税税率 10%，甲酒厂当月该笔业务应缴纳的消费税税额是（　　）元。

A.5 900　　B.6 000　　C.6 200　　D.3 500

33. 下列关于消费税纳税义务发生时间的表述中，不正确的是（　　）。

A. 纳税人自产自用应税消费品的，为移送使用的当天

B. 纳税人进口应税消费品的，为报关进口的当天

C. 纳税人委托加工应税消费品的，为支付加工费的当天

D. 纳税人采取预收货款结算方式销售应税消费品的，为发出应税消费品的当天

二、多项选择题

1. 根据增值税法律制度的规定，甲公司的下列业务中，属于视同销售服务、无形资产或不动产的有（　　）。

A. 向子公司无偿转让土地使用权

B. 向孤儿院无偿捐赠房屋

C. 向地震灾区无偿提供运输服务

D. 向客户乙公司无偿提供设计服务

E. 境外单位德国某公司转让专利权供我国某公司在北京使用

2. 根据增值税法律制度的规定，下列行为中，视同销售货物应征增值税的行为有（　　）。

A. 委托他人代销货物　　B. 销售代销货物

C. 将自产的货物发给职工做福利　　D. 将购进的货物用于集体福利

E. 将购进的货物用于投资

3. 根据增值税法律制度的规定，下列情形不属于在境内提供应税服务的有（　　）。

A. 境外单位或个人向境内单位或个人提供完全在境外消费的应税服务

B. 境外单位或个人向境内单位或个人提供完全在境内消费的应税服务

C. 境外单位或个人向境内单位或个人出租完全在境外使用的有形动产
D. 境外单位或个人向境内单位或个人出租完全在境内使用的有形动产
E. 境外单位或个人向境内单位或个人出租在境内使用的不动产

4. 销售下列货物，适用税率10%的有（　　）。
A. 饲料
B. 不动产
C. 无形资产
D. 食用植物油
E. 增值电信服务

5. 下列项目中，应当计入销售额的有（　　）。
A. 违约金
B. 销项税额
C. 代为收取的政府性基金
D. 包装物租金
E. 代收代缴的消费税

6. 根据增值税法律制度的规定，下列关于纳税人向主管税务机关申请退还增量留抵税额需满足的条件的表述中，正确的有（　　）。
A. 纳税人连续6个月增量留抵税额均大于0，且第6个月增量留抵税额不低于50万元
B. 纳税信用等级应当为A级
C. 申请退税前36个月未发生骗取出口退税行为
D. 申请退税前36个月未因偷税被税务机关处罚三次及以上的
E. 申请退税前36个月未发生虚开增值税专用发票行为

7. 根据增值税法律制度的规定，一般纳税人购进的下列货物、服务中，其进项税额不得从销项税额中抵扣的有（　　）。
A. 购进生产免税货物耗用材料所支付的进项税额
B. 购进餐饮服务所支付的进项税额
C. 购进试制新产品耗用材料所支付的进项税额
D. 购进贷款服务所支付的进项税额
E. 购进的服装发给职工用于运动会入场式

8. 下列项目中，免征增值税的有（　　）。
A. 将土地使用权转让给农业生产者用于农业生产
B. 个人转让历史类书籍
C. 金融同业往来利息收入
D. 国际货物运输代理服务
E. 婚姻介绍服务

9. 根据增值税法律制度的规定，下列各项中，不属于免征增值税的项目有（　　）。
A. 个人销售自建自用住房
B. 体育彩票的代理收入
C. 将国有农用地出租给农业生产者用于农业生产
D. 从事职业资格教育的培训机构提供的培训服务
E. 种子公司批发零售种子

10. 依据企业所得税法的规定，判定居民企业的标准有（　　）。
A. 登记注册地标准
B. 所得来源地标准
C. 经营行为实际发生地标准
D. 实际管理机构所在地标准
E. 机构和场所所在地标准

11. 下列属于企业所得税纳税人的有（　　）。
A. 国有企业
B. 集体企业
C. 个体工商户
D. 股份有限公司
E. 外商投资企业

12. 下列各项中，属于企业所得税规定的免税收入的有（　　）。
A. 符合条件的非营利组织的收入
B. 符合条件的居民企业之间的股息、红利等权益性投资收益
C. 财政拨款
D. 国债转让收益
E. 行政事业性收费
13. 根据企业所得税法律制度的规定，下列各项中，属于不征税收入的有（　　）。
A. 国债利息收入
B. 财政拨款
C. 依法收取并纳入财政管理的行政事业性收费
D. 社会保障基金取得的直接股权投资收益
E. 符合条件的非营利组织收入
14. 国有企业在计算应纳所得税额时，不得扣除的项目有（　　）。
A. 因生产经营的需要而支出的业务招待费
B. 因违法堆放垃圾被环保部门处罚的款额
C. 因转让固定资产发生的费用
D. 因经营性租赁而发生的租赁费
E. 因延期缴纳税款而被税务机关征收的滞纳金
15. 根据企业所得税法律制度的规定，下列行业中不适用对研究开发费用加计扣除规定的有（　　）。
A. 餐饮业　　B. 白酒制造业
C. 租赁业　　D. 烟草制造业
E. 娱乐业
16. 根据企业所得税法律制度的规定，下列各项支出中，超过规定扣除标准的部分准予结转以后纳税年度继续扣除的有（　　）。
A. 职工福利费　　B. 广告费
C. 保险企业的手续费及佣金支出　　D. 公益性捐赠
E. 业务招待费
17. 下列关于企业所得征收管理的表述中，说法正确的有（　　）。
A. 居民企业一般在实际经营管理地纳税
B. 企业在一个纳税年度中间开业，或者终止经营活动，使该纳税年度的实际经营期不足 12 个月的，应当以其实际经营期为 1 个纳税年度
C. 非居民企业在中国境内设立机构、场所，发生在境外但与其所设机构、场所有实际联系的所得，以机构、场所所在地为纳税地点
D. 在中国境内未设立机构、场所的，或者虽设立机构、场所但取得的所得与其所设机构、场所没有实际联系的非居民企业，以扣缴义务人所在地为纳税地点
E. 企业所得税按纳税年度计算，纳税年度自公历 1 月 1 日起至 12 月 31 日止
18. 下列关于金银首饰零售环节缴纳消费税的说法中正确的有（　　）。
A. 金银首饰仅限于金、银以及金基、银基合金首饰和金基、银基合金的镶嵌首饰
B. 对既销售金银首饰，又销售非金银首饰的生产、经营单位，应将两类商品划分清楚，分别核算销售额，凡划分不清楚或不能分别核算的一律按金银首饰征收消费税
C. 金银首饰连同包装物一起销售的，无论包装物是否单独计价，均应并入金银首饰的销售额，计征消费税

D. 带料加工的金银首饰，应按委托方销售同类金银首饰的销售价格确定计税依据征收消费税，没有同类金银首饰销售价格的，按照组成计税价格计算纳税

E. 以旧换新金银首饰以实际收取的价格作为消费税计税依据

19. 下列各项中，不属于消费税征税范围的有（ ）。

A. 施工状态下挥发性有机物含量低于 420 克 /升的涂料

B. 太阳能电池

C. 汽车轮胎

D. 酒精

E. 汽油

20. 下列消费品中，实行从量定额与从价定率相结合的复合计征办法征收消费税的有（ ）。

A. 白酒　　B. 卷烟

C. 啤酒　　D. 烟丝

E. 高档化妆品

21. 纳税人外购和委托加工的应税消费品，用于连续生产应税消费品的，已缴纳的消费税税款准予从应纳消费税税额中抵扣。下列各项中，不得扣除已缴纳的消费税的有（ ）。

A. 委托加工收回的已税汽车生产的汽车

B. 委托加工收回的已税白酒生产的白酒

C. 委托加工收回的已税玉石生产的金银镶嵌首饰

D. 委托加工收回的高档香水生产的演员上妆用的油彩

E. 委托加工收回的烟丝生产卷烟

三、不定项选择题

【资料 1】甲公司为增值税一般纳税人，2019 年 10 月有关经营情况如下。

（1）销售 M型彩电，取得含增值税价款 6 780 000 元，另收取包装物租金 56 500 元。

（2）采取以旧换新方式销售 N型彩电 500 台，N型彩电同期含增值税销售单价 4 520 元 /台，旧彩电每台折价 316.4 元。

（3）购进生产用液晶面板，取得增值税专用发票注明税额 480 000 元。

（4）购进劳保用品，取得增值税普通发票注明税额 300 元。

（5）购进一辆销售部门和职工食堂混用的货车，取得税控机动车销售统一发票注明税额 96 000 元。

（6）组织职工夏季旅游，支付住宿费，取得增值税专用发票注明税额 1 200 元。

（7）将自产 Z型彩电无偿赠送给某医院 150 台，委托某商场代销 800 台，作为投资提供给某培训机构 400 台；购进 50 台电脑奖励给业绩突出的职工。

（8）10 月 8 日与乙酒店签订了 W型彩电的销售合同，合同约定先付 80%货款，验收合格后支付 20%尾款。10 月 13 日，向乙酒店开具了增值税专用发票，10 月 20 日，收到乙公司第一笔货款，10 月 25 日商品验收合格，收到乙公司的尾款。

已知：取得的扣税凭证已通过税务机关认证。

【要求】根据上述资料，不考虑其他因素，分析回答下列题目。

1. 甲公司当月销售 M型彩电，增值税额销项税额是（ ）。

A.786 500 元　　B.881 400 元　　C.780 000 元　　D.888 745 元

2. 甲公司当月采取以旧换新方式销售 N型彩电增值税的销项税额是（ ）。

A.273 234 元　　B.241 800 元　　C.260 000 元　　D.23 9434 元

3. 甲公司的下列进项税额中，准予从销项税额中抵扣的是（ ）。

A. 支付住宿费的进项税额 1 200 元　　B. 购进劳保用品的进项税额 300 元

C. 购进货车的进项税额 96 000 元　　D. 购进生产用液晶面板的进项税额 480 000 元

4. 甲公司的下列业务中，属于增值税视同销售货物行为的是（　　）。

A. 将自产 Z型彩电无偿赠送给某医院 150 台

B. 将自产 Z型彩电委托某商场代销 800 台

C. 将自产 Z型彩电作为投资提供给某培训机构 400 台

D. 购进 50 台电脑奖励给业绩突出的职工

5. 根据增值税法律制度的规定，甲公司向乙酒店销售 W型彩电，增值税纳税义务发生的时间是（　　）。

A.10 月 8 日　　B.10 月 13 日　　C.10 月 20 日　　.10 月 25 日

【资料 2】甲公司为增值税一般纳税人，主要从事高尔夫球及球具的生产经营业务。2019 年 10 月有关经营情况如下。

（1）进口聚氨酯面料一批，海关核实的关税完税价格 6 万元，缴纳关税 0.39 万元，取得海关进口增值税专用缴款书注明税款 0.8703 万元。

（2）将进口的聚氨酯面料委托乙企业加工高尔夫球包 100 个，支付加工费 2 万元，取得的增值税专用发票上注明的税额 0.26 万元。乙企业当月同类高尔夫球包不含增值税售价 0.18 万元/个。

（3）将委托乙企业加工的 100 个高尔夫球包收回后全部销售给某代理商，不含增值税销售价格为 25 万元，支付运费取得增值税专用发票上注明的税款 0.2 万元。

（4）当月购进生产设备取得的增值税专用发票上注明的进项税额 0.64 万元。

已知：高尔夫球具消费税税率为 10%。

【要求】根据上述资料，不考虑其他因素，分析回答下列题目。

1. 关于甲企业当月委托加工的高尔夫球包的消费税的表述中，正确的是（　　）。

A. 该业务消费税纳税人为乙企业

B. 该业务由乙企业代收代缴消费税

C. 该业务消费税纳税人为甲企业

D. 该业务由甲企业代收代缴消费税

2. 甲企业委托乙企业加工高尔夫球包，应缴纳的消费税是（　　）。

A.0.71 万元　　B.0.67 万元　　C.1.8 万元　　D.0

3. 甲企业销售高尔夫球包应纳的消费税税额是（　　）万元。

A.0.7　　B.2.9　　C.2.06　　D.1.66

4. 甲企业购进货物准予抵扣的进项税额是（　　）。

A. 购进生产设备的进项税额 0.64 万元

B. 进口聚氨酯面料的进项税额 0.8703 万元

C. 委托加工支付加工费的进项税额 0.26 万元

D. 支付运费的进项税额 0.2 万元

5. 甲企业当月应向税务机关缴纳的增值税税额是（　　）万元。

A.1.28　　B.2.18　　C.2.83　　D.2.54

同步强化训练题参考答案及解析

一、单项选择题

1.【答案】D

【解析】增值税纳税人是在中国境内销售货物或者提供加工、修理修配劳务，销售服务、无形资产、不动产以及进口货物的单位和个人。

2.【答案】D

【解析】小规模纳税人不可以直接抵扣进项税额。

3.【答案】D

【解析】选项 D适用 13%的税率。

4.【答案】C

【解析】选项 A，适用一般计税方法计征增值税；选项 B，适用 3%的征收率征收增值税；选项 D，减按 0.5%的征收率征收增值税。

5.【答案】B

【解析】一项销售行为如果即涉及服务又涉及货物，为混合销售。

6.【答案】B

【解析】销售二手车减按 0.5%的征收率征收增值税，应纳税额＝402÷（1+0.5%）×0.5%＝2（万元）

7.【答案】A

【解析】销项税额＝含税销售额 ÷（1＋税率）×税率＝100×1 130÷（1＋13%）×13%＝13 000 元。

8.【答案】A

【解析】（1）纳税人采取折扣方式销售货物，销售额和折扣额在同一张发票上分别注明（即销售额和折扣额在同一张发票上的“金额”栏分别注明）的，可按折扣后的销售额征收增值税；未在同一张发票“金额”栏注明折扣额，而仅在发票的“备注”栏注明折扣额的，折扣额不得从销售额中减除；（2）应纳税额＝271 200÷（1＋13%）×13%＝3 1200（元）。

9.【答案】A

【解析】一般货物的包装物押金在逾期时才缴纳增值税。应纳增值税税额＝800×13%＋56.5÷（1＋13%）×13%＝110.5（万元）。

10.【答案】D

【解析】根据规定，用于简易计税方法计税项目、免征增值税项目、集体福利或者个人消费的购进货物、劳务、服务、无形资产和不动产，不得从增值税销项税额中抵扣进项税额。

11.【答案】B

【解析】取得注明旅客身份信息的铁路车票，可以抵扣的进项税额＝票面金额 ÷（1+9%）×9%。

12.【答案】D

【解析】应缴纳的增值税税额＝95 400÷（1＋3%）×3%＝2 778.64 元。

13.【答案】D

【解析】选项 A，农业生产者销售自产农产品免征增值税，一般纳税人销售其外购农产品正常计税；选项 B，外国政府、国际组织无偿援助的进口物资免征增值税，不包括外国企业；选项 C，个人出租不动产取得的租金收入，其分摊后的月租金收入不超过 10 万元的，才可享受小规模纳税人免税政策。

14.【答案】A

【解析】销售货物或提供应税劳务，为收讫销售款或者取得索取销售凭据的当天。

15.【答案】B

【解析】根据规定，销售货物或提供应税劳务的，其纳税义务发生的时间为收讫销售款或者取得销售款凭据的当天。先开具发票的，为开具发票的当天。本题中，6 月 3 日，甲公司就 80 万元货款全额开具了增值税专用发票，所以增值税纳税义务发生的时间为 6 月 3 日。

16.【答案】C

【解析】选项 A：商业企业一般纳税人零售的烟、酒、食品、服装、鞋帽（不包括劳保专用部分）、化妆品等消费品不得开具专用发票。选项 B：金融商品转让，不得开具增值税专用发票。选项 D：销售服务适用免税规定的不得开具增值税专用发票。

17.【答案】B

【解析】经认定的技术先进型服务企业，减按15%的税率征收企业所得税。企业所得税税额＝500×15%＝75万元。

18.【答案】C

【解析】工资、薪金支出准予据实扣除。福利费扣除限额为300×14%＝42（万元），实际发生45万元，准予扣除42万元；工会经费扣除限额＝300×2%＝6（万元），实际发生5万元，可以据实扣除；职工教育经费扣除限额＝300×8%＝24（万元），实际发生25万元，准予扣除24万元；税前准予扣除的工资和三项经费合计＝300+42+5+24＝371（万元）。

19.【答案】C

【解析】企业为特殊工种支付的人身安全保险可以在税前扣除，不包括为公司高管支付的人身安全保险。

120.【答案】D

【解析】应纳税额＝（150+30）×25%＝45（万元）。

21.【答案】C

【解析】业务招待费5 000×60%＝3 000（元），272 000×5‰＝1 360（元）；可以扣除1 360（元）。广告费和业务宣传费可以扣除272 000×15%＝40 800（元）。40 800+1360＝42 160（元）。

23.【答案】C

【解析】（1）企业发生的公益性捐赠支出，在年度利润总额12%以内的部分，准予在计算应纳税所得额时扣除；超过年度利润总额12%的部分，准予结转以后3年内在计算应纳税所得额时扣除；企业在对公益性捐赠支出计算扣除时，应先扣除以前年度结转的捐赠支出，再扣除当年发生的捐赠支出；（2）扣除限额＝500×12%＝60（万元）。上年结转的10万元准予全额扣除，本年发生的捐赠支出55万元，准予扣除＝60－10＝50（万元），准予扣除的公益性捐赠支出合计＝10＋50＝60（万元）。

24.【答案】C

【解析】根据规定，计算企业所得税应纳税所得额时公益性捐赠的扣除标准是在年度利润总额12%以内的部分扣除。

25.【答案】B

【解析】企业开展研发活动中实际发生的研发费用，未形成无形资产计入当期损益的，在按规定据实扣除的基础上，在2018年1月1日至2020年12月31日期间，再按照实际发生额的75%在税前加计扣除。

26.【答案】D

【解析】ABC选项，均为不得扣除项目。

27【答案】A

【解析】准予企业所得税前扣除的是增值税以外的各项税金及其附加。

27.【答案】A

【解析】应纳税额＝（100×12.5%%＋100×50%）×20%＝12.5（万元）。

28.【答案】B

【解析】固定资产计算折旧的最低年限如下：（1）房屋、建筑物，为20年；（2）飞机、火车、轮船、机器、机械和其他生产设备，为10年；（3）与生产经营活动有关的器具、工具、家具等，为5年；（4）飞机、火车、轮船以外的运输工具，为4年；（5）电子设备，为3年。

29.【答案】B

【解析】消费税税目中的“酒”，包括白酒、啤酒、黄酒、其他酒，不包括“调味料酒”。

30.【答案】B

【解析】选项 A：在零售环节征收消费税（非加征）；选项 C：在批发环节加征消费税；选项 D：在销售环节不征收消费税。

31.【答案】C

【解析】果木酒从价计征消费税，计税基础包括向购买方收取的全部价款和价外费用，但不包括向购货方收取的增值税税款。本题中，包装物租金、优质费属于价外费用，在计入销售额的时候需要换算为不含增值税的价款。应纳税额＝［10＋（0.565＋2.26）÷（1＋13%）］×10%＝1.25（万元）。

32.【答案】C

【解析】“换、抵、投”按最高销售价格计征消费税。应纳税额＝62 000×10%＝6 200（元）。

33.【答案】C

【解析】纳税人委托加工应税消费品的，消费税纳税义务发生时间为纳税人提货的当天。

二、多项选择题

1.【答案】ADE

【解析】选项 AB：单位或者个人向其他单位或者个人无偿转让无形资产或者不动产视同销售，但用于公益事业或者以社会公众为对象的除外。选项 CD：单位或者个体工商户向其他单位或者个人无偿提供服务视同销售，但用于公益事业或者以社会公众为对象的除外。选项 E：在境内销售服务或者无形资产应当缴纳增值税。

2.【答案】ABCE

【解析】选项 D，将自产或者委托加工的货物用于集体福利或个人消费，为视同销售的情形。

3.【答案】AC

【解析】在境内提供应税服务，是指应税服务提供方或者接受方在境内。

4.【答案】ABD

【解析】CE选项适用税率 6%。

5.【答案】AD

【解析】价外费用不包括：（1）向购买方收取的销项税额；（2）受托加工应征消费税的消费品所代收代缴的消费税；（3）同时符合承运部门将运费发票开具给购买方和纳税人将该项发票转交给购买方两个条件的代垫运费；（4）代为收取的符合有关条件的政府性基金或者行政事业性收费。

6.【答案】ACE

【解析】选项 B，纳税信用等级应为 A级或者 B级；选项 D，申请退税前 36 个月未因偷税被税务机关处罚两次及以上。

7.【答案】ABDE

【解析】选项 A：用于免征增值税项目的购进货物，进项税额不得抵扣；选项 BD：购进的旅客运输服务、贷款服务、餐饮服务、居民日常服务和娱乐服务，进项税额不得抵扣。选项 E：购进的货物用于集体福利，进项税额不允许抵扣。

8.【答案】ACDE

【解析】个人转让著作权免税，古旧图书免征增值税，而历史类书籍不属于古旧图书是不免税的，故选项 B不选。

9.【答案】BD

【解析】选项 B，体育彩票的发行收入免征增值税，不包括代理收入；选项 D，从事学历教育的学校提供的教育服务免征增值税。

10.【答案】AD

【解析】居民企业是指依法在中国境内成立，或者依照外国（地区）法律成立但实际管理机构在中国境内的企业。

11.【答案】ABDE

【解析】个体工商户是个人所得税的纳税义务人。

12.【答案】AB

【解析】选项CE：属于不征税收入。选项D：属于征税范围。

13.【答案】BCD

【解析】选项AE属于免税收入。

14.【答案】BE

【解析】因违法堆放垃圾被环保部门处罚的款额和因延期缴纳税款而被税务机关征收的滞纳金，都属于行政处罚，故不得扣除。

15.【答案】ACDE

【解析】研究开发费用加计扣除政策不适用的行业：烟草制造业、住宿和餐饮业、批发和零售业、房地产业、租赁和商务服务业、娱乐业。

16.【答案】BCD

【解析】超过规定扣除标准的部分准予结转以后纳税年度继续扣除的项目包括：职工教育经费、广告费和业务宣传费、公益性捐赠、保险企业发生的与其经营活动有关的手续费及佣金支出。

17.【答案】BCDE

【解析】选项A：除税收法律、行政法规另有规定外，居民企业一般以企业登记注册地为纳税地点；但登记注册地在境外的，以实际管理机构所在地为纳税地点。

18.【答案】ACE

【解析】选项B：凡划分不清楚或不能分别核算的，在生产环节销售的，一律从高适用税率征收消费税；在零售环节销售的，一律按金银首饰征收消费税；选项D：应按"受托方"销售同类金银首饰的销售价格确定计税依据征收消费税，没有同类金银首饰销售价格的，按照组成计税价格计算纳税。

19.【答案】CD

【解析】选项AB，免征消费税；选项CD，不属于消费税征税范围；选项E：按照"成品油"类征收消费税。

20.【答案】AB

【解析】选项AC，酒类应税消费品中，白酒执行复合计征，啤酒、黄酒从量定额计征，其他酒从价计征；选项BD，烟类产品中，卷烟执行复合计征，雪茄烟和烟丝从价计征；现选项，从价计征。

21.【答案】ABCD

【解析】选项AB，"特殊"应税消费品：酒类产品、汽车，不得扣除；选项C：纳税环节"不同"不得扣除；选项D：用于生产"非应税消费品"不得扣除。

三、不定项选择题

【资料1】

1.【答案】A

【解析】包装物租金属于价外费用，需要计入销售额计算增值税；价外费用和价款含增值税，需要换算为不含税金额。销项税额＝（6 780 000＋56 500）÷（1＋13%）×13%＝786 500（元）。

2.【答案】B

【解析】（1）彩电属于一般商品（非金银首饰），"以旧换新"应按新货物的同期销售价格确定销售额，不得扣减旧货物的收购价格；（2）本题新货物的销售价格为含税金额需要换算为不含税金额。（3）应纳税额＝500×（4 520−316.4）÷（1＋13%）×13%＝241 800（元）。

3.【答案】CD

【解析】选项A，购入服务用于集体福利，进项税额不得抵扣；选项B，增值税普通发票不作为进项税额的抵扣凭证；选项C，购入固定资产，既用于一般计税方法计税项目，又用于集体福利的，其进项税额准予全额抵扣（必须专项用于上述项目才不得抵扣）。

4.【答案】ABC

【解析】选项AC：自产货物“对外”（用于投资、赠送、分配股利）视同销售；选项B：委托他人代销货物，视同销售；选项D：外购货物“对内”（用于集体福利或个人消费）进项税额不得抵扣。

5.【答案】B

【解析】纳税人采用赊销和分期收款方式销售货物的，其纳税义务发生时间为书面合同约定的收款日期，但先开发票的为开具发票的当天。

【资料2】

1.【答案】BC

【解析】选项AC：委托加工应税消费品的，委托方为消费税纳税人；选项BD：委托加工应税消费品受托方为单位的，由受托方代收代缴消费税。

2.【答案】C

【解析】委托加工应税消费品，以受托方同类产品平均销售价格作为计税基础，委托加工环节由乙企业代收代缴的消费税＝100×0.18×10%＝1.8（万元）。

3.【答案】A

【解析】（1）委托加工收回的应税消费品，以高于受托方的计税价格出售的，应当按规定申报缴纳消费税，在计税时准予扣除受托方已代收代缴的消费税；（2）应补缴消费税＝25×10%－1.8＝0.7（万元）。

4.【答案】ABCD

【解析】上述业务取得增值税专用发票，可以凭票抵扣进项税额。

5.【答案】A

【解析】增值税应纳税额＝不含税销售额×税率－进项税额＝25×13%－（0.8703＋0.26＋0.2＋0.64）＝1.28（万元）。